조선의 예언사상 上

조선의 예언사상 上

2016년 3월 20일 초판 인쇄
2016년 3월 25일 초판 발행

지은이 | 김 탁
펴낸이 | 이찬규
펴낸곳 | 북코리아
등록번호 | 제03-01240호
주소 | 13209 경기도 성남시 중원구 사기막골로 45번길 14
       우림2차 A동 1007호
전화 | 02-704-7840
팩스 | 02-704-7848
이메일 | sunhaksa@korea.com
홈페이지 | www.북코리아.kr
ISBN | 978-89-6324-476-1(94150)
       978-89-6324-472-3(전2권)

값 28,000원

조선의 예언사상

上

김 탁

북코리아

머리말

미래를 엿볼 수 있다는 예언은 항상 많은 이들의 관심의 대상이다. 이 책은 조선시대의 예언에 대한 연구서다. 조선시대에는 그 긴 역사만큼 다양한 예언이 제기되었는데, 거의 대부분이 반란과 역모와 관련되어 역사의 무대에 등장한다. 실패한 역적모의와 연관된 예언이 세상에 온전하게 드러날 리가 만무하다. 단편적인 편린으로 전해지는 조선시대의 예언사상에 대해 역모에 대한 조사보고서를 통해 그 실마리를 찾아 '예언으로 보는 조선사'를 서술하는 것이 이 책의 목표다.

어쩌면 '좌절된 거사 계획', '물거품이 된 야망', '죽음으로 막을 내린 음모'였기 때문에 지금 우리는 역모자들의 거사 계획에 대해 일부나마 알 수 있을 것이다. 사건을 조사하는 과정에서 간간이 토해냈던 그들만의 '숨겨진 비밀'이 조금씩 드러난 것이 바로 이른바 '역모사건'에 대한 심문 기록이다. 만일 그들의 거사가 계획했던 대로 성공했다면 우리가 알고 있는 지난 역사는 전혀 새롭게 적혀졌을 것이다.

역사의 무대에서 '실패한 패배자', '비운의 야심가', '꿈을 이루지 못한 혁명가'로 자리매김하는 변란의 주모자들은 좌절하고 이루지 못하고 잊혀졌던 만큼의 '그들만의 역사'를 지금껏 전하고 있다. 그 조그마한 조각들을 모으고 붙여 일련의 체계적인 사상으로 정리하려는 작업은 공식적인 역사의 무대에서는 늘 잊혀지고 지워지거나 천시받았던 민중의 사상에 대한 연구이다. 조선시대 민중들의 생각, 특히 민중 지도자들의 생각은 어떠했는가를 밝히는 일은 지금 이 시대를 살아가는 민중에게도 중요한 문제이며 관심의 대상으로 떠오른다. 바로 이러한 요청에 부응하여 필자는 '예언사상'이라는 이름으로 변란 주모자들의 사상을 정리하고자 한다.

변란, 역모, 음모 등은 지배자의 입장에서 가치평가를 내린 용어이다. 세상을 한 번 바꾸어 보기 위해 자신의 전 생애를 바쳤던 거사자들의 입장에서는 억울하기 짝이 없는 용어다. 객관적 입장에서 거사(擧事), 사건으로 불러야 옳을 듯하다. 그리고 역적, 난신, 배신자, 배은망덕자 등의 용어도 거사꾼의 입장에서 보면 특정한 기준이나 선을 정해 놓은 채 이에 벗어난 사람을 폄하하는 말이다. 만일 그들의 거사가 성공했다면 거사꾼들을 그렇게 부를 용기라도 있을까? 성공한 사람은 역사에 떳떳이 기록되어 과장되거나 부풀려져 후대에 기억되기 마련이다. 실패한 사람은 역사에 기록되지도 못하고 사라지기 일쑤고, 비난이나 가혹한 나쁜 평가에 내내 시달린다. 죄는 미워해도 죄를 지은 사람은 미워하지 말라는 격언이 있다. 과연 우리가 그 격언대로 실천하고 있는가?

예전부터 내려오던 관습이라 하더라도 잘못되었다고 판단되는 경우라면 조금씩 고쳐나가야 하겠다. 역사를 기록하는 자세부터 고쳐야 한다. 있는 그대로의 입장에서 객관적 평가가 요구되는 것이 엄숙한 역사의 무대요, 시대를 관통하는 불변의 진리가 아니겠는가?

역적이란 없다. 변란 모의도 없다. 실패했기 때문에 역적이라고 불리는 것이지 그들이 역적이라고 불리고 싶었던 것은 아니다. 단지 그들은 자신들은 정의롭다고 생각하는 통치자나 신하의 입장에서 볼 때 반대편에 서 있었을 뿐이다. 누가 양자를 가르고 구별하는가? 승자의 입장에서 승자의 잣대로 기록된 것이 지금까지 우리가 알고 있는 이른바 '역사'다. 특정한 관점이나 특정인의 잣대로 쓰인 역사는 어쩌면 위선 덩어리이거나 진실을 호도하는 거짓부렁일 수도 있다. 이제는 바로잡아야 한다. 최소한 가치평가가 내재된 기록은 의

미가 없거나 고쳐져야 한다. 객관적 입장에서 공평한 잣대로 지난 역사의 사실과 그 속에 내재된 진실을 밝히는 것이 역사가 가져야 할 바람직한 모습이 아닐까?

정치적 각성을 유지하고 혁명을 준비하기 위해 비결의 형태로 유포된 예언이 각종 변란과 역모에 유효하고 적절한 기제로 이용되었다. 단순한 소문이 아니라 보다 설득력이 있는 형태로 제시된 예언사상을 통해 민중의 힘은 더욱 강력하게 응집되었다. 진인(眞人)으로 상징되는 새로운 지도자가 곧 나타나 고통받는 민중을 구원하여 모든 갈등과 모순이 제거된 '새 세상'을 이 땅에 이루고야 말 것이라는 약속은 결코 거부할 수 없을 만큼 달콤하고 매력적이었다.

예언사상을 통해 조선시대를 새롭게 이해하고 재구성하는 일은 민중의 입장에서 역사를 바라보는 작업의 일환이다. 이제는 지배층을 중심으로 이루어진 역사를 벗어나 민중의 시각에서 역사를 새로 바라보고 이해하는 일이 필요한 시점이다. 잊혀지고 가려진 역사의 진정한 이면을 살펴보려는 시도에서 이 연구는 시작되었다.

역사의 무대 뒤에 숨어있는 또 하나의 진실을 찾으려 작은 실마리라도 찾는 과정은 어려웠다. 이른바 정사(正史)에 나타난 단편적 기사와 방대한 기록 사이에서 자칫 지나치기 쉬운 편린으로 제시되는 소중한 기록들을 발판으로 조선시대를 관통하는 예언사상과 예언사를 서술하는 작업은 민중사상을 연구하는 대과제의 하나로 자리매김할 수 있을 것이다.

이 연구를 진행하는 과정에서 필자는 조용하고 아담한 집필실을 마련해준 홍양이씨(興陽李氏) 문중의 많은 도움을 받았다. 그리고 못난 형을 음으로 양으로 도와주며 묵묵히 지켜봐 준 동생들과 어머님께 감사드린다.

2016년 1월

대덕산(大德山) 아래 육영재(育英齋)에서

필자 쓰다

차례 上

차례 下

들어가며

　역사의 기술은 객관적이지 않다. 그 사건을 직접 체험하고 겪은 사람이 자신의 입장에서 자신에게 유리하도록 적을 수 있고, 사건을 목격한 사람의 입장에서 가치판단이 가미된 형태로 기록될 수도 있으며, 사건에 대해 남의 입을 통해 전해 듣고 기록한 사람도 나름대로의 평가를 내린 후에 기술한다. 나아가 특정한 사건이 발생한 후 오랜 시간이 흐른 뒤에는 그 사건에 대한 평가와 해석은 시대와 상황의 변화를 반영하기도 하며, 특히 이해방식과 관점에 따라 제각기 다르게 시도된다.

　이 책에서는 조선왕조의 멸망과 새로운 사회의 도래를 예언하는 비결(秘訣), 비기(秘記), 비사(秘詞), 도참(圖讖), 참서(讖書), 참기(讖記), 참언(讖言), 참록(讖錄), 밀기(密記), 비록(秘錄) 등의 서적들을 이른바 예언서로 통칭하고 그러한 기록에 내포된 예언사상을 분석해 보고자 한다.

　예언사상은 왕위의 교체나 왕조의 전복을 기도한 사건과 관련된 사상으로 집권층의 극렬한 탄압을 받았기 때문에 역사상 그 실체를 파악하기 어려운 것이 사실이다. 그러나 역사의 기록에 단편적으로 혹은 편린이나마 남아 있는 예언사상과 관련된 기록들을 면밀히 수집하여 예언사상을 재구성하고 그 의미를 분석해 내는 작업은, 공식 역사 기록의 이면에 숨어있는 잊혀진 역사를 밝혀내는 의의가 있다.

아울러 이 책에서는 예언서의 역사적 변천 과정과 맥락을 파악하여 시대적 상황에서 갖는 나름대로의 위상과 가치에 대해서도 살펴볼 작정이다. 조선시대는 성리학적 지배 이데올로기에 의해 유지된 사회로 그 이외의 다양한 사상은 도외시되거나 사상적 도전으로 간주하여 탄압받았다. 따라서 성리학 이외의 다른 사상들도 기존의 이념과 가치 체계를 대신할 새로운 정치 이념이나 가치 체계를 제시하지는 못했고 여전히 왕조 체제를 상정했다는 한계가 있다.

유교적 사회질서 속에서 특권과 혜택을 누리고 있었던 권력 집단은 유교적 가치를 지배 이데올로기로 설정함으로써 자신들의 계급적 이익을 정당화시키고 있었다. 따라서 이들은 유교적 사회질서를 손상시키거나 위협하는 것으로 간주되는 일체의 가치나 움직임에 대해서는 척사위정(斥邪衛正)의 입장에서 엄격한 통제와 제재를 가했다.

조선시대에 예언사상을 제기하거나 받아들인 개인이나 집단은 거의 대부분 이른바 역모(逆謀), 반란(叛亂), 변란(變亂), 반정(反正), 옥사(獄事) 등에 연루되었다. 이들은 역적(逆賊)으로 규정되거나 부도죄인(不道罪人)으로 몰려 결국 거의 대부분의 예언사상 연루자들은 부대시참(不待時斬), 군문효수(軍門梟首), 능지처참(陵遲處斬)을 당한다.

그러나 역모, 반란, 변란, 반정, 옥사 등의 용어는 집권층의 일방적 입장에서 부여한 가치판단이 들어간 용어이다. 이 책에서는 가치판단이 개입되지 않은 객관적 입장에서 변란을 주도한 인물 가운데 대표적 인물의 이름을 넣어 *** '사건'으로 부르고자 한다. 물론 일부 사건에서는 역모를 고변한 인물의 이름을 넣어 부를 수밖에 없다. 이는 조선시대 역모사건에 대한 방대한 규모의 심문 기록인 『추안급국안(推案及鞫案)』에서 부여했던 해당 사건의 명칭에 따른 것이다.

조선왕조는 건국 초기부터 유교를 국시(國是)로 삼았기 때문에 사회 체계는 유교적 가치 체계를 구심점으로 이루어졌고, 모든 사회제도와 구성원들의 행위도 유교와 밀접하게 관련되어 있었다.

고려왕조 후기에 성장한 신흥 세력들이 조선 개국의 주역으로 참여하여 권력을 독점하자, 기존 체제의 폐단을 척결하고 새 왕조를 세운 이념적 합리화를 도모하고 새로운 지배 질서를 정당화하기 위해서 고려왕조의 사상적 기반이었던 불교를 유교로 대체하였다. 이는 민중의 생활이나 종교적 체험의 변화에 따른 자연스런 변화가 아니라 지극히 행정적이고 정치적인 조처였다.

오랜 기간의 교육과 학문적 교양을 통해서만 이해될 수 있는 유교적 가치에 도달하려고 애쓰기보다, 민중은 고려시대와 마찬가지로 불교나 민간신앙에 더욱 친화성을 가지고 우호적이었다. 유교적 소양을 갖추기 위해서는 상당한 경제적 기반이 있어야 했고, 더욱이 사농공상이라는 엄격한 위계질서를 기본으로 하는 신분 체계에서 사(士) 이외의 계층은 유교적 이념과 사상에 접근하는 일 자체가 불가능했다. 결국 고려시대에서 조선시대로 넘어가면서 급격한 사상적 변화인 불교에서 유교로의 교체는 사회의 경제적 토대나 민중의 종교체험에서 야기된 것이 아니라, 세속적 통치의 합리화와 절대왕권의 정당화를 위해 취해진 정치적 결정이었다.

민중의 의식과 생활 체험과는 관계없이 일방적으로 시행된 이러한 지배 종교, 통치 이념, 사상적 토대의 전환은 공권력의 강제에 의해 추진되었다. 조선왕조를 세운 권력층은 각종 법률을 제정하고 지방에 수령을 임명하여 향촌 질서를 장악하는 한편 유교 의례의 제도화와 사회화를 통해 유교적 가치와 규범을 확산시키기 위해 노력했다.

그러나 민중의 의식과 생활양식은 공권력의 강제에 의해 하루아침에 바뀔 수 있는 것이 아니었다. 조선왕조에 있어서 유교 사회로의 편입과 국가 유교의 제도화는 개국 초기에 전격적으로 단행된 숭유억불(崇儒抑佛) 정책과 함께 시작되었던 것이 아니라 조선시대 전체에 걸쳐 점진적으로 이루어진 정치적, 사회적 과정으로 이해되어야 하겠다.

조선왕조의 국가 이념으로 채택된 유교는 중국 송(宋) 나라의 주자(朱子)가 집대성하고 완성시킨 성리학(性理學)이었다. 성리학은 중소지주 출신 사대부들의 학문으로서 배불의식(排佛意識) 아래 싹터 온 존화멸이(尊華蔑夷)의 도통(道統)을 정통시하는 춘추대의적(春秋大義的)인 의리관에 토대한 학문이었다.[1]

조선왕조를 개국한 중심인물들이 중소지주였고 고려 말기의 부패한 불교에 대해 비판적 태도를 가지고 있었다는 점에서, 그들이 불교를 대신할 규범과 사상 체계로서 성리학에 관심을 가진 것은 어쩌면 당연한 일이다. 나아가 조선왕조를 열었던 중심인물들은 성리학을 정치 이데올로기로 삼아 양반 관료제 사회의 지배 질서를 정당화했고 장차 국가의 존속과 운명을 결정할 잣대로 규정하였다.

성리학 이외의 사상 체계를 거부하고 억압함으로써 사회변동의 조짐을 억제하여 중세적 봉건 질서를 유지하는 것은 조선왕조의 통치 방법이었다. 성리학의 세계관은 원리성과 인간 심성의 내재성을 깊이 추구하는 한편, 초월성 내지 초자연성의 개입을 거부한다. 따라서 성리학은 주지주의적(主知主義的) 성격이 강하며, 존재론으로서의 초자연적인 신 관념을 배척한다.

바로 이러한 점에서 성리학은 합리주의적 성격이 강하지만, 그 합리주의라는 것은 경험적 사실이나 실증적 요소의 수용을 용납하지 않기 때문에 추상적 정신의 자기완결성만을 고집하는 특성을 갖는다. 따라서 성리학 체계에서는 세계관의 고착화 내지 폐쇄성을 면하기 어렵다. 더욱이 유교 자체의 복고주의적 정통성에 대한 집착은 이러한 성리학적 세계관의 폐쇄성을 더욱 가중시키는 요인이 될 수 있다.[2]

군주로부터 민중에 이르기까지 일사불란한 서열관계에 입각한 자기완결의 폐쇄적 체계를 지향하는 성리학에서는 일체의 이단적인 관념 형태나 사회질서를 용납하지 않는 유일사상의 지배를 추구했다. 조선왕조에서 불교를 비롯한 여러 형태의 민간신앙들이 철저하게 탄압받은 원인은 여기에서 찾을 수

---

1 윤사순, 『동양사상과 한국사상』(을유문화사, 1984), 179쪽.
2 황선명, 『조선조 종교사회사 연구』(일지사, 1985), 124쪽.

있다.[3]

　이와 같이 조선왕조는 초기부터 성리학적 가치 체계를 통해 지배 질서를 정당화하면서 자체의 통합성을 유지하려 노력했다. 따라서 유교는 종교적 영역에만 국한된 가치 체계가 아니라, 가족, 정치, 신분, 교육, 경제 등 비종교적 영역에까지 그 영향력을 철저하게 행사하는 하나의 사회적 이데올로기로 작용하고 있었다.

　물론 조선왕조의 성립과 동시에 모든 사회 제도가 삽시간에 유교화한 것도 아니고, 모든 사회 구성원들의 행동 유형이 단기간에 유교적인 규범 속으로 순화된 것도 아니었다. 그러나 이미 오랫동안 전승되어 오면서 사회규범적인 효력을 행사하고 있던 효(孝)의 가치가 유교적인 신념의 강력한 정당성과 압력에 의해 점진적이지만 확고하게 일차적인 가치의 우위성을 획득하면서, 사회의 여러 제도적인 수준과 행동 유형을 규제하고 있었다.

　또한 철저하게 가족공동체 중심의 인륜 관계에 기초를 둔 종교적 및 도덕적 가치의 우위성은 조선사회의 계층구조와 관료제도, 그리고 교육과 교육과정을 통해 큰 무리 없이 유지되었다.

　조선왕조가 적어도 전기까지는 전통 질서를 유지할 수 있었던 것은 전통 질서로부터의 일탈을 방지할 수 있는 사회 통제의 수단을 마련하고 있었기 때문이었다. 유교적 덕목을 지고의 가치로 삼는 구조적 상황에서 지배계급은 유교의 사회적 전달자로서 '거룩한 계급'으로 인정받기에 충분했고, 이에 동조할 유교적 교육을 받지 못한 민중은 사회적 국외자(局外者)로 간주될 가능성이 높았다.

　그리고 유교적 가치에서의 일탈은 곧 기존 질서로부터의 일탈로 간주되었기 때문에 유교에 대한 전면적인 부정 가능성은 거의 없었다. 더욱이 종교적 영역과 세속적 영역 간의 미분화 상황에서는 세속적인 문제를 종교적인 것으로 간주하고 종교적인 문제를 세속적인 것으로 일체화시키기 때문에, 유교적

<hr>

3　황선명, 위의 책, 132쪽.

가치에 대한 부정이나 그로부터의 일탈은 종교적 제재와 세속적 제재를 동시에 받기 마련이었다.

따라서 조선왕조에서 사회의 중핵적 가치와 종교적 이상을 상징하는 유교의 정당성을 부정하는 행위는 곧 국가반역죄로 간주되었다. 또한 유교의 틀에서 벗어난 가치를 신봉하거나 유교적 가치 체계를 변형하는 행위도 정치적 탄압의 대상이 될 수밖에 없었다. 그렇게 함으로써 조선왕조는 유교적 질서를 정당화하고 유지할 수 있었다.[4]

한편 세월이 흘러갈수록 체제부정적 민간사상 또한 백성들 사이에 점차 강한 영향력을 미쳤다. 사회 전반에 걸쳐 변동이 확대되고 있던 조선 후기 사회에 있어서 이러한 민간사상은 줄곧 체제저항세력에 의해 사상적 틀로 이용되었다.

더욱이 『정감록』류의 비결신앙 또는 예언사상은 조선왕조 자체를 부정하고 새로운 왕조의 출현을 핵심 내용으로 한 역성혁명(易姓革命) 사상을 내포하고 있었기 때문에, 국가의 강력한 단속과 탄압에도 불구하고 새로운 세계의 출현을 갈망하던 당시 민중들에게 급속히 보급되었다. 『정감록』류의 비결신앙의 핵심은 이상사회를 구현하는 것이 정씨 성을 지닌 진인(眞人)이라는 메시아적 인물의 영도하에 물리력으로 정권을 장악하는 혁명적 방법에 의해 가능하다는 주장이다.

이 책에서는 조선시대의 대표적인 예언서인 이른바 『정감록(鄭鑑錄)』이 과연 언제부터 인구에 회자되는지를 현전하는 사료를 중심으로 상세히 분석해 보고, 『정감록』류의 비결신앙이 형성되고 전개되는 과정도 알아보고자 한다. 이를 통해 조선시대의 예언사상이 진인출현설(眞人出現說)을 중심으로 전개되어 갔으며, 다양한 예언사상의 지류들이 조금씩 모여서 『정감록』류의 예언사상이라는 거대한 물줄기를 이루어 갔음을 고찰하려 한다.

---

4   노길명, 『한국의 종교운동』(고려대학교 출판부, 2005), 22-23쪽.

예언서나 비결서의 저자들은 권력에서 배제되고 소외된 양반들인 '실지원국지도(失志怨國之徒)'이거나 피지배 신분으로서 어느 정도 교육을 받은 불만지식인들이었다.[5]

인조반정으로 실세(失勢)한 대북(大北), 숙종대의 남인(南人), 영조대 무신난 이후의 소론(小論)과 남인(南人) 등 대규모의 정치적 격변기마다 양산된 몰락한 지식인들이 비결서의 주요한 작자이며 추종자들이었다. 권력투쟁에서 패하면 폐족(廢族)이 되어 정계에 복귀하기가 거의 불가능했던 사정을 생각하면 이들이 선택할 수 있었던 정치적 저항 방법은 제한적이었다.

또 사회적으로 낮은 지위에 있었던 승려들도 체제에 대해 비판적이고 부정적인 의식을 비결서를 통해 표출하고자 했을 것이다. 승려들은 지적 능력은 지니고 있었지만 조선왕조의 성리학적 지배 질서 아래에서는 할 수 있는 일이 거의 없었던 계층이었다. 실제로 현전하는 예언서에는 의상, 도선, 무학, 서산대사 등의 유명한 승려들의 이름이 붙은 것이 많으며, 내용에 있어서도 불교적인 성향을 드러내는 것이 상당하다.

예언서를 만들기 위해서는 상당한 수준의 한문 구사력과 역사적 지식은 물론, 사회에 대한 식견과 통찰력도 필요하다. 지적 수준이 높은 계층의 인물에 의해 작성되었을 것으로 추정되는 예언서는 시대와 상황에 맞게 내용이 고쳐지고, 수정된 일종의 공동 창작물로 보아야 할 것이다. 따라서 예언서는 이들의 집단의식, 좌절과 분노, 소원과 희망 등이 담긴 형태로 보인다. 또 예언서는 상당한 수준으로 은밀하게 확산되어 사대부들도 많이 보았던 것으로 짐작된다.[6]

조선시대의 예언사상을 관통하는 핵심적인 용어는 진인출현설(眞人出現說)이다. 진인(眞人)은 원래 도가(道家)의 말로 특히 『장자(莊子)』「대종사(大宗師)」편

---

5 이능화, 『조선기독교급외교사』(학문각, 1968), 18-20쪽.
6 지금 사대부들이 이러한 비결서들을 많이 가지고 있습니다. 『추안급국안』10권 93책, 「양우철추안(梁馬澈推案)」, 30면.

에 대표적으로 언급되는 용어다. 여기서 진인은 "도의 참뜻을 깨달아 터득한 사람"으로 풀이되며, 범인(凡人)과 대립되는 존재다.

『장자』에서는 진인을 "역경을 거역하지 않았고, 성공을 자랑하지도 않았으며, 아무 일도 꾀하지 않았다. 잘못을 해도 결코 후회하지 않고, 잘 되어도 자랑하지 않는다. 높은 곳에 올라가도 두려워하지 않고, 물에 들어가도 젖지 않으며, 불에 들어가도 뜨겁지 않다. 이는 그의 지식이 자연의 도리에 도달할 수 있었기 때문에 그런 것이다."라고 묘사했다.

그리고 "진인은 잠을 자도 꿈꾸지 않고, 깨어 있어도 근심이 없으며, 식사를 해도 맛있는 것을 찾지 않고, 숨을 쉬면 깊고 고요했다. 그는 삶을 기뻐할 줄도 모르고, 죽음을 미워할 줄도 모른다. 무심히 자연을 따라가고, 무심히 자연을 따라올 뿐이다. 삶을 받으면 그것을 기뻐하고, 죽으면 그것을 제자리로 돌려보낸다. 이런 경지를 분별심으로 도를 버리지 않고 인위로 자연을 돕지 않음이라 하고, 이런 경지에 있는 사람을 진인이라 한다. 진인은 덕이 가득 차서 그 얼굴빛을 더욱 밝게 돋우고, 한가로이 그 덕에 머문다. 널찍하여 매우 큰 것 같고, 초연하여 세상일에 얽매이지 않는다. 줄곧 침묵을 지켜 입을 다물고 있기를 좋아하는 듯하고, 멍하니 말을 잊고 있다."[7]고 설명했다.

그런데 『장자(莊子)』「소요유(逍遙遊)」편에는 "지인(至人)은 충분한 덕을 쌓은 사람이고, 신인(神人)은 신묘한 능력을 갖춘 사람이며, 성인(聖人)은 자득통달(自得通達)한 사람으로서 모두 이상적 인격을 가리킨다."는 주장이 실려 있다. 주석에는 그 형체(形體)를 지(至)라 하고, 그 작용을 신(神)이라 하며, 그 명목을 성(聖)이라 할 뿐 사실은 동일하다고 설명한다.[8]

이 밖에도 『장자(莊子)』「천하(天下)」, 『열자(列子)』「양주(楊朱)」, 『회남자(淮南子)』「본경훈(本經訓)」, 『초사(楚辭)』, 『해여총고(陔餘叢考)』 등에 진인이라는 사용례가 보인다. 한편 『지봉유설』에도 사람의 품격에 대한 여러 분류가 보인다.[9]

---

7   안동림 역주, 『장자(莊子)』(현암사, 1993), 175-186쪽.
8   안동림 역주, 위의 책, 35쪽.

그러나 『정감록』의 진인은 도가적인 진인과는 다르다고 생각된다. 진인은 기존 질서에 대항해 싸울 영웅이며, 새로운 왕조를 개창할 '민중적 메시아(구원자)'로 등장한다. 진인은 실제로 장수들을 거느리고 기존의 집권 세력을 대신해 정권을 장악하여 민중의 오랜 숙원을 이루어 잘 먹고 잘 사는 이상적인 세상을 만들어 줄 존재로 기대된다. 도가의 진인이 특수한 수련법을 통해 도의 근원을 깨달아 스스로를 신선으로 변모시키는 이인이라고 정의할 때, 『정감록』의 진인은 민중과 함께 새 세상을 건설하는 현실적인 지도자로서 수많은 사람들의 가슴에 각인되는 존재이다.

한편 진인출현설에 대한 국문학계의 연구 성과가 있다.[10] 조동일은 진인출현설은 누구의 조작이기 이전에 "민중들 사이에서 자연스럽게 이루어진 이야기"라고 보며,[11] 진인을 "세계와의 대결을 준비하고 있으며, 대결이 벌어진다면 반드시 승리할 것으로 인정되는 인물"이라고 정의한다.[12] 그리고 진인이야기는 결말이 있는 영웅이야기와는 달리, 결말이 없이 오직 승리의 가능성을 예언하는 데서 이야기가 끝난다는 특징을 지닌다고 분석했다.

나아가 조동일은 민중적 영웅의 패배가 진인출현설에서는 진인의 전폭적인 승리 가능성으로 대치되어 있으며, 그 가능성은 아직 실현되지 않았기 때문에 설득력을 가질 수 있다고 날카롭게 지적한다. 결국 그는 진인이 실패 또는 패배한 민중적 영웅을 뒤이어, 그렇게 패배를 겪고도 다시 모색되는 승리 가능성을 최대한 고양시키고자 설정한 인물이라고 보았다.[13]

조동일은 17세기 말 숙종 때 발행된 『추안급국안(推案及鞫案)』의 기록(104책

---

9 中黃子曰. 上五有神人, 眞人, 道人, 至人, 聖人. 次五德人, 賢人, 智人, 善人, 辨人. 中五公人, 忠人, 信人, 義人, 禮人. 次五士人, 工人, 虞人, 農人, 商人. 下五衆人, 奴人, 愚人, 肉人, 小人. 이수광의 『지봉유설(芝峯類說)』 권 15 인물부(人物部) 「인재(人才)」.

10 조동일, 「진인출현설의 구비문학적 이해」, 『장덕순 선생 화갑기념 한국고전산문연구』(동화문화사, 1981)가 조동일, 『민중영웅이야기』(문예출판사, 1992), 86–107쪽에도 실려 있어서 이를 인용한다.

11 조동일, 위의 글, 86쪽.

12 조동일, 위의 글, 89쪽.

13 조동일, 위의 글, 92–93쪽.

신미辛未, 1691년) 11월, 109책 갑술(甲戌, 1694년 2월 28일)과 순조(純祖) 11년(1811) 12월부터 이듬해 4월까지 평안북도 일대에서 일어난 홍경래사건을 평정한 기록인『관서평난록(關西平亂錄)』을 진인이야기의 시작으로 보고 분석하였다.

그는 숙종(肅宗) 17년(1691)의 자료를 분석하여 진인출현설은 "어느 부인이 아들을 낳아 길렀는데 아이가 일곱 살이 되자 어디론가 가버렸다는 이야기를 들은 사람들이, 그 아이를 생불(生佛) 혹은 득국지인(得國之人)으로 공연히 추측한 데서 시작되었다."고 밝히고 있다.

그 후 숙종 20년(1694)의 기록에서는 "섬에 머무르고 있는 정(鄭) 진인(眞人)이 나라에 변란이 일어나면 육지로 나올 테니, 그를 맞이할 준비를 갖추어야 한다."는 이야기로 발전되었다. 여기서 진인을 맞이할 준비는 재물과 사람을 모으는 일이다. 이러한 이야기에 대해 조동일은 재물과 사람을 모아서 변란을 꾀하는 행위가 진인을 맞이한다는 구실로 합리화된 것이라고 평가하였다.[14]

순조 11년(1811) 음력 12월에 일어난 홍경래사건은, 정씨 진인이 나타나 철기(鐵騎) 십만 명의 군사를 이끌고 진군해 들어오게 예정되어 있으므로 이에 앞서서 기병한다는 이야기를 핵심으로 삼아 일어난 사건이다. 난이 평정된 후 관변 측 인사들이 가담자들을 심문한 결과 진인출현설은 봉기군 측이 민심을 선동하고 규합하기 위해 꾸민 이야기라고 결론지었다.

봉기군 측이 순조 11년(1811) 12월 18일에 낭독한 격문에는 "세상을 구할 성인이[15] 평북 청천강 북쪽 검산(劍山) 일월봉(日月峰) 아래 군왕포(君王浦) 위쪽에 있는 가야동(伽倻洞) 홍의도(紅衣島)에서 탄생했다. 다섯 살 때 신승(神僧)을 따라 중국에 들어갔었는데, 황명(皇明)의 세신유족(世臣遺族)과 철기(鐵騎) 십만 명을 거느리고 장차 우리나라를 깨끗이 하러 올 것이다."라는 내용이 들어있었다.

당시 관군 측에서 진인의 삼촌이라고 주장하는 정세규(鄭世圭)라는 노인을

---

14 조동일, 위의 글, 94-95쪽.

15 『관서평란록』에는 진인이 정시은(鄭時殷), 정시수(鄭時守), 정제민(鄭濟民) 등으로 불리는 41세의 남자라고 기록되어 있다. 영인본『관서평란록(關西平亂錄)』4권, 15책(일본 국회도서관지부 정가당문고 (靜嘉堂文庫) 소장, 아세아문화사 영인본, 1979), 344면과 491면.

찾아서 조사한 내용을[16] 살펴보면, 약 50년 전에 정세규의 형수가 고깃덩어리처럼 생긴 괴물을 낳았으므로 보기가 끔찍해 볏짚을 쌓아둔 데에 버렸다가 땅에 묻은 일이 있었다고 진술했다. 그런데 이웃 사람들이 아이가 태어났는데도 우는 소리가 들리지 않고 흔적조차 없으니, "아마, 장군을 낳았구나. 그래서 태어나자마자 어디론가 가고 흔적이 없구나."라고 추측하여 뱉은 말이 빌미가 되어 맹랑하게 풍문으로까지 발전했다는 것이다.

이와 비슷한 이야기가 또 다른 자료에도 보인다.[17] 내용은 어느 정씨네 집 부인이 잉태하여 난산으로 신고(辛苦)하다가 괴물 모습의 아이를 낳아, 놀랍고 괴이하여 울타리 뒤에다 묻은 일이 있었다고 한다. 이튿날 이웃집 여자가 찾아와 해산을 했는데 아이가 없음을 의심하여 "어젯밤에 아이를 낳았는데 지금 볼 수가 없다니, 세상에서 말하듯이 장군이 태어나자마자 어디론가 가버린 것이 아닐까?"라고 말했다. 이처럼 무식한 여자가 터무니없이 지어낸 말이 진인출현설로까지 번졌으며, 난을 꾸미는 주동자들이 민심을 선동하는 데 이를 이용했다는 것이 관군 측의 심문에 진술자들이 답한 내용이다.

결국 조동일은 두 자료가 일치하며, 유언비어가 과장되어 엄청난 이야기로까지 발전했다는 관군 측의 조사 결과는 믿을 만하다고 결론지었다. 장수나 진인이 나타나야 한다는 기대가 계속되던 차에 태어나자마자 자취를 감춘 아이가 있다는 풍문이 돌았으며,[18] 그 아이가 바로 진인이 아닐까 하는 추측이 생겨났고, 이러한 추상적인 기대가 구체적인 근거를 가지자 진인이야기가 다시 생동하게 되었다고 본다.

---

16 『관서평란록』 4, 15책(아세아문화사, 1979), 340면.

17 위의 책, 334-335면.

18 『관서평란록』의 기록에 의하면 태어나자 자취를 감추었다는 아이는 다섯 살 때 중국에 갔다가 홍의도(紅衣島), 신도(薪島) 등으로 불리는 섬에 들어갔다고도 하고, 신승을 따라 중국에 갔다고도 한다. 영인본 『관서평란록(關西平亂錄)』 4, 15책(아세아문화사, 1979), 340면. 영인본 『관서평란록(關西平亂錄)』 5, 17책(아세아문화사, 1979), 88면. 영인본 『관서평란록(關西平亂錄)』 5, 잔존본(殘存本)(아세아문화사, 1979), 464면. 영인본 『관서평란록(關西平亂錄)』 15책(아세아문화사, 1979), 340면. 정석종, 「홍경래란의 성격」, 『한국사연구』 7(한국사연구회, 1972), 168쪽.

진인은 민중영웅으로서 민중의식의 각성을 주창하는 인물이다. 항쟁의지를 상징하는 진인은 장차 세상을 뒤집고 나라를 구하는 운명을 지닌 위대한 존재로 부각되었고, 실제 역사의 변혁에 앞장설 위대한 인물로 기대되었다. 거사모의자들은 민심을 선동하고 거사를 성공시키기 위해서 혹은 사람들을 규합하기 위해서 진인에 대한 이야기를 퍼뜨렸다. 이는 진인은 신이한 능력을 지니고 어딘가에 숨어서 군사를 기르고 있다가 난리가 날 조짐이 보이면 나타나 결국은 나라를 세울 것이라는 민중들의 믿음을 반영하고 있다.

따라서 진인이야기는 누구의 조작이기 이전에 민중들 사이에 자연스럽게 이루어진 이야기이며, 이러한 이야기가 널리 퍼지자 이른바 『정감록』 등에 의한 설명이 뒤따르게 되었다.[19]

결론적으로 조동일은 민란이 일어나게 된 고조된 분위기가 추상적인 기대와 구체적인 근거를 결합시키는 데 결정적인 작용을 했으며, 이처럼 진인이야기는 역사의 맥락 속에서 되풀이되어 온 구조를 되찾으면서 거듭 성립되었다고 평가한다.[20]

조동일은 진인출현설이 언제 처음 생겼는지는 확인되지 않는다고 결론지었다. 그러면서도 그는 17세기 말과 19세기 초의 자료를 통해 볼 때, 진인출현설은 전승되는 이야기 유형이면서 역사의 새로운 움직임과 밀착되어 구체화되고 거듭해서 살아날 수 있는 것으로 보았다. 결국 진인출현설은 민중운동의 퇴조기에는 일단 사라지거나 불신되지만, 그와 반대되는 상황이 조성되면 그때 새삼스럽게 형성된 이야기인 것처럼 긴박한 설득력을 가지고 민심을 선동하고 규합할 수 있었으며, 민중들은 이야기의 형성 시기 자체는 그리 문제삼지 않고 내용의 의미만을 파악하고자 했다는 것이다.[21]

홍경래사건과 관련하여 작자 미상의 『진중일기(陣中日記)』 순조 11년 12월

---

19 조동일, 「진인출현설의 이야기 구조와 기능」, 『민중영웅이야기』(문예출판사, 1992), 86쪽.
20 조동일, 위의 글, 99-100쪽.
21 조동일, 위의 글, 103쪽.

18일조에 "반군(叛軍)의 임신기병(壬申起兵) 도참(圖讖)이 있다."는 내용이 보인다.[22] 이 부분에 대해서는 홍경래사건을 다루는 부분에서 자세히 살펴보도록 하자.

그리고 『정감록』에서 장차 이 세상에 올 진인(眞人)의 성씨가 왜 하필이면 정씨(鄭氏)로 이야기되었는지에 대해서는 여러 의견이 있다.

15세기까지 한국 사회에 출현했던 예언서나 비결서의 제목들은 비기(秘記), 비사(秘詞), 유훈(遺訓) 등이 대부분이었다. 여기서 기(記)와 사(詞)는 한문학의 한 분야이고, 훈(訓)은 예언서가 가진 도덕적인 성격을 강조하는 것이다. 이에 비해 『정감록』이라는 책 제목은 '사실을 기록한다.'는 뜻의 록(錄)으로 적혀 있다.

한편 『신지비사(神誌秘詞)』, 『도선비기(道詵秘記)』, 『남사고비기(南師古秘記)』 등에 언급되어 있는 신지, 도선, 남사고 등은 비결서의 저자를 가리킨다. 물론 신화적이거나 역사적 인물인 그들이 직접 그런 내용의 비결서를 지었을 가능성은 거의 없으며, 후대의 가탁에 의한 것으로 보인다. 그리고 『정감록』의 저자로 믿어지는 정감(鄭鑑)은 실존 인물도 아니고, 신화적 인물도 아니며, 단지 가공의 인물에 불과하다.

그런데 왜 『정감록』은 하필이면 정씨라는 성을 가진 가공인물을 내세웠을까? 아마도 그 이유는 조선왕조의 개국부터 유달리 정씨 성을 가진 사람들이 반왕조적인 사건을 주동했다는 역사적 사실과 관련이 있는 것 같다.

조선왕조의 개창자인 이성계의 회유를 끝까지 거부하다가 이방원의 사주로 개성의 선죽교(善竹橋)에서 격살되었던 정몽주(鄭夢周, 1337-1392), 왕위 계승권을 둘러싼 왕자들의 난에 연관되어 희생된 정도전(鄭道傳, 1337-1398), 선조(宣祖) 때 뛰어난 재능을 지녔지만 당쟁에 휘말려 반란을 일으켰다가 죽도(竹島)로 도망쳐 자살했던 정여립(鄭汝立, 1546-1589), 영조(英祖) 때 밀풍군(密豊君) 탄(坦)을 추

---

22 김창시가 요언을 여러 읍에 유포하여 민심을 소란시켰다.〔(…)仍使昌始, 散布妖言於列邑, 以亂民心.〕그러나 도참과 요언의 구체적인 내용은 기록되어 있지 않다.

대하여 왕통을 바로 세워야 한다고 반란을 일으켰다가 참수된 정희량(鄭希亮, ?-1728) 등이 조선왕조에 반대한 대표적 인물들이었다.

따라서 조선왕조의 멸망을 예언하는 인물로는 정씨 성을 가진 사람이 가장 적합할 것이라는 인식이 널리 퍼져 있었을 것이다. 그리고 정감의 이름인 '감(鑑)'은 거울을 뜻하므로, '과거, 현재, 미래를 환하게 비추는 마술적인 거울'과 같이 '미래를 투시하는 능력을 지닌 인물'이라는 의미로 사용되었다고 짐작된다.

『정감록』은 수백 년 동안 금서(禁書)로 묶여 있었기 때문에 은밀하게 여러 사람의 손을 거쳐 필사본으로 전해져 왔다. 그리고 그 전파 과정에서 전사자(轉寫者)의 의도에 따라서 본래의 내용이나 형식이 새로 구성되었을 가능성이 높다. 따라서『정감록』의 작자를 정확히 알아내는 일은 아마 불가능한 일일 것이다. 그리고『정감록』은 단일한 책자가 아니라 수많은 비결들이 합해진 다양한 판본이 있다는 현실을 고려할 때 더욱 그러하다.

그러나『정감록』이 과연 언제쯤 편찬되었을까 하는 물음에 답할 수 있는 실마리가『조선왕조실록』의 여러 곳에서 확인된다. 이제 이러한 실마리를 살펴보면서 논의를 진전시켜 보도록 하자.

『조선왕조실록』은 조선왕조의 공식적인 관찬사서이다. 따라서『정감록』등의 비결에 관한 이야기가 상당히 걸러진 상태에서 기록되었을 것이 분명하다. 그럼에도 불구하고『조선왕조실록』곳곳에 비결과 관련된 기록들이 산견되고 있다는 사실 자체가 조선시대에 예언 또는 비결사상이 미친 영향력이 매우 컸음을 짐작하게 한다.

우리나라에는 예로부터 전해지는 비기(秘記)가 많았다. 고구려 보장왕 4년(645) 당(唐)나라 태종이 고구려를 칠 때, 당의 전략가 가언충(賈言忠)이 우리나라의 비기에 "9백년이 못 가서, 80 대장이 고씨를 멸하리라.〔不及九百年, 當有八十大將滅高氏.〕"라는 기록을 인용한 다음, "한(漢)나라가 한사군을 둔 지 올해가 9백년이고, 이적(李勣)의 나이가 80세입니다."라고 풀이했다고 전한다.[23] 여기서 이적은 당시 당나라 군대의 총사령관 이세적이었다. 그러나 당나라 측의 비결 풀이는 맞지 않았고, 오히려 고구려의 대승으로 끝났다.

고려 숙종(재위기간 1096-1105) 때 김위제(金謂磾)가 도선(道詵)의 「답산가(踏山歌)」에 나오는 "송악의 뒤가 떨어졌으니 어디로 갈까, 삼동에 해가 뜨니 평양이 있네.〔松岳後落向何處, 三冬日出有平壤.〕"라는 구절을 인용하여, '삼동에 해가 뜬다.'는 것은 손방(巽方)의 목멱(木覓)으로서 송경(松京)의 동남쪽이라고 풀이했다.[24]

또 김위제는 『신지비사(神誌秘詞)』의 "마치 칭추(稱錘) 극기(極器)와 같으며, 칭간(稱幹)은 부소(扶疎)다."라는 구절을 인용한 다음,[25] 칭추라는 것은 오덕(五德)의 땅이요 극기는 백아강(白牙岡)인데 이것은 저울로써 삼경(三京)을[26] 비유한 것이라고 주장했다. 즉 "송악(松岳)이 중(中)이 되고 목멱이 남(南)이 되고 평양이 서(西)가 되므로 극기라는 것은 머리요, 추라는 것은 꼬리이며, 칭간은 벼리〔綱〕를 거는 곳이니 송악이 부소가 되어 칭간에 비유되고, 평양이 백아강이 되어 칭수에 비유되며, 삼각산의 남쪽이 오덕구(五德丘)가 되어 칭추에 비유된 것이다."라고 풀이했던 것이다.

도선(道詵)은 신라 말기의 스님으로 옥룡자(玉龍子)라고도 부르며, 우리나라 음양지리학설의 비조(鼻祖)다.[27] 고려 태조의 탄생과 건국을 예언했다고 믿어져, 역대 왕은 그를 높여 현종은 대선사(大禪師), 숙종은 왕사(王師), 인종은 선각국사(先覺國師)의 존호를 각각 주었다.

또 고려 공민왕 6년(1357)에 우필흥이 "『옥룡기(玉龍記)』에 '우리나라의 폭원

---

23 이익(李瀷, 1681-1763), 『국역 성호사설(星湖僿說)』 1(민족문화추진회, 1977), 235-236쪽.

24 이익, 위의 글, 235쪽.

25 이익, 위의 글, 235쪽.

26 지금의 개성, 평양, 서울을 가리킨다.

27 영암(靈巖) 사람으로 나이 72세에 광양의 옥룡사에서 죽었는데, 신라 효공왕 2년(898)이었다. 고려 태조가 태어나기 1년 전에 도선이 찾아와 글을 바치면서 장차 삼한을 통합할 임금이라 했고, 고려 태조가 17세 되던 해에 다시 찾아와서 군사를 출동시키고 진(陣)을 배치하는 법과 천시(天時) 지리(地理)의 법을 가르쳐 주었다. 그의 성은 김씨이고 태종 무열왕의 서얼손이라고도 한다. 그의 모친이 외를 먹고 잉태했다는 설과 꿈에 구슬을 삼키고 잉태했다는 말은 아마도 허황한 말일 것이다. 이익(李瀷, 1681-1763), 『국역 성호사설(星湖僿說)』 4(민족문화추진회, 1977), 288-289쪽.

(幅員)은 백두산에서 비롯하여 지리산에 가서 마쳤는데, 생긴 형세가 수근(水根) 목간(木幹)으로 된 지대이다. 따라서 검은 빛깔은 부모로 삼고, 푸른 빛깔은 자신으로 삼아야 한다. 또 풍속도 토(土)에 순응하면 잘 되고, 토를 거스르면 재앙이 생기게 된다.'라 했습니다."라고 진언했다고 전한다.[28]

이와 관련하여 도선이 "우리나라는 물을 뿌리로 하고, 나무를 줄기로 한 땅인 까닭에 빛은 청색과 흑색을 숭상하여야 되고, 애써서 소나무를 양식해야 된다."고 말했다는 이야기도 전한다. 공교롭게도 고려 말엽 공양왕 4년에 진산(鎭山)과 망산(望山)의 소나무를 송충(松蟲)이 갉아먹고 태묘(太廟)의 소나무도 갉아먹어 버렸는데 바로 이 해에 고려왕조가 망했다고 한다.[29]

이러한 이야기를 종합해보면, 최소한 11세기 후반이나 12세기 초에는 도선이 지었다는 『답산가』라는 비결서가 왕실에까지 알려졌으며, 단군 임금의 신하였다는 신지(神誌)가 지었다는 『신지비사』도 전승되었음을 알 수 있다. 또 14세기 중반에는 도선이 지었다는 또 다른 비결서인 『옥룡기』도 알려졌으며, 그 이외에 도선이 했다고 전하는 말도 전승되고 있었음을 확인할 수 있다.

---

28 이익, 『국역 성호사설(星湖僿說)』 8(민족문화추진회, 1977), 168-170쪽. 『국역 성호사설』 1(민족문화추진회, 1977), 314쪽에도 비슷한 내용이 인용되었는데, 고려 충렬왕 원년(1275)에 그의 말을 좇아 백의(白衣)를 금지했다.

29 이익, 『국역 성호사설(星湖僿說)』 7(민족문화추진회, 1977), 123-124쪽.

태조대의
예 언
사 상

1

조선 초기의 비결에 대한 관점은 이율배반적이었다. 한편으로는 역성혁명 (易姓革命)을 통해 고려왕조의 왕씨를 대신해 새롭게 이씨 왕조가 건설된 역사 적 사실의 당위성을 뒷받침해 주는 결정적 근거로 비결이 믿어졌다. 반면 또 다른 비결이 유포되어 사회가 혼란스러워지는 일을 막기 위해 당시 알려진 비 결서들은 모두 수거되어 불태워져 버렸다.

먼저 조선왕조의 개국을 정당화시키는 비결과 관련된 이야기가 개국 초기 부터 의도적으로 홍보되었음을 알려주는 기록을 살펴보자.

조선왕조의 건국과 관련된 다음과 같은 예언이 고려 말기에 이미 인구에 회자되고 있었다고 전한다. 이러한 예언이 있었다는 주장은 조선왕조의 건국 이 정당화되고 합리화되는 과정으로 이해해야 할 것이다.

임금이 잠저(潛邸)에 있을 때, 꿈에 신인(神人)이 금자[金尺]를 가지고 하늘에서 내 려와 주면서 말하기를, "시중(侍中) 경복흥(慶復興)은 청렴하기는 하나 이미 늙었으며, 도통(都統) 최영(崔瑩)은 강직하기는 하나 조금 고지식하니, 이것을 가지고 나라를 바룰 사람은 공(公)이 아니고 누구이겠는가?" 하였다.

그 뒤에 어떤 사람이 문밖에 이르러 이상한 글을 바치면서 말하기를, "이것을 지리산(智異山) 바위 속에서 얻었습니다." 하는데, 그 글에, "목자(木子)가 돼지를 타고 내려와서 다시 삼한(三韓)의 강토를 바로잡을 것이다." 하고, 또, "비의(非衣), 주초(走肖), 삼전삼읍(三奠三邑)" 등의 말이 있었다. 사람을 시켜 맞이해 들어오게 하니 이미 가버렸으므로, 이를 찾아도 찾아내지 못하였다.

고려의 서운관(書雲觀)에 간직한 비기(秘記)에 '건목득자(建木得子)'의 설(說)이 있고, 또 "왕씨(王氏)가 멸망하고 이씨(李氏)가 일어난다."는 말이 있는데, 고려의 말년에 이르기까지 숨겨지고 발포(發布)되지 않았더니, 이때에 이르러 세상에 나타나게 되었다. 또 조명(早明)이란 말이 있는데 사람들이 그 뜻을 깨닫지 못했더니, 뒤에 국호(國號)를 조선이라 한 뒤에야 조명(早明)이 곧 조선(朝鮮)을 이른 것인 줄을 알게 되었다. 의주(宜州)에 큰 나무가 있는데 말라 썩은 지 여러 해가 되었으나, 개국(開國)하기 전 1년에 다시 가지가 나고 무성하니, 그때 사람들이 개국의 징조라고 말하였다.[1]

고려왕조 말기의 혼란상을 바로잡을 인물이 바로 이성계라는 사실이 신인(神人)이 내려주었다는 금(金)으로 된 자〔尺〕라는 보물로 확인된다는 이야기다. 그리고 지리산 바위 속에서 나왔다는 비결에 을해생(乙亥生) 돼지띠이자 이씨인 이성계가 앞으로 삼한 땅을 다스릴 것이며, 배씨, 조씨, 세 명의 정씨 등이 그를 도울 것이라 적혀 있었다고 강조했던 것이다.

더욱이 고려 왕실에서 은밀히 보관하던 비기에 이미 목자(木子), 즉 이씨(李氏)가 나타나 새로운 나라를 세울 것이 예언되어 있었고, 조선이라는 나라 이름까지 미리 정해져 있었다는 것이다. 결국 고려왕조가 망하고 조선왕조가 열릴 것은 이미 하늘에서 정한 운수라는 주장이다. 이성계의 즉위가 찬탈이 아

---

1 上在潛邸, 夢有神人執金尺自天而降, 授之曰: "慶侍中復興, 淸矣而已老: 崔都統瑩, 直矣而少慧・持此正國, 非公而誰!" 其後有人踵門獻異書云: "得之智異山嚴石中"・書有 "木子乘猪下, 復正三韓境"・又有 "非衣走肖三奠三邑" 等語・使人迎入則已去, 尋之不得・高麗書雲觀所藏秘記, 有建木得子之說, 又有王氏滅李氏興之語, 終高麗之季, 秘而不發, 至是乃見・又有早明之語, 人莫諭其意, 及國號朝鮮, 然後乃知早明卽朝鮮之謂也・宜州有大樹, 枯朽累年, 先開國一年, 復條達數榮, 時人以爲開國之兆 (…) 『태조실록』 태조 1년(1392) 7월 17일(병신).

니라 천명(天命)에 의한 것이었음을 강조하며, 새 왕조의 명분을 세우기 위해 비결이 이용되었다.

이 외에도 이 기사에는 시중(侍中) 경복흥(慶復興), 상명사(相命師) 혜징(惠澄), 시중(侍中) 이인임(李仁任)[2] 등이 태조와 정종(定宗)을 보고 "국가가 장차는 반드시 이씨(李氏)에게 돌아갈 것이다."라고 말했다는 내용이 있다.

위의 인용문에서 목자(木子)는 이씨(李氏), 비의(非衣)는 배씨(裵氏), 주초(走肖)는 조씨(趙氏)의 파자이고, 삼전삼읍(三奠三邑)은 세 명의 정씨(鄭氏)을 의미한다. 이처럼 파자로 예언하는 형식은 이미 고려 말 조선 초에 상당히 알려졌으며, 조선왕조가 건설된 이후에는 "왕씨가 멸망하고 이씨가 건국한다."는 왕조교체설도 예언의 형태로 널리 알려졌음을 알 수 있다. 왕조의 교체가 특정 성씨를 가진 인물에 의해 이루어질 것이라는 예언 형식은 이후 조선을 대신할 새 왕조가 새로운 성씨를 지닌 사람에 의해 세워질 것이라는 형태로 발전될 여지를 남겼다.

그리고 『용비어천가』에도 "'조명(早明)'이라는 글이 도참에 있었으나, 사람들이 그 뜻을 밝히지 못했다. 명나라 천자가 나라 이름을 바꿔 '조선(朝鮮)'이라고 했다."는 내용이 있다.[3] 여기에는 "조선(朝鮮)은 아침 해가 선명하다는 뜻이니, 이는 참언의 '조명(早明) ― 아침 일찍 ― '과 합치된다."는 주석이 있다. 그리고 "목자가 돼지를 타고 내려와 삼한의 경계를 바로잡는다."는 내용은 태조가 을해생(乙亥生)임을 지적한 비결이다.[4]

태조가 잠저(潛邸) 때에 어떤 사람이 문밖에 와서 이상한 글을 드리면서 말하기를, "지리산 바위 속에서 얻었는데, '목자(木子)가 도야지를 타고 내려와서 ― 태조가 을해년에 탄생하였다. ― 다시 삼한(三韓)의 지경을 바로잡는다.〔木子

---

2 이인임 관련 기록은 정인지 외 지음, 이윤석 옮김, 『용비어천가(龍飛御天歌)』 1(솔출판사, 1997), 123쪽에도 보인다.

3 정인지 외 지음, 이윤석 옮김, 『용비어천가(龍飛御天歌)』 2(솔출판사, 1997), 315쪽.

4 위의 책, 317쪽.

乘猪下, 復正三韓境)'는 글귀가 있습니다." 하였다. 사람을 시켜서 맞아들이라고 하였으나, 벌써 갔으므로 찾지 못하였다. 고려조 서운관(書雲觀)에 간직한 비기(祕記) 중 구변진단지도(九變震檀之圖)에 "나무를 세워 아들을 얻는다."〔建木得子〕라는 말이 있으며, 또 "왕씨가 멸망하고 이씨가 일어난다."는 말이 있었는데, 고려조가 끝나도록 숨기고 발표하지 않았다는 이야기도 전한다. 이는 이정형(李廷馨, 1549-1607)이 지은 『동각잡기(東閣雜記)』 (상) 「본조선원보록(本朝璿源寶錄)」에 실려 있는데, 이긍익의 『연려실기술(燃藜室記述)』 「태조조고사본말(太祖朝故事本末)」에도 실려 있다.

또 덕원부(德源府)에 큰 나무가 있었는데, 마르고 썩은 지 여러 해 되었다가 개국하기 1년 전에 다시 가지가 살아나 번성하니, 당시 사람들이 개국할 징조라 하였다. 도참(圖讖) 중에 '조명(早明)'이라는 문구가 있었는데, 사람들이 뜻을 깨닫지 못하였더니, 명 태조(太祖)가 특별히 명하여 국호를 고쳐서 '조선(朝鮮)'이라 하라고 하였다고 전한다. 이 이야기도 『동각잡기(東閣雜記)』와 이긍익의 『연려실기술(燃藜室記述)』 「태조조고사본말(太祖朝故事本末)」에 실려 있다.

한편 조선왕조의 건국과 관련하여 약간 다른 형태의 예언이 다음과 같이 전한다.

건원릉(健元陵)에 비를 세웠다. 비문(碑文)은 이러하였다. — 꿈에 어떤 신인(神人)이 금척(金尺)을 가지고 하늘에서 내려와서, 그것을 주면서 말하기를, '공(公)은 마땅히 이것을 가지고 나라를 바로잡으리라.' 하였으니 — 또 어떤 이인(異人)이 대문에 와서 글을 바치며 이르기를, '지리산(智異山) 암석(巖石) 가운데서 얻은 것이다.' 하였는데, 거기에는, '목자(木子)가 다시 삼한(三韓)을 바로잡으리라.'는 말이 있었다. 그러므로 사람을 시켜 나가서 맞이하게 하였더니, 이미 가버리고 없었다.

서운관(書雲觀)의 옛 장서(藏書)인 비기(祕記)에 『구변진단지도(九變震檀之圖)』란 것이 있는데, '건목득자(建木得子)'라는 말이 있다. 조선(朝鮮)이 곧 진단(震檀)이라고 한 설(說)은 수천 년 전부터 내려오는 것으로, 지금에 와서야 증험되었으니, 하늘이 유덕(有德)한 이를 돌보아 돕는다는 것은 진실로 징험이 있는 것이다.[5]

목자득국(木子得國), 즉 이씨 왕조 건국설이 지리산 암석에서 얻은 비결로 구체적으로 이야기되며, 서운관에 간직되었던 비기의 이름이 '구변진단지도'라고 밝혔다. 시간이 흘러 조선왕조의 건국이 실제화되고 왕권이 확립되면서, 조선왕조의 건국을 예언한 비결과 예언서의 출처와 이름이 구체적으로 명기되었다. 이를 통해 예언의 정확성과 구체성을 보장받으려 한 것으로 풀이된다.

그런데 권근(權近)이 지은 태조의 비문은 『양촌선생문집』 제36권 비명류(碑銘類)에 실려 있는데, 원본(原本)과 남들의 수정을 거친 석각본(石刻本) 두 가지가 실려 있다. 원본의 내용은 다음과 같다.

구변도(九變圖)라는 국판〔局〕과 십팔자(十八子)라는 설(說)이 단군 때부터 벌써 있었던 것인데, 수천 년을 지난 지금에 징험된다. 또 이상한 중이 지리산(智異山) 바위 속에서 이상한 글을 얻어 바쳤는데, 그 말이 위에 말한 단군 때에 나왔다는 것과 서로 합치하였다. 이것은 또한 광무(光武)의 적복부(赤伏符)라는[6] 것과 유사하다. 비기(秘記)가 비록 떳떳하지 못하다 하나, 또한 이치가 혹 있는 것이다. 예로부터 여러 번 징험되었으니, 하늘이 덕 있는 이를 돌봄이 참으로 증거 있는 것이다.[7]

십팔자(十八子)도 이씨(李氏)의 파자인데, 이씨가 새 왕조를 열 것이라는 예언이 이미 오래전인 단군 시대부터 있었다고 강조되며, 단순한 이인(異人)이 아

---

5 立健元陵碑. 文曰 − 夢有神人執金尺, 自天降而授之曰, "公宜持此正國. − 又有異人來門獻書云", "得之智異山巖石之中, 有木子更正三韓之語." 使人出迎呪已去矣. 書雲觀舊藏秘記, 有九變震檀之圖, 建木得子. 朝鮮卽震檀之說, 出自數千載之前, 由今乃驗, 天之眷佑有德, 信有徵哉! 『태종실록』 태종 9년 (1409) 윤 4월 13일(을묘) 비문은 권근이 찬한 것으로 『동문선』 제120권에 「유명시강헌조선국태조지인계운성문신무대왕건원릉신도비명(有明諡康獻朝鮮國太祖至仁啓運聖文神武大王建元陵神道碑銘) 병서(幷序)」라는 제목으로 실려 있다.

6 예언이 쓰인 붉은 색깔의 부적이다. 유수〔劉秀, 뒤에 광무제(光武帝)가 됨〕가 장안(長安)에 있을 때 강화(彊華)가 드린 적복부에 "유수가 군사를 일으키매 사이(四夷)가 운집하고 4·7 즈음에 화(火)가 임금이 된다."라 하였는데, 사이가 운집함은 곧 여러 영웅들의 싸움을 가리킴이요, 4·7은 곧 4에 7을 곱한 셈 28의 숫자로서 한고조(漢高祖)에서 광무까지 2백 28년임을 가리킨 것이라 하며, 혹은 광무가 기병할 때 28세였음을 가리킨 것이라 하기도 한다. 『동관한기(東觀漢記)』.

7 九變圖之局, 十八子之說, 自檀君之世而已有. 歷數千載, 由今乃驗. 又有異僧, 從智異山巖石之中得異書而來獻. 其說與上所言出於檀君之世者相合. 『신증동국여지승람』 제11권 경기(京畿) 양주목(楊州牧) 능묘(陵墓)조에 권근(權近)이 지은 신도비명(神道碑銘)에도 같은 내용이 있다. 석각본이 좀 더 분명하게 특별한 비기가 존재하는 듯 서술되어 있다.

니라 "이상한 중"이라고 신분이 밝혀져 예언의 신빙성을 더욱 높여주는 형태로 제시되었다.

거의 같은 기록이 『동문선(東文選)』과 실제 비문에도 보이는데 다음과 같다.

이인(異人)이 와서 책을 바쳐 말하기를 "지리산 암석 가운데서 얻었는데, '목자(木子)가 삼한(三韓)을 다시 바로잡을 것이다.'라는 말이 있었다." 서운관에서 예부터 소장해 오던 비기(秘記)에 『구변진단지도(九變震檀之圖)』가 있는데 '목(木)을 세우고, 자(子)를 얻는다.'라 했으니 조선(朝鮮)은 곧 진단(震檀)이라는 설이 나온 지 수천 년 전이다.

우리나라의 왕조가 9번 변할 것이라는 의미를 지닌 예언서가 서운관에 보관되어 왔다는 사실은 지금으로서는 확인할 수 없다. 하지만 『구변진단지도』라는 예언서가 조선 초기에 집권층에 의해 공론화되었다는 점은 분명하다. 예언서의 존재가 거부할 수 없는 매력을 지닌 형태로 많은 사람들에 의해 받아들여지고 믿어졌다는 사실을 확인할 수 있다. 즉 이씨가 출현하여 나라를 세우고 새로운 도읍을 정할 것은 이미 오래전부터 예언되어 있었던 일이라고 힘주어 말한다.

또 『용비어천가』에도 "참서(讖書)에 십팔자(十八子)가 삼한(三韓)을 바로잡는다는 말이 있다."는 내용이 보인다.[8]

『용비어천가(龍飛御天歌)』 15장의 주(註)에는 "구변도국(九變圖局)은 신지(神誌)가 지은 도참의 이름이다. 동국(東國) 역대의 도읍을 정하는 일에 대해 예언한 것인데, 그 판국이 모두 아홉 번 변할 것이라고 했다. 아울러 말하기를 본조(本朝)가 천명을 받아 도읍을 세운 일을 말했다."는 구절이 있다.[9]

『구변진단지도』와 『구변도국』은 동일한 예언서를 지칭하는 것으로 보이

---

8   정인지 외 지음, 이윤석 옮김, 『용비어천가(龍飛御天歌)』 2(솔출판사, 1997), 219쪽.

9   九變圖局, 檀君時人神誌所撰圖讖之名, 言東國歷代定都凡九變其局, 並言本朝鮮受命建都之事. 정인지 외 지음, 이윤석 옮김, 『용비어천가(龍飛御天歌)』 1(솔출판사, 1997), 185쪽.

며, 이 예언서를 지은 인물이 단군 때의 유명한 신하인 신지로 거론된다. 예언서가 실제로 있다는 점과 유구한 역사를 지닌 것이라는 점이 다시 한 번 강조되며, 이제는 예언서의 저자가 구체적으로 밝혀진다. 이 역시 예언의 정확성과 신빙성을 강조하는 일이다. 그리고 『구변진단지도』 내지 『구변도국』이 우리나라 역대 왕조의 역사를 예언한 책이며 그 실제 내용은 각 왕조의 도읍지 변화와 관련된 것이라는 부수적인 설명까지 덧붙여졌다.

한편 이정형(李廷馨, 1549-1607)의 『지퇴당집(知退堂集)』 권 6 『동각잡기(東閣雜記)』 〔본조선원보록(本朝璿源寶錄)〕 「태조(太祖)」에는 "구변진단지도는 비밀스럽게 감추어져 드러나지 않았으나 신우(辛禑) 때에 비로소 출현하였다."라 했다.[10] 예언서의 출현 시기까지 명백하게 밝혀진다는 점에서 예언의 신빙성은 더욱 고조되었다.

조선이 건국된 일을 찬미하여 지어진 『용비어천가(龍飛御天歌)』 16장의 대주(大註)에 "고려 숙종 때 위위승정(衛尉丞正) 김위제(金謂磾)가 글을 올려 한양에 천도하기를 주장했는데, 신지(神誌)와 도선(道詵)의 도참(圖讖)을 이용했다."고 했으며, 그 소주(小註)에 "신지는 단군(檀君) 때 사람으로 세상에서는 신지선인(神誌仙人)이라고 부른다."라고 했다.[11] 『구변진단지도』라는 예언서의 저자가 단군 때의 인물이라는 인식이 이 시기에 있었다는 사실이 확인된다.

그런데 성호(星湖) 이익(李瀷, 1681-1763)의 『성호사설(星湖僿說)』 제2권 『천지문(天地門)』 「고려비기(高麗秘記)」에는 "『신지비사』라는 것은 어떤 사람이 지은 것인지 모르겠다."라 했고, "근세에 또 의상(義相)과 남사고(南師古)의 기록이 있어 어리석은 사람들이 혹 준거해 믿으니 이것은 다 불초남자(不肖男子)의 망령된 말을 믿는 것이다. 하나같이 증험이 없으니 우습다 하겠다."라 했다. 이익은 신지가 단군시대의 인물이라는 주장이 근거가 미약하다고 보았다.

지리산 암석에서 얻었다는 신비한 책은 언제쯤 조선 태조에게 바쳐졌을

10　九變震檀之圖, 秘而不發, 辛禑時, 其書始出.

11　정인지 외 지음, 이윤석 옮김, 『용비어천가(龍飛御天歌)』 1(솔출판사, 1997), 191쪽.

까? 정도전(鄭道傳)이 태조에게 올린 악장(樂章)인 「수보록(受寶籙)」의 서문에 "전하께서 잠저(潛邸)에 계실 때 어떤 사람이 지리산 석벽 가운데서 이서(異書)를 얻어 바쳤는데, 십수 년이 지난 후에야 그 말이 증명되었다."라는[12] 내용이 있다.

이와 비슷한 내용이 태조 2년(1393) 7월 정도전이 올린 전문(箋文)에도 보인다. 정도전은 「몽금척(夢金尺)」, 「수보록(受寶籙)」 등 악사(樂詞) 3편을 지어 바쳤다. 이때 정도전은 지리산 석벽 속에서 얻은 이상한 글에 "신도(神都)에 도읍을 정하여 왕위(王位)를 8백년이나 전한다."라는 내용이 더 있었다고 주장하여, 조선왕조가 고려보다 훨씬 오래 지속될 것이 예정되어 있다고 강조했다.

정도전이 지은 『삼봉집(三峰集)』의 각주와 『용비어천가』 86장의 주석에는 참언의 원문을 "목자(木子)가 돼지에 올라타고 삼한의 경계를 다시 바로잡으리라."라[13] 했다. 이는 태조가 을해생(乙亥生)이라는 사실을 정확히 예언한 내용이라는 점이 더욱 강조된 것이다.

『양촌집』 「수보록(受寶籙)」의 원문에 다음과 같은 내용이 있다.

주초(走肖)는 덕이 있고, 비의(非衣)는 군자로서 금성(金城)에서 올 것이며, 삼전삼읍(三奠三邑)이 도와서 완성할 것이다. 신령스런 도읍을 정하니 왕조의 수명은 8백이 되리라. 우리 임금께서 받으시니 이를 일러 보록(寶籙)이라 일컫는다.[14]

위의 내용에 대해 권근은 『비서(秘書)』를 인용하여 다음과 같이 적고 있다.

비서에 이르기를 "목자장군(木子將軍)의 검이요, 주초대부(走肖大夫)의 붓이요, 비의군자(非衣君子)의 지혜라."라 하였으니, 주초는 조준을 말하는 것이고, 비의는 배극렴을 가리킨다. 또 "삼전삼읍(三奠三邑)이 응당 삼한(三韓)을 멸하리라."라 했으니, 공(公) ― 정도전 ― 과 정총, 정희계를 이름이다. 또 이르기를 "조선의 대수(代數)를

---

12 殿下在潛邸, 有人得異書於知異山石壁中, 以獻, 後十數年, 其言果驗.
13 木子乘猪下, 復正三韓境.
14 走肖其德, 非衣君子, 來自金城, 三奠三邑, 贊而成之. 奠于神都, 傳祚八百. 我龍受之, 曰惟寶籙.

점치니 팔백이요, 그 햇수를 점치니 팔천이라."라 했다.[15]

권근은 태조가 받았다는 이른바 보록에 대해 자세히 설명하고자 노력했으며, 또 다른 예언서로 보이는 『비서(秘書)』를 인용하여 목자, 비의, 주초, 삼전삼읍에 해당하는 실제 인물을 해석하고자 했다. 그리고 그는 조선왕조의 운이 팔백이라는 예언을 대수(代數)로 팔백, 햇수로 팔천 년이 갈 것이라는 장대한 해석을 내렸다.

목자장군의 검, 주초대부의 붓, 세 명의 정씨 등에 관한 비결은 현전하는 『정감록』에도 다음과 같이 수용되어 있다.

三奠三乃古, 內應滅三韓, 木子將軍劍, 走肖大夫筆.[16]

내(乃)는 읍(邑)과 마찬가지로 읍(阝)을 의미한다. 조선 초기의 건국과 관련된 비결이 현전하는 『정감록』에도 나타난다는 앞선 시대에 인구(人口)에 널리 회자되었던 비결이 사실은, 후대의 예언서에 집대성되는 과정을 보여준다.

그런데 훗날 태종(太宗)은 태종 11년(1411) 겨울에 이 도참설을 믿을 수 없다고 말하고, 태조가 꿈에 신인(神人)에게서 금척(金尺)을 받았다는 설과 위의 보록을 받았다는 이야기도 믿지 못하겠다고 말했다. 특히 그는 정희계와 같은 인물이 새 왕조 건설의 핵심 인물로 거론되는 비결을 받아들일 수 없다고 납득할 수 없다는 심정을 토로했다.[17]

---

15 秘書曰, 木子將軍劍, 走肖大夫筆, 非衣君子智, 復正三韓格. 走肖謂趙浚, 非衣謂裵克廉, 又曰, 三奠三邑, 應滅三韓, 謂公, 及鄭摠, 鄭熙啓也. 又曰, 朝鮮卜世八百卜年八千.

16 「무학비전(無學秘傳)」, 『정감록』(한성도서주식회사, 1923), 『정감록집성』(아세아문화사, 1973), 576면.

17 임금이 또 대언(代言) 등에게 일렀다. "옛부터 도참(圖讖)을 믿을 수 없다. 지금 보록(寶籙)의 설을 내가 믿지 않는다. 첫째는 '삼전삼읍(三奠三邑)이 응당 삼한(三韓)을 멸할 것이다.' 하였는데, 사람들이 삼전(三奠)을 정도전(鄭道傳), 정총(鄭摠), 정희계(鄭熙啓)라고 하는데, 정희계는 재주와 덕이 없고 개국하는 데도 별로 공이 없으니, 이것이 과연 때에 응하여 나온 사람이겠는가? 둘째는 '목자장군검(木子將軍劍), 주초대부필(走肖大夫筆), 비의군자지(非衣君子智), 부정삼한격(復正三韓格)이라.' 하였는데, 사람들이 말하기를, '비의(非衣)는 배극렴(裵克廉)이라.'고 한다. 배극렴이 정승이 된 것이 오래지

어쨌든 이러한 비결이 알려지게 된 것은 새 왕조가 세워진 사건이 인위적인 것이 아니라 천명(天命) 또는 신비한 존재의 뜻에 의해 자연스레 이루어진 일임을 강조하려는 의식의 발로이다.

한편 조선왕조가 개국된 이후 고려시대의 도읍지였던 개성의 지운(地運)이 다했다는 주장이 도선(道詵)의 예언에 의지해 제기되었다.

> 서운관(書雲觀)에서 상언(上言)하였다. "도선(道詵)이 말하되, '송도(松都)는 5백 년 터이다.' 하고, 또 말하기를, '4백 80년 터이며, 더구나 왕씨(王氏)의 제사가 끊어진 땅이라.' 하는데, 지금 바야흐로 토목공사(土木工事)를 일으키고 있사오니, 새 도읍을 조성(造成)하기 전에 좋은 방위로 이행(移幸)하소서."라 했다. 도평의사사에 내리어 이를 의논하게 하였다.[18]

신라말의 신이한 승려였던 도선이 예언했다는 내용이 조정에서 공식적으로 거론되었다. 그 핵심은 송도는 고려조의 도읍지이며 5백 년이라는 지운이 막바지에 다다랐으므로 새 도읍지를 정해야 할 것이라는 주장이다. 왕조의 운수가 도읍지의 지운(地運)에 따라 정해졌다는 믿음이 확인된다. 이는 이후 『정감록』류의 예언서에 자주 보이는 수도(首都)의 지기(地氣)와 왕조의 수명을 관련시킨 예언의 내용과 매우 비슷하다.

한편 왕조의 운수가 지운(地運)과 관련되어 있지 않다는 다음과 같은 주장도 있었다.

> 도선(道詵)이 말하기를, '만약 부소에 도읍하면 세 나라 강토를 통일해 가질 수 있다.'고 했습니다. 전조(前朝)는 시조 왕건(王建) 이전 3국이 정립할 때부터 3국을 통일한 이후에 단지 개성에 도읍하였는데, 왕씨가 5백 년에 끝나는 것은 운수(運數)이며 지리(地理)에 관련시킬 것이 아닙니다. 주나라, 진나라, 한나라가 서로 계속해

않고, 보좌하여 다스린 것이 공효가 없었다. 『태종실록』 태종 11년(1411) 윤 12월 25일(신사).

18 『태조실록』 태조 2년(1393) 9월 6일(무신).

가면서 한 곳에 도읍한 것을 보면, 비록 개성이라도 해(害)가 없을 것 같습니다. 구태여 여기를 버리고 다른 곳을 구하려면, 다시 널리 찾아보는 것이 좋겠습니다. 무악의 터는 명당이 심히 좁고 뒷 주룡(主龍)이 낮으며, 수구(水口)가 쌓이지 않았으니, 길지(吉地)라면 어찌 옛사람이 쓰지 않았겠습니까?[19]

위의 인용문을 통해 알 수 있는 것은 한양 도읍을 반대하는 논리로도 도선의 비결이 사용되었다는 점이다.

태조는 태조 1년(1392) 가을 7월 17일에 개경(開京)의 수창궁(壽昌宮)에서 즉위식을 가진 후 채 1개월이 못 되어 한양으로 천도하겠다는 교서를 내렸다.[20] 애초부터 태조는 한양을 새 왕조의 도읍지로 삼을 것을 계획하고 있었다.

그런데 태조는 즉위 2년 정월에 갑자기 공주(公州) 계룡산(鷄龍山)으로 행차할 것을 공포한 다음 19일에는 여러 신하를 거느리고 송도를 출발하였다. 도중에 양주 회암사(檜巖寺)에 들러 그곳에 주석하던 왕사(王師) 무학(無學, 1327-1405)을 대동하고 계룡산의 지세를 살피고 새로운 도읍 후보지로 삼는다. 이 일이 후대에 이씨 조선을 대신할 새 왕조가 계룡산에 건국될 것이라는 『정감록』류의 예언으로 흡수되는 결정적 계기가 되었다.

『동문선(東文選)』제121권에 변계량(卞季良)이 지은 「묘엄존자탑명(妙嚴尊者塔銘)」에도 "계유년에 태조가 풍수를 살펴 수도를 세우고자 하여 사(師) ― 무학 ― 에게 수가(隨駕)를 명하였다. 사가 사양하니 태조가 사에게 이르기를, '지금이나 예전이나 서로 만난다는 것은 인연이 있는 것이다. 세상 사람의 터 잡는 것이 어찌 도사(道師)의 눈만 하겠는가?' 하였다. 계룡산과 지금의 신도(新都)를 순행(巡幸)할 때, 사가 항상 호종(扈從)하였다."는 기록이 있다.

『성호사설』제3권 천지문(天地門) 「한도(漢都)」에는 "조선 창업 초기에 자초

---

19 『태조실록』태조 3년(1394) 8월 12일(기묘).

20 "도평의사(都評議使)에게 한양(漢陽)으로 도읍을 옮기라는 교서를 내렸다."(『태조실록』즉위 원년 8월 13일), "삼사우복사(三司右僕射) 이염(李恬)을 한양부(漢陽府)에 파견하여 궁실(宮室)을 수리했다." (『태조실록』즉위 원년 8월 15일).

상인(自超上人) 무학(無學)이 신도를 순시하고, 조운(漕運)에 불편하다 하여 버렸
는데, 실상은 판국이 좁고 역량이 장원하지 못하며, 이곳으로부터 호남의 산
수가 배주하여 옹호해 주는 뜻이 없었기 때문이다."라 했다.

태조 원년 11월에 양광도(楊廣道), 경상도, 전라도(全羅道) 지역에 안태지(安胎
地)를 정하기 위해 갔던[21] 권중화(權仲和)가 이듬해 봄 정월에 돌아와 양광도 계
룡산도읍도(鷄龍山都邑圖)를 바쳤다.

> 태실증고사(胎室證考使) 권중화(權仲和)가 돌아와서 상언(上言)하기를, "전라도 진동
> 현(珍同縣)에서 길지(吉地)를 살펴 찾았습니다." 하면서, 이에 산수형세도(山水形勢圖)를
> 바치고, 겸하여 양광도(楊廣道) 계룡산(鷄龍山)의 도읍지도(都邑地圖)를 바쳤다.[22]

양광도는 지금의 경기도와 충청도 지역을 가리킨다. '계룡산도읍도'라는
명칭에서 그는 계룡산이 새 왕조의 도읍지가 되어야 한다는 입장이었다. 권중
화는 태실로 사용될 장소를 찾아 남쪽 지역을 두루 돌아다니다가 계룡산의 지
리가 뛰어남을 보고, 태실지라기보다는 도읍터로 적당하다고 여겨 도읍도를
그려 왕에게 바쳤던 것이다. 이에 태조가 직접 계룡산 지역을 살펴보러 떠났
던 것으로 짐작된다.

> 임금이 송경(松京)을 출발하여 계룡산(鷄龍山)의 지세(地勢)를 친히 보고 장차 도읍
> 을 정하려고 하니 (…)[23]

태조는 "예로부터 성씨(姓氏)를 바꿔 천명(天命)을 받은 군주는 반드시 도읍
을 옮긴다. 내가 지금 급히 계룡산을 살피려는 것은 직접 새 도읍지를 정하고

21 『태조실록』원년, 11월 갑진일(27일).

22 胎室證考使權仲和還, 上言, 全羅道珍同縣, 相得吉地. 乃獻山水形勢圖, 兼獻楊廣道鷄龍山都邑地圖. 『태
    조실록』 2년(1393) 1월 2일(무신).

23 『태조실록』태조 2년(1393) 1월 19일(을축).

자 함이다."라고[24] 말했다.[25]

태조 일행은 태조 2년 2월 8일에 계룡산 아래에 도착하여[26] 다음 날 여러 신하들을 이끌고 신도읍터의 산수 형세를 자세히 살피고 호종한 신하들에게 교통의 편리와 도로의 험이(險易), 성곽의 형세 등을 살피게 했다.

2월 11일에는 태조가 직접 신도(新都) 중앙의 높은 봉우리에 올라 주위의 형세를 바라보고 무학(無學)에게 지리에 대해 물었으나 무학은 잘 알지 못하겠다고 아뢰었다.[27] 무학은 계룡산에 천도하는 일에 반대 입장을 표명했던 것이다.

이에 태조는 이곳에 5일 동안 머물렀고 개경으로 돌아가면서[28] 몇몇 신하들에게 그곳에 머물러 신도(新都) 경영의 감독을 맡게 했다.[29] 신도라는 명칭에서 태조의 계룡산으로의 도읍지 이전 의지를 확인할 수 있다. 이러한 사실은 후대에 계룡산이 조선을 대신하여 세워질 새 왕조의 도읍지로 예정되어 있다는 예언과 비결의 등장과도 연관된다.

태조 2년 3월에는 신도(新都) 내에 속할 주현(州縣), 부곡(部曲), 향(鄕) 81개소를 정하였다.

---

24 自古易姓受命之主, 必遷都邑, 今我急觀鷄龍者, 欲於吾身親定新都也.

25 임금이 말하기를, "도읍을 옮기는 일은 경들도 역시 하고 싶지 않을 것이다. 예로부터 왕조(王朝)가 바뀌고 천명(天命)을 받는 군주는 반드시 도읍을 옮기게 마련인데, 지금 내가 계룡산(鷄龍山)을 급히 보고자 하는 것은 내 자신 때에 친히 새 도읍을 정하고자 하기 때문이다. 후사(後嗣) 될 적자(嫡子)가 비록 선대의 뜻을 계승하여 도읍을 옮기려고 하더라도, 대신(大臣)이 옳지 않다고 저지(沮止)시킨다면, 후사(後嗣) 될 적자(嫡子)가 어찌 이 일을 하겠는가?" 하고 (…) 『태조실록』 태조 2년(1393) 2월 1일(병자).

26 태조 2년(1393) 2월 8일(계미)에 계룡산(鷄龍山) 밑에 이르렀다.

27 『태조실록』 태조 2년 2월 11일(병술).

28 임금이 계룡산에서 길을 떠나면서 김주(金湊)와 동지중추(同知中樞) 박영충(朴永忠), 전 밀직(密直) 최칠석(崔七夕)을 그곳에 남겨 두고 새 도읍의 건설을 감독하게 하였다. 『태조실록』 태조 2년(1393) 2월 13일(무자).

29 권근은 『양촌선생문집』 제1권 응제시 「제진(製進)한 풍요(風謠)」에서 "주상께서는 이를 아름답게 받아들여 대신을 보내어 계룡산 양달에 터를 보게 한 바, 지역이 아늑하고 토지가 비옥하며 산천이 우람하고 금포(襟抱)가 완고하여 금성탕지(金城湯池)가 천작(天作)으로 되어 있고 풍수(風水)의 절승이라고 예부터 일컬어 왔으니 실로 왕자의 도읍이 될 만하였습니다. 점을 쳐 보니 아울러 길하므로 주상께 사실을 아뢰었던 것입니다."라 했다. 上心兪嘉, 伻遣大臣, 相地于鷄龍山之陽, 厥區祕奧, 厥壤肥沃, 山川磅礴, 襟袍完固, 金城湯池, 天作地設, 風水之勝, 自昔而稱, 誠可爲王者之所都也. 考卜并吉, 以聞于上.

계룡산에 새 도읍을 정하였는데, 기내(畿內)의 주현(州縣), 부곡(部曲), 향소(鄉所)가[30] 모두 81개였다.[31]

태조 2년 9월에는 경상도와 전라도의 안렴사(按廉使)에게 명하여 역도(役徒)를 징발하여 신도로 오게 하는 한편 승도(僧徒)를 모집하기도 했다. 이후 거의 1년 동안 공사가 진행되었다.

『동국여지승람』권 18, 연산현 계룡산조의 주석에 "우리 태조께서 즉위하신 초기에 도읍을 이 산의 남쪽에 옮기고자 하셨다. 어가가 친히 와서 점치니 길하였으므로 기지(基址)를 대략 정하여 공역(工役)을 일으켰다. (…) 지금까지 그 땅을 일러 신도(新都)라 하는데, 구거(溝渠)의 주춧돌과 섬돌만 남아 있다."라 했다.

그러나 태조 2년 12월 11일에 계룡산 신도(新都) 공사는 갑자기 중지 명령을 받는다.[32] 경기좌우도관찰사 하륜(河崙)이 "도읍은 마땅히 나라의 중심에 있어야 합니다. 계룡산의 지세는 남쪽으로 치우쳐 있으며, 동·서·북쪽도 험합니다. 또 신이 일찍이 신의 아비를 장례 치를 때 풍수관련서를 열람해 보았는데, 지금 계룡산의 지세를 들으니 산은 건방(乾方, 서북방)으로부터 오고 물은 손방(巽方, 동남방)으로 흘러나간다고 합니다. 이는 송조(宋朝)의 호순신(胡舜申)이 말한 '수파장생(水破長生) 쇠패립지(衰敗立至)의 땅'이니, 도읍을 세워서는 안 됩니다."라고 상소하였기 때문이다.[33]

---

30 향소(鄉所)는 특수한 지방의 하급 행정구획이다. 소(所)는 국가에서 필요로 하는 금, 은, 동, 철, 실(絲), 종이, 도기(陶器), 먹(墨) 등을 만들기 위하여 두었던 특수 기관으로서, 여기서 일하는 공장(工匠)은 죄인 또는 천민의 집단이었다. 향(鄉)은 부곡(部曲)과 비슷한 행정구역의 하나인 듯하다.

31 定鷄龍山新都, 畿州縣, 部曲, 鄉所, 凡八十一. 『태조실록』태조 2년(1393) 3월 24일(기사).

32 壬申, 遣大將軍沈孝生, 如鷄龍山, 罷新都之役. 『태조실록』2년 12월 1일(임신일).

33 대장군(大將軍) 심효생(沈孝生)을 보내어 계룡산에 가서 새 도읍의 역사(役事)를 그만두게 하였다. 경기좌우도도관찰사(京畿左右道都觀察使) 하륜(河崙)이 상언(上言)하였다. "도읍은 마땅히 나라의 중앙에 있어야 될 것이온데, 계룡산은 지대가 남쪽에 치우쳐서 동면·서면·북면과는 서로 멀리 떨어져 있습니다. 또 신(臣)이 일찍이 신의 아버지를 장사하면서 풍수(風水) 관계의 여러 서적을 대강 열람했사온데, 지금 듣건대 계룡산의 땅은, 산은 건방(乾方)에서 오고 물은 손방(巽方)에서 흘러간다 하오니, 이것은 송(宋)나라 호순신(胡舜臣)이 이른 바, '물이 장생(長生)을 파(破)하여 쇠패(衰敗)가 곧 닥치는

이때 판서운관사(判書雲觀事) 윤신달(尹莘達)과 서운부정(書雲副正) 유한우(劉旱雨) 사이에 다음과 같은 대화가 있었다.

"송도지기쇠왕설(松都地氣衰旺說)을 너는 듣지 못했느냐?" 유한우가 "이는 도참(圖讖)에서 말한 것입니다. 신은 단지 지리(地理)만 배웠고 도참은 알지 못합니다."라 대답했다. 임금께서 "옛 사람의 도참 또한 지리에서 나온 것이다."라 하셨다.

송도의 지기가 쇠했다는 주장이 당시에 널리 알려져 있었고, 지기와 왕조의 운수가 함께한다는 믿음도 있었음이 확인된다. 그리고 도참 즉 예언 또는 비결이 지리와 관련된다는 믿음도 확인할 수 있다.

어쨌든 서운관은 전 왕조의 말기에 송도의 지덕이 이미 쇠했다고 말하고 몇 번이나 상서를 올려 한양으로 천도하기를 청했으며, 가깝게는 계룡산을 도읍으로 삼을 만하다고도 했다.[34]

이와 관련하여 "우리나라의 비결"로 해석되는 동방밀설(東方密說)을 인용하여 도읍지를 정하는 문제를 거론하기도 했다.

중추원 학사 이직(李稷)이 말하였다. "도읍을 옮기고 나라를 세우는 곳에 대하여 지리책을 상고해 보니, 대개 말하기를, '만 갈래의 물과 천봉의 산이 한 곳으로 향한 큰 산과 큰 물이 있는 곳이 왕도와 궁궐을 정할 수 있는 땅이라.' 하였습니다. 이것은 산의 기맥이 모이고 조운이 통하는 곳을 말한 것입니다. 또 이르기를 (…) 우리나라 비결에도 이르기를, '삼각산 남쪽으로 하라.' 했고, '한강에 임하라.' 했으며, 또, '무산(毌山)이라.' 했으니, 이곳을 들어서 말한 것입니다. (…)[35]

땅'이므로, 도읍을 건설하는 데는 적당하지 못합니다." (…) 이에 효생(孝生)에게 명하여 새 도읍의 역사(役事)를 그만두게 하니, 중앙과 지방에서 크게 기뻐하였다. 호씨(胡氏)의 글이 이로부터 비로소 반행(頒行)하게 되었다. 임금이 명하여 고려왕조의 서운관(書雲觀)에 저장된 비록 문서(秘錄文書)를 모두 하륜에게 주어서 고열(考閱)하게 하고는 천도(遷都)할 땅을 다시 보아서 아뢰게 하였다. 『태조실록』 태조 2년(1393) 12월 11일(임오).

34 『태조실록』 3년(1394) 8월 11일.

35 又東方密說曰, 三角南面. 又曰, 臨漢江. 又曰, 毌山, 此地所以舉論也. 『태조실록』 태조 3년(1394) 8월 12일(기묘).

동방밀설이라는 참서(讖書)에 삼각산 남쪽, 한강에 접하는 곳, 무산 등의 구체적 지역이 새 도읍터로 예정되어 있다는 주장이다. 이처럼 조선 초기에는 도읍터와 관련한 지리적 경향의 예언서가 성행하였다.

한편 한양이 새 도읍지에 적합하다는 주장도 있었는데 이 역시 선인들이 남긴 예언에 부합한다는 점이 강조되었다.

> 8월 12일에도 왕이 신하들에게 천도에 대한 의견을 물었다. 이때 첨서중추원사(僉書中樞院事) 하륜은 한양의 무악(毌岳)이 형세는 좁지만 경주와 평양의 궁궐터에 비해 실제로 넓으며 나라의 중앙에 위치하고 있고 조운(漕運)도 통하고 또 동방 선현(先賢)의 밀설(密說)에도 대부분 부합하는 점이 많고 중국의 지리설에도 맞는 점이 있다고 주장하면서 이곳을 도읍지로 삼을 것을 주청했다.[36]

하륜은 예부터 전해오는 밀설(密說), 즉 비기(秘記)에 근거하여 도읍지의 타당성을 극력 강조하였다. 이에 대해 중추원학사(中樞院學士) 이직(李稷)은 동방밀설(東方密說)에 "삼각남면(三角南面) 임한강(臨漢江), 무악(毌岳)"이라고 한 것은 바로 이곳을 가리키지만 무악은 좁다고 생각하여 반대한다고 의사를 밝혔다. 무학은 한양으로의 천도에 대해 찬성 의견을 개진했다.[37]

서거정(徐居正, 1440-1488)의 『필원잡기(筆苑雜記)』에 다음과 같은 내용이 있다.

> 고려 숙종 때에 위위승(衛尉丞) 김위제(金謂磾)가 도선(道詵)의 비결에 의거하여 남경(南京 — 한양 —)으로 수도를 옮길 것을 청하며 말하기를, "양주(楊州)에 목멱(木覓)의 땅이 있어 도읍을 세울 만하다." 하니, 왕이 친히 가서 시찰하고, 또 최사추(崔思諏)와 윤관(尹瓘) 등을 보내어 자세히 살펴보게 하였는데, 돌아와 아뢰기를, "노원(蘆原), 해촌(海村), 용산(龍山) 등의 산수는 도읍을 세우는 데 합당치 않고 오직 삼각산 전면 산악의 남방은 산형과 수세가 고금의 법에 부합하오니, 청하건대, 주간(主

---

36 東方前賢密說, 亦多相契. 『태조실록』 태조 3년(1394) 8월 12일(기묘).

37 무학은 "이곳은 사면이 높고 수려하며 중앙이 평평하므로 성을 쌓아 도읍을 정할 만합니다."라고 대답했다. 『태조실록』 태조 3년 8월 13일(경진).

幹)이 되는 중심대맥(中心大脈)에 임좌병향(壬坐丙向)으로 형국을 따라 건립하소서." 하니, 이 말을 좇아 뒤에 임좌병향으로 된 땅에 용봉장(龍鳳帳)을 묻었다.

그렇다면 한양(漢陽)이 이씨(李氏)의 도읍이 될 것은 고려 때부터 이미 알았던 것이다. 우리 태조가 장차 도읍을 옮기려 할 때, 먼저 공주 계룡산(鷄龍山) 남쪽을 택하여 공사를 시작하고 감독하다가 뒤에 다시 한양을 선택한 것은 무슨 까닭인가?

내 나이 아홉 살에서 열 살 때에 개국초(開國初)의 지관(地官)이던 이양달(李陽達)과 함께 한 동네에 살았었다. 이양달은 나이 85-86세의 고령이었으나 정신이 쇠하지 않았으며, 항상 말하기를, "처음에 한양에 도읍을 정할 때에 하륜(河崙)이 말하기를, '도선(道詵)의 비결에 한수(漢水)가 명당(明堂)으로 들어온다는 말이 있으니, 마땅히 무악(母岳) 남쪽에 (도읍을) 세워야 할 것이다.' 하니, 이는 반드시 지금의 연희궁(衍禧宮)의 터일 것이다. 나는 말하기를, '화악(華岳) ― 백악(白岳) ― 남쪽이 실로 대지(大地)입니다. 또한 한수가 명당에 들어온다는 설을 해치지도 않습니다.'라 했으나, 중론이 분분하여 결정을 내리지 못하였다.

내가 말하기를, '『도선밀기(道詵密記)』에 이르기를 서쪽에 공암(孔巖)이 있고, 또 단서(丹書)가 새겨진 석벽(石壁)이 있다 했는데, 공암은 두 곳에서 볼 때 모두 서쪽에 있으니 모름지기 붉은 글씨를 찾아야 결정할 수 있을 것입니다.' 하였다. 그리하여 마침내 붉은 글씨를 인왕동(仁王洞) 돌 위에서 찾았는데 자획이 마멸되어 쉽사리 식별(識別)할 수는 없었으나, 이를 얻어 수도 건립의 논의를 정하였던 것이다. 다만 전면의 산악이란 어떤 산을 가리키는 것인지 알 수 없으나, 화산(華山)이 아니면 반드시 부아악(負兒岳)일 것이다." 하였다.[38]

서거정이 어릴 때 서운관(書雲觀)의 주요 인물인 이양달에게 들은 이야기이다. 인왕산의 석벽에서 붉은 글씨를 발견한 일이 한양 천도의 결정적 사건이 되었다는 주장이다.

---

38 高麗肅宗時, 衛尉丞金謂磾據道詵祕記, 請遷都南京云楊州有木覓壤, 可立都, 王親行相之, 又遣崔思諏尹瓘等審視, 回奏云. 蘆原海村龍山等處, 山水不合建都, 唯三角山面岳之南, 山形水勢, 符合古今, 請於主幹中心大脉, 壬坐丙向, 隨形建都, 從之. 後則壬坐丙向之原, 埋龍鳳帳, 然則漢陽之爲李氏都, 自高麗已知之矣, 我太祖之將移都也, 先審地於公州鷄龍山之南, 董役後卜漢陽何耶? 予年九歲十歲時, 與國初日者李陽達同里閈, 李年八十五六, 精神不衰, 常語曰, 初定漢都時, 河崙云, 道詵記有漢水入明堂之語, 宜建母岳南, 必今衍禧宮之基. 我云, 華岳之南, 實是大地, 亦不害漢水八明堂之說, 衆議不決. 我云, 道詵祕記曰, 西有孔巖, 又有丹書石壁, 孔巖則於二地皆在西, 須覓丹書可決, 及得丹書於仁王洞石上, 字畵磨減, 漫不可識, 然得此定議建都, 但不知面岳指何山, 非華山, 必負兒岳也. 서거정, 『필원잡기(筆苑雜記)』 권 2.

한양도읍설과 관련하여 고려 때부터 언급되던 도선의 비기가 다시 인구에 회자되었다. 특히 지관 이양달은『도선밀기』라는 구체적 이름을 지닌 예언서를 인용하여 자신의 주장을 제시한다.『도선밀기』가 지리와 관련된 예언서라는 점이 확인되었다.

위의 인용문과 관련하여『신증동국여지승람』제2권「경도(京都)」에 "권문해(權文海)의『운옥(韻玉)』에 이르기를, "도선(道詵)의 비기(祕記)에, '서쪽에 공암(孔巖)이 있고 또 단서 석벽(丹書石壁)이 있다.' 하였는데, 공암으로 말하면 백악산 남쪽이나 연서역 두 곳이 모두 서쪽에 있으니, 모름지기 단서(丹書)를 찾아야 결정할 수 있었다. 이에 단서를 인왕동(仁王洞) 돌 위에서 얻고 드디어 백악산 남쪽에 도읍하기로 결정했다." 하였다."라는 내용이 있다. 이유원(李裕元)의『임하필기(林下筆記)』제13권 문헌지장편(文獻指掌編)「인왕동(仁王洞)의 단서(丹書)」에도 비슷한 내용이 있다.

『도선비기』에 실려 있다는 공암이라는 지리적 비결과 비슷한 내용이 현전하는『정감록』에도 다음과 같이 실려 있다.

부아산의 남쪽에 공암을 마주대하면 점차 왕조의 운수를 늘릴 수 있을 것이다.
〔負兒之南, 以孔岩爲面, 則稍可延祚矣.〕[39]

또『신증동국여지승람』제2권「경도(京都)」에 "도선의 도참(圖讖)에, "왕(王)을 대신할 이(李)가 있어 한양에 도읍할 것이다."라는 말이 있어, 고려 때 오얏나무〔李〕를 한양에 심어 오얏나무가 무성해지면 번번이 베어 버려서 지기(地氣)를 눌렀었는데, 이때 와서 과연 징험하였다."라는 내용도 있다. 도선의 비기에 왕씨를 대신하여 이씨가 새 왕조를 열 것이라는 구절이 있었다는 주장이다.

『용비어천가』에도 "고려에서는 이씨 성을 가진 사람으로 한양부윤(漢陽府

---

39 「감결」,〔『정감록』(한성도서주식회사, 1923), 안춘근 편,『정감록집성(鄭鑑錄集成)』(아세아문화사, 1973)〕572면.

尹)을 삼았는데, 역시 도참의 글에 근거를 둔 것이었다."는 내용이 보인다.[40] 이 역시 한양은 이씨 성을 가진 사람과 관련된 장소라는 믿음이 반영된 것으로 도참(圖讖)에 근거하였다는 주장이다.

고려 숙종(肅宗) 때에 최사추, 윤관 등이 한양 터를 살펴보고 돌아와 보고하기를, "노원(盧原), 해촌(海村), 소룡산(小龍山) 등 몇 개 지역은 산수가 도읍을 세우기에 적합하지 아니하며, 오직 삼각산(三角山) 백악(白岳)의 남쪽만이 산 모양과 수세가 고문(古文) 비기(祕記)의 기록에 부합되는 곳입니다. 청컨대, 주간(主幹) 중심의 대맥(大脈)에 임좌병향(壬坐丙向)으로 지형에 따라 도성을 건설하소서." 하니, 드디어 궁궐을 세워 남경(南京)이라 하고, 오얏나무를 심어 이씨(李氏) 성 가진 사람을 가려서 부윤(府尹)으로 삼았다. 왕이 또한 한 해에 한 번씩 그곳에 행차하여 용봉장(龍鳳帳)을 땅에 묻어 지기(地氣)를 눌렀다는 이야기가 전한다.[41]

한편 계룡산은 정씨의 땅이며, 한양은 이씨의 땅이라는 이야기가 있다. 이긍익(李肯翊, 1736-1806)은 『연려실기술』 제1권 태조조고사본말(太祖朝故事本末) 「개국정도(開國定都)」에서 다음과 같이 기록했다.

> 처음에 태조가 계룡산(鷄龍山) 아래에 터를 보아 공사를 시작했는데, 꿈에 한 신인(神人)이 나타나 하는 말이, "이곳은 바로 전읍(奠邑) — 정(鄭)자의 파자(破字) — 이 의거할 땅이지 그대의 터가 아니니, 머무르지 말고 빨리 가라." 하니, 곧 태조가 철거하고 한양으로 천도하였다. 도선(道詵)의 비기(秘記)에, "왕씨를 대신할 자는 이씨이니, 한양에 도읍할 것이다." 한 기록이 있었기 때문에, 고려조에서 한양에 오얏나무를 심고 오얏나무가 무성하게 자라면 곧 찍어 내어 그 기운을 억눌렀다. 이때에 이르러 과연 들어맞았다.[42]

40 정인지 외 지음, 이윤석 옮김, 『용비어천가(龍飛御天歌)』 1권(솔출판사, 1997), 192쪽.

41 以漢陽爲李氏都者, 見於道詵圖讖, 是以高麗建南京于漢陽, 種李樹, 擇李姓以尹, 王亦歲一巡行, 埋龍鳳帳壓之. 서거정의 『필원잡기』 권 1, 홍만종(洪萬宗)의 『순오지(旬五志)』에도 오얏나무에 관한 이야기가 나오며, 이와 비슷한 내용이 이긍익의 『연려실기술(燃黎室記述)』 「태조조고사본말(太祖朝故事本末)」에도 실려 있다.

42 『순오지(旬五志)』와 『연려실기술(燃黎室記述)』 「태조조고사본말(太祖朝故事本末)」에 실려 있다.

태조가 계룡산에 천도할 계획을 포기한 것이 꿈에 나타난 신인(神人)의 말 때문이었으며, 한양이 이씨 왕조의 개국지라는 주장은 도선의 비기에 이미 적혀 있었다는 주장이다. 그 근거로 고려조에서 한양에 새로 도읍할 이씨의 기운을 억제하기 위해 오얏나무를 심었다가 자라면 베어버렸던 일을 들었다. 그리고 계룡산 지역이 조선왕조의 도읍지로 선정되지 못했던 역사적 사실에 근거하여 이 지역은 정씨 왕조가 개국할 땅이라는 믿음과 예언이 알려지기 시작했음도 알 수 있다.

태조 3년(1394) 7월에는 임금이 도읍지를 결정하는 문제에 대해 각기 다른 의견을 내세우는 신하들을 정리하기 위해 고려 때부터 전해오는 비록(秘錄)을 상세히 살펴보자는 도평의사사의 의견을 따랐다.

> 도평의사사에서 아뢰었다. "지리의 학설이 분명치 못하므로 사람마다 각각 자기의 의견을 내세워, 서로 같기도 하고 다르기도 하니, 어느 것이 참말이며 거짓인지를 분별하기가 어렵습니다. 고려조에서 전해 오는 비록(秘錄)도 역시 같기도 하고 다르기도 하여, 사(邪)와 정(正)을 정하기 어려우니, 청하옵건대 음양산정도감(陰陽刪定都監)을 두어 일정하게 교정하소서." 임금이 그대로 따랐다.[43]

이와 관련하여 이직(李稷, 1362-1431)이 『형재시집(亨齋詩集)』에 "음양산정도감(陰陽刪定都監)이 설치되어 도참서(圖讖書)를 모아 참고하고 교정하다."라는 기록이 있다. 고려시대부터 전하던 도참 또는 비록이 상당한 양이 있었음을 확인할 수 있는 대목이다.

태조 3년(1394) 8월에도 새 도읍지에 대한 이견이 속출하였다.

> 임금이 무악(毋岳)에 이르러서 도읍을 정할 땅을 물색하는데, 판서운관사 윤신달(尹莘達)과 서운부정 유한우(劉旱雨) 등이 임금 앞에 나와서 말하였다. "지리의 법으로

---

43 都評議使司啓曰, 地理之學未明, 人人各執所見, 互相同異, 眞僞難辨. 前朝相傳秘錄, 亦有同異, 邪正難定. 請置陰陽刪定都監, 勘校一定. 上從之. 『태조실록』 태조 3년(1394) 7월 11일(무신).

보면 여기는 도읍이 될 수 없습니다." 이에 임금이 (…) "네가 서운관이 되어서 모른다고 하니, 누구를 속이려는 것인가? 송도(松都)의 지기(地氣)가 쇠하였다는 말을 너는 듣지 못하였느냐?" 한우가 대답하였다. "이것은 도참(圖讖)으로 말한 바이며, 신은 단지 지리만 배워서 도참은 모릅니다." 임금이 말하였다. "옛사람의 도참도 역시 지리로 인해서 말한 것이지, 어찌 터무니없이 근거 없는 말을 했겠느냐? (…) 좌시중 조준(趙浚), 우시중 김사형(金士衡)에게 일렀다. "서운관이 전조 말기에 송도의 지덕이 이미 쇠했다 하고 여러 번 상서하여 한양(漢陽)으로 도읍을 옮기자고 하였었다. 근래에는 계룡산이 도읍할 만한 땅이라고 하므로 민중을 동원하여 공사를 일으키고 백성들을 괴롭혔는데, 이제 또 여기가 도읍할 만한 곳이라 하여 와서 보니, 한우 등의 말이 좋지 못하다 하고, 도리어 송도 명당이 좋다고 하면서 서로 논쟁을 하여 국가를 속이니, 이것은 일찍이 징계하지 않은 까닭이다. 경등이 서운관 관리로 하여금 각각 도읍될 만한 곳을 말해서 알리게 하라." 이에 겸판서운관사 최융(崔融)과 윤신달, 유한우 등이 상서하였다. "우리나라 내에서는 부소(扶蘇) 명당이 첫째요, 남경(南京)이 다음입니다."[44]

도참과 지리설에 의해 한 나라의 수도가 결정되었던 정황을 알 수 있다. 도읍터를 정하기 위해서는 예언이나 비결이 중요하게 여겨졌던 사정도 짐작케 한다.

한편 태조 2년(1393) 9월 서운관(書雲觀)에서 "도선(道詵)이 말하되, '송도(松都)는 5백 년 터이다.' 하고, 또 말하기를, '4백 80년 터이며, 더구나 왕씨(王氏)의 제사가 끊어진 땅이라.' 하는데, 지금 바야흐로 토목공사(土木工事)를 일으키고 있사오니, 새 도읍을 조성(造成)하기 전에 좋은 방위로 옮겨 가게 하소서."라고 상언(上言)하니, 왕이 도평의사사에 내리어 이를 의논하게 하였다.[45] 즉 도선의 비결에 개성은 5백 년 동안만 도읍지로 이용될 것이라고 적혀 있었다는 주장으로, 역시 조선왕조 개창의 당위성을 강조한 이야기다.

그리고 태조는 고려조에서 전해 오는 비록(秘錄)과 도참(圖讖)에 관한 여러

---

44 『태조실록』 태조 3년(1394) 8월 11일(무인).

45 書雲觀上言, 道詵云, 松都五百年. 又曰, 四百八十年基. 且王氏, 絶祀之地, 而今方興土工. 請新都造成之前, 移幸吉方. 下都評議使司議之. 『태조실록』 태조 2년(1393) 9월 6일.

책과 지리설이 "고려조에서 전해 오는 비록(秘錄)도 역시 같기도 하고 다르기도 하여, 사(邪)와 정(正)을 정하기 어려우니" 이를 바로잡기 위해 음양산정도감(陰陽刪定都監)을 두어 교정하게 했다.[46]

또 태조는 새로운 도읍지를 물색하다가 "송도(松都)의 지기(地氣)가 쇠퇴했다는 말을 듣지 못했느냐?"고 서운관 관원들을 질책하기도 했는데, 이때 관원들은 "이는 도참으로 말한 것이며, 신들은 단지 지리만 배워서 도참은 모릅니다."라고 대답했다.[47] 그만큼 태조는 송도의 지기가 쇠퇴해서 새로운 왕조가 세워져야 했다고 믿었고, 도참을 깊이 신뢰했음이 드러난다.

이외에도 태조가 도읍을 옮길 만한 터를 글로 올리게 하니 정총(鄭摠)이 "도선(道詵)이 말하기를 '만약 부소(扶蘇)에 도읍하면 세 나라 강토를 통일할 수 있다.'고 했습니다."라고 아뢰었고, 이직(李稷)은 "우리나라 비결에 이르기를 '삼각산 남쪽으로 하라.'고 했고, '한강에 임하라.'고 했으며, 또 '무산(毋山)이라.'고 했으니 이곳을 들어서 말한 것입니다."라고 아뢰었다.[48] 이런 기록을 통해 태조 당시에 도선이 지은 비결의 내용이 어느 정도 알려졌고, 이름이 알려지지 않은 비결서도 다수 알려졌다는 사실을 확인할 수 있다. 그리고 그 비결서들의 핵심은 나라의 도읍지에 관한 내용이었음을 짐작할 수 있다.

한편 후대의 기록이기는 하지만 조선이 한양으로 천도한 일에 대해 『택리지』에 다음과 같은 설화도 전한다.

옛날 신라 때 승려 도선(道詵)의 「유기(留記)」에 '왕씨(王氏)를 이어 임금이 될 사람은 이씨(李氏)인데 한양에 도읍하리라.'라 했다. 그 기록 때문에 고려 중엽에 윤관(尹瓘)을 시켜 백악산(白岳山)의 남쪽에 터를 잡아, 오얏(李)나무를 심어놓고 무성하게

---

46 都評議使司啓曰, 地理之學未明, 人人各執所見, 互相同異, 眞僞難辨, 前朝相傳秘錄, 亦有同異, 邪正難定. 請置陰陽刪定都監, 勘校一定. 上從之. 『태조실록』 태조 3년(1394) 7월 11일. 置陰陽刪定都監. 令領三司事權仲和, 判三司事鄭道傳, 門下侍郎贊成事成石璘, 三司右僕射南誾, 政堂文學鄭摠, 僉書中樞院事河崙, 中樞院學士李稷, 大司憲李勲, 平原君李舒與書雲觀員, 集地理圖識諸書, 參考刪定. 7월 12일.

47 『태조실록』 태조 3년(1394) 8월 11일.

48 『태조실록』 3년(1394) 8월 12일.

자라면 곧 베어버림으로써 압승(壓勝)을 삼았다. 그러다가 우리 왕조가 잇게 되자 승려 무학(無學)을 시켜 도읍터를 정하도록 하였다.[49]

위 인용문의 '도선류기(道詵留記)'는 '「도선류기」', '도선이 남긴 기록', '도선이 지은 「유기(留記)」' 등으로 해석이 가능하다. 즉 도선이 남긴 비기와 거의 비슷한 뜻으로 이해된다. 『도선비기』와 『도선유기』가 비결서의 이름이 될 가능성도 전혀 배제할 수는 없다. 한양지역에 오얏나무를 심었다가 베어버리는 일을 실제로 한 사람의 이름이 제시되었다는 점에서 이 이야기의 신빙성을 높이기 위한 장치로 보인다.

이 이외에도 "도선의 「유기」에 '흙을 허물지 말고, 흙과 돌로 북돋워 궁전을 지어야 한다.'라 하였다."는 내용이 있었다고 전한다.[50] 이에 고려 태조는 만월대 근처의 돌을 다듬어 층계를 만들어 기슭을 보호하고, 그 위에다 궁전을 세웠다. 도선이 남겼다는 「유기」가 한 번 더 인용되고 있어서 어떠한 형태로든지 기록으로 남겨진 도선의 저술 내지 도선이 지었다고 가탁한 기록이 후대에까지 전해졌었음을 알 수 있다. 실제 고려 태조도 도선이 남겼다는 비기에 응하여 궁궐을 지었다는 점에서 비결신앙이 위정자에게 널리 받아들여졌음을 짐작할 수 있다.

이어서 『택리지』에 다음과 같은 일화도 전한다.

무학이 (삼각산) 백운대(白雲臺)에서 맥을 따라 만경대(萬景臺)에 이르고, 다시 서남쪽으로 비봉(碑峯)에 갔다가 한 개의 비석을 보니 '무학오심도차(無學誤尋到此)'라는 여섯 글자가 크게 새겨져 있었다. '무학이 맥을 잘못 찾아서 이곳에 올 것이다.'라는 뜻이며, 이 비는 도선이 세운 것이었다. 이에 무학은 길을 바꿔 만경대에서 정남쪽 맥을 따라 바로 백악산 밑에 도착하였다. 세 곳의 맥이 합쳐져 한 들로 된 것을 보고 드디어 궁성터로 정하였는데, 바로 이곳이 고려 때 오얏나무를 심던 곳이었다.[51]

---

49 이중환(1690-1752) 지음, 이익성 옮김, 『택리지』(을유문화사, 2002), 120-121쪽.

50 이중환(1690-1752) 지음, 이익성 옮김, 위의 책, 129쪽.

신라 말의 유명한 승려였던 도선이 조선 초기에 한양에 도읍을 정할 무학에게 경계한 비결이 비석에 새겨져 있었다는 이야기다. 이 또한 한양 천도의 당위성을 다시 한 번 강조한 내용이며, 한양 궁성터가 고려 때 오얏나무를 심었다가 자라면 베어버렸던 바로 그 장소였다는 점 역시 도선의 비결이 정확하게 맞았던 증거로 제시된다. 예언이 널리 회자되는 것은 이처럼 지난 역사에서 그 정확성이 확인되었다는 식의 덧붙임이 있어야 가능하다.

무학이 한양의 지세를 살펴본 곳은 삼각산의 한 봉우리인 만경대(萬景臺)였다. 만경대라는 이름도 그곳에서 한양을 살펴보면 '만 가지 모습이 한눈에 보인다.'는 의미에서 붙여졌다. 그리고 만경대를 국망봉(國望峰)이라고도 부르는데, 무학이 나라의 도읍터를 살펴본 곳이라는 의미이다.

그런데 무학이 발견했다는 비석은 신라의 진흥왕(眞興王)이 세운 순수비(巡狩碑)이므로 이는 후대의 착오이며, 한양 천도의 신비성을 강조하기 위해 만들어진 이야기이다.

그리고 『대동기문(大東奇聞)』에 전하는 설화에 의하면, 함경도 안변에 있는 설봉산 토굴에서 수행 중이던 무학이 훗날 조선왕조의 개국자가 될 이성계의 방문을 받고 그가 꾼 기이한 꿈을 해몽해 주었다고 한다. 이성계가 서까래 세 개를 짊어진 일을 왕토(王土)로 풀이하여 태조의 즉위를 예언했는데, 훗날 태조는 조선을 세운 뒤 무학이 수행하던 장소에 석왕사(釋王寺) 즉 '왕이 될 꿈을 풀이한 곳에 지은 절'이라는 뜻을 지닌 큰 사찰을 지어주었다고 전한다.

> 안변의 설봉산(雪峯山)에 석왕사(釋王寺)가 있는데, 국초(國初)에 창건한 것으로서 우리 태조(太祖)가 왕이 되실 꿈을 꾸고 신승(神僧)인 무학(無學)을 토굴 속에서 만나 그 꿈 풀이를 했었기 때문에 그 후 등극하시고 나서 그 토굴 터에다 사찰을 세우고 이름하여 석왕(釋王)이라고 하고는 (…)[52]

---

51 이중환(1690-1752) 지음, 이익성 옮김, 위의 책, 120-121쪽.
52 정조(正祖)의 『홍재전서(弘齋全書)』 제15권 「안변(安邊) 설봉산(雪峯山) 석왕사비(釋王寺碑)」.

중 무학(無學)이 안변 설봉산(雪峰山) 아래 토굴에서 살았다. 태조가 잠룡시에 찾아가서 묻기를, "꿈에 허물어진 집안으로 들어가서 세 개의 서까래를 지고 나왔으니, 이것이 무슨 징조요." 하니, 무학이 축하하며 말하기를, "몸에 세 서까래를 진 것은 바로 '왕(王)' 자의 형상입니다." 하였다. 또 묻기를, "꿈에 꽃이 떨어지고 거울이 떨어졌으니, 이것은 무슨 징조요?" 하니, 곧 대답하기를, "꽃이 날리면 마침내 열매가 생기고, 거울이 떨어질 때에 어찌 소리가 없으리오." 하였다. 태조가 크게 기뻐하여 그 땅에다 절을 창건하고 그 절을 석왕(釋王)이라고 이름하였다. 예전에는 태조의 친필이 있었는데, 전란 중에 잃어버리고 판각된 것만이 남아 있다.[53]

태조의 꿈에 대한 구체적 내용과 해석이 언급되어 있다. 이는 무학의 신이성을 강조하기 위한 장치로 보인다. 이러한 이야기들이 인구에 널리 회자되면서 무학이 예언이나 비결을 남겼을 것이라는 민중들의 기대와 원망(願望)이 제기되었던 것이다.

태조가 이때 안변에서 잠시 살았는데, 꿈에 여러 집의 닭이 일시에 울고, 허물어진 집에 들어가서 세 서까래를 졌으며, 또 꽃이 떨어지고 거울이 떨어졌다. 문득 놀라 깨니, 곁에 한 노파가 있었다. 그 징조를 물으려 하니, 노파가 만류하며 말하기를, "말하지 마시오. 장부의 일은 보잘것없는 여인이 알 바가 아니오. 서쪽으로 가면 설봉산 굴 안에 기이한 중이 있으니, 가서 물어보시오." 하는 것이었다. 태조가 곧 찾아가서 예를 행하고 물으니, 중이 축하하며 말하기를, "여러 집의 닭이 일시에 운 것은 고귀위(高貴位, 높은 지위를 얻는 것을 말한다)요, 세 서까래를 진 것은 '왕' 자요, 꽃이 떨어지고 거울이 떨어진 것은 왕이 될 징조이니, 아예 입 밖에 내지 마시오." 하였다. 닭의 울음 소리가 '고귀위'의 음과 서로 같기 때문에 이렇게 말한 것이다.[54]

위의 인용문은 승려의 이름이 구체적으로 밝혀져 있지 않고 석왕사라는 절을 창건한 일과 관련이 없는 듯 서술되어 있다는 점이 특기할 만하다.

---

53 『지봉유설(芝峯類說)』과 『약천집(藥泉集)』 중 휴정(休靜)의 「산수기(山水記)」, 이긍익의 『연려실기술(燃藜室記述)』 「태조조고사본말(太祖朝故事本末)」에 실려 있다.
54 『순오지(旬五志)』, 『연려실기술(燃藜室記述)』 「태조조고사본말(太祖朝故事本末)」에 실려 있다.

이 밖에도 왕십리 설화에는 무학이 검은 소를 타고 가던 도선과 만났다는 이야기가 전하며, 인왕산 선바위 전설에서는 무학이 조선왕조가 5백 년 뒤에 망할 것을 미리 알고 나라의 수명을 연장하기 위해 선바위에서 천 일 동안 기도했다는 이야기가 전한다. 선바위가 한양의 도성 안에 포함되면 왕조의 기업이 연장될 것이라는 신령의 계시가 있었지만, 정도전의 반대로 인해 그렇게 되지 못했다는 내용이며, 이에 무학은 조선은 유교 사회가 될 것이며 5백 년 후에 망할 것을 예언했다는 것이다.

이런 설화는 무학이 여전히 조선조 전반에 걸쳐 민중들로부터 열렬하게 숭배되었고, 그의 예언력이 인정받았음을 증명한다. 그리고 조선왕조의 운수가 5백 년에 그칠 것이라는 무학의 예언은 민중들이 가질 수 있는 희망으로 제시되기도 했다. 이러한 설화들이 전하는 과정에서 조선 초기를 대표하는 예언가로서의 무학의 면모가 부각되었으며, 후대에는 무학의 이름을 내건 비결이나 예언이 등장하기도 했다.

선조조(宣祖朝)의 문신(文臣)인 차천로(車天輅, 1556-1615)가 지은 『오산설림(五山說林)』에[55] 다음과 같은 내용이 있다.

정도(定都)할 고을을 물으니, 무학이 바로 한양을 점쳐 말하기를, "인왕산(仁王山)을 진산(鎭山)으로 삼고, 백악(白岳)과 남산을 청룡과 백호로 삼으십시오."라 하였다. 정도전(鄭道傳)이 난색을 보이며 말하기를, "예로부터 '제왕은 모두 남면(南面)하고 다스렸다.'는 말은 들었어도 동향(東向)하였다는 말은 듣지 못하였습니다." 하니, 무학이 말하기를, "내 말을 듣지 아니하면, 2백 년이 지나면 마땅히 내 말이 생각날 것입니다."라 하였다.[56]

---

55 『오산설림』은 차천로가 수집한 일화나 전설을 수록한 야담수필집으로 2권 1책의 필사본이 전한다. 여기에 전하는 145편의 이야기가 『대동야승(大東野乘)』에도 실려 있는데, 임진왜란이 일어나기 전에 썼다고 전한다.

56 仍問定都之地, 無學乃卜漢陽曰, 仁王山作鎭, 白岳南山爲左右龍虎. 鄭道傳難之曰, 自古帝王皆南面而治, 未聞東向也. 無學曰, 不從吾言, 垂二百年當思吾言. 『오산설림초고(五山說林草藁)』.

무학과 정도전 사이에 한양 도읍터를 놓고 벌인 지리적 입지에 대한 논란을 전하며, 궁궐터를 잘못 잡았기 때문에 조선왕조 건국 후 2백 년이 지나 임진왜란을 겪게 될 것을 무학이 미리 예언했다는 내용이다. 무학이 예언가로서 부각되는 과정에서 나타난 설화로 이해된다.

『오산설림』에는 의상(義相)이 지었다는『산수비기』라는 비결서에 대한 이야기도 다음과 같이 전한다.

『산수비기(山水祕記)』를 보면, "도읍을 선택하는 자가 만일 중의 말을 믿게 되면 약간 오래갈 희망이 있고, 정가(鄭哥) 사람이 나와 시비를 하게 되면 5대를 가지 못하여 자리다툼의 화가 생기고, 2백 년이 못 가서 나라가 어지러워 흔들리는 난이 날 것이니 조심조심하라."고 하였는데, 『산수비기』는 바로 신라(新羅)의 고승 의상대사(義相大師)가 지은 것으로, 8백 년 뒤의 일을 미리 알아 착착 들어맞혔으니, 어찌 성승(聖僧)이 아니겠는가? 이제 와서 보면, 『비기(祕記)』에서 이른바 중이란 무학을 말함이요, 이른바 정가 사람이란 바로 정도전을 말함이다. 무학도 또한 우리나라 일을 불을 봄과 같이 밝게 알았으니, 또한 신승(神僧)이라 할 만하다.

정도전이 무학의 말이 옳음을 알지 못함은 아니었다. 그는 다른 마음이 있어서 나라에 틈이 있게 되면 빼앗으려 했기 때문에 듣지 아니한 것이다. 소인의 '빼앗지 않으면 만족하지 못한다.'는 마음이 집안을 해치고 나라를 흉하게 하려는 계책이 이와 같았으니 통탄할 일이다.[57]

신라의 고승 의상대사가 지었다는『산수비기』가 등장하는데, 8백 년 뒤에 일어날 한양 천도를 둘러싼 무학과 정도전 사이의 논란을 미리 예언했다는 이야기다. 의상의『산수비기』는 이름만 전할 뿐 현전하지 않는 비결서이다. 비결이나 예언에 대한 관심이 계속되었고, 유명한 승려의 명성에 가탁한 비결서

---

57 按山水祕記云, 擇都者若信聽僧言, 則稍有延存之望, 若鄭姓人出而是非, 則傳不五世, 纂奪之禍生, 歲纔二百, 板蕩亂至, 愼之愼之. 山水祕記乃新羅高僧義相大師之所著, 豫知八百年後之事, 若合符契, 豈非聖僧耶? 以今觀之, 祕記所謂僧言者, 乃謂無學也, 所謂鄭姓人者, 乃謂鄭道傳也. 無學亦知我國之事, 若觀火, 亦可謂神僧也. 鄭道傳非不知無學之言之爲是也, 以其有異心, 欲國之有釁而幸之也. 小人不奪不厭之心, 欲害于家凶于國之計如此, 痛哉! 『오산설림초고(五山說林草藁)』, 『연려실기술』 권 1「태조조고사본말」에도 실려 있다.

가 있었다고 전하며, 그 내용도 매우 구체적이었다고 믿어졌다. 산수(山水)라는 비결서의 이름에서 알 수 있듯이 그 내용이 지리와 관련된 것이라 믿었음이 짐작된다.

위의 이야기는 무학의 말에 따르지 않고 정도전의 주장을 채택한 결과 나라의 운세가 장차 기울게 될 것이라는 예언이다. 이는 조선왕조가 건국된 지 2백여 년이 지난 후에 임진왜란이라는 국가 존망의 전쟁이 발생하면서 사실화되었다고 믿어졌다.

이 이야기는 현전하는 이른바 『정감록』에도 다음과 같이 반영되어 있다.

고결(古訣)에 이르기를 "도읍지를 정하는데 만약 승려의 말을 믿고 따른다면 조금은 왕조의 운수를 연장시킬 수 있는 성스러움이 있을 것이다. (그런데) 정씨 성을 가진 사람이 나타나 시비를 건다면 삼세(三世)가 지나지 않아 왕위를 찬탈당하는 화가 생길 것이고, 왕조가 2백 년이 되면 한꺼번에 무너질 듯한 난리가 이를 것이니 조심하고 조심하라.[58]

궁궐이 명당에 자리잡지 못했기 때문에 조선왕조가 임진왜란이라는 절체절명의 위기 상황을 겪게 되었다는 주장이다. 이는 한양의 지기쇠약설이 주장되는 실마리가 되거나, 새로운 왕조가 개창될 것이라는 예언이 정당화·합리화되기 시작하는 과정이기도 했다.

조선 초기 도읍터를 정할 때 무학과 정도전이 참여했고, 그들이 서로 다른 의견을 개진했던 일과 왕조 개창 이후 2백여 년이 지나 실제로 임진왜란이 발생했다는 역사적 사실을 신비화한 것으로 보인다.

또 『오산설림초고』에는 예언가로 알려진 도선국사가 중국의 승려 일행(─

---

58 古訣云, 擇都若信從僧言, 稍有延祚之聖. 鄭姓之人, 出而是非, 傳不三世而簒奪之禍生. 歲自二百年, 板蕩之亂至. 愼之, 愼之. 「비지론」, 〔안춘근 편, 『정감록집성(鄭鑑錄集成)』(아세아문화사, 1973)〕 611면. 거의 비슷한 내용이 「신효자의조사비전」, 〔안춘근 편, 『정감록집성(鄭鑑錄集成)』(아세아문화사, 1973)〕 613면에도 실려 있는데, 실제 역사를 반영하여 불오세(不五世)로 적혀 있다. 세조에 의한 단종의 왕위 찬탈사건을 가리킨다.

行)의 제자라는 항간의 풍문이 잘못되었다는 주장이 전한다.[59]

한편 정도전도 도참설을 주장했다는 기록이 전한다.

정축년(태조 6년, 1397)에 — 정도전(鄭道傳)이 — 남은(南誾)과 깊이 결탁하여 은(誾)으로 하여금 상서(上書)하게 하기를, "사졸(士卒)이 이미 훈련되었고 군량(軍糧)이 이미 갖추어졌으니, 동명왕(東明王)의 옛 강토를 회복할 만합니다." 하니, 태상왕이 자못 그렇지 않다고 하였다. 은(誾)이 여러 번 말하므로, 태상왕이 도전(道傳)에게 물으니, 도전이 지나간 옛일에 외이(外夷)가 중원(中原)에서 임금이 된 것을 차례로 들어 논(論)하여 은(誾)의 말을 믿을 만하다고 말하고, 또 도참(圖讖)을 인용하여 그 말에 붙여서 맞추었다.[60]

정도전이 태조에게 요동 정벌을 권하며 도참을 인용했다는 주장이다. 도참의 내용에 대해서는 전혀 언급이 없다. 아마도 거란족의 요나라, 여진족의 금나라, 몽고족의 원나라에 이어 조선족이 중원을 차지하게 될 것이라는 내용이 표현되어 있었을 것으로 짐작된다.

정도전이 도참을 인용했다는 사건이 일어난 때는 고려 우왕 14년(1388)의 일이었다. 이성계(1335-1408)가 위화도에서 회군할 때 결정적인 계기가 된 사건이 정도전이 "일토운진(一土運盡), 목자위왕(木子爲王)", 즉 "왕씨의 운이 다하고, 이씨가 왕이 된다."는 비결을 나무 조각에 새겨 압록강에 띄워 놓고, 하늘에서 내린 참서(讖書)를 우연히 발견한 것처럼 말한 것이었다는 이야기가 전한다.

---

59 도선국사(道詵國師)에 대해 말하는 자들이 당나라의 중 일행(一行)의 제자라고 말하는데 잘못이다. 일행은 바로 당나라 현종(玄宗) 때 사람이다. 도선은 바로 왕건 태조의 아버지 왕륭(王隆)과 동시대 사람이며, 왕 태조의 고려는 바로 조씨(趙氏)의 송나라와 같이 섰다. 그렇다면 도선파의 시대적인 차이가 수백 년이 될 뿐만이 아니니, 일행의 제자라고 말하는 것이 어찌 망령이 아니겠는가?

60 深結南誾, 使誾上書曰, "士卒已鍊, 糧餉已備, 可以乘時復東明之舊壤." 太上殊不以爲然, 誾屢言之, 大上問道傳, 道傳歷論往古外夷得王中原者, 深以誾言爲可信, 且援引圖讖, 傳會其說. 『태종실록』 태종 5년 (1405) 6월 27일(신묘).

태종대의
예　　언
사　　상

2

태종대에는 도선(道詵)이 지었다는 『밀기(密記)』라는 예언서가 언급되었다.

　밀기(密記)에 붙인 외방(外方)의 사사전(寺社田)을 혁파하여 군자(軍資)에 소속시켰
다. (…) 선종(禪宗)을 합하여 조계(曹溪)로, 오교(五敎)를 합하여 화엄(華嚴)으로 하시
어, 밀기(密記)에 붙인 경외(京外)의 70개 절을 양종(兩宗)에 분속(分屬)시키고 (…)[1]

　위의 "『밀기』"는 도선(道詵)이 지은 사찰과 관련된 지리서로 추정된다. 이
외에도 "고려밀기(高麗密記)"라는 용어를 사용했다.[2]

　이와 관련하여 이익의 『성호사설』 제15권 인사문(人事門) 「사찰도첩(寺刹度
牒)」에 "밀기(密記)는, 고려에서 도선(道詵)의 말을 채택하여 산천의 순역(順逆)을
점쳐 사찰을 세우자는 것이고, 사람들이 사사로 사찰을 세워 지덕(地德)을 손상

────────

1　『태종실록』 태종 2년(1402) 4월 22일(갑술).

2　『태종실록』 태종 6년(1406) 3월 27일(정사).

하게 하는 것을 금지하는 것을 담당한 관청을 비보소(神補所)라 하였다."는 내용이 있다.

태종 4년(1404)에는 도읍을 한양으로 옮기는 논의에 지리적 도참서가 이용되기도 했다.

> 진산부원군(晉山府院君) 하륜(河崙)이 상서(上書)하여, 도읍을 한양(漢陽)의 무악(毋岳)으로 옮기기를 청하였다. 처음에 하륜이 지리참서(地理讖書)로 도읍을 무악에 옮기기를 청하였었는데, 이때에 이르러 다시 청하였다.³

그리고 태종대에는, 고려 말에 "이씨(李氏)가 나와 삼각산 남쪽에 도읍을 정할 것이다."라는 참설(讖說)이 유행했다고 한다.

> 태종 4년(1404) 10월 어가(御駕)가 무악(毋岳)에 이르니, 임금이 ― 사방을 바라보고 말하기를, "여기가 도읍(都邑)하기에 합당한 땅이다. (…)" 하니, 윤신달이 대답하기를, "(…) 이 땅은 참서(讖書)로 고찰한다면, 왕씨(王氏)의 5백 년 뒤에 이씨(李氏)가 나온다는 곳입니다. 이 말은 이미 허망(虛妄)하지 않았으니, 그 책은 심히 믿을 만합니다. 이씨가 나오면, 삼각산(三角山) 남쪽에 도읍을 만들고 반드시 북대로(北大路)를 막을 것이라는데, 지금 무악(毋岳)은 북쪽으로 대로(大路)가 있으니 그 참서(讖書)와 바로 합치합니다." 하고, 또 말하기를, "눈앞에 세 강(江)이 끌어당기기를 만월(滿月)과 같이 한다는데, 이 땅에 세 강(江)이 눈앞에 있으니,⁴ 또한 참서(讖書)와 합치합니다. 태상왕 때 이 땅을 얻지 못하여 한양에 도읍을 세웠던 것입니다." 하니, (…)⁵

---

3 晉山府院君河崙上書, 請移都漢陽毋岳. 初, 崙以地理讖書, 請移都毋嶽, 至是復請. 『태종실록』 태종 4년 (1404) 9월 19일(정사).

4 한강의 율도(栗島)와 여의도(汝矣島)의 사주(砂洲)로 이루어진 세 줄기 강물을 가리킨다.

5 駕至毋岳. 上登中峯, 一瞻望四方曰, 此合都邑之地, 一莘達對曰, 以地理論之, 漢陽, 前後石山險, 而明堂水絶, 不可爲都. 此地以讖書考之, 王氏, 五百年後, 李氏出. 此言旣不虛矣, 其書甚可信也. 李氏出, 則三角山, 南作都邑, 須防北大路. 今毋岳, 北有大路, 則此地正合其讖. 又曰, 眼前三江, 挹如滿月. 此地三江在前, 亦合讖書. 太上王時, 未得此地, 建都漢陽矣. 『태종실록』 태종 4년(1404) 10월 4일.

태종 때에도 도읍지를 새로 정하는 문제가 제기될 때마다 참서가 자주 인용되었으며, "왕씨의 5백 년 도읍 뒤에 이씨가 나온다."는 내용이 참서에 이미 있었음이 강조되고 있다. 새로운 도읍지의 조건으로 참서에 기재된 내용이 있는가가 중요하게 거론되었을 정도로 비결에 대한 당대인들의 믿음이 강했음을 확인할 수 있다.

고려 왕씨 왕조를 대신하여 조선 이씨 왕조가 세워질 것이 이미 예언서에 구체적으로 명시되었으며, 실제 도읍터를 상세하게 설명하고 있다는 점에서 참서의 내용이 매우 신빙성이 높다고 판단한 것이다.

또 태종은 『음양서(陰陽書)』라는 비기에서 주장한 이씨 왕조 개국설에 대해 언급하기도 했다.

의정부(議政府)에 명하여 한경(漢京)에 천도(遷都)할 가부(可否)를 의논하니, 의정부에서 흉년이 들었기 때문에 불가하다고 대답하였다. 임금이 말하기를, "『음양서(陰陽書)』에 이르기를, '왕씨(王氏) 5백 년 뒤에 이씨(李氏)가 일어나서 남경(南京)으로 옮긴다.' 하였는데, 지금 이씨의 흥(興)한 것이 과연 그러하니, 남경으로 옮긴다는 말도 믿지 않을 수 없다. 또 지난번에 궁궐 터를 정할 때에도 말하는 자가 분운(紛紜)하여 결정되지 않으므로, 내가 몸소 종묘(宗廟)에 나아가 점쳐서 이미 길(吉)한 것을 얻었고, 이궁(離宮)이 이미 이루어졌으니, 천도(遷都)할 계획이 정하여졌다. 장차 10월에 한경(漢京)으로 옮기겠으니 본궁(本宮)에 거처하지 않겠다." 하고, 좌우(左右)에게 일렀다.[6]

태종대에도 왕씨의 고려왕조를 대신하여 이씨의 조선왕조가 개창될 것이라는 예언이 널리 알려졌으며, 한양천도를 당연시하는 근거로 제시되었다. 도읍이 세워질 구체적인 장소가 언급되기 시작했다는 점도 특기할 만하다. 여기서 『음양서』는 책명 또는 음양가들이 기록한 책이라는 의미로 사용되었다.

---

6 『태종실록』 태종 5년(1405) 8월 3일(병인).

태종 5년(1405) 8월에 의정부(議政府)에 명하여 한경(漢京)에 천도(遷都)할 가부(可否)를 의논하니, 의정부에서 흉년이 들었기 때문에 불가하다고 대답하였다. 임금이 말하기를, "음양서(陰陽書)에 이르기를, '왕씨(王氏) 5백 년 뒤에 이씨(李氏)가 일어나서 남경(南京)으로 옮긴다.' 하였는데, 지금 이씨의 흥(興)한 것이 과연 그러하니, 남경으로 옮긴다는 말도 믿지 않을 수 없다. (…)"라 했다.[7]

인용문에서 태종이 음양서로 표현된 비결서를 깊이 신앙했음을 확인할 수 있으며, 수도를 남쪽으로 옮겨야 하는 이유가 비결서에 기재된 기록 때문이라고 생각했음을 알 수 있다.

태종 5년 8월 임금이 태상전(太上殿)에 조회하고, 임금이 태상왕께 장차 한경(漢京)으로 환도(遷都)하겠다고 고하고, 또 헌수(獻壽)하니, 태상왕이 "음양(陰陽)의 설(說)이 비록 믿을 것은 못 되나, '왕씨(王氏) 5백 년 뒤에 이씨(李氏)가 나라를 얻어서 한경(漢京)에 도읍한다.' 하였는데, 우리 집이 과연 그 설(說)에 응하였으니, 어찌 허황한 말이냐? 또 우리 집이 미리부터 나라를 얻을 마음이 있었느냐? 왕이 한경으로 환도하고자 하는 것이 실상은 왕의 마음이 아니라, 하늘이 시켜서 그러한 것이다."라 했다.[8]

위의 인용문에서 태조와 태종은 비결서를 깊이 신봉하고 있으며, 조선왕조가 새로 개창되고 도읍을 한양에 정하게 된다는 것이 미리 비결에 예언되어 있었다고 거듭 강조하고 있다. 왕이 이러한 입장을 자주 표명하는 것은, 조선이 개국된 것은 하늘이 정해 놓은 운명이기 때문에 더 이상 새 왕조를 반대하는 여론이 있을 수 없으며 있어서는 안 된다는 점을 확실히 하기 위함이다.

태종이 개경에서 한양으로 천도하려 할 때 반대하는 신하들에게 "음양가

---

7 『태종실록』 태종 5년(1405) 8월 1일. 命議政府, 議遷都, 漢京可否, 議政府對以年飢不可. 上曰, 陰陽書曰, 王氏, 五百年後, 李氏興, 遷南京. 今李氏之興果然, 遷南京之說, 不可不信也.

8 上朝太上殿. 上告太上, 以將遷漢京, 且獻壽, 太上曰, 陰陽之說, 雖不足信, 王氏, 五百年後, 李氏, 得國而都漢京, 我家果應其說, 夫豈虛哉? 且我家其預得國之心乎? 王之欲遷漢京, 實非王心, 天使之然也. 『태종실록』태종 5년(1405) 8월 11일.

(陰陽家)들이 말하기를 '송경(松京)은 군신(君臣)을 폐하는 땅이다.'라 했다."고 설득했다.[9] 며칠 후 태종은 태상왕이던 태조를 찾아가 장차 한양으로 옮길 뜻을 고했다. 이때 태조는 "음양의 설은 비록 믿을 만하지는 않으나, '왕씨 5백 년 후에 이씨가 나라를 얻고 한경(漢京)에 도읍한다.'라 했으니 우리 집안이 과연 그 설에 응한 것이라."라 했다.

음양가는 앞서 음양서의 비결에서 보이듯이 비결가 내지 예언가로 보아도 무방할 듯하다. 임금이 음양가의 말을 인용하여 대신들을 설득하며, 전부 믿을 수는 없지만 상당한 신빙성이 있다고 믿었음을 알 수 있다.

한편 태종은 태조의 능묘에 비석을 세우고, 비문에 태조가 꿈에 신인에게 금척을 받은 사실과 이인으로부터 새 나라를 세울 것이라는 비결을 받았다는 점을 적었다.

태종 9년(1409) 4월 13일 건원릉에 비석을 세웠는데, 비문은 권근이 지었다. 비문의 내용에 "(…) 우리 태조대왕(太祖大王)께서 잠저(潛邸)에 계실 때, 공덕(功德)이 이미 높았으며, 부명(符命)도 또한 나타났다. 꿈에 어떤 신인(神人)이 금척(金尺)을 가지고 하늘에서 내려와서, 그것을 주면서 말하기를, '공(公)은 마땅히 이것을 가지고 나라를 바로잡으리라.' 하였으니 (…) 또 어떤 이인(異人)이 대문에 와서 글을 바치며 이르기를, '지리산(智異山) 암석(巖石) 가운데서 얻은 것이다.' 하였는데, 거기에는, '목자(木子)가 다시 삼한(三韓)을 바로잡으리라'는 말이 있었다. 그러므로 사람을 시켜 나가서 맞이하게 하였더니, 이미 가버리고 없었다. 서운관(書雲觀)의 옛 장서(藏書)인 비기(秘記)에 「구변진단지도(九變震檀之圖)」란 것이 있는데, '건목득자(建木得子)'라는 말이 있다. 조선(朝鮮)이 곧 진단(震檀)이라고 한 설은 수천 년 전부터 내려오는 것으로, 지금에 와서야 증험되었으니, 하늘이 유덕(有德)한 이를 돌보아 돕는다는 것은 진실로 징험이 있는 것이다. (…) 우리 조선 처음 왕업(王業)을 여실 제, 신인(神人)이 꿈에 나타나 금척(金尺)을 주었으니, 부록(符籙)이 먼저 정해지고, 천명(天命)이 아주 분명하였네. (…)[10]

---

9 『태종실록』 태종 5년(1405) 8월 9일(임신).

10 立健元陵碑. 文曰: 惟我太祖大王之在龍淵也, 勳德旣隆, 符命亦著. 夢有神人執金尺, 自天降而授之曰:

그러나 태종은 태조 때에 전하는 금척(金尺)과 보록(寶錄)을 받았다는 이야기와 이에 관련된 비결이 신빙성이 부족하다고 보았다. 태종은 도읍지와 관련된 참설은 믿었으나, 세부적인 비결의 내용에 대해서는 부정적인 견해를 밝혔다.

예조에서 인군과 신하가 함께 잔치하는 예도(禮度)와 악장(樂章)의 차례를 올렸는데, 몽금척(夢金尺)과 수보록(受寶錄)으로 첫째를 삼고 (…) 임금이 보고 승정원(承政院)에 이르기를, "만일 먼저 몽금척(夢金尺)과 수보록(受寶錄)을 노래하면, 이것은 꿈 가운데 일이거나, 혹은 도참(圖讖)의 설이다. 어찌 태조(太祖)의 실덕(實德)을 기록할 곡조가 없느냐? (…)

임금이 말하였다. "옛부터 제왕(帝王)이 흥(興)하는 것이 천명(天命)과 인심(人心)에 있으니, 어찌 부참(符讖)을 족히 믿을 수 있겠는가? 광무제(光武帝)가 도참(圖讖)을 믿었는데, 사람들이 모두 비난하였고, 당(唐)나라 배도(裴度)가 장차 회채를 칠 때에 또한 참서(讖書)가 있었으니, 제왕의 상서(詳瑞)가 아니다. 또 이러한 보록을 받은 것과 금척의 꿈은 태조(太祖)의 실덕(實德)이라고 가리켜 말할 수 없다.

임금이 또 대언(代言) 등에게 일렀다. "옛부터 도참(圖讖)을 믿을 수 없다. 지금 보록(寶錄)의 설을 내가 믿지 않는다. 첫째는 '삼전삼읍(三奠三邑)이 응당 삼한(三韓)을 멸할 것이다.'하였는데, 사람들이 삼전(三奠)을 정도전(鄭道傳), 정총(鄭摠), 정희계(鄭熙啓)라고 하는데, 정희계는 재주와 덕이 없고 개국하는 데도 별로 공이 없으니, 이것이 과연 때에 응하여 나온 사람이겠는가?

둘째는 '목자장군검(木子將軍劍), 주초대부필(走肖大夫筆), 비의군자지(非衣君子智), 부정삼한격(復正三韓格)이라.' 하였는데, 사람들이 말하기를, '비의(非衣)는 배극렴(裴克廉)이라.'고 한다. 배극렴이 정승이 된 것이 오래지 않고, 보좌하여 다스린 것이 공효가 없었다. (…) 보록을 받은 것은 악부에서 삭제하라고 명했다.[11]

"公宜持此正國." 夏圭周夢, 可同符矣. 又有異人來門獻書云: "得之智異山巖石之中, 有木子更正三韓之語." 使人出迎唄己去矣. 書雲觀舊藏秘記, 有九變震檀之圖, 建木得子. 朝鮮即震檀之說, 出自數千載之前, 由今乃驗, 天之眷佑有德, 信有徵哉! (…) 惟我朝鮮, 肇基王迹, 夢有神人, 授以金尺. 符籙前定, 天命昭晰. 『태종실록』 태종 9년(1409) 4월 13일.

11 上又謂代言等曰, "自古圖讖不足信也. 今寶籙之說, 予不信矣. 其一曰, '三奠三邑, 應減三韓.' 人謂三奠爲鄭道傳, 鄭摠, 鄭熙啓也, 熙啓無才德, 於開國固無功, 是果應時而出者乎? 其二曰, '木子將軍劍, 走肖大夫筆, 非衣君子智, 復正三韓格.' 人謂非衣是裴克廉也, 克廉亦作相不久, 輔治無效. 『태종실록』 태종 11년(1411) 윤 12월 25일(신사).

이 부분은 『국조보감』에도[12] 실려 있을 정도로 중요하게 인식되었다.

위의 인용문에서 세 명의 정씨가 이씨를 보좌하여 새 왕조를 세울 것이라고 풀이되었던 비결이 실은 "삼전삼읍이 삼한을 멸할 것"이라는 내용이었음이 확인된다. 당시 사람들은 세 명의 정씨를 정도전, 정총, 정희계라고 짐작했지만, 태종은 이러한 해석을 부정한다. 바로 여기서 이 비결에 대한 해석의 가능성은 새롭게 제기된다. 즉 조선왕조의 개창과 관련되어 세 명의 정씨가 언급된 것이 아닐지도 모른다는 견해다.

나아가 태종은 목자장군검으로 시작되는 비결을 제시한 다음 비의(非衣)의 배씨를 배극렴으로 해석하는 견해를 부정하였다. 지금까지 비결은 조선왕조의 개국을 알리는 결정적인 근거로 제시되었고, 널리 홍보되었다. 그런데 당시 일반적인 해석과 달리 국왕 스스로가 비결서의 내용에 대해 해석이 잘못되었다는 평가를 내렸다. 비결의 내용은 해석하는 사람에 따라 다를 수 있다는 점이 공식적으로 밝혀진 것이다.

국왕이 비결에 대해 직접 내린 이와 같은 새로운 견해는 결국 이 비결이 조선의 건국에 대한 지적이 아니라 오히려 후대에 조선의 멸망과 연관될 수도 있다는 해석의 여지를 남겼다.

실제로 현재 전하는 『정감록』의 주요 부분 가운데 하나로 인정되는 「무학비결」에 "세 명의 전내(奠乃)가 내응하여 삼한을 멸망시킬 것이다. 목자장군의 칼이요, 주초대부의 붓이로다.〔三奠三乃, 內應滅三韓. 木子將軍劒, 走肖大夫筆.〕"라는 구절이 보인다. 여기서 전내는 정(鄭)의 파자이고, 주초는 조(趙)의 파자다.

---

12 조동영 역, 『국역 국조보감』 1 (민족문화추진회, 1996) 135-137쪽. 『국조보감(國朝寶鑑)』은 조선시대 역대 왕의 업적 가운데 선정(善政)만을 모아 편찬한 편년체의 사서(史書)이다. 『국조보감』의 편찬을 최초로 구상한 세종(世宗)은 정치에 모범이 될 만한 일들을 모아 후세의 귀감으로 삼기 위해 권제(權踶), 정인지(鄭麟趾) 등에게 명하여 태조, 태종보감을 편찬하도록 했으나 완성하지 못하였다. 그 뒤 세조(世祖)가 이를 계승하여 세조 3년(1457)에 신숙주(申叔舟)와 권람(權擥) 등에게 명하여 태조, 태종, 세종, 문종 4조(祖)의 보감을 완성하였다. 그 후 숙종 10년(1684)에 『선묘보감(宣廟寶鑑)』 10권을 완성하였고, 영조 6년(1730)에는 『숙묘보감(肅廟寶鑑)』 15권을 완성하였다. 이어서 정조 6년(1782)에는 정종, 단종, 세조, 예종, 성종, 중종, 인조, 명종, 인조, 효종, 현종, 경종, 영조 등 13조(祖)의 보감을 찬수하게 하고 앞의 세 보감과 합하여 『국조보감』 68권 19책을 완성하였다.

이처럼 성씨를 파자로 표기한 예로 중국에서는 새 세상을 이룰 미륵(彌勒)으로 명(明)의 태조 주원장(朱元璋)의 성씨를 파자로 표기한 우팔(牛八), 당(唐) 왕조의 성씨인 이씨(李氏)를 파자로 표기한 목자(木子) 또는 십팔자(十八子), 한(漢) 왕조의 성씨인 유씨(劉氏)를 파자로 표기한 묘금(卯金) 또는 묘금도(卯金刀), 한대(漢代) 황건적 우두머리의 성씨이자 그 이후 도교의 최고지도자인 천사(天師)의 성씨인 장씨(張氏)의 파자인 궁장(弓長) 등이 예언되었다.[13]

이른바 『정감록』이 결집되기까지는 상당히 오랜 시간이 필요했겠지만, 태종 11년(1411)에 벌써 『정감록』에 포함되는 비결서의 일부 구절이 인구에 널리 회자되었고 임금의 입을 통해 조정에서도 언급되었다는 사실이 확인되었다. 이처럼 『정감록』의 탄생을 예고하는 전주곡은 이미 조선왕조의 초기부터 울려퍼지고 있었다. 그것도 비결을 통해 새 왕조 건국의 당위성을 주장했던 임금의 입을 통해서 말이다.

그리고 그토록 금기시되었던 비결서의 내용이 조금씩이나마 더 알려진 것도 집권층의 입을 통해서이다. 그나마 관찬사서에도 나타나 있지 않았더라면 현재의 우리들로서는 당시 유행되었던 비결서의 이름이나 내용에 대해서는 아무런 정보도 얻을 수 없을 것이다.

또 하나 우리가 유념해야 할 사실은 정권을 담당한 핵심 세력의 논의 과정에서 자연스럽게 비결의 내용이 이야기되고 있다는 것이다. 당시 비결은 여러 계층에 광범위하게 알려졌을 가능성이 높다. 그만큼 비결이 널리 인정되는 분위기였던 것이다. 이는 한 왕조가 망하고, 새로운 왕조가 세워지는 엄청난 역사적 변동에는 반드시 어떤 형태로든지 하늘의 징조가 있어야 한다고 믿었던 당시 사람들의 인식이 반영된 것으로 여겨진다.

태조가 비결을 받은 일을 악부에 올리지 말라는 태종의 명은 당시에는 지켜졌다. 그러나 세월이 흘러 세종은 태종 때 꿈속의 일이라는 이유로 악부(樂

---

13 오수창, 「19세기 초 중국 팔패교란과 비교한 홍경래난의 정치적 특성」, 『대동문화연구』 제56집(성균관대학교 대동문화연구원, 2006), 232쪽.

府)의 가사에 오르지 못했던 「몽금척(夢金尺)」을 악부에 올렸다.[14] 이후 세조 때에도 태조가 비기와 도참을 받은 일은 공식적인 문서에도 자주 언급되었다.[15] 왕씨에서 이씨로의 역성혁명(易姓革命)이 가능했던 것은 하늘의 허락과 내정이 있었기 때문이라는 점이 계속 홍보되었던 것이다.

어쨌든 태종은 삼전삼읍, 목자장군, 주초대부, 비의군자 등의 비결이 구체적인 인물인 정도전, 정총, 정희계, 배극렴 등을 가리킨 예언이라는 세간의 풍설을 신빙성이 없다고 강조한다. 예언은 구체성이 담보되어야 믿을 만하다고 인정되기 때문에 항상 실제화되고 있다는 점이 거듭 강조된다. 그러나 예언에 대한 해석은 늘 열려있는 형태로 제시된다. 태종은 비결 자체를 부정한 것이 아니라 비결에 대한 특정한 해석에 반대하였던 것이다.

태종의 비결과 참서에 대한 불신감은 다음의 기록에서도 계속 확인된다.

영의정부사(領議政府事) 하륜(河崙)이 보동방(保東方), 수정부(修貞符) 두 편(篇)을 바치었다. 처음에 하륜이 태조(太祖)를 위하여 성덕(成德)의 노래를 지어 수보록(受寶籙)에 대신하도록 청하였으므로 임금이 허락하였었다. 그러므로 이때에 이르러 두 편(篇)을 바치었다.

임금이, "보동방은 좋으나 수정부는 참위(讖緯)의 설이니, 내 마음에 맞지 않는다. 정부(政府)와 육조(六曹)에 내리어 의논하여 모두 가하다고 하면 내가 따르겠다." 하니, 지신사(知申事) 김여지(金汝知)가 하륜의 말을 임금에게 진달하였다.

"한 비기(秘記)에 이르기를, '고려가 송악(松岳)에 도읍하면 4백 80년이고, 조선이 한양(漢陽)에 도읍하면 8천 세(歲)라.'고 하였는데, 고려씨(高麗氏)의 역년(歷年)의 수가 과연 맞았으니, 이것으로 본다면 비기의 말을 믿을 수 있는 것입니다." 인하여, 태조(太祖)가 개국할 때의 몽금척(夢金尺), 수보록(受寶籙)의 이상함이 있었다고 말하니, 임금이 말하였다. "옛적 한무제(漢武帝) 때에 조(趙)나라 사람 강충(江充)이 무제의 괴이한 꿈으로 인연하여 화(禍)가 죄 없는 사람에게 미치었고, 서한(西漢) 말년에 왕망

14 『세종실록』 세종 14년(1432) 3월 16일.
15 『세조실록』 세조 3년(1421) 1월 15일. "비기(秘記)를 받고 도참(圖讖)을 받아서 바야흐로 큰 행운을 열었으며, 근본을 보답하여 시초로 돌아가니 이에 밝고 정결하게 제사를 거행하게 되었습니다. (…)"라 했다.

(王莽), 공손술(公孫述)의 무리가 부참(符讖)의 말을 혹신하여 백성에게 앙화를 끼치고 자기에게 화가 미쳤으니, 이것으로 본다면 참문(讖文)과 몽괴(夢怪)가 믿을 것이 못된다. 우리 태조의 창업이 실로 천명(天命)과 인심(人心)에 기초한 것이니, 비록 금척(金尺)과 보록(寶籙)의 이상함이 없더라도 창업하지 못하겠는가? 경 등은 모두 유신(儒臣)인데, 어찌하여 논설(論說)하는 것이 여기에 미치는가?" 여러 신하들이 모두 머리를 수그린 채 "예, 예" 할 뿐이었다.

하륜(河崙)이 친히 아뢰었다. "신이 전날에 바친 수정부 1편(篇)을 주상께서는 불가하다고 하시나, 신은 생각하건대, 수보록이 비록 참기(讖記)에서 나오기는 하였으나, 실상은 천명(天命)이 먼저 정하여진 것이니, 여항(閭巷)에서 노래하고 읊조리는 것은 금하지 마시도록 청합니다." 임금이 말하였다. "악장(樂章)에 넣는 것은 불가하지마는 여항에서 노래하는 것이야 무얼 반드시 금하겠느냐?"[16]

하륜은 어떤 비기를 인용하여 고려왕조가 480년 만에 끝날 것이고, 조선왕조가 8천 년이 갈 것이라고 주장하였다. 이에 태종은 고사를 들어 도참설을 믿을 만하지 못하다고 비판하였지만, 당시 항간에서 태조의 몽금척과 수보록 사건에 대해 노래하는 일은 금할 필요가 없다고 말하였다. 즉 도참설은 깊이 믿을 것은 못 되지만, 사람들이 이야기를 전하는 일 자체를 금지할 필요는 없다고 파악하였던 것이다. 물론 왕조의 길조(吉兆)를 이야기하는 경우여서 가능했던 일이었을 것이다.

태종은 태조의 금척(金尺)의 꿈이 실제가 아니라고 주장하고 악장(樂章)의 첫머리를 삼지 말라고 명했다. 그러나 하륜은 보록(寶籙)에 대한 것은 개국하기 전에 어떤 중이 얻었다고 했으니 허망하다고 말할 수는 없고, "참서(讖書)도 고인(古人)이 폐하지 않은 것입니다. 제왕의 홍함에 반드시 앞서 정한 참서가 있으면 사람의 분수가 아닌 욕망을 저지할 수 있는 것입니다."라고 강조했다.

태종 12년(1412) 1월에 하륜이 "어떤 비기(秘記)에 이르기를 '고려가 송악에 도읍하면 480년이고, 조선이 한양에 도읍하면 8천세(千歲)라.'고 하였는데, 고

---

16 『태종실록』 태종 12년(1412) 1월 29일(갑인).

려씨(高麗氏)의 역년(歷年)의 수가 과연 맞았으니, 이것으로 본다면 비기의 말을 믿을 수 있는 것입니다."라고 진언했다. 그러나 임금은 "참문(讖文)과 몽괴(夢怪)는 믿을 것이 못 되며, 태조의 창업은 천명과 인심에 기초한 것이지 '금척'이나 '보록'의 이상함이 없더라도 창업하지 못했겠는가?"라고 반문했다.[17] 당시 하륜이 보았다는 비기가 어떤 것이었는지는 알 수 없지만, 왕조에 따라 도읍지가 달라진다는 내용과 왕조에 따라 정해진 역년이 적혀 있었음을 짐작할 수 있다. 물론 한양에 도읍하면 8천 년이나 왕조가 지속될 것이라는 전언은 상당히 부풀려졌을 가능성이 있다.

태종 12년(1412) 8월에 왕이 사관에게 명하여 충주사고(忠州史庫)의 서적을 가져다 바치게 했다. 이때 임금이 "『신비집(神秘集)』은 펴보지 못하게 하고 따로 봉하여 올리라."고 명했다. 임금이 그 책을 보고 "이 책에 실린 것은 모두 괴탄하고 불경한 설들이다."라고 말하고 불사르게 했다.[18] 이 기록을 통해 앞서 언급되었던 『신지비사』와 유사한 이름의 비결서가 존재했었음이 확인된다.

『신증동국여지승람』 제2권 「경도(京都)」에는 "양촌(陽村) 권근(權近)이 말하기를, '『신지비설(神誌祕說)』에 저울로 세 서울〔三京〕을 비유하였는데, 삼각산 남쪽으로 오덕구(五德丘)를 삼아서 저울추에 비유하였다. 오덕(五德) 가운데 면악(面岳)이 있어 원형(圓形)이니 토덕(土德)이요, 북쪽에 감악(紺岳)이 있어 곡형(曲形)이니 수덕(水德)이요, 남쪽에 관악(冠岳)이 있어 첨형(尖形)이니 화덕(火德)이요, 동쪽에 양주(楊州) 남행산(南行山)이 있어 직형(直形)이니 목덕(木德)이요, 서쪽에 수주(樹州) 북악(北岳)이 있어 방형(方形)이니 금덕(金德)이다.' 하였다."라는 내용이 있다. 이는 고려 숙종 때의 술사(術士) 김위제(金謂磾)의 설과 거의 유사하다. 오덕에 해당하는 산이 조금 다르고 특히 『신지비설』이라는 책 이름이 다르다.

또 태종 17년(1417) 6월, 왕은 서운관(書雲觀)에 있던 참서(讖書)를 모조리 불

17　有一秘記云, 高麗都松岳, 四百八十年, 朝鮮都漢陽八千歲. 高麗氏歷年之數果驗. 由此觀之, 秘記之言可信也.『태종실록』태종 12년(1412) 1월 29일.

18　且命曰, 神秘集, 毋得披閱, 而別封以進. 上覽其集曰, 此書所載, 皆怪誕不經之說.『태종실록』태종 12년(1412) 8월 7일.

살라 버리라고 명했다. 이때 태종은 "내가 비록 불민(不敏)하지만 두루 제왕(帝王)의 행적을 보았더니, 참위(讖緯)의 설(說)을 논자(論者)들은 모두 취하지 아니하였다. 술수(術數)로 말하면 수(數)에 의하여 일어난 것이지만, 참위 같은 것은 허탄(許誕)한 데에서 나온 것이라, 심히 믿기에 족하지 못한 것이다. (…) 참서에 말한 바 목자(木子), 주초(走肖)의 설은 개국 초에 있었다. 정도전은 '이것은 반드시 호사자(好事者)가 만든 것이다.'라고 했지만, 마침내 이 책을 따르게 되었으니, 조정의 대신들도 이를 믿지 않는 사람이 없었다."라고 말했다.[19]

그 후에도 태종은 "참위(讖緯)의 서(書)를 내가 믿지 않은 지 오래되었다. 왕씨와 이씨의 사이에 목자(木子)라는 말이 있었고, 삼각산의 남쪽에서 눈으로 삼지(三池)를 본다는 말이 있어, 사람들이 모두 이를 믿었다."라고 한탄했다.[20] 태종은 "일찍이 서운관(書雲觀)에 명하여 이러한 요서(妖書)를 모두 불살라 버리게 했는데, 모두 불살라 버렸는지 알지 못하겠다."라 말하고, 즉시 내관(內官) 최한(崔閑)에게 명하여, 이를 서운관에 묻게 하였더니, 판사(判事) 최덕의(崔德義)가 나아와 "아직 사유(事由)를 알지 못하겠습니다."라고 대답했다.

태종 17년(1417) 11월 왕이 직접 참서(讖書)를 금하는 교지를 내리기도 했다. 교지에서 왕은 "참위, 술수의 말은 세상을 미혹하고 백성을 속이는 것이 심한 것이다. 나라를 다스리는 자가 마땅히 먼저 버려야 하기 때문에, 이미 서운관에 명하여 요망하고 허탄하여 바르지 못한 글을 골라서 불사르게 했다. 이제부터 서울과 외방에 사사로이 간직하고 있는 요망하고 허탄한 글은 오는 무술년(1418) 정월까지 한하여 자수하여 바쳐서 역시 불살라 없애게 하고, 만일 혹시 정한 기한까지 바치지 않는 자는 여러 사람이 진고(陳告)하도록 허락하여 요서(妖書)를 만든 율에 의하여 시행하고 범인의 가산은 고한 사람에게 상으로 충

---

19 予雖不敏, 歷觀帝王之迹, 讖緯之說, 論者皆不取焉. 術數則因數而起, 若讖緯則出於虛誕, 甚不足信. 至我朝, 讖書所言木子走肖之說, 在開國初, 鄭道傳曰, 此必好事者之所作也. 然竟從是書, 朝之大臣莫不信之. 『태종실록』 태종 17년(1417) 6월 1일.

20 上因曰, 讖僞之書, 予不信久矣. 王氏, 李氏之間, 有木子之言, 有三角之南, 眼見三池之說, 人皆信之. 鄭道傳, 初曰, 人有閑事者, 造言書出. 終乃信之. 『태종실록』 태종 17년(1417) 6월 6일.

당하라."고 했다.[21] 그 후 서운관(書雲觀)에 간직하고 있던 참서(讖書)[22] 두 상자를 불살랐다.[23]

그런데 태종대에 벌써 참서를 이용하여 반란을 획책한 승려들이 나타났다.

> 태종 6년(1406) 6월 중 설연(雪然), 혜정(惠正), 윤제(允濟) 등에게 장(杖)을 쳐서 유배시켰다. 처음에 하륜이 주장하여 절〔寺〕의 수를 한정하고 전지(田地)와 노비를 감하도록 논의하니, 중들이 모두 원망하였고 (…) 대간과 형조에서 순금사(巡禁司)와 함께 설연을 국문해 다스리니, 그 제자 혜정(惠正)이란 자가 그 무리들에게 이르기를, "내가 간직한 참서(讖書)로 보건대, '승왕(僧王)이 나라를 세워 이에 태평(太平)하게 될 것이다.'라 하고, (…)[24]

이들은 "하륜(河崙)과 안노생(安魯生)이 죽으면 내 참서가 맞는 것이다." 하고, 드디어 하륜과 안노생을 죽이기를 모의하였는데, 중 홍련(洪漣)이 그 모의를 듣고 유양(柳亮)에게 고하였다.

참서의 이름은 알려지지 않았지만, "승려가 왕이 되어 새로운 나라가 세워질 것이다."라는 내용이 있었다는 주장이다. 이는 집권층에서 참서를 금지시킬 수밖에 없는 명분을 주는 것이었으며, 그만큼 여러 종류의 참서가 상당히 유포되고 있었다는 사실을 짐작하게 해 준다.

태종 8년(1408) 10월에는 조선왕조의 운수가 30년이라는 주장이 참서에 의

---

21 讖緯術數之言, 惑世誣民之甚者也. 爲國者所當先去, 故已命書雲觀, 擇其妖誕不經之書, 付諸烈燋. 自今京外私藏妖誕之書, 來戊戌年正月爲限, 自首顯納, 亦令燒去. 如或定限不納者, 許諸人陳告, 照依造妖書之律施行, 將犯人家産, 告者充賞. 『태종실록』 태종 17년(1417) 11월 5일.

22 성해응(成海應, 1760-1839)의 『연경재전집(研經齋全集)』 권 58 난실사료(蘭室史料) 1 「고실고이(故實考異)」에 牧隱文集刊行後 (…) 或曰太宗嘗命焚中外讖書, 而此令乃同時並下者, 牧集所焚之編, 蓋亦有讖說之屬, 未知是否 라 했다.

23 焚書雲觀所藏讖書二篋. 임금이 박은(朴訔), 조말생(趙末生)에게 명하여 서운관에 앉아서 음양서(陰陽書)를 모조리 찾아내어 요망하고 허탄하여 정상에서 어그러진 것을 골라 불태웠다. 上命朴訔、趙末生坐書雲觀, 盡索陰陽書, 擇其妖誕不經者焚之. 『태종실록』 태종 17년(1417) 12월 15일(병신). 이 기록에서 참서와 음양서가 같은 의미로 사용되었음을 알 수 있다.

24 杖流僧雪然、惠正、允濟等. 臺諫刑曹, 同巡禁司鞫治雪然. 弟子惠正者謂其徒曰: "以予所藏讖書觀之, 僧王立, 國乃太平." 『태종실록』 태종 6년(1406) 6월 19일.

거해 주장되기도 했다.

　전 해전고주부(解典庫注簿) 임형(林坰)을 순금사(巡禁司)에 가두었다. 전 사재감(司宰監) 윤보로(尹普老)가 아뢰기를, "근일(近日)에 임형(林坰)이 임강(臨江)에 이르러 신에게 이르기를, '이씨(李氏)의 사직(社稷)은 30년 기업(基業)뿐이라.' 하였습니다." 하였다.
　찬성사(贊成事) 윤저(尹柢)로 위관(委官)을 삼아 대간(臺諫), 형조(刑曹)와 함께 순금사(巡禁司)에 앉아 임형의 말의 출처와 일찍이 더불어 말한 사람을 국문(鞫問)하니, 대답하기를, "부여(扶餘) 백성 김귀(金貴)의 집에 참서(讖書)가 있어서 내가 보았고, 또 전 헌납(獻納) 김섭(金涉)과 이야기하였소." 하였다. 25

　참위설을 주장한 임형은 참형되었고, 사건 관련자들은 귀양형이나 곤장형을 받았다. 이들은 이씨 왕조가 30년이 지나면 또 다른 이씨가 새 왕조를 건국할 것이라고 주장하였다.

　임형(林坰)은 참형(斬刑)에 처하고, 김섭(金涉)은 곤장 1백 대를 때려 영해(寧海)로 귀양 보내고, 김귀(金貴)는 곤장 1백 대를 때려 도(徒) 3년에 처하였다. 순금사(巡禁司)에서 임형 등의 옥사(獄辭)를 갖추어 아뢰기를, "임형(林坰)은 공술(供述)하기를, '일찍이 김섭을 보고 말하기를, 「이씨(李氏)의 30년 기업(基業)이 끝난 뒤에 다른 이씨가 나온다.」 하였고, 금년 중추일(中秋日)에 중광사(重光寺)에 이르러 윤보로(尹普老)를 보고 또 이 말을 하였다.' 하였고, 김섭(金涉)은 공술하기를, '임형이 우리 집에 와서 참서(讖書)의 말을 이야기하기에, 내가 말하기를, 「이런 괴이한 말은 다시는 말하지 말라.」 하고, 그 말이 상서롭지 못하기 때문에 감히 드러내어 고하지 못하였다.' 하였고 김귀(金貴)는 공술하기를, '임형이 일찍이 우리 집에 왔기에, 내가 집에 감추어 두었던 「인묘년에는 일을 알 수 있고, 진사년에는 성인이 나온다.〔寅卯事可知, 辰巳聖人出〕」라는 참서(讖書)를 내어 보였다.' 하였으니, 임형은 마땅히 『대명률(大明律)』의 '큰 말을 떠들어대어 많은 사람을 선동현혹(煽動眩惑)시킨 죄'에 의하여 목을 베이고, 김섭의 죄는 정상을 알고도 죄인을 은닉한 율(律)에 비하여 장(杖) 1백에, 유삼천리

25　下前解典庫注簿林坰于巡禁司. 前司宰監尹普老啓曰, 近日林坰到臨江, 謂臣曰, 李氏社稷, 三十年基業耳. 以贊成事尹柢爲委官, 同臺諫刑曹坐巡禁司, 鞫坰以所言出處及曾所與言之人, 坰對以扶餘民金貴家有讖書, 予見之, 又與前獻納金涉言之. 『태종실록』 태종 8년(1408) 10월 21일(을미).

(流三千里)에 처하고, 김귀(金貴)는 사사로 요서(妖書)를 가지고 있으면서 이를 감춰두고 관가(官家)에 보내지 않은 율(律)에 의하여 장(杖) 1백에, 도(徒) 3년에 처하소서." 하였다. [26]

이들이 보았다는 참서에 나오는 비결인 "인묘사가지(寅卯事可知), 진사성인출(辰巳聖人出)"은 현전하는 『정감록』의 「징비록」, 「무학전」, 「감인록」에 나온다.[27] 그리고 이와 비슷한 표현도 「요람역세」, 「삼척국기노정기」, 「청구비결」, 「낭선결(浪仙訣)」 등에 보인다.[28]

그런데 "진사성인출(辰巳聖人出)"이라는 참설은 이미 고려 공민왕 때의 괴승 신돈(辛旽) 때 유행했던 것이며, 신돈이 자신이 바로 참설에서 말한 성인이라고 주장하기도 했다.[29] 고려 말부터 이 구절이 있는 참언이 유행했으며 조선왕조에서도 계속 이어지고 있음을 확인할 수 있다.

태종 11년(1411) 12월 하륜이 "옛날에 유창(劉敞)이 태조에게 말하기를 '참서(讖書)에 이르기를 '왕씨(王氏)가 망할 때에 사람이 모두 비둘기 빛〔鳩色〕이 된다.'고 했습니다.'라고 하였는데, 그 말이 과연 맞았습니다."라고 말하기도 했다.[30]

한편 실제 용암사(龍岩寺)라는 절이 창건된 일도 도선의 비결에 부합하여 이

26 林堂伏誅, 杖金涉一百, 流于寧海, 杖金貴一百, 徒三年. 巡禁司具林堂等獄辭以聞. 堂供稱, 曾見金涉, 言, 李氏三十年基業後, 他李氏出. 今歲中秋日, 至重光寺, 見尹普老, 又以此言告之. 金涉供稱, 林堂到我家, 說讖書之言, 予曰, 如此怪言, 愼勿更說. 以其言不祥, 故不敢現告. 金貴供稱, 林堂曾到我家, 我以家藏寅卯事可知, 辰巳聖人出之識出示之. 林堂合依大明律說大言語, 扇惑人衆, 斬, 金涉罪比知情匿藏罪人律, 杖一百流三千里, 金貴依私有妖書, 隱藏不送官律, 杖一百徒三年. 『태종실록』 8년(1408) 11월 13일(정사).

27 子丑猶未定, 寅卯事可知, 辰巳聖人出, 午未樂堂堂矣. 「징비록」, 〔안춘근 편, 『정감록집성(鄭鑑錄集成)』 (아세아문화사, 1973)〕 496면. 「무학전」, 〔안춘근 편, 『정감록집성(鄭鑑錄集成)』(아세아문화사, 1973)〕 576면. 「감인록」, 〔안춘근 편, 『정감록집성(鄭鑑錄集成)』(아세아문화사, 1973)〕 607면.

28 辰巳之間, 眞人出來 「요람역세」, 〔안춘근 편, 『정감록집성(鄭鑑錄集成)』(아세아문화사, 1973)〕 528면. 辰巳之年, 眞王出海島中. 「삼척국기노정기」, 〔안춘근 편, 『정감록집성(鄭鑑錄集成)』(아세아문화사, 1973)〕 565면. 辰巳事可知, 午未樂堂堂. 「청구비결」, 〔안춘근 편, 『정감록집성(鄭鑑錄集成)』(아세아문화사, 1973)〕 634면. 辰巳事何如, 午未樂堂堂. 「낭선결(浪仙訣)」, 「비결집록」, 〔안춘근 편, 『정감록집성(鄭鑑錄集成)』(아세아문화사, 1973)〕 865면.

29 旽, 以辰巳聖人出之識, 揚言曰, 所謂聖人豈非我歟? 『고려사』 권 132, 「열전(列傳)」 45 신돈.

30 讖書有曰, 王氏之亡, 人皆鳩色. 『태종실록』 태종 11년(1411) 12월 15일.

루어졌다는 기록도 다음과 같이 전한다.

　　무외(無畏) 국통이 하산(下山)한 곳인 용암사는 진양(晉陽) 속현(屬縣)의 반성(班城) 동쪽 모퉁이 영봉산(靈鳳山) 속에 있다. 옛날에 개국(開國) 조사(祖師) 도선(道詵)이, 지리산(智異山) 주인 성모천왕(聖母天王)이, "만일 세 개의 암자를 창립하면 삼한(三韓)이 합하여 한 나라가 되고 전쟁이 저절로 종식될 것이다."라고 한 비밀스런 부탁으로 인하여 이에 세 개의 암자를 창건하였으니, 곧 지금의 선암사(仙岩寺)와 운암사(雲岩寺) 그리고 이 절이 그것이다. 그러므로 이 절이 국가에 대하여 큰 보탬이 되는 것은 고금 사람이 함께 아는 일이다.[31]

이와 관련하여 후대에 『신증동국여지승람』에도 다음과 같이 기록되어 있다.

　　용암사(龍巖寺): 반성현(班城縣) 영봉산(靈鳳山) 속에 있다. 고려 중 무외(無畏)가 거처하던 곳이다. 고려 박전지(朴全之)의 기문에, "옛날에 도선(道詵)이 말하기를, '만약 세 암사(巖寺)를 창립하면 삼한이 통일되어 전쟁은 저절로 그치게 된다.' 하였다. 그리하여 선암(仙巖), 운암(雲巖)과 이 절을 창건하였다." 하였다.[32]

도선이 삼한을 통일하기 위해 세 개의 사찰을 건립해야 한다는 예언을 남겼고, 이에 부응하기 위해 절을 창건했다는 기록이다.

31　박전지(朴全之)가 지은 『동문선』 제68권, 기(記)에 「영봉산용암사중창기(靈鳳山龍岩寺重創記)」가 있다.
32　『신증동국여지승람』 제30권 경상도(慶尙道) 진주목(晉州牧).

세종대의
예   언
사   상

3

세종대에는 서운관에서 보관하던 『천문비기(天文秘記)』를 대궐 안에 옮겨 보관하게 했다는 기록이 전한다.[1]

그리고 경복궁의 지세에 대해 논하던 황희(黃喜)가 고려 때부터 전해오던 비기(秘記)의 기록을 근거로 상주하였고, 구변도(九變圖)라는 지리적 예언서도 언급하였다.

세종(世宗) 때 황희(黃喜) 등이 경복궁(景福宮)의 지세에 대해 설명하였다. (…) 전지(前志) ─ 전조비기(前朝秘記) ─ 의 "배임향병삼화(背壬向丙三花)"의 설을 보고 ─ 명당재삼각산심(明堂在三角山心) ─ 세 군데 꽃자리[三花]라는 것은 구변도(九變圖)를 가지고 상고해 보면 목멱이 첫째 꽃자리요, 송악(松嶽)이 둘째 꽃자리요, 평양이 셋째 꽃자리이니, 처음부터 이 도성 안에 세 꽃자리가 갖추어 있다는 것이 아니옵니다. 그런즉 경복궁이 그대로 명당 자리를 얻어 임방을 등지고 병방을 향해 앉아서 삼각산

---

1   서운관(書雲觀)에 간수했던 『천문비기(天文秘記)』를 궐내(闕內)로 옮겨 들이게 하였다.〔盡入書雲觀所藏, 天文秘記于內.〕『세종실록』 세종 3년(1421) 7월 2일(임술).

의 중심에 응하였사오니 (…)[2]

구변도는 서운관(書雲觀)에서 보관되어 왔다고 전하는 『구변진단지도(九變 震檀之圖)』와 동일한 비기로 추측된다. 이씨 왕조 건국설뿐만 아니라 도읍지를 구체적으로 예언하는 지리적 내용이 포함되어 있었음을 알 수 있다. 황희와 같은 정승들도 도참설 내지 예언서에 대해 잘 알고 있었으며, 그 내용을 가지고 임금께 상주했던 사실을 알 수 있다.

조선은 유학적인 천명(天命)사상에 의해 왕조 건국의 정당성을 강조하였는데, 그 근거로 고려 때나 조선 초기에 전하던 각종 비기(秘記)를 제시하였다. 그러나 왕조 체제가 점차 안정되고 유교적 정치 문화가 기반을 확보해 나가기 시작하자 체제부정적인 성격을 지닌 도참과 비기는 더 이상 용인될 수 없었다. 따라서 몇 차례에 걸쳐 기존에 전해져 오던 도참과 비결서는 대대적으로 폐기되었다.

세종 5년(1423)에는 민간에서도 파자(破字)가 유행하고 있었다는 사실이 확인된다.[3]

그리고 세종 8년(1426) 3월 의금부에서 계하기를, "전에 부사직이었던 김용생(金用生)이 요망스런 말을 꾸며 내기를, '종묘의 소나무에서 까마귀가 울고, 하늘에서 기후의 변화가 일어나, 비가 오고 구름이 시커멓게 끼면, 이럴 때에는 왕조가 바뀐다.'고 했다."고 한다.[4] 이처럼 자연계의 변화를 통해 왕조의 교체를 예언하는 유언비어를 유포한 사람도 등장했다.

세종조에도 태조가 신인에게 전해 받았다는 금척과 보록에 관한 악장(樂章)을 올렸다.[5]

---

2 『세종실록』 세종 15년(1433) 7월29일(경진).

3 『세종실록』 세종 5년(1423) 10월 8일. 박씨(朴氏)를 목복(木卜)으로 표현했다.

4 義禁府啓, 前副司直, 金用生造妖言, 宗廟松樹烏鳴, 天變氣候, 雨下雲黑. 如此時則易代. 『세종실록』 세종 8년(1426) 3월 20일.

5 『세종실록』 세종 15년(1433) 12월 23일. 세종실록 악보 강보(降寶)에도 태조에게 어떤 중이 지리산

세종 20년(1438) 2월에는 승려들에게 음식을 공궤하면서 악공과 광대들이 모여 풍악을 연주하며 승려들을 즐겁게 하는 풍속이 있었는데 이를 두고 "미륵세계(彌勒世界)가 이로부터 나온다."고 했다.[6]

한편 『세종실록』 148권 「지리지」 경도한성부(京都漢城府) 관련 기록에 "(고려) 숙종(肅宗) 때 술사(術士) 사의령(司儀令) 김위제(金謂磾)가 옥룡선사(玉龍禪師)의 『도선밀기(道詵密記)』를 증거로 하여 아뢰기를 (…)"이라는 기록이 보인다.

또 『세종실록』 「지리지」 전라도 영암 영광군조에는 도선(道詵)이 당(唐)나라에 들어가 일행선사(一行禪師)에게 지리법을 배워 가지고 돌아왔다는 내용과 고려 태조 왕건의 아버지에게 집터를 잡아주었다는 이야기가 실려 있다.

정인지(鄭麟趾)의 「영릉비서(英陵碑序)」에, 세종의 장지인 영릉(英陵)을 두고 "'실로 동방의 요순이다.' 한 것이 이런 것을 두고 한 말이었다. 비기(秘記)에 전하기를, '황려(黃驪, 여주)의 산에는 마땅히 성인(聖人)을 장사할 곳이 있다.' 하였으니, 이것이 곧 영릉이었다."는 내용이 실려 있다.[7] 왕의 장지도 이미 비기에 정해져 있었다는 주장이다.

바위 속에서 얻었다는 "목자(木子)가 돼지를 타고 내려와서 다시 삼한(三韓)의 땅을 바로잡으리라."는 글을 바쳤다는 이야기가 실려 있다.

6 도성 사람들은 일재(日齋)한다 하면서, 음식을 공궤하는 자가 잇달아서 끊임이 없었다. '일재'라는 것은 혹 하루를 한해서 혹은 한 끼니를 한해서 중들에게 밥을 먹이는 것이며, (…) 찬물(饌物)을 많이 가지고 가서 공궤(供饋)하였다. 여러 대군과 여러 군 및 재추(宰樞)로서 부처를 좋아하는 자와 부유한 장사치까지 모두 음식을 풍성하게 차려서 공궤하였는데, (…) 공궤할 때에는 악공과 광대[俳優]들이 많이 모여서 항오에 따라 돌며 풍악을 연주하여서 중들을 즐겁게 하였는데, 이것을 '음성공양(音聲供養)'이라 하며, 중들은 길에서 뛰놀면서 미륵세계(彌勒世界)가 이로부터 나온다 하니, 유식한 자는 개탄(慨歎)하였다. (…) 이렇게 되자 공사천인(公私賤人)과 죄를 피해서 도피한 자와 부역을 피해서 도망한 자 모두 중이 되어 제멋대로 조부의 이름을 거짓으로 내대고 도첩을 받았는데 (…) 其饋飼也, 樂工俳優之徒, 多聚循行, 奏樂以娛之, 名之曰音聲供養. 僧徒踊躍於路曰, 彌勒世界, 當自此而生矣. 識者嘆之. 『세종실록』 세종 20년(1438) 2월 19일(계유).

7 『지봉유설(芝峯類說)』 『연려실기술』 제3권 「세종조고사본말(世宗祖故事本末)」 '세종(世宗)'조에도 실려 있다.

문 종 대 의
예   언
사   상

4

문종대에도 도선(道詵)의 지리적 예언은 신비화되어 신봉되었다. 고려 때에는 도선이 『답산가』와 『옥룡기』를 지었다는 이야기가 전해졌지만, 조선조에 들어와서는 좀 더 비밀스러운 내용이 담겨있을 것으로 추정되는 『도선밀기』를 지었다는 이야기로 확대되었다.

문종 원년(1451) 4월 전 부사정(副司正) 정안종(鄭安宗)이 다음과 같이 상언(上言)하였다.

"산천이 험하면 땅의 정기가 악(惡)하므로 도선(道詵)이 말하기를, '지맥(地脈)에 정력(靜力)이 없어서 동(動)함이 많으니, 정(靜)하면 비보(裨補)하고, 동하면 양진(禳鎭)한다.'[1] 하였습니다. 양진, 비보하여 화기(和氣)를 순합(順合)함은 옛 신선(神仙)이 남긴 자취인데, (…) 우리나라의 산천을 답사하여 이미 신술(神術)을 밝힌 도선의 『비밀서기(秘密書記)』외에 산수(山水)의 논(論)과 양진의 술(術)이 남긴 자취를 모두 쫓아서 빠

---

1   양진은 기도하여 누른다는 뜻이다.

짐없이 살펴 드러내어 음양(陰陽)을 이끌어 맞추어서 만세의 태평한 기틀을 만들었
으면 합니다.[2]

위의 인용문을 보면 도선의 비기 내용 가운데 일부를 알 수 있으며, 도선이
지었다는 책이 『비밀서기』라고 한다. 어쨌든 도선은 고려시대부터 조선왕조
에 이르기까지 중요하게 언급된 비결서의 저자였다.

도선이 남겼다는 지리에 기초한 비결서가 매우 적확하다고 인정되었으며,
도선이 말했다는 내용도 언급된다. 나아가 정안종은 도선이 전한 비결에 근거
하여 나라 안의 산천을 답사하여야 한다고 주장했다. 도선이 비결서의 저자로
널리 받아들여졌음이 다시 한 번 확인된다.

반면 태조 이성계를 도와 조선왕조 개창에 도움을 주었다는 무학(無學,
1327-1405)에 대해서는 그의 생존 시에는 예언과 관련된 내용이 『조선왕조실록』
에 거의 언급되지 않으며, 특히 비결서와 관련된 내용은 보이지 않는다. 무학
이 지었다고 전하는 비결, 즉 실제로는 무학의 이름을 빌린 어떤 사람의 비결
이 역사의 무대에 등장하는 것은, 무학이 죽은 지 상당한 시간이 지나 그에 대
한 전설이 많이 누적되고, 신비화된 면모가 일반인에게 받아들여지기까지 오
랜 세월이 흐르고 나서야 비로소 가능한 일이었다. 실제로 무학이 지었다는
비결서가 언급되는 것은 그가 세상을 떠난 지 200여 년 후, 임진왜란이 발생한
직후였다.

---

2 前副司正, 鄭安宗上言, 山川險, 則地精惡, 故說曰, 地脉無靜力, 而多動, 靜則補之, 動則鎭之, 禳鎭神補,
   順合和氣, 古神仙之遺迹. 我國山川踏驗, 已經神術, 道說秘密書記外, 山水之論, 禳鎭之術, 一從遺迹, 檢
   擧無遺, 導合陰陽, 以致萬世太平之基.『문종실록』문종 원년(1451) 4월 14일.

안평대군의 왕위 찬탈 계획에 이용된 비결

5

단종 즉위년(1452)에 세조가 "도선의 글"을 보았다는 기록이 있다.

　세조가 이용(李瑢) ― 안평대군 ― 과 강맹경과 더불어 산릉의 천광(穿壙)에 가니, 여러 의정(議政)들이 먼저 갔다. 세조가 이용(李瑢)에게 이르기를, "먼젓번에 이현로 (李賢老)가 우리에게 말하기를, '궁(宮)을 백악산 뒤에 짓지 아니하면, 김보명(金寶明) 의 말과 같이 정룡(正龍)이 반드시 쇠하고 방룡(傍龍)이 반드시 일어날 것이다.' 하였 는데, 내가 이현로에게 말하여 여러 정승에게 고하라고 했는데, 말을 했는지 아니 했는지 모르겠으니, 자네가 이를 물어보라." 하였다. 능에 이르러서 세조가 이용과 함께 물으니, 이현로가 대답하기를, "대군 ― 세조를 가리킨다. ― 과 같이 보고, 내가 어찌 홀로 고하겠습니까?" 하였다. 세조가 말하기를, "그때에 내가 한가하지 못하여 네가 홀로 보았고, 또 내가 명을 받든 바는 도선(道詵)의 글을 보는 것뿐이었 지, 김보명의 글은 아니었다." 하니, 이현로가 스스로 그 잘못을 알고 즐겨 고하지 않으려 하고, 이에 말하기를, "김보명의 글을 어찌 족히 믿겠습니까?" 하였다.[1]

1　世祖與瑢, 姜孟卿, 往山陵穿壙, 諸議政先往. 世祖謂瑢曰, 曩時李賢老語吾等曰, 不作宮白岳山後, 則如

여기서 정룡은 종손(宗孫)을 뜻하며, 방룡은 방계인 지손(支孫)을 가리킨다. 수양대군(훗날의 세조)은 이현로의 주장에 단종을 폐위시키고 자신이 등극하려는 자신의 속셈을 간파당했다고 여겨 내심 두려움을 느꼈을 것이다. 그리고 이현로의 주장대로 백악산 뒤에 궁을 지어 방룡의 기를 막으면 자신의 계획이 무산될 수도 있을 것이라고 생각하여 반대했을 뿐만 아니라, 단종 즉위년(1452) 윤 9월에는 이현로의 방자함이 심하다는 이유로 산릉도감장무(山陵都監掌務)를 맡았던 그를 채찍으로 매질하기에 이르렀다.[2] 정사에 관여하는 일이 금지된 종친이 조정의 대신을 때린 것은 개국 이래 처음 있는 사건이었다.

단종 원년(1453) 5월에는 김보명이 안평대군(安平大君) 용(瑢)을 풍수설로 유혹하여 "보현봉 아래에 집을 지으면 이것이 비기(秘記)에 이른 바 '명당(明堂)이 장손(長孫)에 이롭고 만대(萬代)에 왕이 일어난다.'는 땅입니다."라고 했고, 이에 안평대군이 무계정사를 지었다고 한다.

혜빈(惠嬪)이 밀계(密啓)하기를, "이용(李瑢)이 사직(社稷)을 위태롭게 하기를 꾀하여 여러 무뢰배를 모으고, 이현로(李賢老)의 말을 듣고서 무계정사(武溪精舍)를 방룡소흥(旁龍所興)의 땅에 지었으니, 마땅히 미리 막아야 합니다." 하였다. 성녕대군(誠寧大君)의 종 김보명(金寶明)이 풍수의 설(說)을 거짓으로 꾸며서 용(瑢)을 유혹하여 이르기를, "보현봉(普賢峯) 아래에 집을 지으면, 이것이 『비기(秘記)』에 이른 바, '명당(明堂)이 장손(長孫)에 이롭고 만대(萬代)에 왕이 일어난다.'는 땅입니다." 하였으므로, 용(瑢)이 무계정사(武溪精舍)를 짓고서 핑계하여 말하기를, "나는 산수를 좋아하고 홍진(紅塵)을 좋아하지 아니한다." 하였다. 뒤에 김보명(金寶明)이 죽자, 용(瑢)의 계집종 약비(若非)가 자성왕비(慈聖王妃)에게 아뢰기를, "잘 죽었다. 살았으면 매우 큰 죄를 지었을 것이다." 하였다.

백악산(白岳山)이 뒤에 왕이 일어날 땅이라 하고 장손(長孫)에 이롭다고 일컬었는

金寶明之言, 正龍必衰, 傍龍必發. 吾語賢老, 告諸政丞, 未知諾否, 子其問之. 至陵, 世祖與瑢問之, 賢老答曰, 與大君 一指世祖 一同看, 我何獨告? 世祖曰, 其時我無閑, 而瑢獨看, 且吾所承命者, 看道詵書耳, 兆寶明書也. 『단종실록』 단종 즉위년(1452) 7월 15일(병오).

2　『단종실록』 단종 즉위년 (1452) 윤 9월 6일(을축).

데, 여러 사람들의 듣는 것을 속였지만 실은 의춘군(宜春君)을[3] 가리킨 것이었다. 용(瑢)이 널리 조사(朝士)와 결탁하려고 '시가(詩家)'라고 칭탁하니, 이현로(李賢老), 이승윤(李承胤), 이개(李塏), 박팽년(朴彭年), 성삼문(成三問) 등이 교결(交結)하여 마음으로 굳게 맹세하고 '문하(門下)'라고 칭하고, 모두 도서(圖書)의 헌호(軒號)를 지어서 서로 한때의 문사임을 자랑하였으나, 모두 농락(籠絡)당한 것이었다. 이현로 등이 용(瑢)을 칭하여 '사백(詞伯)'이라 하고, 또 '동평(東平)'이라고도 칭하였다. 김종서(金宗瑞)가 매양 용(瑢)에게 글을 보낼 때 '맹말(盟末)', '맹로(盟老)'라고 자칭하고 동료로서 대하니, 용(瑢)의 거짓된 명예가 이미 넘쳐서 임금의 자리〔神器〕를 엿보게 되었다. 이에 권세 있고 부유한 것을 가지고 사람을 멸시함이 아주 많았고, 참람(僭濫)한 물건을 많이 만들어 착용하였으며, 계(契)의 모임에서 시문을 지어서 등급을 매기고, 큰 인장(印章)을 만들어 찍었다. 일이 많이 이와 같았고, 또 마음대로 역마(驛馬)를 사용하기에 이르러, 한때 용(瑢)에게 아첨하는 자들이 용(瑢)에게 글을 보내는 데 한결같이 계서(啓書)와 같이 하여, '용비(龍飛)', '봉상(鳳翔)', '번린(攀鱗)', '부익(附翼)', '계운(啓運)', '개치(開治)' 등과 같은 용어를 쓰고도 의혹하지 않았으며, 혹은 신이라 칭하는 자도 있었다. 정난(靖難)한 뒤에 많이 얼굴을 바꾸고 꼬리를 흔들었으나, 세조는 모두 묻지 않았다.[4]

의정부(議政府)에서 안평대군이 모역(謀逆)한 정상을 밝힌 조목(條目)에 다음과 같은 내용이 있다.

용(瑢)의 역모는 하루아침 하루저녁이 아니라, 세종(世宗), 문종(文宗) 때에 있어, 맹인(盲人) 지화(池華)가 용의 운수(運數)를 보고 망령되게 군왕의 운수라고 말하였고, 이현로(李賢老)가 또한 말하기를, 귀(貴)하기가 말할 수 없어서 국군(國君)의 팔자(八字)라 하고, 또 참서(讖書)에 의거하여 말하기를 '하원갑자(下元甲子)에 성인(聖人)이 나와서 목멱정(木覓井)의 물을 마신다.' 운운(云云)하였는데, 백악(白岳) 북쪽이 바로 그곳이어서 참으로 왕업을 일으킬 땅이니, 그곳에 살면 복을 받을 수 있다 하였다. 용(瑢)이 그것을 믿어 그곳에 집을 짓고 무계정사(武溪精舍)라고 칭호하여 부참(符讖)에

---

3 의춘군(宜春君)은 안평대군(安平大君)의 아들 이우직(李友直)이다.

4 誠寧大君奴金寶明, 假風水之說, 誘瑢云, 作宅于普賢峯下, 則是秘記所云明堂, 利於長孫, 萬代興王之地也. 故瑢作 武溪精舍, 托言, 吾好山水, 不樂紅塵. 『단종실록』 단종 1년(1453) 5월 19일(을해).

응하려고 하였으며, 또 여러 번 사람에게 말하기를, '내가 끝내 대군만 되고 말 사람이 아니다.' 하였다.[5]

단종 1년(1453) 10월, 수양대군은 단종의 보좌 세력인 원로대신 황보 인, 김종서 등 수십 명을 살해·제거하고 정권을 잡은 계유정난(癸酉靖難) 후에 친동생인 안평대군을 강화도로 안치했다가 사사(賜死)했다.

이 일과 관련하여 세조는 안평대군 이용과 이현로의 집에 있는 괴상하고 신비스러운 글을 모두 불태워 버렸다고 전한다.[6] 이때 불타버린 예언서가 상당수 있었을 것으로 짐작된다.

조선왕조를 개창한 태조가 비기(秘記)와 도참(圖讖)을 받았다는 사실은 세조 때 백관(百官)들이 올린 전문(箋文)에도 기록되었다. 그리고 세조가 즉위한 지 3년 후에 대신들은 비기와 도참에 응하여 왕위가 이어지게 되었다고 경축했다.[7]

---

5 瑢之逆謀, 非一朝一夕. 在世宗文宗朝, 盲人池和卜命, 妄言君王之命, 李賢老亦說, 貴不可言, 國君八字. 又據讖言, 下元甲子, 聖人出, 飮木覓井水云云, 白岳之北, 正是其處. 眞興王之地, 可以居而受福. 瑢言之, 乃造家, 號稱武溪精舍, 欲應符讖. 且屢言於人曰, 我終不止爲大君者也.『단종실록』단종 원년(1453) 10월 25일.

6 時, 瑢及李賢老家, 多有詭秘之書. 世祖, 不見而悉焚之.『단종실록』단종 원년(1453) 10월 25일.

7 백관(百官)들의 전문(箋文)은 이러하였다. "비기(秘記)를 받고 도참(圖讖)을 받아서 바야흐로 경운(景運)을 열었으며, 근본을 보답하여 시초로 돌아가니 이에 명인(明禋)을 거행하게 되었습니다. 기쁨은 군신(群臣), 백관(百官)에 넘쳤으며, 경사(慶事)는 종묘(宗廟)와 사직(社稷)에 미쳤습니다.〔百官箋曰, 受籙膺圖, 方開景運, 報本反始, 式擧明禋.〕『세조실록』세조 3년(1457) 1월 15일(경진) 여기서 경운(景運)은 큰 행운을 뜻하고, 명인(明禋)은 밝고 정결하게 하여 제사를 지내는 일이다.

세 조 의 비 결 서 수 거 명 령

6

세조 3년(1421) 3월에 왕이 팔도관찰사에게 명하여『고조선비사(古朝鮮秘詞)』,
『대변설(大辯說)』,『조대기(朝代記)』,『통천록(通天錄)』,『호중록(壺中錄)』,『도선한
도참기(道詵漢都讖記)』등의 문서를 사처(私處)에 간직해서는 안되니 진상하도록
하라고 명했다.[1] 여기서 도선이 지었다는『도선한도참기』라는 비결서를 확인
할 수 있으며, 그 책에 한양에 도읍을 정할 것을 예언한 내용이 들어있음을 짐
작할 수 있다. 이 외의 책도 왕조의 대수를 예언한 예언서의 일종으로 볼 가능
성이 있다.

세조 3년(1457) 5월에 왕이 팔도관찰사(八道觀察使)에게 또다시 유시(諭示)하기
를, "『고조선비사(古朝鮮秘詞)』,『대변설(大辯說)』,『조대기(朝代記)』,『주남일사기
(周南逸士記)』,『지공기(誌公記)』,『표훈삼성밀기(表訓三聖密記)』, 안함노(安含老)와
원동중(元董仲)의『삼성기(三聖記)』,『도증기(道證記)』,『지리성모하사량훈(智異聖

1　『세조실록』세조 3년(1421) 3월 26일.

母河沙良訓)』, 문태산(文泰山), 왕거인(王居人), 설업(薛業) 등 세 사람이 기록한『수찬기소(修撰企所)』1백여 권(卷)과『동천록(動天錄)』,『마슬록(磨虱錄)』,『통천록(通天錄)』,『호중록(壺中錄)』,『지화록(地華錄)』,『도선한도참기(道詵漢都讖記)』등의 문서(文書)는 마땅히 사처(私處)에 간직해서는 안되니, 만약 간직한 사람이 있으면 진상(進上)하도록 허가하고, 자원(自願)하는 서책(書冊)을 가지고 회사(回賜)할 것이니, 그것을 관청, 민간 및 사사(寺社)에 널리 효유(曉諭)하라."고 하였다.[2]

이는 우리나라 상고사에 관한 책이나 예언서들을 수거하라는 명령이었다.『도선한도참기』는 도선이 한양을 조선왕조의 도읍터로 비정했다는 예언서로 짐작되며, 그 이외의 책도 예언이나 비결과 관련된 책이었을 것으로 추정된다.

그런데 세조 때 발생한 이시애(李施愛, ?-1467)의 난에는 진인출현설이 언급되지 않는다. 세조는 즉위한 후 중앙집권체제를 강화하기 위해 지방관을 중앙정부에서 직접 파견하기 시작했다. 당시 함길도의 호족이었던 전 회령부사 이시애는 지방 유지들의 자치기구인 유향소(留鄕所)의 불평불만과 함길도민들의 지역감정에 편승해서 세조 13년(1467) 5월에 반란을 일으켰다.

이시애는 함길도의 절도사가 반역을 음모하고 있다는 말로 휘하 병사들을 선동하여 절도사 강효문과 길주목사 설징신 등을 죽이고, "곧 남도(南道)의 군대가 바다와 육지로 올라와서 함길도 군민들을 다 죽이려 한다."고 지역민들을 선동했다. 이에 흥분한 함길도의 군인과 백성들이 유향소를 중심으로 들고일어나 타 지역 출신 수령들을 살해하는 등 함길도는 대혼란에 휩싸였다.

이시애는 여진족까지 끌어들여 토벌군에 대항했으나, 결국 허종, 강순, 남이 등이 이끄는 3만 명의 대규모 토벌군에 의해 격파되었다. 이시애는 길주를 거쳐 경성으로 퇴각한 다음 여진으로 도망치려 했지만, 처조카 허유례가 이시애의 부하들을 설득하여 그를 토벌군에 인계했다. 그 해 8월 이시애 등이 토벌

2　論八道觀察使曰, 古朝鮮秘詞, 大辯說, 朝代記, 周南逸士記, 誌公記, 表訓三聖密記, 安含老, 元董仲, 三聖記, 道證記智異聖母河沙良訓, 文泰山, 王居仁, 薛業等三人記錄, 修撰企所 一百餘卷, 動天錄, 磨虱錄, 通天錄, 壺中錄, 地華錄, 道詵, 漢都讖記等文書, 不宜藏於私處, 如有藏者, 許令進上, 以自願書冊回賜, 其廣諭公私及寺社.『세조실록』세조 3년(1457) 5월 26일.

군의 진지 앞에서 처형당함으로써 난은 평정되었다.

무려 3개월 동안 함길도 지역을 혼란의 도가니로 몰아넣은 이시애의 난은 지역민들의 가슴에 오랫동안 아픈 기억으로 남았고, 중앙정부로부터의 소외감을 더욱 강하게 느끼게 했던 사건이었다. 이시애의 난에 떠돌았던 "남도에서 군대가 올라온다."는 이야기는 훗날 여러 비결서가 나온 지역으로 추정되는 함길도 등지의 사람들에게는 아프게 각인된 기억으로 남아있을 것으로 짐작된다.

이시애의 난이 평정된 직후인 세조 13년(1467) 8월에 난언을 퍼뜨린 중을 의금부에 가둔 일이 있었다. 이조 참판(吏曹參判) 신승선(愼承善)이 어떤 중이 난언(亂言)하였다고 밀고(密告)하니, 왕이 즉시 선전관(宣傳官)에게 명하여 그 중을 잡아서 의금부(義禁府)에 가두었던 것이다. 그 중은 "『도선참기(道詵讖記)』에 이르기를, '병정연간(丙丁年間)에 난폭한 왕(王)이 즉위(即位)하여 불법(佛法)을 다 멸한다.'고 하였는데, 내가 가만히 생각하건대, 우리의 불도(佛道)를 멸(滅)할 것은 바로 북정(北征)하였다가 회군(回軍)할 때에 있을 것이다."라고 말했다고 한다.

> 이조참판(吏曹參判) 신승선(愼承善)이 어느 중〔僧〕이 난언(亂言)하였다고 밀고(密告)하니, 즉시 선전관(宣傳官)에게 명하여 그 중을 잡아서 의금부(義禁府)에 가두었다. 그 중의 말은, "『도선참기(道詵讖記)』에 이르기를, '병정연간(丙丁年間)에 난폭한 왕(王)이 즉위(即位)하여 불법(不法)을 다 멸한다.'고 하였는데, 중이 가만히 생각건대, 우리의 불도(佛道)를 멸(滅)할 것은 바로 북정(北征)하였다가 회군(回軍)할 때에 있을 것이다." 라고 하였다.[3]

그 승려의 이름은 학선(學禪)이었고, 함길도로 정벌하러 간 군사들이 서울로 회군할 때를 맞추어 승려들을 학살할 것이라는 예언이 참서(讖書)에 실려 있

---

3   吏曹參判愼承善, 密告有僧亂言, 卽命宣傳官拿其僧, 囚義禁府. 僧之言曰, 道詵讖記云, 丙丁年間, 暴王卽位, 盡滅佛法. 僧竊料, 滅吾道者, 正在北征回軍時也.『세조실록』세조 13년(1467) 8월 1일.『세조실록』세조 13년(1467) 8월 1일(갑오).

다고 주장했다.

사노(私奴) 상좌(上佐)가 승정원(承政院)에 고(告)하기를, "중 학선(學禪)이 나에게 이르기를, '도선국사(道詵國師)의 참서(讖書)에 이르기를, 「성왕(聖王)이 위에 계시어서 불교(佛教)를 숭상(崇尙)하나, 병정연간(丙丁年間)에 포악(暴惡)한 왕이 즉위(卽位)하여 불법(佛法)을 다 허물 것이다.」라고 하였는데, 지금 같이 함길도(咸吉道)에 정벌(征伐)하러 간 군사들이 회군(回軍)하여 입성(入城)할 때, 4대문(大門)을 닫아서 지키고 들어가지 못하게 한다면, 삼각산(三角山)의 중들을 다 죽일 것이 틀림없다. 이것은 바로 참서(讖書)와 합치하는 것인데, 만약 이와 같은 사변(事變)이 있다면, 우리들은 마땅히 환속(還俗)해야 한다.'고 하였습니다." 하였다.[4]

『도선참기』라는 비결서가 거론되었으며, 특정한 연대를 명시하여 그 해에 어떤 사건이 발생할 것을 예언했었음이 확인된다. 이제는 한 왕조의 개창과 관련된 거대담론이 아니라 특정한 시점에 어떠어떠한 일이 일어날 것인지가 비결서에 적혀 있다는 식으로 구체적으로 이야기되는 상황에 이른 것이다.

한편 예종 원년(1469) 9월 왕이 예조(禮曹)에 전교하기를, "『주남일사기(周南逸士記)』, 『지공기(志公記)』, 『표훈천사(表訓天詞)』, 『삼성밀기(三聖密記)』, 『도증기(道證記)』, 『지리성모하사량훈(智異聖母河沙良訓)』, 문태(文泰), 옥거인(玉居仁), 설업(薛業) 세 사람의 기(記) 1백여 권과 『호중록(壺中錄)』, 『지화록(地華錄)』, 『명경수(明鏡數)』 및 모든 천문(天文), 지리(地理), 음양(陰陽)에 관계되는 서적들을 집에 간수하고 있는 자는, 경중(京中)에서는 10월 그믐날까지 한정하여 승정원(承政院)에 바치고, 외방(外方)에서는 가까운 도(道)는 11월 그믐날까지, 먼 도(道)는 12월 그믐날까지 거주하는 고을에 바치라. 바친 자는 2품계를 높여 주되, 상을 받기를 원하는 자 및 공사천구(公私賤口)에게는 면포(綿布) 50필(匹)을 상 주며, 숨기고 바치지 않는 자는 다른 사람의 진고(陳告)를 받아들여 진고한 자에게 위의 항목

---

4 私奴上佐, 告承政院曰: "僧學禪, 與我云: '道詵國師讖書曰: 「聖王在上崇佛教, 丙丁年間, 惡王卽位, 盡毁佛法.」 如今咸吉道, 赴征軍士, 回軍入城時, 閉守四門, 不入, 則盡殺三角山僧必矣. 此正合讖書, 若有如此事變, 吾當還俗.'"『세조실록』세조 13년(1467) 8월 2일(을미).

에 따라 논상(論賞)하고, 숨긴 자는 참형(斬刑)에 처한다. 그것을 중외(中外)에 속히 유시하라." 하였다.[5]

천문, 지리, 음양에 관계된 서적을 간직하고 있는 자는 엄한 벌에 처하고, 숨긴 자는 참형에 처한다는 내용이다. 이들 서적은 크게 볼 때 예언서의 범주에 속한다. 이제 조선왕조가 체제 안정기에 접어들기 시작하자 조선왕조의 개국 정통성을 뒷받침하던 예언서 이외의 예언에 대해서는 민감하게 반응하였던 것이다. 새 왕조 성립을 주장하거나 새로운 해석이 가미된 예언의 성행에 대해서는 엄벌에 처했다.

---

5 傳于禮曹曰, 周南逸士記, 志公記, 表訓天詞, 三聖密記, 道證記, 智異聖母河沙良訓, 文泰, 玉居仁, 薛業三人記, 一百餘卷, 壹中銹, 地華錄, 明鏡數, 及凡干天文, 地理, 陰陽諸書家藏者, 京中限十月晦日, 呈承政院, 外方近道十一月晦日, 遠道十二月晦日, 納所居邑, 納者超二階, 自願受賞者及公私賤口, 賞綿布五十匹, 隱匿不納者, 許人陳告, 告者依上項論賞, 匿者處斬. 其速諭中外.『예종실록』예종 원년(1469) 9월 18일.

성종대의
예   언
사   상

7

성종 즉위년(1469) 12월에 왕이 여러 도의 관찰사에게 교서를 내려『주남일
사기(周南逸士記)』,『지공기(志公記)』,『표훈천사(表訓天詞)』,『삼성밀기(三聖密記)』,
『도증기(道證記)』,『지리성모하사량훈(智異聖母河沙良訓)』, 문태(文泰), 왕거인(王居
仁), 설업(薛業) 세 사람의 기(記) 1백여 권과『호중록(壺中錄)』,『지화록(地華錄)』,『명
경수(明鏡數)』와 무릇 천문, 지리, 음양 등 여러 서책을 빠짐없이 찾아내어 서울
로 올려 보낼 일을 이미 하유(下諭)했으니, 위에 언급한『명경수(明鏡數)』이상의
9책과『태일금경식(太一金鏡式)』,『도선참기(道詵讖記)』는 전일의 하유에 의거하
여 서울로 올려 보낼 것을 명했다.[1]

성종대의 금서 목록에도『도선참기』라는 비결서가 있었음이 확인된다.
도선이 남겼다는 예언서다. 도선의 이름을 빌린 예언서의 생명력은 이후에도

---

1 下書諸道觀察使曰, 前者, 周南逸士記, 志公記, 表訓天詞, 三聖密記, 道證記, 智異聖母河少良訓, 文泰,
   王居仁, 薛業, 三人記一百餘卷, 壺中錄, 地華錄, 明鏡數 及凡干天文, 地理, 陰陽諸書, 無遺搜覓上送事,
   曾己下諭. 上項 明鏡數, 以上九册, 太一金鏡式, 道詵讖記, 依前諭上送, 餘書勿更收納, 其已收者還給.
   『성종실록』성종 즉위년(1469) 12월 3일.

계속 이어진다.

성종 원년(1470) 8월에 전라도 구례에 살던 149세 된 노인이 세조 13년(1467)에 죽었는데, 그의 혼(魂)이 위로는 천계(天界)에 아래로는 지부(地府)에 통달하여 인간에게 와서 "경인년 3월부터 바람과 비가 몹시 심해 악한 사람은 다 죽는다. 전염병과 전쟁의 재변으로 경인년과 신묘년 두 해에 사람이 8분(分)은 죽어서, 집은 있으나 사람은 없으며, 땅은 있으나 경작하지는 못할 것이다. 그리고 아홉 여자가 한 지아비와 함께 살며, 열 집이 한 마리의 소를 함께 부리며, 집에는 연기가 끊어지고 곡식은 쌓아두고 먹을 것이 없다. 만일 믿지 않는 자는 눈만 멀 뿐이고, 이 글 한 벌을 전하는 자는 자기 한 몸의 재앙을 면하고, 두 벌을 전하는 자는 한 집의 재앙을 면하고, 세 벌을 전하는 자는 크게 평안함을 얻을 것이다. 만일 믿지 아니하고 이 글을 집 속에 감추어 둔 자는 유혈의 재변을 볼 것이다. 이 글은 요동(遼東)에서 온 신강화상(新降和尙)의 글인데, 이것을 베껴 사람들에게 전해 주라."고 했다고 한다.[2]

전라도 구례에 살던 노인의 혼령이 하늘로 올라가 인간계로 내려와 전했다는 예언이다. 천재지변, 전염병, 전쟁 등의 재난이 이어져 많은 사람이 죽을 것이며, 농사를 지을 사람이 없어질 것이고 먹을거리도 부족할 것이라는 내용이다. 이와 비슷한 예언이 현전하는 이른바 『정감록』에도 수록되어 있다.

9년 동안 흉년이 들어 백성들이 나무껍질을 벗겨 겨우 살아갈 것이며, 4년 동안 전염병이 돌아 인명이 반이나 감소할 것이다. (…) 「감결」[3]
백 집안이 한 마리 소로 경작할 것이며, 열 명의 여자가 한 지아비를 섬길 것이다. 「무학비전」[4]

---

2 雲南圓廣寺, 有年一百四十九歲老人, 丁亥六月初十日死還魂. 上通天界, 下達地府, 來報人間曰, 自庚寅三月, 風雨暴作, 惡人皆死. 瘟氣, 刀兵之災, 庚寅, 辛卯兩年, 人死八分, 有家無人, 有地不耕, 九女共一夫, 十家共一牛, 家斷烟火, 穀無儲食. 若不信者, 只盲, 傳書一本者, 免一身之災, 傳書二本者, 免一家之災, 傳書三本者, 得見太平. 若不信, 家中藏置者, 得見血光之災. 右書, 遼東來新降和尙書, 以此開寫傳給. 『성종실록』 성종 원년(1470) 8월 3일.

3 九年大歉, 人民食木皮而生, 四年染氣, 人命半減. 「감결(鑑訣)」, 〔『정감록』(한성도서주식회사, 1923), 『정감록집성』(아세아문화사, 1973)〕 568면.

우선 먼 지방에서 일어난 사건인데 조정에까지 알려질 정도로 상당히 널리 유포되었던 이야기였음을 짐작할 수 있다. 예언의 내용이 참혹한 재앙에 대한 것이어서 의외로 전파 속도가 빨랐을 가능성도 높다. 특히 성종 원년(1470)이 경인년(庚寅年)이고, 성종 2년(1471)이 신묘년(辛卯年)이므로 눈앞에 임박한 종말을 강조했기 때문에 민간에 급속히 퍼져나갔다고 짐작된다.

그런데 현전하는 『정감록』 「감결」의 "9년 동안 큰 흉년이 들어 백성들은 나무껍질로 연명하고, 4년 동안 전염병이 돌아 사람이 반으로 줄고"라는 부분과 「무학비결」의 "백 가호가 소 한 마리를 함께 부리고, 열 계집이 지아비 한 사람을 받들 것이다."와 「남사고비결」의 "갑인, 을묘 세상 일이 이미 끝이로다. (…) 백 가호에 소가 한 마리요, 열 계집에 한 남편이로다."라는 부분이 위의 인용문의 내용과 비슷하다. 곧 닥칠 재앙에 대한 이러한 묘사나 표현이 후대에 그대로 전승되어 『정감록』에 수용되었다고 보아야 할 것이다.

이상향으로서의 섬에 구체적으로 주목하기 시작한 것은 성종(成宗) 때이다. 성종 3년(1472) 3월에는 강원도 유역에 있다는 토지가 비옥하고 많은 백성이 살고 있다는 전설의 섬 삼봉도(三峯島)를 세종 때부터 찾기 시작했다고 한다.[5] 그 해 4월에 성종은 강원도의 해중에 있는 삼봉도(三峯島)를 찾는 일을 병조(兵曹)에 명했다.[6]

성종 4년(1473) 1월에는 세금을 피해 도망쳐 들어간 자들이 숨어 산다는 삼봉도, 무릉도(茂陵島), 요도(蓼島) 등에 대해 찾아보게 했다.[7]

---

4 百家并一牛, 十女奉一夫. 「무학비전(無學秘傳)」, 〔『정감록』(한성도서주식회사, 1923), 『정감록집성』(아세아문화사, 1973)〕 577면.

5 삼봉도(三峯島)는 우리 강원도 지경에 있는데, 토지가 비옥하고 백성들이 많이 가서 거주하기 때문에 세종조(世宗朝) 때부터 사람을 보내어 이를 찾았으나 얻지 못하였다. 『성종실록』 성종 3년(1472) 3월 6일.

6 『성종실록』 성종 3년(1472) 2월 3일. 이들은 부역(賦役)과 조세(租稅)를 피해 도망쳤기 때문에 국가에서 잡아오도록 한 것이다. 『성종실록』 성종 3년(1472) 4월 1일.

7 '경흥(慶興)에서는 청명(淸明)한 날이면 삼봉도(三峯島)를 바라볼 수 있는데, 회령(會寧)에서 동쪽으로 배를 타고 이레 밤낮을 항해하여 도착하고, 북쪽으로 나흘 밤낮을 항해하여 돌아왔습니다. 전년에 사람을 보내어 무릉도(茂陵島)를 찾아 가게 하였는데, 울진(蔚珍)에서 동쪽으로 배를 타고 하루 밤낮을 항해하여 도착하고 서쪽으로 사흘 밤낮을 항해하여 돌아왔습니다.' 하는데, 그가 말한 지세(地勢)에는

또 성종 7년(1476) 10월에 함경도관찰사가 영흥 사람 김자주가 경성 바닷가에서 배를 타고 4일을 가니 삼봉도가 있었는데 30여 명이 살고 있었다고 보고했다.[8] 그리고 삼봉도를 찾는 일보다 함경도의 인심이 흉흉한 것을 위안하고 무마하는 일에 마음을 써야 한다는 주청이 있었다.[9]

성종 10년(1479) 7월 함경도 경차관이 삼봉도를 찾아 나설 것이라는 계문을 올렸고, 섬에 세 봉우리가 있어서 그렇게 이름지었을 것이며 무려 천여 명이 살고 있다는 보고도 있었다.[10] 이때 임금은 삼봉도가 실제로 있다고 믿었으며,[11] 부역을 피해 도망간 사람이 살고 있는 것이라고 여겼다.[12] 왕은 삼봉도에 살고 있다는 사람들에게 유시문을 내리기도 했고,[13] 함경도 사람들이 유언비어를 많이 믿고 있어서 삼봉도의 좋은 점을 말하면 사람들이 그곳에 가서 거주하려고 하므로, 임금이 군사를 일으켜 정벌하고자 했다.[14]

의심할 만한 것이 있다. 세상에서 전해 오기를, '무릉도의 북쪽에 요도(蓼島)가 있는데 한 사람도 다녀온 사람이 없다.' 하니, 이것도 의심스럽다. 경(卿)이 다시 바닷가에 사는 늙은 뱃사람을 찾아가 물어 상세히 밝혀서 아뢰라. (…) '변방의 백성이 부(賦)를 피하여 들어가 산다.' 하는데, 버려두고 알아보지 않을 수 없고, 성종 4년(1473) 1월 9일(경자).

8 『성종실록』 성종 7년(1476) 10월 22일.

9 『성종실록』 성종 8년(1477) 3월 4일.

10 『성종실록』 성종 10년(1479) 7월 13일, 8월 30일.

11 임금이 또 말하기를, "근자에 박종원(朴宗元)이 삼봉도(三峯島)를 구하여 찾다가 얻지 못하였는데, 이제 영안도경차관(永安道敬差官)의 계본(啓本)을 보건대, 그 섬(島)이 있음이 의심없게 되었으니, 경차관(敬差官)이 올라온 뒤에 장차 사람을 보내어 찾도록 하겠다." 하니, 영사(領事) 김국광(金國光)이 아뢰기를, "사적(史籍)을 찾아 보건대, 비록 삼봉도(三峯島)라 하는 것은 있지 않았습니다만, 그러나 그 백성이 반드시 해상(海上)을 왕래하며, 섬에 세 봉우리[三峯]가 있는 것을 본 자가 따라서 이름하였을 것입니다. 하지만 이 섬에 거주하는 자는 반심(叛心)을 둔 자이니, 만약에 사람을 보내어 찾게 한다면 병기(兵器)를 가지고 가지 않을 수 없습니다." 하니, 『성종실록』 성종 10년(1479) 7월 13일(정묘).

12 경차관(敬差官) 신중거(辛仲琚)가 와서 말하기를, '본도(本道)의 인민이 차역(差役)을 도피(逃避)하여 몰래 삼봉도(三峯島)로 가서 그 수(數)가 무려 천여 명이나 된다.'고 하니, 이것은 다름이 아니라 소재(所在) 고을의 수령(守令)이 능히 무휼(撫恤)하지 못한 소치(所致)이다. 그러나 국가를 배반하고 절도(絶島)에 투신하여 갔으니, 죄가 용서할 수 없는 것이다. 이제 대병(大兵)을 동원하여 토벌하려고 하니, (…) 『성종실록』 성종 10년(1479) 8월 30일(계축).

13 왕이 삼봉도의 유민을 회유하는 유시문을 내렸다. 『성종실록』 성종 10년(1479) 9월 12일(을축).

14 이극돈(李克墩)이 아뢰기를, (…) 영안도(永安道)의 사람들은 어리석고 미혹됨이 너무 심하여 유언비어(流言飛語)를 많이 믿고 있어서, 어떤 사람이 삼봉도(三峯島)의 좋은 점을 말하면 사람들이 모두 가서 거주하려고 합니다. (…) 임금이 말하기를, "삼봉도(三峰島)는 토지가 비옥하여 백성들이 그 생업에 안정하므로, 관청의 역사는 하지 않고서 나라를 배반하고 임금을 잊고 있으니, 반드시 스스로 오지는 않을 것이다. 지금 사람을 보내어 그 형세(形勢)를 자세히 살핀 후에 크게 군사를 일으켜서 정벌하려고 하

성종 10년(1479) 윤 10월에도 삼봉도에서 돌아온 사람들의 보고에 의해 삼봉도가 있다는 사실이 밝혀졌고, 왕은 삼봉도에 도망해 숨은 사람들을 내버려 둘 수 없으니 찾아서 잡을 것을 명했다.[15] 성종 10년(1479) 12월에도 삼봉도에 숨어 사는 자들을 처벌할 것을 주청한 신하가 있었으며, 임금이 반드시 찾아 낼 것을 지시하고 군사를 동원할 것을 지시했다.[16]

이듬해인 성종 11년(1480) 3월에 대신들의 반대에도 불구하고 왕은 삼봉도로 초무사(招撫使)를 보냈다.[17] 성종 11년(1480) 3월에 임금은 2백여 명의 군사를 동원하여 삼봉도를 찾았다.[18] 부역을 피해 삼봉도에 몰래 가는 자들이 매우 많으니 이를 징벌하기 위해서였다.[19] 그리고 성종 12년(1481) 1월에도 함경도관찰사가 삼봉도를 찾는 계책을 올렸다.[20]

조정에서는 삼봉도를 찾아 부세를 피하고 나라를 배반한 무리들을 뿌리 뽑고자 했으나 뱃길이 험하고 그 위치가 정확하지 않아서 성공하지 못했다.

는 까닭으로 이와 같이 하도록 한 것뿐이다. 간혹 배가 부서져서 물에 빠져 죽는 것은 다만 한때의 변고일 뿐이니, 어찌 이런 일로써 하지 않겠는가?" 하였다. 『성종실록』 성종 10년(1479) 윤10월 26일(무인).

15 『성종실록』 성종 10년(1479) 12월 19일.

16 병조판서(兵曹判書) 이극증(李克增)이 아뢰기를, "신(臣)이 삼봉도(三峰島)에서 돌아온 김한경(金漢京) 등을 보고서 그 일을 대략 물어보니, 대답이 매우 자세하여 거짓이 아닌 듯하므로, 삼봉도(三峰島)가 있다는 것이 틀림없습니다. 명년 봄에 배를 만들어서 들여보낼 일을 서로 의논하게 하는 것이 어떻겠습니까?" 하니, 임금이 말하기를, "삼봉도(三峰島)에 도망해 숨은 사람을 그대로 내버려둘 수는 없으니, 반드시 찾아내어 잡아야 할 것이다. 만약 부당하게 거역하는 자가 있으면 군사를 보내어 들어가서 공격하게 하는 것이 좋겠다. (…)『성종실록』 성종 10년(1479) 12월 19일(경오).

17 『성종실록』 성종 11년(1480) 3월 11일, 15일, 17일.

18 시독관(侍讀官) 김흔(金訢)이 아뢰기를, "삼봉도초무사(三峯島招撫使)가 이제 장차 길을 떠나게 될 것입니다. (…) 삼봉도(三峯島)의 유무(有無)도 아득하여 정확히 알 수 없는데, 순전히 김한경(金漢京)의 말만 믿고서 2백여 명이나 되는 사람으로 하여금 바람과 파도를 예측할 수 없는 험한 지경을 범하게 한다는 것은, 신으로서는 매우 위험하게 여기고 있습니다. (…) 임금이 말하기를, "이것은 도원(桃源)의 설(說)과는 다름이 있다. 내가 듣건대, 영안북도(永安北道)의 백성으로서 도망해 흩어지는 자가 자못 많다고 하는데, 반드시 이 섬에 몰래 의탁하여 스스로 한 구역을 만들었던 것으로 생각되니, 만약 불러 오지 않는다면 스스로 돌아올 이치가 만무한 것이다." 하고, (…)『성종실록』 성종 11년(1480) 3월 11일(신묘).

19 지금 들으니, 영안도(永安道)의 인민(人民)으로서 차역(差役)을 도피하여 삼봉도(三峯島)에 몰래 가는 자가 앞뒤로 서로 잇달아서 도망하는 것이 매우 많다고 한다. (…) 본국(本國)을 배반하기를 꾀하는 것은 국법[邦憲]을 범(犯)한 것이므로 마땅히 군사를 일으켜 토벌해서 왕법(王法)을 바로잡아야 할 것이나, (…)『성종실록』 성종 11년(1480) 3월 17일(정유).

20 『성종실록』 성종 12년(1481) 1월 9일.

삼봉도는 과중한 세금과 부역을 피할 수 있고 비옥한 땅이 있다는 자유의 땅으로 인식되었고 이상향으로 믿어졌다. 이러한 일에 연유하여 이후 특정한 섬에 이상향이 있다고 믿어졌고, 그곳을 중심으로 새 왕조 건설을 위한 준비가 가능하다고 선전될 계기가 되었다.

이후 삼봉도는 영조 4년(1728) 6월에도 실제로 있다고 믿어졌다.[21]

이상향의 대명사로 제기된 삼봉도는 실제로 군사를 훈련시켜 출병 준비가 가능한 섬으로 믿어졌으며, 섬에서 민중을 구원하고 해방시켜 줄 진인이 출현할 것이라는 믿음으로 발전되었다. 이는 고통스런 현실로부터 탈피하여 자유를 갈구하는 민중의 의지를 반영하고 있다.

성종 16년(1485) 1월에는 도선(道詵)이 비보하여 지은 사찰에 대해 그 중요성이 다시금 인정되었다.

> 도선(道詵)이 삼천비보(三千裨補)를[22] 설치하고, 또 경축진양법(經祝鎭禳法)이[23] 있었는데, 현재 비보(裨補)한 곳의 절이나 탑, 그리고 못과 숲을 거의 다 허물어뜨려서 없어졌으니, 산천의 독기가 흘러 모여서 병이 되는 것인지도 알 수 없습니다. 신은 그윽이 의심하건대 악질이 유행하는 것은 비록 전쟁에 죽은 외로운 넋의 억울함이 맺힌 까닭이라고 하나, 또한 산천의 독기가 흘러 모여서 화(禍)를 빚은 소치로 그러한 것이 아닌가 여겨지기도 합니다. 청컨대 도선(道詵)의 산천비보(山川裨補)하는 글에 의거하여 진양(鎭禳)하는 법을 거듭 밝히소서.[24]

---

21 황부(黃溥)가 공초(供招)하기를, "경원(慶源) 사람 남귀석(南龜錫)이 순영군관(巡營軍官)의 전령(傳令)을 가지고 경흥(慶興)에 와서 신에게 말하기를, '순사도(巡使道)가 마침 경원(慶源)에 있을 때에 삼봉도(三峰島)에 관한 말을 듣고 나를 시켜 알아보게 하여 찾을 바탕으로 삼았다.' 하기에, 신이 탐지하였는지를 물었더니, 남귀석이 말하기를, '어떤 사람이 말하기를, 「두리산봉대(頭里山烽臺)에 올라 날이 갠 때를 당하면 그 섬 모양을 겨우 볼 수 있는데 누운 소와 같다.」 하므로, (…) 나라에 급한 일이 있으면 이 새 배를 타고 바다 가운데로 들어가 그 난을 피한다는 말은 (…) 『영조실록』 영조 4년(1728) 6월 9일(무자).

22 도선이 국내 산천의 기운을 살펴서 악기(惡氣)가 있는 곳에는 절이나 탑을 세우고, 못을 파거나 숲을 만들어 화(禍)가 생기는 것을 막게 한 일을 가리킨다.

23 불경을 외우고 기도하여 액풀이를 하는 방법이다.

24 『성종실록』 성종 16년(1485) 1월 5일(무자).

이와 관련하여 도선을 "신(神)이 통한 밝고 지혜로운 중"이라고 평가한 사람도 있었다.[25] 그리고 당나라 일행선사는 "38장(將)의 법"을 사용했다고 전한다.[26]

한편 이에 대해 "도선의 괴탄(怪誕)한 말은 진실로 족히 믿을 것이 못 됩니다."라는[27] 여러 대신들의 반대 의견도 있었다. 결국 여러 신하가 최호원이 도선의 설을 주장한 일을 처벌할 것을 청하여 국문토록 했다.[28]

사헌부(司憲府)에서 아뢰기를, "전(前) 병조참지(兵曹參知) 최호원(崔灝元)이 도선(道詵)의 허탄(虛誕)하고 정도(正道)에 어그러진 글을 가지고 두 차례나 다시 밝히기를 청한 죄는, 율(律)이 장(杖) 1백 대를 때리고 고신(告身)을 모조리 빼앗는 것에 해당됩니다." 하니, 영돈녕(領敦寧) 이상과 육조(六曹)에 의논하도록 명하였다. 정창손(鄭昌孫)이 의논하기를, "최호원은 또한 사리를 알 만한 사람으로서 도선의 말을 믿고 현혹되어 상소(上疏)하여서 뭇사람을 현혹시켰으므로 요사(妖邪)스럽고 올바르지 못하였으니, 진실로 유자(儒者)가 할 일이 아닙니다. 그러나 자신이 요망한 글을 지은 것이 아니고, 단지 도선(道詵)의 술수(術數)를 믿고 전한 것이니, 요서(妖書)와 요언(妖言)에 관한 율(律)을 적용하여 죄를 정하는 것은 합당하지 못할 듯합니다." 하고, 한명회(韓明澮)와 이극배(李克培)는 의논하기를, "국가에서 제학(諸學)의 잡술(雜術)을 폐지할 수는 없습니다.

그러나 최호원은 요망한 말을 믿고 현혹되어 거듭 밝히기를 계청(啓請)하였으니 죄를 주지 않을 수 없으나, 다만 조율(照律)이 과중합니다." 하고, 심회(沈澮), 윤호(尹壕)는 의논하기를, "최호원이 요망한 말을 계달(啓達)하였으니 죄가 진실로 중합니다. 그러나 업(業)으로 삼고 있는 바에 의하여 백성을 위해서 해를 없애려고 한 것에 불과하니, 장(杖) 1백 대와 유(流) 3천 리(里)는 너무 과중한 듯합니다." 하고, 노사신(盧思愼)은 의논하기를, "최호원은 단지 도선(道詵)의 비보(裨補)한다는 글을 거듭 밝히려고 하였을 뿐이고, 현재 전하여 쓰지는 않아 한 사람도 그에게 현혹된 일이

25 『성종실록』 성종 16년(1485) 1월 8일.
26 『성종실록』 성종 19년(1488) 4월 12일.
27 『성종실록』 성종 16년(1485) 1월 15일(무술).
28 『성종실록』 성종 16년(1485) 1월 17일(경자).

없으니, 죄에 대한 율(律)이 합당하지 못한 듯합니다." 하고, 서거정(徐居正)은 의논하기를, "참위서(讖緯書)는 으레 모두 정도(正道)에 어그러진 것이므로, 도선의 비보(裨補)한다는 말은 황당하고 괴이함이 더욱 심합니다. 고려(高麗)가 삼경(三京), 삼소(三蘇)라는 말에 현혹되어 백성을 수고롭게 하고 대중을 동원한 것이 거의 쉬는 해가 없었으나, 화란과 패망을 구원할 수 없었습니다.

지금 그런 글을 얻는다면 오히려 불살라야 마땅할 것인데, 하물며 하나하나 존숭하고 장황하게 하는 것이겠습니까? 최호원은 유사(儒士)로서 요사스러운 의논을 주장했으니, 진실로 죄를 피할 수 없습니다. 그러나 최호원은 유독 경서(經書)의 학술만 하는 것이 아니라 또한 술수(術數)를 자기의 임무로 여겼으니, 그가 망령되게 술수를 논한 죄는 다른 유사에 비해서는 마땅히 말감(末滅)해야 합니다. 요망한 말로 대중을 현혹시킨 율(律)에 처함은 과중한 듯하니, 낮추어 가벼운 법에 따르는 것이 어떠하겠습니까?"[29]

대신들의 의견이 다양하게 제시되었으나 일부는 도선의 비보설이 전혀 근거가 없는 허황된 것은 아니며 백성들의 해를 없애려 한다는 점을 참작할 필요성이 있다고 주장하였다. 그러나 정도에 어긋난 요언이라는 점에서 벌을 부과하고 있다.

성종 21년(1490) 6월 함경도의 백성이 부언(浮言)을 발설하여 선동하기를 좋아하여 인심이 흉흉했다.[30] 또 함경도 영흥 사람들이 헛소문을 퍼뜨려 현혹시킨 죄로 수백 명이 연루되기도 했다.[31]

한편『신증동국여지승람』제40권 전라도(全羅道) 구례현(求禮縣)「건치연혁」에 의하면 "연산군 5년(1499)에 고을 사람 배목인(裵目仁), 문빈(文彬) 등이 참언(讖言)을 만들어 역모를 꾀하다가 죽음을 당하니 폐해서 부곡(部曲)을 삼아 남원(南原)에 소속시켰다."고 한다.

그러나 구체적인 참언의 내용은 전하지 않는다. 이와 관련하여『연산군일

---

29 『성종실록』성종 16년(1485) 2월 1일(계축).
30 『성종실록』성종 21년(1490) 1월 1일.
31 『성종실록』성종 21년(1490) 6월 27일.

기』에는 연산군 4년(1498) 10월 6일(무진)에 파평부원군(坡平府院君) 윤필상(尹弼商) 등이 의금부 당상과 함께 빈청(賓廳)에서 배목인의 도당인 문빈 등 13명을 국문하여 능지처사(凌遲處死)하게 했다고 전한다.

중종대의
예   언
사   상

8

중종 2년(1507) 윤 1월에 문서귀의 역모사건이 발생하였다.

문서귀(文瑞龜)가 "지금 천변(天變)이 있고 참기(讖記)가 있으니 박원종, 유자광, 노
공필을 습격해야겠다. (…)"라고 말했다. 이 사건 관련자 문서귀는 "조광보(趙光輔)가
도선의 참기(讖記)에 이르기를 '10대를 전하여 국운이 다한다.'라 했습니다."라고 진
술했다. (…) 또 도선(道詵)의 『참기(讖記)』에 이르기를, "『10대를 전하여 국운이 다한
다』 하였으니, 지금 인군 곁에 있는 악한 자를 제거하여 성상의 춘추가 연장되면
정미수(鄭眉壽)가 수상, 박경(朴耕)이 사장(師長)이 되어 서로 보좌할 것이니 30-40년
은 연장할 수 있을 것이다. 그렇지 않으면, 박·유가 반드시 반역을 할 것이나 저들
도 스스로 보존하지 못하게 될 것이며 이어 일을 일으키는 자가 있게 되면 난리가
진정될 날이 없을 것이다. 뿐만 아니라 금상께서도 역시 병환이 있으시다.' 하였습
니다."라고 진술했다.[1]

---

1 『중종실록』 중종 2년(1507) 윤 1월 25일.

도선이 남겼다는 비결서를 이용하여 반란을 도모한 사건이다. 이 참기에 의하면 조선왕조가 10대에 이르면 국운이 다한다고 한다. 즉 중종대에 왕조의 운수가 끝날 것이라는 예언이다. 예언은 항상 급박한 시점에 이루어진다고 강조되어 전하는 특성이 있다.

중종 3년(1508) 11월에는 반정(反正)이 예언서에 나타나 있었다는 다음과 같은 주장이 있다.

> 유순정(柳順汀)이 아뢰기를 "신복의(辛服義)는 신의 소싯적 벗입니다. 지난 여름 신의 집에 와서 의논하기를, '정국(靖國)의 공은 기울어질 뻔하던 종묘사직을 다시 편안하게 한 것이라 사람들이 모두 즐거워하였는데 지금은 물의가 그르게 여기고 있으니, 원훈(元勳)이 된 자로서는 마땅히 이러한 뜻을 알고 변을 막아야 한다.' 하였습니다. 또 폐조(廢朝)로부터 참어(讖語)가 있어 이르기를, '갑을(甲乙)에는 오히려 정하지 못하나 인묘(寅卯)에 일을 알 수 있고, 진사(辰巳)에 성인(聖人)이 나오며, 오미(午未)에는 마땅히 즐길 것을 즐긴다.' 하였습니다.
>
> 그런데 이를 해석하면, 갑을은 갑자, 을축이요, '인묘에 일을 알 수 있다' 함은 정국(靖國)의 일을 말한 것이며, '진사에 성인이 나신다.' 함은 상께서 비록 병인년에 즉위를 하셨지만 무진년에 이르러 고명(誥命)을 받아 정위(正位)하셨으니, 이것이 이른바 '성인이 나온다.'는 것입니다. 간세(奸細)한 무리들이 주상이 미령하심을 알고 이러한 요언(妖言)을 만들어 내어, 이 때문에 인심이 더욱 불안하게 되었으니, 원훈(元勳)이 된 자로서는 그 뜻을 몰라서는 안 되겠으므로 신에게 알리고자 한 것입니다.[2]

고려시대 때부터 전하던 참어에 "갑을유미정, 인묘사가지, 진사성인작, 오미낙당당."이라는 내용이 있었다는 것이며, 그 비결은 중종의 반정과 정확히 일치한다는 주장이다. 이 비결과 거의 비슷한 내용이 현전하는 『정감록』의 「징

2   順汀進曰, 辛服義, 臣少時友也, 去夏到臣家議曰, 靖國之功, 宗社傾危而復安, 人皆樂悅, 今則物議非之, 爲元勳者, 常知此意而防變也. 且自廢朝, 有讖語曰, 甲乙猶未定, 寅卯事可知, 辰巳聖人作, 午未樂當樂. 解之則甲乙, 甲子乙丑, 寅卯事可知, 謂靖國事也, 辰巳聖人作, 上雖於丙寅年卽位, 至戊辰, 受誥命正位, 此所謂聖人作也. 奸細之徒, 知上體有病, 出此妖言, 以此人心, 尤所未安, 爲元勳者, 不可不知其意. 『중종실록』 중종 3년(1508) 11월 26일(경신).

비록」, 「무학전」, 「감인록」에 나온다.

子丑猶未定, 寅卯事可知, 辰巳聖人出, 午未樂堂堂矣.[3]

그리고 부분적으로 일치하는 내용도 『정감록』의 「청구비결」과 「낭선결(浪仙訣)」에 보인다.[4] 태종 8년(1408) 10월에 발생한 임형(林馨)사건에서 주장된 "인묘사가지, 진사성인출"이라는 비결이 고려 말의 괴승 신돈 때 유행하던 비결이었고, 중종 3년(1508) 11월에 발생한 이 사건에서도 언급되었다. 고려 말부터 유행하던 비결이 지속적으로 전승되는 과정을 볼 수 있으며, 이러한 비결이 후대에까지 계속 전해져 현전하는 『정감록』에 수용되었음을 알 수 있다.

위의 사건과 연루된 신복의의 진술에도 비결서의 내용이 다음과 같이 언급된다.

신복의(辛服義)가 — 공술하기를, "이신(李信)이 신에게 말하기를, '주상께서 때때로 미령하시고 또 후사(後嗣)가 없으시니 만일 불휘(不諱)하시어[5] 역성(易姓)의 화가 있게 되면 보전하기 어려운 일이다. 성종(成宗)의 여러 아드님 가운데 영산군(寧山君) 이전(李恮)이 약간 현명하니 태제(太弟)로 봉할 만하다.' 하였습니다.

또 어느 날 박종선(朴從善)이 우리 집에 와서 묻기를, '목변묘자(木邊卯字)가 무슨 글자인가?' 하기에, 답하기를, '이는 유(柳)자인데 왜 묻느냐?' 하였더니, 종선이 말하기를, '나의 형 승(僧)이 일찍이 참서(讖書)에 의거하여 이르기를, 「목자(木子) 뒤에는 유(柳)가 계승을 한다.」 하였다.' 하므로, 이를 듣고는 역성(易姓)의 화가 있을까 의심하여, — 박종선(朴從善)이 — 공술하기를, "형(兄)인 승(僧) 혜원(惠園)에게 들

---

3 子丑猶未定, 寅卯事可知, 辰巳聖人出, 午未樂堂堂矣. 「징비록」, 〔안춘근 편, 『정감록집성(鄭鑑錄集成)』(아세아문화사, 1973)〕 496면. 「무학전」, 〔안춘근 편, 『정감록집성(鄭鑑錄集成)』(아세아문화사, 1973)〕 576면. 「감인록」, 〔안춘근 편, 『정감록집성(鄭鑑錄集成)』(아세아문화사, 1973)〕 607면.

4 辰巳事可知, 午未樂堂堂. 「청구비결」, 〔안춘근 편, 『정감록집성(鄭鑑錄集成)』(아세아문화사, 1973)〕 634면.
辰巳事何如, 午未樂堂堂. 「낭선결(浪仙訣)」, 「비결집록」, 〔안춘근 편, 『정감록집성(鄭鑑錄集成)』(아세아문화사, 1973)〕 865면.

5 불휘는 죽음을 뜻하는 말이다.

건대, '자축(子丑)에는 오히려 정하지 못하나, 인묘(寅卯)에는 일을 할 수 있고, 진사 (辰巳)에는 성인(聖人)이 나며, 오미(午未)에는 낙당락(樂當樂)하고, 목토(木兎)가 상승(相 乘)한다.'는⁶ 등의 말을 하였으며, 다시 복의(服義)와 더불어 이야기하였을 뿐, 다른 말은 없었습니다." 하였다. (…) 또 묻기를, "이른바 '낙당락(樂當樂)'이란 무엇을 말하 는 것인가?" 하니, 회계하기를, "당연히 즐겨야 할 바를 즐긴다는 것입니다." 하고, (…)⁷

이씨를 대신하여 유씨가 왕위를 계승한다는 주장이다. 이러한 내용은 현 전하는『정감록』에는 보이지 않는다. 그렇지만 새로운 성씨로 새 왕조가 개 창될 것이라는 단서가 보인다는 점이 특기할 만하다. 또 승려가 비결을 이야 기한다는 점도 특기할 만하다.

(신)복의에게 형을 가하니, 공술하기를, "박종선(朴從善)이 신에게 말하기를, '유 (柳)가 마땅히 계승할 것이다.' 하였습니다. 완천정(完川正)은 순정(順汀)의 누이동생 의 아들인데, 순정의 팔자(八字)를 박종선에게 추복(推卜)하니, 말하기를, '이 팔자는 그 얼마나 귀한가! 만약 일이 있으면 추대할 만하다.'고 하였습니다." 하니, (…) 박 종선(朴從善)이 공술하기를, "유(柳)가 계승한다는 말은 정양귀(鄭揚貴)가 한 말입니다. 금강산(金剛山)에 갔더니 노승(老僧)들이 참서(讖書)에 의거하여 한 말이라 하며, 또 복 의(服義)와 완천정(完川正)이 우의정(右議政)의 팔자를 범인의 팔자로 속여서 묻기에, 신이 답하기를, '이 팔자는 임금과 신하가 경사스럽게 모이는 격이요, 천추(天樞)에 북극(北極)을 갖추었으니 삼공(三公)이 될 팔자라.'고 하였습니다." 하고, (…)⁸

금강산의 승려들이 참서에 탐닉하여 주장했던 비결이라는 입장이다. 이

6   날짐승의 하나인 부엉이를 목토라고 하는데, '목토가 상승한다.'는 것은 무슨 뜻인지 미상이다.

7   供曰, 信與臣言曰, 主上時時未寧, 當時無嗣, 脫有不諱, 有易姓之禍, 則保全爲難. 成宗大王諸子中, 寧山 君恮稍善, 可封爲太弟. 又一日從善到吾家問曰, 木邊卯字, 是何字也? 答曰, 是柳字也. 何以問之? 從善 曰, 吾兄僧, 嘗據讖書云, 木子之後, 柳當繼之. 聞之疑有易姓之禍, (…) 從善加刑, 供曰, 兄僧惠圓處聞, 子丑猶未定. 寅卯事可知. 辰巳聖人作, 午未樂當樂, 與木兎相乘等語, 復與服義, 說道而已, 他無言說. (…) 又問曰, 所謂樂當樂, 何言也? 回啓曰, 言樂其所當樂之事也.『中宗實錄』중종 3년(1508) 11월 29일(계해).

8   『中宗實錄』중종 3년(1508) 12월 1일(갑자).

사건 관련자들은 사주팔자와 비결을 가지고 참언을 유포했다는 죄목으로 벌을 받았다.[9]

---

9 신복의(辛服義)의 공초(供招)는 '역심(逆心)을 품고서 성수(聖壽)의 장단(長短)을 점쳐 보기도 하고, 혹은 국사(國嗣)의 유무를 논하여 길흉화복의 설을 지어내 태숙(太叔)과 태제(太弟)를 봉한다는 일로써 인심을 요동시키고, 혹은 거짓된 참서(讖書)를 빙자하여 가만히 이성(二姓)을 섬길 마음을 품었다. 이와 같이 여러 가지로 계교를 세워 변고가 일어나기를 엿보아 기다렸다가 종사(宗社)를 위태롭게 만들었다.' 하였고, 동청례(童淸禮)의 공초는, '처음에 정국공신(靖國功臣)에 참여하지 못하고 또 자품이 깎이자 마음에 원한을 품고 복의(服義)의 흉모(凶謀)를 청종(聽從)하여 성수(聖壽)를 점쳐 보기도 하고, 요사한 말로 군중을 의혹시켜 종묘사직을 위태롭게 만들었다.' 하였고, 박종선(朴從善)의 공초는, '허위 참문(虛僞讖文)'의 말과 음양탄망(陰陽誕妄)한 말을 모두 발설하였고, 성수(聖壽)의 장단(長短)을 논하기에 이르렀다.' 하였고, 김상좌(金上佐)의 공초는, '음양탄망한 말로써 성수의 장단을 논하였다.' 하였고, 정양귀(鄭揚貴)의 공초는, '허위참문의 말을 망언하여 인심을 현혹시켰다.' 하였다. 『중종실록』 중종 3년(1508) 12월 3일(병인).

조광조 사건

9

기묘사화(己卯士禍)는 기묘년, 즉 중종(中宗) 14년(1519)에 훈구파(勳舊派)의 홍경주(洪景舟), 남곤(南袞), 심정(沈貞) 등이 경빈(敬嬪) 박씨(朴氏), 희빈(熙嬪) 홍씨(洪氏) 등 후궁을 움직여 왕에게 신진사류(新進士類)들을 무함(誣陷)하게 한 사건이다.

이들은 대궐 뜰 나무의 잎에 과일즙으로 '주초위왕(走肖爲王)'이라는 글자를 써서 벌레가 갉아먹게 한 다음, 궁녀를 시켜 그 잎을 따다가 왕에게 바쳐 의심을 조장시키는 한편, 밤에 신무문(神武門)을 통해 들어가서 비밀리에 왕을 만나 위협에 가까운 논조(論調)로 조광조(趙光祖, 1482-1519)의 일파가 당을 조직하여 조정을 문란케 한다고 무고해서 조광조와 그 추종 세력을 제거하려 했다.[1] 훈구(勳舊) 공신들이 위훈(僞勳)을 삭제한 사림파를 제거하기 위해 위훈삭제를 당한 지 불과 3일 후에 단행한 일이며, 심야에 평소 굳게 닫혀 있던 궁궐 북쪽 문으

---

1 『인종실록』 인종 원년(1545) 5월 25일에 억울하게 죽은 조광조의 신원을 위한 상소가 있었고, 『선조실록』 선조 원년(1568) 9월 21일과 『현종개수실록』 현종 10년(1669) 1월 5일에 '주초위왕(走肖爲王)'에 대한 기록이 보인다.

로 은밀히 들어온 심정과 남곤이 중종을 뵙고 고변하였다.

심정 등이 조광조(趙光祖)를 죽이고 군자(君子)들을 방축(放逐)하였는데, 김식(金湜), 오희안(吳希顔) 등이 이신(李信), 김덕순(金德純), 박연중(朴連中) 등에게 자객(刺客)의 일을 시켰고 전라도의 떼도둑 가운데에 들어가서 형세가 변해가는 것을 보아 거사하려 했는데, 이신의 고변으로 사건이 알려지자 김식은 도망쳐버렸다.

이 사건에서 조선왕조 초기에 언급되던 주초대부필(走肖大夫筆)이라는 비결이 다시 한 번 확인된다.

— 최운(崔漂)이 — 조정의 기별을 말하기를 '듣건대 심정(沈貞)이 주초대부필(走肖大夫筆)이라는 참서(讖書)를 궐내(闕內)에 떨어뜨렸으므로 상께서 매우 놀라셨고, (…) 오희안이 가만히 말하기를 '접때 일은 오로지 심정, 남곤, 홍경주로 말미암은 것이니, 이 두세 사람을 없애면 일이 매우 잘될 것이다. 김식의 지휘에 따라서 해야 한다.' 하였습니다.[2]

주초대부필이라는 비결에 대해 태조대에는 개국공신이자 문신(文臣)인 조준(趙浚, 1346-1405)으로 해석했다. 그런데 중종대에는 이 비결에 해당하는 사람이 바로 조광조(趙光祖, 1482-1519)라고 주장했던 것이다.

심정(沈貞)이 아뢰기를, "김식(金湜)이 신을 미워하는 까닭은 '주초대부필(走肖大夫筆)'이라는 참서(讖書)를 궐정(闕庭)에 떨어뜨렸다는 것 때문인데, 이는 바로 최운(崔漂)이 이신(李信)에게 한 말이니 최운을 잡아다가 추문(推問)하소서. 신이 하지 않았다면 최운이 어디에서 그것을 알았겠습니까? (…) 상(上)이 이르기를, "주초라는 말은 오늘 비로소 들었다." 하매, 남곤이 아뢰기를, "'비의군자지(非衣君子智) 주초대부필(走肖大夫筆)'이라는 말은 『국조보감(國朝寶鑑)』에 이미 나타나 있습니다. '비의'는 배극렴(裵克廉)을 가리키고 '주초'는 조준(趙浚)을 가리키는데, 어리석은 사람이 함부로 이

---

2 仍言朝廷奇別曰, 聞沈貞, 以走肖大夫筆之讖, 落之於闕內, 上見之頗驚. 『중종실록』 중종 15년(1520) 4월 16일(계유).

것을 말하는 것을 어찌 셈할 만하겠습니까? 그러나 최운을 잡아다가 물어야 하겠습니다." 하니, (…)³

위의 인용문에서 남곤은 태조대에 나타났던 비결에 대해 전통적인 해석을 시도한다. 주초대부필이라는 비결에 대해 중종은 알지 못했던 일이라고 말하고 있는데, 신하들에 의해 이 비결이 궁중에 알려졌다. 예언이나 비결은 해석하는 인물과 입장에 따라 그 해석이 크게 다를 수 있다는 사실이 확인된다.

심정이 또 아뢰기를, "참어(讖語)의 일을 신이 하였다고 한 것은 김식의 소와 최운의 말이 다 그러합니다. 주초비의(走肖非衣)라는 말은 신도 전에 들었으나 대부필(大夫筆)이라는 말은 몰랐었는데 이 일이 난 뒤에 상고하니, 이것은 참사(讖辭)이기는 하나 상의 심지를 경동(驚動)할 말이 아니고, 그 말은 본디 전조(前朝)의 말엽에 배극렴(裵克廉)과 조준(趙浚)을 가리킨 말입니다. 그때 배극렴은 승상(丞相)이고 조준은 대사헌(大司憲)이었는데, 배극렴은 백관을 거느리고 우리 태조(太祖)에게 즉위를 권하였고 조준은 그 소(疏)를 기초(起草)하였으므로 그때에 대부필(大夫筆)이라는 말이 있었습니다. 또 전조는 인물을 진퇴하는 곳인데 신은 지려(智慮)가 천단(淺短)하므로, 마음을 다하여 하더라도 정사할 즈음에 번번이 과실이 많아서 더욱 미안하니 신의 벼슬을 가소서." 하니 전교하기를, "대부니 주초니 하는 것은 다 근거 없는 말이니, 최운에게 물으면 절로 알 수 있을 것이다. 또 어찌 이즈음에 경을 갈겠는가? 사직하지 말라." 하였다.⁴

위의 인용문에서 배극렴과 조준이 비의와 주초라는 비결에 해당하는 인물

---

3 沈貞曰, 湜之所以嫉臣者, 以走肖大夫筆之讖, 落之于闕庭故也, 此卽崔澐所以語李信之言, 請拿推崔澐, 臣若不爲, 澐何從而知之? 此言書諸史, 而傳諸後, 則臣何容於天地間乎? 且狂夫萬一落之于內, 則自上聞此言, 必亦疑臣爲之矣. 不知信有此事乎?" 上曰, 走肖之語, 今日始聞也. 南袞曰, 非衣君子智, 走肖大夫筆之語, 已著於國朝寶鑑也. 非衣指裵克廉, 走肖指趙浚. 愚人妄以此爲言, 何足數哉? 然可拿問崔澐. 『중종실록』 중종 15년(1520) 4월 16일(계유).

4 貞又啓曰, 讖語事, 謂臣爲之, 湜之疏澐言皆然. 走肖非衣之語, 臣亦曾聞, 而未知大大夫筆之語, 及此事發, 然後考之, 此雖讖辭, 非驚動上志之語, 其語本前朝之末, 指裵克廉趙浚言也. 當時克廉爲丞相, 趙浚爲大司憲, 克廉率百官勸進我太祖, 趙浚草其疏, 故時有大夫筆之語. 且銓曹, 進退人物之地, 而臣智慮淺短, 雖盡心爲之, 政事之際, 每多所失, 尤未安也. 請遞臣之職. 傳曰, 大夫走肖, 皆無根之言. 若問崔澐, 則自可知, 且豈於此際遞卿乎? 勿辭. 『중종실록』 중종 15년(1520) 5월 28일(을묘).

이 되는 까닭이 밝혀져 있다. 태조대의 비결 해석일 뿐이라는 입장이다.

최운(崔漢)은 남곤이 참서를 왕에게 아뢰었다고 진술했고, 송세일(宋世一)과 김광(金洸)은 심정이 참서를 궐내에 던졌다는 말을 최운에게서 들었다고 진술했다.[5]

그런데 남곤은 집이 경복궁 뒤 백악산 아래에 있었는데, 꿀로 나뭇잎에다 '조씨(趙氏)가 왕이 될 것이다.'라는 뜻의 '주초위왕(走肖爲王)'이라고 쓰고 벌레에게 파먹게 했다. 그 후 그 나뭇잎을 물에 띄워 대궐 안으로 흘려보내 궁녀를 시켜 왕에게 전하게 했다.

> 성균관 생원 신백령(辛百齡) 등이 상소하였는데 — 사신은 논한다. — 남곤 등은 국초에 유행하던 "목자장군검(木子將軍劍)이요, 주초대부필(走肖大夫筆)이다."라는 도참설(圖讖說)을 빌어 "목자는 이미 쇠퇴하고[木子已衰] 주초가 천명을 받는다[走肖受命]."라는 등의 말을 나뭇잎에 새겨 마치 벌레가 갉아먹은 것처럼 만들어 귀인으로 하여금 상에게 올리면서 "후원 나뭇잎의 벌레 먹은 무늬가 이상합니다." 하게 하였다.[6]

전해오는 비결을 조금 각색하여 "이씨의 운수가 쇠퇴하고 조씨가 천명을 받아 즉위한다."는 의미의 비결이 있는 것처럼 조작했다는 것이다.

이와 관련하여 남곤과 심정이 조광조를 모함하려 했다는 역사적 평가가 있다.[7] 남곤 등이 참서와 비기를 이용하여 조광조를 모함했다는 내용이다.[8]

---

5 『중종실록』 중종 15년(1520) 6월 3일(기미).

6 袞等借國初木子將軍劍, 走肖大夫筆之讖, 因刻木子已衰, 走肖受命等語, 肖於木葉上, 若蟲食之狀, 令貴人獻上曰, 後苑木葉, 蟲文異樣. 『중종실록』 중종 39년(1544) 12월 21일(을유).

7 남곤이 심정(沈貞)과 같이 탐하고 간사하여 검실이 없는 위인으로 청렴한 선비들에게 용납되지 못하므로, 그들(선비들)의 살점을 씹으려고 밤낮 입맛을 다시다가 홍경주(洪景舟)와 체결하고, 나뭇잎을 벌레 먹게 하는 비기(秘記)를 조작하여, 비밀히 임금에게 바쳐서 마음을 놀라게 한 후에 밤에 신무문을 열게 하고 편전(便殿)에 들어가 면대하고, 처음에는 조광조 등을 잡아들여 대궐 뜰에서 때려죽이려 하였는데, 영상 정광필이 부름을 받고 임금의 앞에 들어와 죽음을 무릅쓰고 구해 풀어주니 남곤이 부끄러워 말도 하지 못하였습니다. 『연려실기술』 제12권 「선조조고사본말(宣祖朝故事本末)」 '남곤(南袞)을 추후로 죄주다.'에 실려 있다.

8 홍문관 부제학 나숙 등이 상차하기를, (…) 남곤(南袞)은 주초(走肖)라는 참서(讖書)를 대내(大內)에

한편 저자 미상인『기묘록속집(己卯錄續集)』의「화매(禍媒)」에는 홍경주(洪景舟)가 "그 딸 희빈(熙嬪)을 시켜 온 나라 인심이 모두 조씨에게 돌아갔다는 말로 슬며시 임금의 뜻을 움직이고, 금원(禁苑) 나뭇잎에 거짓 참서(讖書)를 만들어 잎을 따다가 임금께 보여 의혹을 자아내게 하여 박빈(朴嬪)의 집 종이 말한 것과 안팎이 서로 맞게 하니, 임금의 뜻이 의혹이 심하여 일마다 놀라고 두려워하여 드디어 밀서(密書)를 홍경주에게 내려, 이 글을 가지고 은밀히 세력을 잃고 있는 재상들을 사주하여 함께 당인들을 해하게 하였다."라는 기록이 있다.

『기묘록속집(己卯錄續集)』「구화사적(構禍事蹟)」에도 "남곤이 심정과 서로 좋아하여 함께 탐하고 간사하고 행실이 없는 사람으로서 맑은 사류(士類)들에게 용납되지 못하게 되자, 그 고기를 씹고자 하여 낮과 밤으로 주둥이를 놀려서 홍경주와 체결하여 벌레 먹은 잎사귀의 참서(讖書)를 만들어 비밀히 임금께 주달(奏達)하여 임금의 마음을 놀라게 하고, 밤을 타서 신무문(神武門)을 열고 편전(便殿)에 입대(入對)하여 처음에는 광조의 무리를 잡아들여 대궐 뜰에서 때려 죽이려고 하였습니다."라 했다.[9]

후대의『연려실기술』에도 조씨가 새롭게 왕위를 이어갈 것이라는 예언을 이용하여 조광조를 모함했다는 내용이 다음과 같이 실려 있다.

남곤과 심정이, 홍경주(洪景舟)가 일찍이 찬성이 되었다가 논박을 받아 파면되어 항상 분함을 품고 있는 것을 알고 드디어 서로 통하여, 홍경주로 하여금 그의 딸 희빈(熙嬪)을 시켜서, "온 나라 인심이 모두 조씨(趙氏)에게로 돌아갔다." 하고, 밤낮

투입하여 선왕을 현혹, 북문을 열게 하여 사류를 모조리 잡아서 그 음흉한 죄가 극도에 이르렀는데도 죽어서 그 귀(貴)를 누리고 아직도 벼슬을 삭탈하지 않았습니다. 그런데 조광조는 학문이 정심(精深)하고 실천이 독실하며 끊어졌던 학문을 일으켜 세상의 유종(儒宗)이 되었으므로 사문(斯文)에 공로가 있는 것이 큰데도 지하에 자취를 감추어 아직도 포장(褒奬)하는 의논을 못합니다. 南袞以走肖之讖, 投之大內, 眩惑先王, 俾開北門, 打盡士類, 其陰邪之罪極矣, 而死享其貴, 迄未鐫秩. 光祖學問精深, 踐履篤實, 奮乎絕學, 爲世儒宗, 其有功於斯文者大矣, 湮晦地下, 尙未襃議.『인종실록』인종 1년(1545) 5월 25일(병술).

9 袞與沈貞相善, 而俱以貪邪無行之人不容於淸類, 而欲啖其肉, 日夜鼓吻, 締結洪景舟, 作爲蟲葉讖書, 密達冕旒, 以驚聖衷, 乘夜開神武門, 入對便殿, 初欲拿致光祖等, 闕庭撲殺之.

으로 임금께 말하여 임금의 뜻을 흔들었다. 또 산 벌레가 나무 열매의 감즙(甘汁)을 먹기 좋아하니 일부러 그 즙으로 '주초위왕(走肖爲王)' 4자를 금원(禁苑)의 나뭇잎에 써서 산 벌레가 갉아먹게 하여 자국이 생겼는데, 글자가 마치 부참서(符讖書)와 같았다. 이것을 따서 임금께 아뢰니 임금이 듣고 의혹하였다.

심정이 또 경빈(敬嬪) 박씨(朴氏)의 문안비(問安婢)를 꾀어서 말하기를, "조씨가 나라를 마음대로 하매 사람들이 모두 칭찬한다." 하여 마치 여염 사이의 보통 말처럼 만들어서 궁중에 퍼트려 임금의 마음으로 하여금 두렵고 위태롭게 여기게 하였다. 그렇게 한 뒤에 홍경주가 언문 편지를 가지고 밀지(密旨)라 일컬으면서 불평을 가진 정승들에게 말하여 시일을 정해 모이게 하니, (…)[10]

그리고 중종대에는 김안로 등이 참서를 이용하여 반역을 도모한 일도 있었다.

삼흉 — 김안로, 허항, 채무택을 세상에서 정유년의 삼흉이라고 하였다. — 을 참수하기를 요청한 상소문에, "김안로는 (…) 일찍이 소록(小錄)을 지어서 참서(讖書) 속에 끼워 두었는데 거기서는 심지어 전하의 나라를 차지하는 동요(童謠)를 쓰고, 그 아래에 계속하여 쓰기를, '내 상(相)이 귀하기 이루 말할 수 없다.' 하였으니, 지금 장차 비밀스러운 계교를 도모할 것이니 지극히 헤아리기 어렵습니다.[11]

김안로가 동요 형식을 빌어 예언을 유포했으며, 자신의 관상이 귀하므로 큰일을 도모하려 한다고 주장했다는 내용이다.

이에 대해 『연려실기술』도 이 사건이 도참설을 이용한 역모사건이라고 기술한다.

그는 일찍이 작은 책을 지어 도참설(圖讖說)을 늘어놓았는데 심지어 전하께서 나라를 얻은 노래까지 써 놓고는 계속하여 그 아래에다가 "나의 상(相)이 귀한 것은

---

10 『기묘당적보(己卯黨籍補)』, 『연려실기술』 제7권 중종조고사본말(中宗朝故事本末), 「기묘사화(己卯士禍)」.

11 『중종실록』 중종 32년(1537) 10월 27일(계유).

이루 말할 수 없다." 하였으니, 그 대역(大逆)의 비계(祕計)를 매우 헤아리기 어려웠습니다.[12]

조정의 대신이 비결을 이용하여 역모를 도모한 일이다. 이처럼 비결이 역모에 이용되는 경우는 이후 시대에도 자주 등장한다.

---

12 『연려실기술』제9권 중종조고사본말(中宗朝故事本末) 「삼흉(三凶)이 일을 꾸미다가 정유년에 패사하다.」.

정렴에 대한 설화와 북창비결

10

　북창(北窓) 정렴(鄭磏, 1506-1549)은 명종(明宗) 때의 이인으로 널리 알려졌다.[1] 정렴은 을사사화(乙巳士禍)를 일으킨 정순붕(鄭順朋)의 아들이다. 그의 저술로는 『북창집』, 『용호비결(龍虎秘訣)』, 『동원진주낭(東垣珍珠囊)』, 『유씨맥결(劉氏脈訣)』 등이 있다.

　북창은 성품이 명민하고 착한 일을 좋아하여 마음속으로 자기 아비가 하는 짓을 그르게 여겨 일찍이 간하여 말렸지만, 아버지 정순붕(鄭順朋)이 따르지 않았다고 한다. 동생인 정현이 부자간에 이간질하여 온 집안에 변고가 일어나려 했는데, 결국 북창은 아버지의 이해를 받지 못한 채 양주의 시골집에 가 있거나 산사에 머물러 지낸 것이 실로 여러 해였다.[2] 아버지와 동생에게 버림받은 북창은 갑자기 세상을 떠났다고 전한다.[3]

1　북창 정렴은 고상한 선비로 — 음양을 비롯하여 의약과 여러 술법에 두루 정통했다. — 유몽인(柳夢寅, 1559-1623) 지음, 신익철 등 옮김, 『어우야담(於于野談)』(돌베개, 2006), 177쪽.

2　『명종실록』 명종 즉위년 8월 28일(무오일).

북창은 한번 산에 들어가 며칠 동안 마음을 가다듬고 수양한 다음 내려올 때면 산 아래 1백 리 사이에 일어난 일을 자기 눈으로 직접 본 것처럼 훤히 알아맞혔다고 전한다.

장유(張維, 1587-1638)의 글은 정렴을 신인(神人)이라고 평가하며, 북창이 중국에 사신으로 들어갔을 때 유구국(琉球國)의 사신과 만난 이야기를 전한다. 유구국 사신이 가지고 있던 책에 "모년 모월 모시에 중국에 들어가면 진인(眞人)을 만날 수 있을 것"이라는 내용이 적혀 있었는데, 그 사신은 중국에서 북창에게 『주역(周易)』을 배웠으며 이때 북창이 사신과 이야기하면서 일본말을 유창하게 구사했다고 한다.

그리고 유몽인(柳夢寅, 1559-1623)의 『어우야담(於于野談)』에 성수익(成壽益, 1528-1598)이 지은 『삼현주옥(三賢珠玉)』을 인용한 글이 있다. 내용은 북창선생(北窓先生) 정렴이 물외(物外)의 신인(神人)으로 유불선(儒佛仙) 및 술법을 배우지 않아도 모두 능했는데, 입산한 지 3-4일 만에 불교의 심통지법(心通之法)을 모두 깨닫고 백 리 밖의 일을 틀림없이 맞추었고, 아버지를 따라 중국에 가서 유구국(琉球國)의 사신을 만났는데 그로부터 진인(眞人)임을 인정받고 주역(周易)을 논했으며, 통역이 없이도 그 나라 말을 알아들었다고 한다. 또한 북창이 연단(煉丹)과 화후(火候)의 법을 익혔으며, 병이 든 환자에게 짚 대롱으로 더운 기운을 불어넣어 낫게 해 주었고, 훗날 술잔이 큰 사발만 해질 텐데 그때가 되면 난리가 일어날 것이라고 예언했는데 이후 임진왜란이 일어났다고 기록하여 북창의 선견지명을 강조하고 있다.[4]

이 밖에도 북창이 태어나면서부터 신이하여 백가술수(百家術數)에 통달하였고, 부친을 따라 중국에 가서 각국 사신들과도 능히 대화했다는 이야기가 전한다.[5] 또 북창이 짐승의 소리를 알아들었고 음률에도 밝았는데, 친구의 병을

---

3 『명종실록』 명종 20년 10월 29일(임진).
4 서대석, 『조선조문헌설화집요(1)』(집문당, 1991), 67-68쪽.
5 서대석, 『조선조문헌설화집요(1)』(집문당, 1991), 339쪽. 이희평(李羲平, 1772-1839)이 편찬한

자기의 수명 10년을 감해 낮게 해 주었다는 이야기도 전한다.[6]

후대에는 북창을 진인(眞人)으로 이해한 경우도 있었다.

> 우리나라 사람으로는, 북창(北窓) 정염(鄭磏)이 햇빛 아래 있어도 그림자가 없었다
> 고 하는데, 북창이 연경(燕京)에 들어갔을 때에 유구국(琉球國)의 도사(道士)가 북창을
> 보고 진인(眞人)이라고 일컬었으니, 그 그림자 없는 것은 마치 옛사람이 이른바 '진
> 인은 그림자가 없다.'고 한 말과 같아서 그런 것인가? [7]

이 밖에도 북창에 얽힌 설화가 많이 전하며, 그의 지관(地官)으로서의 능력
과 도가적 수련에 몰두한 면모 등이 전하며, 이능화(李能和, 1869-1943)의 『조선도
교사』에는 북창이 조선시대의 대표적 도사(道士)로 손꼽힌다. 이처럼 그는 천
문, 풍수지리, 주역 등에 능통했던 인물로서 초인적 능력의 소유자로 후대에
전한다.

한편 북창 정렴이 『북창비결』이라는 예언서를 남겼다고 전하지만, 이 역
시 후대의 인물들이 초월적 능력을 지녔다고 전하는 그의 이름을 빌려 지은
위작으로 보인다.

현전하는 『정감록』의 『북창비결』에 "쥐의 아비 시체가 온 나라에 누워 있
고, 뱀의 형이 있는 집의 연기가 천리 밖에서 나리라."는 내용이 있다. 여기서
쥐의 아비와 뱀의 형은 각기 쥐의 해와 뱀의 해보다 한 해 앞선 년도를 가리킬
수도 있다. 이러한 맥락에서 호사가들은 뱀의 해보다 한 해 전인 용의 해에 임
진왜란이 발생했고, 쥐의 해인 병자년에 병자호란이 일어난 일을 정렴이 정확
히 예언한 것이라고 풀이하기도 했다.

그리고 『북창비결』에 "여덟 줄의 백성이 다섯 달 동안 시체로 쌓일 것이

『계서야담(溪西野譚)』에 실려 있다.

6 서대석, 『조선조문헌설화집요(1)』(집문당, 1991), 523쪽. 철종 20년(1869) 이원명(李源命)이 편
찬한 『동야휘집(東野彙輯)』에 실려 있다.

7 이규경(李圭景, 1788-?), 『오주연문장전산고』 인사편 1 신형(身形) 「햇빛 아래서도 그림자가 없는 사
람에 대한 변증설」.

다. 그때는 소나무와 잣나무를 심을 것이요, 제비와 기러기가 가고 오는 시절이로다."라는 구절도 있다. 이 구절의 "소나무와 잣나무"를 임진왜란이 일어났을 때 명나라 군대를 이끌고 우리나라에 와서 왜적을 물리친 이여송(李如松)과 이여백(李如栢) 형제 장수를 가리킨다고 풀이하기도 했다. "제비와 기러기"는 병자호란이 일어난 후 사신들과 포로들이 중국의 수도인 연경(燕京)으로 가는 행렬이 빈번해진 일을 가리킨 것으로 해석되었다. 해석은 자유지만 과연 정렴이 이러한 일을 그토록 정확히 미리 알 수 있었을지는 의문이다.

이외에도 북창이 말세의 조짐을 음주의 폐습과 음란한 풍토에서 찾았고, 남쪽에서부터 나라가 망할 것을 예언했으며, 『북창비결』에 "물과 물이 있는 서남쪽의 독이 궁궐에까지 미칠 것"을 예언하기도 했다. 조선 후기에 동학농민혁명이 일어나고 이후 제주도에서 이재수의 난 등이 발생하자 이 구절에 주목한 일부 호사가들은 서남쪽이 전라도와 제주도를 가리킨다고 풀이하였는데, 오히려 이러한 역사적 사실이 발생한 이후에 이 구절들이 추가되었음을 반영하는 일로 풀이할 수 있겠다.

또한 『북창비결』에는 "재물에 인색한 사람은 집에서 먼저 죽고, 아무런 재주도 없는 선비는 길에서 저절로 죽는다."는 내용도 있다. 이는 난세를 당하면 인색한 부자와 재주가 없고 어리석은 선비가 먼저 죽는다는 뜻이다. 남에게 베풀고 참된 지혜를 길러야 난세에도 살아남을 수 있다는 경고이다. 인간이 지녀야 마땅할 온전한 덕성을 기르는 일이 어지러운 세상에서 나아가 온 세상이 망하는 참혹한 지경에도 생존할 수 있음을 강조한 부분이다.

또 『북창비결』에 "충청도와 강원도는 살 수가 없고, 경기도 동쪽은 어육(魚肉)이 난다."는 구절도 있다. 현전하는 『정감록』의 다른 예언서에서 제시된 피난지와 달리 『북창비결』은 충청도와 강원도를 위험지역으로 보았다. 이 지역이 전란의 소용돌이에 빠진 일은 1894년과 1895년 사이에 일어난 청일전쟁 시기이다. 이에 근거하여 『북창비결』의 저술 시기를 이때로 추정하기도 한다.[8]

이 외에도 『북창비결』에는 "바라건대 내 자손들은 산에 올라가지 말고 물에 들어가지 말지어다. 흰 것에 의지하는 자는 살겠고, 풍년이 든 곳에 가까이 있어도 살리라."라는 구절이 있다. 여기서 '흰 것'이 구체적으로 무엇을 가리키는 지는 분명하지 않다. 오행설에 의해 흰 색은 서방(西方)을 상징하는 색깔이므로 '서쪽에 의지한다.'로 풀이하여 물산이 풍부한 국토의 서남부에 있는 평야지대로 보거나, '흰 쌀'이나 화폐의 기능을 대신하던 무명으로 보기도 한다.[9] 백두대간의 명산인 태백산, 소백산, 덕유산, 지리산 등지에서 피난처를 찾아 이른바 십승지(十勝地)를 제시한 다른 비결서와 달리 『북창비결』은 서쪽 평야지대를 피난처로 강조한다. 이와 관련하여 북창은 "명승지라는 곳이 혹독한 화를 먼저 당한다."고 주장한다. 결국 『북창비결』은 십승지를 부정적으로 본다.

---

8   백승종, 『예언가, 우리 역사를 말하다』(푸른역사, 2007), 134쪽.
9   백승종, 위의 책, 134-135쪽.

이지함의 생애와 토정가장결

11

토정(土亭) 이지함(李之菡, 1517-1578)은 큰 키에 건장한 체격이며 특히 발이 무척 컸다고 전한다. 얼굴은 둥글고 검은 편이었고 강렬한 눈빛에 우렁찬 목소리를 지녔으며, 짚신을 신고 대나무로 만든 갓을 쓰고 다녔는데, 어떤 때는 초립(草笠)에 나막신을 신고 다니기도 했다.[1]

토정은 한양의 마포나루에 흙을 쌓아 언덕처럼 만들고 그 아래에 굴을 파고 위에는 정자를 지어 그곳에 살았다. 이 정자의 이름이 토정(土亭)이므로 그의 아호가 되었다. 이 흙 언덕은 홍수가 졌을 때에도 그대로 있었고, 정자 역시 무너지지 않았다고 전한다.[2]

토정의 장인인 모산수(毛山守) 이정랑(李呈琅)은 종친들과 모의하여 명종의 왕위를 찬탈하려 했다는 역모 혐의에 연루되어 목숨을 잃었다.[3] 모산(毛山)은

1 『선조수정실록』 선조 6년 5월 1일(경진일).
2 『선조수정실록』 선조 11년 7월 1일(경술일).
3 『명종실록』 명종 4년(1549) 6월 3일.

천안군 모산 부곡으로 아산의 동쪽 경계에 있는 지명이며, 수(守)는 왕자군(王子君)의 중중손(衆曾孫)에게 처음 주는 벼슬로 경관직(京官職)은 정4품을, 외관직은 종4품을 부여받았다.[4] 종친들에게 품계는 부여했지만 실직(實職)을 주지 않은 것은, 제도적으로 종친들을 우대하는 한편 이들의 실질적인 정치 참여를 막기 위한 조처였다.

모산수 이정랑과 관련된 것은 명종 4년(1549) 4월에 이홍남(李洪男)이 자신의 아우 이홍윤(李洪胤)을 역모 혐의로 고발한 사건이다. 이홍남, 이홍윤 형제는 2년 전에 일어난 양재역 벽서사건으로 사사된 이약빙(李若氷)의 자식들이었다. 이홍윤은 을사사화 때 윤원형에 의해 희생당한 대윤(大尹)의 영수 윤임(尹任)의 사위로 평소 아버지와 장인이 억울하게 죽은 것을 원통히 여겼다. 이홍윤이 "연산군 때 사람을 지극히 많이 죽이더니 마침내 중종반정을 당하였다. 지금 주상(명종)인들 어찌 오래도록 그 자리를 누리겠느냐?"는 말을 하고 거주지인 충주에 거주하는 사람들을 규합하여 역모를 꾀했다고 한다.

결국 이 사건으로 이홍윤은 능지처참되고, 강유선, 최대립, 무송수(茂松守) 이언성, 모산수 이정랑 등 33명이 연루되어 처형당했다. 이때 충주에 살던 3백여 명의 인사가 희생되었는데, 대부분이 이약빙의 문인이거나 그와 교분을 쌓았던 인물이었다. 당시 충주는 "한 고을이 텅 비게 되었다."고 표현될 정도로 큰 타격을 입었고, 역적의 소굴로 지목되어 유신현(維新縣)으로 강등되었으며 충청도도 청홍도(靑洪道)로 개칭되었다.

이지함의 장인 모산수는 이 사건에 연루되어 장형(杖刑)을 받다가 목숨을 잃었다. 그는 종실인 까닭에 역모자들의 공초에 의하면 왕으로 추대될 정도로 이 사건의 핵심 인물 가운데 한 명이었다.

토정(土亭)은 이 사건이 일어나기 한 해 전에 "처가를 관찰했더니 강한 기운이 없습니다. 이에 내가 피하지 않으면 장차 화가 나에게 미칠 것입니다."라고

---

4   『경국대전』 권 1, 이전, 경관직, 종친부.

말하고, 처자를 데리고 서쪽으로 갔다고 전한다. 즉 토정이 '처가의 화'를 예언했다는 내용이다. 이 사건 이후 왕실 종친의 사위이자 촉망받던 선비였던 토정의 관리로서의 진출은 물거품이 되었다.

토정은 사람을 한번 만나면 단번에 그의 성품과 앞날의 길흉을 알아맞혔다고 전한다. 그리고 설화에 등장하는 토정은 금강산에서 전국 산신령 회의를 주도하기도 한다. 후대의 기록에는 토정이 상중(喪中)에 있던 제자 조헌(趙憲)을 조문하던 날 밤, 하늘에 혜성이 나타났다고 한다. 조헌이 어떤 조짐인지를 스승인 토정에게 묻자, 토정은 이 혜성이 나타난 것은 장차 천하에 큰 난리가 일어날 징조라고 말하며, 그때를 대비해 더욱 열심히 공부하라고 당부했다. 이후 임진왜란이 일어나자 조헌은 의병장이 되어 금산에서 왜적을 맞아 싸우다가 장렬히 전사하여 금산에 칠백의총이 만들어지게 한 주요 인물이 되었다.

문헌설화에는 토정의 기이한 행색과 이인(異人)으로서의 면모가 강조되었고, 이산해(李山海)에게 앞으로 조정에 동서(東西) 분당(分黨)이 있을 것을 예언한 이야기가 전한다.[5] 유몽인의 『어우야담』에는 토정이 베옷에 짚신을 신고 솥을 지고 다녔다고 하며, 배의 네 모퉁이에 박을 매달고 제주도에 세 번이나 왕래했던 이야기와 유랑하는 백성들을 도와주었던 이야기 등이 실려 있다.[6] 이외에 토정이 신인(神人)으로 불렸으며, 신술(神術)을 보여줄 것을 청하는 부인의 말에 놋그릇을 팔아 은수저를 사고 그 은수저를 도둑맞았던 사람에게 되팔아 이윤을 남긴 이야기가 전한다.[7]

토정과 그의 제자 조헌 사이에 있었던 일화는 후대의 기록인 『영조실록』에도 다음과 같이 전한다.

---

5   서대석, 『조선조문헌설화집요(1)』(집문당, 1991), 69-70쪽.

6   서대석, 『조선조문헌설화집요(1)』(집문당, 1991), 172-173쪽.

7   서대석, 『조선조문헌설화집요(1)』(집문당, 1991), 293쪽. 이희평(李羲平, 1772-1839)이 편찬한 『계서야담(溪西野譚)』에 실려 있다. 이와 비슷한 이야기가 19세기 중엽에 편찬되었을 것으로 추정되는 『청구야담(靑邱野談)』에도 전한다. 서대석, 위의 책, 434쪽.

신이 일찍이 고(故) 명신(名臣) 이지함(李之菡)의 유집(遺集)을 보건대, 이지함이 일찍이 인천에서 상중(喪中)에 있는 조헌을 조문하였는데, 그날 밤 요사한 혜성(彗星)이 하늘에 뻗쳤으므로, 조헌이 그 조짐이 어떠한지를 물었더니, 이지함이 말하기를, '혜성은 길면서 더딘 것과 짧고도 빠른 것이 있는데, 이것은 10여 년 뒤에 천하에 반드시 큰 난리가 있어 백성이 참살당하여도 세상에 이를 감당할 사람이 없을 조짐이니, 그대는 더욱 옛 글을 읽어서 국가에 보답하라.' 하였는데, 임진란(壬辰亂)에 이르러 그 말이 과연 부합하였습니다. 신이 계해년 겨울에 겸사(兼史)로서 금중(禁中)에 입직하였는데, 그때 혜성의 재이(災異)가 한 달이 넘도록 사라지지 않았습니다. 이는 신이 목격한 바인데, 걱정하고 탄식하는 것은 이제 연수를 헤아려보니 마침 이지함이 말한 것과 근사하기 때문입니다. 신은 진실로 이지함과 조헌의 미리 아는 방법을 이해하지 못합니다마는, 두 신하를 깊이 믿기 때문에 늘 남모르게 근심되고 매우 염려됨을 금치 못하였는데, 더구나 수년 이래로 비상하게 놀라운 재이가 또 따라서 거듭 나타나는 것이겠습니까? 무릇 재이가 일어나면 늦고 빠름은 있을지라도 그 응험이 없는 것을 일찍이 본 적이 없으니, 올해에 재이가 있고 내년에 무사하다 하여 경계하고 두려워하는 마음을 조금도 잊을 수는 없는 것입니다.[8]

위의 인용문은 토정이 별자리를 보고 장차 임진왜란이 일어날 것을 예언했다는 내용으로 그의 예언능력을 짐작케 하는 공식적 기록이다. 영조대에 이르면 토정이 유명한 예언가로 인정받았음을 짐작할 수 있다.

토정은 『토정유고(土亭遺稿)』(2권 1책)라는 문집을 남겼다. 이 책은 예언사상과는 관련이 없는 책이다. 그런데 민간에 토정이 지었다고 전하는 『토정비결(土亭秘訣)』은 생년, 생월, 생일의 삼주육자(三柱六字)로 간단하게 운명을 점치는 책이다. 이것은 그의 이름을 후대에 가탁하여 지은 책으로 추정된다. 『토정비결』은 19세기 후반에야 널리 퍼졌기 때문이다. 토정의 사후 100여 년이 지난

---

8 臣曾見故名臣李之菡之遺集, 之菡嘗弔趙憲之居憂仁川, 其夜妖彗亘天, 憲問其兆之如何, 則之菡以爲, 彗星長遲短退, 此在十數年後, 天下必大亂, 生民魚肉, 世無人當之者, 惟君盆讀古書, 以報國家, 及至壬辰之亂, 其言果符。臣於癸亥之冬, 以兼史入直禁中, 其時彗星之災彌月不消。臣所目擊而憂歎者, 計今年數, 適與之菡之所言者相近。臣固未解之菡與憲前知之術, 而以其篤信二臣之故, 每不勝其隱憂深慮。況自數年以來, 非常可愕之災, 又從而疊見層出? 『영조실록』 영조 30년(1754) 11월 27일(임인), 사간(司諫) 이민곤(李敏坤)이 올린 글의 내용이다.

뒤 그의 고손자 이정익이 토정의 유고를 모아 간행한『토정유고』에는 이른바 『토정비결』에 대한 언급이 없다. 당시에『토정비결』이 민간에 유행했다면 이에 대한 기록이나 최소한의 언급이 있었을 것이다.

한편 토정이 의학과 점술에 능통했던 인물이었고, 그에게 자신의 운수를 묻는 사람들이 많아지자 이러한 번거로움에서 벗어나기 위해 직접『토정비결』을 지었을 것으로 추정하기도 한다.[9]『토정비결』은 32괘를 바탕으로 하여 태어난 시점인 사주(四柱) 가운데 연(年), 월(月), 일(日)만 사용하여 매년 그에 해당하는 기록을 찾아보면 거기에 열두 달의 운수를 시구(詩句)로 표현한 내용이 나온다. 간단명료하게 표현하였고 일상생활에서 일어날 가능성이 많은 일들을 포함하고 있으며 각각의 항목에 길흉이 적절하게 배합되어 있다. 따라서 지나치게 낙관하거나 절망할 필요가 없는 내용이 대부분이다.

『토정비결』은 단순히 길흉을 점치는 책이 아니라, 서민들의 일상사에 희망을 불어넣어주거나 절망에서 벗어나기 위한 활력을 제공하기 위해 토정의 이름을 가탁한 어떤 인물이 지은 것으로 추정되며, 노력하지 않고 헛된 꿈을 꾸는 일을 경계하는 내용이다.

한편 정조(正祖) 때 홍석모(洪錫謨)가 쓴『동국세시기(東國歲時記)』에는 조선 후기의 풍속 전반에 관한 내용이 자세히 기록되어 있는데, 정월의 경우 새해의 신수를 보는 오행점(五行占)에 대해서만 언급하고 있다. 또 유득공(柳得恭, 1749-?)이 서울의 세시풍속에 대해 쓴『경도잡지(京都雜誌)』에도 새해의 풍속에 대해 "윷을 던져 새해의 길흉을 점친다."는 기록은 있지만,『토정비결』에 대한 언급은 전혀 없다.

결국 토정이 평소에 말했던 내용들 가운데 일부가 오랜 세월 동안 구전으로 전해져오다가『토정비결』에 반영되었을 가능성은 다소 있지만,『토정비결』이 유행된 것은 최소한 19세기 이후의 일이며 책명은 토정의 유명세를 가탁했

---

9 백승종, 위의 책, 148쪽.

던 것으로 보아야 할 것이다.

이 외에도 토정이 지었다고 전하는 『토정가장결(土亭家藏訣)』이 현전하는 이른바 『정감록』에 수록되어 있다. 여러 대를 걸쳐 은밀하게 전해졌다는 내용이다. 또 『주역』에 관해 설명한 『월영도(月影圖)』와 풍수지리에 대해 쓴 『농아집(聾啞集)』도 토정이 지었다고 전한다. 하지만 『토정비결』이나 『토정가장결』 등은 토정의 실제 저술로 인정하기 어려운 점이 많다.

『토정가장결』에 "내 비록 재주는 없지만 우러러보고 굽어살펴 수년 동안 별의 숫자로써 헤아려보니 한양이 5백 년을 넘기지 못할 것이다."라는 내용이 있다. 천문, 즉 별자리 관측을 통해 예언했다는 점이 특징이며, 풍수지리를 통해 왕조의 운명을 예언하고 있는 『감결』 등의 다른 비결서와 뚜렷하게 구별된다. 조선왕조의 운수를 5백 년으로 한정하고 있으며, 조선왕조의 멸망을 예견하고 있다는 점은 다른 예언서의 내용과 일맥상통한다.

또 『토정가장결』에 "장류수(長流水)의 운(運)에는 푸른 옷과 흰 옷을 입은 사람들이 서쪽과 남쪽에서 침략한다. 이때 전읍(奠邑)이 바다의 군사를 이끌고 방씨(方氏)와 두씨(杜氏) 장수와 함께 갑오년 섣달에 금강을 건너면 천운이 다시 커질 것이다. (…) 곽 장군이 요동의 군사를 이끌고 방씨와 두씨 장수와 함께 왜적과 서남오랑캐를 무찌르며, 청나라를 몰아내고 명나라를 돕는다. 정씨를 편들고 이씨를 공격하면 이씨는 제주로 들어갈 것이지만, 4년 내지 5년간의 운수에 지나지 않는다."는 내용이 있다.

장류수는 임진년과 계사년을 가리킨다. 따라서 이 예언을 임진왜란의 발발로 해석할 수도 있다. 어쨌든 『토정가장결』에도 전읍, 즉 정씨가 출현할 것을 예언했다는 점과 그를 도울 방씨와 두씨 두 장수의 성씨가 나타난다는 점이 특기할 만하다. 19세기 후반부터 만주 지역에 정착한 조선의 백성들과 간도에 갔던 조선의 빈농들이 곽 장군이라는 이상적인 지도자의 영도력에 의해 결집할 것을 주장했던 사실과도 무관하지 않은 비결이라고 생각된다.

또 『토정가장결』에 "만약 요동 간방으로 들어가지 않을 생각이라면 반드시 삼척부 대소궁기를 향하여 부지런히 힘을 기울여 곡식을 쌓을 일이다."라는 내용이 있다. 『토정가장결』은 요동 지방과 삼척을 피난처로 제시했는데, 요동으로의 이주민이 본격화되기 시작한 19세기 후반에 이러한 비결서가 저술되었을 것으로 추정된다.

한편 조선 선조 때 인물인 조여적(趙汝籍, ?-?)이 찬술한 것으로 전하는 『청학집(靑鶴集)』에 토정 이지함의 스승에 대한 이야기가 등장한다. 위한조(魏漢祚)는 청학산인(靑鶴山人)으로도 불리는데, 중국인 양운객(楊雲客)이라는 사람에게 이술(異術)을 배우고 중국의 산림을 주유하면서 여러 곳의 도관(道觀)을 돌아다니다가 우리나라에 돌아와 청학동(靑鶴洞)에 살면서 많은 도인들과 어울렸다고 전하며, 토정 이지함의 스승으로 믿어진다. 그는 함경도 갑산(甲山) 출신으로 자는 중염(仲炎)이라고 한다. 선조 36년(1603) 1월 15일 새벽에 세상일과 사절(謝絶)하게 되었다고 선언하고 대란산(大蘭山) 안개 속으로 걸어 들어가 다시는 돌아오지 않았다고 전한다. 토정에 대한 신비한 이야기가 이제는 그의 스승이 있다는 이야기로 확대되어 더욱 신빙성을 높이는 구조로 유포되었던 것이다.

격암(格菴) 남사고(南師古, 1509-1571)에 대한 당대의 공식적 기록은 다음과 같다.

남사고는 울진(蔚珍) 사람으로 여러 번 향시(鄕試)에 합격하였고, 음양(陰陽)의 여러 가지 방서(方書)에도 능통하였으며, 천문(天文)과 망기(望氣)하는 술법도 잘 알았다. 조정에서 불러서 동반직(東班職)에 제수하였으나, 6품으로 승진하지 못하고 서울 집에서 죽었다. 일찍이 말하기를, "원주(原州) 동남쪽에 왕기(王氣)가 있다." 하였는데, 사람들은 모두 믿지 않았는데, 임진년 여름에 광해군(光海君)이 왕세자가 된 다음에야 그의 말이 증명되었다. 대개 공빈(恭嬪)의 부모와 그의 선대가 살던 곳이, 원주에서 동남쪽으로 1사(舍, 30리) 되는 지역인 손이곡(孫伊谷)이었고, 그들의 무덤도 모두 그곳에 있었다. 이때에 와서 사람들이 비로소 그의 술법이 정묘(精妙)함에 탄복하였다.[1]

---

1 南師古蔚珍人也. 累中鄕試能通陰陽諸書. 又善於天文望氣之術, 朝廷召授東班之職, 未陞六品而卒於京邸. 嘗曰, 原州東南有王氣, 人皆不信. 至壬辰之夏, 光海君爲王世子, 然後其言乃驗. 蓋恭嬪父母及先世所居, 原州之東南一舍之地孫伊谷也, 而其墳俱在其處, 至是人始服其術之精也. 이기(李墍, 1522-1600)가 찬한 『송와잡설(松窩雜說)』.

임진왜란 때 명에서 온 원주사(袁主事)라는 천문가(天文家)가 구름의 기(氣)를 바라보고 길흉을 말한다고 왕에게 아뢰자, 이산보는 "우리나라의 남사고(南師古)도 하늘의 운기를 바라보고 길흉을 점쳤습니다."라 하였다.[2]

남사고(南師古)는 명종(明宗) 때 사람으로 관동(關東)에 살았다. 그는 풍수(風水)와 천문(天文), 복서(卜筮), 상법(相法)을 잘 알아서 모두 전해지지 않는 비결(祕訣)을 얻었으므로 말하면 반드시 맞았다. 명종 말년에 서울에 와 살면서 판서(判書) 권극례(權克禮)와 친했는데, 일찍이 말하기를, "오래지 않아서 조정에 반드시 분당(分黨)이 생길 것이며, 또 오래지 않아서 반드시 왜변이 있을 것인데, 만일 진년(辰年)에 일어난다면 그래도 구할 수 있지만, 사년(巳年)에 일어난다면 구할 수가 없을 것이다." 하고, 또 일찍이 사람에게 말하기를, "사직동(社稷洞)에 왕기(王氣)가 있으니 마땅히 태평성대의 임금이 그 동네에서 나올 것이다." 하였다.

김윤신(金潤身)과 함께 동교(東郊) 밖을 지나다가 태릉(泰陵) 근처를 가리키면서 말하기를, "내년에 동쪽으로 태산(泰山)을 봉할 것이다."하니, 김윤신이 괴상히 여겨 다시 물으니, 남사고가 말하기를, "내년에 저절로 알 것이다." 하였다. 이렇게 말한 것을 일일이 다 들 수 없다. 조정이 을해년부터 의론이 두 갈래로 갈라지기 시작하여 지금까지 거의 50년이 되는데도 그치지 않으며, 왜병의 침입은 임진년에 시작되었으며, 선조(宣祖)가 사직동(社稷洞) 잠저(潛邸)에서 들어와 대통(大統)을 이었으며, 태산(泰山)이란 곧 태릉을 말한 것으로 문정왕후(文定王后)가 그 이듬해에 돌아가서 태릉에 장사 지냈다. 우리나라에도 이러한 사람이 있었으니 기이한 일이다.[3]

남사고가 천문을 보고 선조와 광해군의 즉위, 문정왕후의 죽음과 능묘의 위치, 임진왜란의 발발 등을 정확하게 예언했다는 내용이다. 남사고는 당대에 이미 예언가로서의 면모를 충분히 갖춘 인물로 널리 알려졌다. 바로 이러한 기록에 근거하여 남사고는 설화에서는 더욱 신이한 인물로 부각되었다.

2　山甫曰. 我國南師古. 亦望氣. 『선조실록』 선조 26년(1593) 1월 12일(정묘).

3　南師古者明廟朝人也. 家關東. 善風水天文卜筮相法. 俱得不傳之訣. 言發必中. 明廟末年. 來遊京洛. 與權判書克禮相厚. 嘗言曰. 不久朝廷當分黨. 又不久當有倭變. 若起於辰年. 則猶可救. 起於巳年. 則不可救. 又嘗謂人曰. 社稷洞有王氣. 當有太平之主. 出於其坊. 與金潤身過東郊外. 指泰陵近地曰. 明年東封泰山云. 潤身怪而更問之. 師古曰. 明年當自知之. 如是者不可累擧. 朝廷自乙亥間. 始携貳. 迄今將五十年未已. 倭寇發於辰年. 宣廟自社稷洞潛邸. 入承大統. 泰山卽泰陵之謂也. 文定薨於其明年. 葬于泰陵云. 我國亦有如此之人. 可異焉. 신흠(申欽, 1566-1628)이 찬(撰)한 『상촌잡록(象村雜錄)』.

남사고가 강릉에 있을 때 마을 사람들에게 "금년에는 반드시 병란이 있을 것이다."라고 말했는데, 그 해에 전염병이 크게 돌아 죽은 자가 매우 많았다는 이야기가 전한다. 또 남사고가 강릉 지역에 향후 30년 동안 과거 급제자가 나오지 않을 것을 예언했는데, 훗날 적중했다는 이야기도 전한다.

또 남사고는 어떤 사람이 자기를 방문할 것을 날짜까지 정확하게 미리 알고 있었으며, 명종(明宗) 22년(1567)에는 남산에 올라 "왕기(王氣)가 다해 가고, 사직동으로 옮겨갔구나."라고 말하여, 명종의 죽음과 적통(嫡統)의 후사(後嗣)가 없어 선조(宣祖)가 즉위할 것을 예언했다고 한다. 또 남사고는 선조 10년(1577)에는 병란의 징조인 치우기(蚩尤旗)가 출현한 것을 보고 장차 임진왜란이 일어날 것을 미리 알았다고 한다.[4]

이 외에도 남사고가 천문(天文)을 잘 보는 것으로 명성이 있었으며, 문정왕후(文定王后)의 죽음 이후에 나라가 평안해질 것을 예언했다는 이야기가 전한다. 남사고는 천문이 변하는 것을 보고 자신의 죽음이 임박했다는 사실도 미리 알았다고 한다.[5]

또 남사고가 이산해(李山海)에게 훗날 조정에 동서(東西)의 당(黨)이 생길 것을 예언했다는 이야기도 있다.[6]

술인(術人) 남사고와 친했던 김윤신(金閏臣)이 그의 집을 찾아가자 어떤 베옷을 입은 노인이 남사고에게 미래사를 예언해 주고 있었는데, 푸른 옷과 나무신이 행할 것, 임금이 변방까지 나갔다가 환궁할 것, 다음번 난리 때에는 임금이 한강을 안 건널 것 등을 예언했다고 한다. 임진왜란 때 그 예언이 들어맞았고, 정유재란 때 임금이 한강을 건너려 할 때 김윤신이 그 예언을 떠올려 이야기하니 과연 승전보가 와서 예언대로 맞았다고 한다.[7]

---

4   유몽인 지음, 신익철 등 옮김, 『어우야담(於于野談)』(돌베개, 2006), 178-179쪽.

5   유몽인 지음, 신익철 등 옮김, 위의 책, 194쪽.

6   유몽인 지음, 신익철 등 옮김, 위의 책, 590쪽.

7   서대석, 『조선조문헌설화집요(1)』(집문당, 1991), 468쪽. 이 이야기는 『청구야담』에 전한다.

구전설화에서 남사고는 천문(天文)을 잘 보아 이름이 높았고, 백두산(白頭山) 바위 틈의 비밀한 곳에서 한 노인을 만나 술법에 관한 책을 전수받아 통달하였다고 전한다. 또 남사고는 신두이간(申豆伊間)이라는 스승의 말을 반드시 받들었으며, 우리나라의 복지(福地)로 풍기(豊基) 금계촌(金鷄村) 등 열 곳을 뽑아 살 만한 곳이라고 하였다고 한다.[8] 즉 남사고가 이른바 십승지를 손꼽았다는 기록이다.

19세기 중엽에 편찬되었다는 『청구야담(靑邱野談)』에 남사고가 말한 십승보신지지(十勝保身之地)가 전하는데,[9] 풍기(豊基) 금계촌(金鷄村), 화산(花山) 소라고기(召羅故基), 보은(報恩) 속리산 아래 운봉(雲峰), 두류산(頭流山) 아래 동점촌(銅店村), 예천(醴泉) 금당동(金堂洞), 공주(公州) 유구(維鳩)와 마곡(麻谷) 양수간(兩水間), 영월(寧越) 정동상류(正東上流), 무풍(茂豊) 북동(北洞), 부안(扶安) 대암(臺岩) 아래 변산(邊山) 동쪽, 협천(陜川) 가야(伽倻) 남쪽 만수동(萬壽洞) 등이다. 풍기 금계촌 등은 후대에 십승지(十勝地)로 비정되는데, 남사고가 이곳들을 선정했다는 점이 특기할 만하다.

현전하는 『정감록』에 「남사고산수십승보길지지(南師古山水十勝保吉之地)」라는 비결서가 전한다. 이렇듯 남사고는 십승지(十勝地)를 주장한 풍수지리설의 대가로 알려졌고, 전쟁, 전염병, 흉년이라는 재해를 피하기 위한 대비책을 제시한 인물로 믿어졌다. 그는 승지(勝地)로 해안선이나 큰길에서 벗어난 지역을 택했으며, 소백산 지역을 중시했음을 알 수 있다.

영조(英祖) 9년(1733)에 적발된 역모사건에는 남사고가 지었다는 「남사고비결」이 등장한다.[10] "무신년에는 피가 흘러 내를 이룬다." 등의 내용이 수록되어 있었다고 전하는데, 영조 4년(1728)에 남부지방에 대규모 반란사건이 실제

---

8 서대석, 『조선조문헌설화집요(1)』(집문당, 1991), 553-554쪽. 철종 20년(1869) 이원명(李源命)이 편찬한 『동야휘집(東野彙輯)』에 실려 있다.

9 서대석, 『조선조문헌설화집요(1)』(집문당, 1991), 495쪽.

10 『영조실록』, 영조 9년 8월 18일(병인일).

로 발생하여 예언의 정확성이 강조되었다. 이「남사고비결」이 편년체 예언서의 최초로 이전 17세기까지는 그 존재가 확인되지 못한 새로이 등장한 예언서의 형태로 파악한 연구가 있다.[11]

현전하는『정감록』의「남사고비결」에는 "무신, 기유년: 제갈량이 이미 죽었으니, 어느 성 한쪽 금성(錦城)이 피폐하도다. 갱시(更始)는 자리를 긁고, 범증(范增)은 등창이 나는구나."라는 구절이 보인다. 나라를 다스릴 유능한 신하가 없어서 개혁이 지지부진하다는 내용으로 보이는데, 어쨌든 영조 때 발견되었다는「남사고비결」의 무신년조의 내용과는 전혀 다르다.

11 　백승종, 「18-19세기『정감록』을 비롯한 각종 예언서의 내용과 그에 대한 당시대인들의 해석」, 『진단학보』 88집(진단학회, 1999), 290쪽.

정 여 립
사   건

13

정여립(鄭汝立, 1546-1589)은 선조(宣祖) 원년(1567)에 진사가 되고, 선조 3년에 식년문과 을과 2등으로 급제한 후 성균관(成均館) 정록소(正錄所)의 학유(學諭) 벼슬을 했고, 선조 14년(1581)에 정언(正言)이 되었고, 선조 16년에는 예조좌랑이 되었으며, 이듬해 1월에는 홍문관(弘文館) 수찬(修撰)이 되었다.[1]

그해 4월에는 벼슬을 사직하고 고향인 전주로 돌아갔다. 그로부터 1년이 지나 선조 18년(1585) 4월에 다시 홍문관 수찬이 되었으나, 얼마 지나지 않아 다시 사직하고 향리로 돌아가 독서와 후진 양성에 전념하였다.

정여립은 박학하여 읽지 않은 책이 없었을 정도였다고 전하며,[2] 명예를 구하고자 하는 자들이 다투어 그의 문하에 들어가니 제자가 더욱 많아졌고 권세도 날로 늘어갔다.

1 　우성전(禹性傳), 『계갑일록(癸甲日錄)』, 선조 17년(1584) 1월 15일.
2 　博學多聞, 聖書無所不讀. 〔패일록(掛—錄)〕, 『패림(稗林)』 5〔탐구당, 1969〕, 116면.

정인홍(1535-1623)은 조식(曺植)의 수제자로 경상우도의 남명학파(南冥學派)를 대표하는 인물이다. 정인홍은 정여립을 선인(善人) 또는 훌륭한 선비로 평가하였다.[3]

율곡 이이(李珥, 1536-1584)도 정여립이 배움이 많고 재주가 뛰어나다고 평했다.[4] 그러나 그가 남을 업신여기는 단점이 있다고 단서를 달면서 등용할 것을 임금에게 청했다. 이에 대해 선조는 정여립에 대해 "칭찬하는 자도 없지만, 헐뜯는 자도 없다."고 다소 애매한 표현으로 완곡하게 거절하였다.[5]

조정의 대신들 사이에서도 정여립에 대한 평가는 엇갈렸다.[6] 정여립은 해

---

3 당시 정여립이 학문을 강론하는 것으로 행세하여 세상 사람들을 속이고 있었다. 이조좌랑 이경중(李敬中)은 그의 사람됨을 미워하여 그가 진출 기용되는 것을 저지하였으므로 여립이 전랑(銓郎)의 의망에 참여되지 못하였기 때문에 경중에 대한 원망이 매우 컸다. 정인홍(鄭仁弘)은 선인(善人)을 질투하여 배척했다고 하면서 계사(啓辭)에서 훌륭한 선비가 저지당했다고 하였는데, 유성룡 등은 매우 불평스럽게 여겼다. 『선조수정실록』 선조 14년(1581) 3월 1일(갑자).

4 적신(賊臣) 정여립(鄭汝立)은 전주(全州) 사람이다. 두루 보고 잘 기억하여 경전을 관통하였다. 논의는 높고 격렬하여 탁려풍발(踔厲風發)하였다. 율곡이 당시에 추앙받는 것을 보고 몸을 바쳐 섬겨 제자의 예를 행하였다. "공자는 이미 익은 감이고, 율곡은 아직 익지 않은 감" 이라는 주장을 하기까지 하였다. 율곡은 그의 재주를 기특하게 여겨 널리 칭찬하여 드디어 (정여립이) 높은 벼슬에 오르고 명성이 매우 높았다. 김시양(金時讓), 『부계기문(涪溪記聞)』.

5 이이가 아뢰기를, "지금 인재가 적고 문사(文士) 중에는 쓸 만한 인물을 얻기가 더욱 어렵습니다. 정여립(鄭汝立)이 많이 배웠고 재주가 있는데 남을 업신여기는 병통이 비록 있기는 하지만 대현(大賢) 이하로서야 전혀 병통 없는 사람이 어디 있겠습니까. 그가 실로 쓸 만한 인물인데 매번 의망(擬望)을 하여도 낙점(落點)을 않으시니 혹시 무슨 참간(讒間)의 말이라도 있는 것입니까?" 하니, 상이 이르기를, "여립은 그를 칭찬하는 자도 없지만 헐뜯는 자도 없으니 어디 쓸 만한 자라고 하겠는가?』『선조실록』 선조 16년(1583) 10월 22일(경오).

6 좌상 노수신(盧守愼)은 이발(李潑), 김우옹(金宇顒), 김홍민(金弘敏), 한준(韓準), 백유양(白惟讓), 윤선각(尹先覺), 김수(金睟), 정여립(鄭汝立)을 추천하고, ― 김우옹은 학문과 명망이 중하였으나, 나머지는 모두 시론에 의해 추대된 인물이었다. 정여립은 학문으로 이름이 있었으나 대부분의 사람이 불길한 인물로 의심했다. 노수신 역시 일찍이 정여립이 경연에서 오만하게 말하고 표정이 거만한 것을 보고는 물러나와 문객 이광(李洸)에게 말하기를 '내가 세 조정을 차례로 섬기면서 여러 번 시종이 되었으나 감히 상의 얼굴을 우러러본 적이 없는데, 오늘 정여립을 보건대 상의 앞에서 자주 올려다보았으니, 도대체 어떤 자인가?' 하면서 매우 의심했었다. 그러나 이발 등에게 잘못 유도되어 이렇게 추천한 것이다. ― 『선조수정실록』 선조 17년(1584) 11월 1일(계유).

유성룡이 상소하여 대죄하였는데, 그 대략에, "신이 10여 년 전에 호남에 정여립이란 자가 독서와 학문에 부지런하다는 것으로 자못 이름이 났다는 말을 들었으나 그가 어떠한 사람인지는 알지 못하였습니다. 이어 듣건대, 그는 인품이 고상함을 스스로 내세우면서 큰 소리쳐서 당할 자가 없고 망령되이 자기 소견으로 선정(先正)을 능멸하다 하였습니다. 신이 이 말을 듣고 이미 그를 좋게 여기지 않았습니다. 그 뒤 명성이 점차 성대하여지고 전하는 자가 더욱 많아지자, (…) 『선조수정실록』 선조 22년(1589) 12월 1일(갑술).

정여립(鄭汝立)을 홍문관 수찬으로 삼았다. (…) 여립이 경연에 입대하여 현인들을 비방하고 배척하기

박한 지식과 견문으로 당시 선비들의 추앙을 받았고,[7] 언변이 뛰어나고 기백이 장했다고 전한다.[8] 그러나 정파를 바꾸는 행위는 후대의 비판을 받기도 했다.[9] 이에 임금인 선조도 정여립을 배반을 밥 먹듯이 하는 자라고 비판하기도 했다.[10] 이처럼 소문에 의한 물의 때문에 정여립은 낙향할 수밖에 없었다.[11]

를, "박순은 간사한 무리들의 피수이고 이이는 나라를 그르친 소인이고 성혼은 간사한 무리들을 편들어 상소를 올려 군부(君父)를 기망하였습니다. 호남은 박순의 고향이고 해서(海西)는 이이가 살던 곳이니, 그 지방 유생들의 상소는 모두 두 사람의 사주에 의한 것으로서 공론이라 할 수 없습니다." (…) 이 소식이 알려지자 당시 사람들은 기뻐하며 입을 모아 칭찬하였다. (…) 백유양(白惟讓)은 정여립과 교제를 맺고 오직 친밀하지 못할까 걱정하여 그 아들을 여립의 조카사위로 삼았다. 집안사람들이 그 가문이 비천함을 혐의쩍게 여기자 백유양이 말하기를 "나는 그의 숙부를 보았지 가문이 낮은 것 따위는 안중에 없다. 나는 경연에서 그가 이이를 공파하는 말을 듣고 날아갈 듯이 상쾌하였다." 하였다. 그 당시 사대부들 사이에 편당(偏黨)에 빠진 실상이 이와 같았다. 『선조수정실록』 선조 18년(1585) 4월 1일(임인).

7 의금부 경력 나덕윤(羅德潤)이 상소하기를, (…) 정여립은 애초부터 불을 지른다거나 사람을 겁탈하는 도적이 아니고, 사실은 하늘을 속이고 사람을 속인 간악한 자였습니다. 그렇기 때문에 당시에 지식이 해박하고 견문이 많은 인물로 선비들의 추앙을 받았습니다. 이이와 성혼(成渾)이 맨 처음 그와 교유해 보고 나서 그를 추켜세우고 칭찬하였는데, 그가 청요직에 천거되어 등용된 것은 사실 이이가 이끌어준 힘이었습니다. 그런데 계미년에 심하게 당론이 나뉘어지고 이이와 성혼이 세력을 잃은 뒤로부터 비로소 안면을 싹 바꾸어 이른바 동인(東人)들에게 빌붙었습니다. 『광해군일기』 광해군 즉위년(1608) 11월 12일(을미).

8 벼슬을 버리고 돌아와서 글 읽기에 힘쓰니, 이름이 전라도 일대에 높이 나서 죽도(竹島)선생이라고 일컫기에 이르렀다. 그러나 그의 성질이 흉악하여 형제가 5, 6명이나 되어도 다 서로 용납하지 못하고 안팎의 친척들이 원수가 되지 아니한 이가 없었다. (…) 여립이 기백이 굉장하고 말솜씨가 좋아서 입을 열기만 하면 그 말이 옳고 그른 것은 불문하고 좌석에 있는 이들이 칭찬하고 탄복하였다. 이긍익, 『연려실기술』 제14권, 선조조고사본말(宣祖朝故事本末), 「기축년 정여립(鄭汝立)의 옥사(獄事)」.

9 정여립이란 자는 전주 사람인데, 넓게 배우고 들은 것이 많아서 성현의 글을 읽지 않은 것이 없고 우계(牛溪)와 율곡(栗谷)문하에 출입하였다. 두 사람이 함께 추천하여 홍문관 수찬에 올랐다가, 서인들이 세력을 잃게 되자 다시 동인에게 붙으니, 이발(李潑)이 받아들였다. 이긍익, 『연려실기술』 제14권, 선조조고사본말(宣祖朝故事本末), 「기축년 정여립(鄭汝立)의 옥사(獄事)」. 이발(1544-1589)은 젊은 나이에 동인(東人)의 핵심 인물로 부각되었다.
   의주목사(義州牧使) 서익(徐益)이 상소를 올렸다. 신이 삼가 듣건대, 정여립(鄭汝立)이 경연에서 이이(李珥)를 공격하고 드디어 박순(朴淳), 정철(鄭澈)에까지 이르렀기 때문에 박순과 정철이 자리에 있기가 미안하여 은총을 피해 물러갔다고 하니, 그 말이 사실입니까? 이 일은 다른 사람이라면 그럴 수 있어도 여립은 그렇게 할 수가 없습니다. 여립은 본래 이이의 문하생으로서 몸에 학사(學士)의 명함(名銜)을 띠고 조정에 들어와 천안(天彦)을 뵙게 된 것이 모두 이이의 힘이었습니다. 전에도 여립이었고 지금도 같은 여립인데 어찌하여 지금에 와서는 직접 이이를 팔고서도 부끄러움을 모를 수가 있단 말입니까. 사우(師友)로 지냈으면서 우의가 생사(生死)에 따라 달라지고 언론과 풍지(風旨)를 시세에 따라 달리하면서도 '나는 글을 읽는 군자이다.'라고 한들, 누가 그 말을 믿겠습니까. 도리어 소인이라고 이름 붙일 것입니다. 『선조실록』 선조 18년(1585) 5월 28일(무술).

10 이경진(李景震)이 상소를 올렸는데, 그 대략에, "신이 듣건대, 정여립(鄭汝立)이 경연에서 신의 숙부(叔父)인 이이를 비방하여 배척했다고 하니 신은 놀랍고 피이하여 스스로 '세상에 어찌 이런 경우도 있는가? 다른 사람이 비난했다고 하면 말할 것이 없겠지만 여립은 반드시 이러할 리가 없다.'고 하였습니다. (…) (임금이) 답하기를, "정여립의 소위는 인정에 가깝지 않아서 내가 처음에는 혹 떠도는 말에서

낙향한 후 정여립은 고향에서 무리를 모으고 세력을 과시했다.[12]

이후 정여립은 성인으로 부각되었으며 벼슬자리도 줄 수 있는 존재로까지 인식되었다.[13]

선조 22년(1589) 10월 황해도관찰사 한준(韓準)의 고변(告變)으로 조정에서 금부도사 유담(柳湛)을 전주로 급파하여 정여립을 체포하고자 했으나 그는 이미 도피하고 없었다. 당시 조정에서는 한준의 제보가 엉성하고 막연하다는 점 때문에 모두들 정여립이 상경하여 변명할 것을 기대하고 있었다.

그러나 10월 14일 정여립이 진안군 죽도에 숨어 있다가 군관들이 체포하려 하자 스스로 칼로 목을 찔러 자결했다는 소식이 전해지자[14] 그의 역모(逆謀)는 사실로 굳어져 버렸다.[15] 정여립사건은 기축옥사(己丑獄事)로 불리는데, 정여

나온 것인가 여겼었는데, 뒤에 들으니 과연 헛말이 아니었으므로 반측무상(反側無狀)한 자라고 전교하였다. 『선조실록』 선조 18년(1585) 6월 16일(을묘).
(임금이) 답하기를, "정여립은 오늘날의 형서(邢恕)이다. 보잘것없는 일개 소신(小臣)의 일이 무슨 큰 관계가 있기에 이 때문에 서로 용납하지 못한단 말인가? 『선조실록』 선조 18년(1585) 6월 22일(신유) 형서(邢恕)는 북송(北宋) 때 사람으로 자는 화숙(和叔)이다. 정명도(程明道)를 사사하였으며 사마광(司馬光)과 여공저(呂公著)의 문하에 드나들었으나 후일 모두 배반한 대표적 간신이다. 『송사(宋史)』 권 471 열전(列傳) 230 간신(姦臣).

11 여립은 크게 기운이 꺾여 시골로 돌아갔는데 이발(李潑) 등이 서로 잇따라 신구(伸救)하고 여러 차례 삼사(三司)에 의망하였으나 상은 끝내 기용하지 않았고 비록 외관(外官)이라도 낙점하지 않았으니, 여립의 울분이 더욱 심하였다. 『선조수정실록』 선조 18년(1585) 6월 1일(경자).

12 조헌(趙憲)이 상소하기를 (…) 정여립이 명예를 노리고 재산을 불리며 널리 승도(僧徒)들을 역사시켜 세 곳에 서원을 창건하고 억지로 호남의 선비들을 유인하여 이이를 배반하고 자기를 추종케 한 일과 — 그런데 이발은 자기에게 빌붙는 것을 좋아하여, — 갖은 계략으로 충성스럽고 어진 사람을 극도로 모함하고 해치려는 정여립을 훌륭하다고 지목하면서 그 비리를 알지 못했습니다. 『선조수정실록』 선조 19년(1586) 10월 1일(임술).

13 송한필(宋翰弼)의 무리들이 황해도 땅에서 어리석은 백성들을 꾀어서 말하기를, "전주에 성인이 났으니 즉 정수찬(鄭修撰)이다. 길삼봉(吉三峯)과 서로 친하게 왕래하는데, 삼봉은 하루 3백 리 길을 걸으며 지혜와 용맹이 비할 데 없으니, 역시 신인이다. 너희들이 만일 가서 볼 것 같으면 벼슬이 스스로 올 것이다." 하였다. 교생(校生) 변숭복, 박연령 등 몇 사람이 그 말을 믿고서 여립에게 가 보니, 여립도 그들을 후하게 대우하여 보냈다. 이긍익, 『연려실기술』 제14권, 선조조고사본말(宣祖朝故事本末), 「기축년 정여립(鄭汝立)의 옥사(獄事)」.

14 여립은 진안(鎭安)군 죽도(竹島) 별장에 도망쳤다가 제 손으로 목을 찔러 죽었으며 변숭복은 여립의 시체 옆에서 역시 목을 찔러 죽었다. 『동소만록(桐巢漫錄)』에는, "여립이 진안군 죽도 절에서 놀고 있을 때, 선전관(宣傳官)이 현감과 같이 두들겨 죽이고는 자살했다고 아뢰었다."고 쓰여 있다. 『연려실기술』 제14권, 선조조고사본말(宣祖朝故事本末), 「기축년 정여립(鄭汝立)의 옥사(獄事)」.

15 선전관 이용준(李用濬), 내관(內官) 김양보(金良輔) 등이 정여립을 수토(搜討)하기 위하여 급히 전주(全州)에 내려갔다가, 정여립이 그 아들 옥남(玉男) 및 같은 무리 두 사람이 진안(鎭安) 죽도(竹島)에

립(鄭汝立)의 모반사건으로 동인(東人)이 화를 당한 사건이다.

선조 22년(1589) 10월에 동인(東人)인 정여립의 모반사건을 계기로 동인에 대한 탄압이 심해지고 서인(西人) 정철(鄭澈)이 옥사를 엄하게 다스려 이발(李潑), 이길(李洁), 최영경(崔永慶) 등이 처형되고, 정언신(鄭彦信), 정개청(鄭介淸) 등이 유배되었다. 이때부터 전라도를 반역향(反逆鄕)이라 하여 전라도 사람의 등용이 제한되었다.

정여립의 시신과 살아남은 정여립의 아들 옥남(玉男)과 박춘룡 등이 한양으로 압송되었다. 선조가 참석한 가운데 국청이 열리자, 당시 17세였던 옥남이 "길삼봉(吉三峯)이[16] 모주(謀主)이고 해서인(海西人) 김세겸, 박연령, 이기, 이광수, 박익, 박문장, 변숭복 등이 가끔 왕래하였으며, 승려 의연(義衍)과 도사 지함두(地涵斗)가 서당에 머물면서 공모했다."고 자백했다.

이광수, 박연령, 지함두 등의 공초가 고변의 실마리를 제공한 조구(趙球)의 말과 대체로 같았다. 정흥, 방의신, 황언륜, 의연 등이 처형되었고, 이진길, 정여복 형제, 한경, 송간, 조유직, 신여성 등은 불복하다가 장형(杖刑)을 당해 죽었다.

이 사건에 대해 『선조수정실록』 선조 22년(1589) 10월조에는 다음과 같이 상세히 기록하고 있다.

> 황해도관찰사 한준(韓準), 재령군수(載寧郡守) 박충간(朴忠侃), 안악군수(安岳郡守) 이축(李軸), 신천군수(信川郡守) 한응인(韓應寅) 등이 변서(變書)를 올려 '전 수찬 정여립이 모반한다.'고 하였는데, 여립이 망명(亡命)하였다. (…) 강학(講學)을 가탁하여 무뢰배

숨어 있다는 말을 듣고 군관들을 동원시켜 포위 체포하려 하자, 정여립이 손수 그 무리 변사(邊泆)를 죽이고 아들을 찔렀으나 죽지 않자 스스로 목을 찔러 자살하므로, 그 아들 옥남(玉男)만을 잡아 왔다. 『선조실록』 선조 22년(1589) 10월 17일(신묘).

16 정여립의 옥사에 길삼봉이 모주(謀主)라는 진술이 있었으며, 13년 후인 선조 34년(1601)에 길절(吉節)이 제주도에 들어가서 반란을 일으키려다가 죽임을 당했는데 그의 머리에 삼각이 있어서 기축년의 길삼봉이라는 이야기가 있었다. 이익(1681-1763)은 길삼봉이 실제 인물이며, 야은 길재의 후손으로 선산 사람이라고 했다. 이익, 『국역 성호사설』 5 (민족문화추진회, 1977), 102-103쪽.

를 불러 모았는데, 무사와 승도(僧徒)들도 그 가운데 섞여 있었다. 호강한 세력으로
남의 재물을 함부로 강탈하여 전원(田園)을 광대하게 점유하고 나서 또 주군(州郡)에
구청하여 조금만 마음에 만족하지 않으면 곧 대관(臺官)에게 부탁하여 공격 모함하
니, 복종하여 따르는 자가 문을 메웠고 선물과 증유(贈遺)가 뜻에 차지 않음이 없었
다. 그러므로 그 자산이 실로 관가(官家)와 같았는데 이것으로 몰래 무리들을 길렀다.

이때 국가가 군정(軍政)이 문란하고 재력이 탕갈되었는데, 해마다 흉년과 재변이
들고 도적이 간간이 일어났다. 민간에서 항상 일족과 이웃의 군포(軍布)를 징수하는
것을 괴롭게 여기고 또 복계(北界) 백성을 쇄환(刷還)하는 소요가 있었다. 여립이, 백
성이 반란을 생각하는 조짐이 있는 것을 보고 드디어 그들과 반란을 도모하기로
결의하였다. 또 해서(海西)는 풍속이 완악(頑惡)한데다가 일찍이 임꺽정(林巨正)의 난
리가 있음을 보고 황해도사(黃海都事)가 되기를 청하였으나 이루지 못하였다. 이에
안악(安岳) 사람 변숭복(邊崇福), 박연령(朴延齡), 해주 사람 지함두(池涵斗) 등과 몰래 서
로 교결하여 돌려가며 꾀니 응하는 자가 수백 명이나 되었다. (…) 이보다 앞서 1백
여 년 전에, 민간에 '목자(木子)가 망하고 전읍(奠邑)이 일어난다.'는 참언(讖言)이 있었
다. 여립이 요승(妖僧) 의연(義衍)과 모의하여 이를 옥판(玉版)에 새긴 다음, 지리산 석
굴 안에 간직하였다. 의연이 승도인 도잠(道潛), 설청(雪淸) 등과 산을 유람한다고 핑
계하고 지리산에 이르러서는 "아무 방위에 보기(寶氣)가 있다." 하고 같이 가게 하여
옥판을 찾아내어 여립에게 돌려주니, 여립이 같은 동아리에게 비밀히 보여주고는
그 말을 누설하지 말도록 당부하였다.

의연은 본래 운봉(雲峰) 사람으로서 스스로 요동(遼東)에서 나왔다고 일컫고 명산
을 두루 다니다가 사람을 만나면 넌지시 풍자하여 말하기를, "내가 요동에 있을 때
에 조선을 바라보니 왕기(王氣)가 있었는데, 조선에 와서 살펴보니 왕기가 전주 동
문(東門) 밖에 있었다." 하였다. 이로 말미암아 '전주에 왕기가 있다.'는 말이 원근에
전파되었다.

여립이 또 말하기를, "내 아들 옥남(玉男)의 등에 왕(王)자의 무늬가 있는데 피기
(避忌)하여 옥(玉)자로 해서 이름을 옥남(玉男)이라 하였다." (…) 국초 이래로 참설(讖
說)이 있었는데, "연산현(連山縣) 계룡산(鷄龍山) 개태사(開泰寺) 터는 곧 후대에 정씨(鄭
氏)가 도읍할 곳이다." 하였다.

여립이 일찍이 중 의연의 무리와 국내의 산천을 두루 유람하다가 폐사(廢寺)의
벽에 시를 쓰기를, "손이 되어 남쪽 지방 노닌 지 오래인데, 계룡산이 눈에 더욱 환
하여라. 무자, 기축년에 형통한 운수 열리거니, 태평성세 이루는 것 무엇이 어려우

라!" 하였는데, 그 시가 많이 전파되었다. 또 무명자가(無名子歌)를 지었으니, 모두 백성이 곤궁하여 난을 일으키려는 뜻을 기술한 것인데, 사람들은 어디에서 왔는가를 알지 못하였다.

여립은 잡술에 두루 통하여 감여(堪輿)와 성기(星紀) 등에 관한 서적을 중국에서 사다가 무리들과 강설(講說)하였고, 국가에 장차 임진왜변(壬辰倭變)이 있을 것을 알고 때를 타고 갑자기 일어나려 하였다. (…) 수십 년 전에 천안(天安)의 사노(私奴) 길삼봉(吉三峰)이란 자가 용맹이 뛰어나 하루에 3-4백 리를 걸어 다녔는데 그대로 흉포한 도적이 되었다. 관군이 매양 체포하기 위해 엄습하였으나 그때마다 탈주하였으므로 이름이 국내에 자자하였다.

여립이 지함두(池涵斗) 등으로 하여금 해서 지방에 말을 퍼뜨리기를, "길삼봉, 삼산(三山) 형제가 신병(神兵)을 거느리고 지리산으로 들어가기도 하고 계룡산으로 들어가기도 한다." 하고, 또 말하기를, "정팔룡(鄭八龍)은 신용(神勇)한 사람으로 마땅히 왕이 되어 계룡산에 도읍을 정할 터인데 머지않아 군사를 일으킬 것이다." 하였다. 팔룡은 곧 여립의 환호(幻號)인데, 실정을 모르는 자들은 다른 사람으로 알았다.

해서 지방이 바야흐로 임꺽정의 난을 겪었는데 여립의 요언(妖言)을 듣게 되어서는 백성들과 관리들이 두려워하여 모두 군장(軍裝)을 예비하고 급경(急警)에 대비하였다. 그런데 여립의 도당들도 그 사이에 섞여서 또한 변고에 대비한다는 것을 명분으로 삼아 앞을 다투어 병기를 수리하였는데, 실정을 모르는 자는 도적을 방어하기 위한 것으로 여겼다.

이때 해서에 떠도는 말이 자자하였는데, "호남 전주 지방에 성인이 일어나서 우리 백성을 구제할 것이다. 그때에는 수륙(水陸)의 조례(皀隷)와 일족, 이웃의 요역(徭役)과 추쇄(推刷) 등의 일을 모두 감면할 것이고 공, 사천과 서얼(庶孽)을 금고(禁錮)하는 법을 모두 혁제(革除)할 것이니 이로부터 국가가 태평하고 무사할 것이다."라 하였다. 어리석은 백성들이 그 말을 듣고 현혹되어 와자하게 전파하였다. (…) 여립이 사기(事機)가 자못 누설되어 사람들의 말이 점차 널리 퍼진 것을 보고 일이 발각될까 두려워하여 변란을 일으키려는 계책을 결정하였다. 이에 비밀로 부서(部署)를 약속하여 이해 겨울 말에 서남 지방에서 일시에 군사를 일으키기로 기약하고, 강진(江津)에 얼음이 얼어 관방(關防)에 원조가 없기를 기다려 곧바로 경도(京都)를 침범한 뒤 무기고를 불태우고 강창(江倉)을 빼앗아 점거한 다음, 도성 안에 심복을 배치하여 내응하도록 하였다. 그리고 자객을 나누어 보내어 대장 신립(申砬)과 병조판서를 먼저 죽이고 전지(傳旨)를 사칭하여 병사(兵使)와 방백(方伯)을 죽이도록 언약하였다.

또 대관(臺官)에게 청탁하여 전라감사와 전주부윤을 논핵해서 파면하고 그 틈을 타서 거사하기로 하였다. (…) 변숭복(邊崇福)은 일명 사(溰)인데 용건(勇健)이 뛰어났다. 조구(趙球)가 고변했다는 말을 듣고 안악(安岳)으로부터 여립에게 달려가서 고하였는데 4일 만에 금구(金溝)에 이르렀다. 여립이 곧 박연령(朴延齡)의 아들 박춘룡(朴春龍), 자기 아들 옥남(玉男)과 함께 밤을 이용하여 도망하였는데 집안사람들은 간 곳을 알지 못하였다. 금부도사 유담(柳湛)이 이튿날 금구와 전주 두 곳의 여립의 집에 달려가 엄습하였으나 모두 잡지 못하니 도성 안이 진동하였다.[17]

상당히 긴 인용문이지만 비결신앙과 관련된 매우 중요한 기록이다. 이 사건이 일어나기 1백여 년 전, 즉 성종 말년이나 연산군 즉위 초기에 민간에 "이씨가 망하고, 정씨가 일어난다."는 참언이 널리 알려졌다는 사실이 밝혀졌다. 이는 고려왕조 말엽에 "왕씨가 망하고, 이씨가 일어난다."는 참언이 유포되었던 사실과 거의 맥락을 같이 한다. 조선왕조가 개창된 지 1백여 년 만에 새로운 왕조가 건설될 것이라는 비결이 유포되기 시작했으며, 이후 다시 1백여 년이 지난 후에는 실제로 그러한 비결을 반란사건에 이용하려는 구체적 움직임이 있었던 것이다. 더욱이 단순히 정씨가 집권층의 주요 세력으로 부각될 것이라는 주장이 아니라 왕이 될 것이라는 점이 강조되었다는 점은 "전주에 왕기(王氣)가 있다."는 승려의 말이나 정여립의 아들 이름 등을 통해 알 수 있다. 정여립은 새 왕조의 왕으로 등극할 속셈으로 반역을 도모했던 것이다.

---

17 先是百餘年, 民間有, 木子亡, 奠邑興之讖. 汝立, 與妖僧義衍謀, 刻之玉版, 藏於智異山石窟中. 衍, 與其徒道潛, 雪淸等, 誘以游山, 至智異山言, 某方有寶氣. 使同行, 尋得玉版, 歸之汝立, 密示同黨, 戒其勿洩. 義衍本雲峯人, 自稱出於遼東, 徧行名山, 遇人絅繆曰, 余在遼東時, 望朝鮮, 有王氣, 及來朝鮮使之, 則王氣在全州東門外. 由是, 全州王氣之說, 傳於遠近. 汝立又言, 其子玉男, 背有王字文, 避忌云是玉字, 以爲名. 玉男一眼重瞳, 衆亦異之. (…) 自國初以來, 有讖說, 連山縣, 鷄龍山, 開泰寺基, 乃他代鄭氏所都. 汝立嘗與衍僧輩, 遍覽國內山川, 題詩廢寺壁, 有云, 客遊南國久, 鷄岳眼偏明. 戊己開亨運, 何難致太平? 其詩多傳播. 又作無名子歌, 皆述民窮財竭之意, 人不知所自來也. 汝立博通雜術, 購得堪輿, 星紀等書於中朝, 與其徒講說, 知國家將有壬辰之變, 欲乘時猝起, (…) 先數十年, 天安私奴名吉三峯者, 勇猛絶倫, 日步行三四百里, 因爲獷賊. 官軍每襲捕, 輒跳脫, 名聞國內. 汝立使海斗等, 揚言於海西曰, 吉三峰, 三山兄弟, 領神兵, 或入智異山, 或入鷄龍山. 又言, 鄭八龍, 神勇人, 當爲王, 都鷄龍, 不久擧兵. 八龍卽汝立幻號, 而不知情者, 疑爲別樣人. 海西方經, 巨正之亂, 及聞汝立等妖言, 人吏洶懼, 皆預備軍裝, 以備急警. 汝立徒黨混其間, 亦以待變爲名, 爭治兵器, 而不知者以爲禦寇也. 於是, 海西行言藉藉以爲, 湖南全州地, 當有聖人作興, 拯濟吾民, 則水陸皂隸, 族隣徭役, 推刷等役皆蠲免, 公私賤, 庶孼禁錮之法皆革除, 自此國家太平無事. 愚民聞之, 眩惑喧傳. 『선조수정실록』 선조 22년(1589) 10월 1일.

다음으로 중요한 대목은 바로 조선왕조 개국 이래로 "계룡산 개태사 터는 장차 정씨가 도읍할 땅이다."라는 참언이 있었다는 진술이다. 계룡산을 중심으로 정씨의 새 왕조가 건설될 것이라는 비결이 실제로 있었음이 비로소 확인되는 것이다. 이후 이러한 믿음은 정씨가 이씨를 대신하여 계룡산 유역에 새 도읍지를 건설하고 새 왕조를 세운다는 예언사상으로 발전되었다. 바로 이 점이 정여립사건이 이른바 『정감록』의 효시로 주목되는 결정적 증거이다.

정여립은 당시 유명한 도적이었던 길삼봉 형제들과도 연결을 시도했으며, 지리산이나 계룡산에서 실제로 군사를 기르고 있다는 소문을 퍼뜨렸다. 더욱이 당시 임꺽정의 난을 겪어 사회변혁에 대한 희망을 품고 있던 황해도 지역에 집중적으로 이러한 소문을 유포함으로써 반란의 중심지로 삼을 작정이었던 것이다.

나아가 "정팔룡이라는 사람이 군사를 일으키고 장차 왕이 되어 계룡산에 도읍할 것이다."라는 보다 구체적인 내용을 지닌 비결을 퍼뜨려 실제로 곧 일어날 사건이라는 점을 강조하려 했다. 여기서 정팔룡은 정여립의 다른 이름이라고 한다. 이와 관련하여 현전하는 『정감록』에는 "정을룡이 남쪽에서 일어날 것이다."라는 내용이 전한다.[18]

특히 각종 세금과 부역으로부터 자유롭게 될 것이며, 온갖 억압과 차별이 없어지고 신분의 엄격한 구분이 철폐되어 만인이 자유롭고 평등한 세상을 맞이할 것이라는 엄청난 소식은 당대인들의 심금을 울릴 수밖에 없었고, 그만큼 빠르게 알려지는 결정적 계기가 되었다.

이른바 『정감록』의 핵심 주제 가운데 하나가 "정씨가 새로운 왕조를 세워 계룡산에 도읍을 정한다."라는 사실을 염두에 둔다면, 정여립의 반란음모 사건에 그 요소가 완벽하게 갖추어져 있음을 알 수 있다. 정여립이 조선 개국 초부터 전해 온다거나 혹은 백여 년 전부터 전해 오는 비결을 인용하고 있다고

---

18 鄭乙龍, 南起. 「동차결」, 『정감록』(한성도서주식회사, 1923), 『정감록집성』(아세아문화사, 1973), 554면.

주장한 것은 그 비결이 오랜 전통을 가졌으며 신뢰할 만하다는 점을 강조하기 위한 것이다. 따라서 현전하는 『정감록』의 기본 줄거리는 임진왜란이 일어나기 직전에 이미 갖추어져 있었고, 여기에 계속해서 또 다른 예언들이 덧붙여져서 후대에 『정감록』으로 집대성되었다고 보아야 할 것이다.

이 밖에도 정여립이 계룡산에서 지었다는 시와 "이씨가 망하고 정씨가 흥한다."는 동요가 떠도는 것을 옥판에 새겨 우연히 발견한 것처럼 꾸민 일과 "뽕나무에 말갈기가 나면 그 집 주인이 왕이 된다."는 참언을 빌려 실제로 일어난 것처럼 꾸몄다는 일이 다음과 같이 전한다.

여립이 지함두(池涵斗)와 중 의연(義衍), 도잠(道潜), 설청(雪淸) 등과 함께 황해도에 가서 구월산(九月山) 등 여러 산을 구경하고 돌아오다가, 충청도에 들러 계룡산(鷄龍山)을 구경하고 어느 폐암(廢庵, 중이 없는 절)에서 시 한 수를 지어 벽에 붙였는데,

남쪽 나라 두루 다녔더니 / 客行南國遍
계룡산에서 눈이 처음 밝도다 / 鷄岳眼初明
뛰는 말이 채찍에 놀란 형세요 / 躍馬驚鞭勢
고개 돌린 용이 조산(祖山)을 돌아보는 형국이니 / 回龍顧祖形
아름다운 기운이 모였고 / 蔥蔥佳氣合
상서로운 구름이 나도다 / 藹藹瑞雲生
무·기(戊己) 양년에 좋은 운수가 열릴 것이니 / 戊己開亨運
태평세월을 이룩하기 무엇이 어려우리요 / 何難致太平

하였다. 전날에, "목자는 망하고〔木子(李)亡〕전읍은 흥한다.〔奠邑(鄭)興〕"는 동요가 떠돌아다녔는데 여립이 이것을 옥판(玉板)에 새겨서 중 의연(義衍)을 시켜 지리산 석굴 속에 감추어 두게 한 후, 뒤에 산 구경 갔다가 우연히 이것을 얻은 것처럼 꾸몄다. 그때에 변숭복, 박연령 등이 한자리에서 이것을 보고 여립을 시대 운기에 맞추어 난 사람이라고 하였다. 또 동요가 떠돌기를, "뽕나무에 말갈기〔馬鬣〕가 나면 그 집 주인은 왕이 된다."고 하였다. 여립이 의연(義衍)과 더불어 자기 집 후원에서 뽕나무 껍질을 갈라서 말갈기를 박아 놓았더니, 오랜 뒤에 뽕나무 껍질이 굳어져 버렸다. 여립은 이웃 사람을 불러서 보이고 이런 말을 입 밖에 내지 말라고 하면서

그것을 깎아 없애버렸더니, 이 소문이 민간에 멀리 퍼졌다.[19]

계룡산은 태조가 새 왕조의 도읍지로 주목한 이래 정여립에 의해 다시 한 번 부각되었다. 이후 계룡산이 새 왕조가 세워질 중심지라는 인식이 가능했다. 그리고 임박한 시기인 무기(戊己)년 간에 좋은 운수가 열릴 것이라고도 강조되었다.

또 "이씨가 망하고, 정씨가 흥한다."는 동요가 민간에 널리 퍼졌다는 전언을 통해 새 왕조를 주창할 인물의 성씨가 정씨라는 풍문이 신빙성있게 제기되었음을 알 수 있다. 그런데 "뽕나무에 말갈기가 나면 그 집 주인이 왕이 된다."는 내용은 전거를 확인할 수 없으며, 현전하는『정감록』에도 보이지 않는다.

한편 위의 인용문에 나오는 것과 비슷한 내용의 시가 전하며 계룡산의 개태사 터가 정씨가 도읍할 터라는 구체적 주장이 제기되기도 했다.

국초(國初)부터 민간에서들 말하기를, "계룡산(鷄龍山)의 개태사(開泰寺) 새 터가 바로 정씨가 도읍할 자리다. (…)" 하였다. 정여립이 이름을 바꾸어 팔룡(八龍)이라 하고, 지함두(池涵斗)와 중 의연(義衍), 도잠(道潛), 설청(雪淸) 등 5-6명과 함께 해서(海西)로 가서 구월산(九月山) 등 여러 산을 두루 관람하고 해서로부터 호서(湖西)에 이르러 계룡산의 새 터를 보고 한 달 남짓 머무르면서 산 속의 무너진 암자에 다음과 같이 시를 썼다.

손이 되어 남쪽 땅 두루 다니다 / 客遊南國徧
계룡산 다다르니 눈이 번쩍 뜨이네 / 鷄岳眼徧明
산세는 약마경편이요 / 躍馬驚鞭勢
형국은 회룡고조네 / 回龍顧祖形

19 『일월록(日月錄)』,『조야기문(朝野記聞)』,『혼정록(混定錄)』이긍익(李肯翊, 1736-1806)의『연려실기술(燃藜室記述)』제14권 선조조고사본말(宣祖朝故事本末) 가운데 '기축년(己丑年) 정여립(鄭汝立)의 옥사(獄事)』『조야기문』은 숙종 때의 문신인 서문동(徐文童, 1634-1709)이 지은 기사본말체(紀事本末體)의 30권 23책의 필사본이다.『혼정록』의 원 이름은『혼정편록(混定編錄)』으로 인조 때 공조참의를 지냈던 안방준(安邦俊)이 동서당쟁에 관해 지은 18권 10책의 필사본이다.

빽빽이 아름다운 기운 쌓이고 / 葱葱佳氣積

뭉게뭉게 상서로운 구름 피어 오르네 / 鬱鬱瑞雲生

무기 연간에 형통한 운이 열리면 / 戊己開亨運

태평을 누리기 어찌 어렵겠는가 / 何難致太平

　처음에는 누가 지은 것인지 알지 못하였으나 최후에 이것을 징험해 보니 바로 정여립이 지은 것이었다.[20]

　계룡산 가운데 개태사 터가 새 왕조의 중심지가 될 것이라는 소문이 있었고, 그 땅이 바로 정씨 왕조의 개창지가 될 것이라는 주장이다. 정여립은 정팔룡이라고 이름을 바꾸었다고 전하는데, 용(龍)이 임금을 상징하는 상서로운 상상 속의 동물이라는 점에서 스스로를 임금에 비유했다고 보인다. 정여립이 개태사 암자에 썼다는 시는 앞서 인용한 내용과 비슷하다.

　그리고 승려 의연이 우리나라에 새로운 왕기(王氣)가 호남 전주에 있다는 말을 전파시켰고, "이씨가 망하고 정씨가 흥한다."는 참언이 백여 년 전에 이미 있었다는 주장이 있다. 이에 응하여 정여립 등이 이 참언을 지리산 석굴에서 발견한 것처럼 위장하여 선전했고, "뽕나무에서 말갈기가 나오면 그 집 주인이 왕이 될 것이다."라는 동요를 이용하여 정여립이 자신이 왕이 될 것을 암시하였던 일이 보고된다. 또 정여립은 천안의 유명한 도적 길삼봉, 길삼산 형제가 자신을 도와줄 신인이라고 선전하였고, 따르는 무리들에게 이 사실을 홍보했다고 전한다.

　중 의연(義衍)은 본래 운봉(雲峯)에 사는 백성의 아들인데, 요동(遼東) 사람이라 자칭하면서, 두루 여러 고을의 여러 산을 돌아다녔다. 사람을 만나면 곧바로 말하기

20　自國初民間皆言, 鷄龍山開泰寺新基, 及鄭氏所都云云. 汝立變名爲八龍, 與池涵斗, 僧義衍道潛雲淸等五六人, 往海西歷覽九月諸山, 自海西至湖西, 觀鷄龍山新基, 留月餘, 以詩題山中廢庵曰, 客遊南國徧, 鷄岳眼偏明, 躍馬驚鞭勢, 回龍顧祖形, 蔥蔥佳氣積, 鬱鬱瑞雲生, 戊己開亨運, 何難致太平? 初不知爲誰作, 最後驗之, 乃汝立也. 안방준(安邦俊, 1573-1654)의 『혼정편록(混定編錄)』5권.

를, "내가 요동에 있을 때 천기(天氣)를 바라보니, 동국(東國)에 왕기(王氣)가 있었다. 그래서 한양에 오니 호남에 왕기가 있고, 호남에 와보니, 전주의 남문 밖에 있었다." 하였다. 이 때문에 전주 남문 밖에 왕기가 있다는 말이 도내에 전파되었다.

이보다 앞서 백여 년 전에, 목자망(木子亡) 전읍흥(奠邑興)이란 속요가 있었다. 정여립이 이 여섯 자를 옥판(玉板)에다 새겨 중 의연을 시켜 지리산(智異山)의 석굴 안에 두게 하니, 의연, 도잠(道潛), 설청(雪淸) 등이 유람한다고 핑계하고 들어가 옥판을 발견해 가지고 온 것처럼 하여 정여립에게 바쳤다. 이때에 변숭복(邊崇福), 박연령(朴延齡) 등이 함께 자리에 있었는데, 정여립이 말하기를, "그대들은 어디서 물건을 얻었는가? 남에게 보여서는 안 된다." 하며, 깊숙이 감추어 버렸다. 박연령 등은 마침내 정여립이 때를 타고난 사람이라 여겨 해서(海西)에 말을 퍼뜨리니, 해서 사람들이 더욱 믿었다.

이때에 동요(童謠)가 떠돌기를,

뽕나무에서 말갈기가 나오면 / 桑生馬鬣
그 집 주인은 왕이 된다 / 家主爲王

라고 하였다.

정여립과 중 의연이 자기 동산에 있는 뽕나무의 껍질을 톱으로 벗기고 말갈기로 메웠는데, 시일이 오래되어 껍질이 맞붙자 이웃에 사는 무식하고 천한 무리 몇 사람을 불러다가 고의로 보게 한 다음, 경계하여 말하기를, "아예 입 밖에 내지 말라." 하고, 곧 그 껍질을 깎아버렸다. 이에 민간에 무성하게 소문나기를, "금구(金溝) 정수찬(鄭修撰) 댁 뽕나무에 말갈기가 나는 상서가 있었다." 하였다.

이보다 앞서 수십 년 전에 천안(天安)에 사는 사삿집 종 길삼봉(吉三峯)이 용력이 무리에서 뛰어나 집을 뛰어넘고 하루에 3-4백 리씩 다녔는데, 이어 모질고 독살스런 도적이 되었다. 갑오(1534, 중종 29) 연간에 도망가 숨어서 소재를 알지 못했으며, 병진년(1556, 명종 11)에는 또 함흥에서 잡다가 놓쳤다. 그래서 이때에 이사한 백성들을 추쇄(推刷)하게 되니, 사람마다 크게 놀라 모두 난리를 일으킬 마음을 가졌다.

정여립이 그들의 심리를 이용하여 중 의연(義衍)과 지함두(池涵斗) 등을 시켜 해서의 여러 고을에 창언(倡言)하기를, "길삼봉, 길삼산(吉三山) 형제가 신병(神兵)을 거느리고 어떤 때는 계룡산으로 들어가고, 어떤 때는 지리산으로 들어가는데, 멀리서 바라보면 인마(人馬)가 얼마가 되는지 알 수 없고, 가까이서 보면 사람 발자국과 말

발자국만 있을 뿐이다." 하니, 호남·호서의 사람들이 모두 신인(神人)으로 여기었
고, 해서에서는 더욱 미혹되었다. 수령 앞에서 말할 때에도 아전들이 공공연하게
떠들어, 어떤 사람은 길삼봉이 왕이 된다 하고, 어떤 사람은 정팔룡(鄭八龍)이 왕이
된다 하여도, 수령이 금지시키지 못하였다. 정여립이 박연령, 변숭복 등과 말하기
를, "지리산 밑에 신인이 있는데, 매사를 내가 항상 물어서 한다." 하였다. 박연령
등이 그 성명을 물으니, "길삼봉이다." 하였다. 박연령 등은 그 이름을 익히 들었기
에, 더욱 이것을 믿어 마침내 해서에 전파되었다.[21]

정여립은 길삼봉 형제가 지리산과 계룡산에 숨어 있다고 선전했으며, 곧
정팔룡이라는 신인이 나타나 왕이 될 것이라는 소문을 퍼뜨렸다. 물론 정팔룡
은 정여립의 또 다른 이름이다.

이보다 수십 년 전에 천안(天安) 땅에 길삼봉(吉三峯)이란 종이 있었는데, 용맹이
뛰어나 화적(火賊)질을 하였다. 관군이 잡으려 할 때마다 번번이 탈주하여 그 이름
이 나라 안에 퍼지게 되었다. 여립이 지함두를 시켜서 황해도 지방에 말을 퍼뜨리
기를, "길삼봉, 길삼산(吉三山) 형제는 신병(神兵)을 거느리고 지리산에 들어가기도
하고 계룡산에 들어가기도 한다."고 하였다. 또 말하기를, "정팔룡(鄭八龍)이라는 신
기로운 용맹 있는 사람이 곧 임금이 될 것인데 머지않아 군사를 일으킬 것이다."
하였으니 팔룡(八龍)은 곧 여립의 어릴 때 이름인데, 이 실정을 알지 못하는 사람들
은 딴 사람이 있는 줄로 의심하였다. 그래서 황해도에서는 이 말이 널리 퍼져서,
"호남 전주 지방에서 성인(聖人)이 일어나서 만백성을 건져 이로부터 나라가 태평하
리라."고 하여, 어리석은 백성들은 이것을 듣고 현혹되어 쑥덕거렸다.[22]

한편 정여립의 아들 정옥남의 신비한 용모가 새로운 왕조를 열 운명이라
는 주장도 소문났다.

여립의 아들 옥남(玉男)은, 날 때부터 얼굴이 준수하고 눈동자가 두 개씩이요, 두

21　안방준(安邦俊), 『혼정편록(混定編錄)』 5권.
22　이긍익, 『연려실기술』 제14권, 선조조고사본말(宣祖朝故事本末), 「기축년 정여립(鄭女立)의 옥사(獄事)」.

어깨에 사마귀가 일월(日月) 형상으로 박혀 있었다. 여립이 역적 도모할 마음이 생긴 것은 대개 옥남이를 믿은 까닭이라 한다. 뒤에 옥남이가 잡혀 와서 공술하기를, "길삼봉은 힘이 세어서 반석을 손으로 쳐서 쪼갠다." 하였다.[23]

눈동자가 두 개였다는 이른바 중동(重瞳)을 가진 인물은 시대를 개혁하거나 변혁시킬 인물 또는 역모를 꾸밀 자로 믿어졌다.[24]

이와 관련하여 현전하는 『정감록』에 다음과 같은 예언이 전한다.

　　기축년에 겹눈동자를 가진 자가 출현할 것이니, 벼슬아치들이 많이 죽을 것이다.[25]

또 정여립은 무사, 승려들과 결탁하여 역모를 꾀했으며, 황해도와 전라도 지역에서 모반할 계획을 가지고 있었다.[26]

어쨌든 많은 인물이 정여립사건과 연루되어 죽임을 당했고, 이들의 역모는 사실로 굳어졌다.[27]

23　이긍익, 『연려실기술』 제4권, 선조조고사본말(宣祖朝故事本末), 「기축년 정여립(鄭汝立)의 옥사(獄事)」.

24　옛날부터 중동(重瞳, 겹눈동자)인 사람으로는 대순(大舜)과 안자(顏子)와 항우(項羽), 그리고 왕망(王莽), 여광(呂光), 심약(沈約), 어구라(魚俱羅), 소우자(蕭友孜), 이욱(李煜)이었는데, 순(舜)과 안자는 대성(大聖)이며 대현(大賢)이었지만 그 나머지 사람들은 다 천수(天壽)를 누리지 못하였다. 우리나라 사람으로는 남곤(南袞), 정명수(鄭命壽)와 정여립(鄭汝立)의 아들이 다 중동(重瞳)이었으나 다함께 간흉(姦凶)이 되었다. 이덕무(李德懋), 『청장관전서(靑莊館全書)』 제56권, 양엽기(盎葉記) 3, 「중동(重瞳)」.

25　己丑出重瞳子, 仕宦多戮. 「오백론사(五百論史)」, 『정감록』(한성도서주식회사, 1923), 『정감록집성』(아세아문화사, 1973), 621면.

26　여립은 처음부터 발호의 뜻이 있었는데 억누름을 심히 당하자 모반할 계획이 더욱 짙어졌다. 학문을 강론한다고 칭탁하고 무뢰한을 불러 모으는데 무사·승려들이 그 중에 섞여 있었다. 또 황해도의 습속이 완악하여 전일에 임꺽정(林巨正)의 난도 있었으므로 그곳에 가서 일을 꾸미려고 황해도도사(黃海道都事)가 되려고 청탁해 보았으나, 이루지 못하였다. 안악(安岳) 사람 변숭복(邊崇福)·박연령(朴延齡)과 해주 사람 지함두(池涵斗)들과 비밀히 사귀어 결탁하였다. 여립은 비밀이 자못 누설되는 것을 알고 드디어 반란을 일으키기로 결정하고 은밀히 부서를 정하여 이해 겨울을 기하여서 서(황해도)·남(전라도) 지방에서 일제히 군사를 일으켜 바로 서울을 범하려고 하였다. 황해도 구월산 중들도 서로 호응하는 자가 있었다. 이긍익, 『연려실기술』 제14권, 선조조고사본말(宣祖朝故事本末), 「기축년 정여립(鄭汝立)의 옥사(獄事)」.

27　정여립은 도망 중에 자살하였다. 상이 역당(逆黨)을 친국(親鞫)하였다. 정여립이 도망하여 진안(鎭安)의 산골짜기에 숨어 있었는데 ─ 진안 죽도(竹島)에 여립의 서사(書舍)가 있었으므로 그 근처에 숨어

정여립이 도참설을 퍼뜨렸던 것은 명백히 밝혀졌고, 민중을 미혹하기 위해 비결을 조작했던 일도 사실로 드러났다.[28] 정여립은 학문에 뛰어난 자질을 보였고, 따르는 사람도 많았던 인물이었다. 주자(朱子)에 대해서도 비판적 견해를 제시했으며, "천하는 공물(公物)이므로 정해진 임금이 있을 수 없다."는 파격적인 주장도 했다.[29] 또 정여립이 쓴 제천문에 "임금이 이미 덕을 잃어 조선의

있었다. — 현감 민인백(閔仁伯)이 수색하여 잡았다. 여립이 정옥남 등 3인과 밭가 풀 더미 속에 숨어 있었는데 관군이 포위하자 여립은 형세가 궁박하게 되어 칼로 변숭복을 먼저 베고 다음에 옥남을 베었는데 옥남이 칼날을 피하였으므로 죽이지 못하였다. 여립은 즉시 칼을 땅에 거꾸로 꽂고 목을 늘여 꽂아 죽으니 그 소리가 소 울음소리 같았다. 인백이 산 채로 잡으려고 군사에게 다그치지 말게 하고 그의 자(字)를 부르며 말하기를, "대보(大甫)야! 내 말을 들으라. 조정에서 대보가 딴 마음이 없음을 알 터이니 스스로 변명하라." 하였으나, 여립이 응하지 않고 이에 죽었다. 옥남, 박춘룡(朴春龍)이 포박되어 해서의 죄인과 함께 궐정(闕庭)에 잡혀 왔는데 상이 친히 임어하여 국문하였다. 옥남의 공초에, "길삼봉(吉三峰)이 모주(謀主)이고 해서 사람 김세겸(金世謙), 박연령(朴延齡), 이기(李箕), 이광수(李光秀), 박익(朴杙), 박문장(朴文長), 변숭복(邊崇福)이 수시로 왕래하며 교제가 친밀하였으며, 중 의연(義衍), 도사(道士) 지함두(池涵斗)가 서당(書堂)에 주재하여 함께 거처하며 모의하였습니다." 하였다. 이때 이광수 등은 이미 조구(趙球)의 초사(招辭)에 나왔으므로 해서로부터 잡아왔고, 박연령은 망명하다가 횡성(橫城) 산골짜기에서 잡혔다. 지함두도 뒤에 체포되었는데 초사는 대개가 같아 모두 조구 등의 말과 동일했다. 지함두가 입을 함부로 놀려 말하기를, "패공(沛公)이 죽었으나 천하에 어찌 패공 될 사람이 없겠는가?" 하였는데, 정홍(鄭弘), 방의신(方義信), 황언륜(黃彦倫) 등과 함께 모두 복주(伏誅)되었다. 이진길(李震吉), 정여복(鄭女復) 형제, 한경(韓憬), 송간(宋侃), 조유직(趙惟直), 신여성(辛汝成) 등은 장하(杖下)에서 죽을 때까지 승복하지 않았고, 의연은 도망하여 김제(金堤) 대숲 속에 숨어 있다가 맨 뒤에 잡혀 복주되었다. 『선조수정실록』 선조 22년(1589) 10월 1일(을해) 여기서 패공(沛公)은 한고조(漢高祖)가 제위(帝位)에 오르기 전의 칭호이다. 패(沛)에서 기병(起兵)하였으므로 한 말이다. 거사한 사람이 죽었다 하더라도 거사할 사람이 또 있다는 뜻이다.

28 역적이 복주(伏誅)된 일을 종묘에 고하고 사면령을 반포하였다. 그 교서는 다음과 같다. 적신(賊臣) 정여립은, 악하기는 효경(梟獍)보다 심하고 독하기는 뱀과 살무사보다 더하다. 시서(詩書)를 꾸며댄 것은 역적 왕망(王莽)이 세상을 속인 것과 같고, 부참(符讖)을 떠벌린 것은 감히 산동(山童)의 음모(陰謀)를 품고 있었다. 길러준 은혜를 생각하지 않고 도적을 불러 모을 계획을 세워, 이에 변사(邊洊), 박문장(朴文長), 박연령(朴延齡), 김세겸(金世謙), 이광수(李光秀), 이기(李箕), 박응봉(朴應逢), 방의신(方義信), 황언륜(黃彦倫) 등과 어두운 밤에 상종한 지 이미 몇 해가 지났다. 사문(沙門)과 교결하여 요술을 부리고 옥함(玉函)을 빌어 대중을 미혹하였다. 도하(都下)에 흉악한 하인을 배포하여 무고(武庫)를 태울 수 있다고 여겼고, 산 중에 술사(術士)를 보내어 단기(檀基)를 엿보아 점거하려 하였다. 왕지(王旨)를 사칭(詐稱)하여 방백(方伯)을 제거하고 병사(兵使)를 해치려 하고 부절(符節)을 나누어 가져 경기 지방을 치고 강창(江倉)을 취하려 하였다. 간계(姦計)가 더욱 깊어지자 화기(禍機)가 곧 발로 되었다. 병조판서를 죽이려 하였으니 그 뜻이 무엇을 하려 한 것이겠으며, 대궐을 범하려고 창을 휘둘렀으니 그 일 또한 헤아릴 수 없었다. 시종신(侍從臣)의 자리에 있으면서 도적 떼의 우두머리가 되었고 사대부들 사이에 섞여 있으면서 개 같은 마음을 품었다. 난적(亂賊)이 어느 시대인들 없었으랴만 이보다 더 심한 적은 있지 않았다. 『선조수정실록』 선조 22년(1589) 10월 1일(을해) 여기서 산동(山童)은 원말(元末)의 한산동(韓山童)을 말한다. 원 순제(元順帝) 11년(1351) 중국 하북(河北)에서 수령이 되어 반란을 일으킨 인물인데, 뒤에 아들 한임아(韓林兒)가 황제로 추대되었다.

29 정여립의 시체를 군기시(軍器寺) 앞에서 추형(追刑)하였는데 백관을 차례대로 서게 하였다. — (정여립은) 과거에 오르게 되어서는 명사들과 두루 사귀고 파주(坡州)의 성혼(成渾)과 이이(李珥)의 문하에

운수가 다했으니, 천명(天命)의 조속한 이행을 바란다."는 내용이 있었다고 전한다.[30]

정여립사건과 관련된 사람이 책 이름이 밝혀지지 않은 참서(讖書)를 보관하고 있었다는 보고도 있다.[31] 황혁(黃赫, 1551-1612)이 지은 『기축록(己丑錄)』상(上)에 선조 22년(1589) 12월 12일에 "낙안교생(樂安校生) 선홍복(宣弘福)의 초사에 이발(李潑), 이길(李洁), 백유양(白惟讓) 등을 끌어 대니 모두 장형(杖刑)으로 죽고, 이급(李汲)도 장형으로 죽었다. 선홍복의 초사에, '이진길이 유덕수(柳德粹)에게서 참서(讖書, 비기 秘記)를 얻었다.' 하여, 유덕수를 체포하여 국문하였으나 자복하

왕래하였다. 총명하고 논변을 잘하여 오로지 널리 종리(綜理)하는 것을 힘썼으며, 특히 『시경(詩經)』의 훈고(訓詁)와 물명(物名)의 통해(通解)로 자부하였다. 성훈과 이이 두 사람이 불시에 만나고 간혹 그와 평증(評證)하였는데 그의 박변(博辨)함을 좋아하여 조정에 천거, 현양시키니 드디어 이발(李潑)등과 교분을 맺었다. ― 여립이 대관(臺官)에게 부탁하여 고성(固城)과 진해(鎭海) 두 고을의 수령 임명을 논핵하여 파면시켰다. 이로 말미암아 권세가 치성해져 명예를 구하고 이익을 탐하는 자들이 행여 뒤질세라 다투어 문하(門下)에 들어가니, 제자가 더욱 많아졌다. 조정에서도 따라서 그를 찬양하였으므로 (…) 학도에게 항상 말하기를, "사마온공(司馬溫公)의 『통감(通鑑)』은 위(魏)로 기년(紀年)을 삼았으니 이것이 직필(直筆)인데 주자(朱子)가 그것을 그르게 여겼다. 대현(大賢)의 소견이 각기 이렇게 다르니 나는 이해할 수 없는 바이다. 천하는 공물(公物)인데 어찌 정해진 임금이 있겠는가? 요(堯)임금, 순(舜)임금, 우(禹)임금은 서로 전수하였으니 성인이 아닌가?" 하고 또 말하기를, "두 임금을 섬기지 않는다는 것은 왕촉(王蠋)이 한때 죽음에 임하여 한 말이지 성현(聖賢)의 통론(通論)은 아니다. 유하혜(柳下惠)는 '누구를 섬긴들 임금이 아니겠는가?' 하였고 (…) 『선조수정실록』선조 22년(1589) 10월 1일(을해) 왕촉(王蠋)은 전국(戰國) 제(齊)의 충신이다. 제(齊)나라가 격파되었을 때 연(燕)나라 대장 악의(樂毅)가 그의 어짊을 듣고 부르자 "충신은 두 임금을 섬기지 않고, 열녀는 두 지아비를 바꾸지 않는다." 하고 자살하였다. 『사기(史記)』권 82 전단열전(田單列傳).

30 신정일, 『지워진 이름 정여립』(가람기획, 2000), 135쪽.

31 역당(逆黨) 선홍복(宣弘福)이 복주(伏誅)되고, 이발, 이길, 백유양, 유덕수(柳德粹) 등은 하옥되어 고문받다가 죽었다. 홍복은 낙안(樂安)의 교생(校生)인데 정여립과 같은 동아리로 역적의 초사(招辭)에 나왔다. 도사(都事) 신경희(申景禧)가 잡아올 때 문서를 수색하였는데 거기에 역모(逆謀)에 가담한 정상이 있었다. 홍복이 승복하여 사형에 처해지고 또한 이발, 이길, 백유양을 같은 동아리로 끌어대고 또 전 선산부사(善山府使) 유덕수의 집에 부도(不道)한 참서(讖書)가 있는 것을 이진길(李震吉)이 얻었다고 고하였다. 『선조수정실록』선조 22년(1589) 12월 1일(갑술).
낙안(樂安)에 거주하는 교생(校生) 선홍복(宣弘福)의 집에서 문서(文書)를 수색해 냈는데, 역적 정여립과 상통(相通)한 흔적이 있었다. 그를 잡아들여 심문하여 승복을 받은 뒤 사형에 처하였다. (…) 또 선홍복의 초사에, 이진길(李震吉)이 유덕수(柳德粹)의 집에서 참서(讖書)를 입수했다고 하자, 그를 잡아들여 국문하였으나 승복하지 않고 죽었다. 그때 정철(鄭澈) 등이 자기들과 친한 금부도사(禁府都事)를 시켜 거짓으로 선홍복의 가서(家書)를 만들어 선홍복에게 은밀히 전하면서 '만약 이발, 이길, 백유양 등을 끌어넣으면, 너는 반드시 살아날 수 있다.' 하고, ― 거기에 쓰인 대로 잊지 않고 진술하게 하였다. 선홍복이 그 말을 믿고 낱낱이 그대로 진술하였는데, 자백이 끝난 뒤에 즉시 끌어내 사형에 처하려 하니, ― 정철 등이 사주하여 살륙한 것이 이토록 심하였다. 『선조실록』선조 22년(1589) 12월 12일(을유).

지 않아 죽었다."는 내용이 있다.[32]

정여립사건과 관련하여 길삼봉이란 인물의 정체에 대해 여러 가지 설이
난무했는데,[33] 확실한 증거는 없는 상태였다.[34] 사건이 일어난 후 몇 년이 지나
서도 길삼봉에 대한 소문이 퍼졌고 그의 실체에 대해 억측이 분분했다.[35]

---

32 十二日, 樂安校生宣弘福招辭, 并引李潑李洁白惟讓等, 並死杖下, 李汲亦死杖下. 弘福招李震吉得讖書於
柳德粹處, 拿鞫德粹, 不服而死.

33 일찍이 적당이 모두 말하기를, "역적모의할 때에 길삼봉이 상장군이 되고 정팔룡과 정여립은 그 다음이
된다." 하였으므로 나라에서는 삼봉이 있는 곳을 찾았던 바, 각 도에서 삼봉이라고 하여 잡아 보낸 사람
이 전후에 걸쳐 여럿이었는데, 그때 적당인 이기(李箕)와 이광수(李光秀) 등이 말하기를, "전주 길삼봉
의 집에 갔더니 삼봉은 나이 60세쯤 되고 낯은 쇠빛이고 살이 쪘더라." 하였으며, 혹은 말하기를, "삼봉
은 나이가 30세인데 키가 크고 낯이 여위었다." 하기도 하며, 또 혹은 말하기를, "삼봉은 나이 50세쯤
되고 수염은 길어서 허리에까지 내려오며 낯은 희고 길다." 했다. 그 후에 김세겸(金世謙)이 말하기를,
"삼봉은 상장군이 아니요 역적의 졸병인데, 진주에 살며 나이는 30세쯤 되고 하루에 3백 리 길을 걷는
다." 하였고, 또 한 적당은 말하기를, "삼봉은 본래 나주(羅州) 사족(士族)이다." 하였고, 최후에 박문장
(朴文長)이라는 사람이 말하기를, "삼봉의 성은 길가(吉哥)가 아니라, 진주 사는 사노(私奴)로서 최삼
봉이다." 하였다. 얼마 뒤에 외지에 뜬소문이 분분하여 혹 말하기를, "삼봉은 진주(晉州)에 사는데 나이
60세이고, 낯은 쇠 같으며 수척하고, 수염은 길어서 배에 내려가고 키가 크다." 하고 또는 말하기를, "삼
봉은 곧 최영경이다." 하였다.
또 어떤 자는 말하기를, "1년 전에 어떤 선비가 전주(全州) 만장동(萬場洞)을 지나다가 보니 적당 만여
명이 모여서 활을 쏘고 있는데, 영경이 수석에 앉고 여립은 다음에 앉아 있더라." 하였다. 이항복이 이
말을 듣고 괴이하게 여기고 의심하여 말하기를, "여러 적의 진술이 각각 서로 같지 아니하고, 나이 늙고
젊음과 얼굴과 몸의 비대하고 야윈 것이 모두 판이하게 다르나, 지금 여러 적들의 공초 중에서 영경의
말과 비슷한 몇 가지 말을 맞추어, 이로써 한 놈이 공초하는 대로 그것이 곧 최영경이라 하니, 이것은
외간에서 덮어놓고 낭설로 전하는 것이 아니다. 반드시 국청에서 다루는 옥사의 곡절을 밝게 아는 자가
교묘히 기틀과 함정을 만들어 영경을 몰아넣어서 삼봉으로 만들려고 먼저 낭설을 퍼뜨려서 사람들의 귀
에 익게 한 것이다." 하였다. 이항복, 『백사집(白沙集)』, 「기축기사(己丑記事)」.

34 전 지평 최영경(崔永慶)을 하옥하였다. 정여립의 난이 일어난 초기에 적의 무리가 길삼봉(吉三峯)이 상
장(上將), 정팔룡(鄭八龍), 정여립이 차장(次將)이라고 천명하였다. 그래서 국청이 드디어 길삼봉의
행방을 심문하여 용의자가 많이 체포되었으나 다들 신원이 증명되어 석방되었다. 그때 적의 무리 이기
(李箕)·이광수(李光秀) 등이 말하기를, "전주(全州) 정여립의 집에 가면 삼봉(三峯)이란 자가 있는데,
나이는 60세쯤 되었고 낯빛은 검으며 몸은 비대하다." 하였고, 혹자는 말하기를, "삼봉은 나이는 30세
쯤 되었고 키는 크며 얼굴은 파리하다." 하고, 혹자는 말하기를, "삼봉은 나이는 50세쯤 되었고 수염이
길어 배에까지 드리워졌으며 낯빛은 검고 키는 크며 말할 때마다 기침을 한다." 하였다. 그 뒤 적의 무리
김세겸(金世謙)이 말하기를, "길삼봉은 상장이 아니고 졸병이다. 진주(晉州)에 사는데 나이는 30세쯤
되었고 하루에 3백 리를 달린다." 하고, 또 한 역적은 말하기를, "삼봉은 본디 나주(羅州)의 양반 집안이
다." 하고, 또 박문장(朴文章)이란 자가 있어 말하기를, "삼봉은 길씨가 아니라 최삼봉(崔三峯)인데 진
주의 사노(私奴)이다." 하고, 혹자는 말하기를, "1년 전에 한 선비가 전주의 만장동(滿場洞)을 지나갔
다. 거기에 활쏘기 모임이 있었는데, 최영경이 수석에 앉고 정여립이 차석에 앉았었다." 하였다. 그리하
여 뜬소문이 떠들썩하게 일어났는데, 여러 역적들의 공초 중 최영경의 형모와 근사한 것들을 모아 엮어
'길삼봉은 필시 최영경일 것이다.'라고 하였다. 이는 호남 사람 양천경(梁千頃) 등이 지적한 것으로 최영
경을 해치려는 음모였다. 『선조수정실록』 선조 23년(1590) 6월 1일(신미).

35 길운절(吉雲節), 소덕유(蘇德兪) 등이 사형을 받았다. 운절은 경상도 선산(善山) 사람으로 작고한 직
강 길회(吉晦)의 아들이요, 덕유는 전주(全州) 사람으로 정여립(鄭汝立)의 조카이다. 기축년에 잡혔으

한편 정여립의 자살을 목격하고 그의 아들 옥남(玉男)을 사로잡았던 진안현감(鎭安縣監) 민인백(閔仁伯, 1552-1626)이 정여립을 체포한 과정을 자신의 문집『태천집(苔泉集)』에 「토역일기(討逆日記)」로 남겼다. 그 가운데 비결신앙과 관련된 내용은 다음과 같다.

변사(邊泗)가[36] 말하기를 "한강은 3일 동안 물이 붉어져 핏빛과 같을 것이고, 광주에 있는 2곳의 연못의 물도 붉어져 고기가 다 죽을 것이며, 회덕의 들판 가운데 돌이 저절로 솟아날 것인데 크기가 6-7척이 될 것이다. 또 두 강물이 만나는 곳에 돌이 솟아날 것인데 크기가 6-7척이 될 것이며, 김제(金堤) 땅의 밤나무에는 머리털이 생길 것이다. 예로부터 변란이 생기려면 비상한 일이 있고, 배반하려는 마음을 품은 자가 장군이 될 것이다."라 했다. 임수(林遂)가 말하기를 "산 위에 돌이 솟으면 성인(聖人)이 태어날 것이고, 바다 위에 돌이 솟으면 소인(小人)이 태어날 것이다. 이번에는 들판과 강물 위에 돌이 모두 솟는다고 하니 매우 귀한 일이다."라 했다.

변사(邊泗)가 구월산 삼성재 뒤쪽에 있는 석굴에서 옥함(玉函)을 얻어 정여립에게 바쳤다. 그 옥함 안에는 천기(天機)와 지기(地機)에 관한 12편의 책이 있었는데, 파자(破字)로 전읍(奠邑)이 일어날 것이라고 적혀 있었고, 또 목자(木子)가 곧 망할 것이라고도 했다. "자년(子年)과 축년(丑年)에는 (일이) 아직 정해지지 않았으나 인년(寅年)과 묘년(卯年)이 되면 일이 어떠할까?" 등의 글이 적혀 있었다고 한다. 구월산 아래 당장자(唐莊子)는[37] 단군(檀君)이 도읍을 했던 곳인데 이곳에 도읍을 정한다고 했다. 또

───────────

나 마침내 은혜를 입어 제주에 안치되었었는데, 이때 운절이 제주에 몰래 들어와 덕유와 모반을 꾀하다가 덕유의 아내에게 발각되자 운절이 먼저 고발하였으므로 목사 조경(趙儆)이 덕유 등을 붙잡아 서울로 보내어 죽였다. 본도 병사 안위(安衛), 전 수사 김억추(金億秋) 등이 연루자로 붙잡혀 서울에 이르렀으나 용서되었다. 어사를 제주에 보내어 남은 백성들을 잘 어루만져 안정시켰으며, 운절은 사전에 고발하였다 하여 용서를 받았으나 그뒤에 은전(恩典)이 미치지 않음을 몹시 원망하다가 도로 잡혀 참형을 당하였다. ─ 기축년에 역모를 한 자 중에 길삼봉(吉三峰)이라는 자가 있었다고 하나 아직 잡지 못하였는데, 이 운절의 머리에 점이 세 개가 났다 하여 아명을 삼봉이라 하였다 하니, 이 자가 그 길삼봉임에 틀림이 없다. ─ 조경남(趙慶男),『난중잡록(亂中雜錄)』4권, 선조 34년(1601) 6월 그런데 이긍익은『일월록』에 이러한 내용이 있다고 주장했다.『연려실기술』제14권, 선조조고사본말(宣祖朝故事本末),「길운절(吉雲節)의 옥사」.

36 변숭복(邊崇福)은 용력이 비할 데 없었는데, 이름을 사(泗)라 하기도 하고, 백일승(白日升)이라고도 하는 자다.

37 구월산 아래 장장평(莊莊坪)이 문화현(文化縣) 동쪽 15리에 있는데, 세상에서 전하기를 단군이 도읍했던 곳이라 했다. 이는 당장경(唐藏京)의 와전인데,「토역일기」에서는 이렇게 잘못 썼다.『신증 동국여지승람』제42권 문화현 고적조.

말하기를 경인년(庚寅年)은 보통 길하고, 임진년(壬辰年)은 아주 길하니 그 해에 거사 하겠다고 했다.[38]

천재지변이 일어난 후에 변란이 일어나고 성인이 태어날 것을 예언했으며, 특히 정여립에게 바쳐졌다는 옥함에는 한 책자가 있었는데 파자로 "정씨가 일어날 것이다. 이씨는 곧 망할 것이다. 인년과 묘년에는 어떤 일이 일어날 것이다." 등의 예언이 적혀 있었다고 한다.

『동남소사(東南小史)』는 정약용(丁若鏞, 1762-1836)이 동암(東巖) 이발(李潑)과 남계(南溪) 이길(李洁)이 기축옥사에 연루한 과정을 정리한 5권 2책의 석판본이다. 이『동남소사』에 변성명한 송익필이 황해도에서 복술가로 가장하여, 향방토호로서 허세가 있는 자들에게 "전라도의 정씨 성을 가진 사람이 천명을 받았는데, 그와 사귀면 부귀를 누린다."라는 말을 유포했다고 한다. 송익필은 여러 곳을 돌아다니며 사람들을 만날 때마다 '목자망(木子亡) 전읍흥(奠邑興)'의 참서를 보여주며, "머지않아 이씨가 망하고 정씨가 새로 왕이 될 것이다. 내가 바라보니 호남 지방에 왕기(王氣)가 떠돌고 있으니, 빨리 가서 찾아보고 새 운을 받으라."고 권했다.[39]

후대의 이긍익이 편찬한『연려실기술』에는 송한필이라는 인물이 등장한다. "이때에 송한필(宋翰弼)이 황해도에 가서 성명을 고치고 스스로 조(趙) 생원이라고 하였다. 밤낮으로 동인(東人)을 원망하여 원한이 골수에 사무쳤다. (…) 한필의 무리들이 황해도 땅에서 어리석은 백성들을 꾀어서 말하기를, "전주에 성인이 났으니 즉 정수찬(鄭修撰)이다. 길삼봉(吉三峯)과 서로 친하게 왕래하는

---

38 邊四曰, 漢江, 數三日水赤如血, 光州地二處池, 水赤而魚盡死. 懷德野中石自起立, 其長六七尺, 又一雙水中石, 相對起立, 長六七尺, 金堤地, 栗木生髮, 自古變有非常, 叛心者爲將. 林遂曰, 山上石起則埋人出, 海中石起則小人出, 此則野與水中石皆起最貴. (…) 邊四於九月山三聖齋後石窟, 得玉函, 納于汝立. 其中有天機地機十二篇, 以破字作奠邑立, 又有木子將亡. 子丑猶未定, 寅卯事何如等語, 欲於文化九月山下唐莊子橲君所處定都, 又言庚寅平吉, 壬辰大吉, 其年擧事.『태천집(苔泉集)』권 2,「토역일기(討逆日記)」만력기축(萬曆己丑) 10월 25일.

39 신정일,『지워진 이름 정여립』(가람기획, 2000), 113쪽.

데, 삼봉은 하루 3백 리 길을 걸으며 지혜와 용맹이 비할 데 없으니, 역시 신인이다. 너희들이 만일 가서 볼 것 같으면 벼슬이 스스로 올 것이다." 하였다.[40]

대제학 이양원(李陽元)이 지었던 선조(宣祖)의 교서(敎書) 내용에 "적신(賊臣) 정여립은 어미를 잡아먹는 올빼미보다 더 악하고, 독사(毒蛇)보다 더 독할 뿐더러, 시서(詩書)를 밑천으로 하였으니, 왕망(王莽)이 세상을 속였던 것과 같고, 참서(讖書)를 만들어 남을 속여서 감히 한산동(韓山童)의[41] 음모를 꾀하였다. (…) 중과 결탁하여 요괴한 일을 하였으며, 옥함(玉函)을 만들어 여러 사람들을 현혹하게 하였고, 도성에 흉한 무리들을 벌여 놓아 무기고를 불사르려 하였으며, 술사(術士)를 산중에 보내어 단군의 옛터에 소굴을 만들려 하였다. 뿐만 아니라 임금의 명을 위조하여 감사와 병사(兵使), 수사(水使)를 없애려 하였고, 병부(兵符)를 나누어서 서울을 치고 한강의 창고를 취하려 하였으니, 간악한 계책이 더욱 깊어가서 화란(禍亂)의 기틀이 거의 발동될 뻔하였다. (…)"라 했다.[42]

한편 선조 23년(1590) 4월에 임지(林地)와 중 성희(性熙)가 역적 길삼봉(吉三峰)과 더불어 송광사(松廣寺)의 삼일암(三日庵)에 머물면서 난을 일으킬 것을 함께 모의했다고 전한다. 성희는 정여립이 가지고 있던 문서를 베껴 소장하고 있었다.[43]

---

40 『연려실기술(燃藜室記述)』 제14권 선조조고사본말(宣祖朝故事本末) 「기축(己丑) 정여립지옥사(鄭汝立之獄事)」.

41 원(元)나라 말기에 요술로 백성을 꾀어 큰 반란을 일으켰다.

42 『연려실기술(燃藜室記述)』 제14권 선조조고사본말(宣祖朝故事本末) 「기축(己丑) 정여립지옥사(鄭汝立之獄事)」.

43 고부군수(古阜郡守) 정염(丁焰)에게 역당(逆黨)을 발고, 체포했다는 것으로 당상(堂上)의 품계를 상가(賞加)하였다. 당시 보성 사람 김용남(金用男), 김산중(金山重) 등이 고부군수 정염과 함께 의논하여, 나주(羅州) 사람 임지(林地)와 중 성희(性熙)가 역적 길삼봉(吉三峰)과 더불어 송광사(松廣寺)의 삼일암(三日庵)에 머물면서 난을 일으킬 것을 함께 모의하고 임지는 현재 순천(順天)으로 돌아가 전마(戰馬)를 사들이고 있고 길삼봉은 지리산(智異山)으로 돌아갔다고 발고하였다. 이에 임지의 일가(一家) 사람 및 성희 등 30여 인과 사찰 주변에 사는 주민 20여 인을 나포(拿捕)하여 하옥하였다. 국청(鞫廳)이 처음에 아뢰기를 '송광사에서 보성에 이르는 거리는 60리이고 순천에 이르는 거리는 80리이고 고부까지의 거리는 3일정이다. 성희가 길삼봉과 서로 만났다면 조정이 현상금을 내걸고 길삼봉을 잡으려 할 때였는데 용남 등이 어찌하여 60리인 보성이나 80리인 순천에 가서 발고하지 않고 3일정인 고부에 가서 발고하였던가? 군수 정염의 첩(妾)은 바로 용남 등의 누이이니 그 사이의 정상에 대해서는 예측하기 어려운 점이 있다. 그러나 이미 발고하였으니 나포하여 추문하는 것이 마땅하다.'고 하였다. (…) 성희는 그 말을 믿고서 회의한 일에 대해 승복하지 않고 원래 자신은 정여립(鄭汝立)과 같은 무리였다고 스스로 말하였다. 성희가 가지고 있는 문서 가운데 비밀로 기록된 문자로서 정여립의 가장본(家

선조 23년(1590) 4월에도 황해도 유역에 "남쪽에서 이인(異人)이 나타날 것이다."라는 예언과 함께 정여립이 아직 죽지 않았다는 소문이 퍼져 인심이 동요되었다고 한다.[44] 이때도 정여립의 집에서 얻었다는 밀기(密記)가 있었다는 진술이 전한다.[45]

한편 남사고(南師古)가 정여립사건이 일어날 것을 정확히 예언했다는 『혼정편록』의 기록도 있다.[46] 이 기록은 조견소(趙見素)의 『기년통고(紀年通攷)』에도 보인다.

藏本)과 서로 같은 것이 있었는데, 성희는 '이는 본래 여립의 집에 있는 책에서 베껴온 것이다.'라고 하였다. 그리고 정개청(鄭介淸)도 끌어대어 그때에 함께 앉아 있었다고 하였다. 이리하여 성희 등에게는 사형을 내렸고 임지는 한 차례 형신(刑訊)하고서 북도로 유배시켰다. (⋯) 성희는 본시 미친 중이었고 임지는 임제(林悌)의 아들이었는데 협기를 부리고 멋대로 행동하여 이들 모두가 사람들에게 의심을 살 만하였기 때문에 용남 등이 계모를 꾸며 날조해서 무함할 수 있었던 것이다. 임지는 스스로 변명하였으나 사면받지 못하였다. (⋯) 성희는 실지로 정여립과 서로 알고 지내는 사이였기 때문에 옥사를 꾸밀 수 있었던 것이다. 성희는 승도(僧徒)들을 끌어댔는데 대부분 자기와 감정이 있었던 사람들로서 향산(香山)의 승통(僧統) 휴정(休靜)도 체포되어 국문을 당하였다. 『선조수정실록』선조 23년(1590) 4월 1일(임신).

44 동지(同知) 성혼(成渾)이 상소하였는데, 그 대략에, (⋯) 신이 사는 곳은 황해도와 인접해 있어 백성의 고통을 익히 들어왔습니다. 이 도는 경진년 이후로 흉년이 들지 않은 해가 없어 백성이 생업을 잃은 것이 다른 도보다 심한데 (⋯) 재령(載寧), 봉산(鳳山)의 둔전(屯田)에 있어서는 더욱 민해(民害)가 되고 있습니다. (⋯) 백 년 동안 형성된 마을이 폐허가 되어버리는데, 두 고을의 백성은 원한이 골수에 사무쳤습니다. (⋯) 그리하여 적신(賊臣)이 그의 도당을 보내어 초유(招誘)하기를 '남방에 이인(異人)이 나와서 너희로 하여금 부역이 없게 해 주려고 한다.' 하니, 그 말을 들은 자는 모두 좋아서 사람마다 향응하였습니다. (⋯) 그러므로 역적이 이미 참주(斬誅)되었는데도 백성들이 난을 기대하는 마음은 없어지지 않아서 정여립(鄭汝立)은 죽지 않았다느니, 그의 죽음이 아깝다느니, 큰 군사가 일어날 것이라느니, 반역의 죄상이 밝혀지지 않았다느니, 하는 등의 유언비어가 꼬리를 물고 일어나 도처에 떠들썩하니, 이 또한 인심을 동요시키기에 충분합니다. (⋯) 〔"南方有異人出, 欲使女輩, 身無賦役." 聞者皆喜, 人人響應.〕 『선조수정실록』선조 23년(1590) 4월 1일(임신).

45 5월에 중 성희의 문서 중에 밀기(密記)가 있었다. 임금이 묻기를, "이것을 네가 어떻게 얻었느냐." 하니, 성희가 진술하기를, "어느 해에 여립의 집에서 베껴다가 감추어 두었던 것입니다." 하였다. 임금이 또 묻기를, "그때 여립이 제 혼자 있더냐." 하니, 성희는, "좌중에 손님이 두 사람 있었는데, 그 중 한 사람은 이름을 잊었고 한 사람은 전에 곡성 현감을 지낸 정개청이었습니다." 하였으므로 개청을 배소에서 도로 잡아 오라는 명을 내리었다. 『혼정록』.

46 이보다 수십 년 전에 성관(星官) 남사고(南師古)가 말하기를, "기축년 겨울에 호남에 사는 시종(侍從)을 지낸 정(鄭)가 성을 가진 병오년〔火馬〕에 난 사람이 역적모의를 하다가 일이 발각되어, 조정의 벼슬아치로 연루되는 사람이 많을 것이다." 하였는데, 정여립이 바로 병오(丙午) 생이었다. 기축년 봄에 정작(鄭碏)이 사사로이 그와 절친한 사대부에게 말하기를, "금년 겨울에 나라에 큰 변이 있을 것이니, 유식한 사람은 시골에 물러가 있는 것이 좋겠다." 하더니, 이때에 이르러 모두 징험되었다. 〔先是數十年前, 星官南師古曰, 己丑冬間, 湖南居曾經侍從鄭姓火馬生人, 謀逆事覺, 搢紳多有連累者, 汝立丙午生也. 己丑春鄭碏, 私謂其親切士大夫曰, 今年冬國有大變, 有識者退在鄕曲可也, 至是皆驗.〕 안방준, 『혼정편록』 5권.

정여립사건에 대해서는 저자 미상의 국립중앙도서관 고귀(古貴) 2511-64-5 필사본 『임장군전(林將軍傳)』의 부록인 『기축기사(己丑記事)』에도 자세히 적혀 있다. 이 『기축기사』는 안방준(安邦俊, 1573-1654)의 저서로 그의 문집인 『은봉전서(隱峰全書)』 권 5에도 수록되어 있다.[47]

정여립 사건에 연루되었던 변사(邊泗)가 죽지 않고 살아있고, 그가 왜군을 이끌고 난리를 도모하고 있다는 풍문이 퍼지기도 했다.[48] 정팔룡은 정여립의 또 다른 이름이며, 길삼봉, 백일승 등은 가공의 인물일 것이라는 설이 설득력 있게 받아들여졌다.[49]

---

47 『기축기사』 64면에 "自國初, 民間皆言, 鷄龍山開泰寺新基, 乃鄭氏所都云云, 汝立變名爲八龍."이라고 적혀 있고, 66면에는 "先是百餘年前, 有木子亡奠邑興之謠, 汝立以其六字, 刻之玉版."라고 기록했다. 그리고 길삼봉 등이 계룡산과 지리산 등지에 들어가 병사를 기르고 있으며, 길삼봉과 정팔룡이 왕이 된다는 소문이 있었다고 한다. 신봉승이 『기축기사』의 해제를 쓰면서 "정여립이 『정감록』에 나오는 정씨 진인출현설을 이용했다."고 적었지만, 『기축기사』에는 『정감록』이라는 책 이름이 나오지 않는다. 후대의 관점에서 앞선 시대에 있었던 사건을 규정짓는 일은 매우 신중하게 이루어져야 할 것이다. 필자는 『정감록』이라는 책은 적어도 정여립사건과 관련되어서는 언급될 수 없으며, 상당한 시간이 흐른 다음에야 책자의 형태로 민간에 알려졌다고 본다.

48 추국청(推鞫廳)이 아뢰기를, "김응천(金應天), 김옥겸(金玉謙), 안덕남(安德男), 곽희수(郭希壽), 곽대년(郭大年), 삼손(三孫), 청금(靑今) 등을 2차 형문(刑問)하였으나 아직도 승복하지 않고 있습니다. 가형(加刑)을 해야 하겠으나 그렇게 하면 죽기만 할 뿐 실정을 알아낼 기약이 없습니다. 당초 장명수(張命壽), 김광(金光) 등이 상소를 하여 서울에서 고변(告變)했을 때 본도에 하서하였으나 그때 본도에서는 빙열(憑閱)하여 아뢰어 온 일이 없었습니다. 전득정(田得井)이 또 문화(文化)에다 역모(逆謀)를 고발할 때 그의 말에 '임진년 왜변 이후 변하복(邊遐福)이 응천(應天)과 공모하였다. 변사(邊泗)가 죽지 않고 왜적의 진중에 들어가 좌위장(左衛將)이 되어 임진(臨津) 싸움에 왔을 때 하복이 찾아갔더니, 변사가 『우리나라 사람들이 왜적을 끌어들여 나라를 배반하였다. 김옥겸이 본도의 도순찰사(都巡察使)로 임명될 것이다.』라고 한 것을 득정이 낱낱이 다 들었다. 금년 정월에는 변하복이 경상도를 갔다왔는데, 변사가 좌위장으로서 정팔룡(鄭八龍)과 우두머리로서 모의를 하고 있다는 말이 항간에 공공연히 나돌았다.'고 하였습니다. 그런데 변하복이 본도에서 승복한 초사에는, 지난해 10월경 봉산(鳳山)과 황주(黃州)에 출참(出站)한 군인들 말에, 하삼도(下三道)에는 적의 무리가 결당하고 있다고 하기에 그때 처음으로 역모를 생각하게 되었다고 하였습니다. 그렇다면 전득정이 임진년 7월에 들었다는 말은 누구에게서 나온 말이고 또 금년 1월 하복에 관한 항간의 말들은 어디에서 들었는지 이 모든 곡절을 다시 득정에게 자세하게 묻고, 그것이 하복이 한 말이라면 우선 하복과 대질 심문한 뒤 김응천 등을 다시 가형하여 딴소리를 할 수 없게 따져 묻는 것이 어떠하겠습니까?" 하니, 답하기를, "본도에서 이미 승복한 것이다. 또 관계되지 않는 다른 일로 고발자를 힐문한다는 것도 미안한 일이다. 그러나 다시 논의하여 아뢰라." 하였다. 회계하기를, "신들이 이번 옥사(獄事)에 대하여 어제부터 여러모로 생각해 보았으나 염려스러운 점이 많습니다. 『선조실록』 선조 27년(1594) 4월 3일(신해).

49 상이 그렇겠다고 하고 또 하문하기를 "적초(賊招)에 나온 정팔룡(鄭八龍), 길삼봉(吉三峯), 백일승(白日昇) 등은 끝내 체포하지 못했는데 무슨 까닭인가?" 하니, 답하기를 "그 이름이 서로 다른 것은 필시 적들이 가짜 이름을 지어 자기들끼리만 부르면서 사람들의 이목을 속일 여지를 만든 것일 것입니다. 그래서 정팔룡에 대해서는 정적(鄭賊) — 정여립 — 이 자칭했다고 납초(納招)한 자도 있습니다. 변사(邊

정여립은 전라도와 황해도 지역을 중심으로 양반, 상민, 천민, 승려 등 다양한 신분 계층이 참여한 대동계(大同契)를 조직하여 왕권에 도전하는 거사를 준비하였다. 그러나 이 계획은 사전에 발각되어, 대명률(大明律)에 따라 본인은 이미 죽은 몸이 다시 능지처참(陵遲處斬)되었고, 가족과 친척들은 죽임을 당하거나 노복으로 전락하였다.

또한 조정에서는 이후 약 3년간에 걸쳐 정여립사건 관련자들에 대한 옥사(獄事)를 진행하여 수많은 사람들이 희생되는 참극이 발생했다. 이 사건은 조선사에서 유례를 찾아보기가 힘들 만큼 많은 희생자를 낸 사건이었으며, 그 후 100여 년간 정쟁(政爭)의 주제가 되었던 역사적 사건이었다.[50]

율곡(栗谷) 이이(李珥, 1536-1584)가 죽은 뒤 정권에서 밀려난 서인(西人) 세력들은 정여립사건을 계기로 수많은 동인(東人) 측 인사들을 연루시켜 옥사를 확대시켰고, 그 결과 지역적으로는 호남 지역의 사류(士類)들이 분열과 희생을 당했다. 이것은 한국 정치사에서 호남인들에 대한 최초이자 가장 큰 정치적 박해가 되었다.[51]

정여립은 "천하가 공물(公物)인데, 어찌 정해진 임금이 있겠는가?"라고 말했다.[52] 또 그는 "왕후장상(王侯將相)에 씨가 따로 있는가? 인생천지간(人生天地間)에 누구나 천자(天子)가 될 수 있다."고 말하여,[53] 당시 사회구조 전반에 걸쳐 부정을 표명한 혁명적 발언을 서슴지 않았다.

나아가 정여립은 "사마온공(司馬溫公)의 통감(通鑑)은 위(魏)로 기년(紀年)을 삼으니 이것이 직필(直筆)이다. 그런데 주자(朱子)가 그것을 그르게 여겼다."라고 주장했다.[54]

浃)와 같은 무리도 반드시 그 속에 포함되어 있을 것이며 실제 인물이라고 한다면 어찌 끝내 체포하지 못했겠습니까?" 하자, 상이 그럴듯하게 여겼다. 『선조수정실록』 선조 23년(1590) 3월 1일(임인).

50 배동수 지음, 『정여립 연구』(책과 공간, 2000), 3쪽.
51 배동수 지음, 위의 책, 211쪽.
52 "天下公物, 豈定主?" 『선조수정실록』, 선조 22년(1589) 10월 1일.
53 민인백(閔仁伯), 『태천집(苔泉集)』, 『한국문집총간』 59(민족문화추진회, 1990), 35면.

여기서 기년은 정통인 황제(黃帝)의 연호를 기원으로 하여 기산한 햇수를 말한다. 한(漢)나라가 망한 뒤에 위(魏), 오(吳), 촉(蜀漢) 삼국이 일어났는데, 결국 중원을 차지하고 정복한 것은 위나라였다.

그런데 한나라의 종족(宗族)은 유비(劉備)였기 때문에, 위와 촉한 가운데 과연 어느 나라를 정통 국가로 보는가가 문제가 되었다. 『통감』을 지은 사마광(司馬光)은 위(魏)를 정통으로 삼아 황초연호(黃初年號)를 기년으로 삼았고, 훗날 주자(朱子)는 유비를 정통이라고 주장하면서 강목(綱目)을 지으며 촉한의 연호를 기년으로 삼았다.

따라서 정여립의 주장은 실제로 천하를 차지한 조조(曹操) 부자가 진정한 제왕이며 역적으로 규정되어서는 안 된다는 것이었다. 바로 이러한 맥락에서 정여립은 누구든지 능력만 있으면 천자(天子)가 될 수 있으며, 그것을 역사적 사실로 받아들여야 한다고 강조했던 것이다. 그래서 정여립은 유교적 정통주의의 사고방식에서 벗어나 천하가 공물(公物)이며, 중국 진(秦)나라 말기의 농민반란 지도자였던 진승(陳勝, ?-208)과 고려 중기 노비해방운동을 일으킨 만적(萬積) 등이 주장했던 것처럼 "왕후장상(王侯將相)의 씨가 따로 있는가? 인생 천지간에 누구나 천자가 될 수 있다."고 역설했던 것이다.

당시 진안 현감으로 재직했으며 정여립 체포 작전을 지휘했던 민인백(閔仁伯, 1552-1626)에 따르면 정여립의 거사 계획은 다음과 같은 것이었다.

정여립이 늘 점치기를 경인년(1590)은 보통 길하고, 임진년(1592)은 크게 길하다고 하며, 홍문관원이 된 지 여러 해가 지나 성사시키기 어려우니 천명에 따라 경인년에 거사하는 것이 가하기에, 경인년 정월 모일 전주에 군사를 집결시키고 군기와 군량은 가지고 있는 것과 각 관아의 것을 빼앗아 사용한다.

전주 관원과 전라도 감사와 수령들은 금부도사를 가칭하여 모두 죽인다. 천안을 통해 한강까지 가는데 홍제원에서 모여 진을 치고 용산의 서강창미를 군량으로 쓸 수 있다. 오랫동안 싸우지 않고 기다리며 진을 풀지 않는다. 한양성 밖의 군량

---

54 『선조수정실록』 선조 22년(1589) 10월 1일.

과 수운을 통해 오는 팔도의 군량이 모두 우리들의 차지가 된다. 성 안의 사람들과 말이 굶어 죽게 되면, 세의 어려움을 알아 스스로 성문을 열 것이고, 그때 성 안으로 진입한다.

또 변사(邊泗)가 무리를 이끌고 성 안에 숨어 들어가서 내부 동조자 황억수(黃億壽) 등과 더불어 병조판서를 죽인다. 종루 앞에 진을 치고 병조의 동서화약고를 쳐서 불을 지른다.[55]

한편 『괘일록』에는 "이때 송한필이 황해도에 가서 성명을 고치고 스스로 조생원이라 하였다. 밤낮으로 동인(東人)을 원망하여 원한이 골수에 사무쳤다. (송)한필의 무리들이 황해도 땅에서 어리석은 백성들을 꾀어서 말하기를 '전주에 성인이 났으니, 즉 정수찬(鄭修撰)이다. 길삼봉과 서로 친하게 왕래하였는데, (길)삼봉은 하루에 삼백 리 길을 걸으며 지혜와 용맹이 비할 데 없으니 역시 신인(神人)이다. 너희들이 만일 가서 볼 것 같으면 벼슬이 저절로 올 것이다.'라 했다."라는 기록이 있다.[56]

또 『동소만록』에는 "사지에 몰려 동인(東人)에 혈원(血怨)을 품은 송익필(宋翼弼) 형제가 밤낮으로 궁리를 하던 중에, 마침 정여립의 대동계 소식을 듣자 이름을 바꾸어 황해도에서 점술가로 변신하여 허세있는 향반들을 유혹하여, 조상 묘지, 관상, 신수를 보니 3년 내에 장상(將相)이 될 것이라고 속이고, 도내 모처 모씨를 찾아가라고 부추겼다. 그리고 이씨 왕조가 곧 망하고 정씨 왕조가 일어난다는 참문(讖文)을 보이며 시기가 도래하였다고 말하고, 호남에 왕기(王氣)가 성하니 정씨 성을 가진 자가 일을 도모하면 부귀가 저절로 이루어진다고 하였다. 시골의 어리석은 사람들은 송익필 형제의 말을 믿고 호남으로 달려가 이름이 잘 알려진 정여립을 서로 찾아가 사귀고 왕래하니, 차츰 정여립에 대한 이야기가 주막에서 나돌아 다녔으니, 이것이 정여립은 호남에 사는데 고변이 황해도에서 이루어진 까닭이다."라고 기록하고 있다.[57]

---

55 민인백(閔仁伯), 『태천집(苔泉集)』, 『한국문집총간』 59(민족문화추진회, 1990), 28–29면.
56 「괘일록(掛─錄)」, 『패림(稗林)』 7(탐구당, 1969), 116면.

정여립 사건이 일차로 종결된 후에도 조정에서는 정팔룡(鄭八龍), 길삼봉(吉三峯), 백일승(白日昇) 등을 체포하려고 노력했지만 끝내 잡지 못했는데, 사건 주모자들이 가짜 이름을 만들어 사람들을 속인 것이며 정팔룡은 정여립이 자칭했던 이름이라고 결론지었다.[58] 그러나 후대에도 정팔룡과 길삼봉은 반란사건에 심심찮게 등장하는 '반역의 상징적 인물'이었다.

> 역도(逆徒) 이광수(李光秀) 등을 신문하였을 때에 '정팔룡(鄭八龍), 길삼봉(吉三峯)을 대장(大將)으로 삼았다.'는 말이 그의 입에서 나왔으며, (…)[59]

또 정여립의 무리들이 황해도에서 "남방(南方)에 이인(異人)이 나와서 부역을 없애 주려 한다."고 유혹하자 사람들이 좋아서 향응했다는 이야기도 전한다.

이능화(李能和, 1869-1943)는 정여립사건에서 이른바 『정감록』의 기원을 찾고 있다. 이능화는 『조선기독교급외교사』(1928)에서 "대개 정여립은 뜻을 잃고 나라를 원망하던 사람이었다. 그는 계룡산에 갔다가 반란할 마음을 적은 시를 지어서 자기의 뜻을 보였다. 그리고 장차 목자(木子)가 망하고 전읍(奠邑)이 일어난다는 노랫말을 지어서 퍼뜨렸으며, 스스로 그에 응하였다. 이것이 정감록에 관한 주장의 시초가 된다."라고 주장하였다.[60]

그렇지만 이능화가 『정감록』의 저자가 정여립이라고 하는 구체적인 근거를 제시한 것은 아니고 정씨 진인출현설의 단초가 정여립사건에 보인다고 추

---

57 『동소만록(桐巢漫錄)』, 『조선당쟁관계자료집』 15(여강출판사, 1987), 96면.

58 상이 그렇겠다고 하고 또 하문하기를 "적초(賊招)에 나온 정팔룡(鄭八龍), 길삼봉(吉三峯), 백일승(白日昇) 등은 끝내 체포하지 못했는데 무슨 까닭인가?" 하니, 답하기를 "그 이름이 서로 다른 것은 필시 적들이 가짜 이름을 지어 자기들끼리만 부르면서 사람들의 이목을 속일 여지를 만든 것일 것입니다. 그래서 정팔룡에 대해서는 정적(鄭賊)이 자칭했다고 납초(納招)한 자도 있습니다. 변사(邊泗)와 같은 무리도 반드시 그 속에 포함되어 있을 것이며 실제 인물이라고 한다면 어찌 끝내 체포하지 못했겠습니까?" 하자, 상이 그럴듯하게 여겼다. 『선조수정실록』 선조 23년(1590) 3월 1일.

59 『광해군일기』 광해군 1년(1609) 12월 23일(경오), 『인조실록』 인조 2년(1624) 5월 29일(임오), 『기축록(己丑錄)』 하(下), 「갑자년 여름 정종명·홍명 등의 상소(甲子夏鄭淙泓溟等上疏)」.

60 이능화, 『조선기독교급외교사』 하편(학문각, 1968년 영인본), 19면.

정한 것이다. 이른바 『정감록』이 역사의 무대에 등장하는 것은 상당한 시일이 흐른 후였다. 그리고 『정감록』은 단일한 책이 아니라 여러 비결서가 모인 것이며, 다양한 비결과 예언이 집대성되어 이루어졌다는 점을 명심해야 할 것이다.

정여립사건에서 이씨 왕조를 대신해 정씨 왕조가 세워질 것이라는 점과 그 중심지가 계룡산이라는 점이 강조되었다는 사실이 이른바 『정감록』의 핵심 주제가 될 수 있는 실마리가 되었다는 점은 분명하다. 그러나 현전하는 『정감록』이 정여립사건에서 비롯되었다는 주장은 받아들이기 힘들다. 실마리를 제공했다는 주장과 예언서가 등장했다는 주장은 엄연히 다르기 때문이다.

임진왜란 발발에 대한 비결 해석

14

정여립사건이 발생한 지 3년 후인 선조 25년(1592) 4월 역사상 미증유의 민족적 수난이었던 임진왜란이 일어났다. 선조 31년(1598)까지 무려 7년 동안 전국의 강토가 왜적에게 유린당해 황폐화되었고 수십만 명의 전사자가 나온 참혹한 전쟁이었다. 다행히 명(明) 나라의 원군을 얻어 왜적을 이 땅에서 몰아내는 데 성공했지만, 비참한 전란은 모든 백성들의 가슴에 큰 상처를 남겼다. 이후 지배층의 무력함에 대한 비판과 질타가 그치지 않았고, 사회 전반의 제도와 기능에 대한 대대적인 반성과 함께 민족에 대한 자각이 일어나게 되었다.

임진왜란이 일어난 직후에 무학(無學)이 지었다는 『도참기(圖讖記)』에 역대 국가의 일을 예언했다는 내용과 그에 대한 풀이가 있다.

국초(國初)에 승려 무학(無學)이 지은 도참기(圖讖記)에 역대 국가의 일을 말했는데, 임진년(1592)에는 "악용운근(岳聳雲根), 담공월영(潭空月影), 유무하처거(有無何處去), 무유하처래(無有何處來)."란 말이 있는데, 이것이 무자년과 기축년으로부터 세상에 행해지다가 임진년에 이르러서 크게 성행했으나 아무도 그 말을 해석하는 이가 없었다. 그러던 중에 왜구가 갑자기 들이닥치자 조정에서 순변사(巡邊使) 신립(申砬)을 보내어 방어하도록 하였는데, 신립이 충주에서 패전하고 전군이 월낙탄(月落灘)에서 몰사했다. 이른바 '악(岳)'은 곧 '유악강신(維岳降申)'이며, '용(瑽)'은 '립(立)'의 뜻이며, '운근(雲根)'은 곧 돌(石)이다. 그러므로 '악용운근(岳瑽雲根)'은 '신립'이란 말이 된다. 또 '담공월영(潭空月影)'은 곧 '달이 여울에 떨어진 것〔月落灘〕'이니 '물에 빠져 죽는다.'는 말이다. 그 아래 구절은, 도성 안의 백성은 피난가고 왜구가 입성(入城)한다는 말이다.

또 동요(童謠)가 있어 임진년 정월부터 도성 안에 퍼지기 시작하더니 4월에는 크게 유행했다. 동요는 곧 '이팔자 저팔자 타팔자〔此八字彼八字打八字〕, 자리봉사 고리첨정(自利奉事高利僉正), 경기감사우장직령(京畿監司雨裝直領), 큰달마기〔大月乙麻其〕'였는데, 임진 난리 뒤에 해석하는 자가 이렇게 말하였다.

"중국 사람은 남녀가 간음하는 것을 일러 '타팔자(打八字)'라고 하는데 이는 중국 군대가 우리나라의 여인을 간음한다는 말이고, '자리고리(自利高利)'는 우리나라의 방언으로 '냄새나고 더럽다.'는 뜻인데 이것은 임진 난리 뒤에 생긴 납속군공(納粟軍功)을 의미하며, '봉사(奉事), 첨정(僉正)'은 다 낮고 미천함을 의미하고, 상(上)이 4월 그믐에 파천하였으니 그 달은 큰달이며 큰달 그믐은 곧 큰달 말일이란 뜻이다. 이른바 '큰달마기'란 곧 '큰달 끝〔大月末〕'이란 뜻이고, 그 날은 마침 큰비가 내려 경기 감사가 우장(雨裝)과 직령(直領)을 입고 어가를 뒤따르게 된다는 뜻이다."라 했다.[1]

임진왜란이 발발하자 이를 예언했다는 무학의 비결서가 그럴듯하게 민간에 알려졌고, 전쟁의 참혹함과 임금의 피난에 대한 일을 예언하는 동요가 널리 유행했다는 내용이다.

무학이 세상을 떠난 후 200여 년이 지났을 때 그가 지었다는 『도참기(圖讖

---

1   國初, 有僧人無學讖記, 歷言國家事, 壬辰年則曰: "缶瑽雲根, 潭空月影, 有無何處去, 無有何處來" 云云. 自戊子己丑年間, 行于世, 至壬辰盛行, 人莫能解其語. 及倭寇卒至, 朝廷遣巡邊使, 申砬禦之, 砬到忠州敗軍, 全軍更沒於月落灘. 所謂岳卽維岳降申也, 瑽立也, 雲根石也. 潭空月影, 卽月落灘溺死之言也. 其下句, 卽都民避亂, 倭寇入城之言也. 且有童謠, 自壬辰正月, 行於都中, 至四月大行. 其謠曰: "此八字, 彼八字, 打八字, 自利奉事, 高利僉正, 京畿監司, 雨裝直領, 大月乙麻其." 云云. 亂後解之者曰: "中原人, 謂男女相奸爲打八字, 此乃唐兵, 來奸我國女人之言也. 自利高利者, 我國方言臭穢之謂, 此乃亂後納粟軍功奉事僉正, 皆卑微可賤之謂也." 上於四月晦日, 去邠, 其月卽大月晦日, 卽末日也, 所謂大月乙麻其者, 卽大月末也. 其日適大雨, 京畿監司着雨裝直領而扈駕." 云. 『선조실록』선조 25년(1592) 4월 30일.

記)』가 등장한다. 무학의 이름을 빌린 예언서로 보인다. 무학이 조선의 운명을 예언한 저서를 남겼다는 믿음이 구체적으로 드러나기 시작한 것이다. 이『도참기』는 임진왜란을 전후하여 전국적으로 널리 퍼졌다고 전한다. 그러나 그 내용은 매우 어려웠으며, 그 누구도 명확하게 해석하지 못했다. 왕조실록에는 임진왜란이 발생한 시기에 이러한 예언이 민간에 퍼졌다고 기록하고 있지만, 임진왜란이 종결된 이후에 개수한 실록기사로 보인다.

임진년에 대한 내용은 임진왜란을 겪은 후에야 비로소 해석이 가능해졌다. 무학의 비결은 전쟁 초기에 충주에서 패전한 신립(申砬, 1546-1592) 장군에 대한 예언으로 풀이되었다.

악(岳)은 곧 유악강신(維岳降申)에서 따온 글자이므로 결국 신(申)으로 풀이될 수 있다. 그리고 용(聳)은 '립(立)'의 뜻이며, '운근(雲根)'은 곧 돌[石]이다. 그러므로 '악용운근(岳聳雲根)'은 '신립(申砬)' 장군을 가리킨다.

담공월영은 '달이 여월에 떨어진다.[월락탄(月落灘)]'이라는 뜻이다. 즉 '물에 빠져 죽는다.'는 의미이다. 마지막 두 구절은 '도성의 백성들은 부자나 가난한 사람이나 모두 피난간다.'와 '왜구가 도성에 들어온다.'는 뜻으로 풀이되었다.

신립은 삼도도순변사로 임명되어 충주 탄금대에서 배수진을 치고 왜적과 대결을 시도했지만, 우수한 무기인 조총을 앞세운 왜적의 공세를 막아내지 못하고 강물에 몸을 던져 자살했던 인물이다. 무학의 정확한 예언이 강조되었는데, 일반인이 쉽게 이해할 수 없는 파자(破字)를 이용하여 예언이 이루어졌다는 점이 특기할 만하다.

어쨌든 이 구절은 무학의 예언가로서의 능력이 국가적 위기 상황을 맞아 새삼스럽게 주목되었다는 역사적 사실을 반영한다.

한편 현전하는『정감록』에는 조선왕조의 운수가 세 번에 걸쳐 끊어질 것이라는 삼절운(三絶運)이 예언되어 있다. "이씨의 운수에 세 개의 비밀스러운 글자가 있으니, 송(松), 가(家), 전(田) 세 글자이다.〔李氏之運, 有三秘字, 松家田三字也.〕"라는 내용이다.

이는 조선왕조가 위기에 처했을 때 소나무, 집, 밭이 각각 최고의 피난처가 될 것이라는 예언이다. 임진왜란이 발생했을 때에는 소나무 송(松)자가 들어간 이름을 지닌 명(明)나라 장수 이여송(李如松)에게 의지하거나 송(松)자가 지명(地名)에 들어간 곳으로 피난해야 무사할 것이며, 병자호란이 일어났을 때에는 섣불리 먼 곳으로 피난 가지 말고 겨울철에 발생한 단기간의 전쟁이므로 집에 조용히 머물러야 무사할 것이며, 세 번째 위기 상황이 발생할 때에는 밭이 피난처가 될 것이라는 예언이라고 해석된다.

　밭에 대한 사람들의 해석은 제각기 다른데, 어떤 사람은 밭에서 농사를 열심히 지으며 기다리면 무사할 것이라고 풀이하기도 하며, 또 다른 사람들은 밭이 뜻하는 의미인 평지나 개활지로 피난해야 한다고 풀이했다. 어떤 사람은 개활지의 '활(闊)'에 착안하여 이를 한자어인 '궁(弓)'으로 풀이하기도 했다. 여기에 근거하여 후대 동학(東學)의 수운 최제우가 주장한 '궁궁을을(弓弓乙乙)'도 『정감록』에 나오는 '궁을(弓乙)'을 가리킨 것이라는 주장도 있으며, 천도교 교단에서는 '궁을'을 마음 심(心)을 형상화한 것으로 이해하여 교단의 상징으로 삼기도 했다고 한다. 그리고 '궁궁을을'을 동양철학에서 만물의 근원을 상징하는 태극(太極)을 형상화한 것으로 본 사람들도 있다.

　또 위에서 언급한 '조선왕조가 맞이할 세 번의 위기'에 대해 현전하는 『정감록』은 "년도를 살펴보면 전쟁은 원숭이의 해, 쥐의 해, 용의 해에 일어난다. 考其年數, 則兵在申子辰"이라고 예언했다. 용의 해는 임진왜란이 일어난 임진년(壬辰年)으로 해석되었고, 쥐의 해는 병자호란이 일어난 병자년(丙子年)으로 풀이되었다. 마지막 남은 원숭이의 해가 과연 언제쯤일까에 대한 호기심과 추측이 설왕설래했는데, 조선왕조의 종말을 바라던 사람들은 갑신년(甲申年)으로 풀이하기도 했다. 이는 무학대사의 예언으로 믿어졌다. 조선의 건국에 크게 관여했던 인물인 무학이 조선왕조의 멸망까지 예언했다는 주장이다.

　한편 현전하는 『정감록』의 「무학비결」에는 다음과 같은 예언들이 전한다.

그 후 56년은 물과 불이 서로 함께하기 때문에 백성들이 난리를 깨닫지 못하고 재상은 쓸모없는 글만 숭상하니 가히 풍요롭고 태평하나, 방백과 수령들은 위에서 도둑질하고 아전과 군인들은 아래에서 약탈을 일삼아 백성들이 불안하여 들에 살지 못할 것이다.「무학비결」

이러한 「무학비결」의 기록은 18세기와 19세기에 걸쳐 조선의 일반 민중들이 겪었던 실제 상황과 거의 일치한다. 특히 19세기부터는 삼정(三政) 즉 전정(田政), 군정(軍政), 환정(還政)이 문란하여 전국 각지에서 농민들의 봉기와 소요 사태가 일어났다. 「무학비결」은 이러한 시대 상황을 배경으로 삼아 지어졌다고 생각된다.

또 「무학비결」에는 조선왕조의 운수가 다할 무렵에는 "신인(神人)이 두류산(頭流山)에서 도읍을 옮기는 계책을 세워 국운을 2백 년이나 연장할 것"이라는 예언과 "때에 무(武)는 강하고 문(文)은 약해져 임금이 가히 임금이 아니요, 신하 또한 신하가 아니라. 슬프도다!"라는 내용이 보인다.

조선왕조의 마지막에는 무인이 정권을 장악할 것이라는 예언이다. 그러나 이러한 상황은 전개되지 않았다. 이러한 맥락에서 조선시대에 군사력이 제법 충실하던 때인 정조(正祖) 초기와 흥선대원군이 집권하던 1860년대와 1871년대 초기에 주목하여, 이 시기에 「무학비결」이 저술되었을 가능성이 있다는 주장도 있다.[2]

한편 한치윤(韓致奫)의 『해동역사(海東繹史)』제65권 본조(本朝)의 비어고(備禦考) 5 가운데 「부록(附錄)」에 다음과 같은 내용이 있다.

제갈원성(諸葛元聲)이 말하기를, "참서(讖書)에 이르기를, '서방의 여자는 비파 타는 신선이라, 희고 흰 옷의 색깔 참으로 선명하네. 이러한 때 자취 숨겨 시장 속에 거처하니, 싸우는 명나라의 신하 얼마이런가?'라 하였다.[3] 살펴보건대, 여(女)가 서방

---

2   백승종, 『예언가, 우리 역사를 말하다』(푸른역사, 2007), 121쪽.

3   西方女子琵琶仙, 皎皎衣裳色正鮮, 此時軍跡居朝市, 鬪亂明臣幾百千?.

(西方)에 있는 것은 바로 왜(倭)이고, 투란(鬪亂)이라 하고 교교(皎皎)라고 한 것은 바로 관백(關白)이다. 또 조(朝)와 선(鮮) 두 글자가 들어가 있으며, 명나라의 신하들이 싸우는 것은 지금 이미 징험이 되었다." 하였다.

명나라 제갈원성(諸葛元聲)이 찬한 『양조평양록(兩朝平攘錄)』을 인용했는데, 이 책은 저자가 목도한 다섯 가지 큰일을 한 권에 한 가지씩 5권으로 기술하였다. 임진왜란에 대한 예언으로 해석되는데, 중국의 예언가를 언급하여 신비화하고 있다.

또 허목(許穆, 1595-1682)의 『미수기언(眉叟記言)』 제36권 원집(原集) 외편 동사(東事) 「흑치열전(黑齒列傳)」에는 전쟁을 일으킨 일본의 도요토미 히데요시(豊臣秀吉, 1536-1598)가 도참에 의해 천하를 장악하리라고 믿었다는 이야기가 전한다.

만력(萬曆) 연간 수길(秀吉)에 이르렀는데, 수길은 생김새가 개〔狗〕를 닮아, 자기의 생김새가 도참(圖讖)에 응한다 하여 강대함을 뽐내어 천하를 전부 차지하리라고 생각하였다.[4]

그리고 성해응(成海應)의 『연경재전집(研經齋全集)』 54권 초사담헌(草榭談獻) 1 「남사고(南師古), 정두(鄭斗)」에 "남사고가 일찍이 동해 바다를 바라보고 '우리나라의 근심이 이로써 시작하겠구나.'라고 탄식하였는데 이때 풍신수길이 태어났다."는 이야기가 실려 있다.[5]

이 밖에도 임진왜란에 대해 다음과 같은 예언이 보인다.

왜적이 평양에 들어온 뒤로 매일 나가 도적질을 하되 부산(斧山) 밖을 벗어나지 않고 돌아오며 마치 무엇이 두려워서 감히 못하는 것이 있는 듯이 보이니 예언〔讖記〕의 말도 다 거짓은 아닌 듯싶다. 부산(斧山)은 부의 서쪽 30리에 있다. 이때에 참

---

4   萬曆中至秀吉, 秀吉貌類狗, 自以貌應圖讖, 負其强大, 謂天下可兼而有也.
5   南師古嘗望東海而歎曰, 我東之憂, 從此殷矣. 乃豊臣秀吉始生之日也, 其明於星象如此.

언(讖言)에, "왜적 난리 7년에 부산으로부터 부산까지 오고, 오랑캐놈 난리 10년에는 압록으로부터 압록까지 온다." 하였다.[6]

임진왜란이 7년 동안 있을 것이라며 부산(斧山)과 음이 같은 부산(釜山)으로부터 시작될 것이 예언되어 있었다는 주장이다. 그러나 오랑캐 난리가 10년이간 적은 없었다.

한편 이기(李墍, 1522-1604)가 지은 『송와잡설(松窩雜說)』에 다음과 같은 기록이 보인다.

전라감사(全羅監司)의 계본(啓本)에, "광양현감(光陽縣監)의 첩정(牒呈)에, 예전부터 쇠무덤(鐵塚)이라 부르는 곳이 있어 헤쳐 보았더니, 쇠붙이는 없고 다만 지석(誌石)이 있는데, 글자가 새겨져 있다는 것이었다. 그 내용은 '동쪽으로 15리쯤 되는 거리에 황금총(黃金塚)이 있는데, 이것을 발견하면 그 이익을 이루 다 말할 수 없다. 다만 자식이 아비를 업신여기고, 종이 주인을 업신여기고, 아랫사람이 윗사람을 업신여기고, 중도 삿갓을 쓴다. 중이 속인(俗人)의 일을 하고 속인이 중의 일을 하며, 유생(儒生)은 붓과 벼루를 버리고, 베짜는 계집은 베틀과 북을 버리고, 농부는 쟁기와 보습을 버린다. 임진년에 나라가 셋으로 갈라졌다가 계사년에는 도로 안정되고, 오년(午年)·미년(未年)에는 태평하여진다. 두류산(頭流山)에 들어가서 피난하는 것이 제일이고, 호서(湖西)가 조금 편안하고, 여강(驪江)은 혈육이 낭자할 지역이다. 한양(漢陽)으로 환도(還都)하면 주(周)나라같이 8백 년을 지날 것이고, 중국 군사가 임진강(臨津江)을 건넌다면 주나라보다 2백 년은 더할 수 있다.' 하였습니다." 한다.[7]

---

6 賊倭自入箕城之後, 常日作賊, 不過斧山內面以回, 有若畏戰不敢者然, 讖記之言, 不盡誣矣. 斧山府西三十里, 時有讖云, 倭亂七年自釜山至斧山, 胡亂十年, 自鴨綠至鴨綠. 조경남(趙慶男)의 『난중잡록(亂中雜錄)』 1 임진년 상.

7 全羅監司啓本, 光陽縣監牒呈, 自前以來鐵塚稱名處有之, 開見則無鐵物, 但有誌石刻字云. 東距十五里許有黃金塚, 得之則其利萬倍. 但子陵父, 奴陵主, 下陵上, 僧亦笠. 僧行俗事俗行僧事, 儒生棄筆硯, 織女棄機杼, 農夫棄耒耟. 壬辰國三分, 癸巳還定, 午未太平. 入頭流山避亂第一, 湖西少安, 驪工血肉之地. 還都漢陽當周八百, 唐兵渡臨津, 則加周二百云.

이 시기에 이르면 사회불안과 신분제의 붕괴 등의 혼란상이 전개될 것이고, 임진년에는 나라가 셋으로 갈라질 것이며 이후 안정을 되찾을 것이라는 예언이 있었다는 내용이다.

이 성 남
사   건
15

선조 28년(1595) 11월에는 정여립의 여당(餘黨)인 이성남(李成男)이 능히 안개를 일으키고 둔갑장신(遁甲藏身)하며 화복(禍福)을 미리 아는 술법이 있다고 주장했다. 그는 자신의 아들과 두 명의 첩이 신이하다고 강조하며, 월악산(月岳山) 아래가 도읍하기 좋다고 주장했다. 또 그는 정여립의 아들 가운데 한 명이 아직도 가야산(伽倻山)에 있으며, 여러 곳의 적과 교통하고 있고 진법을 익히고 술사와 교류한다고 말했다. 나아가 그는 "국도(國都)를 설치할 만한 곳은 충주 월학산(月壑山)과 신도(新都)가 가장 좋다. 병신년과 정유년 사이에 국운이 태평해진다."고 주장했다.[1]

우승지 정구(鄭逑)가 회계하기를, "정인길(鄭仁吉)의 아비 순년(舜年)은 신의 이성(異姓) 6촌입니다. 청주 길 옆에 살고 있었는데 신이 평상시 성주(星州)를 왕래할 때에 혹 날이 저물 경우를 당하면 그 집에 들러서 유숙했습니다. 그러므로 전일 올라올

---

1   『선조실록』 선조 28년(1595) 11월 13일, 16일, 20일, 21일.

때에 그가 이미 죽어서 바야흐로 궤연(几筵)을 설치하였다는 말을 듣고 잠시 들러 조문하였으며, 조문을 마친 뒤에 잠시 앉아 있었습니다. 우연히 그날 본주에서 유숙할 때에 이성남(李成男)이 목사 이암(李巖)을 보러 오려 한다는 말을 들었습니다. 또 이성남이 화복(禍福)을 미리 아는 술법이 있어 그를 만나기를 요구하는 사람이 많다는 말을 들은 적이 있으므로 묻기를 '이성남은 어떠한 사람이기에 사람들이 많이 접견하는가?' 하니, 정인길이 '이성남은 만나서는 안 될 사람이다. 목사가 알지 못하고 반드시 만나기를 허락할 것이다.' 하였습니다. 그의 말과 얼굴빛을 살펴보니 말하고 싶으나 다른 사람이 옆에 있기 때문에 감히 말하지 못하는 것이 있는 듯하였습니다. 한참 뒤에 이른바 청주 목사의 자제가 밖으로 나갔습니다. 신이 묻기를 '말하고자 하는 것은 무슨 일인가?' 하였더니, 대답하기를 '이성남이 도술로써 여러 곳을 횡행하고 있는데, 그가 하는 짓은 황당하여 역모가 있는 것 같다.' 하였습니다. 신이 놀라 그 까닭을 물었더니, 그가 답하기를 '서울에서 청주 덕경(德景)까지 3일 길인데 하루에 걸어서 온다.' 하였습니다. 또 '낳은 아들이 기이하여 길 옆에 놓아두면 별성(別星)이 지나가고 말이 밟아 상하게 하지 않는다.' 하였고, 또 '목천(木川) 동면 백정의 딸을 첩으로 얻었는데 문장에 능하고 힘이 있다.' 하였고, 또 '호남에 두 첩이 있다.' 하였고, 또 '스스로 말하기를 「월악산(月岳山) 아래가 도읍이 매우 좋다.」 하였다.' 하였고, 또 '김덕령(金德齡)과 왕래하며 교결(交結)하였다.' 하였고, 또 '그 당이 처음에는 3인이었는데 3인에서 20여 인이 되고 20여 인에서 1백여 인이 되었다.' 하였습니다. 또 '정유년이 길년(吉年)이라고 하였다.' 하였습니다. (…) 그러나 정의길의 초사 가운데 이른바 '정여립(鄭汝立)의 아들 1인이 아직도 가야산(伽倻山)의 둔적소(屯賊所)에 있다.'느니 '도내 내포(內浦) 여러 곳의 적과 교통하고 있다.'느니 '가야산에서 세 번 진법을 익혔다.'느니 '이거사(李居士)가 낙영산(落影山)에 와서 놀았다.'느니 '술사(術士) 20여 인이 전라도에 있는데 5일 안개가 끼고 10일 안개가 꼈다.'느니 '이성남은 총명이 뛰어나서 남의 성명과 팔자(八字)를 들으면 한 번 듣고 한 번 봐도 모두 기억한다.'느니 '한 집안 안에 의심할 만한 문서가 없다.'느니 하는 등의 말과 그 첩의 싯귀 등에 대해서는 신이 그날 모두 듣지 못하였습니다. 또 '이 사람은 한두 사람이 잡을 수 있는 바가 아니다.'라는 말도 듣지 못하였으며 '정인길이 신여옥에게 들었다.'는 말도 기억나지 않습니다.[2]

2　『선조실록』 선조 28년(1595) 11월 20일(무자).

월악산 아래가 도읍터로 비정되었다. 그리고 정여립의 아들이 가야산에 숨어서 난리를 일으킬 준비를 하고 있다는 주장이다. 뛰어난 총명력을 지닌 이성남이 신이한 행적을 통해 사람들을 끌어모아 역모를 도모하였다는 고변이었다.

추국청이 아뢰기를, "정인길, 정의길, 신여옥을 다시 추문하였는데, 공초한 바는 다음과 같습니다. 정인길은 공초하기를 '지난 10월 22일쯤에 승지 정구가 신의 집에 와서 묻기를 「이성남은 어떠한 사람이기에 사람들이 추앙하여 보려는 자가 있는가?」 하므로, 답하기를 「이성남의 위인이 착하지 아니하여 사류(士類)가 모두 취하지 아니하였다. 이성남이 일찍이 스스로 말하기를 『도술이 있고 또 안개를 일으키며 또 축지술(縮地術)이 있다……』 하였다……」 하였다. 그가 몰래 역모를 품은 것 및 도내 제적(諸賊)과 교통한 일과, 정여립(鄭汝立)의 한 자식이 아직도 가야산에 있다는 일 및 진법(陣法)을 익혔다는 등의 일은 애초에 알지 못하였다. 10월에 신여옥이 와서 신에게 「국도를 설치할 만한 곳은 충주 월학산(月壑山)과 신도(新都)가 가장 좋다. 병신년과 정유년 사이에 국운이 태평해진다.」 하였고, 또 「이유(李裕)라는 사람은 거사(居士)로 칭호하며 낙영산(落影山)에 은거하는데 유술(儒術)을 환히 안다.」 하였고, 또 「저 이성남 같은 반역하는 사람을 어찌하여 청해 와서 산소를 보는가?」 하였다. 신여옥의 말을 듣고 놀라움을 견디지 못하여 고변하려 하였는데, 마침 서울 사는 친족이 침 맞는 일로 간청하므로, 겸하여 서울에 올라갔으나 근거할 만한 일이 없어서 도로 내려갔다. 일행의 사람이 모두들 「이성남이 목천 땅에 첩을 두었는데 배우지 않고서도 문장에 능하니 극히 수상하다.」 하였다. 신여옥 한 사람 이외에는 다른 사람은 전혀 알지 못하며, 이성남 등이 같이 모의한 상황은 더욱이 알지 못한다.' 하였습니다.

정의길은 공초하기를, '신의 형이 정구에게 「이성남은 도술이 있어 제처(諸處)를 유람하니 만나서는 안 될 사람이다.」라고만 하였을 뿐이지, 몰래 역모를 품고 제적과 교통한 일 및 정여립의 한 자식이 또한 그 안에 참여하였다느니 가야산에서 진법을 익혔다는 등의 말은 승지에게 당초에 말하지 않았다. 다만 신에게 「이성남이 정여립의 여얼(餘孼)과 서로 왕래한다.」 하였고, 월학산의 형세가 극히 좋다느니, 병신, 정유년이 좋다느니, 정여립의 한 자식이 또한 그 안에 참여하였다느니, 가야산에서 세 차례 진법을 익혔다느니 하는 말은 듣지 못하였다. 이성남의 첩이 문장에 능하고 시를 짓는다는 일은 신의 형이 신에게만 발설하였고 승지에게는 고

하지 아니하였다.' 하였습니다.[3]

    이들은 국도(國都), 즉 새 왕조의 도읍지로 "충주 월학산(月壑山)과 신도(新都)가 가장 좋다."는 말을 했고, "병신년과 정유년 사이에 국운이 태평해진다."고 주장했다고 전한다. 도읍지에 대해 언급하고 어떤 해에 어떤 일이 이루어질 것이라는 주장을 한 것이 비결서의 형식으로 이해된다.

---

3 『선조실록』 선조 28년(1595) 11월 21일(기축).

서산대사의 생애와 예언서

16

서산대사(西山大師) 휴정(休靜, 1520-1604)은 선조 22년(1589)에 발생한 정여립(鄭汝立)의 모반사건에 연루되었다는 모함을 받았지만 결백이 증명되어 석방되었다.

현전하는 『정감록』에 그가 지었다는 「서산대사비결(西山大師秘訣)」이 다음과 같이 전한다. 물론 이러한 예언서를 역사적 인물인 서산대사가 직접 지었을 가능성은 낮고, 후대에 그의 유명세를 힘입은 호사가들이 그의 이름을 가탁하여 지은 예언서일 것이다.

첫째, 조선 말년에 당목 넷이 지나면 지혜가 있는 선비는 반드시 떠날 것이다.

둘째, 만일 성스러운 해를 만나면 1천 척의 배가 갑자기 인천과 부평의 넓은 들에 정박하리라.

셋째, 10년 동안 들에서 밥을 먹으니, 집을 생각하는 마음이 무궁하고, 천리에 곡식을 운반하니 편안하고 한가할 날은 기약이 없도다.

넷째, 코가 검은 장군이 여진에서 나와서 오얏나무를 보호하기 위해 가시덤불을 벤다고 큰 소리치지만, 실은 오얏나무를 베는 도끼다.

위의 인용문은 난리의 발생과 난리를 피해 길지로 숨을 시기를 예언한 것으로 짐작되며, 진인(眞人)이 이끄는 배가 들어올 시기를 예언했다. 그리고 들에서 밥을 먹는 일은 전쟁 등의 극심한 혼란기를 예언한 것이며, 이 혼란이 10년 이상 지속될 것이라 했고, 이씨 왕조를 상징하는 오얏나무를 없앨 세력은 북쪽에서 나올 것이라고 예언했다.

이득윤의 생애와 예언서 17

서계(西溪) 이득윤(李得胤, 1553-1630)은 역학자(易學者)이자 악인(樂人)이었다. 고청(孤青) 서기(徐起)의 문하에서 수학한 뒤 수암(守庵) 박지화(朴枝華)에게 역학을 배우고, 선조 21년(1588)에 진사가 되었다. 정유재란이 일어나던 선조 30년(1597)에 뒤늦게 관직에 오른다. 처음에는 희릉참봉(禧陵參奉)에 임명되었고, 얼마 후에 왕자사부(王子師傅)가 되었으며, 광해군이 집권하자 조정에서 물러난 그는 광해군 1년(1609) 고향인 충북 청원군 미원면으로 낙향하여 그 주변의 경치가 좋은 9곳을 옥화구곡(玉華九曲)으로 삼았다. 지금도 옥화리에는 그가 지은 추월정(秋月亭)이 남아있다.

이후 서계는 옥화구곡에 칩거하면서 당시 대표적인 성리학자엿던 사계(沙溪) 김장생(金長生)과 서신을 주고받으며 태극도(太極圖)와 역학(易學)에 관해 토론했다. 역학은 동양철학의 근간을 이루는 사상의 하나이며, 자연현상의 원리와 도덕에 대한 통찰을 도모하고 이해하고자 하는 학문적 체계였다. 그러나 후대에 역학은 점복과 술법에 영향을 주었다.

광해군이 왕위에서 쫓겨나고 인조(仁祖)가 즉위하자 서계는 선공감정(繕工監正)을 거쳐 충북 괴산군수로 관직에 복귀했다. 그의 저서로는 『서계선생문집(西溪先生文集)』 4권 2책이 전한다.[1]

역학(易學)에 밝았다는 이유 때문에 그가 남겼다고 전하는 「서계이선생가장결(西溪李先生家藏訣)」이 현전하는 『정감록(鄭鑑錄)』에 수록되어 있다. 이 역시 서계의 이름을 가탁한 예언서로 보인다.

서계는 서울에 올라와 임금(인조)께 사은하는 길에 서울 사람들의 음성을 듣고 "아직도 첫소리가 거세게 나오고 있으니, 난리가 끝이 안 났습니다."라고 예언했다. 과연 그 뒤 정묘호란이 발생하자 사람들은 그의 예언이 절묘하게 맞았다고 인정했다. 이 일이 예언가로서의 서계의 능력이 과대하게 알려진 계기가 되었다.

실제로 서계는 유능한 지방관리로서 당시 고과성적이 최고였던 인물이었다.[2] 그런 서계가 사기막(沙器幕)에 살 때 이웃에 살던 최생(崔生)이라는 인물이 와서 "임진(壬辰)의 화는 피할 수 있었으나, 앞으로 2백여 년 뒤에는 반드시 큰 난리가 일어날 텐데, 그 일을 조목조목 적어두어 훗날을 도모하는 것이 어떻습니까?"라고 여쭈었다. 그러자 서계가 "그럼 네게 말해 주겠노라."라고 대답했다고 전한다. 물론 이에 대한 기록은 더 이상 전하지 않는다. 최씨 성을 가진 사람이 서계에게 전해 들은 이야기가 존재했을 가능성만 있다. 서계의 집안에 가전(家傳)되던 비결서가 있다는 이야기가 아니다.

어쨌든 현전하는 『정감록』의 「서계이선생가장결(西溪李先生家藏訣)」에는 다음과 같은 내용이 실려 있다.

> 적호(赤虎): 이인(異人)이 남쪽에서 오니 한곳에 소동이 일어난다. 왜인(倭人) 같으면서도 왜인은 아닌데 화친을 주장한다.

---

1 활자본(木活字)은 1833년에 간행되었는데, 국립중앙도서관 소장도서번호 한46-가8930이다.
2 『인조실록』, 인조 8년 5월 28일(정미일).

청계(靑鷄): 천리강산이 셋으로 나누어지니 어찌할 것인가?

흑룡(黑龍), 현사(玄蛇): 푸른 옷과 흰 옷이 함께 동쪽과 남쪽에서 나온다.

적호(赤虎)는 병인년을 가리키는 용어인데, 고종 3년(1866)에 일어난 병인양요를 가리킨다는 주장이 있다. 이러한 사실에 근거하여 이 비결서는 병인양요가 일어난 것을 목격한 어떤 인물이 1860년대 내지 1870년대에 창작하거나, 일부 내용이 윤색되고 수정되었을 것으로 주장하기도 한다.[3]

청계(靑鷄)는 을유년을 가리키는데, 을유년(1945)에는 일제(日帝)의 강점을 벗어나 해방을 맞이했고, 그 후 얼마 지나지 않아 나라가 남과 북으로 나뉘어졌다. 이러한 역사적 사실을 보고 서계의 예언이 정확하다고 말하는 사람도 있었다고 전한다. 그러나 「서계이선생가장결」에는 "나라가 셋으로 나뉜다."고 했는데, 우리나라에 이러한 역사적 사실은 없었다.

흑룡(黑龍)은 임진년, 현사(玄蛇)는 계사년을 가리키는데, 흑룡과 현사년 간에 정체불명의 세력이 동쪽과 남쪽에서 쳐들어올 것이라는 예언인데, 그런 사실도 없었다. 임진왜란은 이미 서계가 겪었던 사건이므로 예언이라고 할 수없다. 더욱이 성리학자였던 서계가 이러한 비결을 남겼을 가능성은 낮다.

이 외에도 「서계이선생가장결」에 "이상하도다! 세상의 재난이여! 병란도아니요, 칼날도 아니로다. 가뭄이 아니면 수재요, 흉년이 아니면 역병이다."라는 예언이 있다. 서계가 주장한 말세의 특징은 전쟁이 아니라 자연재해와 전염병의 발생이었다. 이에 근거하여 1814년에 일어난 함경도와 경상도 지방의 대홍수, 1817년과 1818년에 삼남지방에 연이어 발생한 대홍수, 1821년에 평안도에서 발생한 괴질(콜레라) 등의 역사적 사실과 연관시켜 이 비결서가 19세기 전반기에 그를 빙자하여 말세를 예언한 것이라고 보기도 한다.[4] 말세의 징조를 전염병의 발생으로 보았다는 점이 특색이다.

---

3   백승종, 앞의 책, 196쪽.

4   백승종, 위의 책, 197쪽.

그리고 말세의 위기 상황을 피하는 방법에 대해 「서계이선생가장결」은 "이런 세상을 맞아 남편은 땅을 갈고, 아내는 베를 짜되, 벼슬자리에 오르지 말고, 농사짓는 데 부지런히 힘씀으로써 스스로 살길을 버리지 않도록 하라. (⋯) 밭이여! 밭이여! 아는 사람은 알 것이다."라는 비결을 남겼다고 한다. 농사를 짓고 살라는 서계의 주장은 다른 예언서와 확연히 구분되는 점이다. 피난처를 찾아갈 생각을 하지 말라는 주장인 것이다.

허균(許筠, 1569-1618)은 뛰어난 글재주와 넓은 학식으로 이름을 떨쳤으나 불
교를 믿거나 서류(庶流)들과 가까이 지낸다는 이유로 관직에서 여러 번 물러났
다. 광해군 9년(1617) 허균은 좌참찬이 되어 폐모론을 주장했는데, 폐모를 반대
하던 영의정 기자헌(奇自獻)과 사이가 벌어졌고 결국 기자헌은 길주로 유배를
가게 되었다. 그 후 기자헌의 아들 기준격(奇俊格)이 아버지를 구하기 위하여 허
균의 죄상을 폭로하는 상소를 올렸으며, 허균도 상소를 올려 변명하였다.

이듬해 8월 남대문에 격문을 붙인 사건이 일어났는데, 허균의 심복이 붙였
다는 사실이 탄로났으며, 허균과 기준격을 대질 심문시킨 끝에 허균이 역적모
의를 하였다 하여 허균은 그의 동료들과 함께 저잣거리에서 능지처참을 당하
였다. 허균은 우리나라 최초의 소설인 『홍길동전』의 작가로 인정되고 있으
며, 문집으로 『성소부부고(惺所覆瓿藁)』가 전한다.

한편 광해군 때에 허균(許筠)이 비결서를 만들어 유포한 위험인물로 지목되
었다. 다음은 기준격의 상소문에 나오는 참서와 관련된 내용이다.

예조좌랑 기준격(奇俊格)이 비밀리에 상소하기를, (…) 허균은 김제남과 공모하면서 서울을 옮기자는 논의를 주장하였습니다. 참서(讖書)의 본문에 없는 말을 더 써넣어 '첫째는 한(漢), 둘째는 하(河), 셋째는 강(江), 넷째는 해(海)이다.'라고 하였는데, 하(河)라고 한 것은 교하(交河)를 말하는 것이었습니다. 그리하여 온 나라의 인심이 원망하고 소란하게 한 다음 이어서 손을 쓰려 한다고 하였는데 이것도 그가 스스로 말한 것이었습니다.[1]

허균은 『산수비기(山水秘記)』를 읽다가 조선의 첫째 수도는 한(漢)이고, 둘째 수도는 하(河)이며, 셋째 수도는 강(江)이고, 넷째 수도는 해(海)라고 조작했다고 전한다.[2] 여기서 하(河)는 경기도의 교하(交河)이고, 강(江)은 계룡산 근처의 금강(錦江)이며, 해(海)는 가야산 남쪽의 남해(南海)를 가리켰을 가능성이 높다.

허균은 김제남(金悌男)과 공모하여 도읍을 경기도의 교하로 옮기려 했다. 그는 비결서를 조작했다는 혐의를 부인했으며, 『왕엄주집(王弇州集)』에 나오는 것이라고 진술했다.[3]

이에 대해 허균은 "『대명률(大明律)』에 '참서(讖書)를 집에 보관해 두는 것은 사죄(死罪)를 범한 데 해당된다.'고 하였습니다. 신이 우연히 보았다 하더라도 집에 보관해 두지도 않을 것이며 다른 사람에게 전해 이야기하는 것도 감히 하지 못할 일인데, 더구나 원수진 집안의 자제에게 그런 이야기를 하겠습니까. 그리고 이 참설(讖說)은 20여 년 전 선조(先朝) 때부터 있던 것으로 세상에 전해진 지가 이미 오래되었고 천도(遷都)에 관한 설은 임자년(1612) 연간에 나왔으니 (…) "라고 자신의 입장을 밝혔다.[4]

광해군 10년(1618) 2월에는 도선(道詵)의 비기(秘記)가 등장하는 역모사건이

---

1   筠與悌男通謀, 而主遷都之議, 讖書本文所無之語, 添入曰, 一漢, 二河, 三江, 四海. 河者, 交河之謂也. 使一國人心, 搔憂思怨而後, 仍而圖之云, 此亦渠之所自說也. 『광해군일기』 광해군 9년(1617) 12월 24일(을묘).

2   이규경(李圭景), 『오주연문장전산고(五洲衍文長箋散稿)』 상(명문당, 1982), 579쪽.

3   『추안급국안』 2권 12책, 「계해삼월이후옥사(癸亥三月以後獄事)」 상, 제8, 56면.

4   『광해군일기』 광해군 10년(1618) 5월 3일(경인).

발생하기도 했다.

유학(幼學) 문의남(文義男)이 상소하였다. 그 대략에, "지난번에 전 훈도 김대하(金大河)가 올린 상소의 내용을 얻어 보건대, 기준격(奇俊格)이 박응서(朴應犀), 성문진(成文振), 성익진(成益振) 등과 역모를 꾀한 정상이 분명하였습니다. 그런데 이번에 또 김대하 및 박민준(朴敏俊)의 소장을 보건대, 기자헌(奇自獻)이 방서(方書)를 많이 모으고 날마다 술사(術士)를 맞고 있는데, 도선(道詵)의 비기(祕記)가 나덕수(羅德秀)의 집에 있다는 말을 듣고는 잡아오도록 계청하며 그 비서(祕書)를 얻은 뒤에야 그만두었으며, 왕기(王氣)가 다하지 않은 최고의 명당(明堂) 자리를 훔쳐 첩을 장사지내고 집을 세우면서 뒷날 제왕의 복을 누리려고 도모하였다 하니, 그가 역모를 꾀한 정상이 또한 분명하다 하겠습니다. 부자가 모두 흉악한 역적인 이상 법으로 복주(伏誅)하지 않을 수 없으니, 속히 자헌 부자의 목을 베어 종묘사직을 편안케 하소서." 하였는데, 의정부에 계하하였다.[5]

기준격의 무함하는 상소에 대해 좌참찬 허균이 변명한 상소문의 내용은 다음과 같다.

의창군(義昌君)이 바로 신의 형의 사위이기 때문에 기필코 신의 집안을 결딴낼 목적으로 문득 그를 왕으로 세우려 했다는 설을 지어내어 (…) 것입니다. 『대명률(大明律)』에 '참서(讖書)를 집에 보관해 두는 것은 사죄(死罪)를 범한 데 해당된다.'고 하였습니다. 신이 우연히 보았다 하더라도 집에 보관해 두지도 않을 것이며 다른 사람에게 전해 이야기하는 것도 감히 하지 못할 일인데, 더구나 원수진 집안의 자제에게 그런 이야기를 하겠습니까. 그리고 이 참설(讖說)은 20여 년 전 선조(先朝) 때부터 있던 것으로 세상에 전해진 지가 이미 오래되었고 천도(遷都)에 관한 설은 임자년(1612) 연간에 나왔으니 그가 그럴듯하게 속여 넘기려 한 정상이 이에 이르러 더욱 분명해졌습니다.[6]

---

5 "則奇自獻多聚方書, 日邀術士, 聞道詵祕記, 在於羅德秀之家, 至於啓請捉來, 得其祕書而後已."『광해군일기』광해군 10년 (1618) 2월 9일(기해) 계청(啓請)은 임금에게 아뢰어 청한다는 뜻인데, 여기서는 기자헌이 아랫사람을 시켰다는 의미이다.

6 『광해군일기』광해군 10년(1618) 5월 3일(경인).

다음은 기준격과 허준을 정국한 것으로, 기준격과 허균의 공초 내용이다.

기준격과 허균 등을 정국하였다. — 허균의 공초에 이르기를 — 갑인년(1614) 봄에 — 경주의 사산(蛇山)이 천년의 왕기를 지닌 땅인데 기자헌(奇自獻)이 첩을 도장(盜葬)했다는 설 등이 당시에 크게 유행하였습니다. 그러자 그 집의 부자 형제가 그런 설들이 모두 신에게서 나온 것이라고 의심하여 반드시 모함해 해치려고 갖가지 계획을 다 내어서 이런 고변을 한 것입니다. 의창군(義昌君)은 신의 형 사위이기 때문에 준격이 신을 모함하려고 의창을 세우려 했다고 말하여 그 아비에게 공을 돌리고 다른 사람에게 화를 전가시키려고 하는 것이니 그 꾀가 참혹합니다. — 세상에 전해지는『산수비기(山水祕記)』는 세상에 떠돌아다닌 지 이미 오래되었습니다. 참서(讖書)를 집에 보관하는 것은 율문에 죄가 중하므로 신은 보고도 그냥 지나쳤을 뿐입니다. 천도(遷都)의 설은 임자년(1612)에 한창 나왔는데 수십 년 전에 신이 어떻게 미리 알아서 첨가하였겠습니까? — 7

광해군 4년(1612)에 천도에 관한 설이 세상에 전해졌다는 내용이다.

이와 관련하여 요망한 짓을 하고 참언(讖言)을 조작하는 것이 허균의 장기라고 규정하고, 중들이 난을 일으키려고 모의한 일과 흉서가 걸린 일과 유구(琉球)의 군대가 와서 섬 속에 숨어있다는 소문이 나돈 일이 모두 그가 한 짓이라고 주장한 사람도 있었다.8

또 광해군 10년(1618) 8월에는 "세상에 전해지는 산수비기(山水祕記)는 세상에 떠돌아다닌 지 이미 오래되었습니다."라는 보고가 있었다.9 이에 왕이 격문에 나타난 "대장군(大將軍) 정(鄭) 운운(云云)"이라는 내용을 조사할 것을 명하기도 했다.10 정여립 사건 이후 발생한 반란음모사건에 정씨가 나타나 새 왕조를

---

7 "慶州蛇山, 千年王氣之地, 盜葬自獻妾之說, 大行於時. 父子兄弟, 疑皆出於臣, 必欲陷害, 爲計萬端, 爲此告變. 義昌君是臣兄之女壻, 故俊格欲陷臣身, 以欲立 義昌爲言, 歸功渠父, 嫁禍他人, 其計慘矣. (…) 世傳山水祕記, 行於世已久. 讖書藏家, 律文罪重, 故臣看過而已. 遷都之說, 方出於壬子年, 則數十年前, 豈能預知而添入乎?"『광해군일기』광해군 10년(1618) 8월 18일(갑술).

8 『광해군일기』광해군 10년(1618) 8월 22일.

9 『광해군일기』광해군 10년(1618) 8월 18일.

10 『광해군일기』광해군 10년(1618) 8월 23일.

열 것이라는 예언이 있었다는 점을 알 수 있다.

기준격(奇俊格)이 허균이 참서(讖書)를 가감하고 사자관(寫字官) 송효남(宋孝男)이 그 글을 썼다고 진술했지만, 송효남은 "기준격의 초사에서 참서(讖書)의 '일한(一漢)'부터 '사해(四海)'까지 허균이 스스로 가감해서 첨입했다고 했으니, 신이 어찌 그것을 썼을 리가 있겠습니까?"라며 그런 사실이 없었다고 진술했다.[11]

그리고 허균은 이른바 참서가 『산수비기』였다고 증언하였다.

> 세상에 전해지는 『산수비기(山水祕記)』는 세상에 떠돌아다닌 지 이미 오래되었습니다. 참서(讖書)를 집에 보관하는 것은 율문에 죄가 중하므로 신은 보고도 그냥 지나쳤을 뿐입니다. 천도(遷都)의 설은 임자년에 한창 나왔는데 수십 년 전에 신이 어떻게 미리 알아서 첨가하였겠습니까?[12]

이 『산수비기』의 일부 내용은 후대에도 인용되었다.[13]

허균은 인심을 선동하기 위해 "서쪽의 도적이 이미 압록강을 건넜다.", "유구 사람들이 바다 가운데 섬에 숨어있다."는 등의 말을 유포했다. 유구가 조선에 쌓인 원한을 풀기 위해 남해의 섬에 군대를 숨겨두고 침략할 기회를 엿보고 있다는 주장이다. 이는 해도진인출현설(海島眞人出現說)과 남조선신앙(南朝鮮信仰)의 한 실마리로 보인다.

또한 허균은 "성은 들만 같지 못하고, 들은 멀리 도망가는 것만 못하다."는 예언을 퍼뜨렸다고 한다. 현전하는 『정감록』에 활활(活活), 활활(闊闊), 궁궁(弓弓), 밭[전, 田] 등이 피난처로 제시되는 일과 일맥상통하는 말이다.

광해군 10년(1618) 9월에는 허균의 역모사건을 마무리 짓는 교서가 반포되었다.[14]

---

11 『광해군일기』 광해군 10년(1618) 9월 4일(기축).

12 『광해군일기』 광해군 10년(1618) 8월 18일(갑술).

13 산수비기(山水祕記)에도 "수원에 장사를 지내면 나라 안이 불안해진다."는 말이 있다고까지 했다. 『현종개수실록』 즉위년(1659) 8월 30일(무오).

또 광해군 4년(1612) 2월에도 정씨(鄭氏) 성을 가진 사람을 내세우고 역모를
꾀한 사건이 있었다.[15]

광해군 4년(1612) 11월에는 술관(術官) 이의신(李懿信)이 "도성의 왕기(旺氣)가
이미 쇠하였으므로, 도성을 교하현(交河縣)으로 옮겨야 합니다."라고 상소했
다.[16] 임진왜란을 겪은 후에 나라의 운수를 바꾸기 위해 도읍지를 옮겨야 한다
는 의견이 나왔던 것이다. 이는 나라의 운명이 수도의 지기에 달려있다는 믿
음이 반영된 것이다. 이때 이수광(李睟光, 1563-1628)이 지은 상소문이 전한다.[17]

광해군 5년(1613) 5월에는 의인왕후(懿仁王后)의 5촌인 정협(鄭浹)을 왕으로
삼고자 기도한 반란사건이 있었으며,[18] 광해군 9년(1617) 1월에는 대궐에 날아
든 격문에 비결에 대한 설명이 있었다.[19]

한편 이수광(李睟光, 1563-1628)의『지봉유설(芝峯類說)』권 3 군도부(君道部)「정

---

14 역적의 우두머리 허균은 성품이 사납고 행실이 개, 돼지와 같았다. (…) 홍로(弘老)와 체결하여 동저
(東邸)를 위태롭게 하고자 도모했으며, 김제남(金悌男)을 지휘하여 서궁(西宮)을 등에 업고 권력을 잡
고자 하였다. 이의(李㼁)을 옹립하려는 계책을 세웠으나 수렴청정이 이루어지지 못하자, 이광(李珖)을
추대하려는 계책이 또 같은 무리들에게서 나왔다. 선왕이 승하하신 틈을 타 감히 어린 왕자를 무함했으
며, 중국에 들어가 상변(上變)하면서 만금의 뇌물을 쓰려고 했다. 비기(秘記)에 의탁해서 참언을 지어
내 몰래 천도의 설을 퍼뜨렸으며, 경운궁(慶運宮)을 그리는 시를 지어 몰래 내부적 화란을 재촉하였다.
군기교(軍器橋) 머리에서 김윤황(金胤黃)에게 화살과 격문을 전달하였으며, 숭례문 밖에서 하인준(河
仁浚)에게 방문을 붙이게 하였다. 대론에 가탁해서 조정의 역적을 토벌하는 의리를 돕는 것처럼 하였으
며, 잡다한 무리들을 꾀고 위협해서 늪지에 숨어 도적들을 규합하는 계책을 이루고자 했다. 밤낮으로
은밀하게 의논해서 역모가 더욱 진행되어 화가 조만간 일어나게 되었다. 산에 올라가 소리를 질러 서울
을 놀라게 하였으며, 불을 들고 호응하여 사람들을 모두 도망하게 하였다. (…) 8월 24일에는 역적의
우두머리 허균과 역적의 도당 하인준(河仁浚), 김윤황(金胤黃), 우경방(禹慶邦), 현응민(玄應旻)을,
같은 달 26일에는 황정필 등을 모두 능지처참해 죽였으며, 가산을 적몰하고 파가저택(破家瀦澤)하는
일을 일체 법률대로 시행하였다.〔托秘記而造讖, 潛動㫌遷都之說,〕『광해군일기』광해군 10년(1618) 9
월 6일(신묘).

15 『광해군일기』광해군 4년(1612) 2월 23일.

16 『광해군일기』광해군 4년(1612) 11월 15일.

17 "今有李懿信者, 掇拾地家之餘論, 鼓動不根之邪舌, 乃敢陳疏, 極稱漢陽交河地氣衰旺, 至以秘記爲證, 必
欲擧國都而移之, 附會張皇, 肆然無忌, 其心以爲朝廷有人乎? 此疏一入, 遠近驚惑, 互煽浮言, 靡所止息,
左道妖言之罪, 自有其律矣. 臣等初聞下禮曹議啓之批, 私竊以謂聖上萬無聽信之理, 其必令禮官先議其
是非, 而後議其妄言之罪, 不但已也. 閟默以竢, 託至于今, 乃有會議之命, 是不唯不罪其妄言, 而蓋將用
其言而施諸事也."『지봉선생집(芝峯先生集)』권 22 잡저(雜著)「옥당차자(玉堂箚子)」.

18 『광해군일기』광해군 5년(1613) 5월 4일.

19 『광해군일기』광해군 9년(1617) 1월 19일.

치(政治)」에도 "비기(秘記)에 서로 전하기를 황려산에 성인의 장지가 있을 것이라 했으니 영릉(英陵)이다. 수천 년 전에 이미 아는 자가 있었으니 참으로 신이하다."라[20] 하여 세종대왕의 장지에 관한 기록이 있다.

---

20 又秘記相傳黃驪之山, 當有聖人葬之, 卽英陵也. 數千年前, 已有知之者, 吁亦異矣.

성지 사건

19

광해군 8년(1616) 3월에 왕이 도읍을 경기도 교하로 옮기려 했다.

> 왕이 성지(性智)와 시문룡(施文龍) 등에게 인왕산 아래에다 새 궁궐의 터를 잡게 하였다. 왕이 이의신(李懿信)의 말을 받아들여서 장차 교하(交河)에 새 도읍을 세우려고 하였는데, 중론(衆論)이 한꺼번에 일어나서 그렇게 하지 못하였다. 이에 성지와 시문룡 등이 왕에게 토목공사를 크게 일으키려는 뜻이 있음을 알고 몰래 인왕산 아래가 궁궐을 지을 만하다고 아뢰자, 왕이 크게 기뻐해서 즉시 터를 잡으라고 명하였다.[1]

광해군이 교하로 도읍을 옮기려 했는데, 그 이면에는 허균의 입김과 지관 이의신의 영향이 강했다. 그러나 실제로 그러한 일은 이루어지지 못했고, 성지라는 승려와 시문룡 등에 의해 인왕산 아래에 궁궐을 옮기려 했던 일이 있

---

[1] 『광해군일기』 광해군 8년(1616) 3월 24일(갑오).

었다.

광해군은 성지(性智)라는 승려의 주장을 받아들여 궁궐터를 새로 정하려 했다.

영의정이 아뢰기를, "이번에 인왕산 아래에다 터를 잡는 일은 사체가 중대한데, 실로 그 말이 흠이 없는지의 여부를 모르겠습니다. 지금 정부에 단지 기자헌 혼자만 있으니 몹시 온당치 않습니다. 좌찬성 박홍구(朴弘耉)는 관상감 제조이니, 그로 하여금 동참하게 하는 것이 마땅합니다. 감히 아룁니다." 하였다. (…) 성지(性智)는 미친 중으로, 스스로 지리(地理)에 대한 방서(方書)를 잘 이해한다고 하였다. 글을 읽을 줄 몰라서 언문으로 풍수(風水)에 대해 논하였는데, 그 말이 예전 방술대로 하지 않아 괴이하고 어긋나서 가소로웠다. 그는 "인왕산은 돌산으로 몹시 기이하게 솟아 있으며, 또 인왕(仁王)이란 두 글자가 바로 길한 참언(讖言)이다. 그러므로 만약 왕자(王者)가 그곳에 살 경우 국가의 운수를 늘릴 수 있고 태평시대를 이룰 수 있다."고 떠들어 대었으며, 또 '국초(國初)에 사직단(社稷壇)의 터를 이곳에 잡은 것은 당시의 술사(術士)가 반드시 소견이 있어서였다. 그러니 사직단을 다른 곳으로 옮기고서 그 터에다 궁궐 자리를 잡아야 한다. 임금이 편안하게 지내면 사직 역시 견고한 것이니, 마땅히 옮겨야지 무슨 의심을 둘 것이 있겠는가.' 하였으므로, 듣는 자들이 크게 놀랐다. 이에 드디어 사단(社壇)의 담장 바깥에다 궁궐의 터를 정하였다. 이보다 앞서 사제(社祭)에 쓰는 시루[甑]가 저절로 소리를 내어 그 소리가 1리 밖까지 들렸었는데, 얼마 되지 않아 궁궐의 터로 잡아 담장을 무너뜨리고 터를 닦았으므로, 사람들이 그에 대한 응험이라고 하였다. 인왕(仁王)은 석가(釋迦)의 미칭(美稱)으로 산에 예전에 인왕사(仁王寺)가 있었으므로 그렇게 이름한 것이었다. 성지가 일찍이 그의 어미의 뼈를 창원(昌原) 안골포(安骨浦) 불모동(佛母洞)에 장사지내고는 말하기를 "나의 후신(後身)은 부처가 될 것으로, 포와 동의 이름이 모두 그에 앞선 조짐이다."고 하였다. 대개 불모동의 본이름은 '불못〔火池〕'으로 노야(爐冶)의 이명(異名)이었다. 동(洞)에 예전에 철로(鐵爐)가 있었으므로 '불못'이라고 이름하였는데 '불모(佛母)'와 속음(俗音)이 비슷하므로 그렇게 칭한 것이었다. 성지가 방서(方書)에 대해 모르므로 속설(俗說)로 꾸며대는 것이 모두 이와 같았다.[2]

---

2 『광해군일기』 광해군 8년(1616) 3월 24일(갑오).

새 궁궐을 새문동(塞門洞)에다 건립하는 것에 대해 의논하였다. (…) 성지(性智)가 이미 인왕산 아래에다 신궐을 짓게 하고, 술인(術人) 김일룡(金馹龍)이 또 이궁(離宮)을 새문동에다 건립하기를 청하였는데, 바로 정원군(定遠君)의 옛집이다. 왕이 그곳에 왕기(王氣)가 있음을 듣고 드디어 그 집을 빼앗아 관가로 들였는데, 김일룡이 왕의 뜻에 영합하여 이 의논이 있게 된 것이다.[3]

성지는 전통적인 지리서에 의존하지 않고 독자적인 주장으로 궁궐을 옮기자는 주장을 했는데 언문으로 풍수에 대해 논했다고 한다. 불교적 용어에 대한 해석에 근거하여 인왕(仁王)이 되기 위해서는 인왕산 아래로 궁궐을 옮겨야 한다고 강조했으며, 그 어미의 묘를 이장한 곳의 지명도 불모(佛母)라고 주장했던 것이다.

성지(性智)를 첨지(僉知)에 제수하라고 전교하였다. (…) 성지는 요승(妖僧)이다. 처음에 인왕산(仁王山) 아래에 왕기(王氣)가 있다는 설을 가지고 왕을 미혹하여 인경궁(仁慶宮)을 세우게 하고 통정대부(通政大夫)에 올랐는데, 이번에 또 첨지중추부사를 제수받아 머리에 옥관자를 두르고 말을 타고 다니는 등 그 위세가 하늘을 찔렀다. 사람들이 모두 그를 지첨지(智僉知)라고 불렀는데 계해년(1623)에 복주(伏誅)되었다. (…)[4]

성지는 광해군에 의해 관직에 봉해졌는데, 이후 그는 요승으로 간주되어 인조반정 이후 복주되었다. 성지는 지명에 대한 한글 풀이에 의해 궁궐터를 옮기고 장차 새로운 인물들이 태어날 것을 예언했다.

---

3 『광해군일기』 광해군 9년(1617) 6월 11일(갑진).
4 『인조실록』 인조 1년(1623) 3월 17일(정미).

인조대의
예언
사상
20

인조 1년(1623) 10월에 역모를 꾀한 무리들이 참서에 "국가가 앞으로 8-9개월을 넘기지 못할 것이다."라는 내용이 있다고 주장했다.

이시언(李時言)이 소장을 올려 황현(黃珨), 이유림(李有林) 등이 흥안군(興安君)을 추대하려는 반란을 도모하고 있다고 고변하였다. 황현이 이시언에게 "우리들이 죽는다 하더라도 뒤를 이어 일어날 사람이 반드시 많을 것이다. 복설(卜說)과 참서(讖書)에서도 다 같이 국가가 앞으로 8-9개월을 넘기지 못할 것이라고 한다."라는 말을 했다.[1]

인조 2년(1624) 1월에 일어난 이괄의 난에도 이괄이 비기를 얻었다는 내용이 보인다. 이괄은 인조반정 때 공이 컸음에도 불구하고 2등 공신밖에 되지 못하고 외지에 부임하게 된 데 앙심을 품고 반란을 일으킨 인물이다. 이괄군은

---

1 且曰, 我等雖死, 踵起者必多. 卜說讖書, 皆言國家將不過八九朔云. 『인조실록』 인조 1년(1623) 10월 1일(무오).

관군을 기습 공격하여 붕괴시키고 서울을 점령하였는데, 임금은 공주로 피난까지 했다. 이후 길마재 전투에서 패한 이괄은 광주(廣州) 쪽으로 피신했으나 부하 장수들의 배반으로 죽임을 당하였다. 국왕이 서울을 떠난 사태는 집권층과 일반 민중 모두에게 큰 충격을 주었다.

> 문회(文晦), 이우(李佑), 권진(權瞋) 등이 이괄 등의 변란을 고하다. 이에 이들을 추국하다. (…) 정찬이 공초하기를, "이괄이 비기(祕記)를 얻었다고 스스로 말하면서 딴 뜻을 품었는데, 남건(南楗)은 요술로 서로 친하고, 남응화(南應華)는 망기(望氣)를 잘하여 이괄의 집에 가기(佳氣)가 있다 하였고, 윤수겸은 이괄이 갑자년 명수(命數)를 타고나 극히 길(吉)한 것으로서 한번 지휘하면 태평을 이루게 된다는 말을 하였습니다.[2]

당시 이괄이 비기를 얻었다는 풍문이 떠돌았으며, 이괄의 집에 좋은 기운이 있고 그는 갑자년에 태어나 길한 운수를 지닌 사람으로 선전되어, 난을 일으키는 당위성을 주장하는 한 근거로 이용되었다.

도원수의 계문에는 다음과 같은 구체적인 내용도 보인다.

> 최덕문이 또 말하기를 "한 사람이 중이 되어 도망하여 왔는데, 바로 윤경립(尹敬立)의 첩자(妾子)로서 늘 역적 괴수의 침실에 있으면서 가장 신임을 받는다. 그가 늘 말하기를, '참서(讖書) 내용에 이씨(李氏)를 이어 임금이 되는 자도 그 성이 이씨라 하였다.' 하니, 이것으로 보면 이괄이 군사를 일으킨 것은 하루아침에 화(禍)가 닥쳐서 갑자기 일으킨 것이 아닌 듯합니다." 하였다.[3]

이씨 왕조를 이어 새 왕조를 세울 인물의 성씨도 이씨라는 참서의 내용이 있다는 주장이다. 승려가 참서의 내용을 가지고 반란의 근거를 제시했다는 점

---

2   (鄭)燦供稱, 适自言得秘記, 遂有異志. 南楗以妖術相善, 南應華善望氣, 以爲适家有佳氣, 尹守謙以适甲子年命數爲極吉, 有一麾致太平之語. 『인조실록』 인조 2년(1624) 1월 17일(임신).

3   德雯又言, 有一人爲僧逃來, 乃尹敬立之妾子也. 常在賊魁寢內, 最見親信, 每稱讖書中, 繼李而王者, 其姓亦李云. 以此觀之, 則适之擧兵, 似非一朝禍迫而猝發云. 『인조실록』 인조 2년(1624) 2월 2일(병술).

이 특기할 만하다.

성해응(成海應)의 『연경재전집(研經齋全集)』 54권 초사담헌(草榭談獻) 1 「남사고(南師古), 정두(鄭斗)」에 "참언에 이르기를 '봉목장군(蜂目將軍)이 서쪽에서 기병할 것이다.'라 했는데 훗날 이괄이 영변지역에서 반란을 일으켰는데 그가 봉목을 가졌다."라 했다는 내용이 보인다.[4]

그런데 봉목장군은 현전하는 『정감록』에도 나오는 구절이다.

甲子: 蜂目將軍, 提兵西起. 王渡錦江, 賊巳禾川. 「오백론사」, 〔안춘근 편, 『정감록집성(鄭鑑錄集成)』(아세아문화사, 1973)〕 577면.

甲子: 蜂目將軍西起, 王渡錦水, 賊滅禾川. 「남격암십승지론」, 〔안춘근 편, 『정감록집성(鄭鑑錄集成)』(아세아문화사, 1973)〕 617면.

이괄은 이천(利川) 묵방리(墨坊里)에서 부하 장수들의 배반으로 살해되었다. 이로써 이괄의 난은 평정되었다.

『정감록』에 나오는 화천(禾川)은 이천(利川)을 가리키는 말로 이해된다. 따라서 현전하는 『정감록』의 인용 구절은 이괄의 난이 일어난 상황을 정확히 표현하고 있다고 보인다. 즉 '벌의 눈'을 가졌다는 장군이 서쪽 지역에서 난을 일으킨다는 것, 왕이 금강 유역으로 피신하리라는 것, '화(禾) 자'가 들어간 지역에서 그 장군이 죽을 것이라는 사실 등을 정확히 예언한 것으로 해석될 여지를 남겼다.

인조 2년(1624) 12월에는 "인성군(仁城君)이[5] 장차 왕이 될 것이다."라는 내용의 참서를 만들어 유포한 사람도 있었지만 임금이 불문에 부치라고 명했다.

이귀가 아뢰기를, "지난 날 윤인발(尹仁發)이 참서(讖書)를 위조하기를 '인성(仁城)이 왕이 된다.' 하였고 또 '건의대장(建義大將)'이란 인(印)을 만들어 인성군의 집에 감추

---

4 "爲讖言蠭目將軍起自西方, 後李适叛於寧邊. 乃蜂目也."

5 인성군(仁城君)은 선조의 7남이다.

어 두었다고 했는데, 상께서 불문에 부치라는 분부가 계셨으므로 사람들이 모두 감히 말을 하지 못했습니다.[6]

광해군 15년(1623) 인조반정(仁祖反正)이 일어나자 광해군 때 최고 실권자로 권력을 누리던 이이첨(李爾瞻, 1560-1623), 박승종(朴承宗), 유희분(柳希奮)이 하루아침에 숙청되었다. 유효립(柳孝立, 1579-1628)은 유희분의 조카였다. 연좌제에 얽혀 유효립은 충청도의 제천으로 유배되고 말았다. 그는 유배지에서 역모를 도모했다. 폐위된 광해군을 상왕(上王)으로 모시고 인조의 숙부였던 인성군(仁城君, 1588-1628) 공(珙)을 왕으로 추대할 계획을 세웠던 것이다.

유효립은 원주 치악산에 머물던 담화(曇華)라는 승려와 가깝게 지냈는데, 유효립의 사주를 본 담화가 도선국사가 창건했던 전남 광양의 옥룡사(玉龍寺)에 가서 "개의 해와 돼지 해에 사람이 상하는 화가 발생한다. 그러면 범의 해와 토끼 해에는 어떻게 될런지 모른다."는 구절을 남몰래 비석에 새겨 넣었다. 또 담화는 "쥐의 해와 소의 해에는 안정되지 않다가 범의 해와 토끼 해에 패한다.", "용의 해와 뱀의 해에는 인성(仁城)을 얻는다."고도 주장했다.

어떤 해에 어떤 사건이 일어날 것인지를 예언하는 형식인 편년체의 예언을 했던 것이다. 여기서 인성(仁城)을 인성군(仁城君) 공(珙)으로 해석하여 역모를 모의했다고 의심받았다.

나아가 이들은 "계룡산의 바위들이 흰색으로 변하고, 거친 갯벌에 배가 다닐 때에 새 임금이 등극할 것이다."라는 말을 주고받았다. 이 구절은 현전하는 『정감록』의 「감결」에 있는 "계룡산의 돌들이 흰색으로 변하고, 청포 죽이 흰색으로 변한다. 거친 갯벌에 조수가 일어 배가 다니며, 누런 안개와 검은 구름이 일어나고, 붉은 기운이 삼 일 동안 감싼다."는 구절과 거의 일치한다.

또한 현전하는 『정감록』의 「징비록」에도 "진인이 남해에서 계룡으로 오

6 貴曰, 前日尹仁發僞作讖書曰, 仁城爲王, 又爲建義大將之印, 藏在仁城家云, 而自上有勿問之敎, 故人皆不敢言矣. 『인조실록』 인조 2년(1624) 12월 6일(병술).

면 창업을 알 수 있다. 말세가 되면 계룡산의 바위들이 흰색으로 변하고, 거친 갯벌에 배가 다니며, 목멱산의 소나무가 붉게 변하고, 삼각산의 모양이 변한 다."라는 구절이 있다. 계룡산을 강조하고 새 임금이 등극한다고 한 것은 진인 (眞人)으로 상징되는 이상적 인물이 출세할 것을 주장한 내용이다.

인조 6년(1628) 1월 제천에 귀양 가 있던 유효립(柳孝立)과 원주에 사는 정심 (鄭沁), 정자(鄭洎), 정린(鄭潾) 등이 함께 모의하여 거사하기로 했다. 이때 이들이 무기를 지니고 집결하여 있었으나 모두 체포되었다. 그런데 유두립(柳斗立)이 얻었다는 참서(讖書)에 "초계(草溪)에 조수(潮水)가 들어오고 계룡(鷄龍)에 서울을 건립하는데, 조선 사람들이 모두 벙거지를 쓰고 털옷을 입는다."는 등의 말이 있었다.[7]

이 "초계조입(草溪潮入), 계룡건도(鷄龍建都)"라는 구절은 현전하는『정감록』 「감결」의 "초포(草浦)에 조수가 들어와 배가 다니고"와 「오백론사」의 "초포와 서진(西津)에 선객이 만 리까지 이르고"와 「토정가장결」의 "초포에 배가 다닐 때 그대는 가히 알 것이다."와 비슷하며, 「감결」의 "계룡산은 정씨의 팔백 년 도읍할 땅이로다.", "계룡산에 나라를 세우면"과 「삼한삼림비기」의 "계룡산 밑에 도읍할 땅이 있으니, 정씨가 나라를 세우리라."와 유사하다.

따라서 이 구절이『정감록』에 수용되었다는 이유로『정감록』의 저작 시 기를 이때로 보려는 시도도 있다. 그러나 이미 앞에서 살펴보았던 내용에서 알 수 있듯이 현전하는『정감록』에 나오는 특정 구절과 비슷한 구절은 조선 초기부터 전승되어 왔다. 그리고 정씨가 새로운 왕조를 계룡산 아래에 세울 것이라는 비결은 이미 정여립 사건 때 널리 알려졌었다.

특히 현전하는『정감록』에는 초계가 아니라 초포라고 적혀 있다는 점에 서 직접 관련시키는 데 약간의 어려움이 있다. 훗날 정조 6년(1782) 11월에 일

---

7   鄭沁, 則沁曰, 柳斗立, 得讖書, 未知時事如何也. 因遨斗立, 出示讖書, 有, 草溪潮入. 鷄龍建都. 朝鮮皆
     着毛笠毛衣等語.『인조실록』인조 6년(1628) 1월 3일.『추안급국안』4권 39책,「무진유효립옥사문
     서(戊辰柳孝立獄事文書)」3(1628. 1.) (아세아문화사, 1984), 85면에는 초계유조(草溪有潮)라고
     적혀 있다.

어난 문인방 사건에서는 계룡산 근처에 있는 초포라는 지명이 명기된다는 점을 고려할 때, 최소한 우리가 현재 볼 수 있는 『정감록』의 내용과 직접 관련된 구절이 나타나는 일은 인조대가 아닐 가능성이 있다.

한편 초계(草溪)라는 지명은 경남에 있는 초계군(草溪郡)과[8] 경기도 여주 남쪽 5리에 있는 초계원(草溪院)이라는 여관 이름에[9] 있다. 이 두 곳은 계룡산과는 멀리 떨어져 있다. 따라서 계룡산에 도읍을 세운다는 뒷 구절과의 연관성이 부족하다.

『신증동국여지승람』 제18권 충청도(忠淸道) 연산현(連山縣)조에 "초포(草浦): 현 서쪽 20리에 있다. 계룡산에서 발원하여 사진(私津)으로 들어간다."라 했다. 이와 관련하여 현전하는 『정감록』에는 다음과 같은 구절이 보인다.

> 임진년 겨울에 초포와 서진에 선객(船客)이 만 리까지 이른다.[10]
> 초포에 배가 다닐 때 그대는 가히 알 수 있으리라.[11]

계룡산과 가까운 지역에 위치한 초포가 초계일 가능성이 매우 높다. 계룡산을 새 왕조의 수도로 비정하려는 입장에서 초포라는 지명이 비결에 언급되었다고 보아야 할 것이다.

유효립사건에 연루된 정심(鄭沁)은 어떤 늙은 승려가 참서(讖書)를 가지고 와서 보여주었다고 진술했다.[12] 한편 이들은 다음과 같은 예언을 주고받았다.

---

8   『신증동국여지승람』 30권.

9   『신증동국여지승람』 7권 여주목(驪州牧) 역원(驛院).

10 黑龍多末 ― 草浦 ― 恩津 ― 西津 ― 龍咸 ―, 船客萬里. 「오백론사(五百論史)」, 『정감록』(한성도서주식회사, 1923), 『정감록집성』(아세아문화사, 1973), 577면. 흑룡은 임진년이다. 초포를 은진, 서진을 용함으로 보았다.

11 草浦船時, 子可知. 「토정가장결」, 『정감록』(한성도서주식회사, 1923), 『정감록집성』(아세아문화사, 1973), 595면.

12 『추안급국안』 4권 39책, 「무진유효립옥사문서(戊辰柳孝立獄事文書)」 3(1628. 1.) (아세아문화사, 1984), 12면.

참기(讖記)에 이르기를 "무진년 정월에 나라에 큰 액이 있을 것이다."라 했다.[13]

참기에 이르기를 "술년과 해년에 사람들에게 화가 미칠 것이고, 인년과 묘년은 알 수 없다."는 말이 있었다.[14]

참서에 이르기를 "배씨(裵氏)가 용사(用事)할 것이다."라 했다.[15]

특정 해에 어떠한 일이 일어날 것이라는 것은 현전하는 『정감록』의 표현 방식과 유사하다. 이런 형식의 예언은 이 시기부터 예언의 한 표현 방식으로 굳혀졌을 가능성이 높다.

결국 이 사건과 연루되어 급제 유효립(柳孝立), 진사 정린, 전 좌랑 정심(鄭沁), 내관 배희도(裵希度), 사약(司鑰) 김응사(金應獅), 화원(畫員) 김응호(金應虎), 반감(飯監) 이효일(李孝一) 등 50여 인이 신문에 의해 모두 자복하였으므로 전부 처형하였다.

유효립사건 관련자들이 계룡산을 강조하고 정씨 진인의 출현을 예언한다는 점은 현전하는 『정감록』의 다음 구절과 연관된다.

진인이 남쪽으로 건너가 순하게 하늘의 명을 받들어 술년과 해년에 계룡산에서 일어날 것이다. 인, 묘, 진년에 걸쳐 왜국(倭國)을 통일할 것이니 이후에는 정씨의 운수가 크게 펼쳐질 것이다.[16]

이른바 정씨 진인출현설을 주장한 것이다. 정여립사건 이후 정씨 진인출현설은 점차 구체적으로 확대되어 언급되기 시작했다. 특히 계룡산과 관련하여

---

13 讖記以爲, 戊辰正月, 國有大厄. 『추안급국안』 4권 39책, 「무진유효립옥사문서(戊辰柳孝立獄事文書)」 3(1628. 1.) (아세아문화사, 1984), 15면과 19면.

14 讖記云, 戊亥載人禍, 寅卯未可知之語. 『추안급국안』 4권 39책, 「무진유효립옥사문서(戊辰柳孝立獄事文書)」 3(1628. 1.) (아세아문화사, 1984), 62면.

15 讖書云, 非衣用事云. 『추안급국안』 3권 38책, 「무진유효립옥사문서(戊辰柳孝立獄事文書)」 2(1628. 1.) (아세아문화사, 1984), 909면.

16 眞人渡南, 順受天分, 戊亥之年, 鷄龍岺興, 寅卯辰歲, 統一倭境, 自此以後, 鄭運通泰. 「서계이선생가장결(西溪李先生家藏訣)」, 『정감록』(한성도서주식회사, 1923), 『정감록집성』(아세아문화사, 1973), 591면. 서계는 이득윤(李得胤)의 호다.

그곳에 새 왕조의 수도가 건설될 것이라는 예언으로 확대 해석되었던 것이다.

또한 유효립사건과 연관된 승려 담화가 옥룡사의 비석에 몰래 예언을 기록했다는 진술이 전한다.

> 정심의 공초는, "듣기로는 민대와 유효립이 인성군을 옹립하려고 하는데 효립은 밖에서 응원한다고 했습니다. 그리고 승려인 담화(曇華)가 치악산(雉岳山)에 거주하고 있는데 유효립과 사이가 좋기 때문에 옥룡사(玉龍寺)의 비석에다가 '술년(戌年)과 해년(亥年)에 사람이 상하는 화가 발생하는데 인년(寅年)과 묘년(卯年)에는 어떻게 될지 모른다.'는 등의 참설을 기재한 뒤 민대가 가서 인성군을 직접 만나 약속하고 왔다고 했습니다." 하고, (…) 이수향은 공초하기를, "지난해 9월 원주에 가서 정심을 만나보았는데 승려인 담화도 거기에 와서 유숙하였습니다. 담화가 말하기를 '참기(讖記)에 「자년(子年)과 축년(丑年)에는 안정되지 않다가 인년(寅年)과 묘년(卯年)에 패한다.」 하였고 또 「진년(辰年)과 사년(巳年)에 인성(仁城)을 얻는다.」했다. 이 때문에 원주 사람들이 모두 인성군에게 마음을 붙이고 있다.'고 했습니다.[17]

위의 인용문 역시 담화라는 승려가 참언을 유포했다는 내용이며, 참언의 내용이 어느 해에 어떤 일이 일어날 것이라는 편년체 기록이라는 점이 강조되었다. 인조 연간에 담화라는 승려가 주장한 참기와 똑같은 내용은 현전하는 『정감록』에는 보이지 않는다. 그러나 이와 같이 천간(天干)을 사용하여 특정한 년도에 어떤 일이 일어날 것인지를 서술하는 방식의 비결은 「무학비결」이 대표적이다. 따라서 인조 연간에 유행하던 비결서의 서술방식이 후대에 그대로 전승되었다고 보아야 할 것이다.

한편 이긍익(李肯翊, 1736-1806)의 『연려실기술』 제24권 인조조고사본말(仁祖朝故事本末) 가운데 「유효립(柳孝立)의 옥사(獄事)」라는 글에 실려 있는 반교문(頒教文)에는 "폐인〔廢人, 광해(光海)〕과 연락하여 비밀의 편지를 전하여 서로 응하고

---

17 鄭沁供稱, 聞閔對與柳孝立, 謀立仁城, 而孝立爲外援. 僧曇華居雉岳山, 與柳斗立善, 以玉龍寺碑戌亥載人禍, 寅卯未可知之說, 爲讖記後, 閔對往見仁城, 親約而來云. (…) 李秀香供稱, 上年九月, 往見鄭沁於原州, 有僧人曇華亦來. 曇華曰, 讖記云, 子丑未定, 寅卯敗. 又云, 辰巳得仁城, 以是, 原州人莫不屬心於仁城云. 『인조실록』 인조 6년(1628) 1월 3일(을축).

왕자(인성군)와 연락하여 집의 하인들을 모아 군사로 삼았고, 참위(讖緯)에 핑계하여 인심을 선동하였으며, 내시와 통하여 궁중을 정탐하였고, 역적을 제갈량(諸葛亮)에 비기며 괴수(魁首)를 가리켜 성인이라 하였다. 궁중에서의 독살 음모는 간악함이 극히 참혹한데 종묘를 불지르겠다는 말을 차마 할 수 있는가? 반역할 계책이 이미 이루어져 있었고 부서가 대략 정하여져 있었으며 음모는 지난해부터 시작되었고 거사할 기일은 그 다음 날 아침이었다."라는 내용이 있다.[18]

인조 6년(1628) 12월에도 진인출현설을 주장한 사람이 있었다. 인조 6년(1628) 12월 전 좌랑 윤운구가 "나라가 망하려고 하여 진인(眞人)이 이미 나왔다. 어떤 술서에 '하늘이 사람을 내렸으니, 그 나라는 반드시 멸망할 것이다.'라 했는데"라고 말했다. 그리고 허의(許懿)가 천녀(天女)를 만나 이상한 아들을 낳았는데, 그가 바로 임금의 관상이라는 말을 했다.[19]

남원 사람 송광유(宋匡裕)가 언문으로 상변(上變)하기를, "전 좌랑 윤운구(尹雲衢)가 신과 친한데, 하루는 신에게 말하기를 '나라가 망하려고 하여 진인(眞人)이 이미 나왔다. 한 술서(術書)에 「하늘이 사람을 내렸으니 그 나라는 반드시 멸망할 것이다.」하였는데, '우(雨)' 자는 내릴 강(降) 자의 의미이다. 창성(昌城)에 우박이 내렸는데 사람의 얼굴 모습과 같으니, 이것이 바로 하늘이 내린 사람이다. 망기자(望氣者)가 말하기를 「남산(南山)의 운기(雲氣)가 푸르게 우거져 있다.」했는데, 허의(許懿)의 아명(兒名)이 남산(南山)으로 진인을 낳았으니 허남산이 흥왕(興旺)할 징조이다.' 하였습니다.

그 뒤에 운구가 전주(全州)에 와서 신을 불러 만나보고 또 다른 곳으로 향하면서 원두추(元斗樞)와 합석을 시켰습니다. 두추가 말하기를 '허의가 천녀(天女)를 만나 이상한 아들을 낳았으니, 이는 기이한 일이다.' 했고, 최홍성(崔弘誠)이 말하기를 '허의의 상을 보면 양미간에 콩만 한 검은 점이 있고 허리는 원통이고 배가 불룩하고 복서골(伏犀骨)로 임금의 상이다. 허의의 외삼촌 임게(林垍)의 외모도 보통 사람과 달라 아주 귀인의 상이고 그대의 상 역시 아주 좋다. 우리와 함께 일을 하게 되면 부귀

---

18 원문에 탁참위(托讖緯), 선동인심(煽動人心)이라고 기록되어 있다.
19 前佐郎尹雲衢, 與臣相善. 一日謂臣曰, "國家將亡, 眞人已出. 有一術書曰, 天雨人, 其國必亡. 雨字, 降字之意也. 昌城雨雹, 如人面形, 是天雨人也. 望氣者云, 南山之氣, 鬱鬱葱葱. 許懿兒名南山, 而産生眞人, 許南山興旺之兆也.『인조실록』인조 6년(1628) 12월 18일.

는 어렵지 않게 얻을 것이다.'라고 하면서 여러 가지 방법으로 꾀고 협박하여 기필
코 같이 일을 하려고 했으나 신은 차마 따를 수가 없었습니다.[20]

이들은 "임계, 임타(林埉), 임위(林埠) 등은 광주(光州)와 화순(和順)에서 변을
일으킬 것이고, 이상온(李尙溫), 국사효(鞠事孝), 김행(金行) 형제 등은 담양(潭陽)에
서 변을 일으킬 것이고, 이유(李游)는 남원(南原)에서 살인계(殺人契)인 당룡(倘龍),
부용남(夫龍男) 등 수백 인과 변을 일으킬 것이고, 유인창(柳仁昌), 유선창(柳善昌)
은 고부(古阜)와 부안(扶安)에서 변을 일으킬 것이고, 송흥길(宋興吉), 송영걸(宋英
傑), 송방지(宋方知), 소신생(蘇信生) 등은 여산(礪山)에서 변을 일으킬 것이고, 우전
(禹甸), 두기문(杜起文), 이의룡(李義龍), 유지호(柳之豪) 등은 전주에서 변을 일으킬
것인데, 우전은 부윤(府尹)이 되고, 두기문은 병사가 되며, 이의룡은 지성(城)을
지키고, 허의는 그 아들과 함께 중이 거느리는 승군 4-5천 명을 거느리고 두류
산(頭流山)을 거쳐 진주(晉州)를 점거하여 근거지로 삼는다. 윤운구, 원두추 등은
경중(京中)과 경기를 주관하여 일시에 반역하되, 만약 일이 성사되지 않으면 하
삼도를 지키면서 일본에 구원병을 청한다.' 하였습니다."라 했다.

결국 이 사건과 관련하여 수십 명이 체포되어 조사받았으나 "최홍성(崔弘
誠)은 범한 죄가 작지 않으니 함께 유배하고 그 나머지는 모두 석방하라."라고
결말지었다.

무진년(1628) 12월에 남원(南原)에 사는 업무(業武, 무관의 서자) 송광유(宋匡裕)가
고변하였는데 대략 말하기를, "자기가 수년 전에 윤운구(尹雲衢), 유인창(柳仁昌),
임계(林埉), 임타(林端), 정홍선(鄭弘先) 등과 순창(淳昌)의 김홍원(金弘遠)의 정자에

---

20 南原人宋匡裕, 以諺書上變曰, 前佐郎尹雲衢, 與臣相善. 一日謂臣曰, 國家將亡, 眞人已出. 有一術書曰,
天雨人, 其國必亡. 雨字, 降字之意也. 昌城雨雹, 如人面形, 是天雨人也. 望氣者云, 南山之氣, 鬱鬱葱葱.
許懿兒名南山, 而産生眞人, 許山興旺之兆也. 其後雲衢來到全州, 招臣相見, 而又向他處, 仍令臣, 與
元斗樞同在一處. 斗樞曰, 許懿遇天女, 生子異常, 此是奇異之事也. 崔弘誠曰, 許懿之相, 兩眉間有黑子
如豆, 腰圓腹豐, 伏犀貫頂, 非人臣之相. 懿之外三寸林埉, 形容異於凡人, 亦極貴之相, 汝之相亦好云, 與
吾輩同事, 則富貴不難得矣. 多般誘脅, 必欲與之同事, 而臣不忍聽從矣. 『인조실록』 인조 6년(1628)
12월 18일(갑진) 복서골은 귀인의 두골상을 가리킨다.

모여 모의하여 신인(神人) 허(許)씨 성을 가진 자를 추대하고자 하였는데, 이는 곧 허의(許鏐)의 아들입니다. 허의가 여행 도중 이상한 여자를 만나 마침내 한 아들을 낳았는데, 이상한 중이 와서 데려갔답니다. 간 곳을 알 수 없었으나 들으니 지리산(智異山)에 있었는데 참으로 진인(眞人)이라고 합니다." 하였다.[21]

신인, 진인으로 표현되는 인물의 성씨가 정씨가 아니라 허씨라는 점이 특기할 만하다. 이제 진인은 굳이 정씨가 아니어도 무방하다는 생각이 있었던 것이다. 이씨를 대신할 새로운 진인이 중요하지 성씨는 정씨가 아니라도 괜찮다는 표현이다.

기사년(1629) 1월에 무고한 사람 송광유가 반좌(反坐)되어 교수형을 받게 되자 체포된 사람은 모두 석방되었으나, 윤운구 등 3명은 공초의 진술이 분명치 않아 곤장을 맞다가 죽었다.

이 사건과 관련하여 윤운구가 송광유에게 했다는 다음과 같은 말이 전한다.

나라가 반드시 망할 것인데 하물며 이씨 왕조의 국운이 삼백 년이다. 올해가 큰 수로 말한즉 삼백 년이 되는데 진인이 이미 출현했다. 어떤 술서에 이르기를 "하늘이 사람을 내리면 그 나라는 반드시 망할 것이다."라 했는데 우(雨)자는 강(降)자라는 의미다. 남산(南山)의 기운이 울창한 것은 대개 신하가 왕성하고 군왕이 쇠약한 상이다. (…) 또 참서(讖書)에 이르기를 "사축(巳丑)의 해에 허다인(許多人)이 나올 것이고, 오미(午未)의 해에 즐거움이 당당하리라."라 했다. 사축허다인이란 허의(許鏐)가 신축년생이고 다(多)자는 크다는 뜻이며, 사년(巳年)에 기운이 흥할 것이고, 오년과 미년은 즐거움이 당당할 것이라는 뜻이다.[22]

조선왕조의 국운은 삼백 년으로 한정되어 있다는 주장이며, 삼백 년이 지

21　『응천일기(凝川日記)』『연려실기술』 제24권 인조조고사본말(仁祖朝故事本末) 「송광유(宋匡裕)가 무고하여 옥사를 일으키다.」『응천일록(凝川日錄)』 4에도 실려 있다.

22　國家之必亡, 況李氏國祚三百年云. 今擧大數則三百年, 且眞人已出. 一術書曰, 天雨人其國必亡, 雨字降字之意也. "南山之氣, 鬱鬱蒼蒼, 蓋臣旺君衰之象也." 且讖書曰, 巳丑許多人, 午未樂堂堂. 巳丑許多人也, 許鏐辛丑生也. 多字, 大字意, 丑生許大人, 巳年興氣, 午未年則, 樂堂堂之謂也.『추안급국안』 4권 36책, 「송광유옥사문서(宋匡裕獄事文書)」 1(1628. 12.) (아세아문화사, 1984), 174-175면.

난 후에는 새로운 임금이 세워질 것이라는 내용의 예언이다. 술서와 참서를 이용하여 새 왕조의 개창을 예언했다. 이들은 예언에 대해 적극적인 해석을 내리고 예언에 부합하는 인물로 특정인을 지목하면서 이러한 사실을 널리 유포했다.

또 송광유에 따르면 참서에 이르기를 "인년과 묘년에 성인이 출현할 것이다."라 했다.[23] 이어지는 문장에 허의가 갑인년에 경상도에서 어떤 여자를 만나 아들을 낳았다는 이야기가 기록되어 참서에 부합됨을 말하고 있다. 조선왕조의 운수가 3백 년이고, 이씨를 이어 새 왕조를 개창할 존재의 성씨가 허씨로 이야기되는 점이 특기할 만하다.

한편 이들은 토벌군의 세력이 강하면 왜병(倭兵)을 청할 것이라고 주장했는데, 우리나라 사람에게 거짓으로 왜복(倭服)을 입혀 선봉에 세워 싸우지 않고 이길 수 있다는 주장이었다.[24] 토벌군이 강해도 필승할 자신감을 표출하면서 그 실제적 방법으로 왜복을 입혀 왜의 침략이 다시 일어날 것처럼 꾸민다는 내용이다.

이 송광유사건에 관련된 사람들도 "천하는 한 사람만의 천하가 아니라 천하인의 천하다."라고 말했으며,[25] 진인(眞人)을 도와 대업을 이루면 귀인이 될 수 있다고 사람들을 유혹했다.[26] 그리고 "예부터 지금까지 진인으로서 사업을 이루지 못하고 죽은 자가 있는가?"라는 말도[27] 주고받았다.

또 이 사건과 관련된 최홍성이 지닌 참서(讖書)에 다음과 같은 말이 있었다

---

23 讖書云, 寅卯聖人出矣. 『추안급국안』 4권 36책, 「송광유옥사문서(宋匡裕獄事文書)」 1(1628. 12.) (아세아문화사, 1984), 192면.

24 『추안급국안』 4권 36책, 「송광유옥사문서(宋匡裕獄事文書)」 1(1628. 12.) (아세아문화사, 1984), 196면.

25 又曰, 天下者, 非一人之天下也, 乃天下人之天下也. 『추안급국안』 4권 37책, 「무진송광유옥사문서(戊辰宋匡裕獄事文書)」 2(1628. 12.) (아세아문화사, 1984), 276면.

26 『추안급국안』 4권 37책, 「무진송광유옥사문서(戊辰宋匡裕獄事文書)」 2(1628. 12.) (아세아문화사, 1984), 276면.

27 古今眞人安有不成事業而死者乎? 『추안급국안』 4권 37책, 「무진송광유옥사문서(戊辰宋匡裕獄事文書)」 2(1628. 12.) (아세아문화사, 1984), 276면.

고 한다.

　　최홍립이 지닌 참서에 이르기를 "이씨의 국운은 이미 끊어졌다. 만약 이씨 왕조
를 다시 세우려 한다면 매번 실패할 것이다."라 했다.[28]
　　술서와 참서에 이르기를 "이씨의 국운은 3백 년으로 이미 다했다. 인년과 묘년
에 성인이 출현하리라."라 했다.[29]

　　참서의 이름은 언급되지 않지만 구체적 기록을 수록한 예언서가 있다고
강조한 것이다. 이처럼 예언에 따라 역모를 꾸미는 일은 이후 역사에도 자주
등장한다.

　　인조 7년(1629) 2월에는 황해도 지방을 중심으로 평등사회를 실현하기 위
해 평민과 천민들로 구성된 유랑민들이 명화적(明火賊) 집단을 이루었다. 이들
은 한성을 점령하고 지배 양반층을 타도하려는 계획을 가지고 있었다. 이들은
강원도 지역까지 진출하였고, 최영(崔瑩), 남이(南怡), 송대(宋大) 등 이씨(李氏) 정
권에 도전하거나 반대했던 상징적 영웅인 세 장군의 상을 그려놓고 말을 잡아
장군제를 지냈으며, 집단의 우두머리 이충경(李忠慶)은 황색 전복을 입었다. 이
충경은 훈련대장을 자처했다.[30]

　　그러나 이들의 계획은 미리 잡힌 도당의 고발로 인해 실패하고 말았다. 거
사꾼들은 노비의 양인화, 권세가의 농장 몰수, 각종 잡역의 금지, 형벌 제도의
완화, 유한(有閑) 양반들에게 군역을 부과할 것 등의 사회 개혁안을 제시하였
다. 또 이들은 평등한 이상사회를 지향하고 실현하고자 『개국대전(開國大典)』
을 거론하였고, 3정승과 6판서 등의 요직도 양인과 노비를 고루 등용하기로

28　崔弘誠持識書言曰, 李氏國祚已絶, 若立李氏, 每每見敗. 『추안급국안』 4권 37책, 「무진송광유옥사문서
　　(戊辰宋匡裕獄事文書)」 2(1628. 12.) (아세아문화사, 1984), 294면.

29　術書識書曰, 李氏國祚三百年, 旣已盡矣. 寅卯聖人出. 『추안급국안』 4권 37책, 「무진송광유옥사문서
　　(戊辰宋匡裕獄事文書)」 2(1628. 12.) (아세아문화사, 1984), 332면.

30　『추안급국안』 4권 39책, 「기사역적이충경문서(己巳逆賊李忠慶文書)」, 1(1629. 2.) (아세아문화사,
　　1984), 485면과 511면.

계획하였다.[31]

이들은 서울을 점령한 후 15개조의 사회 개혁안을 실행하려고 계획했다. 개혁안의 주요한 내용으로는 노비를 양인으로 할 것, 궁방권세가의 농장을 몰수하고 이를 상급할 것, 원부세 이외의 각종 잡역을 금지할 것, 노비 노동을 대신하여 고공제(雇工制)를 시행할 것, 형벌 제도를 완화할 것, 유학(幼學), 교생(校生), 무학(武學) 등 한유한 양반들에게도 군역을 부과할 것 등이었다.

강원도 평강(平康)과 철원 근처에서 충의(忠義)라고 이름난 이충경(李忠慶) 등이 기계와 철주(鐵柱), 채찍과 곤장 등 여러 물건을 준비하여 2월 그믐날 서울에 들어와서 거사한다 하였다. 강원감사의 장계로 인하여 도사를 파견하여 잡아왔는데 이충경과 한성길(韓成吉) 등이 다 함께 그 죄를 자복하였으므로 법에 의하여 죄를 주었다.[32]

이 사건을 통해 당시 평민층의 사회 개혁에 대한 단호한 의지를 엿볼 수 있고, 이들은 상당한 수준의 구체적인 개혁안도 가지고 있었음을 알 수 있다. 나름대로 사회 변혁을 추구했으나 이는 미리 사로잡힌 한 도당의 고발로 수포로 돌아갔다.[33]

인조 9년(1631) 2월 옥천에 사는 권대진(權大進)은 호남과 영남에 8대장이 있는데 동시에 군대를 일으켜 대사를 도모하려 한다고 주장했다. 이때 권대진이 자기 집 검은 말이 흰색으로 변했다고 주장하며 "참기(讖記) 가운데 백마장군에 관한 설이 있으니, 이야말로 우리 집이 일어날 좋은 징조이다."라고 말했다고

---

31 『추안급국안』 4권 41책, 「기사역적이충경문서(己巳逆賊李忠慶文書)」, 1(1629. 2.) (아세아문화사, 1984), 503면.

32 『속잡록』(續雜錄) 3 기사년 인조 7년(1629).

33 명화적(明火賊) 이충경(李忠景), 한성길(韓成吉), 계춘(戒春), 막동(莫同) 등이 사형을 당하였다. 충경 등은 모두가 해서(海西)의 모질고 사나운 도둑들로서 호란(胡亂)의 틈을 타 떠도는 백성들을 유혹해 그들을 모아 도둑이 된 것인데, 그들은 산골 깊은 곳에다 담을 쌓고는 옛날 최영(崔瑩)과 남이(南怡) 두 장군의 영상을 그려놓고 제를 올린 다음 저들끼리 규약을 정하고 관원을 두고 각 부서를 만들고는 서로 모여 맹세하고 충경을 우두머리로 삼아 역모를 꾀하였다. 그들은 해서에서 영동(嶺東)으로 옮겨와 살해와 약탈을 자행하면서 철원(鐵原), 평강(平康) 사이에서 출몰하다가 이번에 그 두 고을에 의하여 체포된 것이다. 그들의 반서(反書)는 내용이 너무 흉악하고 참혹하여 차마 눈으로 볼 수 없는 것이 있었다. 『인조실록』 인조 7년(1629) 2월 27일(계축).

전한다.

특히 그들은 "영남의 정씨(鄭氏) 성을 가진 사람은 생김새가 기이하고 두 어깨에 해와 달의 모양이 있는데, 이 사람을 추대하여 인군(人君)으로 삼을 것이다. 이 사람은 가야산 아래에 사는데 이름은 담(潭)이고,[34] 나이는 임오생(壬午生)이다."라고 말했다. 이들은 나라를 얻은 뒤에는 도읍을 진잠(鎭岑)이나 신도(新都)로 옮길 것이라고 말했으며, 계룡산에 내려가 지남철로 택지(擇地)한 뒤 도읍을 정할 계책을 세웠다. 또 이들은 정담을 진인(眞人)이라고 불렀으며, "성인이 남쪽에서 일어나게 되어 있다."고 주장했다.[35]

이처럼 계룡산에 직접 가서 풍수를 보고 도읍을 정할 계책까지 세웠을 정도로 진지하게 정씨 진인출현설을 믿었던 사람도 있었다. 그들은 정씨 진인의 이름과 나이까지 진술했고 생김새도 알고 있다고 주장했다. 이는 단순한 반란 사건이 아니라 정씨 진인을 추대하여 임금으로 삼을 계획을 세웠다는 점에서, 정씨 진인출현설을 이용해 정부 전복을 기도한 역모사건이었다.

또 이들은 "최영(崔瑩)의 후신이 이제 또한 있다.", "금년은 국운이 가장 불길하여 무슨 일이 있을 것이고 15년 뒤에도 불길한 일이 있을 것이다.", "평안도에 냇물과 못이 마르고 재변이 많으니 5월 사이에 병화(兵禍)가 있을 것인데, 7월 이내에 철병하지 않으면 변란이 있게 될 것이다.", "지리산 아래에 가기(佳氣)가 있으니 신인(神人)이 나오게 되어 있다.", "천재(天災)와 시변(時變)이 겹쳐 일어나니 세상 일을 알 만하다.", "형혹성(熒惑星)이 남두(南斗)에 들어갔고 시운(時運)마저 불길하다.", "형혹성이 남두(南斗)에 들어가면 천자가 대궐에서 도망친다.", "호란(胡亂)이 발생하면 일이 쉽게 성공할 것이다.", "진인(眞人)이 이 부

---

34 그 후의 공초(供招)에서는 모두 정한(鄭澣)이라고 진술하였다.

35 則言, 吾家黑馬變白. 識記中有白馬將軍之說, 是乃興家之祥也云, 而諱不言八將之說. 其後完與權絡, 權繼佳來, 問之則云, 楊天植, 廷植及李贊希等, 爲謀主而徒黨甚多. 約先起兵於湖嶺間, 稱以倭來, 則某父與諸人, 名以討賊起兵, 直擣京城云. 且言, 嶺南有鄭姓人, 相貌奇異, 兩肩有日月狀. 當推此人爲主, 而居在伽倻山下, 其名則潭, (潭字誤. 厥後賊招, 皆稱鄭澣) 其年則壬午生云. 楊天植, 李贊希者, 往來謀議, 而皆是以僧還俗者云. 『인조실록』 인조 9년(1631) 2월 3일.

근에 있어 찾아보려고 한다.", "전일 경상도에 가서 성인을 찾아보았는데, 성인이 남쪽에서 일어나게 되어 있다. 그때 내가 다시 올 테니 너희도 준비하고 기다리라." 등의 말을 주고받았다고 진술하였다. 진인이 남쪽 조선에서 출현할 것이라는 이른바 남조선신앙의 전형을 보여주는 진술이다.

권대진사건의 전모는 다음과 같다.

옥천인(沃川人) 조흥빈(趙興賓)이 정원에 나아가 고변하였다. 상이 그 글을 빈청(賓廳)에 내리는 한편, 금부도사를 보내 권대진(權大進), 권계(權啓), 권락(權絡), 권순(權純), 정담(鄭潭), 양천식(楊天植), 양정식(楊廷植), 이찬희(李贊希), 정후엄(鄭厚淹), 박선검(朴先儉), 박후검(朴後儉) 등 16인을 잡아오게 하고, 국청(鞫廳)을 설치하여 국문하였다. 흥빈이 공초(供招)하기를, "부근 마을에 사는 출신(出身) 권대진이란 자가 지난 기사년부터 요승(妖僧) 두 사람 및 무뢰한들과 왕래하며 회합을 가졌는데, 거동이 수상했습니다. 언젠가는 여러 사람들 앞에서 말하기를 '나의 상(相)으로 볼 때 앞으로 아주 귀하게 될 것이며 우리 집의 터도 좋아서 오(午), 미(未)년 사이에 부원군이 될 것이다.' 하였는데, 모두 그가 이상한 모의를 하고 있다고 의심하였으나 그 단서는 예측하지 못했습니다. 지난 경오년 1월에 대진의 아들 낙이 (…) 신의 아들 조완(趙浣)에게 은밀히 말하기를 '지금 한창 백성들의 원성이 날로 극심해지고 있으며 천변(天變)도 참혹하니 시사(時事)를 알 만하다. 지금 호남과 영남에 8대장이 있는데 동시에 군대를 일으켜 대사를 도모하려 한다. 네가 나와 같이 행동하면 부귀를 얻을 것이니, 절대 전파시키지 말고 남몰래 준비하고 있으라.'고 하였습니다. (…) 낙이 간 뒤에 신이 동생 조희빈(趙熙賓)과 함께 대진을 찾아가 물어보았더니, 대진이 말하기를 '우리 집 검은 말이 흰색으로 변했는데, 참기(讖記) 가운데에 백마장군에 관한 설이 있으니, 이야말로 우리 집이 일어나는 좋은 징조이다.' 하고, 8대장에 관한 이야기는 감추고 말하지 않았습니다.

그들이 말하기를 '양천식, 양정식 및 이찬희 등이 모의를 주도하고 있는데, 도당들이 매우 많다. 그런데 먼저 영남과 호남 사이에서 병사를 일으켜 왜적들이 쳐들어온다고 하면 우리 아버지가 여러 사람들과 함께 왜적을 친다는 명분으로 군사를 일으켜 곧장 경성을 치기로 약속이 되었다.' 하고, 또 말하기를 '영남의 정(鄭)씨 성을 가진 사람은 생김새가 기이하고 두 어깨에 해와 달의 모양이 있는데, 이 사람을 추대하여 임금으로 삼을 것이다. 이 사람은 가야산(伽倻山) 아래에 사는데, 이름은 담(潭)이고, ― 담(潭) 자는 잘못되었다. 그 뒤 적(賊)의 공초(供招)에서 모두 정한(鄭澣)이라고 하였다. ― 나이는 임오생(壬午生)이다.' 하였습니다. (…) 양팽은 「정담이 말하기를 『나라를 얻은 뒤에는 도읍을 진잠(鎭岑)이나 신도(新都)로 옮겨야겠다.』고 하였다.' 하였다.

그 해 10월에 병이가 찾아와 말하기를 '기미년 사이에 지리산에 가서 글을 읽던 중 어느 날 이인(異人)을 보게 되었다. 성은 정(鄭)이고 이름은 담(潭)이라고 하는데, 이 사람은 과연 신도의 주인이 될 만하였다.' 하였습니다. 그길로 계룡산(鷄龍山)으로 내려가 지남철로 택지(擇地)한 뒤 도읍을 정할 계책을 세웠다 합니다. 그리고 정가(鄭哥)란 자의 몸에는 해와 달의 모양이 있고, 덕산(德山)에 조가(趙哥)란 자가 있는데 옛날 최영(崔瑩)과 같은 자라고 하였으며, 선겸(先儉)은 공초하기를, "기사년에 자칭 관상을 잘 본다는 어떤 승려가 대진의 집에 와 관상을 보고 매우 좋다고 하였답니다. 그리고 지난 겨울철 끝 무렵에 또 와서 말하기를 '경오년의 운수가 좋았으나 지나가 버렸다. 그러나 이 뒤에 어찌 좋은 기회가 없겠는가. 너는 과연 백마장군이다.'라고 하였답니다. 안국이 '대북(大北), 소북(小北)이 다 모여 대사를 거행하려고 한다. 그리고 정한(鄭澣)이라는 이인(異人)이 있는데 머지않아 좋은 일이 있을 것이니, 너는 나와 일을 함께 하기만 하면 된다.' 하였습니다. 그리하여 마침내 안국과 함께 정한의 집에 갔는데, 그 곳에서 '탑전에 올라 남쪽을 누르고〔坐榻南藩壓〕'라는 싯귀를 보았습니다.

대진이 '내 조카 집의 암탉이 수탉으로 변했고 우리 집의 검은 말이 흰색으로 변했다.'고 하기에, 내가 바로 말하기를 '그대가 바로 백마장군이구나.' 하였습니다. 대진이 또 '무진년 3월에 군사를 일으키려고 했으나 마침 고변하는 일이 있어 일으키지 못했다.'고 하였습니다. 대개 정한 등이 처음에 유효립(柳孝立)의 무리와 결탁하고 모의하였으나 효립 등이 잡혀 죽을 적에 정한만이 면하게 된 것은 달리 연줄이 있었기 때문이었습니다. 말하기를 '최영(崔瑩)의 후신이 이제 또한 있다.'고 하자, 정한이 '북쪽 지방에 변란이 일어나면 우리들이 남쪽에서 일어나겠다. 남쪽 지방에 변란이 일어날 때에도 마찬가지로 해야 한다.'고 하였습니다. 지난해 천식이 또 와서 말하기를 '금년은 국운이 가장 불길하여 무슨 일이 있을 것이고 15년 뒤에도 불길한 일이 있을 것이다.' 하였습니다. 천식과 회옥이 말하기를 '평안도에 냇물과 못이 마르고 재변이 많으니 5월 사이에 병화(兵禍)가 있을 것인데, 7월 이내에 철병하지 않으면 변란이 있게 될 것이다. 두 승려가 자리에 또 있었는데 '진인(眞人)을 보지 못하였더니 가까이에 있지 아니한가.' 하며, 그런데 승려가 말하기를 '지리산 아래에 가기(佳氣)가 있으니 신인(神人)이 나오게 되어 있다. 예전부터 허교(許喬)

의 손자나 허의(許懿)의 아들 가운데 신인이 있다고 들었기에 찾아보려고 왔다.'고 하였습니다. 박희집(朴禧集)이 공초하기를, "금년 정월에 홍성징(洪聖澄)이 집에 와서 '천재와 시변(時變)이 겹쳐 일어나니 세상 일을 알 만하다. 영천(榮川)에 나와 마음을 같이 하는 자가 많고 경기에도 있는데, 너도 같이 일을 해야 한다.'고 하였습니다. 그리고 창녕인(昌寧人) 성지도(成至道)는 '형혹성(熒惑星)이 남두(南斗)에 들어갔고 시운 (時運)마저 불길하다.'고 하였으며, 희집이 말하기를 '우리들이 일광과 지수 및 합천 사람들과 거사를 꾀하고 있는데, 요즘 형혹성(熒惑星)이 남두(南斗)에 들어갔으니, 이 것은 무슨 조짐인가?' 하기에, 내가 대답하기를 『사략(史略)』에 「형혹성이 남두에 들어가면 천자가 대궐에서 도망친다.」고 하였는데, 내가 아는 것은 그저 이 정도 이다.'라고 하였습니다. 양환은 말하기를 '어떤 승려가 호서(湖西)에서 왔는데 「진인 (眞人)이 이 부근에 있어 찾아보려고 한다.」하였다.'고 하였으며, (…) 전일 경상도에 가서 성인을 찾아보았는데, 성인이 남쪽에서 일어나게 되어 있다. 그때 내가 다시 올 테니 너희도 준비하고 기다리라.' 하였습니다." 하고, (…) 이 옥사에서 승복(承服) 하여 정형(正刑)에 처한 자는 정한 이하 30여 인이었으며, 장하(杖下)에 죽은 자는 양 시태 등 10여 인이었으며, 유배된 자는 고용후 등 6인이었으며, 방면된 자는 최 현, 박로 등 50여 인이었다.[36]

이들이 주장한 정씨 진인의 신상명세는 다음과 같다.

'영남의 정(鄭)씨 성을 가진 사람은 생김새가 기이하고 두 어깨에 해와 달의 모양 이 있는데, 우리들이 장차 기병하여 이 사람을 추대하여 임금으로 삼을 것이다. 이 사람은 가야산(伽倻山) 아래에 사는데, 이름은 담(潭)이고, 나이는 임오생(壬午生)이 다.' 하였습니다.[37]

또 이들은 참기(讖記)에 백마장군에 관한 이야기가 있었다고 주장했다.[38]

---

36 『인조실록』 인조 9년(1631) 2월 3일(정미).

37 『추안급국안』 4권 46책, 「정한옥사문서(鄭澣獄事文書)」 3(1631. 2.) (아세아문화사, 1984), 702 면. 정담의 셋째 아들을 세자(世子)에 봉했는데 이름이 망현(望賢)이다. 『추안급국안』 4권 46책, 「정 한옥사문서(鄭澣獄事文書)」 3(1631. 2.) (아세아문화사, 1984), 717면.

38 讖記中有白馬將軍之說 『추안급국안』 4권 46책, 「정한옥사문서(鄭澣獄事文書)」 3(1631. 2.) (아세아 문화사, 1984), 724면.

그리고 이들은 진인(眞人)이 어느 곳에 있는지를 서로 물었고, 찾은 지 7-8년이지만 아직 찾지 못했다는 대화를 나누기도 했다.[39]

　한편 이 사건에는 또 다른 허씨(許氏)가 신인으로 등장하며, 어머니가 최영과 교접하여 낳았다는 양씨(梁氏)도 등장한다. 정씨가 새로운 왕조의 주인공이 될 것이라는 관념이 아직은 정착하지 않았음을 증명한다. 허씨는 허의(許嶷)의 아들로 송광유(宋匡裕) 사건에도 보인다.

39　問曰, 眞人何處在耶? 勝允曰, 求之七八年, 尙未得見. 『추안급국안』 4권 46책, 「정한옥사문서(鄭澣獄事文書)」 4(1631. 2.) (아세아문화사, 1984), 833면.

병자호란이 비결서에 미친 영향

21

　그런데 조선왕조의 근간을 뒤흔드는 역사적 사건이 또 일어났다. 인조 14년(1636) 4월 후금(後金)의 태종(太宗)이 황제를 칭하고 국호를 청(淸)이라고 고쳤다. 이후 조선이 명나라에 대한 의리를 강조하며 계속 청나라에 도전적이고 강경한 자세를 보이자, 이에 분개한 청 태종이 마침내 그해 12월에 10만 대군을 직접 거느리고 압록강을 건너 쳐들어왔다. 이것이 바로 병자호란(丙子胡亂)이다.

　전국 강산이 다시 유린되는 처참한 상황을 겪을 수밖에 없었고, 피난 갔던 수많은 백성들은 유달리 혹심했던 겨울 추위와 굶주림에 희생되었다. 그리고 남한산성에 피신해 있던 왕은 결국 이듬해인 인조 15년(1637) 1월에 청 태종에게 굴욕적인 항례(降禮)를 바쳤다.

　임진왜란을 겪은 지 불과 40여 년 만에 이번에는 북쪽 오랑캐의 침략으로 민족의 존망마저 위태로운 사태에 처했던 것이다. 이로써 당시 지배층의 권위는 땅에 떨어졌으며, 국가의 수권능력마저 의심되기에 이르렀다.

이러한 전쟁의 공포와 재난의 충격은 민중의 가슴 속에 응어리진 채 남겨졌을 것이며, 새 왕조의 건국에 전제되는 이전 왕조의 멸망과 관련된 예언에 고스란히 녹아들어갔을 것이 분명하다. 그러나 이와 관련하여 심증은 가지만 명확한 증거자료는 찾기가 어렵다. 어쨌든 전쟁과 재난에 대한 상세한 서술이 비결서에 기재될 수 있었던 것은 처참한 상황을 직접 겪었던 민중들의 전승이 아니었다면 불가능했을 것이라고 생각한다.

현전하는 『정감록』의 「도선비결」에 "임진(壬辰)에 섬 오랑캐가 나라를 좀먹으면 송백(松柏)에 의지하고, 병자(丙子)에 북쪽 오랑캐가 나라 안에 들끓으면 산에도 불리하고 물에도 불리하며 궁궁(弓弓)에 이로울 것이다."라는 내용과 「토정가장결」의 "청나라의 운세가 쇠퇴하고 상서로운 구름이 금릉(金陵)에 모여들어"와 "청나라를 돕되 명나라를 도와"라는 부분, 그리고 「피장처」의 "인천 영종도는 곧 복지(福地)이니, 고려 말년부터 병화(兵火)가 미치지 않았고, 임병(壬丙)의 해에도 이곳만 홀로 편안했다." 등의 구절은 임진왜란과 병자호란을 겪은 후나 청(淸)나라의 개국 이후가 아니면 기록될 수 없는 내용들이다.

조선왕조의 주요 생산력으로 기능하던 노비 제도는 초기에는 교화 정책과 강압 정책을 통해 비교적 강력하게 유지되었지만, 중기 이후에는 면천(免賤), 피역(避役), 도망(逃亡) 등으로 인해 점차 붕괴되기 시작했다. 그리고 임진왜란과 병자호란을 겪으면서 나타난 영농 기술의 발달, 민간 상업의 발전과 금속화폐의 유통 등을 특징으로 하는 상품화폐경제의 발전, 수공업과 광업의 발전 등은 봉건사회체제의 하부구조를 점차 해체시키기 시작하였다.[1]

이러한 변화들은 조선왕조가 초기부터 지향하고자 했던 봉건사회와 양반 관료제 사회체제를 해체시키는 결과를 초래하였고, 이는 중세적 신분 질서의 점진적 붕괴 현상으로 나타났다. 사적 토지를 소유한 사람들은 정치적 입신을 통해 지주관료로 성장하기도 했으며, 두 차례의 전쟁을 거치면서 몰락한 양반

---

1   강만길, 『한국근대사』(창작과 비평사, 1984), 70-113쪽.

충도 생겨났고, 전쟁 후에는 계속된 당쟁으로 인해 양반 사회 내에서도 분화가 발생하기 시작하였다.

결국 극히 일부의 양반들만이 권력의 핵을 이루면서 권력을 통해 대토지 소유자가 되었고, 대부분의 양반들은 권력의 주변부에서 경제적으로 일정한 지위를 보장받았다. 이러한 과정에서 상당수의 양반들은 정치적으로나 경제적으로나 일반 농민층과 거의 다름없는 이른바 잔반(殘班)으로 몰락해 갔다.

한편 양인(良人) 신분이 대부분인 농민층의 일부는 상업적이고 합리적인 영농 방법을 통해 새로운 서민지주로 성장하거나 자영농민으로 발전했지만, 대다수의 농민들은 소작농이나 임금노동자의 처지로 전락하였다. 신분적으로 가장 낮은 처지에 있었던 노비들은 전쟁에서의 공로와 전화(戰禍)로 인한 노비문서의 소실, 피역, 도망 등의 방법으로 신분 해방의 길을 빠른 속도로 넓혀갔다.

이러한 사회의 하부구조에서의 변화는 필연적으로 상부구조인 유교적 가치에 심각한 위기를 가져왔다. 조선왕조가 유교적인 지배 질서를 통해 사회적 통합을 이루고 있었다고 해서 사회의 모든 기능이 적절하게 발휘되고 여러 관계가 원만하게 유지되고 있었던 것은 아니었다.

조선왕조는 정치권력이 강력한 유교 사회로의 제도화 정책을 시행함에 따라 외형적으로는 사회의 각 계층과 부분들 간에 조화와 질서를 유지하고 있는 것처럼 보였지만, 내부적으로는 분열과 갈등을 내포하고 있었다. 실제로 조선 초기에도 지배계급과 피지배계급 간의 갈등은 존재했으며, 지배계급 내에서도 사림파(士林派)와 훈구파(勳舊派) 사이의 권력투쟁과 갈등은 계속되고 있었다.

더욱이 유교적 학습 능력을 증진시킬 기회조차 가질 수 없었던 피지배계급들은 유교라는 보편적 가치에 충성심을 유지할 가능성이 지배계급보다 훨씬 낮았다. 그들은 강력한 국가정책과 사회통제, 그리고 계급 내의 결속력 부족 등으로 인해 유교적 가치를 전면적으로 부정하지 못했을 뿐 내면적으로는 지배계급의 유교적 가치와 분절 내지 격차를 두고 있었다.[2]

조선 후기에 급속히 전개된 생산력과 생산관계의 변화, 그리고 거기에서 크게 연유한 기존 신분 질서의 해체 등은 그동안 사회의 상부구조로 기능해 온 유교의 사회 통합 기능을 약화시키기 시작하였다. 따라서 조선왕조가 내포 하고 있었던 사회적 모순과 분열들은 더욱 극대화되고 현재화(顯在化)되기 시 작하였다.[3]

한편 조여적(趙汝籍)이[4] 지은 선가서(仙家書)인 『청학집(靑鶴集)』은[5] 명종과 선 조 때 호남에서 생존했던 인물로 전하는 청학상인(靑鶴上人) 위한조(魏漢祚)를[6] 중심으로 편운자(片雲子),[7] 채하자(彩霞子), 벽락자(碧落子), 아예자(鵝蕊子), 화오자 (花塢子), 계엽자(桂葉子), 취굴자(翠窟子), 금선자(金蟬子), 매창(梅蒼), 송서(松棲), 운 홍(雲鴻) 등 선파(仙派) 인물들의 행적과 담론을[8] 잡기(雜記) 형식으로 기술한 책 이다.

『청학집』의 예언과 관련된 핵심은 "중국에서 명나라가 망하고 청나라가 건국될 것"과[9] "지금 중국에 새로운 천자가 출현했으므로 조선에도 보국(保國) 의 진인(眞人)이 출현할 것"이라는 내용이다.

위한조의 제자들은 조선의 진인으로 후에 인조가 되는 능양군(綾陽君)을 지

---

2   노길명, 『가톨릭과 조선 후기 사회변동』(고려대학교 민족문화연구소, 1988), 49쪽.

3   노길명, 『한국의 종교운동』(고려대학교 출판부, 2005), 26쪽.

4   조여적의 정확한 생몰년은 미상인데, 스스로 선조 21년(1588)에 과거에 낙방했다고 밝혔다. 이때 그 는 고향으로 돌아가는 길에 이사연(李思淵)을 만나 스승으로 섬기고 술법을 익혔다고 전한다.

5   규장각도서와 서울대학교 가람문고에 등사본으로 소장되어 있다. 『규원사화, 청학집』(아세아문화사, 1976) 이규경의 『오주연문장전산고(五洲衍文長箋散稿)』人事篇, 技藝類, 卜筮, 『祕緯圖讖辨駁登說』에 "魏漢祖著者雲鶴集, 祕記類也. ― 俗傳明宣兩朝時人. 居湖南, 李士亭之菡師云. 其集卽靑鳥之旨, 而有 祕訣云. ―"라는 내용이 있는 것으로 볼 때, 위한조가 『운학집』을 저술했다고 알려졌다. 두 책의 이름이 비슷하다는 점에서 동일한 책을 가리키는 것으로 볼 수도 있다. 『청학집』에는 명종 14년(1559)부터 광해군 7년(1614)까지 55년 동안 일어난 이야기가 적혀 있다.

6   함경도 갑산 태생으로 백우자(百愚子) 이혜손(李惠孫)에게 도술을 배웠고 지리산 청학동에서 제자들을 가르치다가 광해군 14년(1622)에 승천했다고 전한다.

7   명종 14년(1599) 7월에 인제군 현고촌에서 태어났다고 전한다.

8   이들은 천변지이와 함께 조선 개국 이후 단종의 억울한 죽음, 연산군의 폭정에 따른 선비들의 죽음 등으 로 인해 생겨난 원통한 원혼들의 기운 등으로 인해 조선에 "임진년(1592) 4월에 왜가 거병해 올 것"을 예언하기도 했다.

9   중국의 이인 양운객(楊雲客)의 문인인 조현지(曹玄志)가 조선에서 중국을 방문한 편운과 채하자에게 "명나라는 갑신년(1644)에 패하고, 경인년(1650)에 망하리라."고 말했다. 그러나 명나라가 망한 때는 임인년(1662)이었다.

목하였다. 매창, 송서, 운홍 등은 능양군을 조선에 새로운 세상을 열어줄 인물로 여기고, 그의 반정(反正)을 예언하였다.

임자년(광해군 5년, 1612)에 매창, 송서, 운홍이 함께 한양을 지나다가 입조(入朝)하는 여러 신하들이 동요하는 것을 보고 말하기를 "조선에 장차 혁망(革亡)의 환란이 있을 것이니, 육주시행(肉走尸行)이 얼마나 많겠는가?"라 하였다. 그리고 능양군을 보고 말하기를 "분명히 이 사람이 동인(東人)에게 큰 도움이 될 것이다."라 하였다. 송서가 말하기를 "능양군은 반드시 반정(反正)을 일으킬 것이고, 정인홍(鄭仁弘) 등이 첫 번째로 주살될 것이다."라 하였다.[10]

결국 이들은 인조반정을 긍정적으로 수용했던 계층들로 보이며, 병자호란으로 인조가 겪었던 청나라에 대한 반감을 역설적으로 표현한 것으로 추측된다.[11] 『청학집』에는 임진왜란과 관련하여 다음과 같은 이야기도 전한다.

무자년(선조 21년, 1588)에 (…) 취굴자가 위 선생(위한조)을 찾아와 말하기를 "왜국은 지금 기도(箕島)에 군사를 모아 놓고 조선으로 향하려 하는데, 제가 동요를 지어 왜국에 퍼뜨렸으니 '기(箕)에서 일어나 기(箕)에서 그치니, 두려워할 사람은 소나무로다.' 운운하는 내용입니다."라 했다.

임진왜란 때 왜군은 유독 '송(松)'자가 들어가는 지명을 가진 지역, 예를 들면 청송(靑松), 송화(松禾) 등지에는 두려워서 감히 침범하지 못했다는 이야기가 전한다. 결국 명나라 제독 이여송(李如松)에게 패하고 말았다는 전설적인 이야기와도 연결되는 내용이다. 이러한 이야기가 현전하는 『정감록』에 이재송송(利在松松)이라는 표현으로 정착된 것으로 보인다.

---

10 『규원사화, 청학집』(아세아문화사, 1976), 231면.
11 김성환, 「선가자료 『청학집』의 자료적 검토」, 『선도문화』 7집(국학연구원, 2009).

현종(顯宗) 즉위년(1659) 7월에는 당시 이조판서 송준길(宋浚吉, 1606-1672)이 입시하여 임금께 다음과 같이 아뢰었다.

송준길이 대답하기를, "우리나라 비기(秘記)에 '국가에 일이 있으면 수원에서 변이 일어나 서울과 나라 안이 불안해질 것이다.'라고 한 말이 있는데, 그 때문에 모두 우려를 품고 있습니다." 하자, (⋯) 수원은 서울 인접의 중진(重鎭)으로서 하루아침에 읍을 옮긴다면 폐단이 적지 않을 것이기 때문에, 당시 조정 신료들이 난색을 표하는 자가 많았고 그리하여 산릉을 정하는 논의가 오래도록 결정이 나지 못했던 것이다.[1]

산릉을 정하는 일에 대해 의견을 개진하면서 비기를 인용했던 것이다. 임

---

1   對曰, 我國秘記, 有國家有事, 水原變起, 畿輔邦內不安之語, 以此皆懷憂慮矣. 蓋水原, 圻輔重鎭, 一朝移邑, 弊亦不貲, 故當時廷臣, 多以爲難, 而定山之議, 久未決也. 『현종실록』 현종(顯宗) 즉위년(1659) 7월 11일(경오).

금과의 대화에 고위직 관료가 비기를 인용하였다는 점이 특기할 만하다.

한편 다음 기록은 효종의 장지를 결정하는 문제와 관련이 있는 대화 내용인데, 윤선도는 수원을 최적지로 천거하였다. 그리고 이러한 논의 과정에서 『산수비기(山水秘記)』라는 예언서가 인용되기도 했다.

윤선도(尹善道)의 추고함사(推考緘辭)에 말하기를, 효종의 산릉(山陵)을 고르게 되자, (윤)선도는 수원(水原) 읍내가 천재 일우의 땅이라고 하였다. 이해(李澥), 이시백(李時白), 원두표(元斗杓) 등이 일찍이 수원부에 재직했던 자들인데 서로 잇따라 진소하였고, 시백은 더욱 정성을 다하여 간곡하게 말하였다. 심지어 산수비기(山水秘記)에도 "수원에 장사를 지내면 나라 안이 불안해진다."는 말이 있다고까지 했다.[2]

몇 년 후 송준길은 "고월(古月)이 어양(魚羊)에게 망한다."는 참언이 오래전부터 전해왔다고 말한다.

송준길(宋浚吉)이 앞으로 나아가 아뢰기를 "송시열이 선대의 뜻을 이어 일을 계속할 것[繼志述事]을 진언한 것은 지난날 선왕께서 큰 뜻을 지니시어 경영하는 일이 있었기 때문입니다. 지금 우리나라의 병력으로는 무슨 일을 기대하기 어렵지만, 저들에게 흔단이 이미 생겼다 하니 사전에 대비책을 강구해야 할 터인데 막연히 아무런 계획이 없으니 장차 어찌할 것입니까? 고월(古月)이 어양(魚羊)에게 망한다는 참설과, 동인(佟人)의 피를 모조리 흘려보낸다는 이야기가 비록 엉뚱한 면이 있기는 하나, 오래 전부터 전래되었으니, 하늘이 만약 순리를 따르는 자를 돕는다면 일에는 기필할 수 없는 것도 있는 법입니다. 그러니 위대한 공렬(功烈)을 어찌 사양하고 자처하지 않아서야 되겠습니까. 이보다 더 큰 '계지술사(繼志述事)'는 없을 것입니다. 우리나라는 군사가 미약하여 먼저 일어나기는 실로 어렵지만 천하가 일시에 부르짖어 거사하는데도 호응조차 할 수 없단 말입니까?" 하니 (…)[3]

---

2 至於山水秘記, 亦有有事水原, 邦內不安之語, 人心皆懷駭懼 『현종실록』 현종 즉위년(1659) 8월 30일 (무오).

3 古月亡於魚羊之讖, 流盡佟人血之說, 雖涉不經, 而傳來已久, 『현종실록』 현종 9년(1668) 11월 4일 (기해).

위의 인용문은 송준길이 효종(孝宗)이 송시열(宋時烈, 1607-1689)과 함께 적극적으로 추진했다가 왕의 갑작스런 붕어로 인해 중단되었던 북벌(北伐) 계획을 다시 추진하라고 건의한 내용이다. 송준길은 송시열을 다시 중용해야 한다고 강조하고, 현종의 병통은 머뭇거리고 지체하여 시기를 놓치는 것이라고 일갈했다.

송준길은 송시열과 함께 김장생(金長生)의 문하생 출신으로 주요 관직을 두루 거쳤고 문장과 글씨에도 능한 학자로도 유명했다. 고월(古月)은 호(胡)의 파자(破字)로 청나라를 가리키고, 어양(魚羊)은 선(鮮)의 파자로 조선(朝鮮) 즉 우리나라를 가리킨다. 또 동인(佟人)은 여진족을 가리키는 말로 청나라를 의미한다. 전래되는 비결이 북벌론을 진행시키기 위한 중요한 이념으로 강조되었고, 더욱이 국사를 논하는 자리에서 중신의 입에서 국왕에게 전달되었다는 점에서 당시 비결 또는 참언이 가진 사회적 영향력을 다시 한 번 확인할 수 있다.

병자호란을 당했지만 앞으로 여건이 조성되기만 하면 우리나라의 힘으로 오랑캐를 물리칠 수 있다는 생각이 적극적으로 반영된 이 참언에 따라 북벌론을 보다 구체적으로 진행하기 위해 송시열과 같은 인물을 조정에 등용해야 한다는 주장이었다. 이 참구에 설득된 현종이 송시열을 다시 입각시켰음은 물론이다. 논리와 상식만으로 현실을 인식하기 어려운 전환기에는 도참설은 의외로 강력한 주술적 힘을 발휘했던 것이다.

그렇다면 "고월(古月)이 어양(魚羊)에게 망한다는 참설"은 언제부터 알려지기 시작했을까?『청학집』에 다음과 같은 내용이 보인다.

> 채하자(彩霞子)가 이르기를 "일월(日月)은 고월(古月)에 망하고, 고월은 어양(魚羊)에 망한다는 말이 비기(秘記)에 있다.[4]

---

[4] 『규원사화, 청학집』(아세아문화사, 1976)과 최창록, 『청학선인 이야기』(살림, 1995), 167쪽. 명을 대신해 등장할 국가가 청(淸)이라고 예언했다는 내용도 있다.

이 비결은 명(明)은 오랑캐인 호(胡)에게 망하고, 호는 조선(朝鮮)에게 망할 것이라는 예언이다. 고월(古月)은 호(胡)의 은어(隱語)이며,[5] 몇몇 시인들의 시에도 오랑캐라는 뜻으로 사용되었다.[6]

인조 3년(1625, 을축년) 1월 병자일에, 해의 교운(交暈)이 있었다. 평안도 선천(宣川) 땅의 기장 줄기에 '동왕춘(董王春)' 석 자가 있었는데 빛이 주사(朱砂) 칠한 것같이 붉었다. 장만(張晩)이 순찰하다가 관서(關西, 평안도)에 이르러, 그 기장을 뽑아 왔는데, 보는 이가 모두 이상하게 여기면서도 그것이 상서로운 것인지 재해가 될 것인지는 알지 못하였다. 그런데 정묘년(인조 5년, 1627) 정월에 오랑캐 군사가 압록강을 건너와서 의주(義州)와 안주(安州)를 함락하고, 멀리 평산(平山)까지 몰려와서 죽이고 약탈해 간 것을 이루 다 기록할 수 없었으며 평안, 황해의 양서(兩西) 지방이 쑥대밭이 되었다. 파자(破字)를 하면 동자(董字)는 풀이 천리[草千里]요 왕춘(王春)이란 정월이니, 그것이 재해인 것이 비로소 징험되었다. 정축년(인조 15년, 1637)에 청(淸)과 강화하고 남한산성(南漢山城)에서 나온 것도 정월이었고, 국가의 형세가 날이 갈수록 위급하여지니 그것이 재해임이 더욱 징험되었다. 『하담록』

그때 평양에서 수숫대에 글자를 이룬 일이 전부터 한번만이 아니었으니, 이 해의는 '동왕춘(董王春)' 석 자가 있었고, 병자년(인조 14년, 1636)에는 '금산산(金山山)' 석 자가 있었으며, 정해년(인조 25년, 1647)에는 '고월멸어어양(古月滅於魚羊)'이란 여섯 자가 있었다.[7]

고월멸어어양(古月滅於魚羊)이라는 참언은 『노봉선생문집(老峯先生文集)』과[8]

---

5   이태백(李太白)의 시에 "狂風吹古月, 竊弄章菜臺"와 "長風挂席勢難廻, 海動山傾古月推"이라는 구절이 있다. 『李太白集』 卷3 司馬將軍歌, 卷7 永王東巡歌 청(淸) 나라 고염무(顧炎武)는 이 시구에 나오는 고월(古月)이 분명 호(胡)를 가리킨다고 하였다. 『明知錄 李太白詩注』.

6   고려시대 이오(李頀, ?-1110)의 「원수 윤시중을 축하하며(賀元帥尹侍中)」라는 시에 "임금 손수 도끼 주시며 동정을 명하시니 / 鼙軒授鉞命東征 한 걸음에 되놈의 비린내·누린내를 말끔히 씻었네 / 一奉腥 膻盡掃清 한나라 변새는 이미 비어 고월[호(胡, 오랑캐)의 파자(坡字)] 없고 / 漢塞已空無古月 진나라 사람은 왜 피롭게 새 성을 쌓았던고 / 秦人何苦築新城"라는 내용이 보인다. 『동문선』 제12권, 칠언율시 (七言律詩) 그리고 조충(趙冲, 1171-1220)의 시에도 "백사장 짓이겨 밟으며 오랑캐를 꺾으리라 / 踏躪沙場摧古月"라 했다. 『동사강목』 제10 상, 고려 고종(高宗) 5년(1218).

7   『연려실기술』 별집 제15권, 천문전고(天文典故), 「재변(災變)과 상서(祥瑞) 이긍익이 인용한 『하담록』은 인조 때 평안도관찰사와 병조판서를 역임했던 김시양(金時讓, 1581-1643)의 『하담파적록(荷潭破寂錄)』을 가리킨다.

『명재유고(明齋遺稿)』와[9] 『하려집(下廬集)』에도[10] 보인다. 그리고 현전하는 『정감록』의 「남사고비결」에도 나온다.

17세기 중반에 활동한 송시열(宋時烈)은 효종(孝宗)에게 조선시대의 3대 풍수가(風水家)로 무학(無學), 이의신(李懿信), 박상의(朴尚毅) 등을 손꼽았다.[11] 이의신과 박상의는 조선 중기의 지관이었다. 이 기록을 통해 보더라도 무학의 조선왕조를 대표하는 풍수가로서의 명성이 17세기 후반까지도 자자했던 것을 확인할 수 있다. 무학은 잊혀진 인물이 아니라 여전히 명망이 높은 풍수가이자 도승(道僧)으로 인식되었으며, 당대를 대표하는 최고의 지식인이 인정할 정도였음을 알 수 있다.

현종대에는 전국 각지에서 명화적(明火賊)이 발생하였고,[12] 심각한 흉년이들었으며,[13] 악천후가 이어졌다.[14] 민심이 흉흉했으며,[15] 농사를 접는 사람도

---

8   箕都民俗, 用秫蓂莖祝歲. 丙寅冬, 見蓂莖中有朱書董王春三字, 以爲異. 丁卯春, 有虜變, 謂其驗, 然莫曉其文義. 戊寅秋, 村婦鬪蓂莖, 又有朱書古月亡於魚羊六字. 監司上之, 朝宰皆見之, 鮮于司業汝亦云親見. 今過三十年無驗, 莫曉其故也. 민정중(閔鼎重, 1628-1692), 『노봉선생문집(老峯先生文集)』 권 10, 잡저(雜著), 「견문별록(聞見別錄)」.

9   中原消息果如所聞, 則豈非天下之幸. 自古鼎淸乾坤之功, 無如我皇明之盛. 而一朝暴亡, 天子死節, 亦莫甚於崇禎之酷烈. 而天道人心, 未宜終絶. 眞人之識, 彗星之兆, 適與之符會. 吾輩未死, 庶幾拭目而更覩天日耶. 至於吾東, 則受恩而未報, 理必終任其責. 自有不可辭者, 安知所謂古月亡於魚羊者, 不徵於今日也. 只自默禱而已, 和叔色憂, 其已滿容耶? 憂厄如彼其極, 豈非自家之運數耶? 윤증(尹拯, 1629-1711)의 『명재유고(明齋遺稿)』 권 12, 서(書), 「여박징지(與朴徵之)」.

10   丁丑正月二十四日也. 賊退積屍彌谷野, 不可覓遺骸. 以衣履葬于三角山之西津寬里, 子橿時甫四歲, 在媵母愛香所, 同避于三淸洞嚴竇獲免. 飢長墓文學, 不事榮進, 抱冤壞至痛, 常言黑虜寫國必報之讎, 古語不云乎, 古月亡於魚羊, 國家若奮義向北. 吾當執殳前驅, 效一死至願也. 황덕길(黃德吉, 1750-1827)의 『하려집(下廬集)』 권 14, 구묘문(丘墓文), 「사의종신통덕랑이공묘표(死義宗臣通德郞李公墓表)」 이원기(李元麒)의 묘지명이다. 종친 이원기가 병자호란 때 죽은 후 그의 어린 아들 이익(李橿)의 결의를 나타낸 글이다.

11   『현종개수실록』 즉위년 7월 3일(임술일).

12   경상도 곳곳에서 도적이 일어나, 싣고 오던 각 고을의 세폐 방물(歲幣方物)과 군포(軍布)가 간혹 도적에게 겁탈을 당하였으며, 마을에는 명화적(明火賊), 길가에서는 강도의 변괴가 번번이 일어났다. 감사가 보고하자 상이 토포사를 신칙시켜 더욱 기찰하라고 명하였다. 『현종실록』 현종 11년(1670) 9월 2일(병진).

13   사간 이익상(李翊相)이 아뢰기를, "팔도에 흉년이 들어 백성들이 굶어 죽는다는 보고가 잇달아 들어오니. 진구하는 정치를 마땅히 불에 타는 사람을 구하고 물에 빠진 사람을 건지듯이 해야 합니다. 각 도 감사로 하여금 각 읍에 분부하여 굶주리는 사람들을 뽑아 기록하여 우선적으로 진구하게 하소서. 『현종개수실록』 현종 11년(1670) 8월 9일(계사).
이때에 진소(賑所)를 설치한 지가 이미 오래되어 나라의 저축이 바닥이 났으며 사망자는 날로 늘어나고

속출했고,[16] 떠도는 백성들도 증가하였다.[17] 기근과[18] 홍수에 피해를 당해도

구제할 방책이 없었다. 날마다 밀과 보리가 익기를 기다렸으나, 밀과 보리가 처음에는 매우 무성하다가 갑자기 병이 들어 시들어서 줄기와 잎이 모두 누렇게 되어 한꺼번에 말라죽었는데 온 들판이 모두 그러하였다. 밀과 보리가 이로 말미암아 큰 흉년이 들었다. 공사 간에 희망이 끊어지고 인심이 크게 무너져 아침, 저녁도 보전치 못하게 되었다. 『현종개수실록』 현종 12년(1671) 5월 6일(병진).
각 도의 굶주린 백성에게 진휼하는 일을 그만두었는데, 보릿가을 철이 되었고 또 안팎의 저축이 다 떨어졌기 때문이다. 서울의 세 군데 진소(賑所)의 굶주린 백성이 모두 3만 2천 40여 인이었다. 서울 백성 1만 9천 5백 70여 인을 제외하고, 파하여 본토로 돌아가는 외방의 굶주린 백성에게 각자의 거리를 셈하여 돌아갈 때에 먹을 양식을 차등 있게 나누어 주었는데, 그 가운데에서 더욱 심한 자에게는 15일분의 죽거리를 주었다. 병에 전염된 자에게는 각각 양식을 주고 활인서(活人署)를 시켜 치료하게 하고, 의지할 데 없는 어린 무리에게는 따로 양식거리를 지급하되 진소를 설치하였을 때의 감관(監官)에게 주어 그 친속을 찾게 하고 만약 데려다 기를 사람이 있으면 조치해 주도록 하게 하였다. 『현종개수실록』 현종 12년(1671) 5월 15일(을축).

14 함경 남·북도에 여러 달 큰 비가 내려 곳곳에 전답이 모래로 뒤덮였고 남은 곡식은 또 충재(蟲災)를 당하였다. 갑산(甲山), 삼수(三水) 등의 고을에 7월 16일 서리가 내렸는데, 눈이 온 것과 같았다. 함흥부(咸興府)에 큰 우박이 내렸는데 달걀만 하기도 하고 새알만 하기도 하였으며 각종 곡식이 쓰러지고 부러졌다. 또 누런 기운과 흰 기운이 일시에 뒤덮였고 그 기운이 덮였던 곳에는 싹이 말라 죽었는데『현종개수실록』 현종 11년(1670) 8월 9일(계사).
황해도에 죽은 소가 8천여 마리였다. 큰 바람에 나무가 뽑히고 서리가 잇달아 내려 폐허가 되어 화곡이 남은 것이 없었다. 『현종개수실록』 현종 11년(1670) 8월 28일(임자).

15 전라도 용담(龍潭) 등 고을에 큰 바람이 불고 큰 비가 내렸으며 또 서리가 일찍 내렸다. 영하(嶺下)의 여러 고을에 찬 비가 물을 퍼붓듯 하였고 큰 바람이 불어 지붕을 날렸으며, 벼가 모두 쓰러졌다가 햇볕을 보자 곧 말라 버렸다. 백성들이 뿔뿔이 흩어지고 죽은 시체가 길에 널렸는데, 무리를 지어 겁탈하기까지 하였다. 혹 전답의 주인을 묶어 놓고 그 화곡을 베어갔으며, 들판에 방목하는 소와 말을 대낮에 잡아먹었다. 감사가 보고하였다. 『현종개수실록』 현종 11년(1670) 8월 10일(갑오).

16 경기 각 고을에 된 서리가 연일 내려 익지 않은 벼가 모두 말라죽었다. 또 소의 전염병이 크게 번져 거의 남은 종자가 없었다. 가을갈이를 사람이 소 대신 하였는데, 9명의 힘으로 겨우 소 한 마리의 일을 해낼 수 있었으므로 농사일을 포기하는 백성이 많았다. 『현종개수실록』 현종 11년(1670) 8월 15일(기해).

17 백성을 모집하여, 버려진 아이들을 거두어 길러 노비로 삼게 하였다. 이때 떠돌며 빌어먹는 자들이 길에 가득하였고 어린아이들을 길가에 버리는 일이 잇따랐다. 경상 감사 민시중(閔蓍重)이, 신축년의 전례대로 백성을 모집하여 거두어 기르게 할 것을 청하였는데 『현종개수실록』 현종 11년(1670) 8월 17일(신축).

18 이 당시에 팔도에 기근이 들어 사망의 보고가 잇달아 이르렀다. 서울에도 굶어 죽은 백성이 많았다. 상이 진휼청으로 하여금 양식을 내어 구활하게 했는데도 모두 다 구제할 수가 없었다. 『현종개수실록』 현종 11년(1670) 8월 28일(임자).
행 대사간 남용익, 사간 이합, 정언 윤계 등이 아뢰기를, "올해에 굶주리거나 병을 앓아 죽은 참상은 실로 만고에 없던 것인데, 양남(兩南)에서 계문한 숫자는, 경상도는 굶주린 백성이 24만 2천 5백여 인이고 병으로 죽은 자가 5백 90인이었으며 전라도는 굶주린 백성이 21만 2천 3백여 인이고 병으로 죽은 자가 2천 80인이었습니다. 진소에 나아간 기민의 숫자가 이처럼 많다면 죽은 자가 이것뿐일 리는 만무합니다. 『현종개수실록』 현종 12년(1671) 5월 19일(기사).
수어사(守禦使) 이완이 아뢰기를, "올해의 재난은 백 년 이래로 듣지도 보지도 못한 것인데 보리 밀이 또 흉년이니, 이는 실로 하늘이 망하게 하는 시기입니다. 설사 올가을에 곡식이 익는다 해도 각종 요역을 징수한다면 인민들이 사망하는 걱정은 반드시 배가 될 것입니다. 『현종개수실록』 현종 12년(1671) 6월 11일(경인).

정부에서는 별반 대책을 내놓지 못할 지경이었다.[19] 도둑이 늘어났고,[20] 유언비어가 퍼졌으며,[21] 극심한 기근과[22] 전염병이 발생했다.[23] 자식을 삶아 먹는 사

---

19 도제조 정치화가 아뢰기를, "불행히도 기근이 참혹한데 나라의 저축이 이미 바닥이 나서 진구할 길이 없습니다. (⋯) 굶어 죽는 사람 이외에도 물난리에 휩쓸려 죽거나 벼락을 맞고 죽은 사람도 많으니, 더욱 참혹합니다." 하였다. 『현종개수실록』 현종 11년(1670) 8월 25일(기유).

20 경상감사 민시중이 치계하기를, "다른 도의 유민들이 진주(晉州), 함양(咸陽) 등 10여 고을에 가득하여 도둑질이 날로 증가하고 있습니다. 앞으로 노약자는 구렁에 엎어져 죽을 것이며 건장한 자는 도적이 될 것이니, 제때에 구제해서 다른 근심이 없도록 하지 않을 수 없습니다." 하였는데 『현종개수실록』 현종 11년(1670) 8월 30일(갑인).

21 서울 백성이, 홍제동(弘濟洞)의 석미륵(石彌勒)이 저절로 움직였다고 유언비어를 퍼뜨렸다. 『현종실록』 현종 12년(1671) 10월 17일(을미).

22 경상도에 굶주린 백성으로서 죽을 나누어 주는 곳에 나온 사람이 9만 8천 3백 60여 명이었고, 죽은 자가 1백 40여 명이었다. 『현종개수실록』 현종 12년(1671) 3월 4일(을묘).
함경도에 굶주리는 백성이 2만 1천 3백 70여 명이었고, 2월 27일 이후로 비와 눈이 잇따라 내리고 날씨가 추워서 밭이 얼어붙어 쟁기질을 할 수가 없었다. 『현종개수실록』 현종 12년(1671) 3월 10일(신유).
전라도에 여역으로 죽은 자가 1천 7백 30여 명이었고 굶주리는 백성이 13만 2천 5백 90여 명이었으며, 죽을 먹이는 곳에서나 도로에서 죽은 자가 1백 40여 명이었고 지난해 10월 이후로 각 고을의 죄수 중에 얼고 굶어 죽은 자가 1백 30여이다. 『현종개수실록』 현종 12년(1671) 3월 10일(신유).
충청도에 굶주리는 백성이 6만 6천 4백 20여이었다. 『현종개수실록』 현종 12년(1671) 3월 14일(을축).
함경도에 굶주리는 백성이 2만 1천 3백 70여 명이었는데 죽은 자가 매우 많았다. 『현종개수실록』 현종 12년(1671) 3월 16일(정묘).
경상도에서 전후에 굶주리는 백성이 11만 5천 6백 70여 명이었으며, 여역이 매우 치열하였고, 밀보리도 모두 시들어 손상되었다. 『현종개수실록』 현종 12년(1671) 3월 16일(정묘).
경기에서 2월 보름날 이후로 굶주리는 백성이 4만 5천 6백여 명이었고 여역으로 죽은 자가 80여 명이었고 불에 타죽은 자가 6명이었다. 『현종개수실록』 현종 12년(1671) 3월 17일(무진).
원양도(原襄道)에서 여역으로 죽은 자가 70여 명이었다. 『현종개수실록』 현종 12년(1671) 3월 18일(기사) — 정치화(鄭致和)가 약방 도제조로서 입시하였다가 앞으로 나아가 아뢰기를 — 또 듣건대, 영남의 역졸(驛卒)이 거의 다 굶어 죽어서 국가의 명령을 전하지 못하게 되었다 합니다. 더구나 지금 보리가 누렇게 말라죽는 재해는 예전에 없던 것인데 거기다 누리까지 또 뒤따라 치열하게 일었으니, 앞날의 그지없는 염려가 지난날보다 심하게 되었습니다. 『현종개수실록』 현종 12년(1671) 5월 9일(기미).

23 이때 굶주린 백성들이 도성으로 모여들어 모두들 죽소(粥所)에 나갔다가 밤에는 거리에서 자므로 나쁜 기운이 찌는 듯하여 서로 전염되어 며칠 동안 신음을 하다가 번번이 죽어나갔다. 그리하여 문밖으로 실어내는 수레가 날마다 잇따랐는데, 그중에는 혹 귀신처럼 됐으나 목숨이 아직 붙어 있는 사람도 많이 섞여서 쌓인 시체 가운데에 들어갔다. 귀한 집이건 천한 집이건 독한 여역이 두루 차서 마치 불이 치솟듯 하였으므로 일단 여역이 걸린 자는 열에 하나도 낫는 자가 없고 심지어는 온 가족이 몰살한 경우도 있었다. 그래서 사람들이 다 놀라고 경황없이 허둥대는 것이 마치 병화(兵火)를 피하는 것 같았다. 그 경황의 비참함이 이러하였다. 『현종개수실록』 현종 12년(1671) 3월 18일(기사).
전라감사 오시수(吳始壽)가 치계하였다. "전후 굶주린 백성을 합하여 셈하면 17만 2천 2백여 명입니다. 3월부터는 죽을 먹는 가운데에서 농민을 뽑아 양식을 나누어주기 시작하였습니다. 떠돌며 빌어먹는 자는 읍에 있는 죽소(粥所)에 가서 먹게 하였습니다만, 너무나 얼고 굶주려서 얼굴 가득히 누렇게 뜬 무리는 날씨가 따뜻해진 뒤에 죽은 자가 더욱 많습니다. (⋯) 포구나 섬에 사는 백성들은 대체로 관아와 멀리 떨어져 있으므로 집을 못 잊어서 죽을 먹으러 가지 않기 때문에 온 가족이 죽게 되는 경우가 육지 백성보다 훨씬 많습니다. 고을의 중심지와 큰 도회지에는 떠돌며 빌어먹는 자가 구름처럼 모여들고 있으므로 쓰러져 죽은 시체가 매우 많습니다. 흉년의 여역(癘疫)은 늘 있는 일이라고는 하나 모든 마을에

람이 나올 정도였으며,[24] 목숨이 끊어지지 않은 사람을 묻는 지경에 이르렀다.[25]

전국적으로 아사자가 속출했으며,[26] 어린아이를 버리기도 했으며,[27] 고아
도 증가했다.[28] 길에서 굶어죽는 자가 속출했으며[29] 극심한 기근과 전염병이

전염이 안 된 곳이 하나도 없어 불처럼 더욱 치열해지고 있으므로 편히 쉬게 될 날이 언제 있을지 막막합
니다. 『현종개수실록』 현종 12년(1671) 3월 23일(갑술).

24 충청감사 이홍연(李弘淵)이 치계하기를, "연산(連山)에 사는 사비(私婢) 순례(順禮)가 깊은 골짜기 속
에서 살면서 그의 다섯 살 된 딸과 세 살 된 아들을 죽여서 먹었는데, 같은 마을 사람이 소문을 듣고 가서
사실 여부를 물었더니 '아들과 딸이 병 때문에 죽었는데 큰 병을 앓고 굶주리던 중에 과연 삶아 먹었으나
죽여서 먹은 것은 아니다.'라고 하였다 합니다. (…) 국가에서 구황 정책에 대한 강구를 여러모로 극진
히 하고 있으나 부고(府庫)는 다 비고 관리는 지쳐서, 굶주려 낯빛이 누런 백성들이 붕어처럼 입만 벌리
고 갈망하다가 장차 다 죽게 되었습니다. 『현종개수실록』 현종 12년(1671) 3월 21일(임신).

25 집의 이단석(李端錫)이 나아가 아뢰기를, "진소(賑所)에서 굶주린 백성의 주검을 수레로 실어내는 일이
잇따라, 보기에 참혹한데, 그 가운데는 혹 목숨이 아직 끊어지지 않았는데도 싸잡아 실어내는 일이 있습
니다. ─ 좌의정 허적(許積)이 ─ 아뢰기를, "이미 진휼청에서 면포를 주어 몸을 가리고 단단히 묻게 하
였습니다. 그런데 듣자니 곧 파내어 염한 것을 벗겨 간다 하니 참으로 매우 놀랍고 참혹합니다만, 또한
어쩔 수 없습니다." 하였다. 홍중보가 아뢰기를, "신이 접때 목숨이 아직 끊어지지 않은 사람의 발에 줄
을 묶어 놓은 것을 거리에서 보았습니다. 이것은 동네 사람이 나중에 끌어내기 위해 미리 만든 도구인데
매우 불쌍합니다." 하니, 상이 슬퍼하였다. 『현종개수실록』 현종 12년(1671) 3월 25일(병자).

26 이달에 서울에서 굶주리고 병들어 죽은 사람의 숫자가 1백 50여 명이었다. 『현종개수실록』 현종 12년
(1671) 3월 30일(신사).
제주 목사 노정(盧錠)이 치계하였다. "본도(本島)에 굶주려 죽은 백성의 수가 무려 2천 2백 60여 인이
나 되고 살아남은 자도 이미 귀신 꼴이 되었습니다. 닭과 개를 거의 다 잡아먹었기에 경내에 닭과 개의
소리가 들리지 않고 이어서 마소를 잡아 경각에 달린 목숨을 부지하고 있으니, 사람끼리 잡아먹는 변이
조석에 닥쳤습니다." 『현종개수실록』 현종 12년(1671) 4월 3일(갑신).
이달에 굶주리고 병을 앓아 죽은 사람이 서울은 3천 1백 20여 인이었고 팔도에서 보고한 것은 모두 1만
3천 4백 20여 인이었는데, 그 가운데에서 삼남(三南)이 더욱 심하였다. 『현종개수실록』 현종 12년
(1671) 5월 29일(기묘).
이달에 도성 안에서 굶고 병을 앓아 죽은 자가 1천 4백 60여 인이었고 각 도에서 죽은 수가 1만 7천 4
백 90여 인이었다. 그 밖에 불에 타고 물에 빠지고 범에게 물렸다는 보고가 잇따랐으며, 도둑이 살해하
고 약탈하는 우환이 없는 곳이 없었는데 호남과 영남이 가장 심하였고, 두 도에서 돌림병으로 죽은 소와
가축도 이루 헤아릴 수 없었다. 『현종개수실록』 현종 12년(1671) 6월 30일(기유).

27 경상감사 민시중(閔蓍重)이 치계하였다. "선산부(善山府)의 한 여인은 그의 여남은 살 된 어린 아들이
이웃집에서 도둑질하였다 하여 물에 빠뜨려 죽이고, 또 한 여인은 서너 살 된 아이를 안고 가다가 갑자
기 버리고 돌아보지도 않은 채 갔으며, 금산군(金山郡)에서는 굶주린 백성 한 사람이 죽을 먹이는 곳(粥
所)에서 갑자기 죽었는데 그의 아내는 옆에 있다가 먹던 죽을 다 먹고 나서야 곡하였습니다. 하늘에서
부여받은 인간의 윤리가 완전히 끊겼으니, 실로 작은 걱정이 아닙니다." 『현종개수실록』 현종 12년
(1671) 4월 5일(병술).

28 전라감사 오시수(吳始壽)가 치계하였다. "떠돌며 빌어먹는 백성들이 아이를 버리는 경우가 이루 셀 수
없이 많습니다. 옷자락을 잡고 따라가는 예닐곱 살 된 아이를 나무에 묶어 두고 가기도 하며, 부모 형제
가 눈앞에서 죽어도 슬퍼할 줄 모르고 묻어 주려고도 하지 않습니다. 사람의 도리가 끊어진 것이 이러한
지경에까지 이르렀습니다." 『현종개수실록』 현종 12년(1671) 4월 3일(갑신).

29 대사간 남용익과 사간 이합이 아뢰기를, "올해에는 진소(賑所)에서 떠돌이들의 주검이 날로 늘어나 도
성 문 안팎에 주검을 나르는 수레가 잇따릅니다. ─ 지금 길에서 굶어 죽은 사람들이 잇따라 널려 있으

창궐하여[30] 미처 시신을 묻지도 못할 지경이었다.[31] 이러한 천재지변에 따른

니 더욱 유념하여 거행해야 할 것입니다. 그런데 이미 신칙하였는데도 대부분 거두어 묻지 않아서 파리
들이 빨아먹도록 버려두고 있으니, 보기에 처참합니다. — 요즘 팔도의 장계를 보면 굶거나 여역을 앓
거나 불에 타거나 물에 빠져 죽는 사람이 거의 없는 날이 없는데, 겁탈하고 살상하는 강도 사건에 대해
서만은 전혀 아뢰는 일이 없습니다. 이것은 대개 도신(道臣)이 잘못된 전례를 그대로 따르기 때문에 그
러한 것으로서, 본디 옛날에 홍수나 가뭄이나 도둑을 아울러 아뢰던 의의가 아닙니다. 더구나 이제 살상
하고 약탈하는 일이 곳곳에 일어나고 있어서 앞날의 염려를 이루 말할 수 없게 되었습니다. 『현종개수
실록』 현종 12년(1671) 4월 12일(계사).
행 대사간 남용익, 사간 이합, 헌납 정화제, 정언 윤계 등이 차자를 올리기를. — 서울과 외방이 모두 텅
비어서 시체가 즐비하게 쌓이게 되었습니다. 쪽박을 든 채 아직 숨이 끊어지지 않은 사람들이 실어내는
수레 안에서 죽어가고, 옷깃을 잡고 종종걸음으로 따라가던 아이가 길가에 버려져서, 보는 자들이 탄식
을 하며 얼굴을 가리고 눈물을 흘리지 않는 사람이 없습니다. — 제주도는 재난을 아주 혹심하게 당하여
사람이나 가축이나 모두가 다 죽게 되었다고 하니 — 삼남 지방은 일찍이 비가 내리지 않아 보리가 모두
말라죽었다고 하니, 올해에도 또 보리 수확이 없게 되었습니다. 7월에 이르면 서울이나 외방의 백성들
이 하나도 남지 않고 모두 굶어 죽을 것입니다. — 매우 엄해야 할 궐내에 여역의 기운이 또한 전염되어
죽은 내인(內人)이 한둘이 아니라고 합니다. 『현종개수실록』 현종 12년(1671) 5월 1일(신해).

30 기근과 여역이 함께 일어나 시체들이 서로 겹쳐 쌓였으며 찌는 듯한 나쁜 기운이 안팎으로 가득합니다.
심지어 진휼을 하던 대소 관원들까지 잇달아 전염이 되었습니다. 성안의 모든 집들이 귀천을 가릴 것 없
이 제대로 남아난 집이 없으며 황급하고 경황없는 것이 병화(兵火)보다도 심합니다. 서울이 이러하니,
외방은 알 만합니다. 『현종개수실록』 현종 12년(1671) 4월 19일(경자).
서울 안에 진소(賑所)가 세 군데인데, 한 곳에 죽을 먹으러 가는 굶주린 백성이 혹 1만여 명, 혹 7, 8천
명, 혹 5, 6천 명이었다. 이달에 죽은 자가 무려 5백여 명이나 되었고 길에 쓰러져 죽은 무리도 매우 많
았다. 한데에다 버려둔 채 거두지 않았다 하여, 비국의 계사에 따라 하옥되어 논죄받은 부관(部官)이 전
후로 한둘이 아니었으나, 죽은 자가 잇따라서 각부(各部)가 즉시 매장하기에는 힘이 미치지 못하였다.
각 도에서 굶주려 죽거나 병을 앓아 죽은 자에 대해 보고한 것도 1만여 명이었다. 경상도와 전라도의 각
고을에서 죽을 먹으러 간 굶주린 백성의 수는 한 도를 합할 때 많으면 20여 만이었고 적어도 18, 19만
에 밑돌지 않았다. 『현종개수실록』 현종 12년(1671) 4월 29일(경술).
비국이 아뢰었다. "동·서 활인서에 지난달 이후로 전염병이 더욱 번져 성 밖으로 나간 병자 움막의 수
가 날마다 증가하고 있습니다. 두 활인서에서 관할하는 대상과 동서 성 밖의 사막(私幕)의 병자들이 어
른 아이 합하여 1만 9천 5백 28명입니다. 『현종개수실록』 현종 12년(1671) 6월 3일(임오).
대사헌 장선징 등이 상차하였다. 대략에 이르기를, — 서울 내외에 굶어 죽은 시체가 도로에 이어지고
있습니다. 혹은 부모 처자가 서로 베고 깔고 함께 죽은 경우도 있고, 혹은 어미는 이미 죽고 아이가 그
곁에서 엎드려 그 젖을 만지고 빨다가 곧이어 따라 죽기도 합니다. 울고불고 신음하는 소리에 지나가는
자도 흐느낍니다. 더욱이 전염병은 날로 치솟아 열풍이 불꽃을 일으키는 듯한 기세입니다. 병에 걸리지
않은 사람이 드문데, 걸렸다 하면 곧 성 밖에서 죽습니다. 사방이 염병이라 온통 움막을 지어 끝없이 펼
쳐지니, 참혹한 광경과 놀라운 심정을 이루 말할 수 있겠습니까. 서울 밖의 죽어가는 참상은 이미 전쟁
에 비길 바가 아닙니다. 더군다나 보리와 밀을 이미 그르쳤고 수수와 좁쌀도 다시 벌레가 먹었으니, 이
로부터 겨우 살아남은 백성들은 생기가 모두 사라져 버렸습니다. — 올해에 기근과 역질로 태반이 사망
하였으니 (…) 『현종개수실록』 현종 12년(1671) 6월 4일(계미).
전라도에 7월 중 병에 전염된 사람의 수는 1만 1천 8백 81인이었고 죽은 자는 2천 7백 43인이었으며,
굶주려 죽은 백성이 2천 2백 79인이었으며, 장흥(長興) 등 열일곱 고을에서 한 달 동안에 우역으로 죽
은 소가 1천 39두였다. 『현종개수실록』 현종 12년(1671) 8월 19일(정유).
헌납 윤경교(尹敬敎)가 상소하였다. 그 대략에, "엎드려 생각건대, 국가가 불행하여 액운이 든 시절을
만나 수재와 한재가 재앙이 되고 해마다 흉년이 져서 주려 사망하는 참상이 지난해에 이르러 극도에 달
했습니다. 거기다 여역이 크게 돌아 쪽박을 들고 구걸하며 죽소(粥所)에 의지하여 얻어먹던 저 무리들
은 진휼을 그친 후에 남김없이 죽었습니다. 기근과 여역으로 죽은 토착 농민까지 온 나라를 합하여 계산

극심한 고통을 겪은 경험이 예언서에 수용되었을 가능성이 크다. 미처 당해 보지 않았던 일이 기록으로 남겨지기는 힘들기 때문이다. 현전하는 『정감록』에는 천재지변과 이에 따른 기근, 빈곤, 혼란 등의 상황을 반영하는 기록들이 많다.

하면 그 수가 거의 백만에 이르고, 심지어 한 마을이 모두 죽은 경우가 비일비재합니다. 비록 임진·계사년 전란의 참혹함이라도 거의 이보다 지나치지는 않았을 것입니다. (…) 토착민 중에 한 부락이 전부 죽은 경우가 많이 있다고 하니 (…) 『현종개수실록』 현종 12년(1671) 12월 5일(임오).

31 비변사가 아뢰기를, "출막(出幕)하는 병인(病人)에 대해서 본사의 낭청을 나누어 보내 적간하고 양식을 지급하라는 명이 일찍이 있었습니다. 동·서도(東西道)에 지금 이미 모두 양식을 지급하였습니다. 두 활인서(活人署)에서 관리하는 1천여 명 이외에도 사막(私幕)에 있는 자가 7천 8백 60여 명인데, 이들에게 진휼청의 쌀로 양식을 계산하여 지급하였습니다만, 필시 빠진 자가 없지 않을 것입니다. 사방 잇달아 출막하는 자도 그 숫자를 알 수 없다고 하니, 얼마나 많은 사람이 죽는지는 이것을 미루어 알 수 있습니다. 일이 매우 딱합니다. 그 가운데 출막하여 죽어서, 그 가족이 이미 초빈(草殯)을 마쳤거나 혹 덮어 묻을 도구를 장만하는 자가 매우 많은데, 이것은 거론할 것이 없겠습니다만, 시체가 길 위에 놓여 있어도 거두어 묻어 주는 사람이 없어서 혹 이미 부패하기도 하였고 혹 날짐승이 쪼아 먹기도 하는 경우도 매우 많습니다. 『현종개수실록』 현종 12년(1671) 5월 11일(신유).
이때 내간(內間)의 궁인(宮人) 중에서 역질에 걸려 질병가(疾病家)에 내보냈던 자가 잇따라 죽었고, 도성의 사대부로서 전후로 죽은 자도 수가 많았으며, 심지어는 온 집안이 모두 전염되어 열 사람 가운데에서 한 사람도 낫지 못한 경우도 있었다. 동·서 활인서(東西活人署) 및 각처의 사막(私幕)에서 병을 앓다가 죽은 자와 길에 쓰러진 주검이 얼마나 되는지 알 수 없었다. 그래서 각부(各部)에서 모두 거두어 묻지 못하고 구덩이에 가져다 두는데, 동서교(東西郊) 10리 안에 쌓인 주검이 언덕을 이루었고, 빗물이 도랑에서 넘칠 때에는 주검이 잇따라 떠내려갔다. 도성에서 이처럼 사람이 죽는 참상은 예전에 없었다. 『현종개수실록』 현종 12년(1671) 5월 20일(경오).
이때 주리고 병들어 사망한 무리를 경성에서 매우 가까운 곳에다 묻은 것이 이루 헤아릴 수 없이 많았다. (…) 주인이 없는 주검이 모두 6천 9백 69구이고, 이외에 구덩이에 메꾸어져 있는 해골을 수습하지 못한 것이 또 얼마인지 알 수 없었다. 『현종개수실록』 현종 12년(1671) 9월 30일(무인).
(영의정) 허적이 아뢰기를, "오늘 소신이 들어올 때에 굶주린 백성들이 다투어 가며 길을 메우고 호소하였습니다. 백성들의 절박함을 또한 알 수가 있습니다." 하고, (약방 도제조) 정치화가 아뢰기를, "내년에는 백성들의 죽는 숫자가 필시 올해의 두 배가 될 것이니, 백성들을 살리는 대책을 미리 강구하는 것이 마땅하겠습니다. (…) 정치화가 아뢰기를, "병 없는 백성은 굶어서 죽는데 어찌 하늘과 성상을 원망하지 않겠습니까. 그리고 비록 예전에도 어찌 여역이 없었겠습니까만, 오늘날처럼 심한 적은 없었습니다." 하였다. (…) 허적이 아뢰기를, "올해의 사망한 숫자는 얼마나 되는지 알 수가 없는데, 서울의 사대부 가운데 혹 온 가족이 전염되어 모두 죽어서 시신을 거둘 사람이 없는 자도 있다고 합니다. 참으로 불쌍합니다. 『현종개수실록』 현종12년(1671) 5월 29일(기묘).
전라감사 오시수(吳始壽)가 치계하기를, "민간에 밥 짓는 연기가 끊어진 참상이 봄보다 훨씬 더합니다. 쓰러진 주검이 길에 즐비하고 낯빛이 누렇게 뜬 백성이 수없이 떼를 지어 문을 메우고 거리를 메워 살려 달라고 울부짖고 있으며 맨발에다 얼굴을 가리고 살려 달라고 애걸하는 사족(士族)의 부녀가 날마다 관아 뜰에 가득합니다. (…) 역로(驛路)가 모두 비어서 장차 명령을 전달하지 못하게 되었고 관속(官屬)이 흩어져서 거의 모양을 이루지 못하고 있습니다. 이전에 죽은 자는 다 떠돌며 빌어먹는 자들이었는데, 근일 길에 쓰러진 주검은 모두 본토박이 양민입니다. 『현종개수실록』 현종 12년(1671) 6월 15일(갑오).
경기감사 오정위가 치계하였다. "도내 각 고을에서 여역으로 죽은 자 이외에 굶어서 도로에 쓰러져 죽은 주검을 묻도록 신칙하지 않은 것은 아니었으나 굶어서 지친 백성이 실로 거두어 묻기 어려웠으므로 길에서 썩게 되었습니다. 또, 흙을 덮더라도 소나기가 한번 지나가면 곧 드러나고 있으니 보기에 참혹한 정상을 이루 다 아뢸 수 없습니다." 『현종개수실록』 현종 12년(1671) 6월 18일(정유).

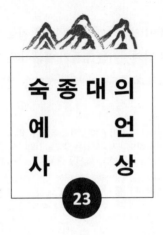

숙종대의
예   언
사   상
23

숙종대부터는 부쩍 요언과 와언사건이 많이 발생하였다.[1] 요언과 와언은 사회의 해체기를 반영하는 현상이며, 이후 괘서를 통한 민심 동요와 역모사건으로 발전할 소지를 지녔다. 요언과 와언의 구체적 내용이 알려진 경우는 그리 많지 않지만 사회의 혼란을 야기할 예언적 비결과 연관될 가능성도 상당히 있었다.

민중저항운동은 대체로 요언(妖言) 단계에 머물렀다. 대부분의 경우 승려나 무격(巫覡)들이 주도했는데 조악한 수준의 단편적인 논리에 머물렀다. 그럼에도 불구하고 이들 요언 단계의 저항은 체제부정적인 논리와 함께 민중들에게 일정한 영향을 미쳤고 그 파급효과는 의외로 매우 컸다. 흔히 한 지역에서 요언이 발생하면 인근 지역으로 급속하게 소문이 퍼지면서 민심을 크게 동요시켰던 것이다.[2]

---

1   숙종대부터 정조 년간의 와언사건과 요언사건 발생 현황에 대해서는 고성훈, 『조선 후기 변란연구』(동국대학교 박사학위논문, 1994), 61쪽과 68쪽에 표로 잘 정리되어 있다.

숙종 즉위년(1674) 9월에 서울 안팎에 갑자기 호(胡)가 온다고도 하고 왜(倭)가 온다고도 하는 소문이 나돌아 집집마다 짐을 지고 피난을 나서는 일대 소동이 일어났다. 이 소문은 해서(海西)의 장련(長連) 등지에서 비롯되었는데, 왜선(倭船)이 이미 해안에 정박하여 인근 고을을 점령했다는 내용으로 부풀려져서 전국이 진동했다고 한다.[3]

숙종이 재위한 기간은 조선의 정치사에서 정치 세력의 기복이 가장 심했던 정쟁(政爭) 극심기였다. 대표적인 것이 숙종 6년(1680) 3월에 일어난 허견(許堅)의 모역(謀逆) 사건을 서인이 고발하여, 여기에 관련된 남인들 대부분이 주살(誅殺) 또는 축출되어 정권이 서인들에게 넘어간 경신환국(庚申換局)이다. 환국은 정권교체라는 의미이다. 당시 남인들은 중국에서 일어난 이른바 오삼계란(吳三桂亂)으로 인해 대륙이 양분되자, 윤휴(尹鑴)를 중심으로 북벌론을 제기하였다. 그러나 강희제(康熙帝)가 중원을 재통일하는 것이 거의 확실시되자 숙종은 정권의 안정을 위해 서인과 제휴하여 남인을 대거 제거하였다.

그 후 집권당인 서인이 노론과 소론으로 분열되어 서로 논박을 계속하고 있던 차에 경신환국 이후 정국에서 물러났던 남인들은 재차 집권 기회를 엿보고 있었다. 그러던 중 숙종 15년(1689) 원자(元子) 정호(定號)에 관한 분규를 계기로 남인이 다시 정권을 잡은 기사환국(己巳換局)이 일어났다. 이때 장희빈이 왕비로 책봉되었다.

현종(顯宗) 말년에, 명나라를 회복하기 위한 운동을 벌이던 정성공(鄭成功, 1624-1662)의[4] 아들 정경(鄭徑)과 손자 정금(鄭錦)이 대만을 근거로 청나라에 강력하게 저항했다. 그가 일본에 군대를 파병할 것을 요청했다는 소식이 사신을 통해 조선에도 알려졌다. 이는 사회적 위기감을 조성했으며, 조선왕조를 부정

---

2   고성훈, 『조선 후기 변란연구』(동국대학교 박사학위논문, 1993), 69-70쪽.

3   『숙종실록』숙종 즉위년(1674) 9월 4일.

4   정성공(鄭成功, 1624-1662)은 명(明)나라의 유신(遺臣)으로 명나라가 망한 후 중국 남부로 이동하여 청나라에 대항하다가 1661년에 대만으로 건너가 당시 그곳을 점령하고 있던 네덜란드군을 축출하고 웅거하다가 이듬해 병으로 죽었다.

하려는 세력에게는 좋은 기회였다.

현종 15년(1674) 1월 당시 중국에서는 오삼계(吳三桂, 1612-1678)가 숭정황제(崇禎皇帝)의[5] 셋째 아들을 내세워 황제로 삼아서 운남성에서 즉위하여 청(淸)을 타도하고 명나라를 회복할 뜻을 세웠다.[6] 이때 정성공의 손자 정금(鄭錦)도 군사를 동원하여 오삼계와 함께 진군하였는데, 여러 번 청나라 군사를 격파하고 호남과 섬서의 땅을 탈취하였다.

이에 조선의 일부 신하들이 자강(自强)하는 방책의 하나로 바다를 건너 정금(鄭錦)과 통하는 방법을 제안하기도 했다.[7] 그 후 정금은 대륙에서 패하고 본토에서 쫓겨나서 해도(海島)에[8] 웅거하고 있었는데, 그가 정지룡(鄭之龍)의 손자로 우리나라 사람이라는 소문도 있었다.[9]

특히 현종 14년(1673)에 사기(砂器) 장사가 배를 부평(富平)에 정박해 놓고 갈모[笠帽] 등의 물건만 사 가지고 간 일이 있었다고 한다. 그런데 정금이 청나라 군사와 더불어 싸울 때 자신의 군사들에게 갈모를 쓰게 하여 우리나라 사람의 복색을 차렸기 때문에 청나라에서 우리나라를 의심하였다.[10]

숙종 1년(1675) 2월 윤휴가 북벌을 강력히 주장하였는데,[11] 당시 청(淸)에서

---

5 숭정은 명(明)나라 의종(毅宗)의 연호이다.

6 오삼계는 제(帝)라 칭하고 국호를 대주(大周)라 했으며, 자신의 손자를 황태손(皇太孫)으로 삼았다. 『숙종실록』 숙종 4년(1678) 8월 20일.

7 『숙종실록』 숙종 원년(1675) 2월 9일, 4월 2일, 4월 3일.

8 현재의 대만(臺灣)이다.

9 정금(鄭錦)에 대하여는 혹은 정지룡(鄭之龍)의 손자라 말하고 혹은 우리나라 사람이라고 말한다. 『숙종실록』 숙종 1년(1675) 6월 3일(경신).

10 정금(鄭錦)은 해도(海島)에 웅거하고 있었는데, 우리나라의 호서(湖西) 지방과 아주 가까웠다. 계축년(현종 14년, 1673) 사이에 사기(砂器)를 파는 자가 배를 부평(富平)에 정박(淀舶)하여 놓고는 다만 갈모(笠帽) 등의 물건만 사 가지고 갔었다. (…) 그 뒤에 사신(使臣)이 돌아와 말하기를, "정금(鄭錦)이 오랑캐(胡)와 더불어 싸울 적에 온 군사가 갈모로써 우리나라 사람의 복색(服色)을 본받아 차렸기 때문에 청나라 사람들이 우리를 의심하더라." 하였다. 그 때야 비로소 사기(砂器)와 바꾸어 간 이유를 알았다. 『숙종실록』 숙종 1년(1675) 6월 3일(경신).

11 우부승지(右副承旨) 윤휴(尹鑴), 호조판서(戶曹判書) 오정위(吳挺緯)가 청대(請對)하니, 허적(許積)도 같이 들어오라고 명하였다. (…) 윤휴가 말하기를, "의심을 내서 군사를 동원한다면 바로 기회를 타기 좋을 것입니다. 우리나라에는 스스로 10만의 정병(精兵)이 있고 양서(兩西)의 식량도 쉽게 장만할 수 있으므로 열흘이 못 되어 심양(瀋陽)을 차지할 수 있고, 심양을 빼앗고 나면 관내(關內)가 진동할 것이

도 조선이 정금(鄭錦)의 군대와 힘을 합쳐 쳐들어올 것이라는 말이 유포되어[12] 우려할 정도였다. 청나라에서도 조선의 동정을 예의주시하고 있었던 것이다.

이후 숙종 즉위년(1674) 10월에는 해서 지방에 정금이 이끄는 수군의 진로와 관련된 소문이 나돌았고 이를 전해 들은 사람들이 소란스러웠다.[13]

숙종 2년(1676) 2월에는 정금이 왜국(倭國)과 함께 중원에 사변을 일으킬 것인데 우리나라가 입장을 명확히 밝히지 않으면 정금의 군사가 곧 우리나라를 쳐들어올 것이라는 왜국의 소문이 조정에 보고되기도 했다.[14]

오삼계의 난이 발생한 후 청나라는 조선의 침공을 우려했다. 조선에서는

니, 일이 이루어지지 않을 염려가 없습니다." 하였는데, (…) 윤휴가 말하기를, "지금 밖으로는 세 가지 일이 있는데, 북벌(北伐)이 첫째이고, 바다를 건너 정(鄭) — 정금(鄭錦) — 과 통하는 것이 둘째이고, 북(北)과 화호(和好)를 끊는 것이 셋째이며, 안으로는 숙위(宿衛)를 엄하게 하는 한 가지 일이 있습니다. 무릇 이 몇 가지를 서둘러 펴하지 않으면, 화환(禍患)이 반드시 올 것입니다." 하였다. 『숙종실록』 숙종 1년(1675) 2월 9일(정유).

12 (부호군) 유창이 아뢰기를, "북경(北京)에 잘못 전해진 말로 조선(朝鮮)이 정금(鄭錦)과 합세하고 있다는 설이 있어 서로들 놀라 동요를 일으켰다가 신들을 보고서야 그 와전된 말이 비로소 멎었다고 하였습니다." 하였다. (…) 들리는 말로는 북경에서 팔월에 대군을 동원하여 오삼계(吳三桂)를 공격하는데 청국 군대 11만 명, 몽고 군대 1만 5천을 동원, 황제가 직접 정벌에 나선다고 했는데 꼭 그렇게 할 것인지 알 수 없는 일이고, 오삼계가 주씨(朱氏) 자손을 옹립했다는 설도 문보(文報)에는 나와 있지 않아도 그렇게 말하는 이들이 많았습니다. 그러나 그것도 상세히 알 수는 없었습니다." 하였다. 『현종개수실록』 현종 15년(1674) 8월 3일(갑오).

13 갑인년(숙종 즉위년, 1674) 10월에 해서(海西) 지방으로부터 와언(訛言)이 있기를 '경외(京外)가 크게 시끄러웠다." 하였고, 혹은 말하기를 "이는 괜히 놀란 것이 아니라 정금이 이끄는 수군(舟師)이 해상에서 등주(登州)와 내주(萊州)로 향하였다고 바닷가의 사람들이 서로 전파하여 이 말이 나게 되었다." 고 하였다. 또 영남(嶺南)의 인동(仁同) 약목촌(若木村)에서는 산벼랑이 떨어져 빠졌는데, 그 가운데 돌에 새긴 것이 있어 말하기를 "홍무(洪武) 후 310년에 산동(山東)의 마장군(馬將軍)이 군사를 이끈 패(牌)"라고 하였다. 이는 오삼계나 정금의 장수 가운데 마가(馬哥)의 성(姓)을 가진 자가 있는 것이라 하였고, 이 때문에 그들이 나올까 봐 더욱 두려워하였다. 이에 윤휴(尹鑴)는 "일본을 매개로 하여 정금과 통해야 한다." 하고 묘당(廟堂)에서는 "왜(倭)의 서신으로 청나라에 통고해야 한다."고 서로 다투어 결정하지 못하였다. 『숙종실록』 숙종 원년(1675) 6월 3일.

14 영의정(領議政) 허적(許積)을 인견(引見)하였다. 허적이 말하기를, "전에 왜서(倭書)에서 나온 와언(訛言)이 있었는데, 진신(搢紳)으로서 또한 이를 전한 자가 있었습니다. 신이 그 글을 구해 보니, 거기에 '정금(鄭錦)이 이미 병선(兵船)을 정돈하고 장차 본국(本國)과 함께 중원(中原)에 사변을 일으키려고 하여 귀국(貴國)과 더불어 일을 함께 하려고 하는데, 전일(前日)의 서계(書契)에 귀국은 막연하여 알지 못한다고 하였습니다. 그러면 정금(鄭錦)의 군사가 마땅히 먼저 귀국에 이를 것이니, 교호(交好)하는 사이로서 고하지 아니할 수 없습니다.'고 하는 말이 있었습니다. (…) 중국 삼반(三潘)의 난이 숙종 7년에 청(淸)의 강희제(康熙帝)에 의해 진압이 되었으나, 그 사건에 연루된 정금이 대만(臺灣)에 주둔하고 있었는데 장차 조선으로 쳐들어올 것이라는 내용이었다. 이에 도성에서는 피난하는 자가 속출하였다. 『숙종실록』 숙종 2년(1676) 2월 15일(정묘).

청의 의심을 풀어주기 위해 사신을 파견하는 한편 오삼계군의 움직임을 탐문했다. 이 과정에서 북벌론이 제기되었다.[15] 청나라가 오삼계의 난으로 인해 여러 해 동안 전쟁이 계속되고 있는 상황을 틈타 조선의 정예 병사를 동원하여 급습하면 청을 멸망시킬 수 있다는 논리였다.[16]

몇 년 뒤에는 정금(鄭錦)이 장차 수군을 동원하여 산동(山東)으로 나올 것이며, 일본과도 협의했다는 소문도 있었다.[17]

또한 숙종 5년(1679)에는 일본을 거쳐 중국에 들어가 주씨(朱氏)를 황제로 삼아 천하를 차지한 다음 정금과 함께 조선에 돌아와 새 왕조를 세우고자 했던 무리도 있었다.[18]

청의 강희제가 남쪽에서 일어난 삼반(三藩)의 난을 거의 진압하던 때인 숙종 6년(1680) 2월에도 윤휴는 북벌을 강력히 주장하였다.[19]

이러한 상소에 대해 숙종은 "다만 강약(强弱)이 서로 대적하지 못할 것을 염

---

15 변무사(辨誣使)의 별단(別單)에 이르기를, (…) 오삼계의 병란이 있은 뒤로부터 요동(遼東)과 심양(瀋陽)에서 갑군(甲軍)을 모두 조발(調發)하여 정남(征南)하는데 봉성(鳳城)에서는 군사를 보강했으며, 매월 갑군을 징발하여 압록강(鴨綠江)을 순시하면서, 칭탁해 말하기를, '해구(海寇)를 요찰(瞭察)한다.'고 하였으나 실제로는 우리나라를 의심했던 것이다. 또 와전(訛傳)된 말에 조선(朝鮮)이 군사를 일으켜 온다고 하여 여리(閭里)가 의심하고 두려워한다고 하였다. 『숙종실록』 숙종 2년(1676) 12월 23일(신미).

16 윤휴가 말하기를, "청나라 사람들은 오삼계(吳三桂)와 서로 버티고 있은 지 이미 여러 해가 되어, 천하(天下)가 둘로 나뉘고 전쟁으로 어지러워서 나라 안이 쇠진하여 군사와 백성이 근심하며 원망하고 있습니다. 우리나라는 전성기(全盛期)의 나라로서 군사가 정예(精銳)하니, 이러한 때를 당하여 대의(大義)를 내세우고 대중(大衆)을 거느려서 허술함을 틈타 곧바로 공격하게 되면, 이에 저 나라가 멸망하는 날이 될 것입니다. 그러니 저 나라가 우리나라가 거칠게 할까를 두려워할 텐데, 또 어찌 감히 우리나라에 거칠게 할 수 있겠습니까?" 하였다. 『숙종실록』 숙종 3년(1677) 11월 9일(임오).

17 『숙종실록』 숙종 4년(1678) 9월 10일.

18 『숙종실록』 숙종 5년 5월 을미일.

19 우찬성(右贊成) 윤휴(尹鑴)가 밀차(密箚)를 올리기를, "하늘이 악덕(惡德)을 싫어하여 위엄을 움직여서 끊으면 민심이 두려워 무너져서 그 두각(頭角)이 허물어지듯 할 것이니, 이는 실로 하늘이 망하게 하는 때입니다. 오늘 일의 요점은 우리가 군사를 조련하고 수레를 수선하여 길을 나누어 번개같이 매진하여 천도(天道)와 인사(人事)의 모임에 달려가서 위로는 대의(大義)를 천하에 말하고, 다음으로는 살아남은 백성을 극심한 고통에서 조위(弔慰)하는 데 있습니다. 이는 천하 만국(萬國)의 기원하는 바이고 조종(祖宗) 신령의 기대하는 바이므로, 반드시 하늘이 도와서 순조롭게 되고, 전 세계가 울림이 소리에 응하듯이 호응할 것입니다. 지금 일기도 장차 온화하여져서 군사를 일으키기에 유리하니, 천시(天時)에 순응해서 행하는 것이므로, 더욱 그만둘 수가 없습니다. 『숙종실록』 숙종 6년(1680) 2월 20일(경진).

려하기 때문이다."라고 답하여 북벌의 불가능성을 언급했다. 이후 숙종은 조선의 동정을 주시하고 있던 청나라와의 관계를 고려하여 북벌을 주장하는 남인(南人)들을 대대적으로 숙청한다. 이것이 바로 남인을 제거하고 노론이 집권하는 경신대출척(庚申大黜陟)이며, 이후 숙종이 실질적으로 친정(親政)에 나섰다. 윤휴 등이 북벌을 주장했기 때문에 병권을 주지 않고 제거했다는 내용이 담긴 글을 청나라에 보내기도 했다.[20]

숙종은 청에서 연대(煙臺)를 넓게 설치하는 일은 우리나라의 침략을 우려했기 때문이라고 판단하였다.[21] 한편 청나라는 칙사를 계속 파견하여 우리나라

---

20 사은겸진주사(謝恩兼陳奏使) 심익현(沈益顯), 신정(申晸), 목임유(睦林儒) 등이 청(淸)나라에 갔는데, 역적 토벌한 사실을 가지고 가서 아뢰려고 한 것이다. 그 글에 이르기를, "본년(本年) 4월 초닷샛날, 전 교수(敎授) 정원로(鄭元老)와 전 별장(別將) 강만철(姜萬鐵)이 고변(告變)하기를, '영의정 허적(許積)의 첩자(妾子)인 전 정자(正字) 허견(許堅)과 예빈시정(禮賓寺正) 이태서(李台瑞) 등이 반역을 모의하여 종실(宗室)인 복선군(福善君) 이남(李柟)을 추대하려 하므로 (…) 윤휴(尹鑴)는 애당초 외신(外臣)으로서 사사로이 남(柟), 정(楨)과 결탁하여 몰래 다니면서 의논했으며, 또 허적과는 서로가 추천하여 기필코 병권을 얻으려고 여러 차례 임금에게 청하였으나, 윤허를 얻지 못하자 얼굴과 목에 힘줄을 세우고 성내는 말을 많이 하였습니다. — 남(柟)과 정(楨)은 — 남은 교형(絞刑)에 처하고 정에게는 사사(賜死)하고, 윤휴도 같이 사사(賜死)했습니다. 『숙종실록』 숙종 6년(1680) 6월 10일(정묘).

21 동지겸사은사(冬至兼謝恩使) 김수흥(金壽興) 등이 청(淸)나라로부터 돌아오니, 임금이 인견(引見)하고, 저들의 사정(事情)을 묻자, 김수흥이 말하기를, (…) 신이 문자(文字)로써 오삼계(吳三桂)의 존몰(存沒)을 써서 물으니 답하기를, '오삼계가 형산(衡山)의 남쪽에서 즉위(卽位)하여 국호(國號)를 대주(大周)라 하고 홍화(弘化)로 개원(改元)하였는데, 원래 주씨(朱氏)를 세운 일은 없다. 지금 오삼계는 이미 죽었고, 그 아들도 북경(北京)에서 죽었기 때문에 그 손자(孫子)가 대신 (나라를) 세우고 그대로 오병(吳兵)이라고 크게 일컬어 규모(規模)를 이미 정하였는데, 기세(氣勢)가 오히려 강성(强盛)하다.' 하였습니다. 신이 또 정지룡(鄭之龍) 후예(後裔)의 존부(存否)를 물었더니 답하기를, '정지룡(鄭之龍)의 손자 정금(鄭錦)이 지금 섬 가운데에 있는데, 병세(兵勢)가 매우 강성(强盛)하며, 하남(河南)에 있는 주씨(朱氏)의 후예를 찾아내어 이를 옹립하고 있으니, 정통(正統)의 귀추는 여기에 있는 듯하다. 또 호행장(護行將)이 말하는 바를 듣건대, 귀주(貴州), 광동(廣東), 광서(廣西)와 호광(湖廣)의 사이에 전쟁(戰爭)이 그치지 않고 있으며, 심양안장군(瀋陽安將軍)이 지금 바야흐로 해변(海邊)을 순행(巡行)하며 진(鎭)을 설치한 곳을 살펴보고 있다.'고 하였습니다. 신이 해변의 방수(防守)는 어디에서 어디까지냐고 물으니, 답하기를, '개주위(蓋州衛)로부터 연대(煙臺)를 잇달아 설치하여 악주(岳州)에 이르러 그치는데, 이른바 악주(岳州)는 곧 봉성(鳳城) 북쪽 1백 30리 땅이다.' 하였습니다. 신이 말하기를, '해변(海邊)의 방수(防守)는 무엇 때문인가?' 하자, 말하기를, '해도(海島)의 적(賊)을 막는 것이다.' 하였습니다. 신이 또 묻기를, '그렇다면 봉성(鳳城)의 북쪽은 곧 우리나라와 경계(境界)가 닿는 지역인데, 무슨 염려할 만한 일이 있어서 진(鎭)을 설치하였는가?' 하자, 곧 답하기를, '또한 뜻밖에 생기는 환란(患亂)을 염려하여서이다.' 하였습니다. 하니, 임금이 말하기를, "일찍이 듣건대, 안장군(安將軍)은 저 나라에서 지모(智謀)로 칭찬(稱讚)받는다고 하는데, 지금 연대(煙臺)를 넓게 설치하는 것은 대개 또한 우리나라를 믿지 못하는 마음이 있기 때문이다." 하였다. 『숙종실록』 숙종 7년(1681) 3월 18일(신미).

의 동정을 살폈다.[22] 청나라의 사신이 우리나라에 와서 접경 지역의 요충지를 자세히 탐문하려 하자 그들의 의심을 사지 않기 위해 할 수 없이 살펴보도록 했다는 내용이다.

숙종 8년(1682) 3월에는 중국에 다녀온 사신 일행에게 중국 측의 상황을 묻고 있는데, 특히 대만에 웅거하고 있는 정금의 군대가 우리나라에 침략할 가능성에 대해 염려하였다.[23]

이때 정금이 지은 "남으로는 고료(高遼)까지 가고, 북으로는 동영(東瀛)까지 간다."는 글에 대해, 고료는 우리나라를 가리키고 동영은 일본을 가리킨다고 해석되기도 했다. 이처럼 당시 조선 정부는 정금이 우리나라를 침략할 가능성을 예의 주시하고 있었다.[24]

중국과의 경계 지역에 출몰하는 정체불명의 선박이 이러한 긴장감을 더욱

---

22 청사(淸使)가 임반(林畔)에 이르러 역관(譯官)을 불러 말하기를, "황제(皇帝)께서 사책(史策)을 열람(閱覽)하시다가, 조선(朝鮮)의 가도(椵島)에 명(明)나라 장수 모문룡(毛文龍)이 군사를 거느리고 들어가서 웅거(雄據)하였는데, 강화(講和)한 후 임경업(林慶業)이 팔왕(八王)과 군사를 합하여 공파(攻破)하였다는 일을 보시고는 우리들로 하여금 돌아올 때 친히 그 섬을 살펴보되, 둘레가 얼마쯤이고 육로(陸路)로는 몇 리인지 일일이 회주(回奏)하도록 하셨으니, 선척(船隻)을 미리 정비하여 기다려야 한다." 하였다. (⋯) (영의정) 김수항(金壽恒) 등이 말하기를, "근래에 듣건대, 저 나라에서 연해(沿海) 일대에 진보(鎭堡)를 많이 설치하였다고 하는데, 지금 이 가도(椵島)를 보겠다고 요구(要求)하는 것이, 모장군(毛將軍)이 유둔(留屯)하였던 계책과 같이 하고자 하는 것이라면 앞으로의 염려는 형언(形言)할 수 없는 바가 있을 것입니다. 『숙종실록』 숙종 7년(1681) 3월 20일(계유).
팔왕(八王)은 청(淸)의 제왕(諸王) 중 여덟째를 가리킨다. 모문룡(毛文龍)은 명(明)나라의 장군으로 청병(淸兵)에게 패하자 가도(椵島)를 점령하고 청과 항전하며 우리나라에 대해서도 물자의 공급을 강요하는 등 상당히 피롭혔었는데 명 나라의 어사(御史)인 원숭환(袁崇煥)에 의하여 살해되었다. 가도(椵島)는 평안도 삼화현(三和縣)의 남쪽 50리인 바다 가운데에 있다. 『신증동국여지승람』 제52권.

23 동지겸사은사(冬至兼謝恩使) 동원군(東原君) 이집(李潗), 남이성(南二星), 신완(申琓) 등이 돌아오니, 명하여 인견(引見)하고 묻기를, "경(卿)들의 별단(別單)에 '남방은 이미 죄다 평정되었다' 하였는데, 이 말은 참으로 그러한가?" 하니, 남이성은 말하기를, — 어떤 자는 패망하였으나 여종(餘鍾)이 산해간(山海間)으로 도망하여 숨어서 다 항복하지 않은 것입니다. — 정금(鄭錦)의 글 가운데서, '남으로는 고료(高遼)까지 가고 북으로는 동영(東瀛)까지 간다.'는 따위 말이 있는데, 동영은 일본(日本)을 가리키는 듯하고 고료는 우리나라를 가리키는 듯하나, 이것은 겉으로 큰 소리하는 것일 뿐이고 실은 곤궁하여 스스로 떨치지 못한다 하니, 우리에게는 걱정할 것이 없을 듯합니다." 하고, 신완이 말하기를, — 역관(譯官)들을 시켜 정금의 일을 물었더니, — '정금은 태만도(台灣島)에 있는데 복건(福建)에서 멀지 않다.' 하였습니다. 이 도둑은 답답하게 섬 안에 오래 있을 자가 아니니, 중국에서 뜻을 얻을 수 있다면 몰라도, 그렇지 않으면 또한 우리나라의 근심거리가 되지 않으리라고 어찌 보장하겠습니까?" 하자, 남이성이 말하기를, "억단(臆斷)할 수는 없으나, 정금의 형세는 바다를 건너 남의 나라를 침범하기 어려울 듯합니다." 하였다. 『숙종실록』 숙종 8년(1682) 3월 20일(무진).

24 『숙종실록』 숙종 8년(1682) 3월 20일.

증폭시켰고, 이에 대한 보고를 게을리한 장수를 사형에 처할 정도였다.[25] 정체불명의 9척의 선박이 정금의 군대에 속한 배로 여겨졌기 때문이었다. 청과의 관계를 돈독하게 하기 위해서는 정금과 내통한다는 의심을 받아서는 안 되었다.[26]

결국 이러한 풍문에 힘입어, 정금이 50여 척의 배에 날랜 군사를 태우고 한강으로 들어와서 창고를 열어 곡식을 나누어준다면 백성들이 그들을 영접하면서 오히려 변란을 일으킬 것이라고 주장하면서 반란을 획책한 사람도 있었다.[27]

나아가 조정의 정치투쟁에도 정금의 침략설이 언급될 정도였다. 당시 실세(失勢)한 남인들이 정금과 연합하여 정변을 일으킬 계획을 세우고 있었다는 어영대장의 고변이 있었던 것이다.[28] 그러나 이 고변은 거짓으로 밝혀졌다. 이 고변사건은 노론과 소론이 갈라지게 된 분기점으로 평가되었다.

숙종 8년(1682) 10월에는 정금의 군대가 우리나라로 쳐들어올 것을 염려한 다음과 같은 상소가 있었다.

---

25 황당선(荒唐船) 9척(隻)이 초도(椒島)에 와서 정박하여 며칠간 머물렀는데, 허사첨사(許沙僉使) 장후량(張後良)이 처음에 보고하여 알리지 않았고, 도신(道臣)이 조사하여 묻게 되었는데도 또한 사실대로 대답하지 않았다. 임금이 듣고서 특별히 장후량을 잡아다가 심문하도록 명하였는데, 뒤에 또 도신(道臣)의 장문(狀聞)으로 인하여 엄하게 형벌하고 인하여 그를 목베도록 명하였다. 『숙종실록』 숙종 8년(1682) 5월 9일(병진).
황당선(荒唐船)은 우리나라의 연해에 출몰하던 소속 불명의 외국 선척을 일컫는다. 뒤에는 이양선(異樣船) 또는 이국선으로 불렀다. 초도(椒島)는 황해도(黃海道) 풍천도호부(豊川都護府)의 북쪽 15리 바다 가운데 있다. 『신증동국여지승람』 제43권 풍천도호부의 북쪽 15리에 허사포영(許沙浦營)이 있는데, 수군만호 1인이 배치되었다.

26 우의정(右議政) 김석주(金錫胄)가 아뢰기를 (…) 무릇 남쪽의 선박이 해도(海島)에 출몰하는 것은 대부분 정금(鄭錦)에게 복속(覆屬)한 무리이니, 더욱이 중국 사람으로 논할 수는 없습니다. 이제부터는, 청하건대 전과 같이 멀리 망을 보다가 뒤따라 즉시 계문(啓聞)하게 하도록 하소서." 하니, 임금이 옳게 여겼다. 『숙종실록』 숙종 8년(1682) 6월 23일(기해).

27 『숙종실록』 숙종 8년(1682) 10월 27일.

28 어영대장(御營大將) 김익훈(金益勳)이 정원(政院)의 아방(兒房)에 나아가 거짓으로 상변(上變)하였다. 대개 김환(金煥)과 이회 등의 상변은 애초에 김익훈의 은밀한 사주에서 나온 것이었고, 그 자복한 자도 다만 하찮은 허새(許璽) 한 사람뿐이었다. 김익훈이 터무니없는 일을 꾸며 지어내어, 최고의 공훈을 김석주처럼 하여 차지하려고 하였으나, 끝내 일이 허위로 돌아갔으니, 밀계를 올린 김익훈이 어떻게 속였다는 책망을 면할 수 있겠는가? 김수항(金壽恒) 등이 옥사를 처리하면서 공의(公議)를 어기었고, 김환 등에 대한 논공(論功)도 너무 지나친 실수를 범하였다. 이것이 한 시대의 청의(淸議)를 불러일으킨 소이(所以)가 되었으며, 노소(老少)의 분기점이 된 징조였다. 『숙종실록보궐정오』 숙종 8년(1682) 10월 25일(무술).

어영대장(御營大將) 김익훈(金益勳)이 승정원(承政院) 아방(兒房)에 나아와서 밀계(密啓)하기를, (…) 낙서령(洛西令) 이수윤(李秀胤)이 나라를 원망하는 부도(不道)한 말을 이야기하였는데 (…) 김환이 공초하여 말하기를, (…) 낙서령이 말하기를, '정금의 이야기를 왜 헛소문이라 하는가? 정금의 군대가 이미 허사(許沙)에서 모습을 나타내었다.' 하기에 대답하기를, '정금이 비록 나왔더라도 우리나라의 무기가 정예(精銳)하니 섬멸하는 데 무슨 어려움이 있겠는가?' 하니, 낙서령이 말하기를, '만약 날랜 배수십 척을 강어귀에다 바로 대면 주민들은 일시에 무너져 흩어지고 성 안은 모두 달아나 숨어버릴 것이니, 나랏일이 어찌 위태롭지 않겠는가?' 하였습니다. (…) 또 말하기를, '정금(鄭錦)이 만약 50여 척의 배에 날랜 군사를 태우고 한강(漢江)에 바로 들어와서 영을 내리기를 「나는 백성을 해치지 않을 것이니 너희들은 흩어지지 말라」고 하면서 창고를 열어 곡식을 나누어 준다면, 백성들은 음식물을 가지고 나와 영접하면서 함성을 지르며 불을 지를 것이니, 이어 변란을 일으키게 되면 비록 대신과 대장이 있더라도 달아나 숨기가 바쁠 터인데 누가 감히 손발을 놀릴 것인가?' 하였습니다.[29]

숙종 9년(1683) 12월에는 대마도(對馬島) 태수가 정금의 군대가 우리나라에 쳐들어올 예정이라는 정보를 보내왔다.[30] 이에 조정에서는 중국에 다녀온 사신들의 첩보 내용을 바탕으로 정금의 군대가 세력이 약화되었고, 이미 몇 달 전에 정금의 아들이 청나라 군대에 항복했다는 일도 알고 있었다.

이와 관련하여 중국에 사신으로 갔던 남이성(南二星)이 정금의 "돛 하나만 달면 고려(高麗)까지 갈 듯한데, 어느 땅엔들 나라를 세울 수 없겠는가?"라는 글

---

29 『숙종실록』 숙종 8년(1682) 10월 27일(경자).

30 일본(日本) 대마주태수(對馬州太守) 평의진(平義眞)이 예조(禮曹)에 글을 보내었는데, 이르기를, "근래에 남경(南京)의 치란(治亂)은 어떠합니까? 적이 듣건대, 병혁(兵革)이 그치지 아니하여, 요사이 동녕(東寧)의 정금사(鄭錦舍)가 크게 기병(奇兵)을 모집(募集)하고 만리(萬里)에 배를 띄워 귀국(貴國) 지방(地方)을 침범하고, 올량합(兀良哈)은 곧장 북경(北京)으로 들어가 장차 전공(戰功)을 결행(決行)하려 한다고 하였습니다. (…) 답서(答書)를 지어 보내게 하였는데, 이르기를, (…) 정금(鄭錦)은 형세(形勢)가 궁박(窮迫)하고 힘이 꺾이어 병졸과 남녀 백성 수십만을 데리고 초무(招撫)하는 데로 나아갔다고 하였습니다. 이 말을 믿을 것 같으면, 보내 온 글월과 한결같이 어찌 서로 반대가 되는지요? (…) 윤 6월 8일에 위번(僞藩) 정극상(鄭克塽)이 — 정금사(鄭錦舍)의 아들이다. — 항복표(降服表)를 주어 보내니 (…) 『숙종실록』 숙종 9년(1683) 12월 22일(기미).

을 베껴오기도 했다. 그러나 당시 우리 조정에서는 정금이 바다 만 리를 건너 남의 나라를 침략하는 일은 어려울 것으로 판단하고 있었다.[31]

조정에서는 대마도에 역관을 파견하여 그 진위를 탐문하기도 했다.[32] 그러나 온 나라에 외적이 바다로 침략해 들어올 것이라는 소문이 퍼졌고, 피난하려고 동대문과 남대문을 빠져나가는 사람들이 줄을 이을 정도였다.[33]

중국 측의 상황이 변함에 따라 조선은 정권을 교체했으며, 노론이 집권한 이후에도 중국의 입장은 조선의 조정에 영향을 주었다. 따라서 숙종도 계속해서 중국의 정치·사회적 변동에 관심을 기울였다.

어쨌든 청나라 내부의 병란은 정리되어 가고 있었지만, 대만에는 여전히 정지룡의 손자인 정금(鄭錦)이 웅거하고 있어서 청나라에 대항하고 있다는 소식이 들려왔다. 정금은 정지룡(鄭芝龍)의 후손으로 명(明)나라 사람으로서 청(淸)나라에 대항하여 싸웠으며, 싸움에 크게 패하자 중국 본토를 떠나 바다를 건너 대만(臺灣)으로 들어가서 여기에 웅거하였다.

당시 일본에서도 정금이 기병하여 조선을 침략할 것이라는 소문이 있었는데 그 실상을 파악하기 위해 사신을 보내기도 했다. 조정에서 역관을 대마도에 보내 정금의 군대에 대한 소식을 탐문했던 것이다.

그러나 마침내 숙종 11년(1685) 3월 정금이 죽고 그의 아들 정극상(鄭克塽)이 청나라에 항복했다는 소식이 있자, 정금의 침략기도설은 더 이상 확대되지 않고 사그라졌다.[34]

---

31 『숙종실록』 숙종 10년(1684) 1월 19일.

32 대마도(對馬島)의 세견 17선(歲遣十七船)이 왔는데, 문위역관(問慰譯官) 박재흥(朴再興) 등이 같이 돌아왔다. 이에 앞서, 대마도주(對馬島主) 평의진(平義眞)의 글에 "동녕(東寧)의 정금사(鄭錦舍)가 기병(奇兵)을 크게 모아 풍박(風舶)으로 만 리길을 와서 귀국(貴國)의 지방을 침범하려 한다."는 말이 있었는데, 중외(中外)가 잇달아 소요하고 와언(訛言)이 날로 커져서 해구(海寇)가 아침저녁 사이에 곧 올 것이라고 생각하므로, 조정(朝廷)에서 왜국(倭國)의 사정을 정탐하고자 하여, (…) 그 글의 뜻이 참된 것인지 거짓인지를 알아보게 하였다. 『숙종실록』 숙종 10년(1684) 3월 11일(정축).

33 갑자(甲子, 1684) 연간에 왜서(倭書)가 온 뒤로부터 소설(騷屑)이 날로 심하여 피난하는 가마와 짐 진자가 동남문(東南門)을 빠져나가는 줄을 이었다. 『조야회통(朝野會通)』 20권 제15책, 숙종 10년 갑자 9월조.

이러한 사회적 분위기에서 신분 차별을 없애고 평등과 자유가 보장되는 이상사회를 이루어줄 메시아인 진인(眞人)의 출현을 기대하는 갈망이 싹트고 진인에 대한 이야기가 널리 유포되었다. 진인출현설은 평민, 천민, 서얼층들이 기댈 수 있는 유일한 희망이었고, 이러한 소문을 근거로 다양한 형태의 역모도 추진되었다. 평등하고 자유로운 사회에 대한 갈망이 비밀결사로 이루어졌지만 지나치게 과격한 방법을 사용하려 했던 것이다.

대만에 웅거하여 중국과 대립하고 있던 정금의 존재도 진인출현설을 조장한 역사적 사건으로 볼 수 있다. 진인의 성씨가 정씨라는 점, 우리나라에 들어와 어려움에 처한 백성들의 고통을 덜어줄 것이라고 기대되었던 점, 그가 실은 우리나라 사람이라는 소문 등이 진인출현설의 한 근거로 제기되었을 개연성이 있다.

한편 숙종 6년(1680)에는 역대 국상(國喪)과 반정(反正)이 일어난 때를 상고하여 태을수(太乙數)로 추산한 책자가 역모사건의 심문 과정에 나타나기도 했다.[35] 이들은 주역(周易)의 괘효(卦爻)를 풀이하여 나라에 곧 큰 변고가 있을 것이라고 주장했다.[36]

---

34 『숙종실록』 숙종 11년(1685) 3월 6일.
35 『숙종실록』 숙종 6년(1680) 8월 17일.
36 『숙종실록』 숙종 6년(1680) 윤 8월 3일.

노계신
사건

24

숙종 8년(1682) 2월 8월에 순천(順天)에 유배되어 있던 죄인 노계신(盧繼信)이 오시항(吳始恒)의 모반(謀反)을 낙안군수(樂安郡守)에게 고변(告變)하고 낙안군수는 이를 관찰사인 신익상에게 보고하였다. 신익상은 인심을 혼란시킬까 염려하여 이를 우의정 김석주(金錫胄)에게 먼저 사사로이 의논하였고, 김석주는 청대(請對)하여 숙종(肅宗)에게 이 사실을 아뢰었다. 이로 인해 국청(鞫廳)이 설치되고 노계신을 심문하기에 이르렀으나 마침내 사실무근임이 밝혀져 사건이 수습되었다.[1]

---

1   전주(全州) 사람 노계신(盧繼信)이 죄를 지어 순천(順天)에 유배되어 있었는데, 순천(順天)의 겸관(兼官)인 낙안군수(樂安郡守)에게 언문(諺文)으로 변고를 아뢰기를, "같이 유배되어 있는 사람 오시항(吳始恒)이 모반(謀反)을 꾀하고 있다고 그 계집종이 말하였습니다." 하였다. 군수(郡守)가 관찰사(觀察使)에게 봉(封)하여 올리고, 관찰사 신익상(申翼相)이 이 글을 우의정(右議政) 김석주(金錫胄)에게 보고하였으며, 김석주가 청대(請對)하여 아뢰자, 국청(鞫廳)을 설치하여 노계신(盧繼信)·오시항(吳始恒) 등을 잡아다가 국문(鞫問)하였는데, 허망(虛罔)하여 단서가 없었다. 이에 노계신을 형벌하자, 노계신이 스스로 조작하여 남을 무함(誣陷)하였다고 자백하였으므로 참형(斬刑)에 처하였다. 오시항은 바로 오정창(吳挺昌)의 조카로서, 연좌(緣坐)되어 유배되었던 자이다. 『숙종실록』 숙종 8년(1682) 8월 17일(임진).

이 사건과 관련된 이인(李仁), 계인(戒仁) 등이 "조선은 정씨가 대신한다."는 말을 했다는 고변이 있다.[2] 특히 오시항의 하인 계인은 주인의 편지를 전하러 갔을 때 다음과 같은 말을 들었다고 진술했다.

> 또 말하기를 "우리나라는 정가가 대신한다는 설이 있다. 내년은 계해년으로 옛날에 인조대왕이 나라를 얻어 즉위한 해이므로 내년 4월은 곧 나라를 얻을 해이다."라 했다.[3]

조선왕조를 대신할 정씨 진인이 곧 출현할 것이며, 그 때는 계해년이 될 것이라는 주장이다. 이는 전형적인 정씨 진인출현설의 하나이다.

2　朝鮮有鄭哥代之之說『추안급국안』 9권 92책, 「임술노계신추안(壬戌盧繼信推案)」,(1682. 8.) (아세아문화사, 1983), 500면과 512면.

3　且有我國鄭哥代之之說. 且明年是癸亥年, 昔仁祖大王得國卽位, 明年四月乃是得國之 年云云.『추안급국안』 9권 92책, 「임술노계신추안(壬戌盧繼信推案)」,(1682. 8.) (아세아문화사, 1983), 518면과 533면. 인조는 계해년(1623)에 즉위하였다.

허새 사건

25

숙종 8년(1682) 10월에는 허새(許璽) 사건이 일어났다.

전(前) 병사(兵使) 김환(金煥), 출신(出身) 이회(李瓗), 기패관(旗牌官) 한수만(韓壽萬)이 대궐에 나아와서 상변(上變)하였다. (…) 그 상변한 글에는 허새(許璽) 등이 화약(火藥), 화전(火箭), 흰옷 따위의 물건을 준비하여 역적모의한 증거가 있다고 하며, (…) 장사 3백 명으로 하여금 삼공(三公), 육경(六卿)과 비변사 대신들을 찍어 죽이면 나라는 치지 않아도 저절로 깨어지고 만다. 내가 운검차비(雲劍差備)로서 주상을 가까이에서 보니, 덕기(德氣)라고는 조금도 없고 혼암(昏暗)하기 막심하더라.' 하고, 또 이회와 결의하기를 청하며 말하기를, '화약 5, 6두(斗)를 구해 성 안팎의 여러 창고에 불을 지른 다음 장사들에게 조정의 신하들을 찍어 죽이고 여러 곳에 귀양 가 있는 사람들이 의병(義兵)이라 칭하고 일어나면 일은 성공할 수 있다.' 하였으며, 또 한수만에게는 '주상이 무도하여 조정이 어지러우니, 새로 어질고 현명한 이로 바꾸어 즉위(卽位)시키면 나라가 태평할 뿐만 아니라 그대와 나의 공이 클 것이다.' 하였습니다. (…) 편지를 써서 이회로 하여금 김환의 집에 던져 넣게 하였는데, 그 편지에 이르기를, '나라의 역수(歷數)가 다하려 하니, 조정의 정치가 문란하고 간사한 무리가 권

> 세를 함부로 부려 큰 화의 원인을 만들고 있다. (…) 그런데 김환이 고발하기 전에 어영청에서 먼저 허새를 잡아 구금하여 두고 화약 등의 물건을 그의 집에서 찾아내었으며, 또 주머니 속의 문서를 찾아내 보니, 그중에 이조판서, 병조판서, 양국(兩局)의 대장(大將)을 나누어 기록한 것과, 작은 종이에 여러 사람의 성명(姓名)을 차례로 기록한 것이 있었다. (…) 복평군(福平君)을 추대한다는 말은 과연 자신이 스스로 만들어 낸 것이라고 하였다. (…) 허새(許璽)가 결안(結案)에서 공술하기를, "이회(李璯)와 더불어 한수만(韓壽萬)의 집에 모여 흉모를 주고받았으니, 이것은 역모를 꾸민 시발이며, (…)[1]

허새가 김환에게 보낸 흉서에 "우리나라의 역수(曆數)가 장차 다할 것이다."라는 말이 있다.[2] 허새가 말하기를 "무왕은 갑자일에 홍하였는데, 내년 정월 22일이 바로 상원갑자일이다. 또 한양의 역수(曆數)가 계년과 갑년 사이에 다할 것이다."라고 말하였다.[3]

나라의 운수가 다했다는 표현은 곧 새로운 왕조가 개창될 것이라는 주장과 상통한다. 한양의 역수가 특정 년도에 다할 것이라는 등의 표현은 나라의 운수를 정했다는 현전하는 『정감록』의 「동국역대기수본궁음양결」, 「역대왕도본궁수」 등과 같은 맥락의 기록이다.

한편 숙종 10년(1684) 9월에는 허정(許炡)이라는 사람이 국도(國都)의 참위설(讖緯說)을 주장했으나 왕이 듣지 않았다고 한다.[4]

---

1 『숙종실록』 숙종 8년(1682) 10월 21일 (갑오).

2 我國曆數將盡. 『추안급국안』 9권 91책, 「임술역적새영추안(壬戌逆賊璽瑛推案)」 상(1682. 10.) (아세아문화사, 1983), 617면.

3 璽曰, 武王甲子日興, 明年正月二十二日, 乃上元甲子. 且漢陽曆數盡於癸甲年云. 『추안급국안』 9권 91책, 「임술역적새영추안(壬戌逆賊璽瑛推案)」 상, (1682. 10.) (아세아문화사, 1983), 633면.

4 이때에 교하(交河) 사람 허정(許炡)이란 자가 응지(應旨)하여 상소하였는데, (…) 끝으로 국도(國都)의 참위설(讖緯說)을 말하였는데, 임금이 이를 물리치고 살펴보지 아니하였다. 〔是時, 交河人許炡者, 應旨上疏, (…) 終言國都讖緯之說, 上却不省.〕 『숙종실록』 숙종 10년(1684) 9월 13일(병자) 이능화의 『조선기독교급외교사』에는 허정이 참기를 인용하여 3백년 기운(氣運)이 장차 없어지려 한다는 말을 했다고 한다. 그러나 이는 왕조실록에는 안 나오는 내용이다.

양우철사건

26

숙종 13년(1687) 3월에 양우철(梁禹澈)이 고변한 역모사건이 있다.[1] 그는 진사(進士) 신분으로 천상사(天上事)를 알고 있다고 선전되었으며, 조선의 임금이 악하여 대대로 폭정을 펼쳐 제주도 사람을 해치고 있다고 주장했다. 제주도 삼성혈(三姓穴)에서 흉서가 발견되었는데 제주목(濟州牧) 관리인 김응길(金應吉)이 삼혈신(三穴神)에게 고한 내용으로 김응길이 제주도 지역의 왕이 되려한다는 내용이 있었다.[2]

김응길은 신이립(申以岦)을 재상으로 삼고, 서북 지방에 유배 간 사람 25인 가운데 마귀(馬貴)를 대장으로 추대하였다고 고변되었다. 이들은 참서(讖書)에

---

1 당초에 제주(濟州)에 정배(定配)되었던 죄인 양우철(梁禹澈)이 상변(上變)하는 글을 올리므로, 잡아다가 국문(鞫問)하도록 명했다. 양우철이 공을 세우는 일을 하려고 하여 사유(赦宥)를 받게 되자 자기 스스로 음흉한 글을 조작했는데, 내용의 뜻이 요망스럽고 악독하여 고을 사람들을 무고(誣告)하기를, "서로 따라서 변을 음모한다."고 했었다. 안험(按驗)해 보니 실상이 없는 것이었고, 양우철은 형장(刑杖)에 죽었다. 『숙종실록』 숙종 13년(1687) 5월 2일(기묘).

2 『추안급국안』 10권 93책, 「정묘양우철추안(丁卯梁禹澈推案)」(1687. 4.) (아세아문화사, 1983), 18면.

있는 "정씨가 이씨를 대신한다."는 설을 믿었고, 서울의 정씨 가문 가운데 대대로 삼정승과 대간을 한 사람 가운데 조정에 죄를 짓고 지금 해변(海邊)에 있는 자가 있는데, 배를 타고 청국(淸國)에 가서 조선이 청국을 침범하려 한다는 일을 고하면 청국이 군사를 일으켜 조선을 진멸시킬 것인데, 그 후 그를 왕으로 추대할 계획을 세웠다.[3] 정씨가 이씨를 대신하여 새 왕조를 세울 것이라는 주장이다. 정여립사건 이후 다시 한 번 역사의 무대에 등장하는 정씨 왕조 건국설의 실체가 드러나는 순간이다.

양우철이 기록한 『비기대총(秘記大摠)』에 다음과 같은 예언이 실려 있었다.

> 양우철이 사적으로 기록한 작은 책자에 이른바 『비기대총(秘記大摠)』이 있다. 『비기대총』에 이르기를 "신라 김씨 17대 왕은 왕씨에게 멸망하고, 왕씨의 나라가 오백 년이 지난 후에 이씨에게 망한다. 이씨의 나라가 3백여 년이 지난 후에 정씨에게 망한다. 정씨의 나라가 2백여 년이 지난 후에 조씨에게 망한다. 조씨의 나라는 백 년이 못 가서 위씨에게 망한다. 이때 나라가 넷으로 나뉘어질 것인데, 하나는 계림에 도읍할 것이고, 또 하나는 완산에 도읍할 것이며, 또 다른 하나는 송악에 도읍할 것이며, 나머지 하나는 평양에 도읍할 것이다. 계림국의 왕은 박씨이며, 완산국의 왕은 탁씨가 될 것이며, 송악국의 왕은 위씨가 될 것이며, 평양국의 왕은 기씨가 될 것이다."라 했다.[4]

현전하는 『정감록』의 「감결」에는 오백 년 도읍할 송악(松岳) 이후에 한양으로 운이 옮겨갈 것이라 하고, 이후 정씨가 8백년 도읍할 계룡산, 조씨가 천년 도읍할 가야산, 범씨가 6백 년 도읍할 전주, 왕씨가 다시 도읍할 송악으로

---

3 識書有鄭氏代李氏之說 (…) 立鄭家爲王 『추안급국안』 10권 93책, 「정묘양우철추안(丁卯梁禹轍推案)」 (1687. 4.) (아세아문화사, 1983), 10면.

4 禹轍私記小冊, 有所謂秘記大摠 (…) 秘記大摠有曰, 新羅金氏十七王, 滅亡於王氏, 王氏有國五百餘年後, 亡於李氏. 李氏有國三百餘年後, 亡於鄭氏. 鄭氏有國二百餘年後, 亡於曺氏. 曺氏有國未百年亡於魏氏. 是時國分爲四, 一都鷄林, 一都完山, 一都松岳, 一都平壤. 鷄林姓朴, 完山姓卓, 松岳姓魏, 平壤姓奇. 『추안급국안』 10권 93책, 「정묘양우철추안(丁卯梁禹轍推案)」(1687. 4.) (아세아문화사, 1983), 25-26면.

왕조의 운수와 도읍지가 예언되어 있다.

그런데 양우철이 기록했다는 『비기대총』의 내용은 『정감록』류의 예언서의 내용과는 상당한 차이가 있다. 이씨 왕조의 운수가 3백 년으로 정해져 있고, 정씨에게 왕조가 넘어갈 것이라고 예언했다. 그리고 정씨 왕조의 운수도 2백 년이며 이후 조씨 왕조가 세워진 후에 백 년이 못 가 위씨 왕조가 세워질 것이라고 주장했다. 이씨 왕조의 운수가 정씨 왕조로 이어질 것이라는 점에서 『정감록』류의 비결서와 동일한 맥락이며, 이씨 왕조의 운수가 『비기대총』이 유행할 시점인 3백 년으로 이야기되는 점이 특기할 만하다.

위의 인용문에 이어지는 『비기대총』의 내용은 아래와 같다.

> 서우지년[鼠牛之年, 자축년(子丑年)]에 정씨가 반란을 일으키고 토룡지세[兎龍之歲, 묘진년(卯辰年)]에 민씨와 문씨가 흥하고, 정씨와 홍씨가 다시 역모를 꾸밀 것이나 중도에 자멸하고 조산(條山) 아래에 있는 수성(水姓)의 이인(異人)이 나타날 것이다. 이씨의 말에 충효가 드러날 것이며 화이(華夷)가 복종할 것이다.[5]

양우철은 『비기대총』을 자신이 10여 세 때 제주도 쌍봉사(雙峰寺)의 노승(老僧) 석진(釋眞)에게서 전해 받았다고 진술했다. 석진은 어릴 때 지리산의 어떤 승려에게 받았으며 보관한 지 오래되었다고 말했다고 전한다.[6]

---

5 『추안급국안』 10권 93책, 「정묘양우철추안(丁卯梁禹轍推案)」(1687. 4.) (아세아문화사, 1983), 27면.

6 『추안급국안』 10권 93책, 「정묘양우철추안(丁卯梁禹轍推案)」(1687. 4.) (아세아문화사, 1983), 30면.

여환 사건

숙종 14년(1688) 8월에 발생한 여환(呂還)사건은 미륵신앙자들의 한양침공 계획과 미륵불출현설이 주된 내용이다. 이 여환사건에 대해서는 정석종의 선행연구가 있고 내용도 자세하다.[1] 정석종의 논문은 이 사건이 발생하게 된 사회적 배경과 국외 정황, 참여자들의 신분과 배경, 중요 인물들의 상호 관계 등을 중점적으로 살펴보았다.

당시는 대내적으로 사림(士林) 내부의 갈등인 당쟁(黨爭)이 격화되는 시기였고, 흉년과 질병이 발생하여 민중의 생활이 극한에까지 이른 참혹한 재해기(災害期)였으며, 대외적으로는 중국에서 일어난 '삼반(三藩)의 난'으로 천하가 요동쳐 그로 인한 영향이 국내의 정치적 상황과 일반 백성들의 생활에까지 크게 영향을 미치던 때였다.[2]

이와 같은 상황 속에서 민중은 기아와 질병 및 신분적 질곡(桎梏)에서의 해

---

1   정석종, 「숙종조의 사회동향과 미륵신앙」, 『조선 후기사회변동연구』(일조각, 1983), 22-78쪽.
2   정석종, 위의 글, 76-77쪽.

방을 갈구하였으며, 농촌에서는 이상사회의 도래를 약속하는 미륵신앙을 형성하였고, 도시에서는 향도계원(香徒契員)이 중심이 되어 검계(劍契)와 살주계(殺主契) 등의 비밀결사를 형성하였다.[3] 이들 신앙과 조직은 모두 일체의 불평등 관계가 해소되는 평등사회를 열망했다는 점에서 혁명성이 인정되며, 검계나 살주계는 실천적인 면에서 보다 혁명성이 뚜렷하다.

그러나 미륵신앙에서는 평등사회를 실현하기 위한 방법이 모호하다는 특징이 있다. 즉 이상사회를 초월자인 미륵(彌勒)의 출현을 통해 실현하고자 한다는 점이다. 그럼에도 불구하고 미륵신앙사건에서도, 무기에 의지하여 힘으로 이상사회를 구현하려는 세력과 신앙운동으로만 인식하려는 세력 간의 갈등은 있었다.

여환사건이 일어나기 몇 년 전에 질병의 만연,[4] 국경 지역의 범죄 발생,[5] 기상이변,[6] 지독한 흉년,[7] 기아자 발생,[8] 큰 홍수 발생[9] 등의 각종 재해가 많았다. 그만큼 사회 전반에 걸쳐 불안과 위기의식이 넘쳤다. 특히 여환사건이 발생하기 직전에 전염병이 발생하여 전국에서 죽은 자가 만여 명에 이르렀다는 기록이 대표적이다.[10]

여환사건에 대한 개요는 다음과 같다.

---

3 정석종, 위의 글, 77쪽.

4 『숙종실록』 숙종 12년(1686) 1월 12일(정묘), 『숙종실록』 숙종 12년(1686) 3월 21일(을해), 『숙종실록』 숙종 13년(1687) 1월 16일(을미), 『숙종실록』 숙종 14년(1688) 3월 14일(정해), 『숙종실록』 숙종 14년(1688) 4월 10일(임자), 『숙종실록』 숙종 14년(1688) 4월 15일(정사), 『숙종실록』 숙종 14년(1688) 4월 22일(갑자), 『숙종실록』 숙종 14년(1688) 5월 2일(계유).

5 『숙종실록』 숙종 12년(1686) 3월 7일(신유).

6 『숙종실록』 숙종 12년(1686) 윤 4월 4일(정사), 『숙종실록』 숙종 12년(1686) 8월 19일(신미), 『숙종실록』 숙종 12년(1686) 9월 5일(병술).

7 『숙종실록』 숙종 12년(1686) 8월 20일(임신), 『숙종실록』 숙종 12년(1686) 11월 29일(기유).

8 『숙종실록』 숙종 13년(1687) 2월 15일(계해), 『숙종실록』 숙종 14년(1688) 3월 16일(기축).

9 『숙종실록』 숙종 13년(1687) 6월 13일(기미), 『숙종실록』 숙종 13년(1687) 6월 23일(기사), 『숙종실록』 숙종 13년(1687) 7월 3일(기묘).

10 이 해에 여역(癘疫)이 크게 성하여 서울과 지방에서 죽은 자가 거의 1만여 명에 이르렀다. 『숙종실록』 숙종 14년(1688) 6월 29일(경오).

요사스런 중 여환은 그의 근본을 알 수 없고, 그 아내 원향(遠香)은, 문화현(文化縣) 백성의 딸이다. 요사스러운 말로써 군중을 미혹케 하여 무식하고 어리석은 백성들이 다투어 서로 몰려오니, 자칭 용녀부인(龍女夫人)이라 했다. 문화에서 돌아다니며 황해도 여러 고을을 지나서 강원도로 들어갔다가, 다시 양주(楊州)에 이르니, 지나는 곳마다 높이 받들지 않는 자 없어 그 도당이 많았으나, 다만 난리를 꾸미기 위한 조직을 만들 형적이 없었으니 우려할 만한 도적은 아니었다. 삭녕(朔寧) 군수 이세필(李世弼)이 비밀통첩을 양주에 보내어 추적하여 잡게 하였다. 목사 최규서(崔奎瑞)가 여환과 원향을 체포하여 문초하니, 여환은 입을 다물고 말하지 않고, 원향은 그 언변이 강물처럼 줄줄 흘러나오는데 모두 괴상하고 허탄하기 짝이 없는 말이었으며, 간간이 무도한 말이 많아 곧 원정(原情)을 받아 감사에게 보고하고, 다시 묘당에 바치니, 영의정 김수홍 등이 대궐에 나아가 입대를 청하였다. (…) 조사하여 탐지한 문서 속에 요사스런 글 한 장이 있었는데, "명년에 양반은 상사람이 되고, 상사람은 양반이 된다."는 말이 있었다. 이는 아마도 어리석은 백성을 꾀려는 계략에서 나온 모양이나, 그 다음 해에 왕비를 폐위한 일이 있었으니 우연히 합치된 것은 매우 이상한 일이다. [11]

이 여환사건은 경기도와 해서 지방의 백성들에게 많은 영향을 미쳤다. 황해도, 강원도, 경기도의 여러 지역에서 따르는 무리들이 많았으며, 신분 질서의 급격한 개편을 주장했다는 점에서 정부의 우려를 샀다. 위 인용문의 기록자는 난리를 꾸밀 조직을 만들지 않았다는 판단을 내렸지만, 다음 인용문의 기록자는 반란모의 혐의가 뚜렷하며 구체적인 가담자의 인원수도 상당수에 이르렀다고 주장했다.

---

11 以妖僧呂還之獄遞歸, 呂還不知所自出, 而其妻遠香, 文化縣民女也. 以妖言惑衆, 無識愚民, 爭相輻輳, 自稱爲龍女夫人. 自文化轉過黃海諸縣, 入江原至于楊州, 所過無不尊奉, 徒黨寔繁, 而但無部分布置之跡, 非可憂之賊也. 時, 李世弼君輔爲朔寧倅, 移秘牒, 使之跟捕, 蓋朔寧, 亦多徒黨, 往來狼藉, 爲座首所告而有此牒也. 捉來呂還及遠香, 呂還嘿口不言, 遠香辯若懸河, 而皆是怪誕無倫之言也. 然其間多有不道之語, 欲上達則事涉虛慌, 欲自當治之, 則恐不無後言, 而昨已報其收治之由於巡營, 故卽受原情, 使一裨呈報于方伯, 而報狀草本一件, 又使一裨送于廟堂, 則領相金公壽興, 左相趙師錫, 卽袖公其草, 詣闕請對. (…) 其搜探文書中, 有妖書一張, 有明年兩班爲常人, 常人爲兩班之語, 此皆出誑誘愚氓之計, 而其明年, 有明陵廢處之變, 事有偶合, 殊可異也. 최규서(崔奎瑞)의 「간재만록」 이긍익(李肯翊), 『연려실기술』 제36권, 숙종조고사본말(肅宗朝故事本末) 요승 여환(呂還)의 옥사.

(좌의정) — 조사석(趙師錫) — 이 임금의 명을 받아 승려 여환을 옥에 가두었다. 여환은 요술로써 어리석은 백성들을 유혹하여 반란을 모의했는데, 경기도와 해서의 백성들이 다투어 그를 따랐다. 이 사건에 연루된 자들이 거의 백 명이나 천 명에 이르렀다. 공(公)이 임금에게 그 우두머리만 죽이고 나머지 사람들은 체포하지 말 것을 아뢰었고, 또 두 도(道)에 별도의 유시를 내리게 하여 (백성들을) 안정시키게 했다.[12]

숙종 14년(1688) 8월 요승(妖僧) 여환(呂還)이 경기도, 강원도, 황해도 일원의 신자들을 규합하여 양주(陽州)에서 추진한 미륵신앙인들의 한양침공계획은 진인(眞人)이 나타날 것이라는 믿음을 실천에 옮긴 사건이다. 불교의 예언사상에 기초한 여환사건 역시 진인출현설의 또 다른 형태이다.

여환은 "석가의 운수가 다하고 미륵이 이 세상을 주관한다."고 말하고, 스스로를 천불산 선인(仙人)이라고 일컬었다. 기존의 진인 대신 선인이라는 용어를 사용했다는 점이 특기할 만하다.

이 사건의 핵심 인물로는 최영(崔瑩) 장군의 영(靈)이라고 자칭하는 정호명(鄭好明, 당시 32세), 여환(呂還, 당시 25세)이라는 승려, 황회(黃會, 당시 55세)라는 지사(地師), 여환의 처이며 용녀부인(龍女夫人)으로 불리는 무녀(巫女) 원향(元香, 당시 19세), 성좌(聖坐)라고 불리던 계화(戒化, 당시 49세)라는 무녀 등이 있었다. 여환사건에는 술사, 승려, 풍수가, 무녀 등이 참여하여 민간신앙의 주된 종사자들이 포진하고 있었다.

여환은 양주에 사는 정씨(鄭氏) 성을 가진 여자 무당 계화(戒化)의 집에 머물면서 자신의 처 원향은 용녀부인(龍女夫人)이라고 부르고, 계화는 정성인(鄭聖人)이라고 불렀으며, 괴이한 문서를 만들어 인심을 유혹했다.

이들은 큰 비가 내려 한양이 함몰할 때 한양을 일시에 점령한다는 계획을 세웠으나, 기다리던 비가 오지 않아 실패하였다. 그러나 그들은 시기를 잘못

---

12 受命按治僧呂還獄. 還以妖術誑惑愚氓, 謀與反亂, 京畿海西之民, 奔波事之. 徒黨辭連者, 累百千人. 公白于上, 只誅其首惡, 餘人皆不逮問. 又請別諭兩道, 俾安集焉. 시장(諡狀) 좌의정조공시장(左議政趙公諡狀) 서종태(徐宗泰)의 『만정당집(晩靜堂集)』 18권.

선택하였기 때문에 실패했다고 판단하고, 다음 기회가 오면 반드시 성공할 것이라고 믿었다. 이들은 장차 용이 아들을 낳아 나라를 다스릴 때 미륵불 세상이 올 것이라고 주장하고, 자기 부인을 용녀부인이라고 불렀다. 여환은 자신의 처 원향이 장차 나라를 다스릴 임금으로 추대될 것이라고 주장했던 것이다. 이러한 관점에서 보면 여환사건은 명백한 역모사건이다.

결국 요승(妖僧) 여환(呂還) 등 11인이 불궤(不軌)를 꾀하다가 복주(伏誅)되었다. 처음에 양주목사(楊州牧使) 최규서(崔奎瑞)가, "본주(本州) 청송면(靑松面)에 한 요사(妖邪)한 자가 있어 민간(民間)에 왕래하면서 스스로 신령(神靈)이라 일컫고, 도당(徒黨)을 모아 어리석은 백성을 유혹하고 있는데, 이런 말이 경외(京外)에 전파(傳播)된 지 오래되었습니다." 하며, 본주로부터 엿보아 체포해 조사하고, 그 흉모(凶謀)의 실상을 캐내 봉서(封書)로 정부(政府)에 급히 보고하였다.

좌의정 조사석(趙師錫)이 예궐(詣闕)하여 잡아다 국문(鞠問)할 것을 계청(啓請)하니, 임금이 허락하였다. 이에 금오랑(金吾郎)을 나누어 보내서 모두 체포하였는데, 양주(楊州) 옥(獄)에 있는 자는 여환 등 무릇 14인이었다. 또 삭녕군수(朔寧郡守) 이세필(李世弼)의 비밀 장계(狀啓)로 인하여 이유선(李有先) 등 6인을 나치(拿致)하고, 또 여러 적도(賊徒)의 초사(招辭)에 관련되어 잇달아 체포된 자도 20여인이었는데, 모두 의금부에 국청(鞠廳)을 설치하고 그 실정을 캐냈다.

여환이라는 자는 본래 통천(通川)의 중[僧]으로서 스스로 말하기를, "일찍이 금화(金化) 천불산(千佛山)에서 칠성(七星)이 강림(降臨)하여 3국(麴)을 주었는데, 국(麴)은 국(國)과 음(音)이 서로 같다." 하였고, 또 수중노인(水中老人)과 미륵삼존(彌勒三尊)이 그에게 부처를 존숭하면 나라를 전해주겠으니 3년간 공부하라는 등의 이야기를 하므로 드디어 영평(永平)의 지사(地師) 황회(黃繪)와 상한(常漢) 정원태(鄭元泰)와 더불어 석가(釋迦)의 운수가 다하고 미륵(彌勒)이 세상을 주관한다는 말을 주창(主唱)하여 체결(締結)하고 기보(畿輔), 해서(海西) 사이에 출몰(出沒)하였다.

또 여환은 "천불산 선인(仙人)이 일찍이 '영측(盈昃)' 두 글자를 암석(巖石) 위에 새기고 말하기를, '이 세상은 장구(長久)할 수가 없으리니, 지금부터 앞으로는 마땅히 계승(繼承)할 자가 있어야 할 것인데, 용(龍)이 아들을 낳아서 나라를 주관할 것이다.'라 하였다."라고 말했다. 그리고 드디어 (여환이) 은율(殷栗) 양가 (良家)의 딸 원향(元香)에게 장가들었는데, 기이한 징험(徵驗)으로 능히 구름을 일으키고 비를 오게 하는 등 변화불측(變化不測)함이 있다고 주장하였고, 양주(楊州)에 사는 정씨(鄭氏) 성(姓)의 여자 무당 계화(戒化)의 집에 머물면서, 그의 처(妻)를 용녀부인(龍女夫人)이라고 불렀다.[13]

계화는 정성인(鄭聖人)이라고 불렸는데, 괴이한 문서를 만들어 이르기를, "비록 성인이 있더라도 반드시 장검(長劍)과 관대(冠帶)가 있어야 하니, 제자(弟子)가 되는 자는 마땅히 이런 물품을 준비하여야 한다."고 하면서 서로 글을 전파하고 보여 인심(人心)을 유혹(誘惑)하니, 한 마을의 사람들이 많이 따랐다.

또 "7월에 큰 비가 퍼붓듯 내리면 산악(山岳)이 무너지고 국도(國都)도 탕진 (蕩盡)될 것이니, 8월이나 10월에 군사를 일으켜 도성으로 들어가면 대궐 가운데 앉을 수 있다."는 말도 괴서(怪書) 속에 씌어있다고 가탁하고, 7월 15일에 여환, 황회, 정원태가 양주(楊州) 사람 김시동(金時同), 최영길(崔永吉), 이원명(李元明)과 영평(永平) 사람 정호명(鄭好明), 이말립(李末立), 정만일(鄭萬一) 등과 더불어 각기 군장(軍裝)과 장검(長劍) 등의 물건을 준비하고, 원향(元香)은 남복(男服)으로 갈아입고 성중(城中)에 몰래 들어가서 비 오기를 기다렸다가 대궐을 침범하기로 약속하였다.

그러나 그날은 끝내 비가 오지 않으니, 하늘을 우러러보며 탄식하기를, "공부가 성취(成就)되지 않아 하늘이 아직 응해 주지 않는다."라 하고, 드디어 삼각산(三角山)에 올라가 경문(經文)을 외우며 대사(大事)를 이루어 주기를 하늘에

---

13 呂還者, 本以通川僧, 自言曾於金化千佛山, 七星降臨, 贈以三麴, 麴與國音相同也. 且有水中老人, 彌勒 三尊語, 渠以崇佛傳國三年工夫等說, 遂與永平地師黃繪, 常漢鄭元泰, 唱爲釋迦遙而彌勒主世之言締結, 出沒於畿輔, 海西之間, 而呂還, 又稱千佛山仙人, 嘗刻盈尺二字於巖石上曰: "世間不可長久, 從今以往, 當有繼之者, 而龍乃出子主國." 遂娶殷栗良家女, 元香 爲名人, 而謂有異徵, 能興雲起雨, 變化不測, 來住 於楊州鄭姓女巫戒化家, 號其妻爲龍女夫人. 戒化則名曰鄭聖人, 仍作怪文曰: "雖有聖人, 必有長劍冠帶." 爲弟子者, 當備此物, 相與播示, 誘惑人心, 一村之人, 多從之. 又託以七月大雨如注, 山岳崩頹, 國都亦當 蕩盡. 八月十月, 起軍入城, 可坐闕中之說, 亦在怪書中『숙종실록』숙종 14년(1688) 8월 1일(신축).

기원하였다.

여환사건 관련자들이 기상이변을 예고했으며 이때 수도가 무너질 것이고 이때를 틈타 군사를 일으킬 것을 모의했다는 점에서도 역모의 흔적이 역력하다. 실제 이들은 무리를 지어 군기를 준비하고 천재지변을 기다렸으나 실패하고 말았다.

그 흉모(凶謀)와 역절(逆節)은 소문이 퍼졌을 뿐만이 아니었다. 여러 번 장형(杖刑)을 맞고서야 실정을 밝히기도 했고, 혹은 장형을 맞지 않고도 자복(自服)하였다. 여환은 곧 그 괴수(魁首)였고, 황회, 정원태, 원향, 정계화는 종시(終始) 협조하여 은밀히 음모(陰謀)에 참여한 자였으며, 김시동, 최영길, 이원명, 정호명, 이말립, 정만일 등 6인은 모두 어리석고 미천한 자들로 요괴(妖怪)한 말에 미혹되어 나쁜 짓을 같이 한 자들이다. 모두 아울러 여러 역적을 참형(斬刑)에 처하고 처자(妻子)와 재산을 몰수하는 것을 형률(刑律)대로 하였다.

양주의 걸승(乞僧) 법호(法晧)는 실정을 알면서도 관(官)에 고발하지 않았다는 죄로 곤장(棍杖)을 쳐서 유배(流配)하였고, 그 나머지 30여 인은 안험(按驗)하여도 죄를 지은 사실이 없었다.

임금이 죄인을 다스리는 여러 신하에게 하교(下敎)하기를, "무식(無識)하고 어리석은 백성들이 비록 요술(妖術)을 숭상해 믿었다고 하나, 역모(逆謀)에 관계된 단서가 없으면서 끝내 중죄〔重辟〕에 빠지게 하는 것을 내가 매우 측연(惻然)하게 생각한다. 때문에 당초에 의논해 아뢴 데 대한 교지(敎旨)는 대개 원람(冤濫)함이[14] 있을까 하여 많이 살리도록 의논하라는 뜻에서 나온 것이다. 갇혀 있는 여러 사람들은 추조(秋曹) ― 형조(刑曹) ― 에서 다만 요술을 숭상하여 믿은 죄로만 처단하게 하라."라 하였다.

이에 이유선(李有先) 등 17인은 추조(秋曹)에 이부(移付)하고 나머지는 모두 석방되었다. 또 적당(賊黨)을 수색하여 체포하는 까닭으로 경기(京畿), 황해(黃海)

---

14 원람(冤濫)은 죄가 없는 사람을 죄에 빠뜨리는 일을 뜻한다.

두 도(道)의 두서너 고을의 백성들이 농사를 폐지하고 도망해 흩어졌으므로, 임금이 양도(兩道) 감사(監司)에게 별도로 유지(諭旨)를 내리어 도로 모여 살도록 개유(開諭)하게 하였다.[15]

이 사건에 연루된 적당(賊黨)을 수색하여 체포하는 까닭으로 경기(京畿)·황해(黃海) 두 도(道)의 두서너 고을의 백성들이 농사를 폐지하고 도망해 흩어졌을 정도였다.[16]

석가의 운수가 다하고 앞으로 미륵이 세상을 주장하게 된다는 미륵신앙을 신봉하던 인물들이 도성으로 쳐들어갈 계획을 세우고 실행했다. 기존의 세상이 변혁되어 새로운 이상사회가 도래할 것이라는 희망을 지닌 불교적 메시아니즘인 미륵신앙은 혁명적 성격을 띤다. 이들은 미륵이 지배하는 세상이 이 세상에 구현될 것이라는 현세적 구원을 약속한다.

미륵불이 석가의 뒤를 이어 장차 인간계에 출현하여 중생을 교화하면 그때는 인간의 모든 죄악과 고통이 없어지고 정복(淨福)과 광명이 가득찬 용화세계(龍華世界)라는 이상사회가 실현될 것이라는 것이 미륵신앙의 핵심이다. 원래 석가의 대를 이어 올 미래불(未來佛)인 미륵불은 인간 구원을 위해 약 56억만 년 후에 도솔천(兜率天)에서 인간세상으로 하생(下生)할 것으로 믿어진다. 그러나 여환사건에서는 이 미륵불이 급박한 미래에 하생할 것이라고 강조했던 것이다. 임박한 구원을 약속했다는 점에서 급진적인 현실 개혁을 주장했으며, 신분 질서의 뒤바뀜을 주장했던 점에서 파격적이다.

기존 사회의 변혁과 구원에 대한 갈망이 집약된 미륵신앙은 현실적인 기근, 질병, 전쟁, 착취 등의 억압과 혼란을 미륵불 출현의 전조로 해석한다. 현실을 적극적으로 부정함으로써 다가올 미륵하생이 이상사회를 준비하는 종교적 비밀결사운동이 가능해진다.

---

15 『숙종실록』 숙종 14년(1688) 8월 1일(신축).

16 受命按治僧呂還獄, 還以妖術誑惑愚民, 謀與反亂, 京畿海西之民, 奔波事之, 徒黨辭連者, 累百千人. 서종태(徐宗泰)의 『만정당집(晩靜堂集)』 18권, 「좌의정조공시장(左議政趙公諡狀)」 조사석(趙師錫)의 시장(諡狀)이다.

숙종 14년(1688) 7월 22일에 여환과 원향 등이 양주목사에게 체포되었다. 이들의 소재처를 관아에 알려준 김돌손(金乭孫)의 아들 김종동(金種同)은 고변이 부담스러웠던 탓인지 직후에 스스로 목을 매어 자살했다.

양주(楊州) 청송면(青松面) 다탄(多灘) 근처에 요사한 사람이 자칭 성인(聖人)의 영(靈)이라고 주장하면서 화복(禍福)에 대해 말하여 어리석은 백성을 많이 유혹하였다. 이때 여환을[17] 생불(生佛), 그의 처 원향(元香)을[18] 용녀부인(龍女夫人)으로 칭했다.[19] 구체적인 진술은 없지만 여환이 생불을 자처했다는 점에서 그를 장차 올 미륵불로 믿었을 가능성이 높으며, 그의 처는 장차 나라를 다스릴 용자(龍子)를 낳을 인물인 용녀부인을 자처했다는 점에서 새로운 왕조의 개창자로 믿어졌을 것이다.

여환사건을 수색하는 과정에서 전복(戰服) 7-8건과 전립(戰笠) 5-6개도 압수했고, 숨긴 물품이 많이 있을 것으로 추정했다. 경기도, 황해도 지역과 강원도 지역까지 활동 무대로 삼았음이 드러났다. 실제 이들은 "나라가 장차 기울어질 것이다."라는 말을 했다.[20] 따라서 정부 조직을 무너뜨리기 위한 역모사건임은 자명하다.

다음은 여환의 공초 내용이다.

금화 천불산에 미륵이 있는데 저의 아버님께서 그곳에 3번이나 재를 올리고 저를 낳았다고 합니다. 제가 천불산에 가서 지냈는데, 칠성(七星)님께서 강림하여 국

---

17 여환의 아버지는 수철장(水鐵匠)이었고, 어머니는 양녀(良女)였으며 통천(通川)에서 살았다. 수철장
은 무쇠를 만드는 장인이다.

18 원향의 아버지는 군관(軍官)이었고, 어머니는 양녀(良女)였다.

19 本州青松面多灘近處, 有一妖人, 自稱聖人之靈, 言說禍福, 多誘愚氓. (……) 則本州青松面五十老洞, 入作
人金乭孫家近處, 有數三巫女, 托以聖人之靈, 誑誘愚氓. 而永平地師黃繪, 往來留連, 爲其謀主爲乎旀,
且有妖僧稱以生佛, 僧人妻稱以龍女夫人, 而蹤迹隱秘, 人莫得見. (……) 私奴崔永吉稱名人, 則侤音內, 收
聚錢文 (……) 買得僧人呂還, 良女元香, 資裝及其他服氈笠長劍等物是如爲旀, 且云五十老洞之人, 皆賣牛
買劍.『추안급국안』 10권 97책,「무진역적여환등추안(戊辰逆賊呂還等推案)」(1688. 7.) (아세아문화
사, 1983), 116-117면.

20 國家將傾『추안급국안』 10권 97책,「무진역적여환등추안(戊辰逆賊呂還等推案)」(1688. 7.) (아세아
문화사, 1983), 126면.

242 조선의 예언사상 上

자(麯子) 삼원(三元)을 주었는데 국(麯)과 국(國)은 음(音)이 같기 때문이었습니다. 제가 천불산의 최고봉에 올라갔더니 구름과 비슷하지만 구름은 아닌 형용할 수 없는 것이 사방을 옹호하였고 상서로운 기운이 북방으로부터 왔습니다. 3일이 지나자 사방이 크게 움직이는 것이 대포 소리 같았습니다. 이윽고 사주(四州)의 임금이라고 칭하는 존재가 와서 "너는 벌통 안에 서 있어라."라고 말하였고, "이는 대국(大國)의 법이니라."라고 말했습니다. (…) 노승과 노인이 물 안에 앉아 저를 향해 말하기를 "해제순왕(海帝順王)이 어질고 지금의 국왕이 부처를 숭봉하니 마땅히 전해주리라." 라 했습니다. (…) 또 천불산에 가니 미륵삼존께서 "너는 3년 공부를 하라."고 말씀하셨습니다. 제가 "3년은 너무 늦을 듯합니다."라 하니, 미륵삼존께서 "그렇다면 3개월이면 가할 것이니라."라 하셨습니다. 그 후 천불산에서 3개월 동안 있다가 양주 청송면에 있는 정성인(鄭聖人)의 신당(神堂)으로 돌아왔습니다.[21]

인용문에 나오는 칠성님은 무속(巫俗)의 신앙 대상 가운데 하나이고, 수중 노인은 도교적 색채가 보이는 신이한 존재이며, 미륵삼존은 불교적 신격이다. 무속, 도교, 불교의 신앙 대상이자 최고 신격이 모두 등장하는데, 이들 신앙의 합일을 도모했다는 점이 특기할 만하다.

여환이 진술한 미륵불 출현의 구체적 상황에 대한 묘사는 다음과 같다.

미륵이 또 말하기를 "요즈음에는 중이 부처를 공경하지 않고, 오히려 세속에서 부처를 공경하는데 너는 이 사실을 알고 있느냐? 이와 같은 때에 용(龍)이 아들을 낳아 나라를 다스릴 것이다. 비바람이 고르지 않고 오곡이 열매 맺지 못하고 사람들이 모두 굶어죽을 것이다. (이때) 미륵존불이 북쪽으로부터 출현할 것인데 눈이 손바닥만큼 크고, 금으로 수놓은 옷을 입고, 손에는 큰 징을 쥐고 남북으로 오르내릴 것이다."라 하였습니다.[22]

21 金化千佛山有彌勒, 矣父三設聖齋, 而生矣身是乎等以. 矣身往居于千佛山, 則有七星主來臨, 贈以麯子三元, 麯與國同音故也. 矣身上于其山最高峰, 則似雲非雲不可形像者, 擁護四隅, 瑞氣從北方來, 又三日, 四方掀動, 似大砲聲, 而名曰四州之君者, 來言曰, 立矣身於蜂桶之中, 仍曰, 此大國之法也. (…) 老僧老人坐於水中, 向矣身言曰, 海帝順王爲賢方今國王崇佛, 必當相傳. (…) 又往千佛山, 則彌勒三尊曰, 爾爲三年工夫亦爲白去乙, 矣身曰, 三年太遲是如. 則三尊曰, 然則三月可矣云云乙仍于. 仍往千佛山, 過三月後, 歸于楊州靑松, 往鄭聖人神堂. 『추안급국안』 10권 97책, 「무진역적여환등추안(戊辰逆賊呂還等推案)」(1688. 7.) (아세아문화사, 1983), 160-162면. 여환 공초.

용이 나타나 아들을 낳아 나라를 다스리며 미륵불의 강림을 예비할 것이라
는 예언이다. 그리고 미륵불이 출현하기 직전에는 기후가 불순하며, 곡식이 자
라지 못하고, 사람들이 기아에 허덕이는 고난의 시기가 있을 것이라고 한다.

또 여환이 금화 천불산 최고봉에서 만난 선인(仙人)이 "세상이 오래가지 못
할 것이다. 국왕이 후사가 없으니 명산에서 부처에게 빌어야 할 것이니 이곳
으로 와야 할 것이다. 현재의 왕위를 잇는 자는 당연히 용(龍)이 낳은 아들이
될 것인데 그가 나라를 다스릴 것이다."라 했다.[23]

아전(衙前)이었던 정원태(당시 23세)의[24] 진술은 다음과 같다.

저는 과연 황회(黃繪)와 함께 같은 마음으로 왕래하였습니다. 황회가 늘 말하기
를 "석가의 운수가 다했으니, 마땅히 미륵이 세상을 주관하리라. 비록 양반이라 하
더라도 만약 미륵이 세상을 바꿀 것이라는 이야기를 들으면 반드시 마음을 돌릴
것이다."라 하였습니다. (…) "성인이 대명전(大明殿)을 다스리고, 새로운 법이 자연
히 이루어질 것이다."라는 말도 제가 직접 쓴 것입니다.[25]

이들은 석가가 다스리던 시대가 곧 끝나고 미륵이 출세하여 세상을 다스
리는 시대가 도래할 것이며, 이는 양반도 좋아할 것이라고 주장했다. 미륵불
이 '세상을 바꾼다[改世].'는 표현에서 미륵신앙이 현세 변혁의 이념으로 작용
했음을 알 수 있다. 그리고 세상이 바뀌는 결정적 증거로서 성인이 출현하여
새로운 궁궐에서 백성을 다스릴 것이며, 기존과는 다른 새로운 차원의 법이
이룩될 것이라고 강조했다. 이러한 표어를 직접 글로 썼던 인물도 있고, 그 사

22 彌勒又言, 今時僧不敬佛, 俗則敬佛, 汝果知之乎? 如此之時, 則龍乃出子主國. 而風雨不調, 五穀不成,
   而人皆餓死. 彌勒尊佛出自北方, 眼人如掌, 衣金繡服, 手持大鉦, 上下南北.『추안급국안』10권 97책,
   「무진역적여환등추안(戊辰逆賊呂還等推案)」(1688. 7.) (아세아문화사, 1983), 161면.

23 世間亦不可長久. 國王無嗣, 祈佛於名山, 從今以往. 當有繼之者, 而龍乃出子, 主國.『추안급국안』10권
   97책,「무진역적여환등추안(戊辰逆賊呂還等推案)」(1688. 7.) (아세아문화사, 1983), 167면.

24 정원태는 양주 관아를 습격할 것을 주장했고, 궁궐을 급습하자는 과격한 주장을 했던 인물이다.

25 矣身果與黃繪心往來爲白如乎. 黃繪常言曰, 釋迦盡, 則彌勒當主世, 雖兩班若聞彌勒改世, 則必當歸
   心. (…) 聖人主大明殿, 新法自然成之語, 亦必矣身之所書.『추안급국안』10권 97책,「무진역적여환등
   추안(戊辰逆賊呂還等推案)」(1688. 7.) (아세아문화사, 1983) 정원태 공초.

실을 진술했다는 점에서 현세가 차원을 달리하는 변화와 혁명을 겪을 것을 기대했었음을 짐작할 수 있다.

여환은 정원태가 괴서(怪書)를 이용하여 큰 비가 내려 산악이 무너지고 도성이 휩쓸려갈 것을 예언했고, 기병(起兵)할 날짜와 장소에 대해 말했다고 진술했다.

영평(永平) 사람 정원태가 성인(聖人)의 집에 와서 괴서(怪書)를 직접 쓰고 말하기를 "큰 비가 퍼부어 산악이 붕괴할 것이며, 또 도성도 휩쓸려갈 것이다."라 하고 (…) 8월 초 10일에 기군(起軍)한다는 말과 훈련원에 취회(聚會)하여 하루라도 대궐에 앉는다는 말도 역시 정원태가 쓴 괴서에서 나왔습니다.[26]

여기서 성인의 집은 계화(戒化)의 집을 가리킨다. 황회는 이 일이 6월 무렵에 있었으며, 정원태가 큰 비가 내리는 시기는 7월 중이 될 것이라고 말했다고 진술했다.

여환과 황회(당시 55세) 등이 이번 여름에 은율에 있는 저의 집에 찾아왔습니다. 여환의 말 가운데 "양주의 신이한 무당들이 말하기를 '용녀부인이 장차 출현할 것인데, 앞에서 인도해 줄 사람이 없다.'고 하니 우리들이 이 일 때문에 내려왔다."고 하므로 이로부터 용녀라는 이야기가 있게 되었습니다.[27]

여환이 용녀부인을 얻어 아들을 낳아 장차 나라를 다스릴 것이라는 주장이다. 이들을 연결시켜 준 것은 무당 계화(戒化, 당시 49세)였다.

또 성인(聖人)이라고 칭하는 10여 명이 허문(虛文)을 많이 쓰고, 정성인(鄭聖人) —

---

26 『추안급국안』10권 97책, 「무진역적여환등추안(戊辰逆賊呂還等推案)」(1688. 7.) (아세아문화사, 1983).

27 呂還黃繪等, 今夏來殷栗矣身之家, 乃爲率來. 而呂還言內, 楊州聖巫諸人, 以爲龍女夫人將爲出來, 而無前導之人, 故果等爲此下來是如乙仍于, 自此有龍女之說.『추안급국안』10권 97책, 「무진역적여환등추안(戊辰逆賊呂還等推案)」(1688. 7.) (아세아문화사, 1983) 원향 공초.

계화 — 의 신당에 와서 모였습니다. 그 글에 이르기를 "비록 성인이라 하더라도 반드시 관대(冠帶)와 장검이 있어야 하며, 제자들도 당연히 이들 물품을 준비하라. 네가 만약 상경하면 임금께서 반드시 찾을 것이니, 비록 잡히더라도 가히 실상을 진술하도록 하라."라 했습니다.[28]

그 후 영평 사람 정원태가 이른바 성인(聖人)의 집에 와서 스스로 괴서(怪書)를 써서 말하기를 "큰 비가 퍼부어 산이 무너질 것이며, 도성 또한 휩쓸려갈 것이다."라 했습니다. 이에 저와 황회가 그 말을 듣고 김시동(金時同)에게 대략 이야기해 주었습니다.[29]

무녀 계화도 괴서 3-4권을 직접 썼으며, 큰 비가 내려 도성이 휩쓸려갈 것이라는 이야기를 황회에게 한 적이 있다고 진술했다. 정원태는 7월 13일에 큰 비가 내릴 것이라고 주장하고 그때 도성의 북쪽으로 들어가 궁궐로 쳐들어간다는 계책을 세웠다.

김시동(당시 31세)이 황회에게 말하기를 "6월 13일에 너와 여환이 해서(海西)로 갈 때 우리 집에 와서 나에게 '석가의 운수가 다하고 미륵이 출현할 것이며, 세간에도 다른 세대가 반드시 나올 것이다. 비와 우박이 크게 내려 인간 세상이 무너질 것이니, 이때를 맞아 군사를 몰아 성에 들어갈 수 있을 것이다. 그런데 군대 장비와 복색이 없을 수 없으니 비록 날카로운 버드나무로 칼을 만들고, 베를 물들여 군복을 만들지라도 불가불 준비해야 할 것이다.'라는 말을 나에게 하지 않았느냐? (…) 김시동이 황회에게 말하기를 "너와 여환이 나를 찾아와 '8월 1일이 되면 성안이 텅 비는 것이 마치 통 속의 벌들이 흩어져 나가는 형상과 같을 것이니, 이때 우리들이 마땅히 입성해야 할 것이다. 성안의 훈련원 빈터에 모일 수 있으니 이로써 거사하면 비록 하루라 할지라도 궁궐에 앉을 수 있을 것이다.'라고 말하지 않았느냐?"라 했다. (…) 김시동이 여환에게 말하기를 "너는 6월 13일에 황회와 함께 우리 집에

---

28 又稱聖人十餘輩, 多書虛文, 而來會于鄭聖人神堂. 其文曰, 雖聖人必有冠帶長劍, 弟子亦當備此. 汝若上京, 則主上必推尋, 雖被捉, 可以陳達實狀矣. 『추안급국안』 10권 97책, 「무진역적여환등추안(戊辰逆賊呂還等推案)」(1688. 7.) (아세아문화사, 1983) 여환 공초.

29 其後永平人鄭元泰, 至所謂聖人之家, 自書怪書曰, 大雨如注, 山岳亦崩, 都城亦當蕩滌云. 矣身與黃繪聞此言, 而略言于時同處. 『추안급국안』 10권 97책, 「무진역적여환등추안(戊辰逆賊呂還等推案)」(1688. 7.) (아세아문화사, 1983) 여환 공초.

와서 하룻밤을 묵었는데 그때 나에게 '나는 산중에 들어가 10년 공부를 하였다. 이제 인간 세상이 무너져 없어질 것인데, 비단 조선만 이런 것이 아니고 십이제국(十二諸國) 또한 당연히 모두 없어질 것이다. 이때 군대를 몰아 입성할 수 있을 것이니, 나는 이제 해서(海西)로 가는데 군장과 복색을 예비하여 기다리라.'라고 네가 내게 말하지 않았느냐?"라 했다.[30]

김시동은 어영(御營)의 아병(牙兵)이었다. 그는 귀신 때문에 몸이 아프다고 생각하고 황회가 영이(靈異)한 술법이 있다는 소문을 듣고 청하여 자기 집에 신당(神堂)을 배설했다고 한다. 그는 오십노동(五十老洞)에 황회의 술법에 혹해서 성위(聖位)를 배설한 집이 13가구나 되었다고 진술했다.

김시동의 증언에 따르면 황회가 "석가불의 운수는 마땅히 다할 것이고, 미륵불이 마땅히 출현할 것이다."라고 말했다고 한다.[31]

7월 15일에 여환, 황회, 원향, 김시동, 김시금(金時金), 이시남(李時男), 정대성(鄭大成), 정호명(鄭好明), 정만일(鄭萬一)[32], 오경립(吳敬立), 이말립(李乭立), 최영길(崔永吉), 전가(全哥) 등 14명이 상경하였다. 황회의 조카인 이원명(李元明, 당시 45세)이 먼저 와서 기다렸고, 여환과 용녀부인은 도포를 입고 관(冠)을 쓰고 말을 타고 입성했다. 검은 군복을 입고 환도(環刀) 등을 짐 안에 싸서 서울에 들어와 3일 후에 궁궐로 쳐들어갈 계획이었지만, 끝내 하늘에서 비가 오지 않아 18일에 양주로 돌아갔다.

---

30 時同向黃繪曰, 六月十三日, 汝與呂還往海西時, 來于吾家, 言于我曰, 釋迦盡彌勒出, 而世間亦他代當出. 雨雹大下, 人間傾蕩, 則此時當長驅入城. 而不可無軍裝服色 雖剡柳爲刃, 染布爲服, 不可不依憑措備. 汝以此言不言于我乎? (…) 時同向黃繪曰, 汝與呂還來言曰, 八月初一日, 則城中大空, 有如桶蜂散出之形, 而此時吾輩當入城. 城中訓練院空處可以聚會, 以此擧事, 雖一日可坐於關中. (…) 時同向呂還曰, 汝於六月十三日, 與黃繪來于吾家, 留一日, 其時言于我曰, 吾入山中十年工夫, 而卽今人間當傾蕩, 非但朝鮮如此, 十二諸國方當盡倒. 此時可以長驅入城, 吾則今往海西, 而軍裝服色豫備以待, 汝不爲此言乎? 『추안급국안』 10권 97책, 「무진역적여환등추안(戊辰逆賊呂還等推案)」(1688. 7.) (아세아문화사, 1983), 152-153면. 김시동과 황회, 여환의 면질.

31 釋迦代當盡, 彌勒佛當出. 『추안급국안』 10권 97책, 「무진역적여환등추안(戊辰逆賊呂還等推案)」(1688. 7.) (아세아문화사, 1983), 125면.

32 정호명의 사촌인 정만일(鄭萬一, 당시 33세)은 양인(良人)이었다.

이원명의 공초에 따르면 사람들이 말하기를 "용녀부인 원향(元香)은 사해 용왕(四海龍王)의 딸로 구름을 일으켜 비가 오게 할 수 있고 신이한 변화를 마음 대로 부린다."고 했으며, 그녀와 함께 일을 도모하면 무슨 일이든지 이룰 수 있다고 믿었다고 한다.

전성달(田成達, 당시 32세)의 공초는 다음과 같다.

> 수년 전에 병이 들었을 때 은율 땅에 성인무녀(聖人巫女)가 있는데 질병과 액을 없 애주는 술법이 있다고 하여 한번 가서 만나 보았고, 괴서(怪書)를 받아 집 안에 숨겨 두었으며 (…)[33]

당시 신분이 아전이나 봉수군(烽燧軍)이던 사람들은 임지를 떠날 수 없으므 로 거주지에서 거사가 누설되지 않기 위해 힘쓰고, 술이나 고기를 먹거나 담 배를 피우고 재(齋)에 참여하지 않은 사람들은 상경하는 일이 허락되지 않았 다. 미륵의 초월적 권능에 의존하여 새로운 이상세계를 구현하기 위해서는 부 정을 타는 일이 없어야 한다는 믿음이 있었음을 확인할 수 있다.

한편 7월 13일에 양주 대전리(大田里)에 군장과 복색을 갖추고 점고한 후 14 일에 양주 관아를 습격하여 그 무기를 가지고 상경할 계획도 수립되어 있었다 는 진술도 있다. 13일에 군복을 입은 사람들로 인해 한 마을이 모두 빌 정도였 으며, 두세 명씩 짝을 지어 서울로 향했다는 전언도 있다.

그러나 관아를 직접 공격하는 일에 부담을 느낀 주모자들은 10여 명만 서 울로 올라갔고, 그곳에서 큰 비가 올 것을 기다렸다. 이는 초월적 권능에 의해 자연재해가 발생하기를 바랐던 것이다. 황회, 여환, 정호명, 김시동 등이 백악 산(白岳山) 문수전(文殊殿)에 올라가 경을 읽고 사배(四拜)한 후 하늘에 비를 내리 기를 빌었지만 응하지 않았다. 다음 날 양주로 내려갔다.

---

33 數年前得病, 而聞殷栗地, 有聖人巫女, 禳除疾厄之術, 一往見之, 受其怪書, 藏置家中. 『추안급국안』 10 권 97책, 「무진역적여환등추안(戊辰逆賊呂還等推案)」(1688. 7.) (아세아문화사, 1983) 전성달 공초.

그러나 이들은 10월에 다시 거사할 계획을 세웠고, 그때도 하늘이 응하지 않으면 2년 후인 숙종 16년(1690) 경오년을 기다리기로 했다.

황회가[34] 말하기를 "이번 일이 성사되지 않는다고 할지라도 10월 5일이 가장 길 (吉)하니 이날에 다시 거사할 것이며, 그렇지 않으면 경오년(庚午年)이 대길(大吉)할 것이며, 여환(呂還)도 역시 8년 공부를 했으니 자연 성사될 것이다."라 했습니다.[35]

이 사건 관련자 가운데 한 사람인 황회는 풍수지리를 업으로 삼는 술사였으며, 그의 처도 무속 관련 종사자였다.[36] 전복(戰服), 전립(戰笠), 환도 등을 구입한 최영길(崔永吉, 당시 30세)은 도망친 노비였고, 이말립(당시 39세)도 대대로 사노(私奴)였다.

정호명(鄭好明, 당시 32세)은 집안이 기병(騎兵)이며 외가도 수호군(守護軍)이었다. 양주에 살면서 관문(官門)에 입역한 양인(良人)이었는데, 스스로 최영(崔瑩) 장군의 영(靈)이라고 일컬었기 때문에 무리들이 장군이라고 불렀다고 전한다. 따라서 정호명은 이 사건의 주동자 가운데 중요한 인물로 여겨진다. 최영 장군은 무속에서 중요하게 추앙되는 신격이다. 그는 이씨 조선에 반대하는 인물로, 억눌리고 핍박받는 사람들을 대변하는 상징적 존재요 영웅적 신격으로 존숭받았다.

이 외에도 형방(刑房) 아전인 전시우(田時雨), 예방(禮房) 아전인 허시만(許時萬), 봉수군(烽燧軍) 이응화(李應化), 도훈도(都訓導) 정영(鄭永), 일반 백성 이철신(李哲信), 민호길(閔好吉), 이득견(李得堅), 이득내(李得乃) 등의 하층민이 거사에 연루되었다.

---

34 황회의 아버지는 만호(萬戶)였고, 어머니는 양녀(良女)였다.

35 『추안급국안』 10권 97책, 「무진역적여환등추안(戊辰逆賊呂還等推案)」(1688. 7.) (아세아문화사, 1983) 정원태 공초.

36 저는 본래 풍수지리를 업으로 삼았고, 저의 처는 귀신의 빌미를 얻어 성인제석(聖人帝釋)이라고 불렀습니다.[(…) 矣身本以看山爲業, 矣妻又得鬼崇, 稱以聖人帝釋.] 『추안급국안』 10권 97책, 「무진역적여환등추안(戊辰逆賊呂還等推案)」(1688. 7.) (아세아문화사, 1983), 129면. 황회 공초.

승려 법호(法晧, 당시 33세)는 여환이 장수(將帥)가 되고 황회가 차장(次將)이 될 것이며, 그들이 "석가의 시대가 다하고 미륵의 시대가 출현할 것이며, 군장과 복색을 미리 준비하여 기병할 때를 기다린다."는 주장을 했다는 사실을 진술하여 불고지죄로 연루되었지만 중형은 면했다.

또한 양주목사는 이 사건의 실질적인 주동자가 황회라고 주장했다.

정석종은 여환사건에 대해 다음과 같이 결론내렸다.

여환사건 참여자들은 하층 평민이나 노비층이었으며, 그들은 이 사건이 실패한 것이 아니라 시기의 선택에 따라 다시 거사를 일으켜 성공할 수 있다고 믿었다. 그리고 이 사건의 조직과 진행 과정에서 풍수(風水)의 영향력이 극대하였고, 변혁을 상징하는 전통적인 용(龍)에 대한 신앙인 동양적 메시아니즘이 이 사건의 기저를 이루고 있다. 이 용에 대한 신앙은 조선 후기에 일어나는 대부분의 변란에도 영향을 주었다.

또 여환사건에 참여한 사람들이 대부분 자작(自作) 소농(小農)이나 작인(作人)들이었는데, 노론(老論) 정권의 농업정책이 부재하거나 실패로 돌아가자 이상사회를 실현하기 위한 회구가 이 사건으로 표출된 것이다. 결국 중, 소 농민의 이해를 대변한다고 주장하는 남인(南人)의 정치적 등장에는 이러한 사건의 영향도 있다. 이듬해에 기사환국(己巳換局)이 일어나 남인이 정권을 주도하게 된 데도 여환사건은 중요한 역할을 했다고 볼 수 있다.[37]

여환사건의 실제적 주동자인 황회가 지사(地師)였다는 점에서 "이 사건의 조직과 진행 과정에서 풍수의 영향력이 극대하였다."라고 결론을 내린 것 같다. 그렇지만 여환사건에서는 사건의 발생지인 양주가 풍수적으로 강조된 일도 없으며, 나아가 사건 연루자들의 활동 무대였던 경기도와 황해도 일대나 특정 지역이 풍수적으로 부각되지도 않았다. 오히려 석가를 대신한 미륵불이 출세할 것이라는 점이 강조되었고, 그 실제적 현상으로 큰 비가 오기를 학수고대했으며, 특정한 시기를 지정하고 그때가 바로 변혁의 전환점이 될 것이라

---

37 정석종, 앞의 글, 77-78쪽.

는 예언적 종말론이 강조되었고, 무속적인 신격이 다수 등장하고 있다는 점 등이 여환사건의 중요한 사상적 배경으로 보인다.

그리고 "변혁을 상징하는 전통적 용(龍)신앙"이 여환사건의 기저를 이루고 있다는 주장도 설득력이 약하다. 아마도 용녀부인(龍女夫人)과 사해용왕(四海龍王)이라는 용어와 "큰 비가 내릴 것이다."라는 말에 주목한 주장인 듯한데, 무속의 신앙 대상인 여러 신격 가운데 용(龍)이 차지하는 비중과 지위를 고려해 볼 때 많은 보충 설명이 필요할 것 같다.

그리고 용은 사회적 변화를 의미하는 '변혁'을 상징하기보다는, 구름을 일으켜 비를 내리게 하는 상상 속의 동물 또는 절대왕권을 상징하는 존재로서 '권위'의 상징이라는 측면이 더욱 강하다. 또 용신앙이 동양적 메시아니즘이라는 표현도 애매하다. 미륵신앙에서 미륵이 절대적 권능을 지닌 구원자로 등장할 수는 있지만, 과연 용이 메시아라는 '인격적 존재'로 신앙된 적이 있었던가? 나아가 이 용에 대한 신앙이 조선 후기에 발생하는 대부분의 변란에 영향을 주었다는 정석종의 주장은 설득력이 거의 없다. 여환사건 이외에 용에 대한 신앙이 확연히 나타나는 변란사건의 예를 필자로서는 찾아볼 수 없기 때문이다.

또한, 여환사건을 사회변동의 측면에서 파악하려는 노력의 일환에서 이 사건을 "노론 정권의 농업정책 실패가 초래한 사건"으로 이해할 수는 있을 것이다. 그러나 여환사건이 이듬해 발생한 기사환국의 한 요인이라는 주장까지는 수용하기 힘든 점이 있다. 농민이나 천민들이 주도한 변란사건은 사회변혁을 추구했다는 점에서 사회질서의 변동을 가져올 수 있고, 나아가 정권의 정책 방향을 수정하는 계기도 될 수 있다. 그렇지만 여환사건의 핵심을 '미륵신앙사건'이라고 표현하면서도 사건 참여자의 신분을 분석하여 부각시켜 그들의 신분상승 욕구 때문에 발생한 사건이라고 규정짓는 일은, 사건의 다양한 면과 전체적 모습을 제대로 표현하지 못하는 우를 범할 수 있다고 본다.

정석종이 지적한 바와 같이 여환사건은 기본적으로 '미륵신앙사건'이다. 사건의 핵심은 변혁이념으로서 미륵신앙, 무속신앙, 용신앙, 예언신앙 등이다. 이듬해 일어난 정권교체사건에 부분적으로 영향을 줄 수 있었을지는 모르지만, 그의 주장처럼 '중요한 역할'을 했다고 볼 수는 없을 것이다.

여환사건이 종결된 후에도 다음과 같이 이 사건 관련자들이 역모를 꾀하기도 했다.

> 포천(抱川)의 무인(武人) 이민재(李敏材)가 와서 여환(呂還)의 여당(餘黨)인 김귀현(金貴玄), 김만일(金萬一), 김헌(金軒), 김헌립(金軒立), 이귀만(李貴萬) 등이 불궤(不軌)를 꾀한다고 고(告)하고, 또 스스로 흉서(凶書)를 만들어 몰래 김귀현 집에서 탐색(探索)한 문서 속에 가져다 넣고는 그의 역장(逆狀)이 사실이라고 하였으므로, 좌의정(左議政) 조사석(趙師錫)이 청대(請對)하여 잡아와서 국문(鞠問)하였는데, 안험(按驗)한 결과 사실이 아니었으므로, 이민재를 무망죄(誣罔罪)에 좌죄시켜 복법(伏法)하게 하였다.[38]

> 이 앞서 훈련포수(訓鍊砲手) 오순언(吳順彦) 등 5인과 군관(軍官) 박명순(朴命順)이 요승(妖僧) 여환(呂還)이 선동(煽動)하여 소란을 일으킨 말에 미혹되어 서로 더불어 약속을 맺고, 장차 강계(江界) 적유령(狄踰嶺) 밖으로 피(避)하려 하다가 일이 발각되어 하옥(下獄)당해 죽게 되었는데, 임금이 사령(赦令)을 써서 특명(特命)하여 절도(絶島)에 귀양 보내게 하니 (···)[39]

여환사건은 기본적으로 미륵신앙자들의 한양침공계획이 중심이다. 사건에 가담한 자들의 신분은 평민, 천민층, 자작 소농들과 빈농층이 중심 세력이었다. 이들은 정권을 잡은 후 사회를 변혁시키려 했다. 그러나 구체적 개혁안은 찾아볼 수 없다는 한계가 있다.

여환사건은 장차 미륵불이 출현할 것이라는 예언사상이 중심이다. 불교의 예언사상이 무속신앙, 도교적 민간신앙 등과 결합하여 새 세상이 올 것이라는 믿음이 유발되었다. 이들은 구체적인 장비를 갖추고 도성 진입을 시도했으며 대궐을 범할 것을 밀약했다는 점에서 구체적인 활동을 시도했다는 점이 특기할 만하다.

---

38 『숙종실록』 숙종 14년(1688) 8월 14일(갑인).
39 『숙종실록』 숙종 15년(1689) 1월 18일(병술).

차충걸 사건

28

숙종 17년(1691) 11월에는 황해도 재령에 살던 무업(巫業)에 종사하던 조이
달(趙以達)의 아내 애진이 스스로 천기(天機)에 대한 공부가 있다고 일컬으며 "한
양(漢陽)은 장차 다하고, 전읍(奠邑)이 일어날 것이다."라고 주장하며 산에 들어
가 하늘에 제사 지냈다.

그녀는 수양산(首陽山) 의상암(義相菴)에 정필석(鄭弼錫)이라는 생불(生佛)이 있
는데, 통제사(統制使) 정익(鄭檥)의 아내가 아들을 낳았는데 일곱 살 때 간 곳을
몰랐으니 바로 그 아이라고 주장했다.[1]

해서(海西)의 죄인 차충걸(車忠傑)과 조이달(曹以達)을 나국(拿鞫)해서 실정을 알아내
어 요사한 말을 하여 임금을 범한 죄로 참형(斬刑)에 처하였다. 차충걸은 해주(海州)

---

1 이 사건에 대한 개요는 고성훈, 「조선 후기 사회변동과 역모사건에 대하여: 특히 『정감록』 관련사건을
중심으로」(동국대학교 석사학위논문, 1986)와 고성훈, 「숙종조 변란의 일단: 수양산 생불출현설을 중
심으로」, 『소헌 남도영 박사 고희기념 역사학논총』(민족문화사, 1993)을 참고하시오.

에 살고, 조이달은 재령(載寧)에 사는데, 모두 양민(良民)으로서 무격(巫覡)을 업으로 삼았다. 조이달의 아내인 애진(愛珍)은 더욱 요사하고 허망하여, 스스로 천기(天機)에 대한 공부가 있다고 일컬으며 범자(梵字)도 아니고 언자(諺字)도 아닌 알 수 없는 글을 쓰고, "한양(漢陽)은 장차 다하고 전읍(奠邑)이 일어날 것이다."라고 창언(倡言)하며 늘 전물(奠物)을 갖추어 산에 들어가 하늘에 제사하였고, 또 "수양산(首陽山) 상봉(上峯)에 있는 의상암(義相菴)에 정필석(鄭弼錫)이라는 생불(生佛)이 있다. 고(故) 통제사(統制使) 정익(鄭檍)의 아내가 아들을 낳았는데 일곱 살 때에 간 곳을 모르니, 이 아이가 아니겠는가?" 하였다. 차충걸이 이 말을 정익의 손자 정태창(鄭泰昌)에게 가서 물었는데, 정태창이 놀라서 곧 관가에 가서 고하니, 도신(道臣)이 계문(啓聞)하였다. 드디어 국청(鞫廳)을 설치하였는데, 다 승복하였으므로 처형하였고, 애진은 뒤미처 잡아와서 국문(鞫問)하여 참형에 처하였다. (…) 이른바 정필석을 찾아 잡으려 하였으나 끝내 잡지 못하였는데, 실은 그런 사람이 없었다 한다.[2]

이 사건의 주모자는 참형에 처해졌지만, 사건 연루자들에 대해서는 비교적 관대한 처분이 내려졌다. 사건에 연루된 차충걸(車忠傑)의 공초는 다음과 같다.

어느 날 차충걸이 찾아왔을 때 저(조이달)의 처가 생불(生佛)에 관한 일을 말했습니다. 그랬더니 차충걸이 말하기를 "정(鄭) 통제사의 부인이 잉태하여 아들을 낳았는데, 나이 일곱 살이 되자 어디론가 가버려 간 곳을 알 수 없었다고들 말하는데, 생불(生佛)이란 그 아이가 아닐까?"라 했습니다. 저의 처가 차충걸에게 말하기를 "그 아이가 바로 (장차) 나라를 얻을 인물입니다. 그대는 반드시 정씨 집에 찾아가 물어보십시오."라 했습니다. (…) 저(조이달의 처)는 무녀(巫女)로서 항상 허공(虛空)의 일을 존숭해왔습니다. (…) 차충걸이 또 말하기를 "정(鄭) 통제사의 아이가 13개월 만에 태어나서 어디로 가버렸는지 알 수 없다고들 합니다."라 했다.[3]

---

2 海西罪人, 車忠傑, 曹以達, 拿鞫得情, 以妖言犯上斬. 忠傑居海州, 以達居載寧, 俱以良民, 業巫覡. 以達妻愛珍, 尤妖誕, 自稱有天機工夫, 作書非梵非諺, 不可解. 倡言漢陽將盡, 奠邑當興. 常備奠物, 入山間祭天. 又稱首陽山上峰義相菴, 有生佛, 名鄭弼錫, 故統制使, 鄭檍之妻, 生子七歲, 不知去處, 得非此兒乎? 忠傑以其言, 徃問于檍之孫泰昌, 泰昌驚駭, 卽詣官告, 道臣以聞. 遂設鞫, 皆狀服正法. 愛珍追後捕來, 鞫斬之. 『숙종실록』 숙종 17년(1691) 11월 25일(을해).

3 一日車忠傑來到之時, 矣身(趙以達)之妻言及, 生佛之事. 則忠傑以謂, 鄭統制使夫人, 孕胎生子, 其兒年七歲, 不知去處云, 此生佛無乃其兒耶? 矣身之妻言于忠傑曰, 此是得國之人, 汝須徃問於鄭家. (…) 矣身(趙以達之妻)以巫女常有尊奉虛空之事. (…) 忠傑又曰, 鄭統制之兒, 十三月而生, 不知去處云. 『추안급

생불(生佛)이라는 불교적 표현과 득국지인(得國之人)이라는 구체적 표현이 특기할 만하다. 민중불교의 한 형태이지만 무당들이 주도하고 있는 이 사건은 정씨 진인출현설의 전형적 형태다. 즉 이 사건에는 이른바 정감록의 '이망정흥(李亡鄭興)' 논리가 들어있다. 전읍(奠邑)은 정씨(鄭氏)의 파자이기 때문이다. 한양, 즉 이씨 왕조가 곧 망하고 새로이 정씨 왕조가 들어설 것이라는 것이 이 사건의 핵심인 것이다.

차충걸이 주장한 이른바 공부(工夫)는 천기(天機)에 관한 것이며, 천기는 전물(奠物)을 정갈하게 준비하여 산간(山間)에서 제천(祭天)하는 것이라 한다. 그는 한양(漢陽)이 장차 망할 것이라는 속설(俗說)을 전해 들었으며 이를 이른바 전읍지참(奠邑之讖)이라고 불렀다.[4] 정여립사건에서 정씨의 파자가 등장한 이후 이 시기에 이르면, 전읍의 참언은 곧 정씨 진인출현설을 가리키는 것으로 정착되었다.

이들은 한양이 장차 망하려 한다고 믿었으며 이에 대비하여 정씨 아이를 위해 하늘에 제사 지내려 한다고 주장했다.[5]

국안(推案及鞫案)』 10권 104책, 신미년 11월 차충걸추안.

4 聞漢陽將亡, 俗說有所云云. (…) 俗所謂奠邑之讖『추안급국안』 10권 104책, 「신미차충걸추안(辛未車忠傑推案)」(1691. 11.)(아세아문화사, 1983), 815면.

5 한양이 장차 망하려는 때에 정씨 아이를 위해 제물을 준비해 하늘에 제사지내려 한다. 漢陽亦將垂盡, 吾爲鄭兒, 備奠物祭天『추안급국안』 10권 104책, 「신미차충걸추안(辛未車忠傑推案)」(1691. 11.)(아세아문화사, 1983), 887면.

숙종 20년(1694) 4월 남인의 우의정 민암(閔黯)이 김춘택, 한중혁 등 서인들의 민비(閔妃) 복위 음모를 왕에게 아뢰어 국청(鞫廳)을 설치하고 수십 인을 심문하였다. 그들의 음모 계획이 드러났으므로, 다음 날 아침에 처형하려 했다. 그러나 그날 밤에 숙종은 갑자기 정국을 변동시켜 국문에 참여한 남인의 대신 이하 고관들을 관직을 삭탈하고 내쫓았다. 불과 하룻밤 사이에 사태가 급변하여 죄인을 국문하던 사람이 도리어 죄인이 되었고, 범죄 사실을 자복한 사람이 무죄 석방되었던 것이다.

그 배후는 숙종이 희빈 장씨와 남인들에게 염증을 느꼈기 때문이다. 이리하여 남인 세력이 제거된 반면 서인의 노론과 소론이 모두 요직을 차지했으며, 기사년에 폐출되었던 폐비 민씨는 다시 왕비로 복위되었고, 이미 왕비로 책립되었던 장씨는 다시 희빈(禧嬪)으로 강봉(降封)되었으니 이를 갑술환국(甲戌換局)이라고 한다.

숙종 20년(1694) 4월, 폐비(廢妃) 민씨(閔氏) 복위운동을 반대하던 남인(南人)이

화를 입어 실권하고 서인(西人)인 소론(少論)과 노론(老論)이 재집권하게 된 갑술환국(甲戌換局) 때, 이른바 해도기병설(海島起兵說)이 언급되었다.

숙종 20년(1694) 5월에 함이완사건이 발생하였다.

김인(金寅)이 이성기에게 말하기를, "네가 일찍이 '국가가 남인(南人)에서 종결된다는 설이 비기(秘記)에서 나왔는데 민장도(閔章道)가 그것을 말하였다.'고 하였으며, 또 말하기를, '이미 함이완(咸以完)으로 하여금 상변(上變)토록 하여 김춘택(金春澤)이 이미 구속을 당하였는데, 일이 장차 성사되지 않을 듯하여 바야흐로 차비를 차리어 몰고 들어갈 계획을 하고 있다.[1]

이처럼 숙종대에는 정쟁이 격심하여 몇 차례나 정국 전환이 이루어졌지만, 이는 민생(民生) 문제의 해결을 위한 정책 대결이 아니라 주로 왕비의 복상(服喪), 왕자 책봉, 왕비 폐립(廢立) 등 주로 왕실에 관한 문제로 야기되었다. 이들 문제를 서인과 남인 등 당인(黨人)들이 국체(國體)와 종사(宗社)에 결부시켜 의논을 전개하면서, 상대방을 공격하고 정권 장악에 심혈을 기울였던 것이다. 이러한 당론을 조장하고 격화시킨 것에는 대간(臺諫)의 언권(言權) 남용(濫用)과 국왕이었던 숙종 자신의 국가 중대사에 대한 애증적(愛憎的) 감정의 편향이 상승적으로 작용했다고 평가된다.

이 사건에 대해서는 이미 정석종이 자세히 분석하였다.[2] 그는 사건이 발생하기까지의 정치 상황, 사회적 동향을 살피고 갑술환국을 중인, 상인, 서얼 등의 정변(政變) 참여 과정으로 파악하였다. 사회변혁을 추진하면서 신분상승을 도모한 사건으로서 이들이 사회 세력으로 대두한 사건으로 보았다.

숙종 20년(1694) 3월 23일 소론(少論)과 노론(老論)이 각각 환국(換局)을 도모한

1 　(李)成夔與寅辨, 寅謂成夔曰, 汝嘗曰, 國家終於南之說, 是出於秘記, 而閔章道言之. 又曰, 已使咸以完上變. 金春澤旣被囚, 而事將不成, 方有裝束入驅之計, 汝何不知事機而逃避乎? 『숙종실록』 숙종 20년 (1694) 5월 23일(경신).

2 　정석종, 「숙종조의 갑술환국(甲戌換局)과 중인, 상인, 서얼의 동향」, 『조선 후기사회변동연구』(일조각, 1983), 79-130쪽.

다는 함이완(咸以完, 당시 37세)의 고변을 우의정 민암(閔黯)이 밀서 형식으로 임금에게 바쳤다.

　　민암(閔黯)이 아뢰기를, "지난해 봄에 신이 한 종류(種類)의 사람들이 재물을 거두어 무리를 모집한다는 일로써 탑전(榻前)에서 대략 진술한 적이 있었습니다. 신이 바야흐로 금영제조(禁營提調)로 봉직(奉職)하고 있는데, 금영(禁營)의 군관(軍官) 최산해(崔山海)가 와서 그 매부(妹夫)인 함이완이 (…) 들어와서 말하기를, '제가 마침 최격(崔格)이란 자와 이웃이 되었는데, 최격의 말에 「전(前) 승지(承旨) 한구(韓構)의 아들 한중혁(韓重爀)이 김경함(金慶咸)과 내외종 형제가 되는데, 김경함이 귀양 간 후로부터 이내 그 일을 주장하여, 김진귀(金鎭龜)의 아들 김춘택(金春澤)과 유명일(兪命一)의[3] 아들 유복기(兪復基)와 유태기(兪泰基)[4] 등과 모여서 의논하고, 또 강만태(康晩泰), 변진영(邊震英), 홍만익(洪萬翼), 변학령(卞鶴齡) ― 변이보(卞爾輔)의 아들이다 ―, 이돌(李㻑), 김보명(金寶命) ― 김기문(金起門)의 아들이다 ―, 김도명(金道明), 이동번(李東蕃),[5] 박세건(朴世建), 이기정(李起貞), 이후성(李後成), 채이장(蔡以章), 이진명(李震明),[6] 이시도(李時棹), 이시회(李時檜)[7] 등으로써 도당(徒黨)을 삼아서, 각기 금전과 포백(布帛)을 내었으며, 홍이도(洪以度)가 전라병사(全羅兵使)가 되었을 때, 군포(軍布)를 많이 내어 이를 도왔는데, 이에 모두 그 재물을 한중혁과 강만태에게 맡겨서 그들이 하는 대로 내버려 두고서 그 남는 비용은 쓴 데를 묻지 않았으니, 술과 음식으로 따뜻하게 먹여서 당여(黨與)를 많이 기르고는, 이내 환관(宦官), 폐인(嬖人)과 척가(戚家) ― 장희재(張希載) ― 에게 뇌물을 써서 그들로 하여금 거짓말과 허위의 풍문(風聞)을 만들어 내어, 조신(朝紳)을 헐뜯고 인심(人心)을 불안하게 하여, 음험하게 간악한 짓을 시행하려는 계획을 만들었다.」고 합니다.[8]

　　함이완의 고변은 소론 측에서 중인(中人) 등을 시켜 동래(東萊)의 상인과 시전

3　전 의주부윤(義州府尹)이다.
4　전 은산현감(殷山縣監)이다.
5　전 교련관(敎練官)이다.
6　장흥고(長興庫) 공물인(貢物人)이다.
7　이시도의 동생이다.
8　『숙종실록』숙종 20년(1694) 3월 23일(신유).

(市廛) 상인들에게 자금을 공급받아 환관과 총융사(摠戎使) 장희재(張希載) 등에게 사용하여 환국을 도모하고 있으며, 노론들도 상인과 무인(武人)들과 결탁하여 환국을 도모하고 있다는 내용이었다. 장희재는 당시 왕비 장씨의 오라비였다.

한중혁(당시 27세)과 영남의 무인(武人) 이시회가 중인(中人) 최격(당시 34세)의 집에 와서 "은화(銀貨)를 많이 모아주면 환국을 도모할 수 있다."고 말하고, 최격에게 일이 이루어진 후에 좋은 관직을 준다고 약속했다는 것이다. 이에 최격이 역관(譯官) 김천민(金天民)의 아들이자 동래상인인 김도명(당시 53세)에게 500냥, 역관 변이보의 아들 변학령(당시 43세)에게 500여 냥, 김보명에게 500냥, 전 교련관 이동번에게 100냥, 동래상인 박세건에게 200냥, 지전상인(紙廛商人) 이기정(당시 39세)에게 200여 냥을 받았다고 한다. 한중혁이 그의 사촌인 김경함이 유배 간 후에 대신하여 환국을 도모한 것이다.

전 초관(哨官) 채이장이 자금을 사용하여 환관들과 사귀도록 했는데 그 일이 별 효과가 없자, 이시도(당시 43세)가[9] 총융사와 체결하려 했다고 한다. 충분한 자금을 마련한 후에는 이시도가 총융사의 비부(婢夫)가 되어 은자(銀子) 300냥과 인삼 삼근(三斤)을 총융사에게 바쳤고, 또 장만춘(張萬春)과 사귀면서 조정 대신들의 동정을 살피게 했다는 것이다.

함이완, 강만태, 최격 등은 중로비천지인(中路卑賤之人)으로 표현되는 중인 계층의 인물들이다. 중인, 무인, 상인들이 소론(少論)과 결탁하여 환국이라는 정치적 목적을 이루기 위해 자금을 갹출하고 모의했던 것이다.

주모자 한중혁은 승지(承旨), 진주목사(晉州牧使), 동래부사(東萊府使) 등을 역임한 그의 아버지 한구(韓構)를 배경으로 삼아 환국을 위한 구체적 계획을 지휘했고, 그 아래 무인 이시도가 있었으며, 중인 함이완, 강만태, 최격 등이 자금 조달을 담당하여 상인들을 포섭하였다. 한중혁은 풍수설(風水說)을 잘 안다고 알려졌으며 좋은 산을 많이 보유하고 있다고 자랑하여, 이를 빌미로 장지(葬地)

---

9   서얼(庶孽)이며, 무인(武人)이다.

를 구하는 부유한 상인과 서울의 학자들과 교유하면서 전답(田畓) 구입, 간척지 개발, 여비 등의 명목으로 돈을 빌린 후 자금을 마련하여 거사를 도모했다.

한편 노론 측의 환국기도는 김춘택이 주모자인데, 역관 홍만익과 변학령 등이 무인 홍기주(洪起周)와 함께 환국을 도모했다고 한다. 이후 고변에 언급된 여러 인물들이 잡혀와 심문받았다.

이 사건에는 임대라는 술사가 등장한다.

> 이시도가 한중혁에게 이르기를, "너희 부자(父子)는 술사(術士) 임대(任垈)와 사이가 좋았는데, 임대가 항상 말하기를, '근일의 성상(星象)은 금기(金氣)가 왕성하고 화기(火氣)가 쇠진하다. 금기는 서방(西方)에 속하고, 화기는 남방에 속하니, 남인(南人)은 당연히 실패할 것이고, 서인(西人)은 바라던 일이 성취될 것이다. 갑술년 4월이 되면 일이 성취되지 않음이 없을 것이니 지금 그 시기에 미치게 되었다.' 하니, 너희들은 좋아하여 뛰면서 스스로 기뻐하였다.[10]

고변이 이루어지자 사건 관련자들에 대한 체포령이 내려졌다.

> 해가 뜰 무렵에 갑자기 3인이 바로 차비문(差備門)으로 들어와서 고변서(告變書)를 올리므로, 임금이 그 글을 국청(鞠廳)에 내리고는, 그 사람을 묶어서 금오랑(金吾郎)으로 하여금 본부(本府)에 잡아서 보내게 했으니, 그 사람들의 성명(姓名)은 김인(金寅) ─ 유학(幼學) ─, 박귀근(朴貴根) ─관청에 있는 서리(書吏) ─, 박의길(朴義吉) ─ 보인(保人) ─ 이었다.[11] 그 글의 대략은, 먼저 때를 잃은 무리들이 자못 원망을 품고서 바야흐로 은화(銀貨)를 모아서 계의(計議)한 바가 있다는 것을 말하고, 또 장희재(張希載)가 돈으로 김해성(金海成)에게 뇌물을 주어 꾀어내어 그 처모(妻母) ─ 곧 최숙원(崔淑媛)의 숙모(叔母)이다 ─ 로 하여금 최숙원을 독살(毒殺)하려고 한다는 것을 말

---

10 時棹 謂 重爀 曰: "汝父子與術士 任金善全 , 常言近日星象, 金旺火衰, 金屬西, 火屬南, 南人當敗, 西其得志乎? 若歲甲戌月正中吕, 則事其蔑不濟乎, 今且及期矣. 汝輩頗躍躍自喜. 『숙종실록』 숙종 20년 (1694) 3월 26일(갑자) 공초에서는 남인필패(南人必敗), 서인필입(西人必入)이라고 강하게 표현되었다.

11 보인(保人)은 정군(正軍)을 돕는 보조자(補助者)로서, 정군이 출역(出役)하였을 경우 그 집안일을 도와주는 사람이다. 군보(軍保) 또는 봉족(奉足)이라고도 한다.

하고, 또 신천군수(信川郡守) 윤희(尹愭)와 훈국별장(訓局別將) 성호빈(成虎彬) 등이 반역(反逆)을 도모하고 있는데도, 대장(大將)이 참여하였다는 것을 말하고, 또 민암(閔黯), 오시복(吳始復), 목창명(睦昌明)이 서로 연결된 형상을 들었으며, 또 윤희가 여러 조신(朝紳)들과 더불어 사사로이 서로 묻고 주는 서신(書信)으로써 고변서(告變書) 안에 동봉(同封)하여 증거로 삼게 했는데도, 윤희의 서신에는 모두 다만 근복문안(謹伏問安)이란 4글자만 썼으며, 김원섭(金元燮)과 민장도(閔章道)에게 보낸 서신에는 앞에 모의(謀議)한 일이 있었다는 말은 있지 않았다고 하였다.[12]

3월에 대전별감(大殿別監)이 세 번이나 인현왕후(仁顯王后) 민씨(閔氏)가 폐출되어 살고 있던 안국동(安國洞)의 별궁(別宮)을 살펴보고 대궐로 들어간 사실을 통해 볼 때, 숙종이 이미 남인들을 제거하고 서인들은 등용하려는 생각을 하고 있었음을 짐작할 수 있다. 따라서 남인들이 이와 같은 숙종의 계획을 견제하기 위해 함이완으로 하여금 고변하게 했을 가능성이 있다.

이때 국청(鞠廳)에서 한중혁(韓重爀)을 신문하였으나, 한중혁이 승복하려 하지 않고, 이어서 말하기를, "이시도(李時檮)가 전에 스스로 말하기를, '민암(閔黯), 오시복(吳始復), 이의징(李義徵), 오시대(吳始大), 오상유(吳尙游), 민장도(閔章道), 복평군(福平君) 이연(李㮒), 오상백(吳尙伯), 장만춘(張萬春)의 집에 드나들며 그 비상(非常)한 것을 살펴서 나와 강만태(康萬泰), 이담(李譚), 신처화(申處華)에게 전하여 말하였는데, 이제는 도리어 나를 무함합니다. 또 이시도가 일찍이 연의 집에 갔을 때에 의원군(義原君) 이혁(李爀), 오상유, 오상백이 자리에 있었는데, 오상유와 오상백이 혁을 가리키며 이는 우리들이 의지하는 사람이다 하고, 이어서 인빈(仁嬪)의[13] 봉사(奉祀)에 관한 일을 논의하고서 파하였다 합니다. 내가 이시도에게서 들은 것은 이러합니다." 하였고 (···) [14]

12 『숙종실록』 숙종 20년(1694) 3월 29일(정묘).

13 인빈은 선조(宣祖)의 후궁으로 정원군(定遠君)을 낳는데, 정원군의 아들인 능양군(綾陽君)이 임금 — 인조(仁祖) — 이 되어 왕위에 오르자 정원군도 또한 추존(追尊)되어 원종(元宗)이 되었다. 이에 인빈은 임금의 어머니가 된 셈이어서 후대에 논란 끝에 사우(祠宇)를 세우고 '경혜유덕(敬惠裕德)'이란 이름을 더하였다.

14 『숙종실록』 숙종 20년(1694) 4월 1일(무진).

동평군(東平君)이 인빈의 봉사(奉祀)를 맡았는데 의원군(義原君)이 돌아와 봉사를 다시 뺏을까 염려하여 동평군이 의원군을 질시하니, 남인과 의원군이 역모를 꾀하고 있다고 말하면 동평군이 좋아할 것이라는 주장이다.

　동평군은 인조의 아들 숭선군(崇善君)의 아들이다. 촌수로 따지면 국왕의 숙부뻘이 되는 인물이었다. 의원군은 복평군(福平君)의 양자이다. 복평군과 그의 형 복선군(福善君)은 효종의 동생 인평대군의 아들이었다.

　그런데 숙종 6년(1680) 경신환국(庚申換局)으로 정권을 잡은 서인들이 남인의 영상이었던 허적(許積)의 서자 허견(許堅)이 복선군을 임금으로 추대하려 했다고 고변해, 복선군과 복평군을 귀양 보낸 후 사약을 내려 죽였다. 숙종은 복평군의 양자였던 의원군도 파양(罷養)시켜 본 집안으로 돌아가게 조처했다. 그 후 숙종 15년의 기사환국(己巳換局)으로 남인들이 다시 정권을 잡자, 복평군을 신원(伸寃)시킨 후 의원군을 다시 복평군의 양자로 삼아 인빈(仁嬪)의 제사를 주관하게 했다.

　인빈은 인조(仁祖)의 아버지인 원종(元宗)을 낳은 선조(宣祖)의 후궁이었다. 당시 왕실의 뿌리가 인조에게 있었으므로 인빈의 제사는 그만큼 중요했고, 후궁의 신분이었던 인빈의 사우(祠宇)까지 지어 제사를 지냈다.

　복평군이 죽은 후 인빈의 제사는 숭선군과 그의 아들 동평군이 지내고 있었는데, 의원군이 다시 복평군의 양자가 된 후 인빈의 제사를 주관하게 되자 동평군은 의원군을 미워하게 되었다. 이에 동평군으로 하여금 의원군이 남인들과 결탁하여 불측한 음모를 꾸민다고 임금께 고변하도록 하자는 음모였다.

　의원군은 경신년(庚申年)의 일로 서인(西人)들에게 원한이 있기 때문에 만일 의원군이 실권을 잡으면 서인은 살아날 사람이 없을 것이었다. 반면 동평군은 서인(西人)의 외손(外孫)이므로 동평군과 손을 잡으면 남인을 제거할 수 있을 것이었다.

　이시도에게 죄다 고하지 못한 것을 물으니, 이시도가 말하기를, "한구(韓構)가 일

적이 한해(韓楷), 임대(任垈)와 함께 앉았을 때에 한구가 말하기를, '우리들이 바야흐로 큰일을 꾀하는데, 노(老), 소(少) 두 당(黨)이 각자 하므로 오히려 성취하지 못한다. 노당(老黨)은 김춘택(金春澤)이 주장하는데 공주(公主) 집과 최호(崔琥)를 인연하여 액정(掖庭)의 관속(官屬)들과 함께 꾀하고, 소당(少黨)은 우리들인데 서얼(庶孼) 이담(李譚)이 환관(宦官)들과 맺고 또 최호의 종매부(從妹夫)인 중관(中官) 강우주(姜遇周)와 서로 친하므로 이담을 시켜 꾀한다. 또 한 계책이 있는데, 송상(宋相) ― 송시열(宋時烈) ― 의 상(喪)에 우수대(禹壽臺) ― 남문(南門) 밖에 있다. ― 에서 모여 곡(哭)한 사람이 거의 수천이나 되니, 각각 그 종[奴] 대여섯 명을 내면 쓸 수 있을 것이고, 또 진평(陳平)의 계책처럼 연하(輦下)의[15] 군사들에게 뇌물을 주면 일을 성취할 수 있을 것이다. 또 동평군(東平君) 이항(李杭)의[16] 유모(乳母)의 아들이 액정별감(掖庭別監)이므로[17] 맡길 수 있다. 구일(具鎰)은 이미 늙었고, 이빈(李穦)이 대장(大將)이 될 만하다.' 하였습니다. 또, 한중혁의 말을 들으니, '서인(西人)이 조정을 담당하고 폐비(廢妃)가 복위(復位)되면 중궁(中宮)은 절로 폐위될 것이다.' 하였습니다. 서찰(書札) 가운데에 이언순(李彦純)이 이른바 경중(京中)에 두었다는 것은 내가 본디 기억하지 못하는 것입니다." 하였고, 최격(崔格), 이시회(李時檜), 강만태(康晚泰)도 승복하려 하지 않았다.[18]

이들은 모은 자금으로 총융사, 동평군과 결탁하고 한편으로는 액정배(掖庭輩)와 체결하여, 우의정, 호조판서, 훈련대장 등의 남인(南人) 대신들이 밤마다 모여서 음모를 꾸미고 있다는 내용을 몰래 상변(上變)하고, 임금이 남인 세력을 제거하면 서인(西人)들이 정권을 차지하는 환국을 도모하고자 했다. 이러한 시도가 여의치 않으면 서인(西人)의 집안에 있는 노비들을 동원하거나 도성 안의 군졸들을 뇌물을 주고 동원하여 거사하려 했다.

노론 측에서는 김춘택을 중심으로 홍기주(洪起周), 남종만(南終萬)이 자금을

---

15 연하(輦下)는 임금이 타는 수레의 밑이란 뜻으로, 서울을 가리킨다.

16 숭선군(崇善君) 이징(李澂)의 아들로 장희빈(張禧嬪) 사건에 연루되어 절도(絶島)에 유배되었다가 결국 사사(賜死)되었다.

17 액정은 대궐 안이라는 뜻이며, 액정서(掖庭署)는 조선조 태조 1년(1392)에 설치한 기관으로 왕명의 전달, 임금이 쓰는 붓과 벼루의 공급, 궁중 열쇠의 보관, 대궐 뜰의 설비 등을 맡아보았으며, 고려의 액정국(掖庭局)을 계승한 관청이다.

18 『숙종실록』 숙종 20년(1694) 4월 1일(무진).

됐고, 역관과 중인에게 자금을 갹출시켜 공주가(公主家)와 환관 세력과 결탁하여 환국을 도모하였다. 그러나 이들의 활동은 소론 측의 활동보다는 관련 인물도 적고 비교적 드러나지 않았다.

한편 홍이도(洪以度)는 병사(兵使)가 된 후 한중혁에게 자금을 보내주었다. 한중혁은 천문술(天文術)에 능한 박사량(朴思良)을 시켜 남인들의 집에 왕래하면서 남인 측 재상들의 동태를 살피게 했다.

최격이 말하기를, "은화를 모으고 모의한 것은 강만태가 말한 것과 같습니다." 하고, 이시회가 말하기를, "과연 한중혁의 지휘를 받아 장희재를 꾀고 서인을 끌어들인 뒤에 폐비를 복위시키려 하고, 드디어 인삼(人蔘) 3근(斤)을 장희재에게 바쳤으나, 장희재가 받지 않았습니다." 하였다. 국청에서 최격, 이시회가 중궁을 폐위시키려 꾀한 것을 대역(大逆)으로 삼아 주벌하려 하고, 그 죄안(罪案)이 이미 이루어졌으나 (…) [19]

함이완사건에서 정씨 진인출현설이 등장하는데 다음과 같다.

강만태가 말하기를, "저는 의방(醫方)을 조금 압니다. 한중혁과 서로 친한데, 어느 날 한구(韓構) — 한중혁의 아버지 — 가 비인(庇仁)에서 앓는다고 글을 보내어 청하였다 하기에 갔더니, 한구는 본디 병이 없고 나를 임대와 만나게 하였습니다. 한구(韓構)와 임대(任垈)가 말하기를, '방금 국운(國運)이 끝나 가거니와, 해도(海島)에 정진인(鄭眞人)이라는 자가 있는데 장차 육지로 올라올 것이다. 우리들이 그를 따르려 하는데, 군장(軍裝)과 병기(兵器)를 미리 갖추지 않아서는 안 된다. 그러므로 바야흐로 뜻을 같이하는 자들과 각각 은화(銀貨)를 내니, 너도 힘을 헤아려 도우라.' 하였습니다. 그리고 또 서로 함께 모의하기를, '달아나는 노루를 보고 놓아주고 토끼를 잡는 것은 좋은 계책이 아니다.' 하였습니다. 드디어 조정의 판국을 바꾸려고 꾀하여 세 가지 길로 뇌물을 썼는데, 이시회는 장희재(張希載)에게 통하고 신식(申栻)은 동평군(東平君)에게 통하고 이담은 환시(宦侍)들에게 통하였고, 은화는 나와 함이완

19 『숙종실록』 숙종 20년(1694) 4월 1일(무진).

(咸以完), 이진명(李震明) 등 여러 사람과 심수(沈洓), 김만령(金萬齡), 구일, 이빈이 낸 것이었고, 상변(上變)하여 우상(右相)과 호조(戶曹), 병조(兵曹) 두 판서(判書)를 제거하려 하였습니다. 한중혁이 일찍이 말하기를, '밀지(密旨)가 남상(南相) ― 남구만(南九萬)을 가리킴이다 ― 과 김석연(金錫衍)에게 내려졌다.' 하고, 또 말하기를, '노당은 폐비를 복위시키려 하고, 소당은 폐비를 별궁(別宮)에 옮기려 한다.' 하였습니다. 나는 본디 이 말을 함께 들었을 뿐입니다." 하였다.[20]

위 인용문에서 이른바 정씨 성을 가진 진인출현설이 등장한다. 섬에서 진인이 곧 출현할 것이니 이에 응하여 거사를 도모하자는 내용이다. 이러한 정씨 진인출현설은 이후 각종 역모사건에 자주 등장하는 주장이다.

강만태(당시 34세)는 중인(中人)이었다. 강만태는 가난하여 돈을 낼 수가 없다고 말하자, 한구가 임대를 만나보게 했다. 임대는 술사(術士)로만 알려졌다.

그의 말대로 임대를 만나러 가니 탄식하여 말하기를 "시운(時運)이 이미 다하였다. 정성진인(鄭姓眞人)이 이미 해도중(海島中)에 나타났으니, 갑(甲), 을(乙) 양년(兩年)에 나라가 반드시 어지러울 것이다. 이때는 진인(眞人)이 반드시 육지로 나올 것이니, 우리가 마땅히 가서 맞이해야 할 것이다. 그러기 위해서는 무리가 많아야 하고, 재물도 있어야 한다."라 했고, 또 말하기를 "먼저 재물을 모아 뇌물을 써서 환국(換局)한즉, 이것은 노루를 쫓다가 토끼를 얻는 계책이라."라 하였습니다.[21]

임대라는 술사가 "내가 기운을 보니 해도(海島) 가운데 정씨 성을 가진 진인이 있다."고 했다.[22] 이는 전형적인 정씨 진인출현설이다. 정씨 성을 가진 진인

---

20 構與壘, 仍言曰: '方今國運垂訖, 海島有鄭眞人者, 將升陸矣.' 吾等欲從之, 而不可不豫具軍裝兵器, 以故方興諸同志者, 各出銀貨, 若亦量力以助之. 『숙종실록』 숙종 20년(1694) 4월 1일(무진).

21 矢身依其言, 往見任垈, 則垈慮烯歎息曰, 時運盡矣. 鄭姓眞人已出於海島中, 甲乙兩年, 國家必亂. 此時則眞人必出陸, 吾輩當有往迎之擧, 而必有徒衆, 不可無財物是如爲白乎旀, 又曰, 爲先聚財貨, 以行賂換局, 則此亦走獐拾兎之計. 『추안급국안』 11권 108책, 「갑인함이완김인등추안(甲寅咸以完金寅等推案)」(1694. 윤 5) (아세아문화사, 1983), 557면. 『추안급국안』 11권 109책, 「갑인함이완김인등추안(甲寅咸以完金寅等推案)」(1694. 2.) (아세아문화사, 1983), 255면. 강만태의 공초.

22 任垈言內, 吾望氣則海島中有鄭眞人 『추안급국안』 11권 109책, 「갑인함이완김인등추안(甲寅咸以完金寅等推案)」(1694. 2.) (아세아문화사, 1983), 255면.

을 맞이하는 일은 기존 왕조의 정통성을 부정하고 새로운 왕조를 세우자는 혁명적 발상이다. 군왕을 제거하는 결정적 계기로 진인출현설이 제기된 것이다.

거사주동자들은 자금을 마련하는 것은 해도 가운데 있는 정씨 진인을 맞이하는 데 필요한 것이며, 이를 진행시키기 위해 미리 환국을 도모한다고 강조했다. 이처럼 비결과 예언사상에 가탁하여 정씨 성을 가진 진인을 맞이하려 했다는 점에서 당시 광범위하게 출현하고 있던 활빈(活貧)의 의적(義賊)이나[23] 서해안 해도(海島)에 있는 노비도적과[24] 관련이 있다고 보기도 한다.[25]

정석종은 이러한 맥락에서 "노비 출신의 정진인(鄭眞人)의 출륙(出陸)은 당시 일반 하층민중에게 깊고 광범하게 전파되어 있던 미래예언서로서의 정감록(鄭鑑錄)에 나타나는 인물 바로 그 사람인 것이다."라고 주장하고 있다.[26]

그러나 진인(眞人)의 신분이 반드시 노비여야 한다는 근거는 찾을 수 없다. 오히려 진인은 정몽주나 최영 등 명문세족의 후손으로 영웅적 면모를 보이는 위대한 운명을 지닌 성스러운 존재로 부각되는 것이 일반적이다.

따라서 필자가 강조하는 것은 '정감록'이라는 제한된 표현보다는 '비결신앙이나 예언사상'으로 지칭되는 보다 광범위한 체계로 보아야 한다는 점이다. 『정감록』 자체가 특정한 형태의 제한된 비결서가 아니라 수많은 비결들이 집대성된 책 이름이며, 당시에는 필사본 형태로 정형화되지 않은 채 민간에 유포되었기 때문이다.

나아가 정석종은 진인을 "일반 하층민들이 강력히 희구하는 새로운 평등사회의 구현자"로 보았다. 기존 봉건왕조체제의 모순을 일시에 타파해 줄 것

---

23 정석종은 장길산(張吉山)이 주축이 된 도적 세력에 주목하고 있지만, 그 근거는 대지 않았다. 그러나 필자는 장길산의 출몰 지역이 평안도, 함경도 등지와 강원도 북부로 추정할 수 있으므로 이러한 주장은 설득력이 부족하다고 본다.

24 정석종, 앞의 글, 121쪽. 정석종은 구체적으로 30년 후에 발생하는 영조 4년의 무신난 때 변산(邊山) 반도의 노비도적이 서울로 쳐들어온다는 소문이 퍼졌다는 사실에 주목했다.

25 정석종, 앞의 글, 98쪽. 정석종은 "당시 일반에게 널리 신봉되던 정감록(鄭鑑錄)에 가탁했다."고 서술하였다.

26 정석종, 앞의 글, 121쪽.

으로 기대되는 메시아적 존재라는 점에서 진인이 평등사회의 구현자로 믿어질 수 있는 개연성은 있지만, 진인 역시 '새로운 왕조의 주인'이 될 것이라는 점에서 전제군주제(專制君主制)라는 정치체제를 부정하거나 극복하는 인물은 아니라는 점이 고려되어야 하겠다. 기존에 있었던, 그리고 현존하는 모순과 질곡으로부터의 탈피라는 혁명성이 진인에게 부여되는 점은 이론의 여지가 없지만, 진인출현설 역시 봉건사회에서 믿고 지향했던 이상적 인물의 출세를 예언했다는 사실을 잊어서는 안 될 것이다.

또 하나 지적되어야 할 점은 정감록이라는 용어가 당시의 역사적 기록으로는 확인되지 않는다는 사실이다. 정감록이라는 용어는 영조 15년(1739) 5월에 평안도 삼등현에서 발생한 국경을 넘은 죄인에 대한 『비변사등록』과 『승정원일기』 등에 처음으로 등장하고, 이후 왕조실록 등에도 조금씩 등장한다. 그런데 정석종은 함이완사건을 서술하면서 "당시에는 언서(諺書) 정감록이 유행할 정도이므로 일반 서민에게까지 정감록의 영향은 깊은 것이라고 보지 않을 수 없다."라고 주장하면서 그 근거로 『추안급국안』의 정조 6년(1782)에 발생한 문인방(文仁邦)사건을 들고 있다.[27] 함이완사건이 일어난 후 무려 88년 후에 발생한 문인방사건의 기록을 증거로 삼아 "정감록이 한글로 유행할 정도로 널리 유포되었다."고 주장하는 것이다. 이는 명백한 잘못이다. '정씨 진인'이라는 키워드에 현혹되어 이 용어가 나오면 무조건 정감록과 연관시키려는 생각이 이처럼 어이없는 주장을 낳았던 것으로 짐작된다.

정씨 진인출현설은 구체적으로는 선조 때 정여립사건에서 처음 등장하며, 이러한 여러 주장과 생각들이 조금씩 모여서 때로는 비결의 형태로 유포되었고 때로는 역모사건과 관련하여 집단의 구심적 역할을 하는 예언사상으로 표출되었다. 그리고 이른바 정감록에는 진인출현설만 있는 것이 아니다. 부분적 사항으로 전체를 설명하는 오류를 범해서는 안 될 것이다.

---

27 정석종, 위의 글, 121쪽 각주 109번.

결국 함이완사건에 나오는 정씨 진인출현설은 그 자체로 하나의 비결이나 예언사상의 일단으로 보면 된다. 그리고 정조 때 발생한 문인방사건에서 이른 바 '정감록'이라는 텍스트가 완성되는 것도 아니다. 오랜 기간 동안의 필사 과정을 통해 은밀히 전파되는 시기를 거친 후에야 비로소 현전하는 『정감록』이 형성되는 것이다. 이 문제는 다음에 다시 자세히 논하겠다.

다시 함이완사건의 전개 과정에 대해 살펴보자.

임금이 비망기(備忘記)를 내려, "지난번 빈청(賓廳)의 일차(日次)는 국기(國忌)였는데도 서둘러 와서 모이기에, 변방의 정상이 아니면 시끄러운 꼬투리를 일으키는 일이 있을 것으로 생각하였더니, 입시(入侍)하였을 때에 우의정(右議政) 민암(閔黯)이 과연 함이완(咸以完)의 일을 아뢰고, 이어서 금부(禁府)를 시켜 가두고서 추핵(推覈)하기를 청하므로 내가 본디 윤허하였으나, 민암이 홀로 함이완을 만나 수작한 것이 있다는 것을 의심스러워하였다. 겨우 하루가 지나니 금부의 당상(堂上)이 방자하게 청대(請對)하여 옥사(獄事)를 확대하여, 예전에 갇혀서 추고(推考)받던 자가 이제는 도리어 옥사를 국문(鞫問)하게 되고, 예전에 죄를 정하던 자가 이제는 도리어 극형을 받게 되었다. 하루 이틀에 차꼬, 칼, 용수를 쓴 수인(囚人)이 금오(金吾)에 차게 하고, 서로 고하고 끌어대면 문득 면질을 청하고, 면질이 겨우 끝나면 거의 죄다 처형을 청하니, 이렇게 하여 마지않으면 그 전후에 끌어댄 자도 장차 차례로 죄로 얽어맬 것이다. 그렇게 되면 공주(公主)의 집과 한편인 사람들 — 서인 — 은 고문과 귀양가는 죄를 면할 자가 드물 것이다. 임금을 우롱하고 진신(搢紳)을 함부로 죽이는 정상이 매우 통탄스러우니, 참국(參鞫)한 대신(大臣) 이하는 모두 관작(官爵)을 삭탈(削奪)하여 문외(門外)로 출송(黜送)하고, 민암과 금부 당상은 모두 절도(絶島)에 안치(安置)하라." 하였다. (…) 그래서, 영의정(領議政) 권대운(權大運), 좌의정(左議政) 목내선(睦來善), 영중추(領中樞) 김덕원(金德遠), 대사헌(大司憲) 이봉징(李鳳徵), 승지(承旨) 배정휘(裵正徽), 사간(司諫) 김태일(金兌一), 장령(掌令) 이정(李楨), 정언(正言) 채성윤(蔡成胤)과 심득원(沈得元), 문사랑(問事郞) 민흥도(閔興道), 홍중하(洪重夏), 정시윤(丁時潤), 오상문(吳尙文) 등은 모두 관작을 삭탈하여 문외로 출송하고, 우의정(右議政) 민암(閔黯), 판의금(判義禁) 유명현(柳命賢), 지의금(知義禁) 이의징(李義徵)과 정유악(鄭維岳), 동의금(同義禁) 목임일(睦林一) 등은 모두 절도에 안치하였다. 수인(囚人)의 공초(供招) 가운데에 익평(益平), 청평(靑平), 인평(寅平) 세 공주를 죽인 뒤에야 남인(南人)이 무사할 것이라는

말이 있었으므로, 공주의 집 운운하는 분부가 있었다.[28]

이처럼 숙종의 비망기가 내려져 집권했던 남인(南人)의 세력이 하룻밤에 실
각하게 되는 이른바 갑술환국이 이루어졌다. 이후 정국의 주도권은 남구만(南
九萬)으로 대표되는 소론에게 넘어간다.

> 또 하교하기를, "사람의 음고(陰告) 때문에 이토록 죄수가 많아졌으니, 빨리 처결
> 하지 않을 수 없다. 한중혁(韓重爀), 이시도(李時棹), 강만태(康晩泰), 최격(崔格) 등의 공
> 사(供辭) 가운데에 폐인(廢人)의 일을 제기(提起)한 말이 있기는 하나, 이것은 금령(禁
> 令)을 어겨 상소한 것과 차이가 있으니, 모두 사형을 감면하여 변원(邊遠)에 정배(定
> 配)하고, 그 나머지 이시회(李時檜), 이담(李譚), 유태기(兪泰基), 이언순(李彦純), 한해(韓
> 楷), 홍기주(洪箕疇), 황교(黃釗), 유복기(兪復基), 이진명(李震明), 한석좌(韓碩佐), 김춘택
> (金春澤), 이돌(李突), 이후성(李後成), 김도명(金道明), 이동변(李東蕃), 이기정(李起貞), 변
> 진영(邊震英), 홍만익(洪萬翼), 변학령(卞鶴齡), 김노득(金魯得), 원차산(元次山)은 모두 놓
> 아 보내고, 이 밖의 미처 나래(拿來)하지 못한 자는 모두 우선 내버려 두라. 함이완
> (咸以完)이 공을 바라고 밀고(密告)하여 큰 옥사(獄事)를 일으킨 정상은 몹시 통탄스러
> 운 일이니 금부(禁府)를 시켜 다섯 차례 엄하게 형신(刑訊)한 뒤에, 사형을 감면하여
> 절도(絶島)로 정배(定配)하라." 하고, 또 전교하기를, "김인(金寅) 등과 고한 사람들은
> 모두 아직 그대로 가두어 두라." 하고 (…)[29]

숙종은 노론과 소론들의 환국기도에 참여한 인물 거의 전원을 방면시켰
다. 숙종이 왕권 강화책으로 집권 세력이었던 남인을 제거한 사건이다.
또 이 사건 관련자의 심문 과정에서 이성기(李成夔)가 "민장도(閔章道)가 '국
가가 남인(南人)에서 종결된다.'는 설이 비기(秘記)에서 나왔다."고 말했다는 진
술이 나왔다.

---

28 『숙종실록』 숙종 20년(1694) 4월 1일(무진).
29 『숙종실록』 숙종 20년(1694) 4월 1일(무진).

이성기와 김인이 대변(對辨)함에 있어, 김인이 이성기에게 말하기를, "네가 일찍이 '국가가 남인(南人)에서 종결된다는 설이 비기(秘記)에서 나왔는데 민장도(閔章道)가 그것을 말하였다.'고 하였으며 (…)[30]

이성기(李成夔)가 오랫동안 승복하지 않으니, 국청에서 또 묻기를, "이른바 '남인(南人)에서 끝난다.'는 설을 김인이 이성기에게 들었다고 하였으니, 마땅히 숨기지 말라." 하였다. 이성기가 그래도 죄를 시인하지 않았으며, 형신(刑訊)이 10차에 이르렀지만 아무 말을 하지 않고 죽었다.[31]

비기의 이름은 밝혀져 있지 않지만, 비기의 기록을 근거로 정치적 당파의 운명을 예측하고 이를 근거로 역모를 꾸민 정황이 드러났다.

더욱이 함이완사건에 관련된 자들이 해상진인(海上眞人)을 맞아올 일을 의논했다는 표현도 있다. 해상진인은 해상, 즉 섬에 있는 진인이 장차 육지로 출현할 것이라는 표현이다.

강만태에 이르러서는 결안(結案) 내용에 있는 이른바, '임대(任垈), 한구(韓構)가 해상진인(海上眞人)을 맞아 오기로 의논했다.'는 말은 문목(問目)에서 물은 일도 아닌데, 그가 스스로 대답한 것입니다. 만일에 그것이 사실이라면 마땅히 임대·한구와 아울러 대역(大逆)으로 논죄(論罪)해야 할 것이고 (…) 임금이 이르기를, "강만태(康晚泰)의 '해상진인(海上眞人)'이란 말은 매우 요악(妖惡)한 것이니, 먼저 강만태를 잡아다가 끝까지 심문하라." 하였다. 이 말은 한구(韓構)에게서 들은 것이었고, 본시 물었기 때문에 말한 것이 아니었는데, 드디어 강만태의 일은 국청(鞫廳)에 내리고 한중혁(韓重爀) 등 네 사람의 일은 의금부에 내렸다.[32]

해상진인이라는 표현 자체가 정부로서는 엄금할 죄로 인정되었고 이에 대한 철저한 조사와 심문을 계속했던 것이다.

---

30 寅謂成夔曰: "汝嘗曰: '國家終於南之說. 是出於秘記, 而閔章道言之.' 『숙종실록』 숙종 20년(1694) 5월 23일(경신).

31 『숙종실록』 숙종 20년(1694) 윤 5월 2일(무진).

32 至於晚泰, 則結案中所謂任垈·韓構, 議迎海上眞人之說, 非問目中所問, 而渠自置對 『숙종실록』 숙종 20년(1694) 7월 4일(경오).

숙종 20년(1694) 9월에는 의금부(義禁府)에 국청(鞫廳)을 설치하고 강만태(康晚泰)를 국문(鞫問)하였다.[33] 여기에 진인이 출현할 시기가 특정되기도 했다.

(강만태가) 말하기를 "민장도를 끌어댄 것은 과연 속인 것입니다. 일찍이 한중혁(韓重爀)과 함께 비인(庇仁)의 한구가 살고 있는 데를 가니, 한구의 말이 '임대가 천기(天氣)를 살펴보고 하는 말이 「해도(海島)에 진인(眞人)이 있는 듯하니, 갑을의 해에는 나라 안이 반드시 어지럽게 될 것이다.」라고 했으니, 자네가 가서 임대를 만나보라.'고 했습니다. 제가 임대를 만났더니, 임대의 말이 '진인이 육지로 나올 것이므로 장차 나가서 맞이해야 하겠으니 자네가 은화(銀貨)를 내놓아야 한다.'고 했습니다. 그리고 한구가 또 '먼저 시국을 바꿔놓는 것이 좋겠다.'고 했었습니다." 하였다.[34]

강만태는 민장도(閔章道)의 사주로 해도(海島) 진인(眞人)에 관한 이야기를 하게 되었다고 변명했다. 그리고 위의 인용문에서 알 수 있듯이 강만태는 한구와 임대가 진인에 대한 이야기를 했다고 진술했다. 그러나 한구와 임대가 그런 일이 없었다고 부인하여 강만태와 대질(對質)시켰고, 결국 혹독한 고문에 못 견딘 강만태가 다음과 같이 말했다.

비로소 고백하기를, "당초에 시국을 바꾸려고 한 일로 국옥(鞫獄)에 잡혀 왔기에, 살아나려는 계책을 꾸미려고 스스로 한구 및 임대가 해상진인(海上眞人)이란 말을 했다고 조작하여, 당시 사람들이 듣기 좋게 만들려 한 것입니다." 하므로, 드디어 한구와 임대는 놓아주고, 난언(亂言)하고 무고한 죄로 강만태를 참형(斬刑)하고 그의 가산을 적몰(籍沒)했다.[35]

강만태는 자신이 살기 위해서 한구와 임대가 해상진인이라는 말을 했다는 허위사실을 진술한 것이라고 주장했다. 하지만 거짓을 꾸며 고한 죄로 죽음에

---

33 『숙종실록』 숙종 20년(1694) 9월 3일(무진).
34 構曰: '任蝭望氣言, 海島似有眞人, 甲乙之年, 國內必亂, 汝其往見蝭.' 俺見蝭, 蝭曰: '眞人出陸, 將往迎之. 汝其出銀貨可也.'『숙종실록』 숙종 20년(1694) 9월 11일(병자).
35 『숙종실록』 숙종 20년(1694) 9월 11일(병자).

이르고 말았다.

그러나 이는 소론 측에서 한구와 임대를 보호하여 자신들의 입지를 지키기 위해 강만태에게 억지 자백을 받아낸 것으로 보인다. 왜냐하면 처음에는 남인들을 위해서, 다음에는 소론들을 위해서 진인에 대한 이야기를 했다는 강만태의 말은 서로 모순되기 때문이다. 결국 강만태가 처음 3월 28일에 진인에 대해 진술한 내용이 설득력 있다. 정석종은 한구가 살던 비인(庇仁)이 노비도적들이 횡행하던 변산반도와 가까웠기 때문에 그들과 연계가 가능했고, 강만태의 9월 3일 공초에 "해도중유적(海島中有賊)"이라고 진술한 것을 "정성진인(鄭姓眞人)이란 노비도적이라고 보아 무리가 없다고 생각된다."고 주장했다.[36]

어쨌든 이제 정권을 잡은 소론 측은 서둘러 결안(結案)을 작성하고 강만태를 처형했다. 이로써 갑술환국 이후의 일이 모두 완결되었다.

이 사건의 주모자 함이완도 여러 차례 혹독한 심문을 받았으며 여러 명이 죽음에 이르렀다.

> 국청(鞫廳)에서 이시도(李時栌)를 형신(刑訊)하여 10차례까지 하자, 그제야 자복하기를 (…) 한중혁을 근거가 없는 말로 모함했던 것입니다. (…) 드디어 법대로 정형(正刑)하고 가재(家財)를 적몰(籍沒)했다. 이때 김인(金寅)은 10차례나 형신(刑訊)하고 함이완은 14차례나 했는데, 모두 옥중에서 죽었다.[37]

함이완 사건은 다음 인용문에서 알 수 있듯이 기본적으로 정씨 진인출현설을 기반으로 한 역모사건이다.

> 내가 기운을 바라보니 해도(海島)에 정씨 성을 가진 진인이 있다고 말했습니다. 우리들이 장차 모시러 갈 터인데 아무것도 없는 빈손으로는 일을 도모하기 어렵습니다. 우리들이 재화를 모으려 하니 그대도 물건을 내놓으시오. (…) 시운(時運)이 다

---

36 정석종, 앞의 글, 128쪽.
37 『숙종실록』 숙종 20년(1694) 7월 13일(기묘).

되었습니다. 정씨 성을 가진 진인이 이미 해도(海島)에 출현했으니, 갑을(甲乙) 두 해에 나라에 반드시 난리가 일어날 것입니다. 이때가 바로 진인이 육지로 나올 때입니다. 우리들은 마땅히 가서 맞이할 거사를 일으켜야 합니다.[38]

정씨 진인은 단순한 인물이 아니라 새 왕조를 개창할 인물로 믿어졌으며, 역모를 꾸미기 위한 절대적 존재로 부각된다. 진인을 모셔오기 위해서는 거사 자금이 있어야 하며 특히 "시운이 다 되었다."는 급박성을 강조하여 곧 진인이 출현할 것을 강조한다. 진인이 육지로 나오는 순간 거사를 모의하여야 성공할 수 있다는 주장이다. 이러한 진인출현설은 이후 역사에서도 자주 등장한다.

---

38 吾望氣, 則海島中有鄭眞人云. 吾輩將欲往迎, 而赤手空拳難以辨事. 吾方鳩聚財貨, 汝亦出物. (…) 時運盡矣. 鄭姓眞人, 已出於海島中, 甲乙兩年, 國家必亂, 此時則眞人必出陸, 吾輩當有往迎之擧. 『추안급국안』 109책, 1권, 함이완김인등추안(咸以完金寅等推案).

이 영 창
사 건

30

숙종 23년(1697) 1월에 발생한 이영창사건에 대한 선행연구로는 정석종의 연구가 있다.[1] 이 연구는 거사 계획, 참여사회세력 등을 분석하고 사건에 대한 개요를 파악하는 데 있어서는 상당히 뛰어난 글이지만 예언사상과 관련해서는 다소 소략하게 다루었다. 자료를 구체적으로 제시하고 해석하고 있지만, 심층적 분석은 부족한 편이다. 특히 예언사상과 관련해서는 더욱 그러하다.

이영창사건이 발생하기 직전인 숙종 21년(1695)부터 사건 발생 이후 시기인 숙종 25년(1699)까지 계속 극심한 흉년이 들었다.[2] 이에 따라 물가가 불과 몇 달 사이에 4배나 폭등하기도 했으며,[3] 도성 안에도 기아로 사망하는 자가

---

1 정석종, 「숙종년간 승려세력의 거사 계획과 장길산: 이절, 유선기 등의 고변을 중심으로」, 『조선 후기 사회변동연구』(일조각, 1983), 131-169쪽.

2 『숙종실록』 숙종 21년(1695) 4월 1일(임진), 『숙종실록』 숙종 21년(1695) 7월 1일(신유), 『숙종실록』 숙종 21년(1695) 8월 19일(무신), 『숙종실록』 숙종 21년(1695) 9월 2일(신유), 『숙종실록』 숙종 22년(1696) 1월 1일(무오), 『숙종실록』 숙종 22년(1696) 1월 1일(무오).

3 『숙종실록』 숙종 21년(1695) 8월 30일(기미).

속출했고,[4] 아이를 버리는 자도 많았다.[5]

숙종 22년(1696)에도 아사자(餓死者)가 속출하자 동활인서(東活人署)와 서활인서(西活人署)에서 죽을 마련하여 굶주린 백성에게 나누어 먹였다.[6] 또 세금으로 내던 곡식의 양을 반으로 감해주기도 했다.[7] 전국적으로 흉년에 따른 피해가 속출하자 정부에서는 보관하고 있던 쌀을 각 도에 나누어주었다.[8] 그러나 이러한 정부의 대책에도 불구하고 굶어죽는 사람이 많았다.[9]

그 대표적인 예가 다음의 기록이다.

이때 백성의 굶주림이 날로 급하여져서 서울과 각 고을에서 다 설진(設賑)하여 구제하였는데, 먹으러 오는 자가 날로 늘어나 서울은 1만 명이 넘고 팔도는 각각 수만 명이며, 영남(嶺南)에서 신보(申報)한 것은 56만여 인에 이르렀으며, 죽은 것은 전후에 모두 수만 인이었다.[10]

특히 관서(關西) 지방의 기근이 심하였다.[11] 인육(人肉)을 먹는 사람이 나타나는 참혹한 상황이었다.[12] 또 괴질이 발생하고,[13] 아사자가 속출했다.[14]

이영창사건이 발생한 이듬해인 숙종 24년(1698)에도 흉년이 계속되었고,[15]

---

4 『숙종실록』 숙종 21년(1695) 11월 8일(병인), 『숙종실록』 숙종 21년(1695) 12월 10일(무술).

5 『숙종실록』 숙종 21년(1695) 12월 19일(정미).

6 『숙종실록』 숙종 22년(1696) 1월 6일(계해), 『숙종실록』 숙종 22년(1696) 1월 19일(병자).

7 『숙종실록』 숙종 22년(1696) 1월 7일(갑자).

8 『숙종실록』 숙종 22년(1696) 1월 23일(경진).

9 『숙종실록』 숙종 22년(1696) 2월 11일(정유), 『숙종실록』 숙종 22년(1696) 2월 20일(병오), 『숙종실록』 숙종 22년(1696) 3월 3일(기미), 『숙종실록』 숙종 22년(1696) 2월 20일(병오).

10 『숙종실록』 숙종 22년(1696) 3월 12일(무진).

11 『숙종실록』 숙종 22년(1696) 3월 23일(기묘).

12 『숙종실록』 숙종 22년(1696) 2월 5일(신묘), 『숙종실록』 숙종 23년(1697) 4월 29일(무인).

13 『숙종실록』 숙종 22년(1696) 8월 14일(정유).

14 『숙종실록』 숙종 23년(1697) 7월 5일(계미), 이 해에 팔도에 크게 기근(飢饉)이 들었는데, 경기(京畿)와 호서(湖西)가 더욱 심하였으며, 도성 안에는 시체가 산더미처럼 쌓였다. (…) 都城內積屍如山. 『숙종실록』 숙종 23년(1697) 10월 23일(경오) 시체가 산더미처럼 쌓였다는 표현은 현전하는 『정감록』에 자주 등장하는 표현이다. 『숙종실록』 숙종 23년(1697) 11월 13일(기축), 『숙종실록』 숙종 23년(1697) 12월 24일(경오).

굶어서 얼어죽는 자들도 속출했다.[16] 이에 당시 조정에서는 이웃 나라인 청나라에 도움을 요청하기도 했다.[17]

숙종 25년(1699)에도 기근이 계속되고[18] 전염병이 크게 발생하였다.[19] 이처럼 숙종 21년(1695) 이후 불과 6년 만에 140여만 명의 인구가 감소한[20] 참혹한 재해의 실상이 확인된다.

결국 이렇듯 혹심한 흉년을 견디다 못한 수많은 백성들이 도적으로 변신하는 상황이 되었다.[21] 육지뿐만 아니라 바닷가에도 도적이 자주 출몰하자 별도로 토포사(討捕使)를 설치하기도 했다.[22] 이에 정부에서는 도적 가운데 무리를 고발하는 자에게 상금을 지급하고, 평민이 도적을 잡을 경우 관직을 내려준다는 포고를 내리기도 했다.[23] 그러나 일반 백성도 하기 힘든 일을 도적들 내부에서 관가에 고하는 일을 기대하기는 어려웠다. 오히려 토포관(討捕官)이 도적에게 피살되는 경우도 있었다.[24]

---

15 『숙종실록』 숙종 24년(1698) 1월 16일(임진), 『숙종실록』 숙종 24년(1698) 2월 6일(신해).

16 『숙종실록』 숙종 24년(1698) 12월 10일(경술).

17 『숙종실록』 숙종 24년(1698) 5월 1일(갑술).

18 『숙종실록』 숙종 25년(1699) 8월 8일(계유).

19 『숙종실록』 숙종 25년(1699) 1월 11일(신사), 이 해에 여역(癘疫)이 상기 치열하여 서울에 강시(僵尸)가 3천 9백여 구(軀)이고, 각도(各道)의 사망자는 도합 25만 7백여 인이었다. 『숙종실록』 숙종 25년(1699) 12월 30일(갑오).

20 처음 병자년(1696, 숙종 22년)에 장적(帳籍)을 만들 적에 흉년 때문에 정지하였었는데, 이때에 와서 비로소 완성하였다. 경외(京外)를 통틀어 호수(戶數)가 1백 29만 3천 83이고 인구(人口)가 5백 77만 2천 3백이었는데, 계유년(1693, 숙종 19년)에 견주어보면 호수는 25만 3천 3백 91이 감손되었고 인구는 1백 41만 6천 2백 74명이 감손되었다. 을해년(1695, 숙종 21년) 이후 기근(饑饉)과 여역(癘疫)이 참혹했기 때문에 이에 이 지경이 된 것이다. 『숙종실록』 숙종 25년(1699) 11월 16일(경술).

21 『숙종실록』 숙종 20년(1694) 3월 6일(갑진), 『숙종실록』 숙종 20년(1694) 3월 14일(임자), 『숙종실록』 숙종 21년(1695) 4월 5일(병신), 『숙종실록』 숙종 21년(1695) 9월 13일(임신), 『숙종실록』 숙종 21년(1695) 9월 30일(기축), 『숙종실록』 숙종 21년(1695) 10월 3일(임진), 『숙종실록』 숙종 21년(1695) 10월 11일(경자), 『숙종실록』 숙종 21년(1695) 11월 7일(을축), 『숙종실록』 숙종 21년(1695) 11월 19일(정축), 『숙종실록』 숙종 21년(1695) 12월 1일(기축), 『숙종실록』 숙종 21년(1695) 10월 18일(정미), 『숙종실록』 숙종 22년(1696) 1월 1일(무오), 『숙종실록』 숙종 22년(1696) 2월 3일(기축), 『숙종실록』 숙종 23년(1697) 2월 10일(신묘), 『숙종실록』 숙종 23년(1697) 2월 30일(신해), 『숙종실록』 숙종 23년(1697) 8월 8일(을묘).

22 『숙종실록』 숙종 24년(1698) 1월 15일(신묘).

23 『숙종실록』 숙종 21년(1695) 12월 28일(병진), 『숙종실록』 숙종 22년(1696) 2월 11일(정유).

이러한 사회적 배경에서 숙종 23년(1697) 1월에 이른바 이영창사건이 일어난다. 이 사건에서 조선을 이어 일어날 새로운 왕조의 주인공으로 정몽주(鄭夢周, 1337-1392), 정도전(鄭道傳, 1342-1398), 정여립(鄭汝立, 1546-1589) 등의 정씨가 언급되는데, 특히 한이 많은 인물이 민중들에게 초월적 존재나 그의 대리자로 여겨졌다. 조선왕조가 창립되는 과정에서 억울하게 희생당한 대표적 인물인 정몽주는 충성과 절의의 상징이 된 인물이다. 조선왕조 개창의 주역 가운데 한 사람인 정도전도 이방원의 손에 의해 억울하게 희생된 뛰어난 인물로 기억되며, 이씨를 대신하여 새로운 왕조를 건설할 것을 주장한 정여립도 민중들의 염원을 이루어줄 인물로 추앙되었던 것이다.

나아가 이영창사건에서는 정몽주의 13세손이 진인으로 출세할 것이라는 주장도 있었다.

이영창의 말에 "정포은(鄭圃隱)의 13세손(世孫)과 최영(崔瑩)의 후예가 기운을 살피고 얻어 정씨는 우리나라에 세우고 최씨는 중원(中原)에 세운다."는 말이 있었습니다.[25]

조선왕조를 대신할 새 왕조를 건설할 인물로 정몽주와 최영(崔瑩, 1316-1388)의 후손이 언급되었다. 이들의 13세손이라는 표현은 실제 살아있는 인물들이 새 시대를 열어갈 것이라는 믿음이 반영된 것으로 보인다.

숙종 23년(1697) 1월 운부(雲浮)를 비롯한 승려 1백여 명이 극적(劇賊)[26] 장길산(張吉山)을 추종하는 무리들과 함께 한양 내의 서류(庶類)들과 결합하여 정부를 뒤엎으려는 거사를 계획하다가 발각되었다.

---

24 『숙종실록』숙종 23년(1697) 윤 3월 16일(병신).

25 榮昌言內, 鄭圃隱十三世孫, 及崔瑩後裔, 望氣尋得, 立鄭哥於我國, 立崔哥於中原. 『추안급국안』11권 114책, 「정축역적이영창등추안(丁丑逆賊李榮昌等推案)」(1697. 1.) (아세아문화사, 1983), 740면.

26 극적은 다수의 도적들이 집단적으로 출몰하여 약탈 행위를 일삼던 무리를 일컫는다. 이들은 특정 지역에 웅거하면서 극적 상호 간에 일종의 연락망을 갖기도 했으며, 일부는 각처의 토호들과도 연계되었다. 전라도 지방에서는 금(金)단, 위(魏)자고쵸, 김형(金衡) 등이 피수였다.

숙종 23년(1697) 1월 날이 저문 후에 이절(李梲), 유선기(兪選基) 등이 상변(上變)하기를, "어느 날 이영창(李榮昌)이 이절의 집에 와서 자면서 갑자기 묻기를, '그대가 장지(葬地)를 얻으려고 한다면 우리 스승을 가서 보는 것이 좋을 것이다.'라고 하였습니다.

스승이란 중은 바로 운부(雲浮)로서, 당시 나이 70세로 송조(宋朝)의 명신(名臣)이었던 왕조(汪藻)의 후손인데, 명나라가 망한 뒤 중국에서 표류하여 우리나라에 도착하였으며, 머리를 깎고 금강산(金剛山)에 들어갔는데, 그 사람은 위로는 천문(天文)을 통달하고 아래로는 지리(地理)를 통찰하고 중간으로는 인사(人事)를 관찰하여 재주가 옛날의 공명(孔明)과 유기(劉基)에[27] 밑돌지 않는다는 자였습니다.

그가 불경(佛經)을 승도(僧徒)들에게 가르쳤는데, 그중에서 뛰어난 자로 옥여(玉如), 일여(一如), 묘정(卯定), 대성법주(大聖法主) 등 1백여 인을 얻어 그 술업(術業)을 전수(傳受)시키면서 팔도(八道)의 중들과 체결(締結)하였습니다. 그리고 또 장길산(張吉山)의 무리들과 결탁하고, 또 이른바 진인(眞人) 정(鄭), 최(崔) 두 사람을 얻어 먼저 우리나라를 평정하여 정성(鄭姓)을 왕으로 세운 뒤에 중국을 공격하여 최성(崔姓)을 왕으로 세우겠다고 하였습니다.[28]

신비한 능력을 지닌 승려를 중심으로 한 승려 집단이 장길산 부대와 체결하여 곧 거사를 일으킬 것이라는 내용이다. 이 고변에 의해 다음 날인 1월 11일에 추국(推鞫)이 열려 고변서에 거론된 인물들에 대한 심문과 조사가 진행되었다.

운부를 비롯한 주요 승려들의 관계와 행적에 대해 이영창은 다음과 같이 진술했다.

---

27 유기는 명나라 초기의 유명한 전략가이다. 자(字)는 백온(伯溫), 호(號)는 욱리자(郁離子)이며, 청전(靑田) 사람이다. 원(元)나라 말엽에 진사비서감(進士秘書監)으로 출발하여 여러 번 승진하여 총관부판(總管府判)이 되었으나, 관직을 버리고 청원 산중으로 들어갔다. 뒤에 청전에서 의병을 일으켜 태조를 도와 왕조를 창건하는 데 공을 세워 개국원훈(開國元勳)이 되었고, 성의백(誠意伯)에 봉해졌다.

28 昏後, 李梲, 兪選基等上變曰: "一日, 李榮昌, 來宿, 梲家, 猝然問曰: '君欲得葬地, 則往見吾師可也.' 師僧卽雲浮, 而時年七十, 宋朝名臣汪藻之後也. 大明亡後, 自中原飄到我國, 削髮入金剛, 而其人上通天文, 下察地理, 中觀人事, 才不下於古之孔明, 劉基者也. 以佛經敎僧徒, 得其中拔萃者, 玉如, 一如, 卯定, 大聖法主等百餘人, 傳其術業, 締結八道之僧, 且結 張吉山之輩, 又得所謂眞人鄭, 崔兩人, 先平我國, 立鄭姓後, 攻中原, 立崔姓云云.' 『숙종실록』 숙종 23년(1697) 1월 10일(임술일).

이른바 운부(雲浮)는 정묘생(丁卯生)인데, 혹은 영변(英卞)이라고도 부릅니다. 본래 (그는) 중국 사람으로 남경(南京) 해도중(海島中)에 있다가 모년(某年)에 형제가 강진(康津)의 강가 마을에 표류하여 소백산(小白山)에 들어가 머리를 깎고 승려가 되었으며, 안성(安城) 청룡사(靑龍寺)로 옮겨 살고 있었습니다. 그때 저의 나이는 13살 때였는데, 친척 이대득(李大得)이 와서 운부가 지리(地理)를 잘 안다고 말하므로 제가 가서 스승으로 섬겼습니다.

그의 모습은 매우 기위(奇偉)하여 일반 승려와 달랐는데, 수개월 머무는 동안에 지술(地術)을 배웠고, 연월을 알 수 없는 때에 가평(加平) 현등사(懸燈寺)에 옮겨 갔습니다. 그곳에서 일여(一如)라는 승려를 만났는데, 그 역시 망기(望氣)를 잘하고 풍수지리에 밝아서 두 승려가 서로 매우 좋아하였습니다.

일여가 운부에게 말하기를 "저의 사제(師弟)인 옥여(玉如)도 또한 명승(名僧)입니다." 운운하였습니다. 며칠 후에 옥여도 찾아와 서로 만나보았습니다. 옥여가 또 말하기를 "한 승려가 있는데, 혹은 묘정(卯定)이라고도 하고 각선(覺先)이라고도 하는데 역시 명승(名僧)입니다."라 했습니다.

운부, 일여, 옥여가 함께 간성(杆城) 건봉사(乾鳳寺)에 가서 묘정과 상봉하였으며, 옥여와 묘정이 또 말하기를 "대성법주(大聖法主)가 금강산 내원통(內圓通)에 있는데, 나이가 많고 도(道)도 높으니 찾아가 보는 것이 좋겠습니다."라 하자 네 명의 승려가 함께 찾아갔습니다.

옥여가 대성법주에게 말하기를 "저희들이 이인(異人)을 모시고 왔습니다."라 하니, 대성(大聖)이 책방(冊房)에서 보기로 하였는데, 다섯 화상(和尙)이 서로 이야기를 나누고 크게 기뻐하였습니다. 그 절 이름인 백운사(白雲寺)를 고쳐 옥정사(玉晶寺)라 하고 다섯 승려가 1년을 동거하였는데, 그동안에 팔도의 승도(僧徒)가 종이, 신발 등의 물건을 보내오는 일이 끊이지 않았는데 어느 날 각각 사방으로 흩어졌습니다. 저는 안성(安城)의 승려 각원(覺元)과 떨어져 남았는데 한 달 후에 다섯 승려가 모두 돌아왔습니다.

운부가 말하기를 "또 다른 이인(異人)을 볼 수 있겠는가?"라 하니, 옥여가 "소제(宵霽), 취양(翠陽), 법징(法澄) 등 세 명의 승려가 족히 승장(僧將)의 소임을 맡을 수 있습니다."라고 대답하였습니다.[29]

---

29 所謂雲浮者, 年則丁卯生, 或稱英卞. 而本以唐人, 在南京海島中是白如可, 某年兄弟漂到康津水邊村, 入小白山, 削髮爲僧, 移居安城靑龍寺是白如乎. 其時矣身年方十三, 時矣身族人李大得, 來言其善解地理是白去乙, 委往師事. 則狀貌甚奇偉, 異於凡僧是乎等. 以數月同處學得地術是白如可, 年月不記, 移往于加

안성 청룡사의 승려 운부(당시 70세)가 가평 현등사의 승려 일여(당시 76세)와 그의 사제 옥여를 만났고, 함께 간성 건봉사의 승려 묘정(당시 57세)을 찾아갔으며, 다시 금강산 백운사의 승려 대성법주(일명 풍열楓悅, 당시 66세) 등과 사귀고 1년 동안 금강산에 머물렀다는 이야기다. 그 후 이들은 사방으로 흩어져 모종의 일을 준비한 후 다시 금강산 옥정사에 모였으며, 소제, 취양, 법징 등의 승려가 승장(僧將)의 임무를 맡을 만한 인물이라는 평가를 내리기도 했다. 이들은 만난 지 3일 만에 결의형제를 맺을 정도의 결속력을 강조했던 사이였다.[30]

그렇다면 위의 인용문에 거론된 진인 정씨와 최씨는 어떤 인물일까?

> 이영창이 말하기를 "정포은(鄭圃隱)의 13세손과 최영(崔瑩)의 후예를 기운을 관찰하여 찾아낸 후 정가는 우리나라의 왕으로 세우고 최가는 중국의 왕으로 세운다."라 했습니다.[31]

정포은은 포은 정몽주다. 고려 말 절의(節義)를 굳게 지킨 충신으로 유명한 정몽주의 후손이 이씨 왕조인 조선을 대신하여 새로운 이상사회를 이루어 평등사회를 실현한다는 예언이다. 이는 메시아로서의 진인출현설을 반영한 주장이다.

그리고 요동정벌을 추진했던 최영의 후손이 장차 중원을 평정하여 황제로 등극할 것이라는 예언도 보인다. 최영 장군은 무속에서도 신봉되던 중요한 인

平懸燈寺。逢見一如, 則亦善望氣曉地理, 兩僧相得甚懽是白如乎。一如謂雲浮曰, 吾師弟玉如亦名僧云云。數日後, 玉如亦入來相見矣。玉如又言, 有一僧或稱卯定, 或稱覺先, 亦名僧也。雲浮、一如、玉如, 偕往杆城乾鳳寺, 與卯定相逢是白如乎, 玉如卯定又曰, 有大聖法主在於金剛內圓通, 年多道高, 可以尋見亦是白乎等, 四僧偕往。玉如謂大聖法主曰, 吾率異人而來云, 則大聖要見於冊房, 五和尙相肯大悅。改其寺白雲之名, 曰玉晶, 五僧同居一年之間, 八道僧徒, 飢遣紙鞋等物, 連續不絶是白如可, 一日各散四方爲白遣, 矣身段與安城僧覺元, 落留過一月後, 五僧皆還爲白在果。雲浮曰, 又有異人可得見乎? 玉如曰, 宵霽、翠陽, 法澄三僧, 足可爲僧將之任。『추안급국안』 11권 114책, 「정축역적이영창등추안(丁丑逆賊李榮昌等推案)」(1697. 1.) (아세아문화사, 1983), 면.

30 榮昌曰, 汝不於相會三日, 結爲兄弟乎? 『추안급국안』 114책 11권(아세아문화사, 1983) 이영창과 대성법주의 대질심문.

31 榮昌言內, 鄭圃隱十三世孫及崔瑩後裔, 望氣尋得, 立鄭哥於我國, 立崔哥於中原。『추안급국안』 114책 11권(아세아문화사, 1983) 유선기의 공초.

물이다.

청나라에 조공을 바치던 조선은 소중화(小中華)를 자처하여 중원의 문화적 맥락을 정통으로 계승했다고 인식했으며, 청나라에 대한 문화적 우월 의식이 있었다. 고구려의 고토를 회복하여 민족의 자존심을 지켜나가자는 입장에서 이러한 주장이 가능했던 것 같다.

정씨 진인에 대한 자세한 진술은 다음과 같다.

옥여가 말하기를 "염려할 것이 없습니다. 한 사람이 있는데, 우리나라의 국왕이 될 수 있을 것입니다."라 했다. 운부가 "데리고 와 보라."고 말했다. 대성법주와 옥여가 철원(鐵原)의 김장군(金將軍) 묘소 근처에 가서 그 아이를 데리고 왔습니다. 나이는 9세쯤이었으며 두 귀가 컸는데 위쪽이 둥글어 마치 떡을 자른 모양과 같았으며 양미간에 별 모양의 검은 사마귀가 있었습니다. 10세가 되면 사마귀는 저절로 없어질 것이고, 자라면 매우 훌륭하게 될 것이라고 말했습니다.

하루는 운부가 여러 승려에게 말하기를 "그대들이 부모의 나라를 염려하고 나를 위하는 마음이 있다면 마땅히 진인(眞人)을 보호하여 종적을 숨겨야 하는데, 보호해줄 만한 사람을 얻기 어려우니 어찌할 것인가?"라 했습니다. 옥여가 대답하기를 "이는 어려운 일이 아닙니다. 고성(高城) 동면(東面) 강가에 사는 정학(鄭涸) 형제는 재산이 많고 용맹스러우니 그들을 추천합니다."라 했다. 이윽고 진인을 정학의 집에 맡기고 평소에도 자주 왕래했습니다.

어느 날 (운부가) 정학에게 "세간에 오래 머무는 것은 좋지 않다. 내원통(內圓通) 뒤쪽 마을에 있는 석굴(石窟)에 숨겨둘 수 있다."고 말했습니다. 최헌경과 유찬 등이 왕래하면서 상의하여 진인을 보호했는데, 지금은 진인과 함께 부령(富寧)의[32] 동면(東面) 애당(艾堂)에 있는 오석동(五石洞)에 있습니다. 이제 진인의 나이는 벌써 장성했으며 키가 매우 작은 편입니다. 운운.[33]

---

32 동쪽은 바다까지가 83리, 남쪽은 경성(鏡城府) 경계까지가 62리, 서쪽은 야인(野人)이 거주하는 경계까지가 35리, 북쪽은 회령부(會寧府) 경계까지가 38리, 서울과의 거리는 1천 8백 15리이다. 『신증동국여지승람』 제50권, 함경도(咸鏡道) 부령도호부(富寧都護府).

33 玉如曰, 勿慮也. 有一人, 可爲我國王者. 雲浮曰, 率來. 大聖法主與玉如, 出來鐵原金將軍墓所近處, 率去其人. 年可九歲是白乎㫆, 兩耳大耳, 上有圓如切餠狀者, 兩眉間有黑子如星. 十歲後則黑子自消, 及長爲人甚偉是如白如乎. 一日雲浮謂諸僧曰, 君輩雖以父母之國有所顧慮, 若有爲我之心, 則眞人不可不保護隱跡, 而其於難得保護之人何? 玉如曰, 此則不難矣. 高城東面水邊居鄭涸兄弟, 饒財有勇猛, 可以推之是

9세가 된 진인의 얼굴 모습이 매우 자세히 표현된다. 진인의 은신처가 구체적으로 언급되며 진인을 보호하기 위한 대책도 자세히 제시된다. 이들이 진인이라고 믿었던 인물에 대한 충성심을 엿볼 수 있는 기록이다. 이는 진인출현설의 전형적인 예라고 할 수 있다. 현실의 온갖 난관을 극복할 수 있는 인물인 진인의 출현을 그 실존 여부와는 상관없이 확신하고 있었음을 확인할 수 있다. 진인의 용모와 은신처에 대해 상세히 전달하고 있다는 점에서 그러하다.

이 외에도 진인을 삼변이라고 부른다는 주장도 있다.

이영창은 "강화(江華)에서 개성(開城)을 거쳐 서수라(西水羅)로 갔기 때문에 (진인을) 삼변(三變)이라고 부른다."라고 진술했다.[34]

진인의 이름이 삼변이라는 주장이다. 그러나 이영창은 최후 진술에서 위의 인용문에서 보듯, 자신이 철원에서 고성을 거쳐 금강산에 머물다가 부령으로 갔다고 말했다. 그렇지만 이름을 삼변이라고 불렀다는 진술은 일관되었다. 운부 등의 승려들이 진인을 찾아간 것은 숙종 19년(1693) 8월의 일이었다.

계유년(1693) 8월에 운부 등 다섯 승려가 오석동에 가서 진인을 만났으며 9월에는 사방으로 흩어졌는데, 갑술년(1694) 8월에 상백운(上白雲)에 돌아왔습니다. 10여일 후부터는 승려들이 4-5명씩 혹은 6-7명씩 찾아왔고 음식물을 바치는 것이 끊이지 않았는데, 왕래하는 승려들은 모두 일반적인 승려가 아니었습니다.[35]

숙종 20년(1694) 8월부터 여러 지역에 있던 승려들이 금강산 상백운암으로

如爲白遣, 仍托眞人於鄭涸家, 尋常往來爲白如乎. 一日謂涸曰, 不可長在閭間, 內圓通後洞石窟, 可以藏匿是如爲白遣. 與崔憲卿柳鑽等往來相議保護眞人爲白如可. 今則與眞人往在富寧東面艾堂五石洞是白置. 卽今眞人年旣長成, 而身材稍短云云. 『추안급국안』 114책 11권(아세아문화사, 1983) 이영창 공초.

34 『추안급국안』 114책 11권(아세아문화사, 1983) 이영창 공초.

35 癸酉八月雲浮等五僧, 往見眞人於五石洞, 九月散之四方爲白有如可, 甲戌八月還至上白雲. 十餘日後, 僧人等或四五輩, 或六七輩來見, 饋遺絡繹不絶, 而其所往來之僧, 皆非俗僧. 『추안급국안』 114책 11권(아세아문화사, 1983) 이영창 공초.

모여들었다는 주장이다. 운부, 일여, 옥여, 묘정, 대성법주 등 다섯 승려가 주축이 되어 각지에 있는 승려 집단을 불러 모아 거사를 추진했다.

보다 본격적인 세력 규합이 이루어진 것은 숙종 22년(1696)의 일이다.

운부가 "인심을 얻기는 어렵지 않으나 다만 적합한 장수를 얻기가 어렵구나."라고 말하니, 옥여가 "최헌경과 유찬 등의 인물은 모두 쓸 만한 인물입니다. 유찬은 쌍검을 잘 쓰고 쌍마를 타는 일에도 능하니 장수가 되기에 적합합니다."라고 대답했습니다.

또 옥여가 지난해 2월에 서울에 갔다가 강계(江界)를[36] 거쳐 돌아와 "무인(武人) 신건(申鍵)이 장수에 적합합니다."라고 말했습니다. 그 후 묘정과 옥여가 전후 세 차례나 강계에 갔는데, 7월 무렵에 이르러서야 신건의 응낙을 얻었습니다. (그때) 신건이 말하기를 "나는 당연히 병사(兵使)가 되어야 할 것인데 관직이 강계부사(江界府使)에 불과하여 마음속으로 매우 분하게 여기고 있었으니, 근처 세 곳의 읍과 북방의 군사 5-6천 명은 내가 담당하여 얻겠노라."라 하고, 이름을 서명한 옷자락을 잘라 주었다고 합니다.[37]

한편 신건은 거사 자금을 마련하기 위해 인삼을 보내왔다. 이들은 거사에 쓰일 군복을 만들고, 구리와 철을 시주받아 징과 북 등을 만들었다. 거사를 모의하는 데 그치지 않고 철저한 준비를 했다는 점이 확인된다.

운부가 일여를 가평 현등사에 보내고, 또 옥여는 강계로 보내서 인삼을 옮겨오게 한 다음 묘정을 시켜 인삼을 은전(銀錢)으로 바꾸어 금강산에 보냈다. 군복은 감

---

36 동으로 고자성군(古慈城郡) 경계와 1백 30리이고, 남으로 희천군(熙川郡) 경계와 2백 70리이고, 함경도 함흥부(咸興府) 경계와 3백 6리이고, 서로는 위원군(渭原郡) 경계와 36리이고 북으로 압록강(鴨綠江)과는 1백 30리이고, 서울과의 거리는 1천 3백 61리이다. 『신증동국여지승람』 제55권, 평안도(平安道) 강계도호부(江界都護府).

37 雲浮曰, 人心不難得, 但可合將帥者難得也. 玉如曰, 如崔憲卿柳鑽者, 皆可用之人. 柳 鑽則善用雙劍能騎雙馬, 可合爲將是如爲白乎旀. 玉如又於上年二月入京往江界而歸曰, 武人申 鍵可合將帥云云. 其後卯定玉如往江界前後三次, 至七月間, 如得申鍵之諾. 鍵曰, 吾當爲兵使, 而官不過江界, 心甚憤之, 近處三邑及北方之兵五六千, 吾當得之是如爲白遣, 仍着名絶其衣裾, 而給之. 『추안급국안』 114책 11권(아세아문화사, 1983) 이영창 공초.

투〔甘土〕를 만든다고 칭하면서 검은 세올〔黑三升〕을 많이 사서 들여왔으며, 징과 북은 화주(化主)를 많이 받아 구리와 철을 얻어 운송해왔습니다. 그리고 강계부사 신건과 상토첨사(上土僉使)[38] 신일(申鎰)은 운부와 친하기 때문에 인삼은 신건 형제가 마련해 준 것이라고 합니다.[39]

숙종 22년(1696) 8월에는 옥여(玉如)가 서로(西路)의 인심을 수습하기 위해 서관(西關)으로 파견되었고, 이영창도 서울로 돌아갔다.[40] 이때 운부가 이영창에게 부여한 임무는 서울에 있는 능력과 재주가 있는 인물을 포섭하는 일이었다.

저는 그때 서울로 돌아왔습니다. 운부가 말하기를 "네가 만약 서울에 가서 사람을 얻는 데 성공하면 내가 꼭 호를 지어주겠다."라 했습니다. 이윽고 삼광사한(三廣四漢)의 이름을 말하면서 말하기를 "만약 이와 같은 인물을 얻어오면 내가 비단 주머니를 보내주겠다."라 했습니다.[41]

거사를 실제 일으키기 위해 새로운 인물을 포섭하는 등 역모의 정황이 명백히 드러난다. 당시 이영창사건의 주동자들은 신분이 높은 인물이 아니라 사회변혁에 관심이 많은 서얼층을 중심으로 동조자를 포섭하라고 했다.

이영창(당시 33세)은 운부라는 신이한 승려의 제자로서 관상과 풍수지리에 능한 인물로 알려졌다.

영창이 답하기를 "운부가 작별할 때 삼광사한(三廣四漢)이라는 호를 지어주면서 말하기를 '세상은 이미 말세다. 산천을 통해 볼 때 국맥(國脈)이 이미 다하였다.' 하

---

38 강계도호부에 추파(楸坡)와 상토(上土)의 두 개의 보(堡)가 있었다.

39 雲浮出送一如於加平懸燈寺, 又送玉如於江界, 運來人蔘, 使卯定換銀錢, 入送金剛. 軍服則稱以造甘土, 多買黑三升入去, 錚鼓則多發化主, 得銅鐵重去. 而江界府使申鍵, 上土僉使申鎰, 與雲浮親切, 故人蔘則申鍵兄弟之所辦. 『추안급국안』 114책 11권(아세아문화사, 1983) 이영창 공초.

40 『추안급국안』 114책 11권(아세아문화사, 1983) 이영창 공초.

41 矣身段, 其時還京. 而雲浮謂曰, 汝若入城中能得人心, 則吾當作號以給是如爲白遣. 仍言三廣四漢之名曰, 若如此之人而來, 則吾當以錦囊給送云云. 『추안급국안』 114책 11권(아세아문화사, 1983) 이영창 공초.

면서 비단 주머니 5개를 주면서 말하기를 '너는 이것을 가지고 세상에 나가 재상의 집에는 가지 말고 마땅히 서류(庶流) 가운데 의기가 있고 재능이 많은 자와 사귀어 심복으로 삼은 후에 서관(西關)으로 내려갈 때 나누어주도록 하라.'고 하였습니다." 라 했다.[42]

실제 이들은 "군대의 기병"이라는 표현을 사용하여 각지의 상황을 서로 주고받으면서 거사 준비에 착수했다.

> 제가 지난해 9월에 떠나올 때 운부가 저에게 말하기를 "너는 임금의 동정과 재상들의 현명함과 그렇지 못한가와 시사(時事)의 득실을 반드시 상세하게 탐문하고, 삼광사한(三廣四漢)에 해당하는 인물을 꼭 얻어 이곳으로 곧바로 보낸 후에, 너희들은 정월 27일에 현등사로 오면 우리 군대의 기병(起兵) 상황을 정확하게 알 수 있을 것이다. 또 너는 관서(關西) — 평안도 — 향산(香山)에[43] 가면 승려 해안(海眼)과 도안(道眼) 등이 산골짜기의 인심을 얻고 장수에 적합한 자 120명을 구해 맹산(孟山)[44] 골짜기에 숨겨놓았을 것이니, 너는 반드시 기병(起兵)할 날짜를 약속한 후에 날랜 말을 타고 이곳으로 와서 급히 보고하도록 하라."라 했습니다.[45]

이영창의 임무는 인재를 구하는 일뿐만 아니라 왕실의 동정 파악, 정치권의 움직임과 민심의 향방, 사회적 변화와 시국의 추이 등 전반적 국내 사정에 대한 다양한 정보를 수집하는 일이 포함되어 있었다.

그리고 숙종 22년 8월에 서관(西關)으로 떠난 옥여(玉如)가 묘향산의 승려 해

---

42 榮昌答曰, 雲浮作別, 號三廣四漢以給曰, 時世已至末世. 以山川見之, 國脈已盡. 以錦囊五箇給之曰, 汝持此往人間, 勿往宰相家, 宜於庶流中得有義氣多才能者, 結爲心腹後, 西關下去時分給云.『추안급국안』 114책 11권(아세아문화사, 1983) 이절의 공초.

43 평안도 영변대도호부(寧邊大都護府) 동쪽 1백 30리에 있는 묘향산(妙香山)을 가리킨다. 태백산(太伯山)이라고 부르기도 한다.『신증동국여지승람』 제54권.

44 『신증동국여지승람』 제55권에 평안도 맹산현(孟山縣)이 있다.

45 矣身上年九月出來時, 雲浮謂矣身曰, 主上動靜, 宰相賢否, 時事得失, 汝須詳細探問, 而必得三廣四漢, 直送于此處後, 汝來正月二十七日, 來懸燈寺, 則吾軍起兵形止, 可以的知. 汝又往關西香山, 則有僧海眼道眼等, 必得峽中人心, 且得將帥可合者一百二十人, 藏於孟山峽中, 汝須以起兵之日相約然後, 乘快馬, 急報於此處.『추안급국안』 114책 11권(아세아문화사, 1983) 이영창 공초.

안, 도안 등과 협의하여 장수가 될 재질을 갖춘 자 120명을 이미 얻었다는 내용도 있다. 이영창은 이들과 접선하여 기병할 날짜를 약속하고, 이러한 내용을 즉시 금강산으로 알려달라는 운부의 명령을 받고 서울로 올라왔던 것이다.

한편 대성법주(大聖法主)는 북쪽 및 강원도 병사의 일부로 철원에 진을 치고 상응하기로 약속되어 있었다.[46]

그 이외에도 대흥산성(大興山城)의 헌일(憲日)과 원정(圓靜), 통진(通津) 향토산(香土山) 향토사(香土寺)의 명근(命根)과 금벽(金碧)이 참여했고,[47] 가평 현등사의 일여, 파주(坡州) 보개산(寶盖山)의 인징(寅澄)과 능흡(能洽), 장단(長湍) 화장산(華藏山) 화장사(華藏寺)의 죽무(竹茂),[48] 용문산(龍門山)의 묘정(卯定),[49] 용인(龍仁) 초운암(草雲菴)의 장계(藏季)와 남한산성의 혜일(惠日, 일명 惠一)도 참여하였다.

특히 혜일은 양주목사(楊州牧師)를 죽이고 군사를 이끌고 두험천(豆險川)으로 나와 전곶(箭串)에[50] 진(陣)을 치기로 약속했던 인물이다.[51]

한편 운부 등이 장길산(張吉山) 세력과 연합하여 거사를 도모하고 있다는 점이 주목된다.

장길산을 중심으로 한 도적의 활동은 이미 숙종 13년(1687) 무렵부터 구월산을 중심으로 나타나기 시작했다. 이후 장길산이 근거지를 함경북도 서수라(西水羅)와 벽동(碧潼) 해천동(蟹川洞)으로 옮긴 이후에는 마상(馬商)을 가탁한 기병 5천 명과 보병 1천 명을 거느리고 전국을 횡행하는 큰 세력으로 성장하였다. 그들은 운산(雲山)의 군기고를 습격하여 약탈했으며, 숙종조 내내 활동했지만

---

46 『추안급국안』 114책 11권(아세아문화사, 1983) 이영창 공초.

47 『추안급국안』 114책 11권(아세아문화사, 1983) 채영우(蔡永祐) 공초.

48 雲浮送竹茂於華藏, 送寅澄能洽於寶盖山, 以爲相應之地. 『추안급국안』 114책 11권(아세아문화사, 1983) 이영창 공초.

49 『추안급국안』 114책 11권(아세아문화사, 1983) 유선기 공초.

50 전곶(箭串, 살곶이)는 곧 국도(國都)의 동쪽 들(東郊)이다. 그 땅이 평평하고 넓으며, 물과 풀이 매우 넉넉하므로 울타리를 둘러쳐서 나라 말(國馬)을 기른다. 넓이가 34리다. 『신증동국여지승람』 제3권 한성부(漢城府)

51 先除楊牧, 領軍自豆險川, 來陣於箭串. 『추안급국안』 114책 11권(아세아문화사, 1983) 이영창과 혜일의 면질(面質).

끝내 체포되지 않았다. 『숙종실록』 숙종 18년(1692) 12월에 장길산이 양덕(陽德) 땅에 숨어있어서 포도청에서 장교를 보내 잡도록 했지만 관군이 놓쳐버렸다는 기록이 보인다.

이때 도둑의 괴수 장길산(張吉山)이 양덕(陽德)[52] 땅에 숨어 있으므로, 포도청(捕盜廳)에서 장교(將校)를 보내어 덮쳐서 잡도록 했었는데 관군(官軍)이 놓쳐 버렸었다. 대신이 그 고을 현감(縣監)을 죄주어 다른 고을들을 경계하도록 청하니, 임금이 옳게 여겼다.[53]

장길산이 해서 지역에서 활동했던 일은 『성호사설』에도 보인다.

그 후 숙종 때에 교활한 도둑 장길산(張吉山)이 해서(海西)를 횡행했는데 길산은 원래 광대 출신으로 곤두박질을 잘하고 용맹이 뛰어났으므로 드디어 괴수가 되었던 것이다.

조정에서 이를 걱정하여 신엽(申煜)을 감사(監司)로 삼아 체포하게 하였으나 잡지 못했다. 그 후에 한 도당을 잡은 바, 그가 숨어 있는 곳을 고(告)하였다. 무사 최형기(崔衡基)가 나포할 것을 자원하고 파주(坡州)에 당도하니, 장사꾼 수십 명이 말을 몰고 지나갔다. 한 사람이 고하기를, "저들은 모두 도둑의 무리다."라고 하므로 모두 잡아 가두었는데, 그 말들은 모두 건장한 암컷이었다. 그 사람이 다시 고하기를, "적의 말은 모두 암컷이므로 유순하여 날뛰지 않는다."고 하였다. 다시 여러 고을의 군사를 징발하여 각기 요소를 지키다가 밤을 타 쳐들어갔는데, 적들이 이미 염탐해 알고 나와서 욕설을 퍼붓다가 모두 도망쳐 아무 자취도 없어졌다.[54]

임금이 또 국청(鞫廳)에 하교(下敎)하기를, "극적(劇賊) 장길산(張吉山)은 날래고 사납기가 견줄 데가 없다. 여러 도(道)로 왕래(往來)하여 그 무리들이 번성한데, 벌써 10년이 지났으나, 아직 잡지 못하고 있다. 지난번 양덕(陽德)에서 군사를 징발하여 체포하려고 포위하였지만 끝내 잡지 못하였으니, 역시 그 음흉(陰凶)함을 알 만하다.

52 평안도(平安道) 양덕현(陽德縣) 『신증동국여지승람』 제55권.
53 『숙종실록』 숙종 18년(1692) 12월 13일(정해).
54 이익, 『성호사설』 제14권, 인사문(人事門), 「임거정(林居正)」.

지금 이영창(李榮昌)의 초사(招辭)를 관찰하니, 더욱 통탄스럽다. 여러 도(道)에 은밀히 신칙(申飭)하여 있는 곳을 상세하게 정탐하게 하고, 별도로 군사를 징발해서 체포하여 뒷날의 근심을 없애는 것도 의논하여 아뢰도록 하라." 하니, (…)[55]

당시 조정에서 가장 우려했던 점은 승려 집단의 무장화 및 그들과 막강한 힘을 가진 도둑 세력과의 연합이었다. 대표적 도둑이었던 장길산 세력과 운부 등의 승려 집단의 연합은 정권을 위협하기에 충분한 것이었기 때문이다.

한편 진인의 실재를 믿었던 이영창사건의 주모자들은 실제 생년월일까지 언급하고 있다는 점이 다음의 기록으로 확인된다.

　　이익화가 운부(雲浮) 및 이른바 진인(眞人)의 사주(四柱)를 물으니, 이영창이 말하기를, '운부는 정묘생(丁卯生)이고, 이른바 진인은 기사년(己巳年) 무진월(戊辰月) 기사일(己巳日) 무진시(戊辰時)에 태어났다.' 하니, 이익화가 말하기를, '비기(秘記)에 이르기를, 「중국 장수인 묘생(卯生)의 사람이 중국에서 와서 팔방(八方)을 밟고서 일어난다.」고 하였는데, 바로 운부(雲浮)를 가리켜서 말한 것이다.'라고 하였습니다. 또 말하기를, '기사년 무진월 기사일 무진시에 태어났다면, 바로 뱀이 변하여 용(龍)이 되는 격이다. 숭정황제(崇禎皇帝) ― 명나라 의종(毅宗) ― 의 사주(四柱)에는 뱀이 변하여 용이 되는 격이 하나였으나 천자(天子)가 되었는데, 이 사람의 경우는 그런 격이 둘이나 있으니 참으로 매우 기쁘고 다행스럽다.'고 하였으며, 또 말하기를, '비기(秘記)에 이르기를, 「진년(辰年)과 사년(巳年)에는 성인(聖人)이 나오고, 오년(午年)과 미년(未年)에는 즐거움이 대단하다.」고 하였는데, 이것도 이 진인을 가리켜서 말한 것이다.'라고 하였습니다.

　　이영창이 말하기를, '이른바 진인은 세 번 변화하는데, 지금은 고성(高城)의 진재(鎭材)인 용장(勇將) 정학(鄭涸)의 집에 있으며, 더러는 운부(雲浮)가 머물고 있는 옥정암(玉晶菴)에 있기도 한다. 그런데 운부가 정학 및 그의 아우 정신(鄭愼), 그리고 최헌경(崔憲卿), 유찬(柳鑽), 설유징(薛有澄) 등을 시켜 서로 번갈아 가면서 호위(護衛)하게 한다. (…) 3월 21일에 군사를 일으켜 대궐을 침범하는 입장에 있는데, (…) (이영창이 말하기를) '운부(雲浮)가 중 한 명을 보내어 「진인(眞人)이 멀지 않아 보개산(寶盖山)

55 『숙종실록』 숙종 23년(1697) 1월 10일(임술).

에 당도할 터이니 (…)'[56]

인용문은 운부라는 승려가 제자와 장길산 무리들과 함께 정씨와 최씨 두 진인을 도와 반란을 도모한다는 내용이다. 정씨는 우리나라 왕으로 등극하고, 최씨는 중국의 왕으로 등극시키려는 계획을 세웠다는 주장으로 정씨 진인출 현설이 더욱 확대되었음을 알 수 있다. 운부와 진인의 사주까지 알려지고, 특히 진인을 번갈아 호위하는 사람들이 있으며, 진인의 이동 경로까지 자세히 언급될 정도로 구체적인 상황이 알려지고 있다.

그런데 이 사건 관련자들의 대화에 등장하는 비기에 나온다는 내용이, 현전하는 『정감록』에 거의 비슷한 형태로 나타난다.

「삼한산림비기」에 "한강 물이 사흘간 붉은 빛이 나면, 묘년(卯年)에 태어난 당(唐)나라 장수가 10만 군사를 거느리고 압록강에 근 10년을 머무를 것이다."라는 내용과 "오미년(午未年)에 즐거움이 크리라."라는 구절이 있다.[57]

그리고 「무학비결」에도 "묘년(卯年) 출생의 중국 장수가 십만 군사를 이끌고 압록강을 지켜 서북 땅을 집어삼킨 지 대략 10년 만에 임진(臨津) 서쪽과 철령(鐵嶺) 북쪽이 모두 그에게 먹힐 것이다.", "진사(辰巳)에 성인이 나오니, 오미(午未)에 즐거움이 대단하리라."는 구절이 보인다.[58]

따라서 현전하는 『정감록』에 나오는 이 구절들의 전거가 숙종 23년에 발생한 운부의 반역음모사건이라는 점을 확인할 수 있다. 숙종대에 알려졌던 비

---

56 翊華 問雲浮, 及所謂眞人四柱, 則榮昌曰: '雲浮, 丁卯生, 而所謂眞人, 則己巳戊辰己巳戊辰.' 云. 翊華曰: '秘記曰: 唐將卯生人, 來自中國, 當踏八方而起.', 正指雲浮而言也.' 又曰: '己巳戊辰, 己巳戊辰, 卽蛇變爲龍之格. 崇禎皇帝四柱, 蛇變爲龍者一, 而能爲天子, 此則有二, 誠極喜幸.' 又曰: '秘記曰: 辰巳聖人出, 午未樂堂堂.' 亦指此眞人而言也.' 榮昌言: 所謂眞人三變, 時在高城, 鎭材, 勇將鄭涸家, 或在於雲浮所住玉晶菴, 而雲浮使鄭涸, 及其弟愼, 崔憲卿, 柳鑽, 薛有澄等, 相替護衛, (…) 以爲趁三月二十一日, 起兵犯闕之地, (…) '雲浮送一僧以爲, 眞人匪久當到, 寶盖山,『숙종실록』숙종 23년(1697) 1월 10일(임술일).

57 午未樂堂堂「삼한산림비기(三韓山林秘記)」,〔『정감록』(한성도서주식회사, 1923),『정감록집성』(아세아문화사, 1973)〕 570면.

58 「무학비전(無學秘傳)」,〔『정감록』(한성도서주식회사, 1923),『정감록집성』(아세아문화사, 1973)〕 576면.

기의 전체적인 내용이 어떠했는지는 알려지지 않았지만, 일부는 전해지고 있다. 그리고 그 일부는 현재 우리가 볼 수 있는 『정감록』에 실려 있는 것이다.

다음은 이 사건 관련자들이 서로 의형제를 맺었으며, 특별한 의식을 치른 뒤에 맹약을 체결했던 정황을 알 수 있는 기록이다.

그래서 이절이 유선기에게 말하기를, '이영창이 갑자기 흉악(凶惡)한 말을 지껄이니 형적(形迹)을 상세하게 탐지(探知)하여 처치(處置)하는 방도를 삼는 것이 마땅하다.'고 하였습니다.

11월 초 3일에 이영창이 이절 등에게 말하기를, '우리 무리가 큰일을 경영(經營)하려면 최상중(崔尙仲), 최상성(崔尙晟)의 — 최상중 등은 바로 전 병사(兵使) 최운서(崔雲瑞)의 첩(妾)의 아들인데, 이절의 세전노자(世傳奴子)로 숨은 것을 찾아내고 인해서 속(贖)바치도록 허락은 하였지만, 문권(文券)을 아직도 내어 주지 않았기 때문이었다. — 속(贖)바치게 하는 문권(文券)을 먼저 내어 주고, 이어 함께 의형제(義兄弟)를 맺어 같이 새로 나라를 세우는 것이 좋을 것이다.'라고 하므로, 이절 등이 허락하였습니다.

4일에는 이영창이 최상중의 형제와 같이 이절의 집에 와서 문권을 내어 줄 것을 청하고, 그들과 함께 맹세하며 밤이 새도록 요망스런 말을 하였고, 이튿날 아침에는 유선기를 시켜 종이를 접어 둥글게 만들도록 하고, 그 가운데다 하나의 황(黃)자를 쓰고, 황(黃) 자의 획(畫) 가운데 가늘게 '의(義)를 맺어 형제가 되었으니, 마음으로 맹세하며 함께 나라를 세운다.'고 쓰므로, 유선기가 말하기를, '황(黃) 자의 뜻은 어디에 있는가?' 하니, 이영창이 말하기를, '일찍이 보니 운부(雲浮)가 다른 사람들과 함께 맹세할 때 이렇게 하였기 때문에 그렇게 한 것이다.'라고 하였습니다. 이영창이 이어 그의 성명(姓名)을 써서 착명(着名)한 뒤에 네 사람에게 밀어 주면서 그들로 하여금 여기에 의거하여 나열하여 쓰라고 하므로, 그의 말대로 각자가 쓰자, 이영창이 말하기를, '동시에 향(香)을 피우고 꿇어앉아 절을 하고, 의(義)를 맺는 것이 좋겠다.'고 하였습니다. 그래서 이절(李梲) 등이 그대로 따르니, 이영창이 둥글게 접은 종이를 유선기에게 주고는, 파(罷)하고 돌아갔습니다. 그 뒤 유선기가 이절에게 말하기를, '우리들이 김경함(金慶咸), 김정열(金廷說)과는 정의(情誼)가 형제와 같으니 함께 일을 의논할 만하다.'고 하므로, 이절이 직접 가서 청하여 그들과 함께 서로 의논한 뒤에 또 이영창을 불러다 시험삼아 탐지하여 물어보니, 흉악하고 요사스런 말이 한결같이 전일(前日)과 같았습니다. 이러한 곡절을 가지고 김정열을 시켜 병조판서에게 먼저 고하도록 하였습니다.

그 뒤에 이영창이 동행하기를 요구하기에 용궁사(龍宮寺)에 가서 금강산(金剛山)에서 왔다는 중 묘정(卯定)을 보려고 하는 즈음에 이익화(李翊華)라는 이름을 가진 자가 마침 왔습니다. 그러자 이영창이 말하기를, '이 사람은 일을 함께 할 만하다.'고 하면서, 함께 그의 집으로 데리고 갔으며, 밤에 이익화와 같이 이절의 집에 와서 자면서 흉악한 말을 주고받았습니다.[59]

위 인용문 앞부분의 기록은 최운서가 이절의 노비를 첩으로 들여 최상중과 최상성을 낳았다는 이야기다. 이들은 노비문서에 70여 년 동안 누락되어 있었는데 이절이 부친상을 당한 후에 문서를 정리하고 여러 달에 걸친 송사 끝에 권리를 되찾게 되었다. 최상중과 최상성 형제가 속량금으로 은(銀) 1,500냥을 바쳤지만, 이절이 다시 노비문서의 속가(贖價)를 올리려 하자, 이영창이 적선(積善)하는 일이 아니라고 충고하고 길지(吉地)를 얻으려면 노비문서를 돌려주라고 권했다. 최상중 형제가 이절이 약속을 지키지 않을 것을 염려하자 이영창이 서로 간에 결의형제를 언약하는 문서를 만들어놓으면 될 것이라고 일러주었다.

이영창의 계책에 따라 음식을 준비해온 최상중 형제와 이절, 유선기, 이영창 등이 백지 가운데 '황(黃)' 자를 쓰고 다섯 칸으로 접어 둘러 가며 각기 성명을 쓰고 날인하였다. 맹서한 종이는 유선기가 보관하고 제문(祭文)을 쓰고 정화수(井華水) 세 그릇을 탁상에 놓고 제문을 읽은 후에 모두 일어나서 배례하였다.[60]

'황(黃)' 자를 쓴 일은 이영창이 운부에게 배운 것이라고 진술했다. 한편 이 사건 관련자들은 이른바 정씨 성의 진인에게 황색 도포(黃袍)를 입힌 일이 있다.[61]

이에 대해 정석종은 황색은 이들 거사모의자들을 상징하는 색이며 바로

59 『숙종실록』 숙종 23년(1697) 1월 10일(임술).

60 『추안급국안』 114책 11권(아세아문화사, 1983) 이영창 공초.

61 『추안급국안』 114책 11권(아세아문화사, 1983) 김정열 공초.

농민의 색이라고 주장하고, 농민의 이해를 대변하는 농민봉기군적인 성격을 천명하는 것으로 보았다. 정석종은 운부(雲浮)가 거사일을 3월 21일로 정하는 것은 농사지을 때이므로 불가하며, 11월 초 2일이 군사의 왕래에도 편리하다고 강조하여 농민의 입장을 고려해 거병 일자를 늦추자고 이야기했던 일에서 이러한 점이 확인된다고 보았다.[62] 아마도 농민들이 생계를 이어가는 논과 밭이 흙으로 이루어져 있다는 점에서 그렇게 착안한 것으로 보인다. 그러나 거병 일자를 농민의 입장에서 늦추어준다는 점과 거사꾼들의 상징색이 황색이라는 점을 곧바로 연결지을 수는 없을 듯하다. 또한 거사꾼들의 주력이 농민이었는지도 불확실하다.

황색 도포를 진인에게 입혔다는 사실은 오히려 중국 고대의 전설적 제왕인 황제(黃帝)를 상징한다고 볼 수도 있다. 이후 중국 황제(皇帝)들이 집무할 때 입던 정복(正服)인 곤룡포(袞龍袍)의 색깔은 황색이었다. 우리나라 왕의 곤룡포는 제후국의 입장에서 대홍색(大紅色)이었지만, 광무 1년(1897) 대한제국을 선포하고 고종이 황제위에 오르면서부터 황색인 황룡포(黃龍袍)를 입었다.

이영창사건에 가담한 중심인물들의 신분과 인명은 다음과 같다.

그리고 중 묘정(卯定), 일여(一如), 옥여(玉如), 무변(無邊), 현성(玄聖), 일안(一鴈), 해안(海鴈), 도강(渡江), 월강(越江), 혜일(惠一), 도운(道運), 도영(道英), 계탄(戒坦), 성주(聖珠), 명근(命根), 금벽(金碧), 인징(寅澄), 능흡(能洽), 세운(世雲), 원정(元井), 헌일(憲日), 죽무(竹茂), 지평(地平), 천성(天成), 은상(銀象), 초룡(草龍), 직수(直守), 흑수(黑守), 희담(希淡), 황헌(黃憲), 장계(藏季), 운극(雲極), 한무(漢茂), 법징(法澄), 풍열(楓悅), 설제(雪霽), 신원(新元), 개혜(開惠), 자징(字澄)을 기내(圻內)와 여러 도의 각 사찰에 나누어 보내어 3월 21일에 군사를 일으켜 대궐을 침범하는 입장에 있는데, 강계부사(江界府使) 신건(申鍵), 상토첨사(上土僉使) 신일(申鎰) 및 이영창의 아우 이동백(李東伯), 이영창의 외

62 한편 정석종은 미륵불의 출현을 표현하는 미륵용(彌勒踊)에서 가면을 쓴 무희가 황색 옷을 입는다는 사례에 대해 궁정등(宮田登)의 『미륵신앙의 연구』를 인용하여 간략하게 각주를 달기도 했다. 정석종, 앞의 글, 159쪽. 그러나 더 이상의 언급은 없는 것으로 볼 때 사건 당시 승려들의 결의의식에서 '황(黃)'자를 쓴 일을 미륵신앙과 연결시키는 일은 다소 무리가 있다고 생각한 듯하다.

숙인 김문하(金文夏), 김화(金化)에 살고 있는 부자(富者) 지대호(池大豪), 엄준길(嚴俊吉), 진융종(秦戎宗)과 함경도에 살고 있는 술사(術士) 주비(朱棐), 춘천에 살고 있는 용장(勇將) 최흥복(崔興福), 수원에 살고 있는 역사(力士) 한이태(韓以泰), 용인에 살고 있는 거사(居士) 조종석(趙宗碩), 부사(府使) 홍하신(洪夏臣)과 양한석(楊漢奭), 금성(金城)에 살고 있는 충의(忠義) 안석명(安碩明) 등 3형제와 강거사(康居士)라고 부르는 사람, 그리고 전 군수(郡守) 임동정(林東靖), 수원군기감관(水原軍器監官) 임필흥(林弼興) 등도 흉역(凶逆)에 참여하였다'고 하였습니다.[63]

이들의 좀 더 구체적인 거사 계획은 다음과 같다.

옥여(玉如) 등은 이미 관서(關西)로 가서 승병(僧兵)을 모으고 두 사람으로 가짜 금부도사(禁府都事) 모양으로 꾸며 감사(監司)와 병사(兵使)를 잡아와 중로(中路)에서 칼로 베어 죽인다. (그 후) 옥여가 감사가 되고 나머지 한 사람은 의주부윤(義州府尹)이 되어 군사를 일으켜 군대를 몰아 양철평(良鐵坪)에 이른 다음 일단의 병사로 하여금 호복(胡服)을 입고 먼저 강화도(江華島)에 들어가 유수(留守)의 목을 벤 후 대첩기(大捷旗)를 마니산에 세우면, 경중(京中)이 반드시 놀라고 흔들릴 것이니, 양철평의 대병(大兵)이 그때를 틈타 성안으로 바로 쳐들어간다. 나(이영창)와 대성법주(大聖法主)는 북로(北路)와 강원도의 군사를 모아 진인(眞人)을 받들고 서울로 들어가며, 또 한 무리의 군사는 양남(兩南)을 평정한다.[64]

사건 주모자들은 승병을 중심 세력으로 삼아 감사와 병사를 죽이고, 오랑캐 복장으로 군사를 꾸며 강화도에 침입하여 점령하며 이 틈을 타 서울로 진격하고, 강원도에서도 병사들이 호응할 것이며 남쪽 지역에서도 반란을 일으킨다는 구체적 계획을 세웠다.

---

63 『숙종실록』 숙종 23년(1697) 1월 10일(임술).

64 玉如等已往關西, 收拾僧兵, 以二人僞作禁府都事貌樣, 拿致監兵使, 中路斬之. 仍以玉如爲監司, 又以一人爲義州府尹, 起兵長驅, 至良鐵坪爲白遣, 以一枝兵作胡服, 先入江都, 斬留守, 樹大捷旗於麻尼山, 則京中必震盪是 白去乎, 良鐵大兵, 乘其時, 直入城中爲白遣. 吾及大聖法主, 則收拾北路及江原兵, 奉眞人入京爲白乎㫆, 又使一枝兵蕩平兩南. 「정축이영창등추안(丁丑李榮昌等推案)」, 『추안급국안』 114책 11권(아세아문화사, 1983).

이 외에도 이 사건 관련자들은 장길산 세력과의 연합을 도모했던 정황이
드러났다.

장길산(張吉山)은 서수라(西水羅)에[65] 있다고도 하고, 혹은 벽동(碧潼)[66] 해천동(蟹川洞)
에 있다고 하는데, (휘하의) 기마병 5천 명과 보병 천여 명이 모두 날래고 용감하기
때문에 옥여(玉如) 등이 이미 (봉기를 함께 일으키기로) 군게 약속해 놓았다. 장차 7
월 7석일에 마땅히 철원(鐵原) 땅에 진을 치고 (봉기군과) 상응한다고 했으며 (…)[67]

실제 옥여는 강원도에서 소백산과 태백산에 이르는 각 읍의 사찰승군(寺刹
僧軍)을 규합하는 일에 성공하고 있었으며,[68] 서울 도성 안에서는 봉기군을 맞
이하기 위한 계획을 다음과 같이 세웠다고 진술했다.

왜서(倭書) 몇 글자를 낮에 동대문과 남대문에 걸어놓고, 밤에는 남산에 봉화를
올리면 성중(城中)이 저절로 들끓을 것이다. (…) 여자 10명이 상복을 입고 남대문과
동대문의 문루(門樓)에 올라가 곡하고, 또 여자 5명이 검은 소를 타고 종루(鍾樓)를
지나가게 한다.[69]

인용문에 나오는 일들은 장안의 인심을 흐트러뜨리기 위한 술책으로 보이
는데, 여자들이 상복을 입고 문루에 올라가 곡하고, 검은 소를 타고 종루를 지
나가게 하는 이유에 대해서는 더 이상의 진술이 없으므로 알 수 없다.

한편 정석종은 숙종 21년(1695) 10월에 철원에서 발생한 명화적 사건을[70]

---

65 함경도 경흥도호부(慶興都護府) 남쪽 66리에 서수라곶(西水羅串)이 있다. 『신증동국여지승람』 제50권.

66 평안도 벽동군(碧潼郡) 『신증동국여지승람』 제55권.

67 張吉山或在西水羅, 或在碧潼蟹川洞, 有馬騎五千步兵千餘, 皆驍勇, 故玉如等已爲締結是乎等. 以將以七
月七夕, 當來陣于鐵原地相應. 『추안급국안』 114책 11권(아세아문화사, 1983).

68 『추안급국안』 114책 11권(아세아문화사, 1983).

69 倭書數字, 書懸東南兩大門, 夜擧南山烽火, 則城中自沸云云. (…) 女子十人喪服, 而 登南東兩大門樓,
又以五女騎黑牛過鍾樓. 『추안급국안』 114책 11권(아세아문화사, 1983).

70 사헌부(司憲府)에서, 명화적(明火賊) 수십 명이 기(旗)를 세우고 포(砲)를 쏘며 철원(鐵原)읍의 인가
(人家)에 돌입(突入)하였으나 부사(府使) 황진문(黃震文)이 겁을 내어 움츠리고 끝내 나가 체포하지

장길산 부대의 활동이라고 보았다. 집단의 표식이 밝혀진 깃발을 세우고 수십 명이 방포하면서 대담하게 읍내로 쳐들어갔다는 점을 그 증거로 들고 있다.[71]

이영창사건의 거사와 관련하여 장길산이 평안도 운산(雲山)의[72] 군기(軍器) 를 훔쳤다는 진술도 전한다.

장길산과 체결했다는 이야기 또한 이형징이 가르쳐준 것입니다. 이형징이 말하 기를 "장길산은 극적(劇賊)인데 운산(雲山)의 군기를 탈취했다는 이야기를 들었다."라 했습니다.[73]

또 실제 장길산이 이영창사건 주동자들과 만남이 있었으며 맹약의 징표로 단검을 주기도 했다는 진술도 있다.

장길산이 "만약 대사를 일으키려 하면 선사(禪師)를 기다릴 것 없이 다만 나의 기 병(騎兵)만으로도 거사하여 쳐들어가기에 충분할 것이다."라고 말하면서 옥여에게 단검을 주어 표시로 삼았다고 합니다. 저는 직접 그 단검을 보았습니다.[74]

한편 다음 인용문은 운부와 그를 추종했던 승려들 사이의 대화 내용이다. 운부가 자신의 신분을 밝혔고, 거사에 성공한 다음에는 중원으로의 침공계획 까지 가지고 있다고 강조하였으며, 특히 조선왕조를 대신하여 새로운 성씨로 왕을 세워야 할 것이라고 주장했다.

운부가 말하기를 "나는 중원(中原) 예부상서(禮部尙書) 왕조(汪藻)의[75] 조카다. 임진

못하였으며 『숙종실록』 숙종 21년(1695) 10월 3일(임진).

71 정석종, 앞의 글, 165쪽.

72 평안도 운산군(雲山郡) 『신증동국여지승람』 제54권.

73 張吉山締結事段, 此亦李衡徵所敎. 而衡徵以爲, 吉山乃是劇賊, 聞有劫奪雲山軍器之說. 『추안급국안』 114책 11권(아세아문화사, 1983) 이영창 공초.

74 吉山言內, 若欲擧大事, 則不待禪師, 而只擧吾之騎兵, 足以長驅, 因以短劍給玉如, 以表之云是白去乙. 矣身親見其劍. 『추안급국안』 114책 11권(아세아문화사, 1983) 이영창 공초.

년에 조선이 왜란(倭亂)을 당했을 때 대명황제(大明皇帝)가 천하의 병사를 동원하여 끝내 평정하게 되었는데, (오히려) 대명(大明)이 오늘날 오랑캐 땅이 된 것을 늘 한스럽게 여기며 항상 분개하였다. 비록 죽더라도 나는 꼭 압록강 건너편에 뼈를 묻으려 하노라."라 했다. 네 명의 승려가 말하기를 "우리나라는 본래 군사가 강하다고 일컬었는데, 우리나라의 군대만 가지고도 가히 중원에 쳐들어갈 수 있겠지만 다만 아직 인심을 얻지 못하였습니다."라 했다. (…) 네 명의 승려가 "중원으로 들어갈 때 조선이 반드시 해를 입을 것인데, 조선은 우리 부모의 나라이니 장차 어찌하면 좋겠습니까?"라고 물었다. 운부가 대답하기를 "만약 나와 함께 대사(大事)를 일으키려 하면서 어찌 다른 일을 돌아볼 수 있느냐? 조선은 평안히 3백년을 지냈는데, 만약 대사가 이루어지면 마땅히 다른 성씨로 (임금을) 바꾸어야 할 것이다."라고 했습니다.[76]

또 이영창은 운부가 진인이 특정 지역에 도착할 것이라는 전갈을 전했다며 서울의 정세를 파악할 것을 모의했다. 진인출현설이 단순한 주장이 아니라 실제 벌어지고 있는 급박한 상황임을 역설했던 것이다.

이영창이 또 이절에게 말하기를, '산인(山人)이 오면 특별히 좋은 소식이 있을 것이다.'라고 하더니, 조금 있다가 와서 말하기를, '운부(雲浮)가 중 한 명을 보내어 「진인(眞人)이 멀지 않아 보개산(寶盖山)에 당도할 터이니 그대들 네 사람은 내일 아침 일찍이 일제히 와서 모이도록 하라.」고 하였다.' 하고는 혜찰(惠察)이란 이름을 가진 한 명의 중을 데리고 와서 처음으로 운부의 소식을 전하기를, '우리들의 일이 이미 모두 이루어졌는데, 경중(京中)의 경영(經營)은 지금 어느 경지에 이르렀는가?' 하면서 이어 세 사람의 손을 잡고 의논하며 서로 말하기를, '머지않아 틀림없이 좋은 일이 있을 것이다.'라고 하고는 떠났습니다. 실정과 형적(形迹)이 대단히 놀랍기

---

75 왕조는 송(宋)나라 사람으로 한림학사(翰林學士)가 되어 수백 편의 조명(詔命)을 지을 만큼 변려문(駢儷文)에 뛰어났다.

76 雲浮曰, 吾以中原禮部尙書汪藻之姪, 每恨壬辰之年朝鮮被倭亂, 則大明皇帝動天下兵, 終至平定, 而大明今常胡地, 心常憤慨. 雖死吾當埋骨於鴨綠越邊耳. 四僧曰, 東國素稱兵强, 只擧東國之兵, 可以長驅中原, 而但未得人心耳. (…) 四僧曰, 入中原之際, 朝鮮必被害, 朝鮮吾父母之國, 將若之何? 雲浮曰, 若欲與我擧大事, 則何可顧他事乎? 朝鮮安過三百年, 若成大事, 則當易以他姓云云. 『추안급국안』114책 11권 (아세아문화사, 1983).

때문에, 별무사(別武士) 김체건(金體乾)으로 하여금 이영창 및 그의 아우 이영만(李榮萬)과 그의 종 중길(仲吉)과 그의 처(妻) 선옥(仙玉) 등을 뒤쫓아서 체포하여 구속시키고 결박하여 두고 달려와서 고합니다." 하니, (…)[77]

이에 조정에서는 이 사건 주동자들을 급히 체포하고 철저한 심문을 지시했다.

임금이 대신(大臣)과 금부당상(禁府堂上), 양사장관(兩司長官), 좌우포도대장(左右捕盜大將)에게 명하여 상변(上變)한 글 가운데에서 이른바 결박하여 구류(拘留)한 중 혜찰(惠察)과 이영창(李榮昌), 이영만, 중길(仲吉), 선옥(仙玉) 등을 즉시 잡아다 내병조(內兵曹)에 국청(鞫廳)을 설치하고 문초하도록 명하였다. 국청에서 또 이절(李梲) 등이 바친 입장문서(立張文書) 6도(度), 책자(冊子) 1봉(封)을 봉하여 바쳤다. ― 입장문서는 바로 이절 등이 바친 책자로, 바로 상변한 글에서 이른바 병조판서(兵曹判書)에게 써서 보고했다는 것이며, 그 가운데 요사스럽고 흉악한 말은 상변한 글과 대략 같았다. ―
그리고 김정열(金廷說)과 김경함(金慶咸) 및 문서(文書) 가운데 이름을 쓴 장영우(蔣永祐), 장한경(蔣漢卿) 등을 잡아다 가두었다. 이영창의 공초(供招)에는 요사스럽고 흉악한 말을 이절 등 여러 사람에게 돌렸으며, 혜찰(惠察)의 공초에는 그가 한 짓은 모두 이영창이 교사하고 유인한 데서 나왔다고 하였으므로, 국청에서 서로 대질(對質)시켜 궁문(窮問)하고, 장영우 등 여러 사람은 우선 그대로 가두어 두자고 계청(啓請)하였다. 그리고 최상중(崔尙仲)과 최상성(崔尙晟)을 잡아오도록 청하였다. 이영창이 대질할 때에 말이 막히는 데가 많았으며, 혜찰의 경우는 이영창이 드러나게 교유(教誘)한 흔적이 있었다. 그래서 국청에서 이영창을 형추(刑推)하도록 계청하고, 또 이절 등과 최상성의 형제를 대질시킬 것을 청하고, 또 이익화(李翊華)를 잡아오게 하였다.[78]

김경함(당시 36세)과 김정열(당시 44세)은 이절의 친구였다. 김경함은 전 승지(承旨) 한구(韓構)의 생질(甥姪)이고,[79] 김정열은 중인(中人)이다.[80]

77 『숙종실록』 숙종 23년(1697) 1월 10일(임술).
78 『숙종실록』 숙종 23년(1697) 1월 10일(임술).

또 이 사건에는 서얼들이 모여서 어울렸다. 능력이 있더라도 신분의 제약으로 벼슬을 할 수 없는 신세여서 나라를 원망하는 일도 많았으리라 짐작된다. 김경함, 김정열, 이절, 유선기 등은 갑술환국 이전부터 소론(少論) 측의 환국(換局)기도에 동참했는데, 오히려 이용만 당하고 환국 후에도 제대로 처우를 받지 못했던 중인이나 서얼이었다.

유선기가 말하기를 "우리들이 환국(換局)을 도모하다가 귀양가게 되었으며, 풀려난 후에는 문득 버려진 사람이 되었다. 우리 숙부 ― 이절 ― 도 역시 재주가 있는데, 사람들이 모두 서얼(庶孽)이라 하여 세상에 용납되지 못하고, 나도 역시 과거에 떨어지고 우리 아버지도 유참판(兪參判)의 아들로 일찍이 당상(堂上)의 재능을 지녔지만 단지 찰방(察訪)을 지낸 후에는 빈 대궐의 위장(衛將)도 얻지 못하고 있는 지경이니 어찌 분하고 억울하지 않겠는가?[81]

결국 이들은 현실에 불만을 품고 새롭게 환국을 도모하는 인물들과 결탁하고자 했다. 현실 사회에 대한 증오심이 보인다.

이영창의 다음과 같은 진술이 전한다.

79 형조(刑曹)에서 아뢰기를, "대계(臺啓)로 인하여 정배(定配)한 죄인 가운데에서 김계광(金啓光)을 여러 날 동안 찾아도 알 수 없으므로, 대관(臺官)에게 물었더니 이는 바로 전 승지(承旨) 한구(韓構)의 생질(甥姪)로서 김경함(金慶咸)이라고도 하였다가 김계광이라고도 하였다가 하여 여러 번 이름을 바꾸어서 남들이 헤아릴 수 없게 하니, 실은 한 사람인데 이름이 둘이라 합니다. 지금 호적(戶籍)에 올라 있는 이름인 김경함으로 고쳐 부표(付標)하여 배소(配所)로 보내기를 청합니다." 하니, 임금이 윤허하였다. 『숙종실록』숙종 17년(1691) 2월 7일(계해).

80 호조참판(戶曹參判) 이의징(李義徵)이 말하기를, "신유(申鍒) 등 10인이 대계(臺啓)로 말미암아 귀양 간 뒤로 실지(失志)한 무리가 비방하는 의논을 더욱 방자하게 합니다. 요즈음 듣건대, 도감파총(都監把摠) 유자삼(柳自三)이 스스로 말하기를, '귀양 간 사람 가운데에서 김정열(金廷說)의 의심스러운 일을 잘 알기 때문에 양 대장(兩大將)에게 몸소 고하려 한다.' 하였다 합니다. 그러므로 신이 훈련대장(訓鍊大將) 이집(李鏶)과 같이 가서 불러 물었더니, 한구(韓構)의 아들은 사부(士夫)이고 김정열은 중인(中人)이니, 명분에 차이가 있는데 한구의 아들이 늘 김정열과 같이 있고 유태기(兪泰基)도 날마다 와서 모이는 것을 그가 눈으로 보았고, 김정열이 날마다 술과 음식을 써서 손을 모으므로 그 종[婢]이 술과 고기를 사는 일에 늘 분주하니 그 종을 추문(推問)하면 직초(直招)할 것이고, 또 지난겨울에 김정열이 시골에 내려간다 하고는 서문(西門) 밖에 숨어 살며 늘 나라를 원망하는 말을 하더라 합니다. 『숙종실록』숙종 17년(1691) 2월 29일(을유).

81 『추안급국안』114책 11권(아세아문화사, 1983).

나는 큰 도적이 되어 선봉에 서서 주군(州郡)을 공략하는 일을 원하는데 그렇게 하면 내 뜻이 혼쾌하겠다.[82]

나는 용을 타고 봉황에 기대어 난리를 틈타 떨쳐 일어나려는 뜻을 가지고 있다.[83]

서얼과 중인들이 이영창을 매개로 하여 승려 집단과 맺어져 거사를 계획하였다. 아래로부터의 개혁을 추진하였는데, 하층민들의 요구를 정치 세력을 이루어 성사시키려 했다. 당시 정부에서는 승려들이 군역(軍役)을 피하기 위해 산으로 들어간 양민(良民)이며 흉년이 되면 사찰이 온통 도적의 소굴로 변한다고 파악하였다.

당시 조정에서는 이영창의 자백에 나타난 인물들을 체포하라는 명령을 내렸으며, 각지에 흩어진 도당들도 모두 체포하라는 지시를 내렸다.

이영창이 두 차례의 형추를 받고서야 비로소 자백[承欵]하였는데, — 자백한 공초 내용은 상변(上變)한 글과 대략 같았다. — 공사(供辭) 가운데 끌어댄 중 운부(雲浮), 풍열(楓悅), 묘정(卯定), 옥여(玉如), 일여(一如), 혜일(惠日), 정학(鄭洞), 유찬(柳鑽), 정신(鄭愼), 최헌경(崔憲卿), 신건(申鍵) 등 11인을 국청에서 계청(啓請)하여 모두 잡아 오게 하였으며, 정학의 형제는 북변산(北邊山) 외진 곳에 숨어 있다고 하여 소재관(所在官)으로 하여금 함께 체포하여 송치하도록 하고, 그 밖에 끌어댄 승인(僧人)과 적인(賊人) 등도 본도(本道)로 하여금 널리 기포(譏捕)를 더하도록 하였으며, 이영창은 우선 그대로 가두어 두고서 여러 죄인들이 잡혀 오기를 기다리게 하였다.[84]

이 사건 관련자들에 대한 판결이 다음과 같이 이루어졌는데, 여전히 조정에서는 장길산 세력과 관련성이 있다는 점에 주목하였다.

이영창의 공초 안에서 또 말하기를, '최상중이 복직(卜直) — 바로 속언(俗諺)의 담

82   吾願爲大賊作先鋒, 攻略州郡, 以快吾志.『추안급국안』114책 11권(아세아문화사, 1983).
83   吾不無攀龍附鳳, 乘亂倔起之意云云.『추안급국안』114책 11권(아세아문화사, 1983).
84   『숙종실록』숙종 23년(1697) 1월 10일(임술).

부자(擔負者)이다. ─ 이 되었으므로 최상성에게 먼저 시행해야 한다는 말을 일찍이 언급(言及)하였더니, 두 사람 모두 응락하였다.'고 하였다. 그래서 이것을 가지고 다시 최상성 등을 추문하니, 최상성은 '이영창의 말을 길에서 들었는데 종을 추쇄(推刷)하는 일인 줄 여겼다.'고 하였으며, 최상중은 '원래 들은 바가 없다'고 말하므로, 이어 이영창과 대질(對質)시킨 뒤에 최상성 형제가 연달아 형신(刑訊)을 받았으나, 자복하지 않고 죽었다. 장한경(蔣漢卿)은 이절 등의 흉서(凶書) 가운데 장한경을 시켜서 중들의 종적(蹤迹)을 가서 탐지하도록 했다는 말이 있다고 하여 곤형(棍刑)을 집행하도록 청하고, 혜찰(惠察)은 국청(鞫廳)에서 결죄(決罪)하여 석방해서 보내도록 청하자, 임금이 결죄하지 말고 석방하라고 명하였다. 임금이 죄인이 자복한 뒤에는 고발한 자는 으레 목에 씌운 칼을 풀어 주나, 이번의 경우는 앞질러 석방할 수 없는 점이 있다 하여 목에 씌운 칼을 풀어 주는 것이 적당한가의 여부를 국청으로 하여금 의논하여 아뢰도록 하였는데, 국청에서 말하기를, "이절(李梲), 유선기(兪選基) 등은 이영창(李榮昌)과 마음을 같이하여 의형제를 맺고 밤낮으로 모였으며, 맹세를 같이하는 글에 반역의 마음이 이미 드러났습니다. 김경함(金慶咸)과 합하여 한마음이 되어 이제 상변(上變)하였으나, 그것도 처음에는 양성[醞釀]시키는 대로 따라 성취시키려고 하였다가 뒤에 드러날까 두려워서 발설한 것에 지나지 않으니, 이 세 사람은 결단코 목에 씌운 칼을 풀어줄 수 없습니다. 청컨대 김정열(金廷說)의 목에 씌운 칼을 먼저 풀도록 하소서." 하니, 그대로 따랐다. 임금이 또 국청(鞫廳)에 하교(下敎)하기를, "극적(劇賊) 장길산(張吉山)은 날래고 사납기가 견줄 데가 없다. 여러 도(道)로 왕래(往來)하여 그 무리들이 번성한데, 벌써 10년이 지났으나, 아직 잡지 못하고 있다. 지난번 양덕(陽德)에서 군사를 징발하여 체포하려고 포위하였지만 끝내 잡지 못하였으니, 역시 그 음흉(陰凶)함을 알 만하다. 지금 이영창(李榮昌)의 초사(招辭)를 관찰하니, 더욱 통탄스럽다. 여러 도(道)에 은밀히 신칙(申飭)하여 있는 곳을 상세하게 정탐하게 하고, 별도로 군사를 징발해서 체포하여 뒷날의 근심을 없애는 것도 의논하여 아뢰도록 하라." 하니, 국청에서 청하기를, "여러 도에다 은밀히 유시를 내려 도신(道臣)과 수신(帥臣)으로 하여금 별도로 방략(方略)을 베풀게 하고 널리 기찰(譏察)을 더하며, 또 비국(備局)으로 하여금 은밀히 군문(軍門)과 포청(捕廳)에다 분부하여 후한 상(賞)과 높은 벼슬을 아끼지 않겠다는 뜻으로 일깨워서 안팎이 한마음이 되어 틀림없이 체포하는 데 기약하도록 하소서." 하니, 그대로 따랐다.[85]

---

85 『숙종실록』 숙종 23년(1697) 1월 10일(임술).

그런데 이영창은 운부(雲浮)라는 중은 자신이 지어낸 이름이라고 애초의 진술을 번복하였고, 이형징(李衡徵)이 사건 관련자들의 이름을 지어내었다고 자백했다. 그는 운부는 자신이 허위로 지어낸 것으로 그런 승려는 없다고 최후 진술했던 것이다.

이영창은 초사(招辭)를 변경하여 "중은 떠다니는 구름 같기 때문에 운부(雲浮)로 중 이름을 허위로 지었다."라 했다. 결국 운부라는 인물은 그가 지어낸 가공의 인물이라고 밝힌 것이지만 심문을 받다가 죽었기 때문에 실제 상황을 잘 알 수 없다. 모진 고문을 견디지 못하고 거짓 자백을 한 것인지는 확인할 길이 없지만, 그가 직접 했든 아니면 허위 인물을 내세워 했든지 간에 진인출현설을 주장했다는 역사적 사실은 명백하다.

> 이영창이 초사(招辭)를 변경하여 말하기를, "중은 떠다니는 구름 같기 때문에 운부(雲浮)로 중 이름을 허위로 지었고, 이형징(李衡徵), 윤두서(尹斗緖), 윤창서(尹昌緖)가 찾아와 심단(沈檀)의 집에서 함께 앉아 있었으며, 심단의 아들 심득천(沈得天)과 윤두서가 은전(銀錢)을 두둑히 주자, 이형징이 정성(鄭姓)의 사람과 옥여(玉如), 정학(鄭涸), 최헌경(崔憲卿) 등의 이름을 지어내었으며, 일여(一如)와 혜일(惠一)은 일찍이 서로 아는 사이이며, 풍열(楓悅)은 이름이 알려진 중이기 때문에 빙자(憑藉)하여 말했으며, 묘정(卯定)의 이름 역시 자신이 지어내었습니다." 하였으므로, 국청에서 공초(供招)를 변환(變幻)하였다고 하여 형신(刑訊)을 가하도록 청하고, 일곱 차례에 이르도록 형신하자 죽었다. 이에 먼저 가두었던 여러 죄인(罪人)들을 감처(勘處)하였다. 이절(李梲), 유선기(兪選基), 김경함(金慶咸) 등은 복주(伏誅)되고, 이익화(李翊華), 장영우(蔣永祐) 등은 먼 곳에다 귀양보냈으며, 혜일, 각선(覺禪), 풍열(楓悅), 일여(一如), 신건(申鍵) 등은 석방하여 보내고, 김정열(金廷說)은 석방하여 보낸 뒤에 논상(論賞)하려 하였다가, 다시 고발한 것과는 차이가 있다고 하여 논상하지 말도록 하였다.[86]

이영창은 숙종 19년(1693) 여름부터 남인(南人)인 윤두서(尹斗緖), 윤창서(尹昌

---

[86] 『숙종실록』 숙종 23년(1697) 1월 10일(임술).

緒), 이형징(李衡徵), 심세필(沈世弼) 등과 상술(相術)과 지술(地術)을 이용하여 교유하고 있었다.[87] 그 후 숙종 21년(1695) 8월부터는 심단과 그의 아들 심득천 등과 어울리며[88] 은과 쌀 등을 받으면서 서인(西人)들의 동정을 살피라는 임무를 부여받고 있었다. 그 후 이영창은 서인들을 살피기 위해 사귀게 되었고, 이절, 유선기 등 서인 측의 서얼들과 어울렸다.

한편 이들이 거사 계획에 밝힌 정진인(鄭眞人)과 관련하여 특이한 진술이 보인다. 조선을 평정할 때 정진인을 정몽주의 13대 후손 가운데 택하고, 중원을 석권할 때에는 최영 장군의 후예를 황제로 옹립한다는 계획을 세웠다는 것이다.[89] 정몽주와 최영은 모두 고려왕조가 망할 때 마지막에 희생된 인물이다. 망해 가는 고려왕조에 대한 충성과 의리를 지켰던 인물들에 대한 민중들의 안타까운 존경심에 대한 보상으로 이러한 주장이 제기된 것으로 보인다.

진인은 조선 후기 민중들이 갈망하는 평등한 사회를 실현시켜 주는 해방자이며 민중의 우상이었다. 그는 언제나 바다의 섬에서 민중을 봉건적 억압에서 해방시켜 주기 위하여 오고 있다고 믿어졌으며, 따라서 그가 살고 있다고 믿어진 섬은 이상향으로 상정되었다.[90]

---

87 상경하여 상술(相術)과 지술(地術)로 행세하였으며, 호동(壺洞)의 남명중(南明重)의 빈집을 빌려 살았습니다. 계유년(1693) 여름 하루는 윤두서, 윤창서, 이형징 3인이 찾아왔으며, 심세필도 역시 쫓아와서 함께 상술(相術)을 논하고 지리(地理)를 이야기했습니다. 이윽고 나를 데리러 오겠다고 청하므로 이후부터 자주 왕래하였습니다. (…) 上京以相術地術行世, 借入于壺洞南明重空家. 癸酉夏一日, 尹斗緖, 昌緖及李衡徵三人來到, 沈世弼亦追到, 相與論相術談地理. 仍請邀矣身, 自是以後, 數數往來.『추안급국안』114책 11권(아세아문화사, 1983).

88 그 후에 저는 고향에 내려갔다가 을해년 8월에 다시 상경하여 사기동(沙器洞)에 집을 빌려 살았습니다. 이형징이 종서(宗緖) 형제와 함께 와서 보고는 저를 데리고 감사(監司) 심단(沈檀)의 집으로 가서 그의 아들 심득천(沈得天)과 함께 앉아 서로 관상을 논하고 지리에 대해 이야기했습니다. 이로부터 심득천의 노비 계봉(季峯)이 말을 가지고 와서 저를 데리고 간 것이 한두 번이 아니었으며, 간혹 쌀도 주고 혹은 돈도 주었습니다.『추안급국안』114책 11권(아세아문화사, 1983).

89 정석종,「영조 무신란의 진행과 그 성격」,『조선 후기의 정치와 사상』(도서출판 한길사, 1994), 124쪽.

90 정석종,「조선 후기 이상향 추구 경향과 삼봉도: 연암『허생전』의 변산군도와 무인도의 실재성 여부와 관련하여」,『조선 후기의 정치와 사상』(도서출판 한길사), 1994, 67쪽. 정석종은 연암 박지원이 지은 『허생전』에 등장하는 변산군도(邊山群盜)가 정진인(鄭眞人)의 무리들이며 이상향도 삼봉도(三峰島)로 실재했다고 주장한다. 즉『허생전』에 나오는 이야기는 허구가 아니라 현실을 토대로 쓰였다고 강조한다.

국청(鞫廳)에서 죄인 이영창(李榮昌)을 다시 추문(推問)하자, 말을 변경해서 공사(供辭)를 바쳤는데, 대략에 이르기를, "이형징(李衡徵)이 윤두서(尹斗緒), 윤창서(尹昌緒)와 같이 찾아왔기에 그대로 그들과 함께 심단(沈檀)의 집으로 갔더니, 심단의 아들 심득천(沈得天)과 윤두서가 은전(銀錢)을 후하게 주면서 말하기를, '우리가 김춘택(金春澤)과는 원한을 맺었으므로, 그가 반드시 죄를 꾸며서 해치려고 할 것이니, 그대가 모름지기 상세하게 엿보고 탐지해 달라.'고 하였습니다. 그런데 심득천이 죽은 뒤에 가까이서 유선기(兪選基), 이절(李梲)과 서로 친밀했다는 뜻을 심단과 윤두서 등에게 말하니,[91] 윤창서가 말하기를, '이 무리들은 일찍이 환국(換局)을 도모하다가 유배당했었다. 이들은 틀림없이 불량한 일을 할 것이니, 그대가 모름지기 잘 처리하라.'고 하였는데, 탐지한 지 수일 뒤에 가서 이절 등을 보니, '우리가 어지러움을 틈타 일어나려고 이미 군장(軍裝)과 마필(馬匹)을 갖추었다.'고 하면서 내어 보이므로, 즉시 그 말을 심단 등에게 전하니, 모두 말하기를, '반드시 손수 쓴 필적(筆跡)을 얻은 연후에야 착실하게 할 수 있다.'고 하였습니다. 그래서 김경함(金慶咸)은 개국충신(開國忠臣)이란 말을 들어서 알고 돌아가 윤두서의 무리에게 보이니, 이형징이 인해서 해상(海上)의 정씨(鄭氏) 성(姓)을 가진 자, 옥여(玉如), 정학(鄭涸), 최헌경(崔憲卿) 등 및 삼광사한(三廣四漢)이란 말을 지어내고, 또 신건(申鍵)의 은(銀)과 인삼에 대한 말과, 장길산(張吉山)과 관계를 맺은 상황과 여인(女人)이 소를 탄 상황을 지어내어, 그것으로 이절의 무리를 속이고 미혹되게 하였으며, 일여(一女)와 혜일(惠一)에 이르러서는 일찍이 서로 아는 터이며, 풍열(楓悅)이 이름난 중이란 것을 빙자해서 말하고, 여러 절의 이름과 다른 지역의 이름은 더러는 혜일에게 배웠고, 더러는 자신이 지어낸 것이었으며, 묘정(卯丁)이란 이름도 자신이 지어내어 이절 등에게 보여 세력이 확대됨을 보이려는 뜻이었고, 지난날의 거짓 초사는 과연 윤두서, 이형징 제인(諸人)과의 약속을 매우 굳게 하였으며, 또 은화(銀貨)를 받았기 때문에 처음에는 차마 바로 고하지 못했습니다." 하였다.[92]

김춘택은 김진구(金鎭龜)의 아들이다. 갑술환국 때 김춘택이 위기에 처했을 때 김춘택의 아우 김보택(金普澤)이 심득천을 죽이려 왔으나 피했다. 이에 김춘

---

91 이영창의 진술에 따르면 심득천은 숙종 22년(1696) 9월에 죽었고, 심단(沈檀)의 집에서 나눈 대화 내용이다.

92 『숙종실록보궐정오』 숙종 23년(1697) 2월 16일(정유).

택의 집안에서 원한을 품었다. 요지는 심득천이 이영창에게 서인(西人)들의 움직임을 탐색해 줄 것을 부탁했다는 것이다. 예언이 남인과 서인 간의 원한을 갚기 위해 꾸민 일로 바뀌었다.

훗날 이영창사건은 남인(南人)이 고변사건을 일으켜 노론(老論)을 제거하려는 계획이며, 서로 다른 당색(黨色) 사이에 벌어진 권력다툼으로 규정되었다.

이영창의 옥사(獄事)는 매우 허술하며, 지목하여 고발한 사람으로 김정열(金廷說), 김경함(金慶咸), 홍기주(洪箕疇), 조석(曹錫), 유선기(兪選基) 같은 자들은 모두 김춘택(金春澤)의 심복(心腹)인 무리로, 세상에서는 진실로 그들이 화란(禍亂)을 즐겨하고 공로를 바라는 사람들로서, 몰래 주장하는 자들이 있을 것이라고 의심하였는데, 조석과 이영창의 초사 가운데서 처음으로 김춘택 부자(父子)의 이름이 발설되는 데 미쳐서는 사건의 단서가 또 죄를 받아 폐고(廢錮)된 사람에게 연달아 미쳤으며, 홍기주가 감옥에 갇힐 때에 김춘택의 집안 하인이 또 따라왔다가 발각되어 체포된 자가 있었다. 그리고 조석의 아들 조무훈(曹武勛) 역시 김춘택이 지휘한 상황을 왕부(王府) — 의금부 — 에 정고(呈告)하였으므로, 사람들이 이 옥사의 내력과 무고(誣告)한 무리들이 과연 김춘택이 지휘하고 사주(使嗾)한 것이었음을 알게 되었다. 대체로 김춘택은 갑술년(1694, 숙종 20년) 뒤로 명교(名教)에 죄를 얻어 사류(士流)에 끼이지 못했으므로, 불량배들과 교유를 맺어 다시 김환(金煥), 김익훈(金益勛)의 투(套)를 답습하며 원수가 졌거나 원한 관계를 보복하고 요행히 공명(功名)을 세우려는 계획을 삼았었는데, 번번이 스스로 그 자취를 엄폐할 수 없었다. 비록 그의 명성과 세력이 올빼미가 날개를 편 것처럼 기세가 대단하여 머리를 보전할 수 있다고 하더라도 세상에서는 더욱 음비(陰秘)하다고 지목하여 사류들은 더욱 시끄럽게 그를 공격하였다.[93]

갑술환국(甲戌換局)이 일어난 숙종 20년(1694) 이후 정권을 담당한 것은 소론(少論)들이었다. 그런데 이후 이영창사건이 일어나기까지의 기간은 극심한 재해기였다. 가뭄과 전염병으로 사망한 사람들이 엄청나게 많았다. 이러한 극한적 상황은 전국적으로 도적이 만연하는 현상을 초래하였다. 군역과 세금을 피

---

93 『숙종실록보궐정오』 숙종 23년(1697) 2월 16일(정유).

해 산으로 들어가 승려가 된 무리들과 도적 집단이 결탁하여 중인 및 서얼층과 힘을 합쳐 쿠데타를 기도한 사건으로 이해된다.

정석종은 이영창사건을 갑술환국 당시에는 소론과 결탁하였던 중인 및 서얼 세력이 이후 노론과 연계되었던 사건이라고 규정한다.[94] 서류(庶類)들이 양반층인 노론과 농민 세력인 도적 세력과 승려 세력에 가탁하여 그들의 사회적 처우를 개선하려 하다가 오히려 양반층인 노론 쪽으로 기울게 되어 고변하였던 기회주의적 속성이 드러난 사건으로 본다.

그렇지만 이영창사건은 기본적으로 전국의 승려들과 도적 무리들을 연합하여 새로운 왕조를 세우려 획책했던 사건이다. 이들은 정씨 성을 가진 진인, 최씨 성을 가진 진인을 각각 조선과 중국에 임금으로 추대하려는 원대한 계획을 가지고 있었다.

> 팔도의 승려와 체결하고 또 장길산의 무리와 합치며, 또 이른바 정씨 성을 가진 진인과 최씨 성을 가진 진인 두 사람을 얻어, 먼저 우리나라를 평정하여 정씨 성을 가진 진인을 임금으로 세우고 다음에 중원을 공격하여 최씨 성을 가진 진인을 황제로 추대한다.[95]

이 사건에서는 다음과 같은 비기의 기록을 언급하며 모의자를 모았다.

> 비기에 이르기를 "묘년에 태어난 당나라 장수가 중국에서부터 들어와서 팔방에서 기병하면 여자 임금이 남쪽으로 피난갈 것이다."라 했으니 (…) 곧 운부를 가리키는 말이다.[96]

---

94 정석종, 앞의 글, 168쪽.

95 締結八道之僧, 且結張吉山之輩, 又得所謂眞人鄭姓崔姓兩人, 先平我國, 立鄭姓爲主, 後攻中原, 立崔姓爲帝云云. 『추안급국안』 11권 114책, 「정축역적이영창등추안(丁丑逆賊李榮昌等推案)」(1697. 1.) (아세아문화사, 1983), 726면.

96 秘記曰, 唐將卯生人, 來自中國, 當踏八方而起, 女主南遷云 (…) 正指雲浮而言也. 『추안급국안』 11권 114책, 「정축역적이영창등추안(丁丑逆賊李榮昌等推案)」(1697. 1.) (아세아문화사, 1983), 729면.

심문기록에 의하면 이 비기는 『도선비기(道詵秘記)』였다.[97]

비기에 이르기를 "진년과 사년에 성인이 출현할 것이고, 오년과 미년에 즐거움이 당당하리라."라 했으니 이 또한 이 진인을 가리켜 한 말이다.[98]

위의 내용은 현전하는 『정감록』「무학비결」에 나온다. 원래 이 구절은 고려 말의 승려 신돈(辛旽)이 이용했던 비결로 자신이 성인이라는 주장에 사용했다.

신돈이 "진사년(辰巳年)에 성인(聖人)이 나오리라."라는 참언을 이용하여 공공연하게 말하기를 "참언에서 말한 성인이 나 아니면 누구란 말이냐?"라 했다.[99]

고려 말 세간에서는 "진사성인출(辰巳聖人出)"이라는 참설이 유행하였다. 마침 공민왕 13년(1364)이 갑진년(甲辰年)이고 14년(1365)이 을사년(乙巳年)이었다. 신돈은 스스로 말하기를 이 참언의 성인은 바로 자기를 가리킨 것이 아닌가라고 말했다는 내용이다. 이후 이 구절은 조선시대에도 자주 등장하는 비기의 한 표현으로 정착된다.

또 이영창사건에는 해상진인(海上眞人)이라는 구체적 표현도 나온다.[100] 이는 남조선신앙의 전형적인 부류로 이해된다. 남쪽 조선, 남쪽 섬에서 진인이 나올 것이라는 남조선신앙의 한 모습을 확인할 수 있다.

한편 이영창사건에는 다음과 같은 비결도 전한다.

참기에 "이른바 태백산의 정기가 벌레로 변해 한강에 이르러 솔잎을 다 갉아먹

---

97 『추안급국안』 11권 114책, 「정축역적이영창등추안(丁丑逆賊李榮昌等推案)」 (1697. 1.) (아세아문화사, 1983), 758면.

98 秘記曰, 辰巳聖人出, 午未樂堂堂, 亦指此眞人而言也. 『추안급국안』 11권 114책, 「정축역적이영창등추안(丁丑逆賊李榮昌等推案)」 (1697. 1.) (아세아문화사, 1983), 729면.

99 旽, 以辰巳聖人出之識, 揚言曰, 所謂聖人豈非我歟? 『고려사』 권 132, 「열전(列傳)」 45 신돈.

100 『추안급국안』 11권 114책, 「정축역적이영창등추안(丁丑逆賊李榮昌等推案)」 (1697. 1.) (아세아문화사, 1983), 757면.

으면 시사를 가히 알 수 있을 것이다."라 했다.[101]

위 인용문에 나오는 참기의 "시사를 가히 알 수 있다."라는 내용은 다음 인용문에서 조금 바뀌어 있다.

비기에 이르기를 "태백산의 정기가 벌레로 변해 송도에서 한강에 이르기까지 솔잎을 다 먹으면 나라가 반드시 망할 것이다."라 했다.[102]

즉 "시사를 알 수 있다."는 말은 "나라가 반드시 망할 것이다."라는 뜻이라고 한다.

이 내용은 『나옹비기(懶翁秘記)』에 나온다고 했다. 그리고 "오미낙당당(午未樂堂堂)"이라는 구절도 『나옹비기』에 나오는 말이라고 주장했다.[103] 그런데 현전하는 『정감록』에는 나옹비기라는 비결서가 없다. 따라서 이영창사건 당시에는 나옹비기라는 이름의 비결서가 존재했을 가능성이 있지만, 현재로서는 이 비결서의 존재 여부를 확인할 수 없다. "오미낙당당"이라는 표현은 현전하는 정감록 「삼한산림비기」와 「무학비결」에 나온다.

이영창사건은 진인출현설의 전형적인 예이다. 이들은 진인의 출현이라는 극적인 상황이 곧 일어날 것이라고 강조하면서 동조자들을 포섭했다. 이에 사회적으로 대우받지 못하던 승려, 도적, 서얼, 정권에서 소외된 인물들이 적극 가담하여 많은 사람들이 동조했다. 『도선비기』, 『나옹비기』 등의 비결서가 구체적으로 언급되며 그 주요 내용들도 동조자 사이에서 널리 전파되었다. 따라서 이영창사건은 비결이 이용된 예언사상의 영향으로 일어난 역모사건으로

---

101 讖記所謂泰白山精, 化爲虫, 至漢江, 食盡松葉則, 時事可知.『추안급국안』11권 114책, 「정축역적이영창등등추안(丁丑逆賊李榮昌等推案)」(1697. 1.) (아세아문화사, 1983), 766면.

102 秘記曰, 太白山精, 化爲虫, 自松都至漢江, 食盡松葉, 則國必亡.『추안급국안』11권 114책, 「정축역적이영창등추안(丁丑逆賊李榮昌等推案)」(1697. 1.) (아세아문화사, 1983), 833면.

103 午未樂堂堂之說, 亦是懶翁秘記中語.『추안급국안』11권 114책, 「정축역적이영창등추안(丁丑逆賊李榮昌等推案)」(1697. 1.) (아세아문화사, 1983), 834-835면.

규정될 수 있다.

숙종 37년(1711)에 연은문(延恩門)에 붙은 괘서(掛書)에 "운수는 진인(眞人)을 계도(啓導)하는지라.", "정군사(鄭軍師)" 등의 말이 나오자 좌의정 김창집은 정금(鄭錦)의 자손에 가탁한 것이라고 풀이했다.[104]

이때부터 정씨가 남쪽의 해도(海島)에서 나올 것이라는 예언이 유포되기 시작했다. 이전에는 정씨 진인이 계룡산에 도읍한다는 내용만 있었다. 이후에 등장한 거의 모든 비결에는 정씨, 정도령, 진인이 우리나라의 남쪽 해도에서 나올 것이라는 예언이 들어있다. 현실적 사건과 상황을 비결에 수용한 결과로 보인다.

숙종 38년(1712)에는 강화도에서 잡힌 죄인이 "압록강 건너편에 이만평(利滿坪)이란 곳이 있는데, 저 나라와 이 나라의 죄가 있어 도망한 자가 모인 것이 거의 7, 8천 명에 이르며 모두 사냥을 일로 삼는데, 근래에 이른바 해랑적(海浪賊)이란 모두 이 무리가 출몰하여 약탈하면서 식량과 비용을 마련하는 것이다." 라고 진술했다.[105]

---

104 『숙종실록』, 숙종 37년(1711) 4월 30일(무자).

105 지난간 겨울에 강화부(江華府)의 죄수 정염(鄭濂)이라는 자가 (…) 공초(供招)하여 말하기를, "올가을 사이에 동수 김영성(金英成)이 ─ 김영성은 본디 강계(江界) 사람이니, 스스로 일컫기를 지술(地術)을 안다 하여 강화(江華)·풍덕(豊德) 등지를 드나들었으며, 문득 오랑캐 말을 지껄이며 행지(行止)가 황당(荒唐)하였다. ─ 말하기를, '그는 소시(少時) 적부터 오랑캐 땅에 드나들어서 그 땅인 팔고산(八高山) 부락 안에 거주(居住)함이 또한 3년이었다. 압록강(鴨綠江) 건너편에 이른바 이만평(利滿坪)이란 곳이 있으니, 저 나라와 이 나라의 죄 있어 도망한 자가 모인 것이 거의 7, 8천 명에 이르며 모두 사냥을 일로 삼는데, 근래에 이른바 해랑적(海浪賊)이란 모두 이 무리가 출몰(出沒)하여 겁략(劫掠)하여서 양자(糧資) ─ 식량과 비용 ─ 를 마련하는 것이다. 연은문(延恩門)의 괘서의 인적(印迹)이 저 나라의 인적과 흡사(恰似)하니, 틀림없이 이만평의 적인(賊人)의 소위(所爲)이다. (…) (정염의) 결안(結案)에 말하기를 (…) 해랑적이 이만평과 서로 통한다는 말은 과연 만들어 낸 것이며 (…) 모두 죽음 속에서 살기를 구(求)하는 계책이니, 무고반좌(誣告反坐)를 율(律)로 하여서 부대시참(不待時斬)에다 가산(家産)을 적몰(籍沒)하고, 김영성이 정염에게 말한 것도 모두 허망(虛罔)이 되는 것은 아니어서 전혀 놓아 줄 수 없으므로, 형조(刑曹)로 옮겨 난언율(亂言律)로써 장(杖) 1백에다 유(流) 3천 리에 처하라." 하였다. 『숙종실록』 숙종 38년(1712) 1월 4일(무자).

백상복 사건

31

숙종 38년(1712) 8월에는 양주에 사는 백상복(白尙福)이 적제(赤帝)라고 자칭하고 그의 아우 백상록(白尙祿)은 백제(白帝)라고 자칭하였으며 자신의 집을 대궐이라 하고 자신의 옷을 곤룡포라 일컬으며 "왕후나 장상이 어찌 씨가 따로 있는 것이냐?"라는 말을 외우며 밥을 지어 하늘에 빌었던 사건이 일어났다.[1]

며칠 전에 포도대장(捕盜大將) 이기하(李基夏)가 양주(楊州) 사람 이운(李橒)이 올린 변서(變書)를 가지고 청대(請對)하여 아뢰기를, "말이 윤리(倫理)가 없으며, 또한 부도(不道)한 말이 많아 감히 그대로 놓아둘 수 없습니다." 하니, 임금이 대신과 의금부 당상을 명초(命招)하여 정국(庭鞫)을 차리게 하였다. 이운의 말인즉 대략 이르기를, "같은 고을에 사는 백상복(白尙福)이 항시 적제(赤帝)라고 자칭하고, 그의 아우 백상록(白尙祿)은 또 백제(白帝)라고 자칭하여, 그들의 두 아들 이름을 신룡(神龍), 동룡(東龍)이라 하였습니다. 또 용(龍)의 종자라고 자칭하며 그의 집을 가리켜 대궐이라 하

---

1 『숙종실록』 숙종 38년(1712) 8월 7일.

고 자기의 옷을 가리켜 곤룡포(袞龍袍)라 하였으며, 항시 '왕후나 장상이 어찌 씨가 있는 것이냐.'라는 말을 외며 매양 밥을 지어 하늘에 빌었습니다. 또 '양주와 적성(積城)에서 동쪽으로 회양(淮陽)까지 남쪽으로 영천(永川), 연일(延日)까지의 장군(場軍)들이 모두 휘하(麾下)라.'고 했습니다. 백신룡과 백동룡은 '우리나라가 얼마나 오래 가겠느냐.' 하고, 또 '역수와 장성이 대왕의 소유가 아니라.'는 어구(語句)를 외웠고, 백상록은 항시 하는 말이 '내가 천자(天子)의 기상을 지녔다.'고 하였으며, 또 하는 말이 '연은문(延恩門)에 방(榜)을 내건 것은 곧 세상을 놀려본 것이다.'라고 했습니다." 하였고, 또 인조(仁祖), 효종(孝宗) 및 당저(當宁)를 무욕(誣辱)하였는데, 그 말이 모두가 난잡한 것이었다.[2]

이들 형제들의 소행에는 당시 사회에 떠도는 비기의 내용과 이에 따른 역성혁명의 분위기가 드러난다. 당시 왕실의 권위와 체제에 대한 저항의식을 적제, 백제, 용종, 곤룡포, 백씨 왕 등의 용어에서 확인할 수 있다. 그리고 고려 말 왕조 교체기에 유행하던 "왕후장상의 씨기 어찌 따로 있을 것인가?" 등의 시참(時讖)이 등장한 것에서 역성혁명의 분위기도 전개되고 있음을 알 수 있다. 그리고 백씨 성을 가진 사람이 왕이 된다는 것은 『정감록』류의 비결서에 보이는 정씨, 조씨, 범씨 등이 왕이 된다는 내용을 연상시킨다.[3]

숙종 39년(1713) 12월에 풍수설에 빗대어 참기(讖記)를 만든 사람이 체포되기도 했다.[4]

서양력을 기준으로 한 18세기는 절대 연대로 볼 때 숙종 26년(1700)부터 시작되지만 대체로 영조 1년(1725)부터 정조 23년(1799)까지의 영조와 정조가 통치하던 시기를 가리킨다. 이 시기는 조선왕조의 안정기나 부흥기로 인식되기도 하지만, 오히려 변화의 모습이 사회 각 계층에서 뚜렷이 드러나고 있던 변

---

2 『숙종실록』 숙종 38년(1712) 8월 7일(무오).

3 배혜숙, 「숙종년간 무고사건과 사회동향」, 『상명사학』 제2집(상명사학회, 1994), 160-161쪽.

4 약방에서 입진하였다. 이때에 충주(忠州) 사람 이동석(李東奭)이 풍수설(風水說)을 부회(傅會)하여 몰래 참기(讖記)를 만들어 이를 새겨 벽돌을 구웠는데, 허망한 말이 많았다. 도신(道臣)이 붙잡아 임금께 아뢰니, 국청(鞫廳)을 베풀어 신문하도록 명하였다. 『숙종실록』 숙종 39년(1713) 12월 9일(임오).

화기였다. 기존 질서를 극복하고 새로운 질서를 모색하려는 움직임이 사회 저변에서 꿈틀대고 있었으며, 기득권을 지닌 봉건적 지배층에 대한 신진 세력의 도전이 끈질기게 제기되고 있었다.

특히 농업 생산력의 증대, 상품화폐경제의 발달, 지배 구조의 모순, 신분제의 동요와 해체 등의 요인들로 인해 대다수의 민중들은 고통이 가중되었고 소외 계층이 날로 늘어가 지배 체제에 대한 저항의식을 촉진시켰다. 이러한 시대적 상황에서 조선사회는 새로운 변화에 목말라했으며, 타는 듯한 사회적 갈증을 해결하기 위해 일부 지식인들은 사회의 지배 이념인 성리학에 대한 학문적 반성과 함께 실사구시(實事求是)의 학풍을 일으키기도 했다. 또 다른 지식인들은 새로운 학문으로서 서학을 받아들이거나 신앙으로서의 서학을 적극적으로 수용하기 시작했으며, 일부 민중과 지도자들은 예언사상에 기초한 사회변혁운동을 모색하는 등 다양한 형태로 전개되었다.

양반 중심의 조선사회는 임진왜란과 병자호란을 겪으면서 강압적이고 폐쇄적이던 봉건지배체제가 약화되었고 이에 따라 엄격한 신분제도도 붕괴되기 시작했다. 그 결과 지배 이념으로 굳건한 위치를 차지했던 성리학의 지위도 흔들리면서 결정적인 위기에 처하게 되었다. 17세기 조선사회에서 보이는 이러한 변화는 시작에 불과했으며, 18세기에 이르러서는 사회 전반에까지 확산되기 시작했다.

18세기 조선사회의 변동을 주도한 세력은 기층민인 농민들이었다. 지배체제의 모순 속에서 맹목적인 복종을 강요당하던 농민들이 점차 사회 전반의 변화의 조짐 속에서 모순을 자각하기 시작했고, 봉건지배층에게 전적으로 일임했던 생존권을 되찾기 위한 노력을 시도했다.

조선 후기 농민들은 농업 기술의 향상으로 인한 생산력의 증대, 농업 경영 방식의 발전, 상업적 농업 생산의 발달 등에 따르는 부의 축적으로 인해 부농으로 발전하였고, 새로운 평민 지주가 발생하게 되었다. 이들은 공명첩(空名帖)을 사서 신분상승을 꾀하였다. 그 반면 정권에서 소외된 양반으로서 소작농으로 전락하는 이른바 잔반(殘班)도 다수 생겨났다. 이리하여 양반과 상민의 관계는 그 구분 자체가 없어진 것은 아니지만 현실적인 재부(財富)에 토대를 두고 크게 변질되어 가고 있었다. 물론 농민들 중에서는 더욱 영세농으로 전락하거나 임금노동자나 유민이 되는 자도 많았다. 또한 노비 계층도 크게 감소하여 이러한 모든 현상은 양반사회의 신분 질서에 변화가 일어나고 있음을 말해준다.

상업 분야에서도 변화를 일으켜 쌀, 보리, 면포, 소채, 약제, 담배, 인삼 등 상품 재배가 크게 성행하면서 상인들의 상행위가 활발해졌다. 또 상품유통이 일반화되면서 금속화폐가 전국적으로 유통되었고, 이들 상인들이 시전에 대항하면서 상품유통을 꾀하는 난전 활동이 성행하였다. 18세기에 이르자 사상(私商)이라 불리우는 도고상인들의 활동이 활발해져 마침내 정조 15년(1791), 신해통공이라는 조치를 통해 금난전권이 무효화됐다.

이 같은 상업의 발달에 따라 관영 수공업이 쇠퇴·몰락하게 되자 이를 대신할 민영 수공업이 발전하게 되었다. 이러한 과정 속에서 도고상인들이 이윤을 극대화하기 위해 수공업 분야에 지속적으로 자본을 투자하여 소규모 생산자를 임금노동자로 전락시키거나 자영수공업체를 직접 경영하는 등으로 상업자본이 수공업을 지배하기도 하였다.

조선 후기 사회·경제적 변화는 전통적인 신분체제에 대한 의식과 계층구조도 변화시켰다. 그 변화의 중요한 양상은 양반층 인구의 큰 증가, 상민층의 상대적 감소, 노비 계층의 감소와 소멸 등으로 나타났다. 이처럼 양반층이 증가한 것은 양반 자체의 양적 팽창에도 원인이 있었으나, 근본적으로는 하층신분의 신분상승 결과로 야기된 것이다.

조선 초기에는 하층민의 신분상승은 지난한 것이었으나, 양난(兩難)을 겪는 과정에서 신분상승의 기회가 제도적으로 마련되었다. 예컨대 군공에 대한 포상으로 면천, 면역이나 곡식을 납부한 자에게 관직을 제수하는 등의 일이 그것이다. 그 이외에 경제력을 소유한 하층민들은 양반의 족보를 사거나 위조하는 방법을 통해서도 양반 계층으로 편입되기를 갈구하고 있었다. 이러한 신분상승의 법제적 기회 마련과 이에 따른 신분 질서의 혼란은 후기 사회의 여러 변동 상황들과 아울러 더욱 큰 변화를 촉진시키는 구실을 하였다고 할 수 있다.

먼저 농민들은 농토를 개간하고 수리 시설을 복구하면서 선진 영농 기법을 받아들여 생산력을 높였고, 확대된 시장경제체제에서 보다 높은 소득을 얻기 위해 새로운 작물을 재배했으며, 농업 생산력의 증대로 인해 토지를 지주들에게 빼앗긴 일부 농민들은 도회지에 모여 상공업 활동에 주력하거나, 포구나 광산 등지에서 임금노동에 종사하였다.

그럼에도 불구하고 더욱 가혹하게 조여드는 봉건지배층의 횡포에 의해 처참한 경제적 처지에 내몰린 이 땅의 민중들은 두레 등의 공동체 조직을 결성하여 유대감을 통해 응집력을 결집하였고, 마침내 집권층의 독선과 악덕 지주와 탐관오리들의 탐학에 도전하기에 이르렀다. 소극적 도피에서 벗어나 적극적이고 주체적이며 자율적인 방법으로 거대한 체제의 힘에 응전하여 사회변혁의 주체로 성장해 나갔던 것이다.

봉건적 수취체제에 대해 민중들은 피역(避役), 항조(抗租), 거세(拒稅) 등의 형태로 저항했고, 벽서(壁書), 괘서(掛書), 소청(疏請) 등의 방법으로 지배체제의 모순과 탐관오리들의 비리를 비판했으며, 나아가 무력을 동원하여 변란을 일으키기도 했다.[5]

일부 민중들은 조직 체계를 갖춘 명화적(明火賊)이 되어 봉건지배체제에 저항했고, 지배층의 멸망을 예언하는 비기(秘記)나 도참설(圖讖說)을 유포하거나 미륵신앙에[6] 의지하여 역모를 꾀하기도 했다. 이러한 민중들의 다양한 저항운동은 18세기의 역사적 상황 속에서 일정한 한계를 지니고 있었지만, 봉건지배층의 구조적 모순을 배경으로 한 필연적 현상이었다.

민중의 생존권과 직결된 당시 사회의 모순은 당시의 사회·경제적 배경에

5 『한국사: 조선 후기 민중사회의 성장』 36권(국사편찬위원회, 1997), 119쪽.
6 이에 대해서는 정석종, 「조선 후기 숙종년간의 미륵신앙과 사회운동」, 『한우근 박사 정년기념 사학논총』(지식산업사, 1981)을 참고하시오.

대한 이해가 선행되어야 한다. 18세기의 민중은 향촌과 도시에서 때로는 농업적 측면에서, 때로는 상공업적 측면에서 사회·경제적 변화를 주목하고 거기에서 자신들의 사회적·경제적 이익을 보다 분명히 자각하며, 이를 빼앗기지 않으려고 각종 침탈에 맞서면서 체제에 도전적인 존재로 성장해 갔다.[7]

민중의식의 각성에는 사회적·경제적 요인들도 많겠지만 이 글에서는 사상적 측면에서 민중의식과 사상 형성에 구심점 역할을 한 비결 또는 예언사상에 대해 살펴보겠다. 조선의 지배 이념인 성리학은 당대의 현실 문제를 해결할 수 있는 사상적 기능을 점차 상실했으며, 민중의 경제적 처지와는 거리가 먼 의례나 의식(儀式)이 중심이 된 사대부 위주의 예송(禮訟) 논쟁에 치우치거나 관념적인 이기(理氣) 논쟁과 인물성(人物性) 논쟁에 몰두하여 사변적 사상 체계로 전개되었다.

민중들은 기존의 모든 가치관이 무너지고 세계관이 혼란스러운 상황에서, 말세의 도래가 예언되고 구체적으로는 왕조의 교체가 이루어져 새 세상이 올 것이라는 비결에 더욱 관심을 가질 수밖에 없었다. 이러한 예언사상은 현세에 대한 강한 거부의식과 더불어 이상향(理想鄉)에 대한 추구를 특징으로 한다.[8]

대전환기를 맞이한 민중들에게 낡은 세상의 종말과 새 시대의 도래는 사회적 구원이 완성되는 복음이었고, 이러한 예언사상에 기초한 변란에 참가하는 일은 곧 스스로 살아가는 길을 찾는 방법이었으며, 신분의 제약과 굴레를 일시에 벗어날 수 있는 유일한 생존책이자 성공과 출세를 향한 지름길로 이해되기에 충분했다.

결국 예언사상의 현실부정적 성격은 시대적 모순과 질곡에 신음하고 고통받던 당시 민중들의 가슴에 혁명의 불꽃으로 활활 타올랐으며, 이전에는 찾아볼 수 없었던 희망과 소망을 품을 수 있게 했다. 캄캄한 어둠 속에서 여명을 기다리는 민중들에게 한 줄기 빛으로 제시된 예언은, 비록 약속한 복음(福音)이

---

7 『한국사: 조선 후기 민중사회의 성장』 36권(국사편찬위원회, 1997), 119쪽.
8 조광, 「조선 후기 사상계의 전환기적 특성」, 『한국사 전환기의 문제들』(지식산업사, 1993), 167쪽.

언제 이루어질 수 있을지는 장담할 수 없었지만, 민중들에게는 시대의 아픔을 치유하는 약이자 시대의 온갖 모순을 해결할 수 있는 황금열쇠로 받아들여졌다. 예언사상에서는 현세의 질곡에서 민중을 해방시켜 주고 이상향의 도래를 가능하게 해 줄 존재인 진인(眞人)의 출현이 임박했다고 강조한다. 과학적이고 합리적인 형태로 제시되지는 않았지만, 이러한 사상에 기초한 믿음은 당시 고통과 불안에 허덕이던 민중들의 마음을 움직이며 사회 저변으로 널리 확산되어 정신적 피난처로 작용하였다. 급기야 민중은 예언사상을 통해 자신들의 저항력을 응집시켜 나갔고 그 결과는 역모사건으로 구체화되기도 했다. 이처럼 예언사상은 민중의 정신적 구심점으로서 민중의 삶에 새로운 방향과 이정표를 제시하여 민중의식을 각성시켰으며 대규모 민중항쟁을 가능하게 한 힘의 원천이자 원동력으로 작용했다.

이 글에서는 조선 후기의 사회변동을 민중사상의 측면에서 고찰하는데 특히 예언사상이 사회변혁의 원동력으로 작용하는 과정에 대해 살펴본다. 민중들은 예언사상을 통해 공동의 염원을 표출시켰고, 그 소망을 이루기 위해 공동체적 유대 관계를 강화하면서 동모자를 포섭하여 보다 적극적인 행동에 나서게 된다. 새로운 사회를 만들기 위한 초보적인 세력을 모아 지배층에 맞서는 민중의 힘을 보여주기 위해 민중사상, 특히 예언사상을 알고 있거나 유포한 자는 자신의 목숨을 내놓는 위험을 감수해야만 했다.

혈연을 중심으로 한 세습군주제 사회에서는 새 왕조의 도래를 이야기하는 일 자체가 금기시되었고, 이러한 이야기를 전달하고 알고 있다는 사실만으로도 엄벌에 처해질 수밖에 없었다. 새로운 인물이 등장하여 새 세상을 열 것이라는 믿음은 그 자체가 역성혁명(易姓革命)의 논리로 직결되었고, 정부 입장에서는 사회불안을 야기하는 불순한 세력이 조직화하는 불온한 사상이었다. 사회 전반에 걸쳐 다양하게 표출되던 봉건적 질서에 대한 저항의식과 민중의 각성된 힘은 바야흐로 분출될 시기를 기다리고 있었고, 예언사상에 의해 고무된 '새 세상'을 향한 열망은 그 저항의식과 힘을 더욱 축적시키고 강화시켜 나갔다.

체제 모순을 자각한 백성들이 기존의 지배 세력에 대항하는 한 방식으로 예언사상에 심취했던 것이다. 깨어있고 의식화된 백성이 행동에 나서게 된 계기도 예언서에 나오는 내용에 고무되었기 때문이다.

당시 민중들은 이러한 자연현상과 현실적 고통 속에서 『정감록』류의 비결서에 나오는 내용을 확인해 갔던 것이다. 즉 당시의 천재지변은 민중에게 있어서 천지개벽에 대한 위기의식을 조장하고, 왕조와의 괴리감을 심화시키는 요건이 되기에 충분했다.[9]

---

9   배혜숙, 위의 글, 93쪽.

영조대의
예 언
사 상

32

　　경종(景宗) 원년(1721) 왕이 즉위하자, 이듬해에 노론(老論)은 왕위를 계승할
세제(世弟)를 책봉할 것을 주장하였다. 그리하여 연잉군(延礽君, 훗날의 영조)을 세
제로 정하였다. 또 노론은 몇 달 후에는 연잉군에게 왕권을 대행시키는 대리
청정(代理聽政)을 하도록 정국을 주도하였다. 그러나 대리청정은 소론(少論)의
극렬한 반대로 취소되고 말았다. 소론은 그해 12월에 노론의 횡포를 공격하여
일부 인사들을 숙청하고 정권을 장악하였다.

　　이듬해 3월에 목호룡(睦虎龍)이란 인물이 노론 명문가 자제들의 역모사건을
고발하여 살육을 동반한 신임사화(辛壬士禍)라는 대대적인 옥사(獄事)가 일어났
다. 이때 왕권을 위태롭게 했다는 죄목으로 김창집, 이이명, 이건명, 조태채
등을 포함하여 무려 60여 명의 노론계 인사들이 처형되거나 숙청되었다. 이로
써 노론은 소론에 대하여 극도의 원한을 품게 되었다. 이 신임사화는 노론이
너무 성급하게 영조(英祖)의 왕위계승권을 확보하려는 과정에서 무리수를 범
하여 일어난 사건이었다.

어쨌든 소론은 경종 연간에 왕위계승을 둘러싼 노론과의 대립에서 일단 승리하였다. 그러나 경종 4년(1724) 8월 경종이 갑자기 서거하고, 노론이 지지한 영조가 왕위에 즉위하였다. 영조의 후원 세력이었던 노론이 득세하자 신임사화는 소론들이 꾸며낸 자작극이라고 번복되었다. 즉 노론 자제들의 모의는 역모가 아니라 충정에서 우러나온 것이었다고 규정되었던 것이다.

따라서 소론들은 정권에서 실각하게 되었으며, 신임사화를 준엄하게 처리하자고 주장했던 소론의 급진파들은 보다 큰 위협을 느꼈다. 이에 박필현, 이유익, 심유현 등 소론의 일부 과격파들은 당시 권력에서 소외되어 있던 소수의 남인과 소북 인사들을 규합하여 영조의 세제 책봉 자체의 부당성, 경종의 사인에 대한 의혹, 영조가 숙종의 아들이 아니며 경종의 죽음에 관계되었다는 등의 여러 가지 유언비어를 유포하였다.

결국 이들은 영조와 노론 정권을 타도하기 위해 인조의 장자 소현세자의 증손인 밀풍군(密豊君) 탄(坦, ?-1729)을 새로운 왕으로 추대하고자 모의하고 반란을 일으켰다. 이들의 거병에는 유민(流民)의 증가, 도적의 치성, 민중의 저항적 분위기의 고조 등 당시 어려웠던 사회상이 반영되었다.

영조 연간에는 즉위 초부터 정국이 동요하고 민간에서는 빈번하게 괘서사건을 비롯한 정치적 변란이 전국적인 규모로 광범위하게 지속적으로 발생하고 있었다. 자연적으로도 천재지변과 재앙이 잇따르고 지속적인 혼란 양상이 전개되고 있었다.[1]

영조 즉위년(1724) 9월에는 영덕에서 아전과 관노비들이 부임한 수령을 쫓아내려 획책한 어이없는 사건도 일어났다. 이들은 읍성 주변의 도로를 점거하고 백성들이 관가에 바치는 물건과 세금도 쫓아냈고, 감영에 보내는 공문서도 못 보내게 막아버렸으며, 수령을 보좌하려는 사람들을 협박하고 강제로 서약을 받았으며, 급기야 무기를 가지고 관아에 쳐들어가 수령을 위협하는 지경에

---

1 조광, 「19세기 민란의 사회적 배경」, 『19세기 한국 전통사회의 변모와 민중의식』(1982) 및 배혜숙, 「영조년간의 사회변동과 민간사상」, 『상명사학』 제2집(상명사학회, 1993)을 참고하시오.

이르렀다.[2]

영조 1년(1725) 10월에는 경기도 파주에 있는 인조(仁祖)와 그의 비 인열왕후 한씨의 능인 장릉(長陵)에서 한밤중에 화재가 발생했다. 방화 가능성이 있는 인물로 작년에 장릉 주변에 있던 소나무를 몰래 벌목한 사람이 지목되었다.[3] 다음 달에 방화범과 사건 연루자들이 잡혀 사형당하거나 유배형에 처해졌다. 원래 왕릉 주변의 소나무를 베는 일은 국법으로 엄격하게 금지하는 일이다. 그런데 이 일로 인해 유배당하자 사건 주모자들은 오히려 유배지에서 탈출하여, 자신들을 잡아넣은 포졸들에게 복수하기 위해 사람들을 모아 왕릉에 불을 질렀다. 이 사건은 국가의 법체계 자체가 부정되는 현실을 반영한다.

경종 연간과 영조 초기에는 거의 해마다 흉년이 들었다. 흉년이 들어 10가구에 1가구 정도만 남아 있고 모두 흩어져버렸다. 이처럼 유랑민이 된 양민이 살 수 있는 방법은 도적이 되거나 중이나 노비가 되는 길이었다. 김제의 어떤 선비 집안에서는 혹심한 흉년을 만나 부인이 남편에게 자기를 잡아먹으라고 종용할 정도였다는 이야기도 전한다.[4]

---

2 지평(持平) 이진수(李眞洙)가 아뢰기를, "영덕현령(盈德縣令) 홍정보(洪鼎輔)는 개혁에 뜻을 두고 엄중하게 단속하는 것을 숭상하여 다스리니, 간사한 서리(胥吏)와 교활한 노복이 감히 쫓아내려고 하였습니다. 호장(戶長)·이방(吏房)·사령(使令)·관노(官奴)들이 밤에 읍성(邑城) 밖 요새(要塞)의 도로를 점거한 다음 시골 백성들이 관가에 바치려고 싣고 가는 것을 쫓아 버렸고, 관아(官衙)의 종이 장계(狀啓)를 가지고 감영(監營)으로 가는 것을 가로막아 금하였고, 향소(鄕所)를 달래고 위협하여 그 당(黨)에 들어오게 하되 따르지 않으면 그의 아내를 결박하여 강제로 서표(署標)를 받았으며, 또 병기(兵器)를 가지고 관문(官門)에 돌입(突入)하여 흉언(凶言)과 위협이 이르지 아니한 바가 없었습니다. 그 사잇길로 보낸 장계가 영문(營門)에 이른 다음에야 비로소 두려워하여 겁을 먹고 찾아와서 근거 없는 말로 사죄(謝罪)했습니다. 홍정보가 제일 먼저 주창한 자를 조사하여 형(刑)을 시행하려고 하니, 또다시 칼을 뽑아들고 결박을 끊고서 달아났는데, 마침내 영문과 이웃 고을의 힘을 입어 6, 7명을 체포하여 모두 자백을 받았으나, 감사(監司)의 체임(遞任)으로 인하여 아직 처치를 못했습니다. 청컨대, 결안(結案)하여 효시(梟示)하게 하소서." 하니, 『영조실록』 영조 즉위년(1724) 9월 29일(기사).

3 "작년(昨年)에 능침의 나무 백여 주(柱)를 도벌(盜伐)한 사람이 있어 적발되어 정배되었는데, 지금 정배된 자가 돌아왔으므로 반드시 능관(陵官)에게 원한을 갚으려고 할 것이니, 비록 명백히 알 수는 없지만 의심할 만한 자는 이 사람이라.' 하였습니다. 마땅히 포도청(捕盜廳)으로 하여금 가만히 보고 있다가 체포하도록 하여야겠습니다." 하니, 임금이 옳게 여겼다. 『영조실록』 영조 1년(1725) 10월 26일(경인).

4 검토관(檢討官) 권적이 말하기를, "신이 지난번에 남중(南中)에 가보니 농사가 큰 흉년이 들어 백성이 모두 이리저리 흩어져서 옛날에 백 가구(家口)였던 것이 지금은 10가구만 있었습니다. 또 듣건대 김제(金堤)에 고씨(高氏) 성(姓)을 가진 사인(士人)은 굶주림을 견디지 못하여 남편과 아내가 장차 나누어져 흩어지기로 하였는데, 그의 아내가 말하기를, '이런 참혹한 흉년을 만나 이제 앞으로 다니면서 빌어

영조 2년 3월에는 광주에서 민중들이 탐학을 일삼는 목사를 쫓아버린 사건이 발생하였다.[5]

영조 즉위 초기부터 흉년이 크게 들어 백성들의 살길이 막막했는데, 이처럼 처참한 상황에서도 탐욕스런 목민관의 횡포가 끊이지 않았고, 마침내 백성들이 들고일어나 자사를 내쫓아버렸다. 임금도 백성들이 생존권을 사수하기 위해 벌인 사건이라고 판단하여 민란을[6] 일으킨 백성들을 처벌하지 않고 관리자의 책임으로 돌렸다. 정부와 민중의 대립이 점차 첨예하게 격화되고 있는 시대적 상황을 보여준다.

대흉년으로 인해 호남 지역에는 많은 유민이 발생했는데, 이 가운데 일부는 모진 목숨을 이어나가기 위한 방편으로 할 수 없이 도적이 되기도 했다. 하나둘씩 모여들어 도적 떼로 성장한 이들은 무기를 마련하고 조직망을 갖추면서 녹림당(綠林黨)을[7] 자처했으며, 세력을 보전하고 확대시키기 위한 근거지를 확보해 나갔다.

영조 3년(1727) 3월에는 강원도 회양과 금성에서 도적이 무기를 들고 관아에 쳐들어오는 사건이 일어났으며, 강원도 금화현에서는 도적이 아전을 죽이

먹어야 하니, 인생이 이 지경에 이르면 무엇을 돌볼 것이 있겠습니까? 집에 키우던 개가 있으니, 청컨대 당신과 같이 잡아서 먹을까 합니다.' 하니, 남편이 말하기를, '나는 차마 손으로 잡을 수가 없다.'고 하였는데, 아내가 말하기를, '제가 부엌 안에서 〈개의〉 목을 매어 놓을 테니까 당신은 밖에서 그것을 당기세요.'라고 하였습니다. 남편이 그가 말한 대로 하고 들어가 보니, 개가 아니고 바로 그의 아내였다 합니다. 무릇 죽는 것은 인정(人情)의 어렵게 여기는 바인데 아주 감내하기 어려운 일이 없었다면 어찌 남편을 속여가면서 자결(自決)하는 일이 있겠습니까?" 하니, 임금이 한참 동안 측연(惻然)하게 여기다가 (…) 『영조실록』 영조 1년(1725) 11월 3일(정유).

5　시독관(侍讀官) 서종급(徐宗伋)이, 광주(光州)의 백성이 자사(刺史)를 쫓은 일로써 문의(文義)를 진달(陳達)하니, 임금이 말하기를, (…) 살기를 좋아하고 죽기를 싫어함은 사람의 상정(常情)인데, 무리로 모여 도둑질함은 사세(事勢)가 절박(切迫)하여 어쩔 수 없는 데서 나온 것이니, 정상이 실로 딱하다. 현재 삼남(三南)은 재황(災荒)이 매우 참혹한데도 탐학(貪虐)의 풍습이 크게 떨치어 수령(守令)된 자가 백성으로 하여금 살아갈 길이 없게 만드니, 광주 백성의 작란(作亂)이 바로 오늘의 근심이 되는 것이다. 『영조실록』 영조 2년(1726) 3월 10일(임인).

6　조선 후기의 민란에 대한 연구 성과에 대해서는 배혜숙, 「조선 후기 민란에 관한 제설의 정리(1987-1994)」, 『국사관논총』 제68집(국사편찬위원회, 1996)을 참고하시오.

7　녹림(綠林)은 후한(後漢) 말기의 왕망(王莽) 때 왕광(王匡), 왕봉(王鳳) 등이 백성을 모아 녹림산(綠林山)을 근거지로 하여 도둑질하며 관군(官軍)에 대항하였던 것을 말한다.

고 감옥을 부수어 죄수를 달아나게 만든 사건도 일어났다.[8]

호남 지역 도적의 근거지는 변산, 월출산, 지리산 등지였는데, 이들 도적 떼는 세력이 매우 강대하여 큰 사찰 한 채를 전부 빌려서 겨울철을 지냈고, 한 낮에 장막을 치고 위세를 부리기도 했다.

영조 3년(1727) 10월 무렵에는 조정에서도 부안과 변산 지역에 도적 떼가 들끓고 있는 사정을 잘 알고 있었다.[9] 호남 지역의 도적이 특히 심각한 문제로 제기되었는데, 대표적인 소굴이 변산과 월출산이었다. 심각한 흉년과 신역으로 인해 살길을 찾아 헤매던 유랑민들이 도적의 주축이 되었다는 사실에서 보다 근원적인 해결책이 필요했으며, 이들 세력의 기세를 해당 지역의 관군으로는 막을 수 없을 정도였다.[10]

영조 3년(1727) 10월에 부안과 변산에 도적 떼가 번성하고 있다는 보고가 있었다.[11] 또 변산과 월출산의 도적 떼의 세력이 날로 커지고 있다는 급보도 전해졌다.[12] 급기야 변산 도적에 관한 소문이 나돌아 서울의 민심이 뒤숭숭해

---

8 판중추부사 홍치중(洪致中)이 아뢰기를, "회양(淮陽), 금성(金城)은 본래부터 도둑이 많은 데이어서 일찍이 무기를 들고서 관문(官門)에 돌입(突入)하는 변이 있기도 했었는데, 지금 듣건대, 김화(金化)에서는 극심한 도둑이 아전을 죽이고 감옥을 부수었다고 하니, 고을 원을 무신(武臣)으로 차임(差任)하여 보내기를 청합니다." 하니, (…) 『영조실록』 영조 3년(1727) 윤 3월 10일(정묘).

9 사간원(司諫院)에서 (…) 진달하기를, "남쪽 지방에 적환(賊患)이 치성하여, 근래에는 부안(扶安)과 변산(邊山)에서 적도(賊徒)들이 많이 몰래 점거(占據)하고 있습니다. 그리하여 대낮에 장막(帳幕)을 설치하고 대대적인 노략질을 하고 있는데, 변산(邊山)에 있는 큰 절에 적도들이 들이닥쳐 절의 중을 불러서 말하기를, '삼동(三冬)에는 밖에서 거처할 수 없으니 너희들이 우선 절을 빌려주어야 하겠다.' 하자, 중들이 두려워 감히 따지지 못하고 모두 눈물을 흘리고 흩어져 갔다고 합니다. 남쪽에서 온 사람이 호남어사(湖南御史)의 말을 듣고 와서 이런 사실을 자자하게 전하였습니다. 『영조실록』 영조 3년(1727) 10월 20일(임인).

10 영의정(領議政) 이광좌(李光佐)가 (…) 또 아뢰기를, "근일에 듣건대, 호남(湖南)의 유민(流民)들이 무리를 모아 도당을 이루어 하나는 변산(邊山)에 있고 하나는 월출산(月出山)에 있는데, 관군(官軍)이 체포할 수가 없어 그 기세(氣勢)가 크게 떨친다고 하니, 진실로 작은 걱정이 아닙니다." 하고, (…) 『영조실록』 영조 3년(1727) 10월 22일(갑진).

11 諫院大司諫宋眞明. (…) 又陳所懷曰: "南中賊患熾盛, 近來扶安邊山, 賊徒多竊據. 白晝設帳幕, 大行侵掠, 而邊山有大刹, 賊徒招寺僧言曰: '三冬不可外處, 汝等姑爲借寺.' 僧徒畏怯, 莫敢誰何, 皆涕泣散去. 『영조실록』 영조 3년(1727) 10월 20일.

12 영의정(領議政) 이광좌(李光佐)가 (…) 또 아뢰기를, "근일에 듣건대, 호남(湖南)의 유민(流民)들이 무리를 모아 도당을 이루어 하나는 변산(邊山)에 있고 하나는 월출산(月出山)에 있는데, 관군(官軍)이 체포할 수가 없어 그 기세(氣勢)가 크게 떨친다고 하니, 진실로 작은 걱정이 아닙니다." 하고, 이어 호남의 수령을 각별히 가려서 차임할 것을 청하니 (…) 『영조실록』 영조 3년(1727) 10월 22일.

졌고, 피난 가는 사람도 있었다.[13] 당시 서울에는 유언비어가 점차 퍼졌고, 집 채 같은 바위가 한밤중에 굴러가고 남산의 소나무 수백 그루가 뿌리째 뽑혀 널려 있는 등 사회적 분위기가 뒤숭숭했다.[14]

영조 3년(1727) 12월에는 전주의 시장에 괘서가 붙었고, 4일 후에는 남원시 장에도 흉서가 나붙어 인심을 동요시켰다.[15] 괘서는 국가의 학정(虐政)이나 정 국의 운영에 반대하는 백성들 스스로가 자신의 의견을 개진하기 위한 하나의 방편으로서, 국가에 반역을 도모하기 위한 사전 준비 단계로서, 또한 관리의 부정부패를 비판하거나 타인을 모함하기 위한 수단으로서 이용되어 왔다.[16] 괘서사건은 조선 후기의 민중항쟁사에서 그 시대의 사회상 및 정치상 등을 살 펴볼 수 있는 매우 귀중한 사료이다.

이와 동시에 여산(礪山) 등에서는 변산의 노비도적이 곧 거사한다고 산에 올라가 밤에 소리치는 등의 일로 인해 와언(訛言)이 날로 번지고 인심이 흉흉해

---

13 사신(史臣)은 말한다. "당시 변산(邊山)에 출몰(出沒)하는 도둑의 일로 요망한 말들이 어지럽게 퍼져서 도성(都城)의 인심이 흉흉(洶洶)하여 심지어는 피난차로 떠나는 자도 있었다." 『영조실록』 영조 3년 (1727) 11월 21일.

14 이때에 터무니없는 말이 날로 일어나 청파동(靑坡洞)에서는 집채 같은 바위를 어둔 밤에 굴려 옮겼다 하였고, 남산(南山)에서는 소나무 수백 주를 뽑아서 산 밑에 쌓아놓았다 하였다. 이로 인하여 인심이 소 요하여 흙더미가 무너지는 형세에 놓여 있었으니, 흉한 무리들의 소행이 이와 같은데도 임금은 구중 궁궐(九重宮闕)에 깊이 있어 이를 깨닫지 못하였다. 『영조실록』 영조 3년(1727) 12월 16일(정유). 『영조실록』 영조 3년(1727) 12월 17일(무술).

15 정원(政院)에 명하여 전라감사(全羅監司) 정사효(鄭思孝)가 봉진(封進)한 흉서(凶書)를 불사르게 하 였다. 이때에 흉역(凶逆)의 무리가 임금을 무함하는 부도(不道)한 말로써 몰래 선동(煽動)하여 민심을 광혹(誑惑)케 하더니, 이에 이르러 익명서(匿名書)를 전주(全州) 시장(市場)에 걸어놓았으므로 정사 효가 장계와 함께 봉진하였다. 임금이 말하기를, "이는 저번에 연은문(延恩門)에 걸렸던 방서(榜書)와 비슷하다." 하고, 드디어 승지를 시켜 그 글을 불사르게 하였다. (…) 이때에 터무니없는 말이 날로 일어 나 청파동(靑坡洞)에서는 집채 같은 바위를 어둔 밤에 굴려 옮겼다 하였고, 남산(南山)에서는 소나무 수백 주를 뽑아서 산 밑에 쌓아놓았다 하였다. 이로 인하여 인심이 소요하여 흙더미가 무너지는 형세에 놓여 있었으니, 흉역한 무리들의 소행이 이와 같은데도 임금은 구중궁궐(九重宮闕)에 깊이 있어 이를 깨닫지 못하였다. 『영조실록』 영조 3년(1727) 12월 16일(정유).
전라감사(全羅監司) 정사효(鄭思孝)가 또 흉서(凶書)를 봉진(封進)하여, 정원(政院)으로 하여금 불사 르게 하였다. 이때에 남원시장(南原市場)에 또 흉서가 걸렸으므로 정사효가 계문(啓聞)했으니, 대개 그 글은 전주(全州)에 걸렸던 흉서와 말이 같고 필적(筆跡)도 또한 한 솜씨로 쓴 것이었다. 『영조실록』 영조 3년(1727) 12월 21일(임인).

16 이상배, 「조선 후기 한성부 괘서에 관한 연구」, 『향토 서울』 제53호(서울특별시사편찬위원회, 1993), 153쪽.

져서 피난하는 사람들이 생겼을 정도였다.

영조 4년(1728) 정월에는 서울 서소문(西小門)에 괘서사건이 있었으며,[17] 2월에는 종로에도 괘서사건이 발생하여 영조가 현상금을 걸고 범인을 색출할 것을 명했다.[18]

영조 4년(1728) 6월 무신난(戊申亂)에 관련된 인물인 강위징(姜渭徵)은 변산의 도적이 군사를 양성한 지가 20여 년이 되었다고 진술했다.[19]

당시에 여산(礪山) 등지의 산에 밤에 올라가 변산의 도적들이 곧 거사를 일으킬 것이라고 외치는 자가 있어서 소문이 날로 퍼졌다.[20] 이로 인해 인심이 흉흉해져서 피난하는 사람까지 생겨났다.

영조 4년(1728) 정월에는 마침내 서울에도 괘서가 붙었다.[21] 2월에는 범인 체포를 독려하는 왕의 명이 있었다.[22] 3월에는 반란군이 13일에 군사를 모아

---

17 『영조실록』 영조 4년(1728) 1월 무진일.

18 『영조실록』 영조 4년(1728) 2월 경자일.

19 이른바 20년 동안 병사를 길렀다는 이야기는 (⋯) 제가 변산의 김수형에게 처음으로 들었고, 돌아오는 길에 박계상에게 전했습니다. 〔"所謂二十年養兵事段," 矣身初聞於邊山金守亨, 歸傳於朴啓相,〕 『무신역옥추안』 제8권(1728.6.), 『추안급국안』 16권 8책(아세아문화사, 1980), 강위징의 공초.

20 방문을 붙인 자는 김수형의 노비입니다. (⋯) 구호를 외친 자는 이덕일과 김수형의 노비들인데 (이들이) 여산 등지로 가서 산에 올라가 소리친 것입니다. 〔"立榜者卽, 金守亨奴." 呼唱者卽, 李德一奴百家, 金守亨奴千萬, 周行礪山等地, 登山呼唱.〕 『무신역옥추안』 제8책, 강위징 공초.

21 지경연사(知經筵事) 김동필(金東弼)이 말하기를, "금월 11일에 서부(西部)의 관원이 와서 말하기를, '서소문(西小門)에 괘서(掛書)의 변고(變故)가 있으니 어떻게 조처해야 하겠습니까?'하므로, 신이 불사르도록 하였더니, 부관(部官)을 부리(部吏)를 보내어 수문(守門)하는 자의 입회(立會)하에 불살라 버렸습니다. 나중에 들으니, 흉서(凶書)의 내용이 전주(全州)의 괘서와 일반이라고 하였습니다. 호남(湖南) 사람으로서 목격하지 않은 자가 없어 전하는 말이 이와 같은데, 대저 전주에서 일이 생기더니 또 남원(南原)의 시장(市場)에 흉서가 걸렸고, 도성(都城)의 문(門)에 또 이러한 변고가 있었습니다. 『영조실록』 영조 4년(1728) 1월 17일(무진).

22 이광좌가 말하기를, "불령(不逞)한 무리들의 처형(處刑)이 아직 지연되고 있는데, 종가(鍾街)에 또 괘서(掛書)의 변괴가 있으니, 상(賞)을 걸어 체포(逮捕)하게 하는 것을 결단코 그만둘 수 없습니다." 하니, 임금이 말하기를, "나도 분부하고자 하였으나, 인심이 소요를 일으킬까 염려하였는데, 경의 말을 들어보니 상을 걸어 체포하게 함이 옳다." 하였다. (⋯) 『영조실록』 영조 4년(1728) 2월 17일(무술).
임금이 하교하기를, "아! 세도(世道)가 날로 떨어지고 인심의 함닉(陷溺)됨이 어찌 오늘날과 같은 적이 있었겠는가? 호남(湖南)의 괘서(掛書)의 변고(變故)에 이르러서는 극단(極端)에 달했다고 할 것이니, 아! 참으로 분통한 일이다. 어떤 요망한 사람이 이 윤기(倫紀)가 없는 요악(妖惡)한 말을 지어내어 민중(民衆)을 미혹시킬 계획을 하는지 이는 부도(不道)할 뿐만 아니라 곧 난민(亂民)이니, 곧 추포(追捕)하여 전형(典刑)을 밝게 보여야 마땅하다. 『영조실록』 영조 4년(1728) 2월 19일(경자).

14일에 소사로 가서 15일에 거사한다는 급보가 있었고,[23] 난리가 일어난다는 소문에 피난하는 자가 속출하였다.[24]

변산의 도적들은 고부의 송하(宋賀), 부안의 김수종(金守宗), 나주의 나숭대(羅崇大) 등 부유한 토호들과도 연결되어 있었다.

애초에 송하는 기근과 도둑 문제를 해결하기 위해 호남감사와 병사가 특별히 추천한 별천(別薦)에 오른 인물이었다.[25] 그는 태인현의 환곡에 대해 자세히 파악하고 있었고, 둔갑술과 비술을 행한다는 소문도 돌았으며, 지방의 양반들과 체결하여 남원, 임실, 고부 등지의 녹림당을 지휘했다.[26]

김수종은 변산에서 조선업으로 거부가 된 자로서[27] 노복들이 살던 집이 60여 호에 이를 정도였다. 그는 하동, 순천, 진주의 토호들과 연계하였으며, 훈련원 주부를 지낸 해미의 박계상과도 잘 알고 지냈다.

나주의 명문세족이었던 나씨 집안도 녹림당과 연결되어 있었다.[28] 나만치

---

23 영의정 이광좌가 말하기를, "우리나라의 소란은 본래 근거가 없어서 사람들이 모두 믿지 않으나, 수일 사이에 양반(兩班)의 내행(內行) — 부인의 행차 — 이 나루터를 메워 사람들이 많이 피이하게 여기고 있습니다. 이른바 장흠(張欽)은 송전(松田)에 사는데 안박과 함께 흉역(凶逆)을 같이 모의하여 13일에 군사를 모으고 14일에 소사(素沙)로 가서 15일에 거사를 한다고 하여 원로대신이 급히 올라온 것이니, 이는 근거 없는 소란과는 다름이 있습니다. (…) 이태좌(李台佐)가 말하기를, "정월 초이튿날, 경중(京中)에 소란이 갑자기 일어났고 연달아 패서의 변이 있었습니다. 듣자오니, 4, 5일 전에는 진위(振威)에 사는 백성들이 서로 경동(驚動)하여 산 위로 피란했다고 하니, 이는 형적이 없는 일이 아닙니다." 하고, 조문명은 말하기를, "남쪽에서 패서한 후 또 서문(西門)의 변이 있었고, 정월의 와언(訛言) 역시 변괴이니, 이는 반드시 간흉한 무리들이 선동한 소치입니다. 일찍이 정월에 신의 집에 익명서(匿名書)가 있었는데, 『영조실록』 영조 4년(1728) 3월 14일(갑자).

24 이때 도하(都下)에 근거없는 풍문이 날로 흉흉하여 사람들이 모두 짐을 꾸려 들고 서 있어 조석 사이도 보장할 수 없는 듯하였고, 남산(南山) 아래 일대에는 가족을 이끌고 피해 도망하는 사부(士夫)들이 많아서 나루터에 길이 막혔으니, 인심이 놀라고 두려워함은 끝을 헤아릴 수가 없었다. 『영조실록』 영조 4년(1728) 3월 14일(갑자).

25 『비변사등록』 66책, 숙종 39년(1713) 11월 24일.

26 『추안급국안』, 「무신역옥추안」 권 4, 4월 20일, 4월 23일, 권 5, 5월 2일.

27 진사(進士) 김수종(金守宗)은 가세가 넉넉하고 종이 많으며 집이 변산 아래에 있는데, 박필현이 전에 50여 인을 거느리고 가서 김수종의 집에 모였고, 박필몽(朴弼夢)이 무장(茂長)에서 재차 수십 인을 거느리고 배를 타고 가서 검모포(黔毛浦)에 배를 대고 김수종의 집에 모여 모의하였습니다. 반역을 꾀한 것은 사실입니다." 하였다. 『영조실록』 영조 4년(1728) 6월 17일(병신) 고응량(高應良)의 공초.

28 남한순무사(南漢巡撫使) 김동필(金東弼)이 장계하기를, "붙잡은 적(賊) 윤희경(尹熙慶)의 취초(取招)와 윤희경을 아울러 올려 보냅니다." 하였는데, 그 초사(招辭)에 이르기를, "이 적의 근인(根因)은 당초 나주의 나두동(羅斗冬), 나숭대(羅崇大), 나만치(羅晚致) 세 사람에게서 비롯되어 양병(養兵)한 지 이

(羅晩致)는[29] 나숭대와 7촌 사이였는데 왕릉지를 선정할 때 풍수를 잘 알고 있는 인물로 조정에서 언급될 정도로 유명했고,[30] 추노(推奴)나 지세(地勢)를 보러 다닌다는 이유로 팔도를 두루 돌아다녔으며 삼남의 유명한 인물들과 통하지 않는 사람이 없었을 정도의 인물로 알려졌다.[31]

나만치(羅晩致)는 정세윤과 함께 호남 지역을 담당할 인물로 인정되었는데,[32] 전라도의 괘서(掛書)는 나만치가 만들었다고 전한다.[33] 그는 3천 명을 거느린 유력한 인물로 알려졌다.[34]

또한 녹림당은 전라도 지역뿐만 아니라 경상도와 경기도의 토호와 양반들과도 깊이 관련을 맺고 있었다. 이름난 성리학자 정온(鄭蘊, 1569-1641)의 직계 후손 정희량(鄭希亮, ?-1728)은 노비와 전토가 매우 많았는데 그도 심복이었던 정탁(鄭倬)을 통해 송하와 연계되었다. 정탁은 난을 일으킬 때 남원의 괘서를 썼고, 요술을 부리는 인물로 알려졌다.[35]

한편 이상정(李象靖, 1711-1781)이 지은 『대산선생문집(大山先生文集)』 권 50의 「지중추부사청대권공행장(知中樞府事淸臺權公行狀)」은 권상일(權相一, 1679-1759)의 행장이다. 여기에 "무신년 변란이 일어나기 전에 민간에 변산에 도적들이 모

미 오래였습니다. 양지(陽智) 사람 이호(李旿)는 그들 사이에서 이인좌 등과 서로 통하게 하였고, 이번 군사를 낼 때에는 정세윤(鄭世胤)이 나두동에게 군사를 청하자, 나두동이 허락하지 않고 스스로 말하기를, '나 역시 군사를 일으킨다.'고 하였습니다. 『영조실록』 영조 4년(1728) 3월 29일(기묘).

29 조세추(曹世樞), 나만치(羅晩致)에 이르러서는 온 도내(道內)에서 제일가는 부자인데도 충훈부에 이속(移屬)된 것은 몇 결(結)에도 차지 않으니 『영조실록』 영조 5년(1729) 5월 20일(갑자).

30 『영조실록』 영조 즉위년(1724) 9월 16일(병진).

31 『추안급국안』, 「무신역옥추안」 권 2, 4월 7일. 『무신별등록』 2책, 3월 29일 윤희경 공초.

32 『영조실록』 영조 4년(1728) 3월 25일(을해).

33 『영조실록』 영조 4년(1728) 4월 10일(경인).

34 전라도 나주에 방을 건 자인 나가(羅哥)가 3천 명을 거느리고 변산으로 들어갔는데, 태인의 수령 박필현(朴弼顯)이 그 당이어서 모든 적이 박필현에게 가서 의논하고 왔습니다. 『영조실록』 영조 4년(1728) 3월 27일(정축).

35 괘서(掛書)한 사람은 곧 산음(山陰)에 사는 정탁(鄭倬)이며 정탁도 또한 선학사에 모였습니다. 송하(宋賀)가 요술(妖術)을 하는데, 부안(扶安)의 김만신(金萬信)이 신과 서로 말하는 자리에서 신의 말이 송하의 요술의 일에 미치니, 김만신이 '정탁의 요술이 송하보다도 낫다.'고 하였습니다. 『영조실록』 영조 4년신(1728) 4월 9일(기축)과 4월 11일(신묘) 나만치 공초.

여 있다는 이야기가 떠들썩했다."는[36] 기록이 보인다. 채제공(蔡濟恭, 1720-1799)
이 지은『번암선생집(樊巖先生集)』권 42의 「자헌대부행사헌부대사헌청대권공
시장(資憲大夫行司憲府大司憲淸臺權公諡狀)」도 권상일의 행장인데, 여기에도 거의 동
일한 표현이 있다.[37] 또 권구(權榘, 1672-1749)의『병곡선생문집(屛谷先生文集)』권 7
의 「무신록(戊申錄)」에는 더욱 자세한 설명이 있다.[38]

이른바 무신난의 전개 과정은 다음과 같다.

적(賊)이 청주성(淸州城)을 함락시키니, 절도사(節度使) 이봉상(李鳳祥)과 토포사(討捕
使) 남연년(南延年)이 죽었다. 처음에 적 권서봉(權瑞鳳) 등이 양성(陽城)에서 군사를 모
아 청주의 적괴(賊魁) 이인좌(李麟佐)와 더불어 군사 합치기를 약속하고는 청주 경내
로 몰래 들어와 거짓으로 행상(行喪)하여 장례를 지낸다고 하면서 상여에다 병기(兵
器)를 실어다 고을 성(城) 앞 숲 속에다 몰래 숨겨 놓았다. 이에 앞서 성안의 민가에
서 술을 빚으니, 청주 가까운 고을 민간에 적이 이르렀다는 말이 무성했다. (…) 이
인좌가 자칭 대원수(大元帥)라 위서(僞署)하여 적당(賊黨) 권서봉(權瑞鳳)을 목사(牧使)로,
신천영(申天永)을 병사(兵使)로, 박종원(朴宗元)을 영장(營將)으로 삼고, 열읍(列邑)에 흉
격(凶檄)을 전해 병마(兵馬)를 불러 모았다. 영부(營府)의 재물과 곡식을 흩어 호궤(犒
饋)하고 그의 도당 및 병민(兵民)으로 협종(脅從)한 자에게 상을 주었다.[39]

이들은 청주 병영을 습격한 후 서울로 진격할 계획을 가지고 있었으며, 이
인좌(李麟佐), 원만주(元萬周), 정희량(鄭希亮)[40] 등이 주동 인물이었다.[41]

---

36 戊申逆變起, 先是民間喧言有邊山賊.
37 逆變起, 先是, 閭里譁言有邊山賊至.
38 自丁未春間, 有邊山賊之說行于國中. 其後連有畿湖掛書之變, 所言不道, 或疑其不逞怨國輩所爲. 然以此
人心駭懼, 因有騷屑. 至于戊申, 聞正月三日初昏, 都下忽虛驚, 滿城駭動奔走. 至有爭門以出, 相觸而死
傷者. 自此以後, 訛言日甚, 初無形影可見. 而氣象騷然, 有若寇賊朝夕突至者然. 至三月間, 聞京城避
亂者相續, 鄕人有自湖西地來者, 言其處騷屑尤甚云. 至于旬間, 則流聞之言, 益復怪怪. 或云邊山賊勢甚
盛, 嶺人稍有名字者, 擧皆膽跳錄聲言, 盡入其黨. 又云安東人與邊山賊相應, 或稱五士, 或稱三士, 或稱兩
士, 而皆指的其姓名. 又曰, 邊山賊云, 安東有兩諸葛不可動, 必殺之. 又曰, 邊山賊云, 安東一士在醴泉境
上, 此人若在, 吾事不成, 當殺之, 不然必致之. 又曰, 邊山賊連海浪賊, 數萬艘來泊西海, 京畿七邑已見
陷, 都城且受陷. 一自初九至十一日. 所聞如此. 一飛語喧傳, 不勝狼藉. 人心莫不惶惑疑懼, 凜然若無所
底止.
39 『영조실록』영조 4년(1728) 3월 15일(을축).

반란군에는 금산에서 7만 명의 군사가 합세할 예정이었고,[42] 평안병사 이사성도 군대를 이끌고 남하할 예정이었다.[43] 또 영남에서는 박필영이라는 도적이 그의 산하 2만 명의 군사를 이끌고 난에 참가하기로 약속되어 있었다. 박필영은 향후 삼남대원수가 되기로 한 인물이었다.[44]

태인현감 박필현과 담양부사 심유현도 군사를 이끌고 참여할 계획이었다.[45] 더욱이 전라감사 정사효도 애초에는 이들의 계획에 관심을 가지고 있었

---

40 이유익(李有翼)이 말하기를, '근래에 들으니, 영남(嶺南)에 정동계(鄭桐溪)의 후손으로 이름이 정희량(鄭希亮)이란 자가 있어 여러 해 동안 군사 모으는 일을 경영하여 호남과 서로 통하고 있는데, 모두 모이는 날은 3월 초닷새이다. 처음에 듣기로는 군사가 8만 명이라고 하였는데, 후에 들으니, 겨우 8천이라고 했으니, 그것이 과장된 것임을 알겠다.'라고 하였다. 『영조실록』 영조 4년(1728) 3월 20일(경오).

41 양성(陽城) 사람 출신(出身) 김중만(金重萬)이 (…) 공술하기를, "양성 구만리(九萬里)의 양반 권서룡(權瑞龍)과 권서린(權瑞麟), 가천역(加川驛) 양반 최경우(崔擎宇), 정세윤(鄭世允), 용인 도촌 김종윤(金宗允), 안성(安城)의 출신 정계윤(鄭季胤), 윤희경(尹熙慶), 과천 호현(狐峴)의 신광원(愼光遠)이 역모를 하였는데, (…) 이달 초이렛날 구만리에 모여 12일 밤에 어둠을 타고 군사를 합쳐 청주(淸州) 병영(兵營)을 습격하고자 하였으나, 영남(嶺南)의 대군(大軍)이 이르지 않았기 때문에 실행하지 못하였습니다. 모인 자들은 모두 각처의 명화적(明火賊)으로, 지금은 바야흐로 가천(加川)과 구만리 두 곳에 나누어 둔치고 있어 사방의 이웃 고을 백성들이 소동해 촌락이 모조리 비었습니다. 13일에 신이 적의 숲에서 탈출해 와서 그 후의 일은 알지 못하나, 만약 영남의 군사가 이르게 되면 곧바로 경성을 범하려고 합니다. 이 적들이 삼남(三南)과 교통(交通)하고 있는데, 영남은 청주 송면(松面)에 사는 사인(士人) 이인좌(李麟佐) 4형제가 주관하여 명령이 상주(尙州)와 통하며, 호남은 안성의 상인(喪人) 원만주(元萬周)가 주관하여 나주(羅州)의 나씨(羅氏) 성을 가진 양반과 교통하고 있습니다. 『영조실록』 영조 4년(1728) 3월 16일(병인).

42 막실은 공술하기를, (…) 들으니, 12일 저녁에 모여 13일에 진위(振威), 양성 등지의 군사와 합쳐 소사(素沙)에서 조련하고, 15일, 16일 사이에는 충청도 병영에 이르러 병사(兵使)가 말을 듣지 않으면 죽이고, 그 군사를 빼앗아 금산(金山)의 적 7만 명과 합세하여 서울로 들어가되, 세 길로 나누어 혹은 수로(水路)로 혹은 육로로 간다고 하였습니다." 하였다. 『영조실록』 영조 4년(1728) 3월 16일(병인).

43 이사성(李思晟)은 근왕병(勤王兵)을 칭탁해 올라오고, (…) 『영조실록』 영조 4년(1728) 3월 29일(기묘) (…) 나만규(羅晩揆)가 공초하기를, (…) 이사성(李思晟)도 또한 평안도에서 근왕병(勤王兵)이라 핑계대고 올라오고 (…) 『영조실록』 영조 4년(1728) 4월 11일(신묘) (…) 평안도의 군대는 호병(胡兵)처럼 꾸며가지고 올라온다고 했습니다. 『영조실록』 영조 4년(1728) 4월 16일(병신) 조세추(曹世樞) 공초.

44 「무신역옥추안」 제2책, 3월 27일 역적 이배(李培) 공초.

45 태인현감(泰仁縣監) 박필현(朴弼顯)이 군사를 일으켜 반란을 피했는데, 전주(全州) 삼천(三川)에 이르렀다가 군사가 궤멸해 도주하였다. (…) 이때 그의 종형(從兄) 박필몽(朴弼夢)이 무장(茂長)으로 귀양 가니, 함께 의논하고 군사를 일으키고자 태인현감에 차임되기를 도모했으며, 부임한 후에는 몰래 담양부사(潭陽府使) 심유현(沈維賢)과 함께 모의하였다. 청주의 변이 일어난 후 19일에 근왕(勤王)한다는 핑계로 경내의 병마를 징발하고 관속(官屬)을 단속하여 3일 동안 조련(操鍊)하면서 관문(官門)에다 진을 쳤다. (…) 군사를 동원한 후 박필몽이 오기를 기다려 대장으로 추대해 서울로 향하고자 하였는데, 박필몽은 오지 않았다. (…) 박필현은 군사가 궤멸할 것을 염려하여 그날로 떠나 금산사(金山寺) 고개를 넘어 밤에 전주의 삼천(三川)에 이르렀다. 감사 정사효(鄭思孝) 역시 박필현과 함께 모의하고 기일

다. 이들은 밀풍군(密豊君) 이탄(李坦)을 새로운 왕으로 추대하려 했다.[46]

마침내 이들 변산 노비도적이 중심이 되어 변란이 일어났다.

영조 4년(1728) 3월 어영기찰장교(御營譏察將校)가 의심스런 사람인 출신(出身) 이징관(李徵觀) 및 아노(兒奴) 귀금(貴金)을 성 밖에서 잡아 대궐로 올려 보냈다. 이들을 국문하여 한 차례 형신(刑訊)했으나, 불복하였다. 귀금을 문초하니, "상전(上典)은 직산(稷山)에 사는데 전립(氈笠)을 쓰고 환도(環刀)를 차고 적당(賊黨)에 들어가고자 하였습니다. 적은 변산(邊山) 정도령(鄭都令)과 갈원(葛院)[47] 권진사(權進士) 등으로서 장군(壯軍)을 모집하여 군복(軍服)을 만들었으며, 박창급(朴昌伋)은 그 일족이 매우 많은데 모두 적중에 들었습니다. 이번 15일에 경성을 포위하고자 하여 이른바 정도령이 구만리(九萬里) 권생원(權生員) 집에 와 상의하였는데, 능히 둔갑(遁甲), 부작(符作) 등을 잘한다고 합니다."라고 진술하였다.[48]

이와 비슷한 기록이 심문기록에도 다음과 같이 나온다.

이른바 정도령(鄭都令)이 변산에서 와서 양성(陽城) 구만리(九萬里)에 머물고 있는데, 권생원(權生員)과 함께 모든 일을 상의하고 장군을 모집하고 있습니다. 소위 정도령은 둔갑과 부작(符作)에 능하다고 합니다.[49]

인용문을 통해 당시 변산의 도적을 이끄는 인물이 '정도령'으로 불렸음을 알 수 있다. 그는 둔갑술을 부릴 줄 알았고, 부작을 사용했던 이인으로 알려졌

을 약속해 군사를 일으키기로 했었는데, 성품이 본래 교활하고 조정에서 예비함이 있는 것을 알고는 관망(觀望)하기로 계책을 삼고는 문을 닫고 맞아들이지 않았다. 『영조실록』 영조 4년(1728) 3월 25일 (을해).

46 『영조실록』 영조 4년(1728) 4월 10일(경인), 5월 2일(임자).

47 갈원은 경기도(京畿道) 진위현(振威縣) 남쪽 20리 지점에 있다. 『신증동국여지승람』 제10권, 경기도 진위현.

48 御營譏察將校, 執可疑人出身李徵觀, 及其兒奴貴金於城外. 上闕鞫問, 刑一次不服. 問貴金供, 上典居稷山, 氈笠環刀, 欲入賊黨. 而賊是邊山鄭都令, 與葛院權進士等, 募壯軍製軍服, 朴昌伋, 一族甚多, 皆入賊中. 今十五日, 欲圍京城, 所謂鄭都令來, 九萬里權生員家相議, 而能爲遁甲符作矣. 『영조실록』 영조 4년(1728) 3월 16일(병인).

49 『무신역옥추안』 1권(1728. 3.), 『추안급국안』 14권 1책(아세아문화사, 1980), 438면.

다. 민중들이 바랐던 구원자의 능력을 갖춘 인물이 '정도령'으로 불리고 그를 따르는 무리들이 실제로 군사적 행동을 준비하고 있다는 소문이 퍼져나갔던 것이다. 즉 변산 도적 세력을 상징하는 인물이 바로 정도령이었다. 이는 정씨 진인출현설의 한 유형으로 볼 수 있다.

이 정도령이 청룡대장(靑龍大將)으로 불리는 정세윤(鄭世胤) 또는 정팔룡(鄭八龍)이라는 진술도 있었다.

> 박필상(朴弼祥)과 신효조(辛孝祖)를 대질(對質)시켰다. 신효조가 말하기를, "3월 13일 늦게서야 네가 와서 말하기를, '여주(驪州), 이천(利川)은 시끄러운 근본이다. 이천의 정가(鄭哥) — 정조윤(鄭祚胤)의 육촌 정세윤(鄭世胤) — 가 갑자기 달아나 간 곳을 모르므로 죽었으리라고 생각하였더니, 봄에야 비로소 와서 말하기를, 「내가 영남 청룡대장(嶺南靑龍大將)이 되었는데, 대장 12원(員) 가운데에서 제1장(第一將)은 정가이고, 제2장은 박필현(朴弼顯)이고, 내가 제6장이다. 호남대장(湖南大將)은 배를 타고 순풍을 만나 곧바로 강화(江華)로 향하고 지평(砥平) 군사는 남한(南漢)으로 나아갔다.」 하더라.' 하였다.[50]
>
> 박필상이 공초(供招)하기를, "3월 10일에 정조윤(鄭祚胤)이 신에게 말하기를, '청룡대장(靑龍大將)은 곧 정팔룡(鄭八龍)이고, 정세윤(鄭世胤)이 제6장(第六將)이 되고, 박필현(朴弼顯)이 제2장이 되어 장차 역적을 하려 한다. 내가 바야흐로 서기(書記)인데 앞으로 대장이 될 것이니, 너는 내 군관(軍官)이 되어서 가는 것이 좋겠다. 성공하면 반드시 목사(牧使)나 부사(府使)가 될 것이다.' 하고, (…)[51]

정팔룡은 정도령(鄭都令)으로도 불리는 변산 도적의 핵심 인물이다.[52] 청룡대장 정팔룡이 변산 도적을 이끌고 대사를 도모하려 한다는 내용이다. "정도령이 장수가 되어 팔도가 모두 응했다."는 진술도 있다.

---

50 『영조실록』 영조 4년(1728) 5월 12일(임술).

51 『영조실록』 영조 4년(1728) 5월 16일(병인).

52 「무신역옥추안」 제8책, 강위징 공초.

김옥성(金玉成)을 네 차례 형벌하고 유염(柳淰)을 한 차례 형벌하였으나 모두 승복(承服)하지 않았다. 박태후(朴太厚)를 한 차례 형벌하니, 박태후가 공초하기를, "이세채(李世彩)가 도적의 초관(哨官)이 되어 도목(都目)을 가지고 신을 유인하기를, '정도령(鄭都令)이 장수가 되어 8도(八道)가 모두 응하였다. 네가 비록 나이 늙었으나 강태공(姜太公)은[53] 나이 80세에 오히려 공(功)을 이루었으니, 너는 모름지기 동참(同參)하라.' 하기에, 신이 이내 따라서 유천(柳川) 땅으로 갔더니, 적도(賊徒)가 합쳐 13대(隊)이고 대마다 각각 12명이었습니다. 반역을 도모한 것은 사실입니다." 하니, 명하여 효시(梟示)하게 하였다.[54]

영조 4년(1728) 5월 호서안무사(湖西安撫使) 김재로(金在魯)가 장계(狀啓)하기를, "역적 민백효(閔百孝)의 종 (…) 성적(成績)이 또 공초하기를, '(…) 당초 속오군(束伍軍) 등이 성안에 부진(赴陣)할 때에 민원보(閔元普)가 술과 안주를 많이 장만하여 길가에 앉아 술을 따라 권하니, 군인이 말하기를, 「너희들이 형세를 보아 정도령(鄭都令) 편에 들어가야 살 수 있을 것이다.」 하였습니다. 청주의 적병이 이곳에 와서 모이기로 약속하였으므로 민원보 등이 밤낮으로 정제하고 기다렸습니다."라 했다.[55]

여기서도 당시 정도령이 출현할 것이라는 믿음이 반란사건의 주동자들 사이에 만연했다는 사실을 짐작할 수 있다.

한편 송하(宋賀)는 정희량의 수하에 있었던 인물이다.

태인(泰仁)의 송하(宋賀)는 둔갑술(遁甲術)로써 이름이 있었는데 역시 적당에 들어갔으니, 반역을 도모한 것이 사실입니다." 하니, (…)[56]

---

53 강태공은 주(周)나라 문왕(文王)과 무왕(武王)을 보좌하여 은(殷)나라를 멸망시키고 주(周)나라를 창업(創業)한 공신(功臣)이다.

54 『영조실록』 영조 4년(1728) 4월 8일(무자).

55 湖西安撫使, 金在魯狀啓言, 賊百孝奴 (…) 成績又供, (…) 當初束伍軍等, 赴陣城內時, 元普多備酒肴, 坐路邊, 執酒而饋, 軍人曰, 汝等觀勢, 入於鄭都令之邊, 然後可以生活云. 淸州賊, 約以來會此處, 故元普等, 晝夜整待. 『영조실록』 영조 4년(1728) 5월 10일.

56 『영조실록』 영조 4년(1728) 4월 7일(정해).

나숭대(羅崇大) 공초에 (…) 송하(宋賀)가 요술(妖術)을 하는데 (…)[57]

박필현(朴弼顯)이 정탁(鄭倬)으로 하여금 남원(南原)에 괘서(掛書)케 하고, 송하(宋賀)로 하여금 전주(全州)에 괘서케 하였는데, 글은 박필현이 짓고, 송하의 5촌 조카가 썼습니다. 반역을 도모한 것이 사실입니다." 하니, (…)[58]

송하가 둔갑술이나 요술을 한다는 풍문이 사실로 드러났다. 그는 역모를 주동한 인물 가운데 한 사람이다.

마침내 임금이 인정문(仁政門)에 나가서 친히 송하(宋賀)를 국문하였다. 송하가 공초(供招)하기를, "이른바 요술(妖術)이라는 것은 12세 때 황산사(黃山寺)의 중으로 이름을 문학(文學)이라 하는 자가 신에게 '병자년(인조 14년, 1636)의 치욕을 너의 나라의 힘으로는 갚을 수 없기 때문에 이 책을 주는 것이다.' 했는데, 『단서(丹書)』 1권, 『소서(素書)』 상·하권, 『옥장현기(玉帳玄機)』 3권으로 당판(唐板)으로 인쇄된 책이었습니다. 신이 이것을 황산사의 탑(楊)에 보관해 두었었는데, 17세가 된 뒤에 신의 어미가 신에게 이런 등등의 일은 하지 말라고 경계했기 때문에 중으로서 이름을 처상(處相)이라 하는 자에게 전해 주었습니다. 신은 원래 요술을 배운 일이 없습니다. 박필현(朴弼顯)이 도임한 뒤에 2, 3일 만에 찾아와서 만나기는 했지만 다른 말은 없었습니다." 하였다.[59]

송하는 문학이라는 승려에게서 『단서』, 『소서』, 『옥장현기』 등의 책을 전해 받았다고 진술했다. 술법 또는 요술과 관련된 책 이름이 등장하는 점이 특기할 만하다. 그런데 이 요술과 관련하여 또 다른 비결서 이름이 다음과 같이 전한다.

---

57 『영조실록』 영조 4년(1728) 4월 9일(기축).

58 『영조실록』 영조 4년(1728) 4월 11일(신묘) 나만치(羅晩致) 공초.

59 上御 仁政門, 親鞫, 問 宋賀. 賀供, 所謂妖術, 十二歲, 黃山寺僧名文學者, 謂臣曰, 丙子年汝國不能雪恥, 故給此書. 丹書一卷, 素書上下卷, 玉帳玄機三卷, 唐板印本也. 臣置之黃山寺 楊, 十七歲後, 臣母戒臣勿爲此等事, 故傳給僧名處相者. 臣元無爲妖術之事, 弼顯到任之後, 二三日來見, 無他語. 『영조실록』 영조 4년(1728) 4월 20일(경자) 위와 동일한 내용이 「무신역옥추안」, 4권(1728. 4.), 『추안급국안』 15권 4책(아세아문화사, 1980), 264면에도 실려 있다.

송하(宋賀)를 한 차례 형문하니, 송하가 공초하기를, "이른바 요술(妖術)이라는 것은 곧 현포비결(玄圃祕訣)로서, 처음에 성규헌(成揆憲)에게서 얻어 보았습니다. 그 술법이 한 손에 칼을 들고 또 한 손에는 대추나무와 그림으로 그린 부적을 잡고 하는 것으로 이것이 바로 장생(長生)하는 선술(仙術)이라고 했습니다만, 시험해 보아도 효과가 없었습니다."라 했다.[60]

현포비결은 예언서와는 관련이 없는 "장생하는 선술"이라는 주장으로, 칼과 대추나무 그리고 부적을 손에 잡고 행하는 술법이라고 한다.

이 외에도 무신난에 연루된 사람 가운데 다음과 같은 비기를 유포한 자들이 있었다.

유진정(柳晉楨)을 추문(推問)하였으나 유진정이 승복하지 않으므로, 박미귀(朴美龜)와 유진정을 대질(對質)시켰다. 박미귀가 말하기를, "네가 심유현(沈維賢)에게 '무신년은 소복(素服)의 해이다.' 하지 않았는가?" 하였다. 대개 무신년은 황후(黃猴)의 해이므로 비기(祕記)에 "백의서생(白衣書生)이 조정(朝廷)에 찰 것이다." 하였기 때문이다. 유진정이 말하기를, "내가 어찌 그런 말을 했겠는가?" (…)[61]

죄인의 심문 과정에 나타난 황후(黃猴)는 육십갑자 가운데 무신년(戊申年)을 가리킨다. 이처럼 빛깔과 동물을 결합시켜 특정한 해의 간지를 나타내는 방법은 이후 현전하는 『정감록』의 「서계이선생가장결」 등의 비결서에 자주 등장하는 표현법이다. 적어도 영조 초기에는 이러한 방법으로 특정 해의 간지를 표기하는 것이 비결서에 등장했었음을 확인할 수 있다.

백의서생이 조정에 찰 것이라는 말은 조정에 상(喪)이 있어 소복을 입은 자

---

60 問宋賀, 刑一次, 賀供, 所謂妖術, 卽玄圃祕訣, 初得見於成揆憲處. 其術一手持刀, 一手持棗木畫符, 此乃長生仙術云, 而試之不效. 위와 동일한 내용이 『무신역옥추안』 4권(1728. 4.), 『추안급국안』 15권 4책(아세아문화사, 1980), 282면에도 실려 있다.

61 問柳晉楨, 晉楨不服, 令朴美龜, 柳晉楨面質. 美龜曰, 汝與維賢, 不曰, 戊申, 是素服之年乎? 蓋以戊申爲黃猴, 故秘記有曰, 當白衣書生滿朝也. 晉楨曰, 吾豈爲此言乎? 『영조실록』 영조 4년(1728) 5월 10일(경신), 『무신역옥추안』 5권(1728. 5.), 『추안급국안』 15권 5책(아세아문화사, 1980), 529면에도 동일한 내용이 실려 있다.

들이 있을 것이라는 말이다. 국가에 큰 변란이 일어날 것이고, 왕족이 죽을 것을 암시한 것이다. 이와 비슷한 비결이 현전하는 『정감록』에도 다음과 같이 보인다.

黃羊, 白衣滿朝. [62]
白猴 — 庚申 — 白衣滿朝. [63]

『정감록』의 이러한 표현은 무신난과 관련된 듯하다. 소복을 입은 사람들이 조정에 가득 찰 것이라는 표현은 국왕의 죽음을 의미한다.

---

62 「남격암십승지론」, 『정감록』(한성도서주식회사, 1923), 『정감록집성』(아세아문화사, 1973), 618면. 황양(黃羊)은 기미년(己未年)이다.

63 「오백론사(五百論史)」, 『정감록』(한성도서주식회사, 1923), 『정감록집성』(아세아문화사, 1973), 621면.

이인좌 · 정희량의 반란사건과 정도령 출현설

33

　영조 4년(1728)에 일어난 전국적 규모의 반란이었던 무신난(戊申亂)은 흔히 '이인좌(李麟佐)의 난'으로 불린다. 이 반란은 당쟁의 와중에 정권에서 소외되었던 일부 소론 사대부들이 중심이 되고, 여기에 정치적으로 몰락한 소수의 남인과 소북 계통의 당인들이 합세하여 일으킨 일종의 정권 쟁탈전이었다.

　무신난에 주도적으로 참가한 세력은 갑술환국, 신사옥, 병신처분, 을사반옥 등을 거치면서 노론 측으로부터 '명분과 의리를 어기는 무리〔干犯名義〕'로 지목되었고, 반노론의 당론 때문에 관직으로의 진출이 여의치 않았거나 뜻을 펴지 못한[1] 세가의 후손들이었다. 여기에 과격한 소론 즉 이른바 준소(峻少)는 영

1　『영조실록』 영조 4년(1728) 4월 13일(계사) 기사에 "조관규의 무리에 괴수되는 대장이 있었는데, 지평(砥平)의 남수언(南壽彦)은 바로 조관규의 매부(妹夫)로서 조관규와 남수언이 주사대장(舟師大將)이 되어 여강(驪江)에 정박한 선척(船隻)을 모아서 어가(御駕)가 만약 남한강(南漢江)에 행차한다면 부딪쳐 깨뜨릴 계책을 하였다."는 내용이 보인다. 그리고 『영조실록』 영조 4년(1728) 5월 7일(정사)에 "조상(趙鏛)이 어느 날 달밤에 찾아와서 말하기를, '급제하여도 사람된 직책을 얻지 못하니, 노론(老論)이 되지 않으면 남쪽 월(越)로 달아나거나 북쪽 호(胡)로 달아나는 밖에 다른 방책이 없다.' 하였다."는 조관규의 진술이 있다.

조가 즉위하자 노론을 제거하고 소현세자의 혈통에 따라 반정(反正)할 목적으로 무리를 모았다.

준소에 속하는 대표적 인물은 무장에 유배되어 있던 전 참판 박필몽(朴弼夢), 태인현감 박필현(朴弼顯), 이유익(李有翼), 담양부사 심유현(沈維賢), 이하(李河) 등이다. 이들 다양한 세력들은 선대로부터의 당론에 의한 정치적 경험의 공유나, 가문 간의 교류와 인척으로서의 유대 등을 매개로 결성되었다.

이인좌는 갑술옥사 당시 감사를 지낸 이운징의 손자이자 이의징의 종손으로, 난을 주도하였다. 동생 이능좌, 재종형 이일좌, 외종사촌 동생 조세추, 4촌 동서 이호, 매제 나숭곤 등이 가담하였다. 이인좌는 술법에 관심이 있었다고 전한다.[2]

이들은 역성혁명까지 도모하지는 못하고 소현세자의 증손이었던 밀풍군(密豊君) 탄(坦)을 왕으로 추대하려고 했다. 나아가 이들은 영조의 세제(世弟) 책봉의 부당성, 경종(景宗)의 사인(死因)에 대한 의혹, 영조의 출생 배경 등에 관한 유언비어를 유포하면서 반란을 일으켜 충청도 일대를 휩쓸었다.

이들은 도성에 있는 사족들에게 "선왕(경종)을 잊을 수 없으며, 많은 사람들이 슬퍼한다."는 내용을 전파하였다.[3] 이는 영조가 왕위를 불법으로 계승하였고, 경종이 억울하게 죽었음을 은연중에 암시하여 자파 세력의 기반을 확보하고 세력을 확대하고자 하는 의도였다.

영조 원년(1725)의 이천해(李天海)사건은 이러한 흉언과 관련된 사건이었다.

---

2 권구(權榘)를 잡아 보냈다. 권구는 곧 안동에서 명망이 있는 선비로서 학문과 행실로 이름이 있었다. 취초(取招) 때 공초하기를, (…) 하고 바야흐로 앞으로 나아가려 했는데, 안무사(安撫使)가 또 글을 보내서 불렀기 때문에 이내 부중(府中)으로 갔다가 잡혀서 오게 되었습니다. 을사년(영조 원년, 1725) 무렵에 신이 예천서원(醴泉書院)에 갔더니, 원장(院長) 및 지방의 장로(長老) 5, 6인이 함께 모였는데, 한 소년이 들어와서 스스로 '육임점(六壬占)을 배우려고 합니다.' 하기에 신이 '그대를 보건대, 또한 소년이고 재주가 있으므로 배울 만한 것이 많은데, 어찌 잡술(雜術)을 배우려고 하는가?' 하였습니다. 뒤에 물어보니, 이인좌(李麟佐)였습니다. 정희량(鄭希亮)은 순흥(順興)에 살고 이인좌(李麟佐)는 문경(聞慶)에 살며 서로 교통(交通)하여서 한 가지 말과 한 가지 일도 서로 알지 못하는 것이 없었으니, 『영조실록』 영조 4년(1728) 4월 11일(신묘).

3 『추안급국안』, 「무신역옥추안」, 권 2 4월 3일 임서봉(任瑞鳳)의 공초. 임서봉은 어의(御醫) 출신으로서 소론계(少論系)였다.

임금이 의릉(懿陵)을 알현(謁見)할 때 이천해(李天海)란 자가 이교(二橋) 목에서 어가(御駕) 앞에 나와 흉언을 하였는데, 음참(陰慘)하기 짝이 없어 국문하여 죽였다.[4]

훗날 무신년에『영조실록』영조 4년 무신(1728) 5월 2일(임자) 임환(任環)의 공초에 말하기를, "이유익(李有翼), 심유현(沈維賢)이 흉언(凶言)을 만들어 내어 내외가 서로 응했습니다." 했고, 『영조실록』영조 4년(1728) 3월 28일(무인) 이일좌의 공초에서 이천해 사건의 배후에 박필현과 이유익의 무리가 있었다는 진술을 받았다. 그리고 이유익은 "심유현이 흉언을 만들어내어 여항(閭巷)에 전파하였습니다."라고 진술했다.[5]

이들은 영조가 경종을 시역(弑逆)했다는 내용의 괘서를 종루와 서소문에 살포하기도 했으며,[6] 경종(景宗)의 신하를 자처하기도 했다.[7]

반란군은 경종(景宗)을 추모하는 의미에서 백목(白木)으로 기(旗)를 만들어

---

4 군사(軍士) 이천해(李天海)가 흉언(凶言)이 범필(犯蹕)된 것으로써 복주(伏誅)되고 (…) 이보다 앞서 흉당(凶黨)들이 강력히 건저(建儲)하는 것을 막는 계책을 했으나 이미 이루어지지 않자 김일경, 목호룡이 무옥(誣獄)을 일으킬 것을 꾸며내어 반드시 감히 말을 하지 못할 자리에서 동요시키려고 하다가 계획이 또 이루어지지 않자 상(上)이 대위(大位)에 광림(光臨)하기에 미쳐 불량한 무리가 떼를 지어 터무니없는 말로 속이고 거짓말로 선동하여 사방을 미혹시키다가 이천해의 흉언에 이르러 극에 달했으나, 사납고 완악(頑惡)하게 신문(訊問)에 불복하여 단서를 밝혀내지 못했다.『영조실록』영조 1년(1725) 1월 17일(병진). 범필(犯蹕)은 임금이 거둥할 때에 연(輦)이나 가교(駕轎)에 접근하거나 또는 그 앞을 지나가는 무엄한 짓을 가리킨다.

5 우리 경종(景宗)과 영조(英祖)께서 왕위를 주고받은 것은 정대(正大)하여 천지(天地)에 의논을 내세워도 어긋나지 않고 귀신(鬼神)에게 물어도 의심할 것이 없습니다. 그런데 뜻을 잃고 나라를 원망하는 무리들이 흉언을 지어내고 역도(逆徒)들과 결탁하여 마침내 군사를 일으켜 대궐을 범하는 데 이르렀으니, 누가 예의(禮義)의 나라에 기록에도 드문 이런 변고가 있으리라 생각했겠습니까? 그 흉언의 와굴(窩窟)과 근저(根柢)는 바로 심유현(沈維賢)인데, 심유현은 단의왕후(端懿王后)의 아우였습니다. 『영조실록』영조 4년(1728) 3월 14일(갑자).

6 『영조실록』영조 4년(1728) 1월 17일(무진), 『영조실록』영조 4년(1728) 2월 17일(무술), 민진원(閔鎭遠), 「단암만록(丹岩漫錄)」,『패림(稗林)』, 188면.『한국사』36권(국사편찬위원회, 1997), 198쪽에서 재인용.

7 진영(震榮)은 두 차례 신문을 받고 형장(刑杖)을 친지 4도(度)만에 바른 대로 공초하기를, "괘서(掛書)는 신이 이인좌(李麟佐), 권설(權卨), 나만치(羅晚致), 나만서(羅晚瑞), 나만규(羅晚揆)와 더불어 함께 의논하여 착수하기로 결정하고 좋은 장지(壯紙)에 써서 나만치가 청주(淸州)로 가지고 갔습니다. 이인좌의 말에는 '이 방서(榜書)를 걸어 놓으면 사방 사람들이 바람 쏠리듯 할 것이다.' 하였는데, 글의 내용은 신이 언뜻 보았으므로 지금은 기억할 수가 없습니다. 이인좌가 권설에게 말하기를, '우리들이 어찌 경종(景宗)의 신하가 아니겠는가?' 하였으니, 괘서의 대지(大旨)는 이에게 벗어나지 않을 것입니다." 하였다. 〔(…) 麟佐謂卨曰, 吾輩豈非景廟之臣乎? 掛書大旨, 不出於此.〕『영조실록』영조 6년(1730) 6월 12일(기유).

명정(銘旌)처럼 들고, 경종의 신주(神主)를 모시고, 병사들에게 소복(素服)을 입히고[8] 백립(白笠)을 쓰게 했다.[9]

이들은 호남, 평양 등지에서 기병하면 서울에서 내응하려는 계획을 세웠다.[10] 구체적으로는 평안병사 이사성(李思晟)이 기병하면 포도대장 남태징(南泰徵)이 그에 응하고, 또 전라감사 정사효(鄭思孝)를 포섭하여 호남에서의 기병을 추진하려 했다.[11]

각지에 지방관으로 내려가 있던 주모자들은 관군을 중심으로 기병하고, 토호와 녹림당을 후원 세력 내지 보조 세력으로 사용하려 했다. 삼남에 있는 유민들과 녹림당을 적극적으로 끌어들였고, 각 지방의 토호들과도 연계하였다. 토호는 지방의 상권과 수공업을 장악하고 많은 토지와 노비를 소유하고 있었다. 이들은 집권층에 의해 불이익을 받거나 부당한 처분을 당하기 십상이었는데 때로는 적도(賊盜)의 누명을 쓰거나, 변산에서는 수령에 대항한 죄로 유배당하기도 했다.[12]

---

8 적군이 청주로 들어갈 때 모두 소복(素服)을 하였고, (…) 『영조실록』 영조 4년(1728) 3월 28일(무인) 목함경(睦涵敬)의 공초.

9 적군이 청주로 들어갈 때 모두 소복(素服)을 하였고, (…) 『영조실록』 영조 4년(1728) 3월 28일(무인) (…) 백색(白色) 군복(軍服)을 만들게 하였는데, 『영조실록』 영조 4년(1728) 3월 16일(병인).

10 조세추(曹世樞)가 공초(供招)하기를 (…) 2월 13일에 청주적(淸州賊)의 군관(軍官)이 이인좌의 집에 와서 '평안병사(平安兵使) 이사성(李思晟)이 사신(使臣) 이가(李哥)와 함께 올라온다.'고 했는데, 그가 사신이라고 일컬었기 때문에 이명언(李明彦)으로 생각하였습니다. 그의 말에 의하면 평안도의 군대는 호병(胡兵)처럼 꾸며가지고 올라온다고 했습니다. 그리고 해미(海美)의 영장(營將)이 군대 3천 명을 이끌고 올라온다고 했는데, 이름은 모르겠습니다. 『영조실록』 영조 4년(1728) 4월 16일(병신)

　심유현이 말하기를, '지금 평병(平兵) ― 평안병사(平安兵使) ― 이사성(李思晟)과 남태징, 남태적(南泰績), 이유익 등이 바야흐로 큰일을 꾀하는데, 서병(西兵) ― 평안도의 군사 ― 이 장차 일어날 것이고 서병이 일어나면 북병(北兵) ― 함경도의 군사 ― 도 일어날 것이다. 그 가운데에서 충병(忠兵)― 충청도의 군사 ― 은 반드시 따르려 하지 않을 것이나, 갈아서 친구가 맡게 하면 일이 어렵지 않을 것이다. (…) 경상 좌병사(左兵使), 우병사(右兵使)가 각각 군사를 일으키면 방백(方伯), 안동(安東)을 제거하고 참여하기 쉬울 것이다. 남태징이 장사(將士) 4백 명을 뽑아 거느리고 양식을 주고 충청도로 가면 충청도에도 호응하는 자가 있을 것이다. 이사성은 무후(武侯) ― 제갈량 ― 의 병법을 쓰니, 이 사람이 일어나면 누가 당하겠는가? (…) 『영조실록』 영조 4년(1728) 5월 8일(무오).

11 『추안급국안』, 「무신역옥추안」, 권 3, 4월 14일 박사관(朴師寬)의 공초와 권 5, 5월 8일 박미귀(朴美龜)의 공초. 박사관은 박필몽(朴弼夢)의 맏아들이다.

12 『추안급국안』, 「무신역옥추안」, 권 2 4월 2일 이정(李楗)의 공초와 4월 6일 김홍수(金弘壽)의 공초, 권 4 4월 25일 이지시(李之時)의 공초.

집권층에 불만을 가진 이러한 세력들이 군사를 모집하는 군자금을 제공했으며 각처의 녹림당과도 연결하여 거사세력으로 동원하였다. 녹림당을 대표하는 것은 변산의 도적들이었다. 여기에 의원이나 지사(地師)로 각지를 유랑하거나 매우 가난하여 땅과 노비도 없이 고역에 종사하거나 나무를 베어 팔아 생계를 유지하던 몰락 양반들도 가세하였다.[13]

정책 실패로 인한 민심 이반이 원인을 제공했고, 조직적인 저항운동을 전개하는 계기가 되었다. 민생고의 해결과 신분상승을 향한 욕구가 여러 계층에서 상호 연대하여, 지배층의 권력투쟁을 기회로 삼아 거사에 동참했던 것이다. 이 밖에도 호남 지역의 유민들이 경기도 지역으로 대거 몰려듦에 따라 이들은 더욱 기세를 떨쳤다.

이 변산적의 실체는 분명히 있으며, 반란주모자들은 부안의 거부 김수종을 중심으로 모여 회합을 가졌다.[14]

조선 후기 정치체제와 권력 구조의 내부 갈등에서 발단한 무신란은 명문사족이 민중을 동원하여 감행한 최대 규모이면서 최후의 권력투쟁이었다. 동시에 16, 17세기 이래의 고립적이고 국부적인 민중운동의 흐름을 수용하고, 당시 각 사회계층의 이반 행동을 원동력으로 삼았던 점에서 조선 후기 민중운동의 질적 비약의 계기를 조성하였다.

이후 민중운동은 사족층의 탈락과 배제를 수반하면서 잔반(殘班)과 향임층을 주도층으로 하층민을 여러 형태로 동원하였던 발전 단계를 거쳐, 잔반과

---

13 『추안급국안』, 「무신역옥추안」, 권 2 4월 2일 박천제(朴天齊)의 공초.

14 고응량(高應良)이 공초하기를 (…) 변산(邊山)의 적(賊)에 관한 말은 맥락이 있습니다. 김수종은 가세가 넉넉하고 종이 많으며 집이 변산 아래에 있는데, 박필현이 전에 50여 인을 거느리고 가서 김수종의 집에 모였고, 박필몽(朴弼夢)이 무장(茂長)에서 재차 수십 인을 거느리고 배를 타고 가서 검모포(黔毛浦)에 배를 대고 김수종의 집에 모여 모의하였습니다. 반역을 꾀한 것은 사실입니다." 하였다. 『영조실록』 영조 4년(1728) 6월 17일(병신).

역적 고응량(高應良), 김수종(金守宗)이 부안(扶安)에 살면서 읍내(邑內)의 여러 사람과 체결하여 함께 반란하고, 역적의 피수 박필몽(朴弼夢)이 수십 인을 거느리고 무장(茂長)에서 바다에 건너 김수종의 집에 이르러 난만하게 모의한 자취를 숨기기 어려운데 (…) 『영조실록』 영조 4년(1728) 6월 29일(무신).

하층민의 일체성을 바탕으로 한 성숙 단계로 이행한다. 이 사실로 볼 때, 무신란은 민중운동 발전의 필연적 통과점으로서 과도적 성격을 보여준 것이다.[15]

한편 반란주모자들은 예언사상에도 관심을 가지고 가담세력을 모으거나 반정의 정당성을 확보하기 위한 수단으로 사용하였다. 이들이 거사에 적극적으로 가담한 것은 "무신년은 소복(素服)이 일어나는 해이다.", "무신년에는 백의서생(白衣書生)이 조정을 채울 것이다." 등의 비결을 신봉했기 때문이다.[16]

> 유진정(柳晉禎)이 승복하지 않으므로, 박미귀(朴美龜)와 유진정을 대질(對質)시켰다. 박미귀가 말하기를, "네가 심유현(沈維賢)에게 '무신년은 소복(素服)의 해이다.' 하지 않았는가?" 하였다. 대개 무신년은 황후(黃猴)의 해이므로 비기(祕記)에 "백의서생(白衣書生)이 조정(朝廷)에 찰 것이다." 하였기 때문이다.[17]

이들이 거사에 참여한 이유는 궁극적으로 벼슬길이 막혀 버린 불우한 처지를 거사를 통해 일시에 해결하고 관직을 얻을 수 있는 기회를 마련하기 위함이었다.

이인좌는 "지금이 말세인데 유생(儒生)이나 업무(業武)라 하더라도 어찌 무릎만 꿇고 있을 수 있는가?"라고 말하면서 안동, 상주 등지의 사족들이 궐기할 것을 촉구하고, 그의 매부였던 나숭대(羅崇大)를 통해 호남 지역의 녹림당과도 연결되었다.[18]

경종은 8월에 승하하였다. 그해 겨울에 이미 이인좌가 선산의 유명한 선비 이도를 찾아가 거사할 것을 의논했다.[19]

---

15 이종범, 「여러 지역의 항쟁과 무신란」, 『한국사』 36권(국사편찬위원회, 1997), 209쪽.

16 『추안급국안』, 「무신역옥추안」, 권 3, 4월 15일 안정(安錠), 이성(李聖), 이익일(李謚一) 대질심문, 권 4, 4월 23일 소정(蘇檉)의 공초, 4월 30일 나두동(羅斗冬)의 공초, 권 5, 5월 10일 박미귀(朴美龜)와 유진정(柳晉禎) 대질심문.

17 令朴美龜柳晉禎面質. 美龜曰, 汝與維賢, 不曰, 戊申是素服之年乎? 蓋以戊申爲黃猴, 故秘記有曰, 當白衣書生滿朝也. 『영조실록』 영조 4년(1728) 5월 10일(경신) 황후(黃猴)는 무신년을 가리키는 말이다.

18 『추안급국안』, 「무신역옥추안」, 권 3, 4월 11일 권구(權榘)의 공초와 권 4, 4월 25일 이도(李燾)의 공초. 권구는 안동 지역의 이름난 선비였고, 이도는 선산의 유명한 선비였다.

고부의 송하, 부안의 김수종, 진주의 이덕일(李德一), 순창의 양익태(梁翼泰) 등은 박필현, 심유현 등과 접촉하면서 가노와 녹림당을 시켜 전주, 남원, 옥구, 임피 등 전라도 각처에 영조가 경종을 독살했다는 내용의 괘서를 유포하고, 호남에서 서울로 향하는 길목인 여산의 산에 올라가 이와 같은 내용의 구호를 크게 외치게 했다.[20]

그리고 도성에서 동원할 장사들을 무장시키기 위해 담양 관고의 화약을 빼내 포도대장 남태징의 집에 운반하여 보관하였다.[21]

영조 4년(1728) 3월 초순부터 반란군은 경기도, 전라도, 경상도 등지에서 군사행동을 시작했다. 정세윤 등은 김수종, 성득하(成得夏) 등 부안 세력의 거병을 지휘하기 위해 부안으로 내려갔고, 안동과 상주에는 이인좌의 동생인 이웅보(이능좌)와 조세추 등이 파견되었다. 이인좌는 안성, 양성, 진위(振威), 갈원(葛院) 등지에 양반과 마병 50여 명을 포함한 300여 명의 군사를 몇 군데로 나누어 집결시켰다. 이들은 영남과 호남에서 오는 호응군을 기다려 합세하려 했다.[22] 그리고 한세홍은 평안병사의 거사를 촉구하기 위해 평양 병영으로 파견되었다.

반란군은 일부의 소론, 남인, 소북 등의 지방관들이 모두 거사에 가담했

---

19 대저 이도(李鑄)의 공초(供招)에 이미 갑진년(경종 4년, 1724) 겨울에 이인좌(李麟佐)가 보러 와서 군사를 논하였다고 대답하였습니다. 『영조실록』 영조 4년(1728) 5월 6일(병진).

20 『추안급국안』, 「무신역옥추안」, 권 8 7월 10일 강위징(姜渭徵)의 공초.

21 담양부사(潭陽府使) 심유현(沈維賢)이 금월 1일 해시(亥時)에 본부(本府)의 화약고(火藥庫)에서 화재(火災)가 발생하여 고사(庫舍)는 불에 타서 흔적도 없어졌고, 화약 4천 2백 13근 및 유황 5근, 화전철대(火箭鐵臺) 3개, 화전철정(火箭鐵釘) 5개, 철추(鐵錐) 2개, 화약침구(火藥砧臼) 9개가 모두 불타 타버린 뜻으로 감영(監營)과 병영(兵營)에 보고하니, 감사(監司) 정사효(鄭思孝)와 병사(兵使) 조경(趙儆)이 치계(馳啓)하여 위에 알렸다. 『영조실록』 영조 4년(1728) 1월 27일(무인).

박미귀(朴美龜)가 공초(供招)하기를 (…) 담양부(潭陽府)에 갔는데, 유봉사(柳奉事)라는 자가 (…) 정월 2일 밤에 중방(中房) 임가(林哥)가 열쇠를 가지고 와서 화약고(火藥庫)를 열고 화약을 내어 심유현(沈維賢)의 종에게 주었고 (…) 신과 유봉사를 시켜 남태징(南泰徵), 이유익(李有翼)에게 운반하여 보내게 하였고, 화약을 훔쳐 낸 뒤에 고지기를 시켜 불을 놓아서 그 자취를 없애게 하였습니다. 『영조실록』 영조 4년(1728) 5월 8일(무오).

22 변산(邊山), 지리산(智異山)의 적과 화응(和應)하여 이번 3월 16일에 한 사람마다 1백 명의 군사를 거느리고 기다리고 있는데, (…) 『영조실록』 영조 4년(1728) 3월 23일(계유) 김옥성(金玉成)의 말이라는 성탁(成琢)의 공초.

고, 해서와 관서 지방의 관군들도 참가할 것이라고 선전했다. 특히 "전라도에서는 태인의 박필현과 담양의 심유현이 기병하여 전라병사 조경(趙儆)이 후원하고, 경상도에서는 이인좌(이현좌)가 장차 8만병을 이끌고 온다."는 소문을 유포했다.[23]

나아가 반란군은 도성 문을 화공(火攻)하고[24] 해군과 육군이 연합하여 공격할 계획을 세웠고,[25] "도성에 만 명의 군사가 잠입하여 내응할 것인데 각 창과 군기가 하룻밤 사이에 불탈 것이다."라는 말도 퍼뜨렸다.[26]

그리고 지리산과 변산에 둔취하는 도적들이 군사가 되어 경기도로 몰려올 것인데, 이때 이들의 우두머리인 정도령(鄭都令)의 편에 서야 살 수 있다는 풍문이 나돌았다.

> 호서안무사(湖西安撫使) 김재로(金在魯)가 장계(狀啓)하기를, "역적 민백효(閔百孝)의 종 성적(成績)이 공초(供招)하기를 (…) 당초 속오군(束伍軍) 등이 성안에 부진(赴陣)할 때에 민원보가 술과 안주를 많이 장만하여 길가에 앉아 술을 따라 권하니, 군인이 말하기를, 「너희들의 형세를 보아 정도령(鄭都令) 편에 들어가야 살 수 있을 것이다.」하였습니다. 청주의 적병이 이곳에 와서 모이기로 약속하였으므로 민원보 등이 밤

---

23 장성징이 말하기를, '영남의 군사가 응당 8만 명은 될 것이고 전라도의 대진(大陣)이 또 오면 무슨 일인들 못 하겠는가?' 하였습니다. 『영조실록』 영조 4년(1728) 3월 17일(정묘).

24 지평(砥平) 군사 40명이나 50명쯤을 얻어 경중에 들여보내면 신이 상두꾼〔香從軍〕을 품사서 동소문(東小門) 안에서 기다렸다가 밖과 약속하여 함성을 지르고 지평 군사가 밤을 타서 불을 놓으면 신이 안에서 상두꾼과 함께 문을 열 수 있을 것이고 특별히 만든 도끼 세 자루면 열쇠를 끊을 수 있다고 생각하였습니다. 『영조실록』 영조 4년(1728) 5월 9일(기미).
    조동규, 조덕규와 서울에서 모였을 때에 두 사람이 말하기를, '신윤조는 동대문(東大門)에서 들어오고 이사성은 서로(西路)에서 들어오고 남태징은 성안에서 일어나 화공(火功)한다.' 하였습니다. 『영조실록』 영조 4년(1728) 6월 3일(임오).

25 12일 저녁에 모여 13일에 진위(振威), 양성 등지의 군사와 합쳐 소사(素沙)에서 조련하고, 15일, 16일 사이에는 충청도 병영에 이르러 병사(兵使)가 말을 듣지 않으면 죽이고, 그 군사를 빼앗아 금산(金山)의 적 7만 명과 합세하여 서울로 들어가되, 세 길로 나누어 혹은 수로(水路)로 혹은 육로로 간다고 하였습니다. 『영조실록』 영조 4년(1728) 3월 16일(병인).

26 『추안급국안』, 「무신역옥추안」, 권 1, 3월 16일 김옥성(金玉成)의 공초와 4월 25일의 장흠(張欽)의 공초, 권 2 4월 1일 이광적(李光積)의 공초.
    내응(內應)할 약 1만 명에 가까운 인원이 이미 성안으로 들어와 각고(各庫)의 군기를 하룻밤에 불태운다는 설이 성안에 전파되어 있습니다. (…) 양서(兩西) 지방(地方)이 모두 저들 무리에게 들어가서 (…) 『영조실록』 영조 4년(1728) 3월 16일(병인) 김옥성(金玉成)의 공초.

낮으로 정제하고 기다렸습니다.[27]

경기도 지역의 행정과 치안이 마비되어 아전들이 도망치고 백성들은 피난
하는 상황이 되었는데, 이를 이용하여 반군은 청주성의 장교와 향리를 포섭하
고 민가와 상통하여 쉽게 청주성을 점령하였다.

이인좌가 영조 4년(1728) 3월 15일에 청주성을 함락시키고 절도사 이봉상을
죽인 후 경종(景宗)의 원수를 갚는다고 선전하면서 서울로 북상하고자 했다.[28]

명화적으로 체포되어 감옥에 갇혀 있던 자들은 방면되자 기꺼이 반란군에
가담했고[29] 인근 지역의 200여 명에 이르는 남인, 소론계 사족들도 청주의 반
군 진영에 합세했다. 특히 향임층과 군관층이 대거 합세했는데 "양반과 서얼
을 칭하는 자들이나 군역을 피하고자 하는 평민"들이 많이 참여했다. 불과
200-300명으로 시작한 반군의 세력은 명화적이 중심 세력이었다.

반란군은 각계각층의 이반 세력을 받아들여 10여 배나 늘어났다. 신분제
의 탈피, 관직에 대한 욕구, 경제적 보상 등의 이유로 자발적으로 참여하는 무
리들로 인해 세력을 강화할 수 있었던 것이다. 그러나 영남과 호남에서의 거
병은 계획대로 이루어지지 못했다. 안동과 상주의 사족들은 피난하거나 협조

---

27 『영조실록』 영조 4년(1728) 5월 10일(경신)과 『감란록(勘亂錄)』 권 5, 5월 신유일 호서안무사(湖西按撫使) 김재로(金在魯)의 장계.

28 적(賊)이 청주성(清州城)을 함락시키니, 절도사(節度使) 이봉상(李鳳祥)과 토포사(討捕使) 남연년(南延年)이 죽었다. 『영조실록』 영조 4년(1728) 3월 15일(을축).

29 김중만이 공술하기를, "양성 구만리(九萬里)의 양반 권서룡(權瑞龍)과 권서린(權瑞麟), 가천역(加川驛) 양반 최경우(崔擎宇), 정세윤(鄭世允), 용인 도촌 김종윤(金宗允), 안성(安城)의 출신 정계윤(鄭季胤), 윤희경(尹熙慶), 과천 호현(狐峴)의 신광원(愼光遠)이 역모를 하였는데, 최경우의 집에서 1백여 명이 모였고, 권서린의 집에서 1백 50여 명, 평양(平壤) 박파총촌(朴把摠村)에서 50여 명이 모이고, 피산 유상택(柳尚澤) 집에서 50여 명이 모여 모두 3백여 명입니다. 이달 초이렛날 구만리에 모여 12일 밤에 어둠을 타고 군사를 합쳐 청주(清州) 병영(兵營)을 습격하고자 하였으나, 영남(嶺南)의 대군(大軍)이 이르지 않았기 때문에 실행하지 못하였습니다. 모인 자들은 모두 각처의 명화적(明火賊)으로, 지금은 바야흐로 가천(加川)과 구만리 두 곳에 나누어 둔치고 있어 사방의 이웃 고을 백성들이 소동해 촌락이 모조리 비었습니다. (…) 만약 영남의 군사가 이르게 되면 곧바로 경성을 범하려 합니다. 이 적들이 삼남(三南)과 교통(交通)하고 있는데, 영남은 청주 송면(松面)에 사는 사인(士人) 이인좌(李麟佐) 4형제가 주관하여 명령이 상주(尙州)와 통하며, 호남은 안성의 상인(喪人) 원만주(元萬周)가 주관하여 나주(羅州)의 나씨(羅氏) 성을 가진 양반과 교통하고 있습니다. 『영조실록』 영조 4년(1728) 3월 16일(병인).

하지 않았고, 결국 당론을 내세운 거병은 실패했다.

그리고 녹림당과 연결되어 오랫동안 양병하며 거사를 준비해 왔던 나주의 세력도 가문 내의 반대파들을 설득하지 못하자 거사에 참여하기가 어렵게 되었다. 또 고부와 순창 등지에서 녹림당을 지휘했던 송하의 세력도 패서를 살포하기는 했지만 직접적인 군사행동은 하지 않았다. 특히 평안도 지역의 거사도 이루어지지 않았는데, 평안병사 이사성이 가을에 거사하자는 말로 움직이지 않았던 것이다. 다만 부안과 변산의 김수종, 성득하 세력만이 정세윤의 지휘하에 적극적으로 거사에 참여하였다.

한편 정부는 용인에 퇴거해 있던 최규서(崔奎瑞)가 급변을 알리자 서울에 있을 내응 세력을 차단하는 조처를 취하고, 궐문과 성문의 파수를 강화하고, 각 진에 금위영과 어영청의 군사를 증파하였다.[30] 당시 조정에서는 병조판서 오명항(吳命恒)을 사로도순무사(四路都巡撫使)로 삼아 군사를 거느리고 적을 토멸하게 하였다.[31]

반군은 각처의 동조 세력에게 격문을 띄우면서 도성으로 진격하고자 했는데, 이 과정에서 각처의 유민, 상인, 화전민들이 새로 합세하였다. 진천을 경유하여[32] 안성과 죽산에 이르렀지만 관군과의 전투에서 크게 패했다.[33]

---

30 봉조하(奉朝賀) 최규서(崔奎瑞)가 급변(急變)을 올리니 (…) 대궐문과 성문에 군사를 더 보태 파수하고, 어영(御營)과 금영(禁營)은 각 나루를 파수하게 하였다. (…) 수어청(守禦廳)과 총융청(摠戎廳)으로 하여금 군교(軍校)를 보내어 기찰하게 하라. 『영조실록』 영조 4년(1728) 3월 14일(갑자).
임금이 비로소 친국(親鞫)을 허락하고 곧 삼군문(三軍門)에 명하여 호위하게 하였다. 『영조실록』 영조 4년(1728) 3월 15일(을축).
총융사(摠戎使) 김중기(金重器)로 순토사(巡討使)를 겸임케 하고 박찬신(朴纘新)을 중군(中軍)으로 차출하여 출정(出征)하게 하였다. (…) 제도(諸道)의 징병을 중지하고, 단지 기읍(畿邑)의 군사만 징발하였다. (…) 또 수어종사관(守禦從事官) 이수익(李壽益)을 보내 광주부윤(廣州府尹) 김상규(金尙奎)와 함께 군사를 징발해 남한산성(南漢山城)을 지키게 하고, 조엄(趙儼)을 관성장(管城將)으로 삼아 북한산성(北漢山城)을 지키게 했다. 그리고 도성문(都城門)은 닫고 단지 흥인문(興仁門), 숭례문(崇禮門) 및 서소문(西小門)만 열게 하라고 명하였다. 『영조실록』 영조 4년(1728) 3월 16일(병인).

31 『영조실록』 영조 4년(1728) 3월 17일(정묘).

32 적병이 이달 22일에 진천(鎭川)에서 호군(犒軍)하고, 23일에는 죽산을 향해 출발하였는데, 적중의 도목(都目)은 30초(哨)에 불과하다. 『영조실록』 영조 4년(1728) 3월 23일(계유).

33 적이 진천(鎭川)에서부터 군사를 나누어 한 부대는 죽산(竹山)으로 향하고, 한 부대는 안성으로 향하여 (…) 갑자기 대군이 쏜 신기진(神機箭)을 보고서야 비로소 경영(京營)의 군사가 온 것을 알고 놀라고

현전하는 『정감록』의 「감결」에 "안성과 죽산 사이에 시체가 산처럼 쌓이고"라는 구절이 보이는데, 지명이 정확하게 언급된다는 점에서 이인좌의 난을 경험한 이후에 기록된 것으로 볼 수 있다.

태인현감 박필현이 관군을 동원하여 전주로 향했지만 전라감사가 난에 참가하는 것을 거부하자 곧바로 도망치고 말았다.[34] 이때 청주성에 남아있던 세력도 창의군에 의해 토벌되었다.

그 후 영남에서는 정희량(鄭希亮)이 거병하여[35] 안음, 거창, 합천, 함양 등을 점령했지만, 경상도관찰사가 이끄는 관군에 의해 4월 2일에 궤멸되었다. 호남에서는 박필현(朴弼顯) 등의 가담자들이 거병 전에 체포되어 처형당했다.

불과 17일 만에 남북의 반군이 모두 토벌되었는데, 이는 반군의 진용이 처

겁에 질려 물러나 도망하니, 위협에 못 이겨 따른 무리는 이때 대부분 도망해 흩어지고 (…) (적은) 형세가 더욱 위축되어 기와 북을 버리고 사방으로 흩어졌다. 관군이 추격해 1백여 명을 베었으며 (…) 승첩을 알려 왔고, 포시(晡時)에 박찬신(朴纘新)이 고각(鼓角)을 울리며 깃대에다 적의 머리 여러 개를 매달고 오니, 군중에서 승전곡(勝戰曲)을 울리고 군사와 말이 기뻐 날뛰었다. 『영조실록』 영조 4년 (1728) 3월 23일(계유).

도순무사 오명항(吳命恒)이 적을 격파하고 적의 괴수 이인좌(李麟佐) 등을 함거(檻車)에 실어 서울로 보냈다. (…) 관군이 바람을 타고 가파른 언덕으로 달려 내려가니, 그 형세는 산이 무너져 내리는 듯하였다. 전대(前隊)가 곧바로 죽산부(竹山府)로 들어닥치니, 앞의 적(賊)들이 크게 궤멸되어 적장이 금지하였으나, 어쩔 수가 없어서, 형세가 군박(窘迫)하여 숨어 도망하였다. 관군이 사면에서 엄습하여 죽이니 참획(斬獲)함이 매우 많았다. (…) 장사(將士)들이 무수한 적당(賊黨)을 사로잡아 바쳐 큰 새끼로 고기 꿰미처럼 엮은 것이 진중에 가득하였다. 『영조실록』 영조 4년(1728) 3월 24일(갑술).

34 태인현감(泰仁縣監) 박필현(朴弼顯)이 군사를 일으켜 반란을 꾀했는데, 전주(全州) 삼천(三川)에 이르렀다가 군사가 궤멸해 도주하였다. (…) 그의 종형(從兄) 박필몽(朴弼夢)이 무장(茂長)으로 귀양가니, 함께 의논하고 군사를 일으키고자 태인현감에 차임되기를 도모했으며, 부임한 후에는 몰래 담양부사(潭陽府使) 심유현(沈維賢)과 함께 모의하였다. 청주의 변이 일어난 후 19일에 근왕(勤王)한다는 핑계로 경내의 병마를 징발하고 관속(官屬)을 단속하여 3일 동안 조련(操鍊)하면서 관문(官門)에다 진을 쳤다. (…) 박필몽이 오기를 기다려 대장으로 추대해 서울로 향하고자 하였는데, 박필몽은 오지 않았다. 마침 금오랑(金吾郎)이 지나가다 관문(官門) 밖 주막을 거쳐가자 군중(軍中)에서 말을 잘못 전하기를, "붙잡으러 온 도사(都事)가 이르렀다." 하니, 서로 전해가며 선동하여 군정(軍情)이 크게 소란스러웠다. 박필현은 군사가 궤멸할 것을 염려하여 그날로 떠나 금산사(金山寺) 고개를 넘어 밤에 전주의 삼천(三川)에 이르렀다. 전라감사 정사효(鄭思孝) 역시 박필현과 함께 모의하고 기일을 약속해 군사를 일으키기로 했었는데, 성품이 본래 교활하고 조정에서 예비함이 있는 것을 알고는 관망(觀望)하기로 계책을 삼고는 문을 닫고 맞아들이지 않았다. 천총(千摠)이 일이 성공하지 못할 것을 알고는 징을 쳐서 군사를 후퇴시키니, 군병이 일시에 놀라 흩어졌다. 박필현은 단지 가속(家屬), 동복(童僕)만을 데리고 말을 몰아 도망했다. 『영조실록』 영조 4년(1728) 3월 25일(을해).

35 영남에서 정동계의 손자인 정희량이 여러 해 동안 준비하여 군사를 모집해 호남과 서로 내통했는데 3월 5일에 집결할 것이라고 한다. 처음에는 군사가 8만 명이라고 하더니, 후에는 겨우 8천 명이라고 했다. 『영조실록』 영조 4년(1728) 3월 경오일.

음에 계획된 대로 변산반도의 노비도적 세력 중심이 되지 못하고, 소론인 이인좌 등의 양반군이 변란의 주도권을 행사했기 때문이다.[36]

이 사건이 발생한 해의 간지를 따서 흔히 '무신란(戊申亂)'이라고 부른다.[37] 이때 변산(邊山)에 웅거하던 노비도적도 난의 중심 세력이었다. 이들 세력을 이끌던 정팔룡(鄭八龍)은 '정도령(鄭都令)'으로 불렸으며, 이른바 '청룡대장(靑龍大將)' 12명 가운데 제1장으로 출병하였다.[38] 제2장이 박필현(朴弼顯)이며, 제6장은 정세윤(鄭世胤)이었다.[39] 반란을 일으키기 전에 이인좌가 정세윤과 모의했을 때도 괴수는 정씨 성을 가진 사람이라고 주장했다.[40]

> 박필상(朴弼祥)과 신효조(辛孝祖)를 대질(對質)시켰다. 신효조가 말하기를, "3월 13일 늦게서야 네가 와서 말하기를, '여주(驪州), 이천(利川)은 시끄러운 근본이다. 이천의 정가(鄭哥)가 갑자기 달아나 간 곳을 모르므로 죽었으리라고 생각하였더니, 봄에야 비로소 와서 말하기를, 「내가 영남청룡대장(嶺南靑龍大將)이 되었는데, 대장 12원(員) 가운데 제1장(第一將)은 정가이고, 제2장은 박필현(朴弼顯)이고, 내가 제6장이다. 호남대장(湖南大將)은 배를 타고 순풍을 만나 곧바로 강화(江華)로 향하고 지평(砥平) 군사는 남한(南漢)으로 나아갔다.」 하더라.' 하였다." (…) 박필상이 말하기를, "과연 난리에 관한 말을 너에게 말하였다. 이천에 사는 정조윤(鄭祚胤)의 육촌 정세윤(鄭世胤)은 과연 흉악한 사람인데, 지난해부터 간 곳이 없더니 올봄에 돌아왔다가 또 어디론가 갔고 정조윤도 따라갔으며, 박필현, 정세윤이 장수가 되고 정조윤이 서기(書記)가 되었다는 말은 나도 들었으나, (…)"[41]

36 『경북의병사』(영남대학교출판부, 1990), 제5장 1절 1항과 4항을 참조하시오.

37 정석종, 「영조 무신란의 진행과 그 성격」, 『조선 후기의 정치와 사상』(한길사, 1995), 119-171쪽. 무신난의 배경, 진행과정, 난의 평가와 영향 등에 대해 자세히 분석하고 있다.

38 정석종, 「조선 후기 이상향 추구 경향과 삼봉도: 연암 허생전의 변산군도와 무인도의 실재성 여부와 관련하여」, 『벽사 이우성 교수 정년퇴직기념논총 민족사의 전개와 그 문화(하)』(창작과 비평사, 1990), 56-58쪽.

39 『무신역옥추안』 제6책, 무신년 5월 16일 박필상(朴必祥)이 신효조에게 '3월 10일에 정조윤이 제게 '청룡대장은 정팔룡인데 이미 (서울에) 올라와 있고, 정세윤은 제6장이고 (박)필현은 제2장이다.'라고 말했다. [三月十日, 鄭祚胤言于矣身曰, 靑龍大將卽鄭八龍而上來, 鄭世胤爲第六將, 弼顯則爲第二將, 將爲逆賊.]"라고 진술했다.

40 『영조실록』 영조 4년(1728) 3월 무인일.

이천에 사는 정가는 정세윤이며 그가 제6장이라는 내용이다.

박필상(朴弼祥)을 다시 추문(推問)하였다. 한 차례 형신(刑訊)하니, 박필상이 공초(供招)하기를, "3월 10일에 정조윤(鄭祚胤)이 신에게 말하기를, '청룡대장(靑龍大將)은 곧 정팔룡(鄭八龍)이고, 정세윤(鄭世胤)이 제6장(第六將)이 되고, 박필현(朴弼顯)이 제2장이 되어 장차 역적을 하려 한다. 내가 바야흐로 서기(書記)인데 앞으로 대장이 될 것이니, 너는 내 군관(軍官)이 되어서 가는 것이 좋겠다. 성공하면 반드시 목사(牧使)나 부사(府使)가 될 것이다.' 하고, (…)[42]

정세윤은 정팔룡을 실제 인물로 생각하고 친구에게 함께 거사하자는 내용의 격서까지 짓게 했다.[43]

무신난이 일어난 이듬해에도 정팔룡을 자처하는 인물이 포도청에 체포되었다.

포장(捕將) 이삼(李森)이 아뢰기를, "호남(湖南)과 영남(嶺南) 사이에 혹은 정팔룡(鄭八龍)이라고 일컫기도 하고 정도령(鄭都令)이라고 일컫기도 하는 자가 있기 때문에 포교(捕校)를 보내어 잡아왔더니 손에 철추(鐵椎)를 들고 스스로 배수일(裵守一)이라고 일컬었는데, 위인이 매우 요악(妖惡)스러웠습니다." 하고 (…)[44]

정세윤은 용인에 살았으며 정인지(鄭麟趾, 1396-1478)의 후손으로 벼슬은 하

---

41 『영조실록』 영조 4년(1728) 5월 12일(임술).

42 『영조실록』 영조 4년(1728) 5월 16일(병인).

43 정국(庭鞫)하였다. 원만주(元萬周)를 추문(推問)하니, 원만주가 공초(供招)하기를, (…) 정세윤이 그 곳에 있었는데 말하기를, '4월 12일에 거사할 것인데 나에게는 심복이 없다. 오직 그대가 어려서부터 친구이므로 불러왔다.' 하고, 신에게 상복을 벗고 종군(從軍)하게 하며 말하기를, '네가 따르지 않으려면 나를 위하여 글을 하나 지으라.' 하기에, 신이 말하기를, '무슨 글을 얻으려 하는가?' 하니, 정세윤이 말하기를, '정팔룡(鄭八龍)과 군사를 연합하려 하니 격서(檄書)를 지어야 하겠다.' 하므로, 신이 정팔룡은 어떠한 사람이냐고 물으니, 정세윤이 말하기를, '정팔룡은 영남(嶺南)에서 때에 맞는 호걸인데 군사 수천을 기르므로 내게 함께 군사를 연합하려 한다.' 하며 다그쳐 격서를 짓게 하므로, 마지못하여 지었습니다. 『영조실록』 영조 4년(1728) 5월 23일(계유).

44 森曰, 湖嶺之間, 有或稱鄭八龍, 或稱鄭都令者云, 故送捕校捉來, 則手持鐵椎, 自稱裵守一, 而爲人極妖惡矣. 『영조실록』 영조 5년(1729) 4월 9일(계미).

지 못했지만 이학자(理學者)로 알려졌다.[45] 그는 모반의 중심인물을 자처했고,[46] 화적들을 끌어모았다.[47] 그는 녹림당과 깊이 친교를 가졌고[48] 반란군의 부원수였는데,[49] 결국 도순무사 오명항(吳命恒)이 죽산부(竹山府)를 공격할 때 대패하고 참수당했다.[50]

무신난에 이인좌는 14초(哨)를 거느리고 정세윤은 16초를 거느렸다.[51]

> 권서봉(權瑞鳳)을 문초하니, 권서봉이 공초하기를, "이인좌가 정세윤과 함께 모의하기를, '영남의 군사가 마땅히 16만은 된다.'고 하기에 신이 그 허망함을 책망하였더니, 이인좌가 말하기를, '일찍이 상소한 소유(疏儒)가 1만여 명이나 되었으니, 각기 가정(家丁)을 거느리면 족히 12만은 되며, 괴수(魁首)는 정씨(鄭氏) 성을 가진 사람이다. 호남의 군사는 마땅히 2천여 명이 되는데 괴수는 나씨(羅氏) 성을 가진 사람이다.' 하였습니다.[52]

정팔룡이라는 이름은 선조 때 일어났던 정여립사건에서도 언급되었다. 당시 정팔룡이 우두머리로 지목되었고, 정여립의 다른 이름이라는 진술도 있었다. 그럼에도 불구하고 당시 조정에서는 정팔룡이라는 인물이 따로 있는지를

---

45 『추안급국안』, 「무신역옥추안」, 권 7 6월 17일 민순효(閔純孝)의 공초.

46 정세윤이 말하기를, (…) 내가 이제 군사를 모아 모반(謀叛)하려 하는데 영남이 모두 일어나고, 양성의 최경우(崔擎宇), 권서린(權瑞麟)도 군사를 모으는데 피수(魁帥)는 바로 나다. 『영조실록』 영조 4년 (1728) 3월 19일(기사).

47 정세윤이 화적(火賊)의 무리를 거두어 모았던 것이 이미 여러 해 되었으며 (…) 『영조실록』 영조 4년 (1728) 4월 14일(갑오) 안엽(安燁)의 공초.

48 정세윤은 녹림(綠林)의 도둑 1백여 명과 인연이 있는데, (…) 호남의 적은 정세윤이 주관했고, 영남의 적은 한세홍이 주관했으며, (…) 『영조실록』 영조 4년(1728) 3월 25일(을해).

49 정세윤은 부원수(副元帥)가 된 후에 이름을 행민(行旻)으로 고쳤다. 『영조실록』 영조 4년(1728) 3월 26일(병자).

50 적장 정세윤(鄭世胤)은 일명이 행민(行旻)인데 위칭(僞稱) 부원수(副元帥)라는 자로 이만빈(李萬彬), 이우석(李禹錫)에게 쫓기어 형세가 궁해지자 포박당하였다. 군중에서는 그의 역적질이 더욱 심하다 하여 먼저 지체(肢體)를 가른 후에 참수했는데, (…) 『영조실록』 영조 4년(1728) 3월 24일(갑술).

51 『영조실록』 영조 4년(1728) 3월 29일(기묘).

52 問權瑞鳳, 瑞鳳供, 李麟佐與鄭世胤謀議, 嶺南軍當爲十六萬云, 臣責其虛妄, 麟佐曰, 曾爲上疏, 疏儒爲萬餘人, 各率家丁, 則足爲十二萬, 魁首則鄭姓人. 湖南軍當爲二千餘人, 而魁首則 羅姓人. 『영조실록』 영조 4년(1728) 3월 28일(무인).

조사했지만 결국 찾을 수 없어서 사건을 종결시켰다. 인용문을 통해 정여립사건 이후 140여 년이 흐른 다음에도 정팔룡이라는 이름이 진인출현설과 관련되어 인구에 회자되고 있었음을 알 수 있다. 당시 반군의 부원수로서 녹림당을 지휘하고 있던 정세윤 또는 정팔룡이라는 인물이 정도령이라는 믿음도 있었다.

『영조실록』 영조 4년(1728) 4월 14일(갑오)에 안엽(安燁)이 공초하기를 정세윤(鄭世胤)이 화적(火賊)의 무리를 거두어 모았던 것이 이미 여러 해 되었으며 그가 매양 병서(兵書)를 안다고 자랑하면서 임인년(경종 2년, 1722)과 계묘년(경종 3년, 1723) 이래로 이미 이 말이 있었는데, 갑진년(영조 즉위년, 1724)에 이 계획이 크게 전파되었다고 했다. 처음에는 녹림병(綠林兵)이 몇 명에 지나지 않았으나 필경 거의 6, 7백 명에 이르렀다고 한다.

당시 호남 지역에는 극적(劇賊)으로 유명한 김단(金丹)과 위자고쵸(魏자고쵸)가 변산과 지리산에서 세력을 구축하고 있었으며, 부안에는 김형(金衡)이라는 적괴가 있었다.[53]

대사간 송진명(宋眞明)이 아뢰기를 "소신이 마침 들은 바 있어 감히 이를 진달하려 합니다. 남중(南中: 충청·전라·경상을 일컬음)의 적환(賊患)은 크게 번져 근래 부안(扶安)의 변산(邊山) 안에는 도둑의 무리가 대부분 그 소굴을 만들었고 백주에 장막을 치고 약탈을 자행하고 있습니다. 그리고 변산의 큰 사찰에 도둑의 무리가 들어가 승려를 불러 말하기를 '삼동(三冬)에는 밖에서 거처할 수 없으니 너희들은 절을 잠시 빌려주는 것이 좋겠다.'고 하니, 주지가 겁을 먹고 감히 못 한다 소리도 못하고 모두 눈물을 흘리며 흩어졌다고 하는데 도둑의 기세가 대단한 것을 이에서 알 수 있습니다. (…) 좌의정 조태억(趙泰億)이 아뢰기를 "부안의 도둑 떼가 양민(良民)을 찾아내 그 무리에 보충하기를 마치 각 고을에서 군정(軍丁)을 뽑는 규례처럼 한다 하니 듣기에 매우 놀랍습니다. 방금 비국의 낭청을 내보내 변산을 적간하도록 하였는데 자세히 탐문해 오도록 시켜야 하겠습니다. 그런데 남방은 근년에 흉년이

---

53 『추안급국안』, 「무신역옥추안」, 권 3의 4월 7일, 권 8의 7월 7일.

들어 인심이 안정되지 못하여 사람들이 깊이 걱정하고 있습니다. (…) 동부승지 이중관(李重觀)이 아뢰기를 (…) 듣건대 흥덕(興德)과 무장(茂長) 사이에 굴령(屈嶺)이 있습니다. 이곳은 곧 변산의 한 기슭으로서 고개 아래에 20리나 되는 긴 골짜기가 있는데 지난해부터 도둑의 무리가 이 골짜기에 들어가 근거지로 삼고 있다고 합니다. 그러므로 큰길이 막혀 길손들은 대부분 소로를 따라 지나다녔으며 가을에 가서야 비로소 큰길이 소통되었습니다. 이 도둑들은 본래 억세고 성하여 사실 적은 걱정이 아닙니다. 변산은 긴 골짜기가 많고 골짜기마다 도둑이 있습니다. 부안과 고부에는 별로 도둑의 걱정이 없으나 정읍, 장성, 무장 등 고을에는 도둑의 걱정이 매우 심합니다. (…) 임금이 이르기를 "양민이 굶주림에 견디다 못해 이 지경에 이르렀으니 어찌 좋아서 그러는 것이겠는가? 그 심정을 생각해 보면 가엾은 일이다.[54]

도적 떼가 인원을 충원하는 방식이 마치 나라에서 군인을 차출하는 일처럼 정기적이고 조직적으로 시행되고 있다는 놀라운 보고이다.

이인좌의 공초에 정행민(鄭行旻, 정세윤)이 변산(邊山)의 적과 통하며 금방 올라온다고 하였으나 소식이 없었다고 한다.[55]

영조 4년(1728) 5월 23일 원만주(元萬周)를 추문(推問)하니, 원만주가 공초(供招)하기를, "을사년[56] 3월에 신이 우연히 정세윤(鄭世胤)의 집에 갔더니, 정세윤이 부도(不道)한 말로 내므로, 신이 실색(失色)하였습니다. 정세윤이 말하기를, (…) '네가 따르지 않으려면 나를 위하여 글을 하나 지으라.' 하기에, 신이 말하기를, '무슨 글을 얻으려 하는가?' 하니, 정세윤이 말하기를, '정팔룡(鄭八龍)과 군사를 연합하려 하니 격서(檄書)를 지어야 하겠다.' 하므로, 신이 정팔룡은 어떠한 사람이냐고 물으니, 정세윤이 말하기를, '정팔룡은 영남(嶺南)에서 때에 맞는 호걸인데 군사 수천을 기르므로 내게 함께 군사를 연합하려 한다.' 하며 다그쳐 격서를 짓게 하므로, 마지못하여 지었습니다."라 하였다.[57]

---

54 『비변사등록(備邊司謄錄)』 82책, 영조 3년(1727) 10월 24일.

55 『영조실록』 영조 4년(1728) 3월 26일(병자).

56 영조 원년(1725)을 가리킨다.

57 "問元萬周, 萬周供, 乙巳三月, 臣偶往鄭世胤家, 世胤發不道之言, 臣失色. 世胤 (…) 曰, 汝欲不從, 則爲我作一文. 臣曰, 欲得何文? 世胤曰, 欲與鄭八龍連兵, 須作檄書. 臣問八龍何如人? 世胤曰, 八龍, 嶺南

정팔룡은 변산 청림사(靑林寺)를 근거로 하여 청림병(靑林兵)으로 불리던 휘하인을 이끌고 극적(劇賊)으로 활동하였다. 이들의 활동 범위는 상당히 넓었던 것으로 추정되는데 한때 이들이 도성에 침입한다는 소문이 돌아 동대문 밖으로 피난민의 행렬이 줄을 이었다고 한다.

이와 관련하여 김수형(金守亨)이 자신이 대부호로서 배를 만들고 정팔룡을 변산 청림사에서 양육했다고 진술했다.[58]

영조 4년 5월 24일 원만주(元萬周)를 다시 추문(推問)하니, 원만주가 공초(供招)하기를, "적진(賊陣)의 모든 일은 이인좌가 주장하였고, 모사(謀士)는 영광(靈光) 사람 허담(許蟾)이라는 자인데 나이 열일곱에 천문(天文)을 알고 병법(兵法)을 알았으며 용모는 파리하고 얼굴에 얽은 데가 많으며 양반은 아니나 정세윤이 얻어서 이인좌에게 보낸 자입니다. (…) 역적이 정행민(鄭行旻)이라 칭하는 자는 곧 정세윤인데, 그 가족(家族)이 드러나서 잡힐까 염려하여 이름을 고쳐 부른 것입니다."라 하였다.[59]

정팔룡은 가공의 인물일 가능성이 높다. 정씨 성을 가진 존재가 도적 무리를 이끌고 있다는 주장이 있는데, 정세윤, 정행민, 정팔룡 등으로 불린다고 진술한다.

한편 이들이 반란에 동원했던 병력은 대부분 자신들의 집에서 부리고 있던 하인과 노비, 소작농들이거나, 전라도 부안과 경기도 양성 등지의 산악에 소굴을 가지고 있던 명화적 무리인 녹림당(綠林黨) 패들이었다. 이 가운데 경기도 양성의 녹림당은 훗날 반군의 부원수로 추대되었던 정세윤(鄭世胤)이 지휘하고 있었다. 당시 녹림당의 무리들은 '정도령 출현설'을 믿고 있었는데, 정세윤은 자신의 성이 정씨였으므로 은근히 자신을 정도령인 것처럼 암시하였다고 한다.[60] 『정감록』이라는 책이 역사의 무대에 등장하기 전이므로 정여립의

應時豪傑也, 養兵數千, 吾欲與連兵. 迫令製檄, 故不得已製之."『영조실록』영조 4년(1728) 5월 23일.

58 『추안급국안』 16권 143책(아세아문화사, 1980), 299면.

59 『영조실록』영조 4년(1728) 5월 24일.

난과 관련된 정씨 진인출현설을 믿었다고 보아야 할 것이다.

변산의 노비도적들도 이 사건에 연루되어 조사받았는데, 군사를 양성한 것이 20여 년이나 된다고 진술했다.[61]

영조 4년(1728) 6월에는 용력이 뛰어난 강위징이 체포되었다.

정국(庭鞫)하였다. 이현(李玹)을 추문하니, 이현이 공초하기를, "2월에 박계상(朴啓相)의 집에 갔더니, 박계상이 말하기를, '중들이 와서 말하기를, 「가야산(伽倻山)에 산을 돌아다니는 한 소년이 있는데 매우 수상하다.」하므로, 매〔鷹〕를 가지고 절에 올라가 그놈을 잡아 묶으려 하였는데, 함께 이야기하여 보니 소년의 사람됨이 쓸 만하였다. (⋯) 그 용력(用力)도 당할 수 없으므로 다시는 잡아 묶을 생각을 하지 않았는데, 소년의 성명은 강위징(姜渭徵)이다.' 하였습니다." 하였다. 이현과 박계상은 그 뒤에 다 형장(刑杖)을 맞다가 죽었고 강위징은 승복하고 형장을 맞다가 죽었다.[62]

덕산(德山) 가야사(伽倻寺)에 있는 중이 해미(海美) 사람에게 말하기를 "우리 절에 비상한 한 소년이 있다."고 했는데 만나보니 바로 강위징이었다.[63] 강위징은 변산의 도적이 미구에 쳐들어올 것이라고 큰 길가에 방을 세우고 산에 올라 외쳤다. 그는 20년 동안 양병(養兵)했는데, 자신의 무리 가운데 자기만큼 용력이 뛰어난 자가 4백 명 내지 5백 명이 있고, 자기보다 훨씬 뛰어난 자도 2백 명이 있으며, 힘이 절대적으로 센 자도 백여 명이 있는데 봄에 거사를 할 준비를 하고 있다고 주장했다.[64] 한편 강위징은 태을수(太乙數)로 국운(國運)을 논

60 이영춘, 「정치적 변란인가, 민중의 반란인가? ─ 영조 무신란」, 『민란의 시대』(가람기획, 2000), 115-116쪽.

61 『무신역옥추안(戊申逆獄推案)』 제8책, 무신 7월 10일 강위징(姜渭徵)이 "바른대로 말하자면 이른바 이십 년 동안 병사를 길렀다는 일은 저로서는 알지 못하오니, 래익과 대질시켜 주십시오. 제가 처음에 변산의 김수형에게서 들었고, (집으로) 돌아와 박계상에게 전했으며, 계상이 다시 이현에게 전했고, 이현이 래익에게 전했음이 명백하지 않습니까?"라고 진술했다. 〔直昜所如中, 所謂二十年, 養兵事段, 矣身飢無, 來翼相見之事. 而矣身初聞於邊山金守亨, 歸傳於朴啓相, 啓相轉傳於李玹, 而李玹傳於來翼, 是白乎旀?〕.

62 『영조실록』 영조 4년(1728) 6월 18일(정유).

63 『추안급국안』 16권 8책(아세아문화사, 1980), 8면.

64 『추안급국안』 16권 8책(아세아문화사, 1980), 12면. 「무신역옥추안(戊申逆獄推案)」 제9권(1728.

하기도 했다.[65] 그가 태을수라는 술법으로 국운을 논했다는 점에서 예언사상에 심취했던 인물로 보인다.

이 사건 관련자였던 강위징(姜渭徵)의 공술에 다음과 같은 내용이 보인다.

김수형(金守亨)은[66] 김생원(金生員)이라고도 부릅니다. 이른바 정팔룡(鄭八龍)이라는 자는 (김)수형의 집에서 양육되었습니다. (김)수형은 스스로 큰 부자라고 합니다. 소위 정팔룡을 국청에서는 어째서 체포하지 못하십니까? (정)팔룡은 본래 (김)수형의 집에서 자란 사람인데, 변산(邊山)의 청림사(靑林寺)에 왕래했습니다. 청림병(靑林兵)이라고 일컫는 것이 바로 이것입니다. 나이는 34세이며 신장은 중키가 조금 안되며, 얼굴은 철색(鐵色)이며, 수염은 성글고 자줏빛에 가까우며, 이현(李玹)과 생김새가 흡사합니다. 항상 남소동(南小洞) 방마장(放馬場)에서 은밀히 접선했는데, 남산(南山)에서 내려와 좌측으로 세 번째 집에 있는 여염집 백성의 딸을 첩으로 삼고 살았던 적도 있습니다. 만약 (정팔룡이) 이곳에 있지 않으면 동작진(銅雀津) 건너편 언덕에 있을 것인데, 처음에 이생원의 집이 있었던 곳이기 때문입니다. 혹은 용인(龍仁) 어비곡(魚肥谷)에 있을 것인데, 작년에 처를 데리고 용인 어비곡에 살았습니다. 이번에 이현과 박계용과 함께 올라올 때, (박)계용과 (이)현이 동작진 근처에 있는 이생원의 집을 가리켜주었습니다. 정팔룡과 팔웅(八熊)은 본래 운봉(雲峯)에서 살았는데, 작년에 용인 어비곡으로 이사했으며, 4월 17일, 18일 무렵에는 제가 어의동(於義洞)에 있는 이현의 집에서 만나보았습니다.[67]

이처럼 정팔룡이 실재 인물이었다고 진술한 내용이 있는 것으로 볼 때, 이

8.), 『추안급국안』 16권 143책(아세아문화사, 1980), 181면.

65 『추안급국안』 16권 143책(아세아문화사, 1980), 254면.

66 변산에 살았으며 흥판(興販)으로 불리던 큰 부자였다. 10여 척의 배를 만들었고, 이 배를 만드는 노복들이 60여 가(家)가 되었다고 전한다. 김수종(金守宗)과 동일 인물이다.

67 金守亨稱謂金生員是遣. 所謂鄭八龍云者, 養育于守亨之家. 而守亨是是大富者是白乎旀. 所謂鄭八龍, 自鞫廳何不捕得乎? 八龍本以守亨家養育之人, 而往來于邊山靑林寺. 仍以靑林兵爲號是旀. 其年三十四, 身長稍過中長, 其面鐵色, 其鬚疏而近紫, 頗似李玹樣子. 常常隱接于南小洞放馬場, 自南山而下, 左邊第三家閭閻百姓之女作妾, 居生是在果. 若或不在此處, 則或在銅雀津越邊岸上, 初現爲在李生員家是去乃. 或在於龍仁魚肥谷, 而上年牽其女, 來接于龍仁魚肥谷. 今番與李玹朴啓相上來時, 啓相玹指銅雀邊李生員家, 八龍八熊本居雲峯, 而上年移龍仁魚肥谷, 四月十七八日間, 矣身逢見于於義洞李玹家. 『추안급국안』, 「무신역옥추안」 제8책, 무신년 7월 10일 강위징(姜渭徵)의 진술 내용이다.

인좌의 난에 관련된 사람들 사이에서는 그의 존재가 당연시되었고, 그가 진인이라는 믿음이 난의 발생과 전개 과정에서 중요한 추진력으로 작용했던 것이 분명하다.

한편 무신난 때 나붙었던 괘서에 '자미진주(紫薇眞主)'라는 표현이 있었다는 후대의 보고도 있다.[68] 진주(眞主)라는 표현은 진인(眞人)이라는 표현과 매우 비슷하다. 이 역시 진인출현설의 한 형태로 보인다.

당시 사회에 유행하던 요언이 실린 흉서의 적발이나, 역모를 도모하는 등 왕실에 대한 도전과 왕실 교체의 가능성을 시사하는 사건이나, 그와 유사한 성격을 가진 사건이 계속적으로 발생하고 있다. 이는 사회 분위기가 그만큼 유동적이었고 국가체제에 대한 신뢰감이나 왕실의 위엄이 상실되어 가고 있음을 알려준다. 이러한 분위기의 직접적인 원인을 당쟁과 관련된 혼란으로 파악하고 있지만, 근본적인 원인은 정치적, 사회적 변화와 혼란에서 비롯된 국가와 왕실에 대한 불신과 체제에 대한 저항의식, 시세 변화에 대한 희구 현상에 있다.[69]

영조 5년(1729) 4월에도 영남과 호남 사이에서 정도령을 칭하며 민심을 선동하는 사람이 체포되어 처벌되기도 했다.

이삼(李森)이 아뢰기를, "호남(湖南)과 영남(嶺南) 사이에 혹은 정팔룡(鄭八龍)이라고 일컫기도 하고 정도령(鄭都令)이라고 일컫기도 하는 자가 있기 때문에 포교(捕校)를 보내어 잡아왔더니 손에 철추(鐵椎)를 들고 스스로 배수일(裵守一)이라고 일컬었는데, 위인이 매우 요악(妖惡)스러웠습니다." 하고, 이태좌는 아뢰기를, "작년에 강원도감사(江原道監司)가 이종성(李宗城)에게 글을 보내어 말하기를, '정인홍(鄭仁弘)의 증손(曾孫) 가운데 겹눈동자인 사람이 있는데 영남 사람들이 그에게로 마구 몰려들고 있다.'고 하였으므로, 잡아다가 살펴본즉 또한 겹눈동자가 아니었으니, 이는 바로

---

68 본부(本府)의 아전으로 무신년의 흉서를 본 자를 불러 묻고 증거를 대게 하니, 아전이 '무신년 흉서 가운데 이영부사(李領府事)의 명자(名字)와 자미진주(紫薇眞主) 등 말이 대략 기억이 나는데 피차 구어(句語)가 대략 서로 비슷하다.'고 하였으므로, (……) 『영조실록』 영조 9년(1733) 7월 29일(무신).

69 배혜숙, 「영조년간 민간사상과 정치동향 연구」, 『상명사학』 제6집(상명사학회, 1998), 29쪽.

인심을 현혹시키려는 계책이었습니다." 하자, 임금이 이르기를, "장살(杖殺)하는 것이 가하다." 하였다.[70]

정도령이라는 용어가 등장하는 점이 특기할 만하다. 중동(重瞳)은 두 개의 눈동자, 또는 두 개의 눈동자를 가진 사람을 가리킨다. 이는 겹으로 된 눈동자로 천자(天子)의 눈을 뜻한다.[71] 정여립사건 때 정여립의 아들 정옥남이 겹눈을 가졌다는 사실로 미루어 진인출현설을 주장한 것과 비교해 볼 때, 이 역시 진인출현설의 한 형태로 볼 수 있다.

한편 경흥부사 황보(黃溥)가 국가에 긴급한 일이 있으면 큰 배를 만들어 조선의 판도를 넘어서 있는 삼봉도(三峰島)로 피신해 들어가려 했던 사건이 발생했다.[72] 삼봉도는 동해 가운데 있으며 모양이 새 머리처럼 생겼는데, 토지가 비옥하고 풍요로우며 멀리서 보면 산봉우리가 셋이기 때문에 삼봉도라고 이름 지었다고 한다. 이 섬은 경흥에서 청명한 날에 바라보이며, 회령에서 동쪽으로 7일을 가면 도달한다고 전한다.[73] 당시 조정에서는 백성들이 부역과 세금이 없는 이상향으로 생각하는 삼봉도를 수색하려 했으나, 뱃길이 험하고 위치가 정확하지 않아 성공하지 못했다. 넓이가 거의 천 리가 된다는 전언으로 보아 오늘날의 북해도를 일컫는 것으로 추정된다.[74]

영조 7년(1731)에 호남어사 황정은 남해 연안의 여러 섬들이 한민(悍民) 가운

---

70 森曰, 湖嶺之間, 有或稱鄭八龍, 或稱鄭都令者云, 故送捕校捉來, 則手持鐵椎, 自稱裵守一, 而爲人極妖惡矣. 台佐曰, 昨年江原監司, 送書于李宗城曰, 鄭仁弘之曾孫, 有重瞳, 嶺南人輻輳 云云, 故捉來見之, 則亦非重瞳, 此乃誑惑人心之計也. 上曰, 杖殺可也. 『영조실록』 영조 5년(1729) 4월 9일(계미).

71 『사기(史記)』 권 7 『항우기찬(項羽紀贊)』에 "내가 주생에게서 '순(舜) 임금의 눈은 눈동자가 둘이었다.'라는 말을 들었는데, 항우 또한 눈동자가 둘이라는 말을 들었다."는 기사가 있는데, 임금의 눈 또는 임금을 가리키는 용어이다. [吾聞之周生曰, 舜目蓋重瞳子, 又聞項羽亦重瞳子.].

72 『영조실록』 영조 4년(1728) 6월 무자일. 『영조무신별등록』 제5책, 11엽(葉) 2면-13엽 1면. 정석종, 앞의 글, 78-81쪽에서 재인용.

73 『성종실록』 성종 원년(1470) 12월 갑인일과 성종 10년(1479) 8월 임자일조에 "차역(差役)에서 도피하여 삼봉도에 몰래 들어간 자가 무려 천여 명이 넘는다."고 했다. 『성종실록』 성종 4년(1473) 정월 경자일.

74 정석종, 앞의 글, 92쪽.

데 군역을 도피한 자들과 역모 연좌자들의 소굴이 되고 있다는 보고를 올렸다.

　　호남어사(湖南御史) 황정(黃晸)이 복명(復命)하였다. 임금이 불러 보고 호남의 병폐를 하문(下問)하니, 황정이 말하기를, "남쪽 연해(沿海)에 여러 섬이 많은데 군역(軍役)을 피하려는 사나운 백성이 찾아가 하나의 도망하는 자들의 숲이 되었고, 역노(逆孥) — 역적의 처자(妻子) — 에 연좌(緣坐)된 자들이 또 이따금 섞여 거처하니 방비가 허술해 깊이 염려스럽습니다. 마땅히 관장(官長)을 설치해 목관(牧官)의 예처럼 관장하게 해야 합니다." 하니, 임금이 연신(筵臣)에게 물어보고 백성들을 소란하게 한다 하여 허락하지 않았다. 인하여 수령(守令)의 잘 다스리는지의 여부를 물어보고 남평현감(南平縣監) 한사선(韓師善)을 발탁하여 한 자급(資級)을 올리고, 잘 다스리지 못한 자는 해조에 내려 복계(覆啓)하게 하였다.[75]

　　이와 같이 당시 여러 섬은 유민들을 비롯하여 도적이나 도망노비들의 주요 집결지였고, 역모와 관련된 자들의 유배지이기도 하였다. 이들은 현 체제에서 소외된 자들로서 그만큼 현실에 대해 불만을 품고 있었다. 이들은 지리적으로 관(官)의 직접 통제에서 벗어날 수 있는 이점을 이용하여 세력화하였으며, 독자적으로 화폐를 주조하거나 황당선과 교류하고, 조운선을 나포하기도 하면서 저항세력화하였다.[76]

　　이를테면 호남의 여러 섬에는 유민들이 몰려들어 당(黨)을 이룰 정도였다. 더욱이 변산에서는 많은 적도들이 웅거하여 대낮에 장막을 치고 약탈을 자행하였는데, 이들은 큰 절의 승려들을 몰아내고 그 절을 자신들의 근거지로 삼을 만큼 세력이 강성하였다.

　　사간원(司諫院)에서 (…) 또 소회(所懷)를 진달하기를, "남쪽 지방에 적환(賊患)이 치성하여, 근래에는 부안(扶安)과 변산(邊山)에서 적도(賊徒)들이 많이 몰래 점거(占據)하

75　『영조실록』 영조 7년 1월 4일.
76　고성훈, 「조선 후기 해도기병설 관련 변란의 추이와 성격」, 『조선시대사학보』 3집(조선시대사학회, 1997), 133쪽.

고 있습니다. 그리하여 대낮에 장막(帳幕)을 설치하고 대대적인 노략질을 하고 있는데, 변산(邊山)에 있는 큰 절에 적도들이 들이닥쳐 절의 중을 불러서 말하기를, '삼동(三冬)에는 밖에서 거처할 수 없으니 너희들이 우선 절을 빌려주어야 하겠다.' 하자, 중들이 두려워 감히 따지지 못하고 모두 눈물을 흘리고 흩어져 갔다고 합니다. 남쪽에서 온 사람이 호남어사(湖南御史)의 말을 듣고 와서 이런 사실을 자자하게 전하였습니다.[77]

이에 정부에서는 관리를 파견하여 기찰하는 등의 대책을 강구하였으나 바라던 성과를 거두지 못했다. 영조 4년(1728)의 무신난 때는 변산에 웅거하던 노비도적들이 난의 중심 세력이었으며, 이들 세력을 이끌던 정팔룡(鄭八龍)은 정도령(鄭都令)으로까지 불리던 유력자로서 청룡대장(靑龍大將) 12명 가운데 제1장으로 출병하였다.[78]

이들 해도 세력은 자신들이 보유하고 있는 물리력을 바탕으로 당시 빈번하게 발생하던 각종 변란에 어떠한 형태로든지 참여하였을 가능성이 높다. 변란은 보통 『정감록』류의 비결서를 사상적 기반으로 삼고 있으므로, 해도기병설에서의 기병 주체인 군사와 그 군사를 이끌 인물로서의 진인의 실체가 해도에 둔취한 저항집단과 그 집단의 우두머리를 상징적으로 그려낸 것이라고 볼수도 있는 것이다. 해도기병설은 변란을 사상적으로 뒷받침하는 강력한 논리이며, 실제로는 해도의 현실 즉 저항세력화한 민(民)의 실체를 반영하고 있을가능성이 크다.

『정감록』류의 비결서와 관련된 사상에 함축된 여러 논리 가운데 가장 강력하면서도 현실적으로 변란의 이념으로 기능한 것은 이른바 해도기병설이라고 할 수 있다. 해도기병설의 논리가 당시 유민을 비롯하여 해도에 둔취해 있던 무장집단의 저항의지를 상징적으로 수렴한 측면이 있기 때문이다.[79]

---

77 『영조실록』 영조 3년(1727) 10월 20일(임인).
78 정석종, 「조선 후기 이상향 추구경향과 삼봉도: 연암 허생전의 변산군도와 무인도의 실재성 여부와 관련하여」, 『벽사 이우성 교수 정년퇴직기념논총 민족사의 전개와 그 문화(하)』(창작과 비평사, 1990), 56~58쪽.

영조 9년(1733) 3월에는 호남 지역에 유언비어가 퍼져 인심이 소란했는데,[80] 결국 이러한 우려가 다음과 같이 현실로 드러났다.

영조 9년(1733) 4월에 남원의 절에 흉측한 글을 돌부처에 붙여 놓은 사건이 일어났다. 그 글의 끝부분에 충청도와 경상도의 군사가 몇만이며 이제 날짜를 정해서 거사할 것이라며, '영남 호서 대원수 정회충(鄭懷忠)'이라고 썼다고 전한다.[81]

좌의정 서명균(徐命均)이 청대(請對)하여 남원(南原)의 괘서(掛書)의 변(變)을 아뢰기를, "남원부사(南原府使)가 서보(書報)하기를, '남원 산사(山寺)에 흉서(凶書)가 석불상(石佛像)에 걸려 있었는데 임금을 무함하는 흉악한 말이 한결같이 무신년의 흉격(凶檄)을 답습했다.'고 하였으며, 끝에 '호서(湖西)와 영남(嶺南)의 몇만 명의 군병이 이제 곧 날짜를 지정하여 일을 일으키겠다.'고 하고 명칭하기를, '영호대원수(嶺湖大元帥) 정회충(鄭懷忠)'이라고 하였는데, 말을 늘어놓은 것과 뜻을 표한 것이 대단히 흉참합니다. 청컨대 포청(捕廳)으로 하여금 기포(譏捕)하게 하소서." 하니, (…) [82]

인용문의 이른바 흉서는 3월 그믐께 이위(李葳)가 짓고 써서 최두징(崔斗徵)에게 주자 4월 초닷샛날 백복사에 가서 보니 절에 동불(銅佛) 세 개가 있으므로, 그 글을 가운데 있는 부처의 귀 위에 걸고 작은 흙덩이로 눌러 놓았다는 진술에 보인다.[83] 정씨 원수가 흉서의 주체로 부각되었다.[84]

그리고 흉서 죄인 남원의 곽처웅을 압송하고, 신익세와 발고인 조영하를

79 고성훈, 위의 글, 134-136쪽.

80 지평 정형복(鄭亨復)이 상소하였다. 그 대략에 이르기를, "듣건대, 흉서(凶書)가 호남(湖南)에서 나와 유언비어가 중외(中外)에 극도로 소란스럽다고 하는데, 『영조실록』 영조 9년(1733) 3월 6일(정해).

81 左議政徐命均請對, 以南原掛書之變奏曰: "南原府使書報, 南原山寺有凶書掛於石佛像, 而誣上凶言, 一襲戊申凶檄, 末言湖西嶺南兵幾萬, 今將指日擧事, 而稱之曰嶺湖大元帥鄭懷忠, 設辭措意, 極其凶慘. 請令捕廳譏捕." 『영조실록』 영조 9년(1733) 4월 15일, 19일.

82 『영조실록』 영조 9년(1733) 4월 15일(병인).

83 『영조실록』 영조 9년(1733) 5월 19일(기해).

84 이위가 공초(供招)하기를 "흉서(凶書)의 자구(字句)를 비록 외울 수는 없으나 국세(國勢)가 외롭다는 뜻과 흉서의 연월일(年月日) 밑에 쓴 원수(元帥) 정(鄭)과 원수 위에 쓴 영남(嶺南)이란 글자는 내 마음은 배반하지 아니하며 내 말은 속이지 않는다는 구절이 기억납니다. 하단(下端)에 있는 오오(五午)란 글자는 5월 단오(端午)를 말한 것입니다." 하였다. 『영조실록』 영조 9년(1733) 5월 19일(기해).

구문케 하여 이들이 계룡산에 거사의 뜻을 고하는 제문을 지었던 사실이 밝혀
졌다.[85] 정씨 성을 지닌 원수가 등장하고 계룡산에 제사를 지낸 점으로 보아
이 역시 정씨 진인출현설의 한 형태로 보인다.

이들을 심문한 끝에 "하동의 괴수 박동량(朴東良)을 괴수로 삼아 박동정, 진
주의 최주방, 구례의 왕지익 등이 당을 이루어 거사를 준비하여 맹서를 지었
다."는 자백을 받았다. 이들의 배후에도 비기의 내용이 작용하고 있음을 알 수
있다. 계룡산에 제사 지내는 제문을 지었다는 점이 특기할 만하다.

---

85 경상우병사(慶尙右兵使) 민창기(閔昌基)가 흉서죄인(凶書罪人)인 남원(南原)의 곽처웅(郭處雄)을 압
송(押送)하니, (…) 동지 수십 명과 함께 과거를 보러 간다는 핑계로 공산(公山)의 중로(中路)에서 모
이기로 약속을 하였으니 종적이 몹시 수상합니다." 하니, 민창기가 그 부장(副將)을 곽처웅이 머물고 있
는 진주 황명후(黃命垕)의 집에 급히 보내 체포하여 압송하고 그 처부(妻父) 신익세도 또한 곤양에서
체포하였다. 그리고 그 집에 감추어 둔 4자문(字文) 14귀(句)를 찾아냈는데, 곧 산천(山川)에 서약(誓
約)한 글로서 말투가 몹시 흉참(凶慘)하였으므로 민창기가 치계(馳啓)하고 압송하니, 승지 유엄(柳儼)
이 청대(請對)하여 올렸다. 임금이 말하기를, "이는 김원팔(金元八)의 무리와는 다르나 필시 의도가 있
는 자이다." 하니, 유엄이 말하기를, "이는 곧 계룡산(鷄龍山)에 제사 지내는 글로서 그 말의 뜻이 망측
(罔測)스럽습니다." 하였다. (…) 사신은 논한다. "대개 그 14귀(句)의 제문(祭文)은 곧 역적(逆賊) 무
리들이 거사하는 뜻으로 계룡산(鷄龍山)에 고하여 음(陰)으로 도와줄 것을 빈 것이니, 말뜻의 흉패(凶
悖)함이 전후의 흉서와 서로 안팎을 이루었다. 『영조실록』 영조 9년(1733) 8월 23일(신미).

김원팔 사건

34

영조 9년(1733) 7월에 남원현감 조호신이 패서한 죄인 김영건 부자 4인을 체포하였다.[1] 그런데 영조 9년(1733) 8월에는 적어도 현재 우리가 현전하는 『정

---

1 남원현감(南原縣監) 조호신(趙虎臣)이 패서(掛書)한 죄인 김영건(金永建) 부자(父子) 4인을 염탐하여 체포하였다. 감사(監司) 조현명(趙顯命)이 치계(馳啓)하자 정원(政院)에서 밀봉하여 들였다. 불사(佛寺)에서 흉서(凶書)가 나온 뒤에 편지(片紙)에 패서(掛書)한 자인 이여매(李汝梅), 이여진(李汝榛)을 써서 성변(城邊)에 걸어 놓은 일이 있었으므로, 전 감사 이성룡(李聖龍)이 이여매 등을 잡아 가두고 알리자, 임금이 뒷날의 폐단에 관계되니 곧 놓아 보내라고 분부하였다. 대개 남원에 사는 김영건은 아들 김원팔(金元八), 김원하(金元河), 김원택(金元澤) 세 사람을 두었는데 모두가 글을 잘하고 글씨를 잘 쓰는데다 부호(富豪)하고 간활(奸猾)하였다. 그런데 같은 고을에 정가(丁哥)인 사람이 김영건을 종의 양처(良妻) 소생이라 하여 서로가 소송을 걸게 되었고 서로가 원한을 가져 남모르게 반드시 죽일 계획을 품었다. 이여매의 아들 이유성(李惟晟)은 문장이나 변론으로 송사하기를 좋아하는 사람으로 정가의 외손녀서(外孫女婿)가 되어 입척(立隻)을 담당했기 때문에 김영건이 이유성을 원수처럼 미워하는 것이 정가보다 심함이 있었다. 이 때문에 이여매 형제의 이름을 써붙여 무함(誣陷)하려고 하였던 것이다. 조호신이 정탐군을 놓아 살피다가 그 단서를 얻고 밤을 노려 김영건 4부자(父子)를 덮쳐 잡고는 그 문서(文書)를 수색하니 과연 크고 작은 두 종이에 흉서(凶書)의 초안(草案)이 있었는데 큰 종이에 쓴 것은 아주 흉악하고 참혹한 것이 절 안에 패서한 것보다 갑절이나 더함이 있었다. 김원팔의 공초에서 "이는 바로 무신년 뒤에 베껴 전해지는 흉서인데 같은 고을 최봉희(崔鳳禧) 집에서 얻어 보았다."고 하였다. 그러므로 조호신이 최봉희를 체포하고 본부(本府)의 아전으로 무신년의 흉서를 본 자를 불러 묻고 증거를 대게 하니, 아전이 "무신년 흉서 가운데 이영부사(李領府事)의 명자(名字)와 자미진주(紫薇眞主) 등 말이 대략 기억이 나는데 피차 구어(句語)가 대략 서로 비슷하다."고 하였으므로, 도신(道臣)이 흉서와 여러 죄수의 공초를 올려서 알려온 것이다. 『영조실록』 영조 9년(1733) 7월 29일(무신)

감록』의 한 부분이라고 믿고 있는 「남사고비결」이 널리 유포되고 있었음을 알 수 있는 기록이 있다.

영조 9년(1733) 8월 전라도에서 김원팔(金元八)과 김영건(金永建) 등이 남원 읍성에 괘서(掛書)를 걸었다가 적발된 '남원사건'을 수사하는 과정에서 「남사고비결(南師古秘訣)」, 「요람(要覽)」 등의 비결서가 존재한다는 사실이 드러났다.[2]

김원팔이 가지고 있던 책자에는 역대 제왕들과 조선왕조의 역대 임금들의 이름을 썼으며, 하단에는 숙종대왕의 왕후들인 김씨, 민씨, 장씨에 대해서 적혀 있었다고 한다.

남원(南原)에 괘서(掛書)한 죄인 김영건(金永建), 김원팔(金元八), 김원하(金元河), 김원택(金元澤)과 최봉희(崔鳳禧)를 잡아 왔다. 전라감사 조현명(趙顯命)이 김원팔의 책자(册子)를 봉하여 올렸는데, 역대 제왕(帝王)과 아조(我朝) 열성(列聖)의 어휘(御諱)를 썼고 하단에는 숙종대왕의 왕후(王后) 김씨(金氏), 민씨(閔氏), 장씨(張氏)가 쓰여 있었다. 임금의 어휘는 세초(洗草)하고[3] 책자는 의금부로 하여금 불에 태우라고 명하였다.[4]

신문 내용은 다음과 같다.

김영건(金永建)을 신문(訊問)하니, 공초하기를, "신(臣)은 글자를 모르고 신의 아들이 약간 문자(文字)를 이해합니다. 신의 장자(長子) 김원팔(金元八)이 같은 고을에 사는 양반 최봉희(崔鳳禧)에게서 흉서(凶書)를 가지고 와서 베껴 놓았으므로, 신의 아들 김원택(金元澤)이 신에게 전하여 보여 주었습니다. 글 뜻은 다만 그 난리의 정경(情景)

2　고성훈, 「영조년간 흉서, 괘서 사건의 추이와 성격: 정감록 관련 팔공암 사건을 중심으로」, 『지둔 김갑주 교수 화갑기념 사학논총』 (1994), 747-771쪽.

3　세초는 존치(存置)할 가치가 없는 문서를 없애버린다는 뜻이다. 실록(實錄)이나 『선원보략(璿源譜略)』의 편찬을 마치고 그 원고(原稿)의 폐기, 또는 정세 변동이나 기휘저촉(忌諱抵觸)에 의하여 보관할 필요가 없는 문서의 폐기 등을 이르는 말이다. 초(草)했던 원고나 폐기 문서를 물에 빨아 먹물을 빼고 환지(還紙)를 만드는 데 이용하였으므로 세초란 말이 생겼다.

4　南原掛書罪人金永建, 元八, 元可, 元澤及崔鳳禧拿來. 全羅監司趙顯命, 封上元八册子, 書歷代帝王及我朝列聖御諱下端, 書肅宗大王之后金氏, 閔氏, 張氏. 上命御諱洗草, 而册子使禁府焚之. 『영조실록』 영조 9년(1733) 8월 6일.

을 노래한 것으로만 들었고 달리 아는 것은 없습니다. 문서 가운데 이른바 『요람(要覽)』이라는 책자(冊子)는 또한 김원팔이 한 짓입니다." 하였다.[5]

김원팔은 "신(臣)이 기유년(영조 5년, 1729) 4월에 최봉희(崔鳳禧)에게서 흉서를 얻어보고 곧 베끼어 왔습니다."라고 진술했으나, 최봉희는 그런 사실이 없었다고 반박했다.

이에 대해 김원팔은 지난해(영조 8년, 1732) 10월에 최봉희가 김원하(金元河) 집에 와서 "서달(西㺚)이 동병(動兵)하느니, 심양(瀋陽)에서 청병(請兵)하느니" 등의 말을 했다고 주장했다. 이에 최봉희는 문관(文官)인 최운룡(崔雲龍)의 아들이 자기에게 "북도에서 어떤 소가 기린을 낳았으니 성인이 장차 나올 것이다. 관문서(官文書)는 오수찰방(獒樹察訪)에게로 전해 왔다."라는 말을 했는데, 김원팔이 이 소문을 오히려 최봉희가 퍼뜨린 일로 주장한다고 항변했다.[6]

김원팔의 동생인 김원하(金元河)도 "흉서는 김원팔이 과연 최봉희 집에서 베껴 왔는데, 그것은 무신년 난서(亂書)라고 하였습니다."라고 진술하였다.

「남사고 비결」은 부안군 변산에 있는 월출암(月出庵)의 승려 태진(太眞)이 소장하고 있었는데, 영조 5년(1729)에 우연히 남원사건의 관련자인 김원팔의 식객(食客)이었던 최봉희(崔鳳禧)와 윤징상(尹徵商) 등이 이를 베꼈고 주변 인물들과 돌려보았다고 진술했다. 이들의 진술에 의하면 「남사고비결」은 편년체로 나라의 운세를 차례로 기록하는 형식이었다고 전한다.[7]

이 「남사고비결」에 "무신년(戊申年)에는 피가 흘러 내를 이루고 도로가 막히고 연기가 끊긴다." 등의 구절이 있었다고 한다. 현전하는 『정감록』에 수록된 「남사고비결」은 풍수지리설이 중심이므로 이 비결과는 다르다.

---

5   問金永建, 永建供, 臣則不識字, 而臣子粗解文字. 臣長子元八取來凶書於同鄕兩班崔鳳禧處撘置, 故臣子元澤傳示於臣, 而書意則只問其爲亂離歌, 而他無所知矣. 文書中所謂要覽册子, 亦是元八之所爲矣. 『영조실록』 영조 9년(1733) 8월 6일(갑인)

6   文官崔雲龍之子, 言於吾曰, 北道有牛生麟, 聖人將出. 官文書來到於獒樹察訪. 『영조실록』 영조 9년(1733) 8월 6일

7   『추안급국안』 19권 115책, 「원팔추안(元八推案)」, 543면.

한편 「요람(要覽)」은 남원사건의 중심인물이었던 김원팔이 조작했다는 예언서이다. 김원팔은 양반의 서얼인 이서방(李書房)이라는 사람에게 이른바 「요람」의 대부분을 쓰게 한 다음, 끝부분에 자기가 직접 기술했다고 진술했다.[8]

당시 사건 연루자들은 이른바 흉서에 '그렇게 적혀 있었기 때문에' 무신난이 발생할 수밖에 없었다고 여겼음을 알 수 있다.

> 최봉희가 공초하기를, "신(臣)이 장(杖)을 견디지 못해 이제야 직고(直告)합니다. 윤징상(尹徵商)이 진안(鎭安) 팔공산(八公山)에 가서 변산(邊山) 월출암(月出庵)에 있는 중 태진(太眞)을 만나고 그 글을 얻어 가지고 와서 신에게 전한 것입니다. 김원팔이 신의 집에 와서 베껴 간 것은 사실이며, 그 글의 사연은 대개 무신년의 일을 지적한 것으로서 '피가 흘러 내를 이루고 길이 막혀 민가에 연기가 끊긴다.'고 되어 있었습니다." 하였는데, 22도의 형(刑)을 더하였다. 최봉희가 재차 공초하기를, "이른바 문서(文書)는 곧 편년(編年)의 종류인데 천지(天地)의 운기를 미루어 점친 것입니다. 이는 장수(長水)에 사는 윤형상(尹衡商)과 정원상(鄭元相)이 태진에게서 베껴 내어 그 아우인 윤징상과 신에게 전해 준 것인데, 해에 따라 편차(編次)한 것으로 조롱(嘲弄)한 뜻이 있었으니, 이것이 흉서가 아니겠습니까? 신의 집안에 흉서 2본(本)이 있으니, 하나는 윤징상이 전한 편년(編年)한 것이고, 하나는 무신년에 괘방(掛榜)한 것인데, 이것은 정미년(영조 3년, 1727)에 신이 산협(山峽)으로 옮겨 살 때의 것입니다. 그해 섣달 무렵 과객(過客) 세 사람이 신의 집에 묵고 그날 밤 매우 치밀하게 서로 의논하였는데, 이튿날 간 뒤에 떨어뜨린 문서(文書)가 있었으니, 바로 흉서였습니다. 신은 그것을 그대로 감추어 두었는데 (…) 김원팔이 베껴 간 흉서는 곧 이 글입니다. 그리고 남원(南原)에 노이겸(盧以謙), 정중제(鄭重濟) 형제와 함양(咸陽)에서 신의 동네로 이사 온 이가(李哥)인 상인(喪人)은 모두가 무신년의 적도(賊徒)로서 형적(形迹)이 수상하였습니다. 노가(盧哥), 정가(鄭哥)는 신에게 역모(逆謀)에 참여할 것을 요구했는데, 남원을 취하려 도모하고 곧 서울을 침범하려고 하였으니, 김원팔도 같은 당(黨)에 들어 있습니다. 그리고 흉서는 김일경(金一鏡)이 지은 것으로서 그 글 초

---

8 김원팔이 재차 공초하기를, "최봉희가 흉서(凶書)를 내어 보일 무렵에 신(臣)에게 이르기를, '무신년에 흉흉했던 것도 이러한 까닭으로 그렇게 된 것이다.'라고 하였습니다. 그리고 「요람(要覽)」은 신이 반얼(班孼) 이서방(李書房)이라는 사람을 시켜서 쓰게 하였고, 하단(下段)에 쓴 것은 바로 신 자신이 썼습니다." 하였다. 『영조실록』 영조 9년(1733) 8월 7일(을묘)

두(初頭)에 '황력만년(皇曆萬年)'이란 말로 사연을 꾸몄는데, 이는 신의 집에 있는 글이요, 김원팔이 베낀 것은 바로 무신년에 괘방(掛榜)한 글이었습니다.[9]

이때 최봉희는 김원팔이 "우리도 평민에 있을 날이 오래지 않을 것이다. 왕후장상(王侯將相)이 어찌 종자가 따로 있겠는가?"라는 말을 했다고 진술했다.[10] 신분제의 엄격한 굴레를 타파하려는 의지를 강력히 보여준다. 평등을 지향하고 사농공상으로 대변되는 신분질서를 부정하고 없애려 한 노력이 엿보인다.

이 문서는 영조 3년(1727) 무렵에 남원사건의 연루자인 최봉희가 소장하고 있었던 어떤 문서에 기인한 것이었다. 최봉희는 "(그 문서는) 김일경(1662-1724)이 지은 것입니다. 그 글의 머리에 '황력만년(皇曆萬年)'이라는 말로 사연을 꾸몄는데, 이는 원래 저희 집에 있던 글입니다. 김원팔이 베낀 것은 바로 무신년에 괘방(掛榜)한 글이었습니다."라고 진술했다.[11] 이는 김원팔이 영조 4년(1728) 무신란 때의 괘서를 바탕으로 삼아 「요람」을 지었다는 내용이다.

남원사건의 괘서의 내용에 대해 "흉서(凶書)의 말이 몹시 흉참(凶僭)하여 무함(誣陷)이 상궁(上躬, 국왕인 영조)과 동조(東朝, 동궁인 사도세자)에 미쳤습니다. 한결같이 무신년의 흉서와 같았습니다."라고[12] 언급되는 것으로 볼 때, 「요람」은 영조와 동궁을 저주하는 내용임을 짐작할 수 있다.

---

9 鳳禧供, 臣不勝杖, 今始直告. 尹徵商往鎭安八公山, 逢着邊山月出庵僧太眞, 得來其書, 傳及於臣. 元八來臣家, 謄去是實, 而其書之辭, 蓋指戊申事, 有曰, 血流成川, 路塞烟絕云矣. 加刑二十二度, 再供, 所謂文書, 卽編年之類, 而天地運氣之推占者也. 長水居尹衡商及鄭元相謄出於太眞處, 而傳給於其弟徵商及臣者也. 逐年編次, 有嘲弄之意, 此非凶書乎? 尹家中有凶書二本, 一則徵商所傳編年, 一則戊申掛榜, 而此則丁未年臣移寓峽中矣. 其年臘月間, 過客三人來宿於臣家, 伊夜密密相議, 翌朝去後, 遺落文書, 卽凶書也. 臣仍爲藏置, (…) 元八謄去之凶書, 卽此書也. 南原盧以謙, 鄭重濟兄弟及自咸陽移臣洞赤李姓喪人, 俱是戊申賊徒, 形迹殊常. 盧哥, 鄭哥與臣要與謀逆, 圖取南原, 仍欲犯國, 元八亦入同黨. 凶書則一鏡作之, 其書初頭, 則以皇曆萬年爲辭, 此則臣家所在書也, 元八所謄者, 乃戊申掛榜書也. 『영조실록』 영조 9년(1733) 8월 7일(을묘).

10 則汝豈不曰, 吾輩亦當不久於平民, 王侯將相寧有種乎云耶? 『추안급국안』 19권(아세아문화사, 1980), 165책, 「원팔추안(元八推案)」(1733. 8.), 「죄인봉희원팔일처면질(罪人鳳禧元八一處面質)」, 472면.

11 『영조실록』 영조 9년(1733) 8월 7일.

12 『영조실록』 영조 9년(1733) 8월 1일.

결국 최소한 영조 9년(1733) 무렵에는 당시의 왕조를 비판하는 세력들에 의해 이상적인 군주가 가까운 장래에 출현할 것이라는 예언이 널리 퍼져가고 있었음을 확인할 수 있다.

이른바 남사고의 비결에는[13] 영조 4년(1728) 당시 정권에서 소외되어 있던 소론과 남인 출신 인사들이 충청도, 전라도, 경상도에서 일으켰던 대규모의 반역사건인 무신난(戊申亂)에 대해 "피가 흘러 내를 이루고, 길이 막히고, 민호(民戶)에 연기가 끊긴다."라고 기록되어 있었다고 한다.[14] 이 비결은 윤징상이 진안 팔공산에 갔다가 변산 월출암에 있는 중 태진(太眞)을 만나 얻어가지고 온 글이다.[15]

윤징상(尹徵商)을 신문하니, 윤징상이 공초하기를, "신은 기유년(1729) 무렵에 최봉희와 함께 팔공암(八公菴)에 나물을 캐러 들어갔는데, 암자 가운데 태진(太眞)이란 중이 있어 변산(邊山)에서 와서 머물고 있다고 하였습니다. 때문에 신이 최봉희와 더불어 무엇 때문에 옮겨 왔는가 물으니, 태진이 '야산(野山)에 소요가 많기 때문에 깊이 이 산으로 들어오게 되었다.'고 대답하면서 한 쪽지의 글을 내어 보이고는 남사고(南師古)의 비결(秘訣)이라고 했는데, 비결 가운데 있는 '무신년이 또한 좋지 않다.'는 것은 이미 징험되었고, 무신년의 뒤에도 해마다 모든 것이 장차 무사하게 되지 않을 것이라고 말했습니다. 그리하여 최봉희는 스스로 1본(本)을 베끼었고 또한 신에게도 베껴 내게 하였으나 신은 무식하여 글을 이해하지 못할 뿐만 아니라 또 참서(讖書)에 가깝기 때문에 베끼지 않았습니다." 하였다.[16]

---

13 원소장자로 여겨지는 태진의 공술에 의하면, 책자가 아니라 이절지(二折紙) 크기의 두루마리였다고 한다. 『추안급국안』 19권, 529면.

14 尹徵商往鎭安八公山, 逢着邊山月出庵, 僧太眞, 得來其書, 傳及於臣. 元八來臣家, 謄去是實, 而其書之辭, 盖指戊申事, 有曰, 血流成川, 路塞烟絶云矣.『영조실록』 영조 9년(1733) 8월 7일. 『추안급국안』 권 19, 543면.

15 徵商供, 臣於己酉年間, 與鳳禧同入採菜於八公菴, 而菴中有僧太眞, 稱以自邊山來住, 故臣與鳳禧, 問何爲移來, 則太眞答以野山多擾, 故深入此山云, 出示一紙書, 謂是 南師古秘訣, 而秘訣中戊申年亦不好, 已驗矣. 『영조실록』 영조 9년(1733) 8월 18일.

16 問尹徵商, 徵商供, 臣於己酉年間, 與鳳禧同入採菜於八公菴, 而菴中有僧太眞, 稱以自邊山來住, 故臣與鳳禧問何爲移來, 則太眞答以野山多擾, 故深入此山云, 出示一紙書, 謂是南師古秘訣, 而秘訣中戊申年亦不好, 已驗矣. 戊申後, 年年皆將不得無事云則鳳禧自謄一本, 亦使臣謄出, 而臣則不但無識不解書, 且近於識書, 故不爲謄出矣.『영조실록』 영조 9년(1733) 8월 18일(병인).

홍서가 「남사고비결」임이 밝혀졌다. 한편 이 사건 관련자인 태진은 4년 전인 영조 5년(1729)에 오서산에 가서 자명(自明)이라는 도승을 만나서 '남사고의 참서(讖書)'를 받았다고 진술했다.[17] 비결서의 유포에 영향을 미친 승려들의 역할이 대단했음을 확인할 수 있으며, 이를 양반들이 베껴서 보았던 당시의 사회 분위기를 짐작할 수 있다.

최봉희가 말하기를, "팔공암에 갔을 때에 태진이 명승(名僧)이란 말을 듣고 세 사람이 같이 찾아가 보았더니, 태진이 '내가 명산(名山)을 두루 유람할 때 한 도승(道僧)이 비기(秘記)를 보여준 일이 있었으니, 곧 남사고(南師古)의 참서(讖書)다.'라고 하였고, '갑자년(1684, 숙종 10년?)부터 해마다 편록(編綠)하였는데, 길흉(吉凶)을 모두 징험할 만하다.'고 했기 때문에 좌중(坐中)의 한 사람이 보기를 청하였습니다. 태진은 처음에는 자못 어렵게 여겼으나 억지로 청하자 내어 보였다. 무신년에 대해 기록한 것에는 '피가 흘러 내를 이루고 길이 막히고 민호에 연기가 끊긴다.'는 글귀가 있었는데, 나는 내 손으로 능히 글씨를 쓰지 못하기 때문에 남의 손을 빌어 베껴 냈는데 베낀 사람이 정원덕(鄭元德)인지 혹은 태진인지 기억이 안 난다." 하니, 윤징상이 말하기를, "참서(讖書)에 '길이 막힌다.'는 글귀는 내가 기억할 수 없으나, 다만 '만가여일(萬家如一)' 등의 글귀는 기억이 난다. 대개 나와 너는 모두 글을 못하기 때문에 그 문자를 죄다 기억할 수 없으나 문자를 베껴 준 자는 곧 정원덕이었다." 하였다.[18]

현전하는 『정감록』의 「감결(鑑訣)」에 인용문의 「남사고비결」과 비슷한 구절이 보인다.

---

17 중 태진(太眞)을 신문하니 태진이 공초하기를, "신이 기유년에 오서산(烏棲山)에 가서 도승(道僧) 자명(自明)을 만나 자명과 서로 더불어 이야기를 나누고 이틀을 머물며 놀았는데, 베껴 낸 문자(文字)를 내 보이며 '이것은 남사고(南師古)의 참서(讖書)다.' 하면서 곧 베껴 주었으나 신은 문자를 이해하지 못하기 때문에 그 글 뜻이 어떠한 것인지를 몰랐습니다. 問僧太眞, 太眞供: "臣於己酉到烏棲山, 逢着道僧自明, 自明相與談話, 兩日留連, 出示謄出文字曰: '此是南師古讖書也.' 仍爲謄給, 而臣不解文字之故, 不識其辭意之如何. 『영조실록』 영조 9년(1733) 8월 18일.

18 鳳禧曰, 往八公菴時, 聞太眞爲名僧, 三人同往見之, 則太眞曰, 吾周遊名山, 有一道僧示以秘記, 卽南師古讖書云, 而自甲子逐年編錄, 吉凶皆驗云. 故坐中一人請見之, 則太眞初頗持難, 强請乃出而見. 戊申年所錄, 則有流血成川, 路塞烟絶之句, 吾不能自書, 借人謄出, 而所謄之人, 鄭元德或太眞, 而不能記認矣. 徵商曰, 讖書路塞之句, 吾未記得, 只記萬家如一等句. 蓋吾與汝俱不文, 故未得盡記其文字矣. 文字謄給者, 卽鄭元德矣. 『영조실록』 영조 9년(1733) 8월 18일(병인).

여주(驪州)와 광주(廣州) 사이에 인적이 영영 끊어지고, 수성(隋城)과 당성(唐城) 사이에 피가 흘러 내를 이루고, 한강 남쪽 백 리에 닭과 개 소리가 없어지고, 인적이 영영 끊어질 것이다.[19]

"피가 흘러 내를 이룬다.", "길에 닭과 개 소리가 없어지고 인적이 영영 끊길 것이다." 등이 인용문의 내용과 유사하다. 따라서 이러한 예언이 훗날 이른바 『정감록』의 기록으로 편입된 것으로 보인다.

윤징상이 말하기를, "기유년에 나와 최봉희, 정원덕(鄭元德) 등이 같이 팔공사에 갔을 때에 네가 '이런 말세(末世)를 당해서는 백성이 보존될 수 있는 곳이란 산림(山林)인데, 그대가 야지(野地)를 버리고 산협으로 들어왔으니, 진실로 살길을 얻었다.'고 하지 않았는가? 이에 내가 '백성이 보존될 수 있는 곳이란 산림이다.'라고 하는 것은 어느 글에서 나온 것인가?' 하니, 네가 '이는 곧 남사고의 비기에 이른 것이다.'라고 하면서 인하여 내어 보이지 않았는가? 그리고 그때 비기 가운데 어려운 글자를 너에게 물었더니 네가 어찌 응답하지 않았더냐? 그리고 그 가운데 백성이 보존될 곳은 산림이란 것과 '만가여일(萬家如一)'이라는 등의 말을 네가 어찌 글귀를 들어 해설(解說)하지 않았더란 말이냐?" (…) [20]

그런데 위의 두 기록에서 "남사고 비결", "남사고 참서" 등으로 표현되는 것으로 볼 때 이는 책자 형식의 비결서 제목이 아니라, 단지 '남사고가 말한 비결 또는 참서'라는 뜻으로 사용된 것으로 보인다.

태진이 공초하기를, (…) "비기 가운데 구어(句語)로는 다만 백저안답(白猪按答)에 '봉목장군(蜂目將軍)', '승입병도(僧入丙都)', '노색연절(路塞煙絕)' 등의 글귀만 기억이 나

---

19 驪廣之間, 人影永絶, 隋唐之間, 流血成川, 漢南百里, 鷄犬無聲, 人影永絶. 「감결(鑑訣)」, 『정감록』(한성도서주식회사, 1923), 『정감록집성』(아세아문화사, 1973), 568면.

20 徵商曰, 己酉年吾與崔鳳禧, 鄭元德等, 同往八公山, 則汝豈不曰, 當此末世, 民保山林, 君之棄野入峽, 誠得之云乎? 吾曰, 民保山林云者, 出於何書乎云則汝豈不曰, 此乃南師古秘記云而仍爲出示乎? 其時秘記中難字, 問於汝則汝豈不應答, 而其中民保山林及萬家如一等語, 汝豈不擧句解說乎? 『영조실록』 영조 9년(1733) 8월 18일(병인).

고 그 나머지는 기억할 수가 없습니다."라 하였는데, 한차례 형문(刑問)을 받았다.[21]

현전하는『정감록』「오백론사(五百論史)」에 "봉목장군이 군사를 이끌고 서쪽에서 일어난다."라는 구절이 있고,[22]「감결」에 "인적이 영영 끊어지고"라는 표현이 보인다. 따라서 이러한 표현들이 후대에 이른바『정감록』에 편입된 것으로 볼 수 있다.

특히 이들이 주장하는 남사고의 비결에는 "이런 말세를 당해서는 백성이 보존될 수 있는 곳은 산림(山林)이다."라는 내용이 있어서[23] 피난처에 대한 사상이 엿보인다. 이는 후대에『정감록』에 등장하는 십승지(十勝地) 사상과 연관된 기록으로 보인다.

윤징상(尹徵商), 노이겸(盧以謙), 정중제(鄭重濟) 등은 단지 비기(秘記)를 듣는 데에 참여하였을 뿐이므로 방송(放送)되었다. 또 임금이 말하기를, "최봉희(崔鳳禧)의 일은 끝내 애매한 데 관계된다. 김원팔(金元八)은 흉서(凶書)를 최봉희에게서 얻어 왔다고 하지만, 최봉희는 김원팔이 베껴 간 것은 단지 태진(太眞)에게서 얻어온 비기와 편년(編年)이라고 하였다. 그리고 신문할 때 비기는 간간(間間)이 기억하여 외면서도 흉서는 능히 한 귀절도 외지를 못하였다."는 이유로 정형(停刑)하고 결말을 기다리도록 명하였다. 이들은 "그 당시 내(최봉희)가 '너희들은 용렬하고 잔약하여 같이 일하는 데 참여시킬 수 없다.' 하니, 네(김원팔)가 '우리도 평민에 있을 날이 오래지 않을 것이다. 왕후장상(王侯將相)이 어찌 종자가 있는가?'라고 하지 않았는가?" 하니, (…)[24]

이 남원사건을 논의하는 과정에서 국왕 영조가 측근의 신하들에게 이 책

---

21 太眞供, 秘記中句語, 只記白猪按答, 蜂目將軍, 僧入丙都, 路塞烟絶等句, 其餘則不能記得矣. 刑問一次. 『영조실록』영조 9년(1733) 8월 18일.

22 甲子, 蜂目將軍, 提兵西起.「오백론사」,『정감록』(한성도서주식회사, 1923),『정감록집성』(아세아문화사, 1973), 577면.

23 『영조실록』영조 9년(1733) 8월 18일.『추안급국안』권 19, 546면.

24 其時吾曰, 汝輩庸孱, 不可與同事云, 則女豈不曰, 吾輩亦當不久於平民, 王侯將相寧有種乎云耶?『영조실록』영조 9년(1733) 8월 7일(을묘).

의 저자로 알려진 남사고는 어떤 사람인지를 물었다. 이에 대해 약방제조(藥房提調) 윤순(尹淳, 1680-1741)과 도제조(都提調) 서명균(徐命均, 1680-1745)이 다음과 같이 답했다.

> 임금이 말하기를 (…) "남사고(南師古)라고 하는 사람은 어떤 사람인가?"라고 물으니, 윤순(尹淳)이 "성종 때의 사람인데, 천문과 지리에 능통함으로써 고금(古今)을 통하여 이름이 높았으므로 이인(異人)이라고 칭하였습니다."라고 대답하였다. 도제조 서명균은 "남사고(南師古)의 비기秘記)가 세상에 전해지고 있는데, 세상 사람들이 제멋대로 더 부연하고 맞추어 그릇되게 전하는 것이 많습니다."라고 답하였다.[25]

이에 덧붙여 윤순은 "대개 호남 지방에 신이한 중 의상(義相)과 도선(道詵)이 태어났기 때문에, 남쪽 지방에 그들의 방술서가 혹은 풍수설로, 혹은 운수를 보는 책으로, 혹은 관상을 보는 책으로 전해지고 있습니다."라고 대답했다.

> (윤)순이 "대개 호남 지방에서 신비한 중 의상과 도선이 나왔기 때문에 남쪽 지방에 그의 방술서가 많이 전해지고 있으며, 혹은 풍수설로, 혹은 운수를 보는 책으로, 혹은 관상을 보는 책으로 전해지고 있습니다. (…)"라고 대답하였다. 임금이 말하기를 "먼저 왕조에 도선이 있었고, 우리나라에는 무학이 있어서 나라의 운수가 길고 짧은 설이 있었다. (…)"라고 말하였다. (서)명균이 "고려는 상하가 오로지 불도를 숭상하여, 그 비기에 고려는 500년 동안, 조선은 800년간 갈 것이라는 말이 있습니다."라고 대답하였다.[26]

위의 기록을 살펴볼 때 최소한 서명균 등은 남원사건이 일어나기 전부터 남사고의 비기가 민간에 유포되고 있다는 사실을 알고 있었지만, 그것을 명종

---

[25] 上曰 所謂南師古何許人也. 淳曰, 卽成宗朝人, 以天文地理之皆通, 名於古今稱以異人者也. 都提徐命均曰, 南師古秘記, 有傳行於世者, 而世人增衍傳會訛傳者多矣.『영조실록』영조 9년(1733) 8월 26일.

[26] (尹)淳曰, 蓋湖南生神僧義相. 道詵, 故南方多傳其方書, 或傳以風水, 或傳以推命, 或傳以相術, (…) 上曰, 勝國有道詵, 我國有無學, 而有國祚長短之說. (…) (徐)命均曰, 高麗則上下專尚佛道, 而其秘記云, 高麗五百年, 朝鮮八百年之說矣.『영조실록』영조 9년(1733) 8월 26일.

대의 남사고가 직접 지은 저작이라고는 생각하지 않았음을 알 수 있다.

그런데 남사고가 "역리(易理)에 능통하여 천문, 지리, 점술에 밝아 말한 일이 모두 기이하게 맞았다."는 허균(許筠, 1569-1618)의 기록이 전하는[27] 것으로 볼 때, 그의 신이함은 사후에 널리 알려진 이야기였음을 알 수 있다. 이러한 전언에 힘입어 영조 연간에 오면 남사고가 직접 비결서를 지었다는 이야기로 비화되었을 것이다.

> 하교(下敎)하기를, "참위(讖緯)의 말을 나는 매우 그르게 여기는데, 지금 조선(祖先)의 보감(寶鑑)을 강하다 보니, 척연(惕然)함을 깨닫게 된다. 일찍이 듣건대, 호남(湖南)의 풍속(風俗)이 가장 잡술(雜術)을 숭상한다고 하는데, 지난해 송하(宋河)의 요술(妖術)과 근래에 태진(太眞)의 참서(讖書)에서 그 폐해(弊害)를 볼 수 있다. 더욱이 감여(堪輿)의 말도 또한 허황됨이 많은 것이다. 금년처럼 잇따라 흉년이 들어서 인심(人心)이 안정되지 못한 때에는 진실로 정도(正道)를 깨달아 알게 함만 못하니, 엄중하게 참위(讖緯)를 금해야 할 것이다. 그대 도신(道臣)들은 열읍(列邑)으로 하여금 소민(小民)에게 효유(曉諭)하게 하고, 그 나머지 참위와 음양(陰陽)의 책들은 서운관(書雲觀)에서 반행(頒行)한 것이 아니면, 드러나는 대로 불에 던져서 백성들로 하여금 사경(邪徑)을 버리고 정도(正道)로 나아가도록 호남 도신에게 하유(下諭)하라." 하고, (…)[28]

감여(堪輿)의 감(堪)은 받아들이는 것, 곧 하늘을 뜻하고 여(輿)는 수레로 싣는 것, 곧 땅을 의미한다. 즉 하늘의 이치와 땅의 이치를 살펴 묘지나 집터의 좋고 나쁨을 가리는 사람이 곧 감여가이다. 국가에서 인정한 참위에 관한 책, 즉 서운관에서 발행한 서적 이외의 참위서는 금지한다는 대목이다.

---

27 허균, 『국역 성소부부고(惺所覆瓿藁)』 3 (민족문화추진회, 1967), 184-185쪽. 특이한 이적에 대한 언급이 없이, 다만 남사고가 만년에 천문학교수(天文學敎授)로 있을 때 자신의 죽음을 예견했던 일만 적혀 있다.

28 敎曰, 讖緯之說, 予甚非之, 而今講祖鑑, **惕然以悟**. 嘗聞湖南風俗, 尤尙雜術, 往年宋河之妖術, 今者太眞之讖書, 可見其弊, 況堪輿之說, 亦多荒誕. 今年**荐饑**, 人心靡定之時, 誠不若開曉正道, 痛禁讖緯. 啓爾道臣, 其令列邑曉諭小民, 其餘讖緯陰陽之書, 非雲觀所頒者, 隨現投火, 使民捨邪徑, 向正道, 下諭于湖南道臣. 『영조실록』 영조 9년(1733) 10월 18일(병인).

『승정원 일기』
에 보이는
『정감록』
35

영조 15년(1739) 5월에 평안도 삼등현에서 국경을 넘은 죄인들이 체포되었다.

이에 앞서 삼등현(三登縣)에서 도둑을 안치(按治)하였는데, 수인(囚人) 중에 이빈(李濱)이라는 자가 있었다. 국경을 넘은 일로 옥사(獄辭)에 관련되어 잡혔는데, 이빈이 말하기를, "백두산 아래에 1백여 마을이 있는데 그 괴수는 김거사(金居士)이다."라고 하였다. 송인명이 이 때문에 건백하여 백두산의 정계(定界)를 살펴보기를 청하고 또 이형원(李馨遠)을 보내어 살피게 하였는데, 이형원이 군사를 징발하고 배를 만들었기 때문에 죄주고 변방의 세 수신(守臣)도 체직시키고 도신(道臣)을 시켜 살펴서 아뢰게 하였다. 이때에 이르러 그 문안을 올렸는데 그 말이 허황하였다. 임금이 보고서 여러 신하들에게 물었는데, 신하들이 모두 믿을 만하지 못하다 하여 버려두기를 청하였다. 송인명이 또 종성부사(鍾城府使)를 파면하기를 청하였는데, 국경을 넘는 것을 금하지 못하였기 때문이었다.[1]

---

1 『영조실록』 영조 15년(1739) 5월 15일(경신).

거의 동일한 『승정원일기』의 기록은 다음과 같다.

이에 앞서 삼등현(三登縣)에서 도둑을 안치(按治)하였는데, 수인(囚人) 중에 이빈(李濱)이라는 자가 있었다. 국경을 넘은 일로 옥사(獄辭)에 관련되어 잡혔는데, 이빈이 말하기를, "백두산 아래에 1백여 마을이 있는데 그 괴수는 김거사(金居士)이다."라고 하였다. 송인명이 이 때문에 (…) 백두산의 정계(定界)를 살펴보기를 청하고 (…) 도신(道臣)을 시켜 살펴서 아뢰게 하였다. 이때에 이르러 그 문안을 올렸는데 그 말이 허황하였다. (…) 신하들이 모두 믿을 만하지 못하다 하여 버려두기를 청하였다.[2]

백두산 아래에 김거사라는 인물을 중심으로 여러 마을이 형성되어 있어 국가의 권력이 미치지 못하고 있다는 보고였다. 세금과 부역을 피해 마을을 이루어 자치 형태를 취하고 있다는 이 보고는 국가권력의 확보라는 측면에서 엄중히 경계되었다.

영조 15년(1739) 6월 9일에 임금이 포장(捕將) 구성임(具聖任)에게 이빈(李濱)을 추핵하는 일을 물었더니, 구성임이 "철옹성(鐵甕城)에서 달아난 백성이 둔치고 모여 있다는 말은 예전부터 있습니다. 이빈이 이에 앞서 세 번 왕래하였다고 하면서 끝내 가리켜 보이지 않고, 이제는 또 찾을 수 없다고 말하니, 그 말이 매우 간사합니다."라고 대답하니 임금이 엄히 구문(究問)하라고 명하였다.

여기서 철옹성은 함경도 영흥대도호부에 있던 토성이다.[3] 당시 철옹성 이북은 피인(彼人)으로 불리던 여진족(女眞族)이 장악하고 있었다.

지금까지 흔히 학계에서는 『정감록』이 조선왕조실록에 처음으로 언급된 것은 정조 6년(1782) 음력 12월의 일이라고 알려져 있다. 그러나 이보다 43년이 앞선 영조 15년(1739) 6월 9일의 『승정원일기』에 『정감록』이라는 용어가 처음으로 등장한다. 이 기록이 바로 관찬사서에 처음으로 『정감록』이 언급되는

2　三登縣有賊後, 捉得李濱, 而濱之言內, 白頭山下, 有百餘村, 而其魁首則金居士云。 (…) 李濱雖似虛荒 『승정원일기』 영조 15년 5월 10일.

3　『국역 신증동국여지승람』(민족문화추진위원회, 1967), 175쪽, 616쪽. 성의 바깥 면이 절벽이며 항 아리 입같이 생겼기 때문에 그렇게 이름을 지었다고 전한다.

기록이다.

『승정원일기』 영조 15년(1739) 6월 9일 왕이 좌변포도대장(左邊捕盜大將) 구성임(具聖任)과 우변포도대장(右邊捕盜大將) 김흡(金潝)에게 내린 글에 "소위 『정감록』은 도적들이 믿는 것이어서 극히 교악하다. 기타 (비결서를) 묻는 자는 문목에 첨가하여 이 같은 교악한 자들은 장살하여 사면되지 않도록 각별히 심문하라."라는⁴ 내용이 있다. 앞에서 살펴본 이빈사건과 관련되어 나온 기록으로 이빈 등의 국경범월죄와 관련된 집단에서 『정감록』이라는 비결서를 언급했음을 알 수 있다.

『승정원일기』 영조 15년(1739) 6월 10일에는 다음과 같은 기록이 보인다.

(좌참찬) 조현명(趙顯命)이 말하기를 "그 말은 이빈의 입에서 나온 듯하오니 이빈을 참형에 처해야 합니다. 만약 이빈이 남에게서 들었다면 반드시 내력이 있을 것입니다."라 했다. (좌변포도대장) 구성임(具聖任)이 말하기를 "『정감록』의 근본은 조유제(趙裕濟)에게서 나왔는데 관서(關西) 지방에 실상을 조사하라고 명하지는 않았습니다. 이른바 역년기(歷年記)라는 비기(秘記)는 이빈이 말하기를 김성환이라는 맹인 술업자가 역년기를 상세히 알고 있고 김업선 또한 알고 있다고 하는데 그는 알지 못한다고 합니다." 이이명이 말하기를 소위 역년기는 조영국도 얻어 보았고 언문으로 된 것으로 대개 대북(大北)이 지어낸 것이라 합니다. 임금이 말하기를 "어째서 대북이 지은 것이란 점을 알 수 있는가?"라 했다. 이이명이 말하기를 "말뜻을 살펴보니 대북이 지은 것이 틀림없습니다."라 했다. (…) 우변포도대장 김흡(金潝)이 말하기를 "조유제는 평안도에서 체포하지 못했는데, 옥에서 말한 것을 보니 한 번 더 물어볼 수밖에 없습니다."라 했다. (…) 구성임이 말하기를 "그 아들이 병인(病人)이므로 북청에 살고 있고 북청에 거주한 후에 조유제가 정감록과 역년기를 볼 수 있었다 합니다."라 했다. 임금이 말하기를 "더욱 통탄할 일을 김성환일 것이다."라 했다. 김흡이 말하기를 "이빈이 말하기를 김성환이 그 책을 암송하여 전했기 때문에 전해들을 수 있었다 합니다. 이빈은 극히 흉악하니 오랫동안 옥에 가둔 후에 포졸들이 잡아 와서 기력이 없었으나 아직은 남아 있습니다."라 했다.⁵

---

4 而所謂鄭鑑錄, 雖誣於在盜之惟悌, 亦極巧惡. 其他應問者, 添問目, 此等巧惡之人, 杖殺無赦, 各別窮問.

5 顯命曰, 其言若出於李濱之口, 則斬李濱, 若李濱聽於人, 則必有來歷矣. 聖任曰, 鄭鑑錄根本, 出於趙裕

관서 지방에 『정감록』과 『역년기』라는 비기가 유포되고 있는 상황을 알려주는 기록인데, 맹인 술업자가 비기를 암송했다는 점이 주목된다. 그리고 언문으로 비기가 적혀 있었다는 점도 특기할 만하다.

6월 13일에는 이 사건을 해결하기 위해 여진족에 사신을 보내는 문제에 대해 조정에서 의논했는데, 이때 형조판서는 국경을 범한 이빈 등 18명의 죄인을 효시할 것을 건의했다.

송인명이 말하기를 "정감록의 일은 도신(道臣)에게 명하여 엄격히 조사하고 조사가 끝난 후에는 (죄인을) 국경에 효시하여 서북 국경 백성들의 뜻을 품청하도록 하라."고 상주했다. (…) 북관(北關)에서 요 근래 들어 요설이 들끓어 국경 백성들을 선동하니 이는 작은 근심이 아니다. 정감록의 일은 깊이 조사하지 않을 수 없다.[6]

6월 15일 평안도 삼등현에서 발생한 국경을 넘은 죄인에 대한 기록과 관련된 『비변사등록(備邊司謄錄)』에[7] 나오는 『정감록』 관련 기록을 살펴보도록 하겠다.

濟, 而關西不爲覈問, 所謂歷年記, 若秘記者, 然李濱以爲金成恒, 以盲人術業頗精, 詳知歷年記, 金業先亦知之, 而渠則不知云矣. 顯命曰, 所謂歷年記, 趙榮國得見, 則以諺書謄出, 而大抵大北所作云矣. 上曰, 何以知大北所作耶? 顯命曰, 必其語意似大北之作矣. (…) 濱曰, 趙裕濟 平安道失捕, 以獄體言之, 則不可不一問矣. (…) 聖任曰, 以其子病人故, 往居北靑, 居北靑之後, 趙裕濟 鄭鑑錄·歷年記, 憤見云矣. 上曰, 尤痛者金成恒矣. 濱曰, 李濱以爲金成恒, 誦傳其冊, 故渠亦聞之云. 李濱極爲獰惡, 久囚之餘, 爲捕幸捉來, 而氣力少不敗矣. 『승정원일기』 영조 15년(1739) 6월 10일.

6 六月十三日卯時, 上御熙政堂. 大臣與已來會堂上引見入侍時, 右議政宋寅明, 左參贊趙顯命, 判尹金聖應, 行司直朴師洙, 左邊捕盗大將具聖任, 右邊捕盗大將金濱, 左副承旨曹允成, 假注書沈㲄, 記事官康侃, 沈益聖, 同爲入侍. 刑曹判書金始炯, 行司直尹容, 追後入侍. (…) 寅明曰, 韓斗三事, 臣則自初已知其如此. 李濱則臣意以爲虛說. 臣初欲以斗三移送刑曹, 照法勘處, 李濱則下送咸鏡監營. 鄭鑑錄事, 令道臣嚴査, 畢査後梟示邊上, 以謝西北邊民之意稟請矣. 入來賓廳後, 聞諸堂之言, 則或有意不全虛說, 而猶不無疑慮之議, 如此則有不可徑先處之. 韓斗三入往鐵擁〔鐵甕〕事, 初旣不與李濱偕往云. 故斗三雖服誣招, 猶不可直歸李濱於虛說. 而至於金汝元, 李振昌, 則李濱旣自言與之偕往. 今若拿來査問, 其所自服, 又如斗三, 則李濱奸狀, (…) 且北關年來妖說訛興, 煽動邊民, 此非細處. 鄭鑑錄一款, 不可不窮覈, 金成恒, 亦爲捉來窮問, 趙裕齊, 分付北伯, 期於必捕嚴覈, 似不可已矣. (…) 寅明曰, 鄭鑑錄, 歷年記等事, 不可不一番明覈嚴處. 此則令咸鏡監司, 推覈狀聞, 而自本司考見文案, 趙裕齊等干連最緊各人姓名, 秘關列錄下送, 以爲憑覈之地, 何如? 上曰, 依爲之. 『승정원일기』 영조 15년 6월 13일.

7 조선시대 군국기무를 총괄하던 문무합의기구인 비변사에서 논의하고 결정된 사항을 날마다 기록한 책이다. 현재 광해군 9년(1617)부터 고종 29년(1892)까지 273책의 등록이 규장각에 보관되어 있다.

우의정 송인명(宋寅明)이 아뢰기를 "한두삼의 일은 신은 처음부터 이와 같이 될 것으로 알았습니다. 이빈은 신의 생각으로는 허황하다고 여깁니다. 신은 처음에는 한두삼은 형조로 넘겨서 법에 비추어 죄를 심리하여 처단하고, 이빈은 함경감영으로 내려보내서 『정감록(鄭鑑錄)』의 일은 도신(道臣)으로 하여금 엄히 조사하게 하고 조사가 끝난 뒤에는 길가에 효시(梟示)하여 서북 변방 백성의 생각을 사죄하는 것을 품청하려 했습니다. (그런데) 빈청에 들어온 뒤 여러 당상관의 말을 들어보니, 더러는 그가 순전히 허황하지는 않다고 여기고 오히려 의심하고 염려하는 뜻이 없지 않았습니다. 그렇다면 경솔하게 먼저 처치할 수는 없습니다. (…) 또 함경도에는 몇 년 전부터 요망스런 낭설이 크게 유행하여 변방 백성들을 선동하고 있는데, 이는 작은 걱정이 아닙니다. 『정감록』의 일은 끝까지 조사하지 않을 수 없겠고 (…) [8]

함경도에 살던 몇몇 사람들이 국경을 넘어 백두산 아래에 있다는 마을에 갔다가 돌아와 이상향이라고 선전했던 사건으로 보인다. 이들이 당시 조정의 통제를 벗어나 새로운 세상을 동경하는 모의를 하던 과정에서 『정감록』이라는 책자가 언급되었던 것이다. 그런데 조정의 대신들 가운데도 이들의 이야기에 솔깃해하는 사람이 있었을 정도였다고 한다. 결국 조정에서는 함경도 백성들 사이에 유포되는 '요망스런 낭설'의 실체가 바로 『정감록』이라고 지목했던 것이다. 더 이상의 자세한 설명이 없어서 당시의 정황을 알 길은 없지만, 최소한 함경도 지역에서 처음으로 『정감록』이 알려졌다는 사실이 확인되었고, 일부 대신들까지도 관심을 기울일 정도로 '요망스런 낭설'이 널리 파급되었음을 알 수 있다.

그런데 이 사건에는 『정감록』 이외에 비결서로 추정되는 『역년』이라는 책도 함께 유행했다.

---

8 右議政宋所啓, 韓斗三事, 臣則自初已知其如此. 李濱則, 臣意以爲虛誑. 臣初欲以斗三, 移送刑曹照法勘處. 李濱則下送咸鏡監營, 鄭鑑錄事, 令道臣嚴査, 畢査後, 梟示邊上, 以謝西北邊民之意稟請矣. 入來賓廳, 後聞諸堂之言, 則或有意其不全虛誑, 而猶不無疑慮之意, 如此則, 有不可輕先處之. (…) 且北關年來妖說訛興, 煽動邊民, 此非細慮. 鄭鑑錄一款不可不窮覈, 『비변사등록』 제105책 (국사편찬위원회, 1982), 801-803면.

(우의정 송인명이) 또 "『정감록(鄭鑑錄)』, 『역년(歷年)』 등의 일도 조사함에 있어서 철저를 기하고 엄하게 처리하여야 합니다. 그러자면 함경감사에게 명령하여 조사 결과를 보고하게 하여야 합니다. 그런데 본사(本司)에서 서류를 살펴보니, 조유제(趙裕齊) 등이 아주 밀접하게 관련되어 있습니다. 이 사람들의 성명을 차례로 비밀 공문으로 작성하여 (함경도로) 내려보내서 수사에 도움을 주면 어떨까 합니다."라고 아뢰었다. 이에 임금은 그렇게 하라고 하셨다.[9]

인용문에 나오는 조유제는 함경도에 유배된 하급 관리로 짐작된다는 연구가 있다.[10] 그러나 조유제가 어떤 인물인지는 더 이상의 기록이 없으므로 짐작에 그칠 뿐이다. 어쨌든 당시에 함경도 지역에서 『정감록』과 『역년』이라는[11] 비결서가 널리 유포되어 심각한 상황에 있었다고 판단한 비변사에서 이를 비밀리에 조사했다는 사실이 확인되었다.[12]

영조 15년 7월에도 임금이 "정감록이 지금까지도 잊혀지지 않고 암송되고 있다."고 근심하자, 대신이 "맹인이 총명하여 면질심문 때도 잘 암송하였습니다."라고 대답했다.[13] 이 외에도 정감록이 북인(北人), 즉 북쪽 지역에 사는 사

---

9 又啓, 鄭鑑錄, 歷年等事, 亦不可不一番明覈嚴處. 此則令咸鏡監司, 推覈狀聞, 而自本司考見文案, 趙裕齊等于連甚緊, 各人姓名秘關列錄下送, 以爲憑藉之如何, 上曰, 依爲之. 『비변사등록』 제105책 (국사편찬위원회, 1982), 803면. 『승정원일기』 49책 (국사편찬위원회, 1969) 42면에도 음력 6월 13일자 기록에 거의 똑같은 내용이 실려 있다. 『승정원일기』에는 『역년기(歷年記)』라고 적혀 있다.

10 백승종, 「18세기 전반 西北 지방에서 출현한 『정감록』」, 『역사학보』 164집 (역사학회, 1999), 106쪽.

11 안춘근 편, 『정감록집성』(아세아문화사, 1981), 186-187면에 『역년수』라는 12줄 260자의 짤막한 비결서가 전한다. 이는 육십갑자로 표기된 해마다의 운수를 각각 16자 정도의 한문으로 풀이한 것이다. 이러한 현전하는 비결서를 볼 때 『역년』 또는 『역년수』도 편년체로 된 비결서였을 것으로 짐작된다.

12 上以捕廳罪人事, 下備忘, 使徵啓書曰, 捕廳究問各人, 依草記面質李濱, 後若不吐實, 則爲先各別施威嚴問. 所謂金業先者, 卽所謂往年金同知資名相符, 而其居北道, 亦乎其年, 尤涉殊常. 渠以醫者, 旣其京中, 則往居北關, 其何意思? 此亦以渠足矣. 抑何意思? 聽信鄭鑑錄, 率其眷尋往拔身之地者, 意亦陰慘. 以此添問目施威嚴問. 其子成恒, 以業先之子, 其所去就, 已涉殊常, 而李濱所謂鄭鑑錄中說, 不過耳聽, 旣非誦讀, 則帶囚幾月, 捉來驅馳之際, 雖常時誦讀者, 其或漏忘, 若是誦供, 無異於濱. 業先爲父, 成恒爲子, 若非亂民, 則必有陰蓄. 亦以此添問目施威嚴問. 若不直招, 周牢究問. 此後鄭鑑錄詭誕之說, 更勿謄謄奏御文字, 而所謂振萬者, 若無所爲, 其何自刺, 尤涉陰慘. 施威嚴問之下, 若不直款, 亦爲周牢究問. 僧人勿爲仍囚, 以待結末. 又以都政事, 下備忘曰, 大政之不可踰月, 曾已下敎, 頃於筵中, 亦已申飭, 則尙無皁白, 極涉遲緩, 更爲申飭, 卽令擧行. 書畢. 以次退出. 『승정원일기』 영조 15년 7월 17일.

13 己未七月十九日辰時. 上御興政堂. 召對時, 左右捕校同爲入侍. 參贊官宋允成, 檢討官趙明履, 左邊捕盜大將具聖任, 右邊捕盜大將金潝, 假注官權祐, 記注官宋時涵, 記事官愼龜重, 左邊捕將具聖任, 奉諸罪人更招文案, 而上之. 上遍覽文書之後, 下敎曰, 李馨遠果無狀矣. 開誘李濱, 至於如此者, 抑何意思耶? 聖

람들 사이에서 구전으로 전파되었다는 임금의 판단이 있다.[14]

결국 그해 7월 29일에 이빈 등 사건 관련자 18명은 함경도로 보내져 모두 효시되었다. 변방에서 조정에까지 압송되어 수개월 동안 조사받았으며 더군다나 사건 관련자들이 모두 처형되었다는 사실을 통해, 단순히 유언비어를 유포한 죄로 처벌되었던 것은 아니었다고 짐작된다. 적어도 정부의 근간을 흔들 정도의 역모와 관련된 사건이 아니었을까라고 추정해 볼 따름이다. 어쨌든 이것은 『정감록』이 처음으로 세상에 드러난 중요한 사건이었다.

任曰, 雖未知此招之實然, 而臣意或以爲渠旣動軍而犯境, 故欲實其事, 以爲免罪之計也. 上曰, 然則卽今獄事, 都出於馨遠也. 上曰, 與汝遠面質乎? 聖任曰, 面質而皆負之矣. 上曰, 曺允成在於何處乎? 聖任曰, 方在北道云矣. 上曰, 分付捉來. 聖任曰, 自廟堂發關於北伯, 使之趁卽捉送矣. 上又閱文案而笑曰, 所謂鄭鑑錄, 至今不忘而誦, 其亦異矣. 聖任曰, 盲者固多有聰, 而面質之時, 使之成誦, 則熟誦無礙矣. 上曰, 其人, 何如? 聖任曰, 能文善辭, 實難當之人也. 上曰, 所謂金同知處, 亦問之乎? 聖任曰, 姑無可問之端, 且不知本事, 故不能問之矣. 上曰, 其爲人, 何如? 聖任曰, 極獰悍矣. 上曰, 大臣以奉審事出去昌陵, 今日其當入來乎? 聖任曰, 明日次對出令, 今日似當入來矣. 上曰, 明日次對, 當有處分, 訓將同爲入侍, 可也. 聖任先退出. 『승정원일기』 영조 15년 7월 19일.

14 己未七月二十日辰時. 上御興政堂. 大臣, 備局堂上入侍. 右議政宋寅明, 行司直兪拓基, 戶曹判書金始炯, 刑曹判書金聖應, 副司直具聖任, 吏曹參判鄭錫五, 右承旨曺允成, 校理趙明履, 假注書權祐, 事變假注書嚴瑀, 記注官宋時涵, 記事官愼龜重, 入侍. 宋寅明曰, 日氣蒸鬱, 聖體若何? 上曰, 無事矣. 寅明曰, 捕廳罪人上來後, 意謂奸狀畢露, 而一切變辭, 何足取信? 見文案則李馨遠關係甚重, 令本府設局嚴問, 宜矣. 上曰, 此非所望於卿也. 意謂今日可了當矣. 所達如此, 爲之慨然? 雖關係綱常者, 亦有參酌之道. 今此所達, 誠以草草了當, 恐有後日之議而然耶? 寅明曰, 臣豈動於嘵嘵之說乎? 李濱等所招, 比而委之馨遠指敎, 此與逆獄誣告, 有異, 而馨遠若以急功名之心, 誑惑一世, 有此指敎之事, 則其罪當殺無赦, 而此則賊情, 亦有不可信. 卽今言者, 皆以爲馨遠始此, 今若酌處, 而有臺言, 則豈易收殺耶? 上曰, 其亦過矣. 漢高仁厚立國, 而約法三章, 殺人者死, 罪名重於殺人, 而殺人之金潤國, 亦已酌處, 則今者馨遠之罪, 豈重於殺人乎? 昨見文案後, 雖用極律, 無所不可, 而更加細思, 得三條焉. 一則渠意臆慮, 有誰人入其中, 以急功名之心, 鍛鍊譸張, 以此梟示則過矣. 一則鐵瓮城, 非馨遠創出也. 在於鄭鑑錄, 而出於北人之口傳, 而馨遠欲鉤得實狀, 送軍官密誘李濱, 此亦軍法炯察之意也. 此不過見欺於李濱也. 權禼雖極妖惡, 無設鞫之事. 馨遠雖無狀, 其罪, 浮於禼乎? 寅明曰, 上意以設鞫爲過重, 則令本府, 只鞫問可矣. 上曰, 入侍諸臣, 各陳所懷, 可也. 兪拓基曰, 馨遠有敎誘之事, 則其罪重矣. 金始炯曰, 上敎三條論之者, 可謂深察矣. 此事虛謊, 若成獄, 則有爲朝廷之羞矣. 金聖應曰, 所謂鐵瓮, 已脫空, 固無可言, 而馨遠, 必有敎誘之事. 一番設鞫, 然後渠亦當暴白, 其在明罪之道, 設鞫似不可已也. 始炯曰, 伊川有上西面, 業先, 其有無, 行査於伊川官, 則可知矣. 寅明曰, 若徑先了當, 雖至濟州圍籬安置, 人心必不服矣. 臣豈有別樣所見, 外言皆在疑信間, 一番鞫問, 斷不可已. 上曰, 以馨遠事觀之, 不有甚麽時象矣. 曺允成曰, 此事非關於時象, 人心皆然矣. 上曰, 然則一番鞫問, 斷不可已. 李馨遠, 令王府鞫問, 而與李濱一體面質, 可也. 寅明曰, 雖無委官, 問郞非循例爲之者, 使鎭日開坐, 宜矣. 上曰, 依爲之. 寅明曰, 金業先, 年纔五十六七, 非老昏之人. 而稱以老昏, 有若前忘後失者然, 極爲妖惡矣, 不可置之. 上曰, 然矣. 寅明曰, 令禁府考出金同知文案, 送捕廳覈出, 何如? 上曰, 安知此人, 果是其金同知乎? 捕將方入侍, 持其文案, 而施威嚴刑, 可也. 而捕廳罪人僧極明, 則放送, 可也. 『승정원일기』 영조 15년 7월 20일.

『정감록』에
대한 영조의
인 식

36

한편 『비변사등록』에 『정감록』이라는 책 이름이 언급된 지 두 달이 지난 후 조선왕조실록에도 "정감이 참위한 글"이라는 용어가 나오는데, 그 내용은 다음과 같다.

(왕이) 함경감사에게 하유(下諭)하여 이재형(李載亨) 부자(父子)를 찾아보고 임금의 뜻을 알리게 하였다. 이재형은 경성(鏡城) 사람인데, 뜻을 두터이 하고 학문에 힘쓰며 글이 바르고 맑아서 이름이 서울에까지 알려졌다. (…) 이때 서북 변방의[1] 사람들이 정감(鄭鑑)이 참위(讖緯)한 글 『정감참위지서(鄭鑑讖緯之書)』을 파다하게 서로 전하였다. 그래서 조정의 신하들이 (그 책을) 불살라 금하기를 청하고, 또 소문의 뿌리를 캐내고자 아뢰었다. 그러나 임금은 "그것이 어찌 진시황(秦始皇)이 서적의 소유를 금지한 것과 다르겠는가? 바른 기운이 충실하면 나쁜 기운은 저절로 사라질 것이다. 바른 기운을 북돋우려면 학문이 아니고서 어찌 하겠는가?"라고 말하였다. 이어서 (임금은) 수백 마디 말로 훈시하여 북백(北伯, 함경감사)을 시켜 이재형 부자를

---

1   관서(關西)와 북관(北關), 즉 평안도와 함경도를 가리킨다.

찾아보고 (그들에게) 벼슬을 주어 부르는 뜻을 알리게 하였다.[2]

인용문에서 주목되는 사실은 영조 15년(1739) 8월 무렵에 평안도와 함경도 지방에 이른바 "정감(鄭鑑)이라는 인물이 만든 참위서(讖緯書)"가 유행하고 있어서 조정에까지 알려졌고 심각한 문제로 제기되었다는 점이다. 무엇보다도 '서(書)'라고 분명히 표현되고 있다는 점에서 단순히 비결이나 참언이 아니라는 점을 알 수 있다. 바로 이 책을 『정감록(鄭鑑錄)』이라고 불렀던 것이다.

이에 대해 역사상 『정감록』에 관한 최초의 기록이라고 보아, 『정감록』이 1739년 무렵 황해도, 함경도, 평안도 지방에서 유행하였다고 본 연구가 있다.[3] 그러나 내용과 형식 면에서 현전하는 『정감록』과 거의 동일한 책자가 영조시대에 출현했다고 주장하기는 어렵다. 이름만 전하고 그것도 "정감이 참위한 글"이라는 표현이 있을 뿐인데, 그러한 사실이 곧 『정감록』의 온전한 내용을 전하고 있다고 단언할 수는 없다. 이른바 『정감록』은 오랜 시기를 걸쳐 조금씩 보충되는 형태로 집대성되었다고 보는 편이 훨씬 설득력이 높다.

이처럼 왕조의 운명을 적은 비결서의 상당수는 현실 정치에 불만을 가졌던 세력들에 의해 조작 또는 유포되었음이 틀림없다. 이와 관련하여 이능화는 "『정감록』은 나라를 원망하고 뜻을 잃은 무리[怨國失志]의 손에서 나온 것을 알 수 있다. 그러므로 당쟁에서 실패한 사람들과 애써 관직을 구하던 선비들이 조선왕조를 전복시키고자 할 때면 반드시 『정감록』의 예언에 의지하게 되었던 것이다."라고[4] 주장하였다.

---

2 下諭, 咸鏡監司, 令尋見 李載亨父子. 諭以聖意. 載亨鏡城人, 篤志力學, 文辭醇雅, 名聞京師, 前後道臣, 薦達于朝, 累拜官至司憲府持平, 以年老不就召, 其子亦有文名. 時, 西北邊人以鄭鑑讖緯之書, 頗相傳說, 朝臣至請投火禁之, 又欲究殿言根, 上曰, 此何異秦皇, 挾書之禁耶? 正氣實則邪氣自消, 欲扶正氣, 非學而何? 乃下敎果百言, 令北伯尋見, 載亨父子, 諭以徵召之意. 『영조실록』 영조 15년(1739) 8월 6일.

3 백승종, 「18세기 전반 서북 지방에 출현한 『정감록』」, 『역사학보』 제164집(역사학회, 1999), 104-105쪽. 그런데 백승종은 『정감록』의 저자를 조선왕조실록의 기사 검색을 통해 찾아낸 광해군 8년(1616)의 형조정랑 정감(鄭鑑)이 아닐까라고 추정하는 우를 범했다. 백승종, 위의 글, 109쪽.

4 이능화, 『조선기독교급외교사(朝鮮基督敎及外交史)』 하편 『조선기독교창문사(朝鮮基督敎彰文社), 1928』, 20면.

한편 광해군 8년(1616)에 형조정랑(刑曹正郎)이었던 정감(鄭鑑)이라는 실존 인물에 대한 언급이 있다는[5] 사실을 들어, 『정감록』이 세상에 유행하던 때였다면 그 책의 저자로 이야기되는 정감과 똑같은 이름을 사용하면서 관리 노릇을 할 수는 없었을 것이므로, 적어도 광해군 시기에는 『정감록』이 출현하지 않았을 것으로 보는 연구도 있다.[6]

그러나 이러한 주장은 일단 『정감록』을 정감이라는 인물이 지었다는 추정이 전제된 다음에야 가능한 것이라고 생각된다. 어디까지나 정감은 가상의 인물일 따름이다. 『정감록』의 출현 시기를 논하는 바른 방법은 『정감록』에 있는 내용과 동일하거나 비슷한 내용이 언제쯤 사서나 개인의 저작에 나타나는가를 살펴보고, 실제로 『정감록』이라는 책 이름이 언제쯤 등장하는지를 알아보는 일일 것이다.

---

5   『광해군일기』 태백산본 권 102, 1616년 음력 4월 16일 을묘일.
6   백승종, 앞의 글, 110쪽.

이 지 서
사 건

37

　　영조 24년(1748) 4월 충청도 청주(淸州)와 문의(文義)에서 적발된 괘서사건의 관련자인 오명후(吳命厚)가 소장했던 어떤 점서(占書)의 말미에 부록으로 「도선비기(道詵秘記)」가 실려 있었음이 적발되었다.[1] 고려왕조의 성립, 융성, 멸망과 조선왕조에 의한 세력 교체가 주된 내용을 이루었던 기왕에 알려진 「도선비기」와 달리, 이 「도선비기」에는 조선의 멸망이 중점적으로 거론되었다고 한다.[2]

　　한편 또 다른 사건 관련자였던 이지서(李之曙)는[3] 비기(秘記)에 나오는 '순(順)' 자를 조선의 역수(曆數)를 파자(破字)한 것이라고 해석하여 이는 380년이라고 주장하기도 했다.[4]

---

1 『추안급국안』 21권, 49면.

2 백승종, 「18-19세기 『정감록』을 비롯한 각종 예언서의 내용과 그에 대한 당시대인들의 해석」, 『진단학보』 88집(진단학회, 1999), 272쪽.

3 정석종은 「조선 후기 이상향 추구 경향과 삼봉도」, 『조선 후기의 정치와 사상』(한길사, 1995), 66-118쪽에서 이지서사건에 대한 자료를 제시하고 있다. 본격적인 분석과 연구는 미흡한 편이고, 향후 연구방향을 제시하고 있다. 이 사건의 개요에 대해서는 고성훈, 「영조조 변란의 일단: 이지서 변란을 중심으로」, 『국사관논총』 제46집(국사편찬위원회, 1993)을 참고하시오.

금오랑(金吾郎)을 보내어 호서(湖西)의 요적(妖賊) 이지서(李之曙) 등을 체포하게 하였다. 이에 앞서 대궐에 투서한 적은 끝내 추포(追捕)하지 못했는데, 여름에 청주(清州), 문의(文義) 사이에 괘서의 변이 발생하여 몇 고을에 계속 소요가 일었으므로 짐을 싸서 지고 떠나는 사람들이 많았기 때문에 주려(州閭)가 모두 텅 비었다. 이지서가 감영(監營)에 의해 기포(譏捕)되었는데, 그 집의 문적(文迹)을 수색하니 이지서의 시 내용에, "고사리를 캐 먹던 백이(伯夷), 숙제(叔齊)가 되어 은(殷)나라 백성들을 보호하고 싶다.〔欲作採薇保殷民〕"는 말이 있었으며, 또 비기(秘記)의 순(順) 자를 아조(我朝)의 역수(曆數)로 만들어 그 글자를 공교하게 해석하여 3백 80년이라고 하는 등 말의 뜻이 흉참스러웠다. 감사 이창의(李昌誼)가 장문(狀聞)하였으므로 금오랑을 보내어 체포하였다. 이지서는 곧 무신년의 역적 이지시(李之時)의 재종(再從)이고, 이지경(李之璟)의 삼종(三從)이며, 이만춘(李萬春)의 조카였다.[5]

조선 개국 후 380년은 영조 48년(1772)에 해당한다. 이때가 되면 조선왕조의 운수가 다할 것이라는 비결 풀이였다. 조선왕조가 세워진 지 380년이 지나면 새 왕조가 출현할 것이라는 예언이었다. 조정의 입장에서는 대역으로 다스릴 수밖에 없는 죄목이었다.

임금이 금상문(金商門)에 나아가 호서(湖西)의 죄인을 친국(親鞫)하였다. 이지서(李之曙)를 신문하기를, "호서의 장계(狀啓)를 살펴보건대, 고사리를 캐면서 은(殷)나라 백성을 보호하겠다는 시는 음험하고 참혹하고 망측한 것이어서 이미 말할 수 없는 것이거니와, 기타 수상하여 의심스러운 자취가 한둘이 아니다. 비기(秘記)의 글자를 가지고 연한(年限)을 손가락을 꼽아서 가리켰으며, (…)[6]

4   又以秘記中順字, 爲我朝曆數, 巧解其字, 爲三百八十年, 語意凶慘.『영조실록』영조 24년(1748) 5월 21일.

5   遣金吾郎, 逮捕湖西妖賊李之曙等. 先是, 闕中投書之賊, 終未追捕, 而夏間淸州文義之間, 有掛書之變, 數郡繹騷, 人民多荷擔而去, 州閭皆空. 之曙爲監營所譏捕, 搜其家文迹, 之曙詩語有曰, 欲作採薇保殷民. 又以秘記中順字, 爲我朝曆數, 巧解其字, 爲三百八十年, 語意凶慘. 監司李昌誼狀聞, 遣金吾郎就捕. 之曙卽戊申賊之時之再從, 之璟之三從, 萬春之姪子也.『영조실록』영조 24년(1748) 5월 21일(갑진).

6   上御金商門, 親鞫湖西罪人. 問李之曙曰, 以湖西狀啓觀之, 作採薇保殷民之詩, 陰慘叵測, 已不可言, 其他殊常可疑之迹, 不一. 以秘記, 屈指年限,『영조실록』영조 24년(1748) 5월 23일(병오).

이지서의 증조는 황해감사를 지냈고, 고조는 평안감사를 지냈다. 그는 아들 5형제를 두었다. 이지서는 족보 있는 명문가 출신이며, 본향이 황해도와 평안도라는 점이 특기할 만하다.

> 이지서가 공초하기를, 문의(文義)의 괘서는 (…) 그런 계획을 세운 것은 첫째는 나라를 원망하는 마음에서 나라에 해를 끼치게 하기 위해서였고, 둘째는 인심을 동요시켜 피란하게 되면 부자들의 곡식을 가난한 사람들이 얻어먹을 수 있기 때문이었습니다." 하였다.[7]

나라를 원망하는 마음에서 괘서를 내걸었다는 진술과 함께 가난한 사람들을 구제하기 위한 경제적 목적으로 괘서를 써서 붙였다는 진술이 독특하다.

이지서사건 관련자들의 진술에 따르면, 그들이 보았다는 이른바 「도선비기」에는 용두(龍頭)와 사미(蛇尾), 궁궁(弓弓) 등의 내용이 있었다고 한다.

> 박철택(朴哲澤)이 (…) 공초하기를, "(…) 박민추(朴敏樞)가 (…) 말하기를, '도선(道詵)의 비기(秘記)가 있는데 용두(龍頭)와 사미(蛇尾)에 대해 운운한 것이 있다. 용두는 곧 무진년 정월(正月)이고, 사미는 곧 기사년 12월이다.' 하고, 또 말하기를, '왜인(倭人) 같지만 왜인이 아닌 것이 남쪽에서 올라오는데 산도 아니고 물도 아닌 궁궁(弓弓)이 이롭다고 했다. 그러나 이른바 궁궁은 무슨 뜻인지 알 수 없다.'고 하였는데, 신이 그에게 들은 것은 이것뿐이었으며, 이를 본 고을의 이청(吏廳)에 전하였습니다.[8]

용두는 '용의 해의 첫 달'이므로 무진년 정월로 풀이할 수 있고, 사미는 '뱀의 해의 마지막 달'이므로 기사년 12월로 풀이할 수 있다. 물론 병진년이나 정사년 또는 경진년이나 신사년으로도 해석이 가능하지만, 영조 24년(1748)이 무

7　『영조실록』 영조 24년(1748) 5월 25일(무신).

8　朴哲澤 (…) 供 (…) 朴敏樞曰, 道詵有秘記矣, 龍頭蛇尾云云. 龍頭, 卽戊辰正月, 蛇尾, 卽己巳臘月. 又曰, 似倭非倭, 自南而來, 非山非水, 利於弓弓. 所謂弓弓, 未可知也. 臣所聞於渠者只此, 而傳于本官吏廳矣. 『영조실록』 영조 24년(1748) 5월 23일.

진년이고 영조 25년(1749)이 기사년이기 때문에 이 사건과 관련해서는 무진년과 기사년으로 풀이해야 한다.

현재 전하는 『정감록』에 수록된 「도선비결(道詵秘訣)」에 "산에도 불리하고, 물에도 불리하며, 궁궁에 이로울 것이다.", "푸른 옷을 입고 남쪽에서 오니, 오랑캐도 아니요 왜적도 아니다."라는 내용이 있다.[9]

그리고 「서계이선생가장결(西溪李先生家藏訣)」에는 다음과 같은 내용이 보인다.

> 이인(異人)이 남쪽에서 오는데 왜인(倭人)과 비슷한데 왜인은 아니다. 한 지역이 소란스러울 것인데, 화친을 주장한다.[10]

위의 인용문에 보이는 내용과 거의 비슷하다. 따라서 영조 24년(1748) 무렵에는 현재까지도 전하는 「도선비기」의 일부 구절이 상당히 알려졌었다는 사실을 확인할 수 있다.

그런데 궁궁(弓弓)을 어떻게 해석할 것인가에 대해서는 지금도 여러 견해가 있다. 그 당시에는 다음과 같이 풀이했다고 전한다.

> 오수만(吳遂萬)이 공초하기를 (…) 박민추가 말하기를, '궁궁(弓弓)이 이롭다고 하는 이야기는 무엇을 말하는 것인가?' 하기에, 신이 말하기를, '궁궁은 활의 허리[弓腰]를 가리키는 것 같다. 따라서 구부러진 곳[劣處]에 숨으라는 말이다.[궁요(弓腰)는 속음(俗音)이 열(劣) 자의 뜻을 해석한 것과 같다.]' 하였고, (…)[11]

궁궁은 현전하는 『정감록』의 도처에 자주 보이는 표현이다.

---

9 「도선비결」, 『정감록』(한성도서주식회사, 1923), 『정감록집성』(아세아문화사, 1973), 578-579면.

10 異人南來, 似倭非倭. 一境騷動, 以和爲主. 「서계이선생가장결」, 『정감록』(한성도서주식회사, 1923), 『정감록집성』(아세아문화사, 1973), 590면.

11 敏樞曰, '利於弓弓之說云, 何?' 臣曰, '弓弓, 似指弓腰也. 藏於劣處之謂也.(弓腰俗音與劣字釋義同.)『영조실록』영조 24년(1748) 5월 23일.

黑龍利在松松, 赤鼠利在家家, 青龍利在弓弓. 弓弓者, 落盤高四乳也. [12]

黑龍在於松松, 赤鼠利在家家, 青龍利在弓弓乙乙.[13]

黑龍利在松松, 黃猴利在家家, 赤猴利在弓弓乙乙.[14]

黑龍利在青松, 青猿利在弓弓乙乙.[15]

壬辰島吏蟊國, 可依松栢. 丙子坎胡滿國, 山不利, 水不利, 利於弓弓.[16]

不利於山, 不利於水, 利在兩弓樂地.[17]

明喆保身, 莫如弓弓.[18]

明哲保身, 莫如弓弓之間.[19]

人民避兵之方, 不利山, 不利水, 利於兩弓.[20]

有知覺者, 明哲保身之計, 不利山, 不利水, 在弓弓之間, 乞人何以謂十勝之地耶? [21]

弓弓乙乙, 牛聲入中, 能保萬人. 十勝圖弓弓乙乙田田. 故利在弓弓乙乙, 利在田田. 二人太田, 種草得毛, 利在十勝之地也.[22]

弓弓非難, 利在石井. 石井非難, 寺沓七斗. 寺沓非難, 當在石井下精.[23]

丙申: 弓弓非難, 利在石井. 石井非難, 寺沓七斗. 寺沓非難, 精脫其右.[24]

利在松松, 利在家家之運已去, 利在田田弓弓乙乙之間.[25]

利在宋宋, 十八公也. -人地- 虎之性在山, 殺我者, 人邊禾女. 利在家家, 走豕得冠. -面簾- 犬之性在家, 殺我者, 雨下橫山. 利在弓弓, 穴躬草田. -猫閣- 牛之性在

---

12 「징비록」, 〔안춘근 편, 『정감록집성(鄭鑑錄集成)』(아세아문화사, 1973), 489면.〕.

13 「운기구책」, 〔안춘근 편, 『정감록집성(鄭鑑錄集成)』(아세아문화사, 1973), 506면.〕.

14 「비결」, 『비결집록』, 〔안춘근 편, 『정감록집성(鄭鑑錄集成)』(아세아문화사, 1973), 828면.〕.

15 「유산결」, 〔안춘근 편, 『정감록집성(鄭鑑錄集成)』(아세아문화사, 1973), 24면.〕.

16 「도선비결」, 〔안춘근 편, 『정감록집성(鄭鑑錄集成)』(아세아문화사, 1973), 579면.〕.

17 「징비록」, 〔안춘근 편, 『정감록집성(鄭鑑錄集成)』(아세아문화사, 1973), 490면.〕 비슷한 내용이 「비지론」, 〔안춘근 편, 『정감록집성(鄭鑑錄集成)』(아세아문화사, 1973), 610면.〕에도 있다.

18 「운기구책」, 〔안춘근 편, 『정감록집성(鄭鑑錄集成)』(아세아문화사, 1973), 497면.〕.

19 「호남소전」, 〔안춘근 편, 『정감록집성(鄭鑑錄集成)』(아세아문화사, 1973), 624면.〕 明哲保身之計, 莫如弓弓之間. 「이토정비결」, 『정감록』(한성도서주식회사, 1923), 『정감록집성』(아세아문화사, 1973), 600면.

20 「운기구책」, 〔안춘근 편, 『정감록집성(鄭鑑錄集成)』(아세아문화사, 1973), 498면.〕.

21 「삼척국기노정기」, 〔안춘근 편, 『정감록집성(鄭鑑錄集成)』(아세아문화사, 1973), 564면.〕.

22 「동차결」, 〔안춘근 편, 『정감록집성(鄭鑑錄集成)』(아세아문화사, 1973), 550면.〕.

23 「동차결」, 〔안춘근 편, 『정감록집성(鄭鑑錄集成)』(아세아문화사, 1973), 549면.〕.

24 「비결」, 『비결집록』, 〔안춘근 편, 『정감록집성(鄭鑑錄集成)』(아세아문화사, 1973), 850면.〕.

25 「동차결」, 〔안춘근 편, 『정감록집성(鄭鑑錄集成)』(아세아문화사, 1973), 550면.〕.

野, 殺我者, 小斗無足.[26]

利在松松, 田田, 家家. 三運已去, 而利在弓乙之間. 弓弓乙乙是何處? 須向金鷗木兎邊.[27]

保身之計, 利在村落一片, 生耳溪邊. 保命之方, 莫如弓弓之間.[28]

識曰, 李之運, 有秘字, 松家田三字也. 松, 先利於倭. 利在松松, 利在家家, 利在田田, 利在弓弓乙乙. 利在松松, 人名地名, 虎性在山, 殺我者, 人邊禾女, 活我者, 十八公也. 物名犢也, 音卽松下地. 又云, 利在宋, 卽唐. 家, 中梨胡. 利在家家, 狗性, 卽在家巡詹, 殺我者, 雨下橫山, 卽雪. 活我者, 冠下走豕也. 田, 末利於弓. 弓者, 兵起也, 田, 鎌. 弓弓者, 大利於土弓, 小利於武弓, 不利於山水, 不利於水, 不深不淺, 非山非野, 一片生耳之地, 利在弓弓. 殺我者, 小頭無足, 牛性在野. 活我者, 穴躬草田, 又猫閣. 破有頭無足猪者, 都下地. 小頭無足者, 山字, 穴躬草田者, 窮於人棄, 荒荒之地. 勤力種柑子爲主, 霜根爲次, 豫備米, 爲可也.[29]

識曰, 李氏之運, 有三秘字, 松家田三字. 解曰, 松, 先利於倭, 家, 中利於胡, 田, 末利於凶. 凶, 兵器也, 兵器曰, 歟也. 弓弓, 大利於武弓, 小利於土弓. 經曰, 九年之歟, 求穀種於三豊, 十二年賊血, 求人種於兩白. 此鄭氏黎首之云也. (…) 弓弓者, 花盤莢四起也. (…) 望太白山, 百餘里許, 有深林無人之處, 卽大小弓基, 弱能勢强, 虛中有實, 元脈其形如彎弓, 其體如木星, 李氏可居之處云.[30]

聞牛吟地, 疾足先投, 可保一身, 牛性在野, 其聲唵嘛, 遠也近也, 歟 音入之十勝之地. (…) 大弓小弓, 兩人太田, 種草得毛, 利在田田, 此卽十勝之地.[31]

又問曰, 弓弓乙乙之下, 或以猫閣稱之, 或以反覆稱之. 猫閣反覆理, 豈不相殊乎? (…) 答曰, (…) 猫者, 守末之物也. 閣者, 匿粟之庫也. 當其鷄在上麻之木立下之運, 厥言所到處, 則匿粟而反覆, 而匿粟庶可免難矣.[32]

弓弓者, 落盤高下四乳注, 卽米字也. 昔盤物形如丹字十字. 故先師比云.[33]

26 「윤고산여유겸암문답」, 〔안춘근 편, 『정감록집성(鄭鑑錄集成)』(아세아문화사, 1973), 73면.〕.

27 「정감문답」, 〔안춘근 편, 『정감록집성(鄭鑑錄集成)』(아세아문화사, 1973), 657면.〕.

28 「동차결」, 〔안춘근 편, 『정감록집성(鄭鑑錄集成)』(아세아문화사, 1973), 554면.〕.

29 「동차결」, 〔안춘근 편, 『정감록집성(鄭鑑錄集成)』(아세아문화사, 1973), 560면.〕 중리(中梨)는 중리(中利)의 오자로 보인다.

30 「경주이선생가장결」, 〔안춘근 편, 『정감록집성(鄭鑑錄集成)』(아세아문화사, 1973), 587면.〕「토정가장결」, 〔안춘근 편, 『정감록집성(鄭鑑錄集成)』(아세아문화사, 1973), 594면〕에도 나온다.

31 「동차결」, 〔안춘근 편, 『정감록집성(鄭鑑錄集成)』(아세아문화사, 1973), 561면.〕.

32 「양류결」, 〔안춘근 편, 『정감록집성(鄭鑑錄集成)』(아세아문화사, 1973), 42면.〕.

33 「동차결」, 〔안춘근 편, 『정감록집성(鄭鑑錄集成)』(아세아문화사, 1973), 561면.〕.

弓弓之理, 在於高四口. 高四口之理, 在於落盤孤乳.[34]

弓弓之處, 在於高田口. 高田口者, 兩乳之間, 落盤孤, 寺畓七斗落, 井石泉, 何難也? 或云, 落盤高田乳. (…) 弓弓乙乙之意, 專主於一片生理之地, 且米與林木茂盛之處.[35]

執弓手裡, 有符字然后, 可免此厄. 以弓弓所言也. 曰, 然則, 符字何符也? 曰, 左乙右乙之中, 有乾三連則, 是也.[36]

又曰, 乙乙者, 何也? 曰左乙右乙間, 妙理無窮. 而許多英俊之中, 太白山鍾靈之士, 有一名曰, 乙用者, 故以云也.[37]

凡人保命之地, 不利於山, 不利於水, 利在兩弓.[38]

明喆保身, 莫如弓弓.[39]

明哲保身之計, 不利山, 不利水, 在弓弓之間.[40]

人民避兵之方, 不利山, 不利水, 利於兩弓.[41]

明哲保身地, 匪十勝, 死中救生, 莫如弓弓. 弓弓兩間, 不下十勝. 弓弓非難. 利在石井. 石井非難. 寺畓七斗. 寺畓非難. 當在石井下精脫其石, 一粒二春.[42]

현전하는 『정감록』의 핵심은 어쩌면 궁궁(弓弓)에 대한 해석이라고 할 수 있다. 그만큼 궁궁에 대한 해석은 다양하게 제시되며, 여운을 남긴 채 현재까지 전하고 있다. 다가올 세 번째의 위기 상황을 극복하기 위해서는 궁궁을 잘 해석해야 한다는 의미이다.

궁궁은 '약(弱)'자의 파자로 난세를 당하면 강자(强者)는 죽고 숨어 사는 약자(弱者)가 살아남는다는 해석도 있다.[43]

34 「순자결」, 〔안춘근 편, 『정감록집성(鄭鑑錄集成)』(아세아문화사, 1973), 105면.〕.

35 「비결」, 『비결집록』, 〔안춘근 편, 『정감록집성(鄭鑑錄集成)』(아세아문화사, 1973), 831면.〕.

36 「양류결」, 〔안춘근 편, 『정감록집성(鄭鑑錄集成)』(아세아문화사, 1973), 47면.〕.

37 「양류결」, 〔안춘근 편, 『정감록집성(鄭鑑錄集成)』(아세아문화사, 1973), 48면.〕.

38 「징비록」, 『정감록』(한성도서주식회사, 1923), 『정감록집성』(아세아문화사, 1973), 490면.

39 「운기구책」, 『정감록』(한성도서주식회사, 1923), 『정감록집성』(아세아문화사, 1973), 497면.

40 「동차결」, 『정감록』(한성도서주식회사, 1923), 『정감록집성』(아세아문화사, 1973), 564면.

41 「운기구책」, 『정감록』(한성도서주식회사, 1923), 『정감록집성』(아세아문화사, 1973), 498면.

42 「동차결」, 『정감록』(한성도서주식회사, 1923), 『정감록집성』(아세아문화사, 1973), 549-550면.

43 한우근, 「동학의 창도와 그 기본사상」, 『한국사』 15(국사편찬위원회, 1975), 376쪽.

이지서사건 관련자인 오수만은 자기 아들인 오명후(吳命垕)가 비기(秘記)를 등사(謄寫)한 것을 가지고 있었던 것은, 오명후의 처남인 박세렴(朴世濂)에게서 빌려온 것이라고 진술했다. 그런데 오명후가 가지고 있던 비기를 이지서(李之曙)의 아들인 이항연(李恒延)이 가지고 갔던 것이다. 이지서는 궁궁을 "광활하다."는 뜻으로 풀이했다.

김재형(金再炯, 당시 32세)을 신문하니, 공초하기를, "신은 곧 관리입니다. 이방(吏房) 홍천범(洪天範)이 괘서(掛書)를 가지고 와서 보였는데, 그때가 곧 4월 18일이었습니다. 신이 병방·이방과 함께 같이 보았는데, 그 글에 '문의 고을의 백성들이 내달 15일에 의당 어육(魚肉)이 될 것이니, 알아서 피하라.'는 내용이 있었고, 또 '회덕(懷德)도 그들의 당여이고 회인(懷仁)도 그들의 당여이며 병사(兵使)도 그들의 당여이다. 왜인 같지만 왜인이 아닌 것이 남쪽에서 오는데 물도 이롭지 않고 산도 이롭지 않고 궁궁(弓弓)이 이롭다. 이 고을에 대인(大人)과 명장(名將)이 있다.'고 운운하고서 '여기에서 나가지 않으면 반드시 큰 화를 당하게 될 것이다.' 하였습니다. 이밖에는 기억할 수가 없습니다. 그 글은 5, 6행이었는데, 신이 박철택에게 비기(秘記)에 대해 장의(掌議) 박민추에게서 들었다고 말했습니다."[44]

인용문을 통해 이른바 흉서의 형식과 내용을 추론해볼 수 있다. 흉서에 쓰인 "왜인 같지만 왜인이 아닌 것이 남쪽에서 오는데 물도 이롭지 않고 산도 이롭지 않고 궁궁(弓弓)이 이롭다."는 표현은 현전하는 『정감록』에도 보이는 내용이다.

또 이들은 장차 기사년(영조 25년)에 일어날 변고에 대해 "왜인(倭人) 같지만, 왜인이 아닌 것이 남쪽에서 올라오는데, 산도 아니고 물도 아닌 궁궁(弓弓)이[45] 이롭다."고 진술했다.[46]

---

44 問金再炯供, 臣卽官吏也. 吏房洪天範持示掛書, 時則四月十八日也. 臣與兵房吏房同見之, 其文有曰, 文義邑底民人, 來月十五日, 當爲魚肉, 知而避之. 又曰, 懷德其黨, 懷仁其黨, 兵使亦其黨, 似倭非倭, 自南而來, 不利於水, 不利於山, 利於弓弓. 此邑有大人名將之云云, 若不出於此, 則其禍必大矣. 此外不能記得. 文可五六行, 而臣言哲澤聞秘記於朴掌議敏樞處云云矣. 『영조실록』 영조 24년(1748) 5월 23일(병오).

45 좌수를 지냈던 오수만(吳遂萬, 오명후의 아버지, 당시 71세)은 "궁궁은 아마도 활을 가지고 소리를 조

사왜비왜(似倭非倭)는 현전하는 『정감록』의 「동차결」과 「서계이선생가장결」에 나오는 표현이다.[47] 또 이와 비슷한 사호비왜(似胡非倭)와 비호비왜(非胡非倭)라는 표현도 현전하는 『정감록』의 「도선비결」과 「산록집설(散錄集說)」에 보인다.[48]

이 사건 관련자 오수만은 궁궁을 "구부러진 곳에 숨으라."는 뜻으로 해석했다.

> 박민추가 말하기를, "궁궁(弓弓)이 이롭다고 하는 이야기는 무엇을 말하는 것인가?" 하기에, 신(오수만)이 말하기를, "궁궁은 활의 허리[弓腰]를 가리키는 것 같다. 따라서 구부러진 곳[劣處]에 숨으라는 말이다. '궁요(弓腰)'는 속음(俗音)이 열(劣) 자의 뜻을 해석한 것과 같다.'" 하였고, (…)[49]

이 밖에도 오명후가 이지서에게 궁궁(弓弓)의 뜻을 묻자 이지서가 광활(廣闊)하다는 것이라고 답한 적이 있다.[50]

절하는 것일 것이며, 조음(操音)한 곳에 숨는다는 것을 일컫는 것이리라. [弓弓似指弓操音也, 埋於操音處之謂也.)"라고 진술했다. 한편 오명후는 이지서가 "궁궁은 광활하다는 뜻이다.[弓弓廣闊之意也.)"라고 말했다고 진술했다.

46 『영조실록』 영조 24년(1748) 5월 23일. 김재형(金再炯, 32세)은 "왜(倭) 같으나 왜가 아니며, 남으로부터 오는데, 물에서도 불리하고 산에서도 불리하나 궁궁에서만 이로운데, 궁궁의 설은 세상에서는 알지 못한다. [似倭非倭, 自南而來, 不利於水, 不利於山, 利於弓弓, 弓弓之說, 世無知者.)"라고 진술했다. 『무진죄인지서추안(戊辰罪人之曙推案)』.

47 「동차결」, 『정감록』(한성도서주식회사, 1923), 『정감록집성』(아세아문화사, 1973), 564면. 吾東之患, 先被倭患, 再被洋人之毒, 再被倭患. 當此之時, 首亂者, 似倭非倭, 亡鮮者, 非君非臣. 「동차결」, 『정감록』(한성도서주식회사, 1923), 『정감록집성』(아세아문화사, 1973), 564면. 異人南來, 似倭非倭, 一境騷動, 以和爲主. 「서계이선생가장결」, 『정감록』(한성도서주식회사, 1923), 『정감록집성』(아세아문화사, 1973), 590면.

48 似胡非倭, 着靑衣而自南. 「도선비결」, 『정감록』(한성도서주식회사, 1923), 『정감록집성』(아세아문화사, 1973), 579면. 着靑衣而自南, 非胡非倭. 「산록집설(散錄集說)」, 『정감록』(한성도서주식회사, 1923), 『정감록집성』(아세아문화사, 1973), 629면.

49 敏樞曰, 利於弓弓之說云何?' 臣曰, 弓弓, 似指弓腰也. 藏於劣處之謂也. 「弓腰俗音與劣字釋義同.」 『영조실록』 영조 24년(1748) 5월 23일(병오).

50 『추안급국안』 184책, 「무진죄인지서추안(戊辰罪人之曙推案)」(1748. 5.), 『추안급국안』 제21권(아세아문화사, 1979), 44면.

오명후(30세)가 공초하기를 (…) 이지서가 말하기를, '근일 날씨가 청명한데도 봉화를 들지 않는 것은 무슨 까닭인가? 사람들의 말에 흉흉한 것이 많아서 어떤 사람은 왜인이 온다고 하기도 하지만, 실은 왜인이 아니고 거짓 왜인의 모양을 꾸며가지고 오는데 이들은 무신년의 여당(餘黨)들로서 해도(海島)에 가 있던 자들이다.' 하므로, (…)[51]

이 사건의 주범인 이지서(李之曙)는 "사람들의 말에 흉흉한 것이 많아서 어떤 사람은 왜인(倭人)이 온다고 하기도 하지만, 실은 왜인이 아니고 거짓 왜인의 모양을 꾸며가지고 온다. 이들은 무신년(戊申年, 1728)의 여당(餘黨)들로서 해도(海島)에 들어가 있던 자들이다."라고 진술했다.[52]

남왜북호서달(南倭北胡西㺚)은 『추안급국안』 184책, 「죄인지서추안(罪人之曙推案)」, 이지서 공초에 나오는 표현이다. 남쪽에는 왜, 북쪽에는 오랑캐, 서쪽에는 가달, 즉 서양 오랑캐가 쳐들어올 것이라는 암시다.

이지서를 신문하니, 공초하기를. "궐문의 투서는 3월 13일 신이 이항연을 서울로 보내어 돈 10냥을 가지고 사람을 사서 선전관청(宣傳官廳)에 투입시켰는데, 그 사람의 이름은 거묵(巨墨)이었고, 전립(氈笠)에 군복을 입었으며, 거주하는 곳은 상세히 말하지 않았습니다. 그 투서의 내용은 신이 스스로 짓고 스스로 썼는데, 황진기(黃鎭紀)가 남쪽은 왜(倭)와 접하고 북쪽은 호(胡)와 접하고 서쪽은 가달(假㺚)과 접했다고 운운했습니다.[53]

이지서는 6월 2일의 추국에서 대궐에 투서한 글에 "전읍(奠邑)이 득시(得時)하고, 장군(將軍)이 응시(應時)하며, 남으로는 왜와 접하고, 북으로는 호(胡)와 접하고, 서쪽으로는 가달과 접하였다."라고 썼다고 진술했다.[54] 궐문에 투서했

---

51 供. 臣往李之曙家, 之曙曰, 近日淸明, 烽火不擧, 何也? 人言多洶洶, 或言倭來, 而實非倭也, 假作倭樣而來. 此蓋戊申餘黨之在海島者也. 『영조실록』 영조 24년(1748) 5월 23일(병오).

52 당시 30세 된 오명후(吳命垕)에게 이지서(50세)가 했던 말이다.

53 『영조실록』 영조 24년(1748) 5월 25일(무신) 가달도 오랑캐 족속을 가리키는 말이다.

54 奠邑得時, 將軍應時, 南接倭, 北接胡, 西接假㺚云云. 「무진죄인지서추안」, 6월 2일 이지서 공초.

던 내용은 정(鄭)의 파자인 전읍(奠邑)이 때를 얻는다는 것임을 진술한 것이다. 그리고 앞서의 국문에서 언급한 황진기를 황장군으로 묘사하고 있다.

따라서 이 사건의 개요는 무신년 망명역적인 황진기가 장군이 되어 정진인을 모시고 빈한하고 미천한 자들을 해방시키기 위해 울릉도 월변의 섬에서 나온다는 것이다. 청주와 문의가 먼저 함락되고, 이어서 서울이 함락될 것이며, 이씨를 대신해 정씨가 가난과 귀천이 없는 새로운 세상을 만들 것이라는 점이 괘서와 투서로 널리 알려져 당시 경기도와 충청도의 백성들이 동요하게 된 사건이었다.

전읍(奠邑)은 정(鄭)의 파자이므로 진인 정씨가 곧 출현할 것이고, 이와 연관하여 황진기 등 무신여당이 나라 밖의 오랑캐와 연합하여 쳐들어올 것이라는 소문을[55] 퍼뜨렸다고 이지서는 진술했던 것이다.[56] 이씨를 대신하여 정씨가 나타나 차별 없는 새로운 이상사회를 건설할 것이라는 주장이었다. 이는 전형적인 정씨 진인출현설의 한 형태이다.

황적은 황진기(黃鎭紀)를 가리키는데, 그는 무신난 때 주요 수배 대상이었다. 그 황진기가 죽지 않고 해도를 근거지로 삼아 저항세력을 키우고 있다는

---

[55] 다시 이지서를 신문하기를, "황적(黃賊)이 아직도 영남의 큰 섬에 둔취(屯聚)해 있으니 의당 한번 소동을 일으키기 위해 나올 것이라고 했으며, 곧 대궐에서의 익명서 내용의 한 가지 일인 이른바 큰 섬이라는 것은 곧 울릉도 건너편의 큰 섬을 말하는 것이라고 하였다. 만일 적과 마음을 함께하지 않았다면 어떻게 알 수 있겠는가? 투서의 내용은 조사(朝士)라 할지라도 알고 있는 사람이 드문데, 네가 이른바 남쪽의 왜(倭), 북쪽의 호(胡), 서쪽의 달(韃)이라고 한 말은 또한 투서 내용의 어의(語意)와 똑같다. 왜복(倭服)을 입고 일을 일으킨다고 한 것도 또한 그런 뜻이다. 대궐에 투서한 것, 청주에서 소요를 일으킨 것, 문의에서의 괘서가 여지없이 탄로가 났으며, (⋯) 이른바 해도(海島)라는 것은 그 이름이 또한 무엇인가? 서로 내통하지 않으면 결단코 알 수가 없는 것이다. 무신년의 여당 가운데 둔취해 있는 자가 과연 누구인가? 먼저 대궐에 투서하고 나서 비기의 내용을 창언하였으며, 또 소요를 일으켰고 끝에 가서는 괘서를 냈으니, 반드시 경영하여 배포한 경로가 있었을 것이다. 그것을 하나하나 직초하라." 하니, (⋯) 『영조실록』 영조 24년(1748) 5월 23일(병오).

[56] 이지서를 신문하니, 공초하기를, "이지억의 일은 신이 과연 면질할 때 꿀렸습니다만, 금산(金山) 정가(鄭哥)의 이야기는 이지양에게서 들었습니다. 충청병사와 전라감사는 모두 국가에 이로운 사람들이었기 때문에 신이 과연 무고하였습니다. 왜인 같지만 왜인이 아니라는 말은 신이 했습니다. 황진기(黃鎭紀)에 대한 이야기도 신이 그가 생존해 있을 것으로 여겨 한 말이고, 울릉도 곁의 섬이라는 이야기는 신이 과연 인심을 광혹(誑惑)시킬 계책에서 한 말입니다. 이는 속으로 역심을 품고 있었기 때문에 그렇게 한 것입니다. 왜(倭)가 온다느니 호(胡)가 온다느니 금산의 봉계라느니 한 등등의 이야기는 모두 신이 지어낸 말입니다. 『영조실록』 영조 24년(1748) 5월 25일(무신) 이지양, 이지억, 이지목은 방송(放送)하고 친국은 정지하되, 추국(推鞫)을 당일 거행하라고 명했다.

주장이었다. 황진기가 국경을 넘을 것이 염려되기도 했으며, 청나라로 도망쳤다는 소문도 있었다.[57]

한편 이지서사건에서 정씨 진인출현설과 관련하여 다음과 같은 기록도 있다.

의금부에서 추국하였다. 이지서를 신문하여 형장 세 대를 치니, 공초하기를, "신은 비기를 본 적이 없습니다. 신의 육촌 이지목(李之穆)을 지난봄 길에서 만났는데, 그가 신에게 말하기를, '국가에 반드시 변란이 있게 될 것이다. 비기에 왜인 같지만 왜인이 아닌 것이 남쪽에서 온다는 말이 있는데, 이는 부자(父子) 사이에도 전할 이야기가 아니니 절대로 전하지 말라.' 하기에, (…) 신이 그날 먼저 말하기를, '천변이 이러하고 인심과 세도가 또 이러하여 아비는 아비답지 못하고 아들은 아들답지 못하니, 나라가 장차 망하게 될 것이다.' 하니, 이지양이 말하기를, '네가 어떻게 알겠는가? 도선(道詵)의 비기에 3백 6년이라는 말이 있는데, 지금이 과연 6년에 가까웠다. 무신년 때의 사람들은 곧 진승(陳勝), 오광(吳廣)의 무리에 불과하다. 이제 진인(眞人)이 마땅히 나올 것인데, 너 같은 사람이 무엇을 알겠는가? 너야말로 사람을 통하여야 일을 이룰 수 있는 그런 사람이다.' 하였습니다. 신이 진인에 대해 물으니, 답하기를, '금산(金山) 봉계(鳳溪)에 사는 정가(鄭哥)가 아들을 낳았는데 아침에 땅에 떨어져 태어나서 저녁에는 말을 할 수 있었으며, 장대하여 삼척동자가 되었으므로, 기이하게 여기지 않는 사람이 없었다. 그래서 그의 부모가 밤에 그를 데리고 도망을 갔는데, 이것이 재작년의 일이다. 지금은 거처를 알 수 없지만 앞으로는 절로 알 수 있는 방법이 있다.'고 하였습니다. [58]

순자(順字)에 대한 해석이 306년으로 바뀌었다.[59] 조선 개국 후 306년은 숙종 24년(1698)이다. 아마도 360년의 착오로 보인다. 조선 개국 후 360년은 영조 28년(1752)이다. 360년으로 보아야 "지금이 과연 6년에 가까웠다."는 말이 설득력이 있다.

인용문에는 도선의 비기에 조선왕조가 망하게 되는 일이 개국 후 306년

---

57 『영조실록』 영조 4년(1728) 7월 9일(무오)과 『영조실록』 영조 11년(1735) 10월 9일(갑술).

58 『영조실록』 영조 24년(1748) 5월 25일(무신).

59 道詵秘記有三百六年之說, 而今果幾六年矣.

만이라고 적혀 있었다고 한다. 그러나 이 기록은 실록의 편찬자가 의도적으로 숫자를 고친 것으로 보인다. 왜냐하면 조선의 개국 후 306년이 지난 때는 숙종 24년(1698)으로 그 이후에도 경종과 영조 등의 왕위계승자에 의해 왕조가 유지되고 있었기 때문이다. 아마도 개국 후 360년이라는 글자를 바꾸었던 것으로 여겨진다. 조선왕조 개국 후 360년은 영조 28년(1752)으로 이 사건이 일어난 후 불과 4년 뒤의 임박한 시점이기 때문이다. 예언은 급박하게 주장되고 알려지지 않으면 쉽사리 받아들여지기 어려운 특성이 있다.

그런데 이지서가 조선왕조의 역수(曆數)로 다시 해석하여 조선왕조의 수명이 380년이라는 새로운 주장을 괘서에 실었다는 기록이 보인다.[60] 결국 이지서의 비결서 풀이에 의하면 영조 48년(1772)을 고비로 새로운 왕조가 들어설 것이라 주장했다는 내용이다. 그러나 영조 24년(1748)에 난을 일으키려고 준비한 사람이 무려 24년 이후에 일어날 일을 대비했다는 것은 상식적으로 납득이 되지 않는다.

그리고 이 예에서 비결서의 숫자나 일부 내용이 주장하는 사람이나 필사자에 따라서 의도적으로 고쳐질 수도 있었다는 사실이 확인되었다.

어쨌든 인용문에서 확인되듯이 이 사건 관련자들도 곧 정씨 성을 가진 진인이 출현하여 새 왕조를 건설할 것을 굳게 믿고 있었다. 그들은 진인이 실제로 금산 봉계라는 곳에서 태어났는데, 불과 하루 만에 말을 하고 삼척동자로 자라나는 이적을 보였다고 강조하였다.

이지서가 공초하기를, "당초에 진고(進告)하지 못했으니 만 번 죽어도 아까울 것이 없습니다. 지난봄 신의 육촌인 이지목과 길에서 만났는데, 이지목이 말하기를, '천변이 이러한데 옛날에도 이런 적이 있었는가?' 하기에, 신이 말하기를, '내가 어

---

60 『영조실록』 영조 24년(1748) 5월 21일. 그가 지은 시에 "고사리를 캐서 은나라 백성을 보존하고자 하네.[欲作採薇保殷民]"라 했고, 또 비기(秘記) 가운데 글자의 순으로 아국(我國)의 역수(曆數)를 만들어 교묘히 그 글자를 풀어 380년을 만들었는데, 말뜻이 흉참했다.[之曋詩語有曰, 欲作採薇保殷民, 又以秘記中順字爲我朝歷數, 巧解其字, 爲三百八十年, 語意凶慘.].

떻게 알 수 있겠는가?' 하였더니, 이지목이 말하기를, '비기에 왜인 같으면서도 왜인이 아닌 것이 남쪽에서 온다[似倭非倭自南而來]고 한 여덟 글자가 있다.'라고 하였습니다.[61]

황진기가 장군이 되어 정씨 성을 지닌 진인을 모시고 민중을 구원하기 위해 울릉도 건너편의 섬에서[62] 나와 청주와 문의를 먼저 함락시킬 것이고, 이어서 서울을 함락할 것이라는 괘서가 걸려 경기도와 충청도의 백성들을 동요시켰다.[63]

이지서가 말하기를, '변란이 반드시 일어날 것이다.' 하였으며, 그 뒤에 이지서가 또 용두(龍頭)와 사미(蛇尾) 등의 이야기를 거론하면서 말하기를, '반드시 난리가 일어날 것이니 함께 가는 것이 마땅하다.' 하였습니다. 신이 말하기를, '궁궁은 무슨 뜻인가?' 하니, 말하기를, '광활하다는 뜻이다.' 하였습니다. (…) 이항연(李恒延)은 말하기를, '비기에 이르기를, 「무진년의 일은 알 수 있고, 경오년에는 즐거움이 당당하다.」고 하였다.' 하므로, 신이 말하기를, '무슨 말인가?' 하니, 말하기를, '사(事) 자는 난리가 반드시 일어난다는 뜻이고, 낙(樂) 자는 즐거운 일이 있다는 것이다.' 하였습니다. 비기책을 이항연이 가지고 가서 아직도 돌려주지 않고 있는데, 그 안에 이런 구어(句語)가 있었습니다.[64]

위 인용문에서 알 수 있듯이 이지서는 비결서의 기록을 토대로 역모를 도모했다는 의심을 받았다. 그는 적극적으로 비결 풀이에 참여했으며, 그의 아

---

61 『영조실록』 영조 24년(1748) 5월 25일(무신).

62 所謂大島, 卽鬱陵島越邊大島云.

63 다시 오명후를 신문하니, 공초하기를, "이지서가 항상 말하기를, '울릉도 건너편에 황진기(黃鎭紀) 등 무신년의 여당(餘黨)이 있다.'라고 하였고, 또 말하기를, '황진기가 죽지 않았으면 반드시 나올 것이다.' 했기 때문에, (…) 다시 이지서를 신문하기를, "황적(黃賊)이 아직도 영남의 큰 섬에 둔취(屯聚)해 있으니 의당 한번 소동을 일으키기 위해 나올 것이라고 했으며, 곧 대궐에서의 익명서 내용의 한 가지 일인 이른바 큰 섬이라는 것은 곧 울릉도 건너편의 큰 섬을 말하는 것이라고 하였다. 『영조실록』 영조 24년(1748) 5월 23일(병오).

64 之曙曰, 變必作矣. 其後, 之曙又擧龍頭蛇尾等說而曰, 必有亂作, 偕往爲宜. 臣曰, 弓弓何意?' 曰, 廣闊之意也. (…) 恒延曰, 秘記云, 戊辰事可知, 庚午樂堂堂, 臣曰, 何謂也? 曰, 事字亂必作也, 樂字有可樂之事也. 秘記册, 恒延持去, 尙未推還, 而其中有此句語矣. 『영조실록』 영조 24년(1748) 5월 23일(병오).

들도 비기의 기록을 수시로 인용했다. 이지서의 아들은 편년체의 비결 기록을 인용했는데, 이러한 표현은 현전하는 『정감록』에서도 흔히 볼 수 있다.

이 외에도 이지서는 "울릉도 건너편에 황진기(黃鎭紀) 등 무신년의 여당(餘黨)이 있다."는 소문을 퍼뜨렸다. 나아가 이항연은 비기에 있는 "무진년의 일은 알 수 있고〔戊辰事可知〕, 경오년에는 즐거움이 당당하다〔庚午樂堂堂〕."라는 말을 인용하고, "사(事) 자는 '난리가 반드시 일어난다.'는 뜻이고, 낙(樂) 자는 '즐거운 일이 있다.'는 것이다."라고 풀이하기도 했다.[65] 이는 현전하는 「무학비결」의 "인묘(寅卯)에 비로소 일을 안다〔寅卯事方知〕. 오미(午未)에는 즐거움이 당당하리라〔午未樂堂堂〕."라는 부분과 천간지지(天干地支)만 다를 뿐 거의 동일한 구조를 지녔다.[66]

> 박민추가 공초하기를 (…) 이지서의 아들 이영손(李榮孫)을 길가의 나무 밑에서 만났는데, 이영손이 말하기를, '용두(龍頭)와 사미(蛇尾)에 대한 말은 용은 곧 진(辰)이고 사는 곧 사(巳)이며, 두(頭)는 정월(正月)이고 미(尾)는 곧 납월(臘月)을 말하는 것이다.' 하였습니다. (…) 이지서가 사미(蛇尾)라는 글자를 사반(蛇盤)으로 고쳐 말하였고, 궁궁(弓弓)은 광활하다는 뜻이라고 하였습니다. 신이 말하기를, '이 말이 어느 책에 있는가?' 하니, 답하기를, '비기에 있는데 그 책이 오명후의 집에 있다.'고 하기에, 신이 오명후의 집에 갔었습니다만, 만나지 못했습니다.[67]
>
> 이항연을 신문하니, 공초하기를, "박민추가 와서 말하기를, '근일 봉화를 들지 않는 것은 무슨 까닭인가? 전일 정진하(鄭震夏)에게서 들은 바에 의하면 비기에 용두(龍頭), 사미(蛇尾), 궁궁(弓弓) 등의 글이 있는데, 용사(龍蛇)는 진사(辰巳)를 가리킨 것이고 궁궁은 활활(闊闊)을 가리킨 것 같다.' 하기에 (…)[68]

---

65 恒延曰, 秘記云, 戊辰事可知, 庚午樂堂堂. 臣曰, 何謂也? 曰, 事字亂必作也, 樂字有可樂之事也. 秘記册, 恒延持去, 尙未推還, 而其中有此句語矣. 『영조실록』 영조 24년(1748) 5월 23일(병오).

66 「무학비전(無學秘傳)」, 『정감록』(한성도서주식회사, 1923), 『정감록집성』(아세아문화사, 1973), 576면.

67 榮孫曰, 龍頭蛇尾之語, 龍卽辰, 蛇卽巳, 頭卽正月, 尾卽臘月云矣. 則之曙以蛇尾字變爲蛇盤, 以弓弓爲廣濶之意. 臣曰, 此語在何書? 答曰, 在秘記, 而册在命垕家. 臣往命垕家, 不遇. 『영조실록』 영조 24년(1748) 5월 23일.

68 問恒延, 供: "敏樞來言, '近日烽火不擧, 何也? 前日聞鄭震夏, 秘記有龍頭、蛇尾、弓弓等文, 龍蛇指辰巳

위 인용문은 이지서사건 관련자들이 비기의 기록을 서로 전하면서 널리 유포했던 상황을 반영한다.

한편 양반이었던 오명후(吳命垕)가 이지서(李之曙)의 아들인 이항연(李恒延)에게 "그대는 양반의 권세에 의지하지 말라. 의당 귀한 자가 천하게 되고, 천한 자가 귀하게 되는 세상이 있을 것이다."라고 말하였으며, 오명후의 아버지인 오수만(吳遂萬)도 술을 따라 이항연에게 권하면서 "양반의 교만한 기세를 부리는 짓을 하지 말라."라고 말했다.[69]

이러한 진술에 따르면 그들이 양반의 기득권을 부정하는 세상을 꿈꿨으며, 한마디로 말해 '천한 사람이 귀하게 되는 세상'을 만들기 위해 애썼다는 점을 알 수 있다. 현전하는 『정감록』의 「오백론사」에도 "천한 자가 귀해지고, 높은 자가 낮아진다."는 구절이 있다. 이는 신분제가 동요되어 가는 시대 상황을 반영하고 있으며, 이들이 신분제를 부정하고 궁극적으로 철폐할 것을 바랐다는 사실을 짐작할 수 있다.

그리고 박민추와 이지서의 대질신문에 다음과 같은 내용이 나온다.

지난번 이영손(李榮孫)이 전한 용두(龍頭), 사미(蛇尾)는 곧 무슨 이야기인가?' 하니, 네가 말하기를, '미(尾)가 아니고 반(盤)이라.'고 하였다. 내가 말하기를, '어떤 반(盤) 자라고 하는가?' 하니, 네가 말하기를, '반반(班班)하다는 반(班)인 것 같다.' 하였다. 내가 말하기를 '이는 소반(小盤)이라는 반(盤)인 것 같다. 반 자를 일부러 미(尾) 자로 말한 것이니, 왜인 같으면서도 왜인이 아니라는 것은 내가 알 수 있다. 그런데 산도 이롭지 않고 물도 이롭지 않다고 운운한 것은 무슨 말인가?' 하니, 네가 말하기를, '산협(山峽)으로 피할 수도 없고 섬으로 피할 수도 없다는 말이다.' 하였다. 궁궁(弓弓)은 이영손이 고문(古文)의 유자(留字)라고 했는데, 너는 광활한 뜻이라고 운운했다."[70]

年也, 弓弓似指閭閻也,' 『영조실록』 영조 24년(1748) 5월 23일.

69 造爲騷屑而語臣曰, 君勿藉兩班之勢. 當有貴者賤, 賤者貴之世矣. 今正月, 命垕之父, 酌酒勸臣曰, 勿爲兩班之驕氣也. 『영조실록』 영조 24년(1748) 5월 23일.

70 向日榮孫, 所傳龍頭, 蛇尾, 卽何說乎? 汝曰, 非尾也, 乃盤也. 吾曰, 何盤字? 汝曰, 似是班班之班也. 吾曰, 似是小盤之盤也. 盤之故曰尾也, 似倭非倭, 吾可知之. 不利山不利水云云者, 何謂也? 汝曰, 不避於山峽, 不居於島中之謂也. 弓弓, 榮孫以古文留字, 汝曰, 廣濶之謂也云云矣. 『영조실록』 영조 24년

궁궁에 대한 다양한 해석이 당시에도 있었음을 알 수 있다.

그러나 며칠 후 이지서는 사왜비왜(似倭非倭)의 설, 왜래호래(倭來胡來)의 설, 금산봉계(金山鳳溪)의 설을 자신이 만들어낸 것이며, 황진기(黃鎭紀) 생존설은 상주에 살던 조근(趙勤)에게 들었다고 자백했다. 그리고 문의에 괘서한 것도 자기이며, 그 내용의 일부를 "용미사반(龍尾蛇盤)이요,[71] 왜 같으나 왜가 아니며, 남쪽으로부터 오며, 산에도 불리하고 물에도 불리하며 궁궁에서만 이롭다. 궁궁의 뜻은 세상에서 알지 못하는데, 5월 15일에 적이 반드시 남쪽에서부터 오며 태수를 죽일 것이다."라고 썼었다고[72] 진술했다.

6월 3일에 이지서를 다시 심문했는데, 이날 8차에 걸친 240여 도의 곤장의 여독으로 이지서가 죽어버리자 이 사건은 종결되었다.

어쨌든 이들은 영조 25년(1749)에 반란을 일으키면서 장차 왕으로 모시기로 예정된 사람을 진인(眞人)으로 불렀다. 이를 빗대어 그들은 "금산에 봉황이 있어 알을 낳았는데, 하루 만에 그것이 저절로 터졌으니 실로 재변(災變)이다." 등의 말을 했다고[73] 전한다. 결국 이들은 새 왕조의 건국자를 정씨라고 보았으며, 그를 후원할 세력이 바다 가운데 섬에 있다고 주장했던 것이다.

(1748) 5월 24일.

71 이지서는 '용미사반'이 3월을 일컫는다고 진술했다. 인월(寅月)이 음력 정월이 되므로 3월 말은 진월(辰月)과 사월(巳月) 사이가 된다.

72 龍尾蛇盤, 似倭非倭, 自南而來, 不利於山, 不利於水, 利於弓弓, 弓弓之意, 世莫知之. 五月十五日, 賊必自南而來, 必殺太守矣.『무진죄인지서추안』동일 죄인 지서 갱추.

73 『영조실록』영조 24년(1748) 5월 25일.

『택리지』와
복지(福地)

38

　청담(淸潭) 이중환(李重煥, 1690-1752)이 『택리지(擇里志)』를 지은 때는 영조 26
년(1750) 무렵이었다. 집필을 끝낸 시기는 그 자신이 발문(跋文)에 밝힌 대로 영
조 27년(1751) 여름이었다.

　이 『택리지』에 "그러므로 남사고의 「십승기(十勝記)」에 유구와 마곡사 두
골짜기 사이를 피란할 곳이라 하였다."라는 기록이 보인다.[1]

　적어도 이중환이 『택리지』를 저술할 당시에 남사고가 남겼다고 전하는
「십승기」를 보았을 것으로 추정되며, 저서의 형태가 아니라 하더라도 당시에
남사고가 주장한 '열 곳의 명당'에 대한 이야기가 널리 퍼져있었다는 사실이
확인된다.

　옛날 방사(方士) 남사고가 소백산을 보고는 갑자기 말에서 내려 넙죽 절을 하며,

1　故南師古十勝記, 以維麻兩水間, 爲避兵地. 이중환(1690-1752) 지음, 이익성 옮김, 『택리지』(을유문
　화사, 2002), 95쪽.

"이 산은 사람을 살리는 산이다."라 하였다. 「저기(著記)」에는 "병란을 피하는 데는 태백산과 소백산이 제일 좋은 지역이다."라 하였다.[2]

「저기」라는 풍수지리적 비결서도 당시에는 기록물의 형태로 있었을 가능성이 높다.[3]

또 『택리지』에서는 함경도 안변부(安邊府)에 있는 석왕사(釋王寺)를 설명하면서 다음과 같은 일화를 소개하고 있다. 태조가 등극하기 전에 세 개의 서까래를 등에 짊어졌고, 꽃이 날리며, 거울이 깨어지는 꿈을 꾸었다. 무학(武學)스님에게 물으니, "등에 서까래 세 개를 진 것은 임금 '왕(王)'자입니다. 꽃이 날렸으면 마침내 열매가 있을 것이고, 거울이 깨어지면 어찌 소리가 없겠습니까?"라 하였다. 태조가 크게 기뻐하고 임금이 된 후에 절을 세워 석왕사라 하였다.[4] 무학(武學)은 조선왕조의 건국에 기여한 승려 무학대사(無學大師, 1327-1405)의 오기(誤記)로 보인다. 무학 역시 신이한 능력을 지녔던 인물이었으며, 장차 풍수지리술에 뛰어난 인물로 묘사되는 한 과정이다.

또 승지(勝地)와 비슷한 개념과 용어인 복지(福地)도 『택리지』에는 자주 등장한다.

> 태백산과 소백의 남쪽에 위치한 예안, 안동, 순흥, 영천(榮川), 예천 등의 고을은 '신이 알려준 복지(福地) — 神皐福地 — '다.[5]
> 오대산은 한무외(韓無畏)가 "수단(修丹)할 복지로 제일이다."라고 말했다.[6]
> 지리산 북쪽 영원동(靈源洞), 군자사(君子寺), 유점촌(鍮店村)은 남사고가 복지(福地)

2 昔有方士南師古,   見小白,   輒下馬拜曰,   此活人山也.   著記言以大小白爲避兵第一地.   이중환 (1690-1752) 지음, 이익성 옮김, 『택리지』(을유문화사, 2002), 176쪽.

3 선유산(仙遊山)은 진인 최도(崔涂)와 도사 남궁두(南宮斗)가 수련한 곳인데, 「저기(著記)」에 "이 산은 수도하고자 하는 자가 살만한 곳이다."라 하였다. 著記言, 欲修道者, 可於此山安栖云. 이중환 (1690-1752) 지음, 이익성 옮김, 『택리지』(을유문화사, 2002), 177-178쪽.

4 이중환 지음, 이익성 옮김, 『택리지』(을유문화사, 2002), 48-49쪽.

5 이중환(1690-1752) 지음, 이익성 옮김, 『택리지』(을유문화사, 2002), 70쪽.

6 이중환(1690-1752) 지음, 이익성 옮김, 『택리지』(을유문화사, 2002), 175쪽.

라 했다.[7]

가야산 동북쪽에 있는 만수동(萬水洞)은 복지이며 세상을 피해 살 만한 곳이다.[8]

원주 사자산(獅子山)은 복지로 참으로 속세를 피해서 살 만한 지역이다.[9]

흥양(興陽) 팔영산(八靈山)은 남사고가 복지라고 했다.[10]

청도 운문산(雲門山)과 울산 원적산(圓寂山)은 병란을 피할 수 있는 복지이다.[11]

적등강(赤登江) 하류 지역도 난리를 피할 만한 곳으로 고인(高人)과 일사(逸士)가 살 만한 곳이고, 화령(火嶺)과 추풍령 사이의 남쪽에 상하궁곡(上下弓谷)이 있는데 난리를 피할 수 있는 복지다. 문경(聞慶) 북쪽 주변 100리가 난리를 피할만한 복지다. 속리산 북쪽 괴산(槐山)의 괴탄(槐灘)은 난리를 피할 만한 곳이며, 원주 주천강(酒泉江) 서쪽은 난리를 피하거나 세상을 피해 살기에 알맞은 곳이다. 보령(保寧)의 청라동(靑蘿洞), 홍주(洪州)의 광천(廣川), 해미(海美)의 무릉동(武陵洞), 남포(藍浦)의 화계(花溪)도 난리가 애초에 들지 않는 가장 복된 땅이다.[12]

이 외에도 『택리지』에는 난리를 피할 만한 곳,[13] 병란(兵亂)을 피해 살 만한 곳,[14] 낙토(樂土),[15] 속세를 피할 만한 곳,[16] 삼재(三災)가 들지 않는 곳[17] 등의 용

---

7 이중환(1690-1752) 지음, 이익성 옮김, 『택리지』(을유문화사, 2002), 181쪽.

8 이중환(1690-1752) 지음, 이익성 옮김, 『택리지』(을유문화사, 2002), 183쪽.

9 이중환(1690-1752) 지음, 이익성 옮김, 『택리지』(을유문화사, 2002), 192쪽.

10 이중환(1690-1752) 지음, 이익성 옮김, 『택리지』(을유문화사, 2002), 194쪽.

11 避兵福地 이중환(1690-1752) 지음, 이익성 옮김, 『택리지』(을유문화사, 2002), 195쪽.

12 避兵福地 (…) 避兵避世 (…) 兵戈初不入, 故最稱福地. 이중환(1690-1752) 지음, 이익성 옮김, 『택리지』(을유문화사, 2002), 212-215쪽.

13 용담(龍潭), 금산(錦山), 장수(長水), 무주(茂朱)의 동쪽과 서쪽은 모두 큰 산과 깊은 골짜기여서 난리를 피할 만한 곳이 가장 많다. 故最多避兵處. 이중환(1690-1752) 지음, 이익성 옮김, 『택리지』(을유문화사, 2002), 211쪽.

14 태백산 아래의 내성(奈城), 춘양(春陽), 소천(김川), 재산(才山) 등 네 마을은 병란(兵亂)과 세상을 피해 살만한 곳이다. 避兵避世 이중환(1690-1752) 지음, 이익성 옮김, 『택리지』(을유문화사, 2002), 71쪽.

15 공주 마곡사(麻谷寺)와 유구역(維鳩驛) 근처가 낙토(樂土)다. 이중환(1690-1752) 지음, 이익성 옮김, 『택리지』(을유문화사, 2002), 95쪽.

16 제천 북쪽은 참으로 난리를 피하고 속세를 피할 만하다. 可以避兵避世. 이중환(1690-1752) 지음, 이익성 옮김, 『택리지』(을유문화사, 2002), 108쪽.

17 태백산 황지(黃地) 아래는 삼재(三災)가 들지 않는다. 오대산과 소백산, 가야산은 예부터 삼재가 들지 않는 곳이라 한다. 이중환(1690-1752) 지음, 이익성 옮김, 『택리지』(을유문화사, 2002), 175쪽과 182쪽.

어가 보인다. 『택리지』가 저술될 당시부터 십승지에 대한 단초가 보이는 것이다. 이러한 기록들에 힘입어 이후 오랜 시간이 흐른 후에 현전하는 『정감록』의 십승지사상으로 발전된 것으로 평가해야 할 것이다.

윤지 사건

39

영조 31년(1755) 2월 나주에서 괘서가 걸리는 사건이 발생했다.

전라감사 조운규(趙雲逵)가 나주의 객사(客舍)에 흉서(凶書)가 걸린 변고를 치달(馳達)하니, 임금이 좌포장(左捕將), 우포장(右捕將) 및 본도 감사에게 명하여 기한을 정하여 기찰하고 체포하도록 하였다. 당시 신축년(경종 원년, 1721)과 임인년(경종 2년, 1722) 때의 여당(餘黨)과 무신년(영조 4년, 1728) 때의 유얼(遺孽)로 번성한 무리가 있어 나라를 원망함이 날마다 심각하고 근거없는 말이 날마다 일어나므로 식견이 있는 자가 걱정을 하였었지만 상하(上下)가 편안하게 여기고 걱정을 하지 않았었는데, 이때에 이르러 흉서를 걸어 둔 변고가 있었다. 글의 내용 가운데 간신(奸臣)이 조정에 가득하여 백성들이 도탄에 빠졌다는 등의 말이 있었다. 며칠 후인 2월 11일(을묘)에 금부도사를 나주로 내려보내어 윤지(尹志) 등 제적(諸賊)을 체포하게 하였다. 윤지는 역적 윤취상(尹就商)의 아들이다. 나주에 귀양을 가서 있으면서 몰래 역모를 품고 조정을 원망하며 같은 무리들과 체결하여 흉서(凶書)를 펼쳐서 걸었으므로, 전라감사 조운규(趙雲逵)가 그 정황을 알아내어 조정에다 치주(馳奏)하니, 임금이 즉시 발포(發捕)하도록 명하였다.[1]

영조 31년(1755) 2월 '나주(羅州) 괘서(掛書)사건' 때에도 해도기병설이 유포되었다.[2] 당시 나주에 유배되어 있던 윤지(尹志), 윤광철(尹光哲) 부자 등은 거사를 준비하면서 괘서사건을 일으켰다.

영조 31년(1755) 3월에 윤지(尹志), 이하징(李夏徵) 등이 처형되고 조태구(趙泰耉), 유봉휘(柳鳳輝), 이사상(李師尙), 윤취상(尹就商)과 김일경(金一鏡)의 소하(疏下)인 역적들에게 역률(逆律)을 추시(追施)하고 이광좌(李光佐), 최석항(崔錫恒), 조태억(趙泰億) 등의 벼슬을 추탈(追奪)하였는데, 윤지는 윤취상의 아들이다.

이에 앞서 을사년 국옥(鞫獄) 때에 윤취상은 고문당하다가 죽고 윤지는 나주(羅州)에 귀양 갔는데, 밤낮으로 나라를 원망하고 그 아들 윤광철(尹光哲)을 시켜 나주의 향리(鄕吏)와 서로 맺어 계를 만들고 무리를 모아 불궤(不軌)를 꾀하고 객관(客館)의 망화루(望華樓)에 글을 걸어서 인심을 어지럽혔는데, 감사(監司) 조운규(趙雲逵)가 알아내어 아뢰었다. 왕이 윤지 등을 국문(鞫問)하여 옥사(獄事)에 관련된 역적들을 차등을 두어 처형하거나 귀양 보냈다.

이 사건과 관련된 사람들 사이에서 고려 말에 민간에 유행하던 "동풍삼월초여인(東風三月草如茵), 철마장시한수빈(鐵馬長嘶漢水濱), 일편복주안온지(一片福州安穩地), 가련금일구군신(可憐今日舊君臣)"이라는 시가 알려지기도 했다.[3] 이 시는 고려 말 공민왕 때 홍건적의 침입으로 임금이 안동으로 피난을 갔던 상황을 예언한 참시(讖詩)로 알려졌다.[3] 이는 고려 말에 보이던 왕조 교체기의 불안한 상황과 왕조 교체의 가능성을 암시하는 분위기가 당시 사회에 전파되어 가고 있던 상황을 알려준다.

윤지는 이러한 나주 인근 지역의 흉흉한 인심과 정권이 교체될 가능성을

---

1 全羅監司趙雲逵馳達羅州客舍掛凶書之變, 上命左右捕將及本道監司, 刻期譏捕. 時辛壬餘黨及戊申遺孽寔繁有徒, 怨國日深, 浮言日起, 識者憂之, 而上下恬憘不以爲慮, 至是有掛書之變. 書中有奸臣滿朝, 民陷塗炭等語. 『영조실록』 영조 31년(1755) 2월 4일(무신).

2 이 사건에 대한 개요는 이상배, 「영조조 윤지 패서사건과 정국의 동향」, 『한국사연구』 76집(한국사연구회, 1992)와 배혜숙, 「을해옥사의 참여계층에 관한 연구」, 『백산학보』 40 (1992)를 참고하시오.

3 『영조실록』 영조 31년 3월 기묘일.

암시하는 사회 분위기를 읽고, 괘서를 통해 불안한 민심의 동요를 심화시켜 정권 재진입을 위한 계획에 이용했던 것이다.[4]

윤지가 저에게 묻기를 "비기(秘記)에 일의이공(一義二公) 운운하는 것이 전해 오는데 어떤 의미냐?"고 하여, 제가 대답하기를 "일의(一義)는 임진왜란에 (왕이) 의주로 옮겨간다는 말이고, 이공(二公)은 계해년 이괄(李适)의 난에 (임금이) 공주로 옮겨간다는 말입니다."라 하였습니다. 윤지가 또 물어 말하기를 "일평이공삼한사라지설(一平二公三漢四羅之說)은 어떤 의미냐?"고 하였습니다. 제가 대답하기를 "일평이공(一平二公)과 일의이공(一義二公)은 같고, 삼한(三漢)은 병자년(丙子年)에 남한(南漢)을 이릅니다."라 하였습니다. 그런즉 윤지가 또 묻기를 "사라지설(四羅之說)은 어떤 의미냐?"고 하여, "제가 일평이공삼한(一平二公三漢)이 똑똑히 맞았으니 사라(四羅)는 나주를 의미합니다."라고 하였습니다.[5]

윤지는 자신이 귀양살이를 하고 있는 나주를 비기와 부합된다고 믿고 해석하려 했다. 의주, 공주, 남한산성과 같이 국가 위기시에 피난처로 기능한 지역들처럼 나주도 곧 국가가 위급한 상황에서 피난처가 될 수 있을 것이라는 믿음을 가졌다.

윤지가 말하기를 "비기(秘記) 가운데 명년(明年)에 안죽지간(安竹之間)에 시체가 쌓여 산과 같이 되고, 성세(聖歲)에 인부지간(仁富之間)에 밤에 배 천 척을 댄다고 하는데, 그대는 들어 알고 있는가?"라 하여, 제가 대답하기를 "이 구절 가운데 명년(明年)은 무신(戊申)에 응하지만 성세(聖歲)는 어느 해인지 알지 못합니다."라 하였습니다. 윤지가 말하기를 "을해(乙亥)가 분명하다."라 하여, 제가 "그렇다면 을해년은 두려워할 만합니다. 그러나 갑술년(甲戌年)이 무사하면 을해년은 그렇지 않을 것입니다."라 하니, 윤지가 답이 없었습니다. (…) 윤지가 말하기를 "오늘날 국가의 형세는

---

4 배혜숙, 앞의 글, 95쪽.

5 『추안급국안』 21권 191책, 「을해포도청추안(乙亥捕盜廳推案)」(1755. 2.) (아세아문화사, 1979), 434-435면과 『추안급국안』 21권 192책, 「을해역적윤지등추안(乙亥逆賊尹志等推案)」(1755. 2.) (아세아문화사, 1979) 죄인 정수헌(丁守憲) 공초. 한편 596면에는 일의이공삼라사제지설(一義二公三羅四濟之說)이라는 표현이 있다.

아침이 아니라 저녁에 해당되니 명년(明年)은 이미 들어맞았다."라 했습니다.[6]

이 대화는 계해년(1743)에 이루어졌다고 진술되었다. 이러한 대화 내용은 윤지가 괘서사건으로 정변 계획이 노출된 을해년(1755)까지 오랜 기간 동안 거사를 추진하는 중요한 근거가 되었다. 즉 윤지는 경오년(1750)부터 계를 통해 사람을 모으는 작업을 나주를 중심으로 추진했는데, 비기에 대한 이러한 해석과 확신이 동조자를 얻는 데 설득력 있게 작용했다. 이들은 청주와 서울에서 동조자를 포섭했으며, 특히 해도(海島)에 근거하여 제주도, 진도, 강화도, 서울을 잇는 해상 공격을 계획했다는 점에서 해도진인설과 부합되기도 한다.[7]

윤지는 자신이 괘서를 건 해인 을해년(1755)이 비기에서 지정한 해라고 믿었다. 이때 주동 인물들 사이의 대화에서 윤지가 "비기(秘記) 가운데 명년(明年)에 안성(安城)과 죽산(竹山) 사이에 시체가 쌓여 산과 같이 되고, 성세(聖世)에 인천(仁川)과 부평(富平) 사이에 밤에 배 1천 척을 댄다."는 등의 내용을 언급했다.

현전하는『정감록』의「감결」에 "안성과 죽산 사이에 시체가 산처럼 쌓이고"라는 구절이 보인다. 이는 영조 4년(1728) 3월 이인좌의 반란군이 안성과 죽산 사이에서 관군에 의해 궤멸된 상황을 묘사한 것으로 추정된다. 그리고 "신년(申年) 봄 삼월, 성세(聖世) 가을 팔월에 인천과 부평 사이에 밤중에 배 1천 척이 정박하고 안성과 죽산 사이에 시체가 산처럼 쌓인다."라는 구절은 윤지가 인용한 비기의 내용과 거의 비슷하다.[8] '신년(申年) 봄 삼월'은 이인좌의 난이 발생한 '영조 4년(1728) 무신년(戊申年) 3월'을 정확히 지적한 것이다.

또한 현전하는『정감록』「무학비결」에도 "천 척의 배가 남쪽 물가에 이르

---

6 『추안급국안』21권 191책,「을해포도청추안(乙亥捕盜廳推案)」(1755. 2.) (아세아문화사, 1979), 433면과 192책,「을해역적윤지등추안(乙亥逆賊尹志等推案)」(1755. 2.) (아세아문화사, 1979), 548면.

7 『영조실록』영조 31년 3월 계미일.

8 申年春三月, 聖歲秋八月, 仁富之間, 夜泊千艘, 安竹之間, 積尸如山.「감결(鑑訣)」,『정감록』(한성도서주식회사, 1923),『정감록집성』(아세아문화사, 1973), 568면.

리라.", "하룻밤 새 천 척의 배가 이를 것이다."라는 구절이 보이고, 「서산대사비결」에도 "성스러운 해를 만나면 천 척의 배가 갑자기 인천과 부평의 넓은 들에 정박할 것이다."라는 구절이 있다. 따라서 최소한 이 구절은 영조 31년(1755) 무렵에는 비기에 수록된 내용으로 널리 알려졌었음을 확인할 수 있다.

또 윤지는 지난 영조 4년(1728)에 발생했던 무신란 때에는 너무 쉽게 육지에서 출병하였기 때문에 실패했다고 비판하면서, 이제는 해도(海島)에 거점을 두고 거사해야 한다고 주장했다. 그는 "먼저 탐라에 거점을 구축하여 연해에 출몰하면서 세선(稅船)을 잡아들이고, 진도(珍島)로부터 곧바로 강화에 도착하면 일이 이루어질 것이다."라고 주장하여[9] 해상 공격로를 설정하였다. 그 이외에도 윤지는 천문의 움직임을 큰 사변이 일어날 징조로 보았고 비기(秘記)를 인용하여 사람들을 끌어모았다.[10]

이 윤지사건에도 궁궁(弓弓)이라는 용어가 등장한다.

비기에 이르기를 "산에도 불리하고 물에도 불리하고 궁궁처만 같지 못하다."라 했다.[11]

이에 대해 윤지사건 관련자인 정수헌은 "비록 자세히 알지 못하지만 궁궁

---

9 『영조실록』 영조 31년(1755) 3월 10일(계미).

10 임국훈(林國薰)이 공초하기를 (…) 윤지가 '이것은 천고성(天鼓星)으로 임진년 전에도 이런 변고가 있었는데, 지금 이런 변고가 있었다고 하니 햇수가 찰 것 같으면 틀림없이 난리가 있을 것이며, 난리가 있게 되면 나는 반드시 석방이 되어 돌아갈 것이다.'라고 하였습니다. 그리고 무안(務安)의 옥산동(玉山洞)에 살고 있는 윤가(尹哥)인 양반(兩班)은 이름은 모르지만 나이 60세에 가깝고 천수(天數)를 잘 추산(推算)했었는데 일찍이 나주에 와서 신에게 말하기를, '모년(某年)에는 조정에 반드시 변고가 있어 피차간의 일변인(一邊人)이 틀림없이 많이 죽을 것이다.'라고 하였으므로, 신이 이 말을 윤광철(尹光哲)에게 하였더니 윤광철이 매우 좋아하는 빛이 있었습니다." 하였다. (…) 같은 날 임국훈(林國薰)을 형신하니, 임국훈이 공초하기를, (…) "언젠가 윤지의 집에 갔더니 윤지가 '충청도에서 화약을 많이 잃어버렸기 때문에 소란스러움이 있다.'고 하며, 이어서 비기(秘記) 속의 말을 하였는데, 그가 틀림없이 뜻한 바가 있어서 말한 것입니다.〔(…) 仍言秘記中語, 渠必有意而言矣.〕『영조실록』 영조 31년(1755) 3월 7일(경진).

11 秘記云, 不利於山, 不利於水, 莫如弓弓處.『추안급국안』 21권 191책, 「을해포도청추안(乙亥捕盜廳推案)」(1755. 2.) (아세아문화사, 1979), 434면.

(弓弓)은 곧 '불(弗)'자이니 산이나 물에 들어가는 자는 모두 화를 입을 것이다."
라고 대답했다. 궁궁에 대한 해석이 당대에도 매우 다양하게 이루어졌음을 알
수 있는 대목이다.

다음은 윤지사건 관련자들이 비기를 이용하여 역모를 도모했다는 기록이다.

> 임금이 내사복에 나아가 친국하였다. 이주(李澍)를 신문하니, 이주가 공초하기
> 를, "신이 과연 비기(秘記)를 윤봉환(尹鳳煥)에게 내어 보이고 이어서 말하기를, 오래
> 지 않아 반드시 남쪽에 난리가 있게 되고, 피난한 후에는 장차 좋은 벼슬을 얻게
> 된다.'라고 서로 수작했습니다." 하니, 역률로 정법하라고 명하였다. 윤봉환을 신
> 문하니, 윤봉환이 공초하기를, "신이 이주를 가서 보았는데, 이주가 비기를 내어
> 보이면서 말하기를, '우선은 하동(河東) 땅으로 피난하여 좋은 때를 기다리라.'라고
> 하였기 때문에 함께 수작하였습니다." 하니, 비기를 의탁해서 난만하게 흉모를 한
> 정상이 남김없이 탄로 나 모역(謀逆)으로 지만(遲晚)해 정형하였다.[12]

이와 관련하여 전라도가 술수지향(術數之鄕)이어서 비기가 널리 유포되고
있다는 진술이 있다.[13]

한편 영조 34년(1758) 6월에는 황해도 일대에서 무녀 영매(英梅), 이란대(移蘭
代), 영시(英時) 등이 각각 미륵불과 생불을 자칭하자,[14] 수많은 사람들이 몰려들
었다.[15] 불교적 형태로 진인출현설이 제기된 것으로 보인다.

---

12 上御內司僕, 親鞫, 問李澍, 澍供, 臣果以秘記出示尹鳳煥, 仍言非久必有南亂, 而避亂之後, 將得好官, 相
   與酬酢矣. 命以逆律正法. 問尹鳳煥, 鳳煥供, 臣往見李澍, 澍出示秘記以爲姑爲避亂於河東地, 以待好時
   云, 故與之酬酢. 憑托秘記, 爛熳凶謀之狀, 綻露無餘, 謀逆遲晚正刑. 『영조실록』 영조 31년(1755) 7월
   10일(임오).

13 『추안급국안』 21권 192책, 「을해역적윤지등추안(乙亥逆賊尹志等推案)」(1755. 2.) (아세아문화사,
   1979), 596면.

14 임금이 명하여, 해서 사안 어사(海西査按御史)의 계본(啓本)을 승정원에서 곧 소화(燒火)하게 하였다.
   하교하기를, "영매(英梅)를 이미 효시(梟示)하였으니 이란대(移蘭代)는 낱낱이 엄하게 형벌하고 바로
   공초(供招)하기를 기(期)하여 일체로 효시하며, 영시(英時)는 엄형한 뒤에 흑산도(黑山島)에 멀리 귀
   양 보내라." 하였다. 『영조실록』 영조 34년(1758) 6월 3일(정사).

15 『수교정례(受教定例)』, 「요사혹중(妖邪惑衆)」 2조.

신 후 일
사 건

40

영조 36년(1760) 2월에는 신후일사건이 발생했다.

임금이 내사복에 나아가 죄인 신후일(愼後一), 신후팽(愼後彭)을 국문하였다. 이때 사직(司直) 채제공(蔡濟恭)이 입대를 청하여 말하기를, "저녁 무렵에 어떤 사람이 찾아와서 국가의 안위(安危)가 걸려 있는 일이라고 말하며 봉서(封書) 한 통을 내놓았는데, 그 사람은 바로 신귀중(愼龜重)의 아들 신후팽이고 그의 사촌 신후일도 이 일을 알고 있다며 같이 왔기에, 신이 붙잡아 왔습니다." 하니, 임금이 봉서를 뜯어보고 말하기를, "말이 황당한 듯하니, 마땅히 국문을 하여야 되겠다." 하고, 즉시 친국을 명한 것이다.[1]

3월 2일(정미)에는 신후팽(愼後彭)을 특별히 석방하였다. 신후팽은 바로 신후일(愼後一)의 종형(從兄)으로서 신후일이 상변(上變)하러 올라올 때 데리고 온 자

1   『영조실록』 영조 36년(1760) 2월 29일(갑진).

인데, 임금이 그는 무식하여 더 물어볼 만한 것이 없다고 여겼기 때문이다.

이 사건의 연루자인 신후일(愼後一)은 고치룡(高致龍)이 각골도(角骨島)라는 섬에 윤서(尹嶼), 김호(金湖), 조담(趙潭) 등이 수만여 명의 사람을 모아 가지고 일본과 내통한다는 말을 했다고 주장했다.

> 임금이 내사복에 나아가 친히 죄인을 국문하였다. 임금이 고치룡(高致龍)에게 묻기를, "네가 신후일(愼後一)을 아는가?" 하니, 고치룡이 공술하기를, "압니다." 하매, 또 묻기를, "신후일의 말에 '네가 각골도(角骨島)를 알고 있으며, 윤서(尹嶼), 김호(金湖), 조담(趙潭)이 수만여 명의 사람을 모아 가지고 일본과 내통을 하였는데, 네가 그 사실을 알고 있다.'고 하였다. 바른대로 납초하는 것이 좋을 것이다." 하니, 고치룡이 공술하기를, "이는 모두 신후일이 조작한 말입니다." 하였다. 임금이 김호에게 묻기를, "네가 신후일을 아는가?" 하니, 김호가 공술하기를, "모릅니다." 하였다. 또 묻기를, "네가 윤서를 아는가?" 하니, 김호가 공술하기를, "모릅니다." 하였다. 또 묻기를, "네가 각골도라는 말을 들어보았는가?" 하니, 김호가 공술하기를, "듣지 못하였습니다." 하였다. 다시 묻기를, "네 이름자가 무슨 글자인가?" 하니, 김호가 공술하기를, "바로 호(壕) 자입니다." 하였다. 임금이 말하기를, "과연 잘못 잡았구나. 신후일은 죽어버려 대질할 곳도 없거니와, 각골도라는 섬이 어찌 있을 수 있으며, 세 사람이 다 같이 물수〔水〕변의 글자로 된 이름인데, 또한 어떻게 서(嶼) 자의 이름이 있을 수 있겠는가? 호(湖) 자로 이름을 쓴 것은 필시 고치룡의 조작일 것이다." 하고, 김호는 특별히 석방하였으며, 고치룡은 두 차례의 형문을 가하고 나서 이어 본부로 내려보내었다.[2]

각골도는 『신증동국여지승람』에 나오지 않는 섬이다. 섬에 둔취한 세력들이 역모를 꾀한다고 의심받았던 사건이다.

> 임금이 내사복에 나아가 죄인을 친히 국문하였는데, 죄인 고치룡(高致龍)이 2차의 형문(刑問중)에서 공술하기를, "청윤(淸潤)이라는 중과 이광필(李光必)이 말하였습니다." 하자, 임금이 국문을 우선 멈추었다. 임금이 말하기를, "신후일(愼後一)은 서면

---

2   『영조실록』 영조 36년(1760) 3월 11일(병진).

납초(書面納招)의 조어(措語)가 오만하기 때문에 1차 엄형을 가한 바 그만 물고되었으니 불쌍하게 되었다. 해조로 하여금 휼전(恤典)을 거행하도록 하라. 신귀중(愼龜重)의 아내는 지난해 권두령(權斗齡)이 신후담(愼後聃)을 찾으러 왔을 때에 의리를 내세워 쫓아버렸고, 이제 신후일의 말을 듣건대, 그의 아들을 시켜 거느리고 오도록 하였다고 하니, 부인의 처사로서는 가상스런 일이다. 본도로 하여금 옷감을 후히 주도록 하라." 하였다.[3]

이 사건도 『정감록』류의 비결서에 나오는 해도기병설을 뜻하는 것으로 해석할 수 있다. 그러나 이 사건은 전말을 밝혀내지 못한 채 고치룡과 청운 등을 잡술을 유포한 죄로 정배함으로써 일단락되었다.[4]

한편 영조 38년(1762) 2월에는 대궐에 괘서하려던 사람을 임금이 친히 국문한 일이 있었다.

밤에 임금이 전설사(典設司)에 나아가 친히 배윤현(裵胤玄)을 국문하였다. 배윤현은 상주(尙州) 사람인데 대궐 문에 괘서(掛書)하려다가 한성부의 하례(下隸)들에게 붙잡혔다. 판윤(判尹) 이철보(李喆輔)가 청대하여 진달하니, 임금이 즉시 친국(親鞫)을 명하였는데, 공초한 바가 모두 허망하였다. 전교하기를, "그 글을 보니, 잡술(雜術)을 하는 허탄(虛誕)한 사람에 불과하다. 이런 사람은 엄히 제방(隄防)하지 않으면 안 되기 때문에 그 조열(條列)한 죄목을 친문하여 이미 지만(遲晩)하였으니, 마땅히 먼 변방으로 내치라." 하니, 대정현(大靜縣)으로 정배하였다.[5]

참서(讖書)와 비기(秘記)를 감추어 두었다가 탄로난 자는 도신으로 하여금 장문(狀聞)한 뒤에 세 차례 엄형(嚴刑)하여, 해도(海島)로 정배하라고 명하였으니, 대개 배윤현(裵胤玄)의 일로 인해서였다.[6]

3 『영조실록』 영조 36년(1760) 3월 12일(정사).

4 배혜숙, 앞의 글(1998), 35쪽.

5 『영조실록』 영조 38년(1762) 2월 28일(임진).

6 命讖書秘記藏置而現露者, 令道臣狀聞後, 嚴刑三次, 海島定配, 蓋因胤玄事也, 『영조실록』 영조 38년(1762) 2월 29일(계사).

이처럼 예언서를 소지한 자들에 대한 처벌을 구체적으로 제시한 것은 이전의 조처로는 적절한 효과를 얻지 못했다고 판단했기 때문이다.

심 정 연
사   건

41

영조 39년(1763) 8월에도 무신란의 여당들이 해서(海西)의 미륵신앙자들과 연관하여 역모를 도모하였다.

　사헌부에서 아뢰기를 "역적 심내복(沈來復)의 공초(供招)에서 지난겨울 이훈(李墥)을 만나기 위해 갔었다고 한 것은 더욱 흉악스럽기 그지없는 일이어서 (…) 또 아뢰기를, "역적 심내복이 섬에 있는 흉얼(凶孼)들과 함께 체결하여 모의(謀議)한 자취가 남김없이 탄로가 났으니 (…) 이어서 제주(濟州)의 여러 죄인들 가운데 심내복의 공초에 거론된 자들은 모두 체포하여 오게 하였다.[1]

　심내복은 곧 을해년(영조 31년, 1755)의 역적 심정연(沈鼎衍)의 조카이다. 처음에 연좌(緣坐)되어 해도(海島)에 귀양 가 있었는데 (…) 심내복이 공초하기를, "정축년(영조 33년, 1757)부터 연좌죄인(緣坐罪人) 조영득(趙榮得), 유동혼(柳東渾) 등 섬에 같이 있는 자들과 함께 교결하여 나라를 원망하면서 불궤(不軌)를 도모하였습니다. 그리하여 군대를 모집하여 상고(商賈) 모양으로 위장시켜 몰래 바다를 건너가서 먼저

1　『영조실록』 영조 39년(1763) 8월 27일(신해).

호남(湖南)의 고을을 습격하고 거기에서 군기(軍器)와 군량(軍糧)을 취득한 다음 곧바로 서울로 올라가서 묘사(廟社)를 범하여 불을 지르고 귀양 가 있는 종신(宗臣) 이훈(李壎)을 추대(推戴)하기로 약속하였습니다. 그리하여 지난겨울 신이 과연 이훈을 찾아가서 만났습니다만, 계획이 성사되기도 전에 먼저 나포(拿捕)되었습니다. (…) 이어서 심내복을 정형(正刑)에 처하고 법대로 노적(孥籍)할 것을 명하였다.[2]

이훈(李壎)은 역적 이탄(李坦)의 아우인데 (…)[3]

이 사건 관련자들은 지리서(地理書) 가운데 운기(運氣)로 시사(時事)를 알 수 있다는 비기(秘記)를 거론했으며, 금년 또는 내년에 왜변(倭變)이 있을 것이라고 주장했다. 이들은 갑을(甲乙)의 해에 큰 사건이 일어날 것이며, 해년(亥年) 또는 해월(亥月)에 국가에 소란이 있을 것이며 수적(水賊)이 염려된다고 강조했다. 또 이들은 남쪽에서 반드시 난리가 일어날 것이라고 주장했다.[4]

---

2   『영조실록』 영조 39년(1763) 8월 27일(신해).

3   『영조실록』 영조 39년(1763) 10월 3일(병술).

4   『추안급국안』 21권 194책, 「을해역적심정연등추안(乙亥沈鼎衍等推案)」 3 (1755. 5.) (아세아문화사, 1979), 810면과 812면 – 813면과 816면.

영조대의
미륵불
출현 예언

42

영조 39년(1763) 10월에는 이름이 밝혀지지 않은 인물이 미륵불을 자처했다는 기록이 있다.[1]

이와 관련하여 이익의 『성호사설』에도 다음과 같은 기록이 보인다.

　미륵불은 불교의 별종(別種)이다. 옛말에, "소진(蘇晉, 당 나라 사람)이 수(繡)놓은 부처 앞에 오래도록 재(齋)를 올렸다." 한 것이 곧 이것이며, 우리나라의 곳곳에 있는 석각(石刻)도 모두 이것이다. 수(隋)나라 송자현(宋子賢)이 스스로 미륵이라 칭하였고, 송(宋)나라 왕칙(王則)이 『오룡적루경(五龍滴淚經)』을 익히고는, "석가(釋迦)가 쇠퇴(衰退)하면 미륵불이 의당 세상에 나올 것이다."라고 하면서 스스로 동평군왕(東平君王)이라 칭하고 패주성(貝州城)에 웅거하여 반란을 일으켰는데, 문언박(文彦博)에 의해 평정되었다.
　또한 수년 전에 해서(海西)의 한 촌부(村婦)가, 갑자기 자신을 가리켜 미륵불이 강

1　지난번 해서(海西)에 미륵불(彌勒佛)이라고 일컫는 자가 있었으므로 어사(御史)를 보내어 법으로 다스렸다. 頃者海西稱彌勒佛者, 遣御史置法. 『영조실록』 영조 39년(1763) 10월 2일(을유).

림하였다고 칭하면서 허황된 말을 많이 함으로써 사방 사람들이 선동되었는데, 관가에서도 능히 금하지 못하였다. 그는 다시, 미륵불이 석가와 원수가 되었으니, 무릇 역내(城內)의 신사(神祠)들은 모두 허황하여 참다운 것이 아니라고 하자, 이에 곳곳에서 신사들을 헐어 버렸으니, 그 믿고 따름이 이와 같았다. 조정에서 근신(近臣)을 보내어 그를 죽이라고까지 하였으나, 동쪽 산골짜기 안에는 아직도 그 잔당들이 있다고 한다.[2]

미륵불이 출세할 것이라는 주장도 진인출현설의 불교적 와전으로 볼 수 있다. 당시 민중들이 진인 혹은 미륵불의 출현을 예언하고 있다는 점에서 의미가 있다.

안정복(安鼎福)의 『순암집(順菴集)』에도 미륵불 관련 기록이 있다.

우리나라에서는 영종조(英宗朝) 무인년(영조 34년, 1758)에 신계현(新溪縣)의 요무(妖巫) 영무(英武)란 자가 미륵불로 자칭하였는데, 여러 고을의 사람들이 몰려들어 생불(生佛)이 세상에 나왔다고 하면서 합장하여 맞이하고 예배하였다. 백성들로 하여금 받들어 모시던 모든 신사(神社)와 잡귀들을 모조리 제거하도록 하면서, "부처가 이미 세상에 나왔는데 어찌 모실 다른 신이 있단 말인가."라고 하였다. 이렇게 되자 백성들이 모두 그 말을 따라서 이른바 기도니 신상(神箱)이니 신항(神缸)이니 하는 것들을 모조리 깨뜨리고 불태워버렸다. 그리하여 몇 달 만에 황해도에서부터 고양(高陽) 이복과 강원도 전체가 휩쓸리어 그를 따랐던 것이다. 서사의 이른바 천주교라는 것이 따라서 교화되는 속도에 있어서 어찌 이보다 더 빠르기야 하겠는가. 그때 상께서 어사 이경옥(李敬玉)을 보내어 조사하여 처벌하였지만 그 소동은 한 달이 넘도록 진정되지 않았으니, 사람의 마음이 동요하기는 쉽고 진정되기는 어려우며, 미혹하기는 쉽고 깨닫기는 어려운 것이 대개 이와 같다.[3]

---

2 이익의 『성호사설』 제17권, 인사문(人事門) 「미륵불(彌勒佛)」.

3 안정복(安鼎福)의 『순암집(順菴集)』 제17권, 잡저(雜著) 「천학문답(天學問答)」.

이 달 손
사 건

43

영조 40년(1764) 4월에는 이달손이 승려, 노비 등과 결탁하여 요언을 퍼뜨리고 민심을 어지럽힌 죄로 처형되었다.

임금이 사복시에 나아가 영남 죄인 자근만(者斤萬), 홍유(洪浦), 이상묵(李尙默), 이달손(李達孫), 강취성(姜就成)과 승도(僧徒)인 도행(道行), 문담(文淡) 및 달문(達文) 등을 친국하였다. 이달손은 대역부도(大逆不道)로 승복하매, 숭례문(崇禮門)에 친림하여 주살(誅殺)하고 수노적산(收孥籍産)을 법대로 하였으며, 나머지는 모두 참작 처리하여 원배(遠配)시키라고 명하였다. 자근만이란 자는 영남의 비천한 자로 관상을 보고 점을 치는 법을 좋아하여 비류(匪類)와 결탁하였으며, 이달손은 본명이 태정(太丁)인데 무신년의 역종(逆種)으로서 영남에 망명하여 나라를 원망하는 망측스러운 말을 지어내고 또 음흉하고 참혹한 시(詩)를 지으니, 그의 도당인 자근만이 이상묵에게 전하고 이상묵이 홍유에게 전하매, 홍유가 관에 발고하였으므로 일이 발로되어 마침내 체포되었고, 이때에 이르러 국문하게 된 것이다. 이달손은 주살하고 홍유와 관련된 여러 죄수는 방면하였으며, 자근만은 진도(珍島)로, 이상묵은 장기(長鬐)로, 달문은 경성(鏡城)으로 귀양 보냈다. 달문이란 자는 무뢰한으로서 세상에 알려졌는데 머리가 반백인데도 총각의 모습을 꾸며 인심을 현혹시키고 풍속을 괴란하니 임금이 공자(孔子)가 협곡(夾谷)에서 필부(匹夫)로 임금을 현혹한 자를 주살한 뜻을[1] 따라 처음에는 죽이려 하였으나 옥사에는 간여한 바가 없다고 여겨 마침내 원방에 귀양 보낸 것이다.[2]

무신난에 가담했던 이달손이 요언을 퍼뜨리고 음흉한 내용의 시를 지었다는 죄목으로 처형되었다. 이 사건에도 점술가, 승려, 무뢰한 등이 참여하고 있다. 이들은 관상법, 점법 등으로 사람들을 규합하여 역모를 꾸몄다는 의심을 받았다.

1 협곡(夾谷)은 춘추 시대 제경공(齊景公)이 노정공(魯定公)과 수호(修好)하기 위하여 회합하였던 곳이다. 이 모임에 공자(孔子)가 재상의 사무를 섭행하여 따라갔는데, 제나라 유사(有司)가 청하여 오랑캐의 풍악을 울리므로 공자가 물리칠 것을 청하였고, 다시 광대[優倡]가 희롱하며 나오므로 공자가 "필부(匹夫)로 제후(諸侯)를 현혹한 자는 죄가 마땅히 참수(斬首)하여야 된다." 하여 유사에게 청해 가법(加法)하였던 일을 가리킨다.
2 『영조실록』 영조 40년(1764) 4월 17일(무술).

황응직 사건

44

영조 44년(1768) 4월에 황응직이 조명성이란 자가 역모를 꾀하고 있다고 고 변했다.[1] 조명성과 신필주는 기문둔갑이라는 점술과 풍수지리설로 인심을 현 혹시켰던 인물로 짐작된다.

임금이 내탕고에 나아가 죄인 신필주(申弼周)에게 곤장을 쳐 신문하고, 이어 조명 성(趙明誠)과 대질시키라고 명하였다. 신필주가 말문이 막히자 연달아 엄히 문초하 라고 명하였는데, 신필주가 지레 죽고 말았다. 조명성과 황응직을 모두 귀양보내 라고 명하고, 이어 어사 홍검(洪檢)에게 명하여 전주로 달려가 잡술을 절대 숭상하 지 말라고 알림과 아울러 금하게 하였다.[2]

---

1 호남 사람 황응직(黃應直)이 고(告)하기를, "함열(咸悅)의 조명성(趙明誠)이 기문감여(奇門堪輿)의 설로 어리석은 백성을 현혹시킨다고 하였고, 또 역적 김일경(金一鏡)을 일컫는 말을 하였다." 하였다. 처음에는 포도청에서 구문(究問)하라고 명하였다가 이어 국청을 설치하라고 명하였다. 임금이 내탕고 (內帑庫)에 나아가 조명성(趙明誠)을 국문하였는데, 조명성이 공초하기를, "저는 본래 퇴직한 하리로 신필주(申弼周)에게 잡술을 배웠습니다. 그런데 신필주가 일찍이 역적 김일경을 일컫는 말이 있었습니 다." 하니, 임금이 황응직이 사실대로 고하지 않았다는 이유로 곤장을 쳐 신문하였다. 『영조실록』 영조 44년(1768) 4월 23일(경진).

예언서의 전파와 유언비어의 유포에 대해 조정에서는 잡술을 숭상하지 말라는 교지를 내리거나 해당 지역에 직접 어사를 파견하여 단속하는 등 이전보다 적극적인 방법으로 대처했다. 사건의 진상에 대한 철저한 규명과 조속한 마무리를 통해 민심을 수습하는 방법이 요구되었던 것이다.

황응직사건은 망우당(忘憂堂),[3] 서화담(徐花潭)[4] 등의 사상과 계보를 잇는 자들이 『금비록(金秘錄)』이라는 책에 가탁하여 무신란과 관련이 있는 남란(南亂)을 계획한 일이다. 여기서 남란은 왜란(倭亂)이라고 주장되었다.[5] 이 사건에는 택일법(擇日法)에 관한 『부응경(符應經)』 또는 『삼재록(三才錄)』이란 책도 언급되었다.[6]

이 사건과 관련하여 신필주가 금세의 제갈량으로서 후세의 일을 모두 알고 있으며, 천문지리와 둔갑장신술도 알고 있었다고 주장되었다.[7] 또 이 사건 관련자들은 통신지리(通神之理)를 알 수 있는 기문책(奇門冊)을 공부하기도 했으

---

2   上御內帑庫, 杖訊罪人申弼周, 仍命與明誠對質. 弼周語塞, 連命嚴訊, 弼周徑斃. 命明誠應直立定配, 仍命御史洪檢, 馳往全州, 以絶勿崇獎雜術, 播告禁飭. 『영조실록』 영조 44년(1768) 4월 24일(신사).

3   곽재우(郭再祐, 1552-1617)의 자는 계수(季綬), 호는 망우당(忘憂堂)이다. 본관은 현풍(玄風)이며, 무예에 뛰어났으며, 의령(宜寧)에서 의병을 일으켜 천강홍의장군(天降紅衣將軍)이라 불리었으며 용맹을 떨쳤다. 정유재란 때 경상좌도방어사에 승진 화왕산성(火旺山城)을 방어한 뒤 수차에 걸쳐 경상도병마절도사, 수군통제사 등의 벼슬을 하였다.
공은 드디어 비슬산(琵瑟山)에 들어가 곡기를 끊고 도인(導引, 호흡 및 운동에 의해 전신의 관절을 조정하는 법) 하는 사람으로부터 신선술(神仙術)을 배웠다. (…) 허목(許穆)의 『기언별집(記言別集)』 제16권, 구묘문(丘墓文), 「망우당(忘憂堂) 곽공(郭公)의 신도비명(神道碑銘)」.

4   화담은 서경덕(徐敬德)의 호이다. 박지화(朴枝華)는 (…) 서화담(徐花潭)에게 『주역(周易)』을 배웠고 (…) 『기언별집(記言別集)』 제26권, 유사(遺事), 「박수암(朴守庵)의 사실(事實)」 이 글에는 서화담이 기수학(氣數學)에 능했고, 중국의 앞일에 대해 예언했다는 고사가 실려 있다.
서화담(徐花潭)의 이름은 경덕(敬德)이고, 자(字)는 가구(可久)로, 타고난 자질이 상지(上智)에 가까웠다. 시골에서 태어나 스스로 학문하는 방법을 알았다. 소강절(邵康節)의 『주역(周易)』에 더욱 깊어 그가 알아낸 『황극경세(皇極經世)』의 수가 한 가지도 틀림이 없었으니, 기이하도다. (…) 복희씨(伏羲氏) 『주역』의 방법을 아는 자는 우리나라에 이 한 사람뿐 이었다. (…) 신흠(申欽)의 『상촌잡록(象村雜錄)』.

5   『추안급국안』 22권 216책, 「무자죄인황응직등추안(戊子罪人黃應直等推案)」(1768. 4.)(아세아문화사, 1979), 720면.

6   『추안급국안』 22권 216책, 「무자죄인황응직등추안(戊子罪人黃應直等推案)」(1768. 4.)(아세아문화사, 1979), 715면.

7   『추안급국안』 22권 216책, 「무자죄인황응직등추안(戊子罪人黃應直等推案)」(1768. 4.)(아세아문화사, 1979), 720면.

며, 뇌조목신검(雷棗木神劍)에 대해서도 언급했다.[8]

영조 때의 민중운동의 형태는 이전 시기의 요언 단계의 저항을 벗어나 대부분 괘서나 흉서 단계의 저항이었다. 명백히 드러난 괘서사건의 경우만 해도 숙종 때 발생건수는 4건에 불과하지만 영조 때에는 15건에 이른다.[9]

8   『추안급국안』 22권 216책, 「무자죄인황응직등추안(戊子罪人黃應直等推案)」(1768. 4.)(아세아문화
     사, 1979), 723면과 727면.
9   이상배, 「조선 후기 한성부 괘서에 관한 연구」, 『향토 서울』 53호(1993), 155-156쪽.

『성호사설』에 보이는 비결서의 저자들

45

이익(李瀷, 1681-1763)이 지은 『성호사설(星湖僿說)』에 무학(無學)의 『지리지(地理志)』를 인용하여 "옛날에 선녀가 한양 북곡(北谷)에 살며 비단을 빨았다."고 했다는 기록이 전한다.[1] 그 이외에도 이익은 '의상(義相)과 남사고(南師古)의 기록'이 있어서 어리석은 사람들이 믿는다고 언급했다.[2] 이 책에는 무학(無學)의 생애에 대한 언급은 있으나 비결과 관련된 설명은 보이지 않는다.[3] 이처럼 『성호사설』에는 구체적 기록은 없지만, 의상, 무학, 남사고의 지리지 내지 비결이 당대에 전하고 있다는 점을 밝혔다.

한편 이규경(李圭景, 1788-?)이 지은 『오주연문장전산고(五洲衍文長箋散稿)』 경사편(經史篇) 5 「원효(元曉)와 의상(義相)에 대한 변증설」에는 "우리나라의 감여서

---

1 이익, 『국역 성호사설(星湖僿說)』 1 (민족문화추진회, 1977), 207쪽.

2 이익, 『국역 성호사설(星湖僿說)』 1 (민족문화추진회, 1977), 236쪽.

3 이익, 『국역 성호사설(星湖僿說)』 4 (민족문화추진회, 1977), 20-21쪽. 그의 성이 박씨이고 삼기군(三岐郡) 사람으로 이름이 자초(自超)이며 양주 회암사에 탑이 있다는 기록만 보인다.

(堪輿書) 가운데『청구비결(青丘祕訣)』이 있는데, 신라 원효의 제자인 의상대사자 혜존자(義相大師慈惠尊者)가 지었다고 한다. (…) 성호(星湖) 이씨(李氏) 이름은 익(瀷)은 '의상이 지은『삼한산수비기(三韓山水祕記)』에 미래를 미리 논해 놓은 말이 마치 부절(符節)을 맞추듯 부합되니 참으로 신승(神僧)이다. 오산(五山) 차천로(車天輅)의『설림(說林)』에도 극력 칭찬하였으니, 보통 중과 비할 바가 아니라 정법안(正法眼)을 갖춘 자이다.'라 하였다. (…)"라는 내용이 있다.

이규경은 의상이 지었다는『청구비결』이라는 비결서가 전하고 있다고 기록했으며, 이익은 의상이 지었다는『삼한산수비기』라는 비결서의 예언이 신기하게 맞았다고 기록했다고 전한다.

안 겸 제 사 건

46

정조 즉위년(1776) 3월 충청감사 안겸제(安兼濟)가 정후겸(鄭厚謙)을 위해 계룡산에 별장을 지은 일이 있었다.

전라감사 안겸제(安兼濟)를 삭출하였다. (…) 안겸제는 또한 정후겸의 사인(私人)으로서 파리가 나는 듯이 하고 이가 붙어 있듯이 하여 외람되게 아경(亞卿)에 오르기까지 하였고, 호번(湖藩)으로 나가게 되어서는 오로지 탐욕만을 일삼아 수만 석의 군향(軍餉)을 손이 닿는 대로 농간하여 수레로 실어 나르고 말로 운반해다가 모두 정후겸의 집에 귀속시켰습니다. 계룡산에 관한 부참(符讖)은 이미 옛적부터 전해 오는 것인데, 정씨(鄭氏)를 위해 그 증험이 부합되게 하려고 재물을 내어 사람들을 동원하여 크게 별업(別業)을 경영하였으니, 이는 모두 금영(錦營)에서 협조하여 이루어진 것입니다. 안겸제의 죄상을 준엄하게 국문(鞫問)하여 빨리 해당되는 율(律)을 시행해야 합니다.[1]

---

1 安兼濟亦厚謙之私人, 蠅營蝨附, 濫躋亞卿, 及叨湖藩, 專事貪饕, 累萬石軍餉, 隨手飜弄, 輦載馬輸, 盡歸
厚謙之家. 鷄龍之讖, 自古已傳, 而爲鄭氏欲符其驗, 出財動民, 大營別業, 都是錦營之助成. 兼濟罪狀, 嚴
鞫得情, 快施當律. 『정조실록』 정조 즉위년(1776) 3월 26일(정유). 금영은 충청도 감영을 가리키는

장령 신흔(申昕)이 상소하여 정후겸 모자 및 그의 당여(黨與) 이택진(李宅鎭) 등을
처분하기를 요청하였는데, 비답을 내렸다. (…) 안겸제(安兼濟)도 역시 그의 사인(私
人)입니다. 전라감사로 나가서는 전적으로 탐오만을 일삼았으며, 호남(湖南)을 안찰
할 때에는 탐학이 더욱 심하여 수레로 실어 나르고 말로 운반하여 모두 정후겸의
집으로 보냈습니다. 이것은 오히려 그의 작은 죄입니다. 계룡산(鷄龍山)의 참설(讖說)
은 예전부터 전해 오는 말이었는데, 자신이 방백이 되어 가지고 그 징험에 부합되
게 하기 위하여 대대적으로 별장을 경영하였으니, 그가 한 행위를 따져 보면 매우
불측한 것이었습니다. 신은 안겸제를 속히 의금부로 하여금 엄하게 국문하여 실정
을 캐내도록 해야 한다고 봅니다.[2]

안겸제는 계룡산과 관련된 도참설을 신봉했다.[3] 그가 정후겸(1749-1776)을
위해 별장을 지은 일은 정씨 진인출현설과 관련된 것으로 짐작된다. 구체적
정황과 증거는 없지만 진인출현설과 모종의 연관성이 있는 것은 분명해 보인
다. 하필이면 계룡산에 별장을 지었고 그것이 참설과 관련된 일이었다는 조사
로 볼 때 그러하다.

안겸제(安兼濟)를 변방 먼 곳으로 귀양 보냈다. 하교하기를, "계룡산(鷄龍山)에 관
한 말은 어느 때부터 전파되었는지 알지 못하겠다마는, 곧 하나의 참설(讖說)과 같
은 것으로서 왕자(王者)는 허무한 것을 귀하게 여기지 않는 법이다. 설사 안겸제가
참으로 집을 지어 놓는 일이 있었다 하더라도 정후겸(鄭厚謙)이 그런 조짐에 맞게 할
수 있겠는가? 옛적부터 군자들은 일찍이 이런 일로 죄주는 수가 없었는데 하물며
존귀한 제왕이겠는가?[4]

말이다.

2 『일성록』 정조 즉위년(1776) 3월 26일(정유).

3 부교리 심풍지(沈豐之)가 상소하기를, "정후겸(鄭厚謙)의 생부와 형제들이 버젓이 도성에 살고 있어 거
의 평범한 사람들과 같습니다. 법과 기강으로 논하건대 어찌 이럴 수가 있겠습니까? 안겸제(安兼濟)가
적신(賊臣)에게 몸을 의탁한 것에 있어서도 '계룡(鷄龍)' 한 조항이 곧 그의 단안(斷案)입니다. (…) 副
校理沈豐之上疏曰, 厚謙所生父與兄弟, 偃處城闉, 殆同平人. 論以法紀, 寧有是理? 至於安兼濟之托身賊
臣, 鷄龍一款, 卽渠斷案. 『정조실록』 정조 즉위년(1776) 4월 15일(병진).

4 配安兼濟于邊遠. 教曰, 鷄龍之說, 未知傳自何時, 而卽一讖說, 則王者不貴虛無. 設使兼濟眞有作舍之事,
厚謙能應其兆耶? 從古君子, 未嘗以此等事罪之, 況帝王之尊乎? 『정조실록』 정조 즉위년(1776) 5월 6
일(병자).

이 일과 관련하여 정조 즉위년(1776) 8월에 전 대사간 이헌묵(李憲默) 등의 상소에 "역적 정후겸(鄭厚謙)에게 이[蝨]처럼 붙은 안겸제(安兼濟) 같은 경우는 그 죄를 실로 이루 다 기록할 수조차 없습니다만, 심지어 금영(錦營)의 군향(軍餉) 가운데 절반이나 계룡(鷄龍)의 공사에 들어갔으니, 이는 정말로 천지 사이에 용납하기 어려운 큰 죄안(罪案)입니다. 우리 전하께서는 다만 그 요망한 참언(讖言)의 설을 믿지 않으시고 불문에 부치셨으니, (…)"라는 내용이 있다.[5]

'계룡(鷄龍)의 공사'는 안겸제가 충청감사로 있으면서 『정감록(鄭鑑錄)』류의 부참(符讖)에 부합되게 하려고 재물을 내고 사람들을 동원하여 정후겸의 별장을 크게 지은 일을 말한다.

> 삼사가 또, 안겸제(安兼濟)가 후겸을 위해 연희궁(燕禧宮) 터에다 집을 지어 계룡산(鷄龍山)에 관한 비결대로 하려고 했다 하여 그의 죄도 다스릴 것을 청하자, 하교하기를, "계룡산에 관한 말은 그것이 일개 비결에 의한 말인데 예로부터 군자(君子)가 일찍이 그러한 일로 사람을 죄준 적은 없었다. 그런데 더구나 지존의 제왕(帝王)이겠는가?[6]

충청감사라는 고위직에 있던 인물이 조정의 대신으로 있던 정씨 성을 지닌 인물을 위해 막대한 재산을 들여 별장을 지은 일을 "비결에 의한 말"로 규정한다. 따라서 이 일도 정씨 진인출현설과 관련된 기록으로 볼 수 있다.

---

5 『일성록』 정조 즉위년 병신년(1776) 8월 4일(계묘).

6 三司以安兼濟爲厚謙作舍燕禧舊基, 欲應鷄龍之妖讖, 請正其罪, 敎曰: "鷄龍之說, 卽一讖說, 從古君子, 未嘗以此等事罪人. 況帝王之尊乎? 『정조실록』 부록 「정조대왕 행장(行狀)」.

문 인 방 사 건

47

정조 6년(1782) 11월 충청도 진천에서 '이경래(李京來)·문인방(文仁邦) 사건'
이라는 왕조 전복 음모사건이 일어났다.[1] 정조의 즉위 과정에서 결정적 역할
을 담당했던 홍국영(洪國榮, 1748-1781)이 축출된 다음, 홍국영 사후에 그 잔여 세
력의 구심적 역할을 하던 송덕상(宋德相)은 체제변혁을 도모하던 세력과 연계
하여 보다 조직적이고 치밀한 거사를 준비했다.

송덕상과 교제가 있던 양양(襄陽) 출신의 진사(進士) 이경래가 송덕상의 제
자였던 황해도 곡산 출신의 천민(賤民) 문인방을[2] 끌어들이고, 박서집(朴瑞集),
신형하(申亨夏), 백천식(白天湜) 등 송덕상의 제자들과 연계를 맺으면서 체제변혁
세력인 도창국(都昌國), 곽종대(郭宗大), 김정언(金廷彦) 등을 포섭하는 등 전국에

---

1   이 사건의 개요에 대해서는 고성훈, 「정조조 정감록 관련 역모사건에 대하여: 이경래, 문인방 사건을 중
    심으로」, 『하석 김창수 교수 화갑기념 사학논총 — 역사학의 제문제』(범우사, 1992)를 참고하시오.
2   문인방은 송덕상에게 옥포선생(玉圃先生)이라는 서호(書號)를 받을 정도로 신임을 얻었고, 훈장(訓長)
    을 사칭할 정도로 학식이 있었던 인물이었다.

걸쳐 동조세력을 규합해 나갔다. 문인방은 함경도와 충청도에서 동조인물을 모집했고, 도창국은 삼남 지방을, 백천식과 김훈 등은 충청도 지역을, 김정언은 관동 지방을 맡아 동조자를 모집했다. 전국적으로 동조세력을 모으려는 담대한 계획을 수립했던 것이다.

특히 이들은 『정감록』을 사상적 틀로 이용하여 거사를 준비했다. 이때부터 조선왕조실록에 『정감록』이라는 책 이름이 본격적으로 거론되기 시작하였다. 정감록은 어느 특정 시기에 우연하게 제작된 것이 아니라, 사회의 여러 모순이 가중되어 가는 상황에서 그 모순을 해결하고자 하는 현실적 요구에 의해 제작되었다.

따라서 『정감록』은 사회변혁을 위한 사상적 도구의 역할을 수행했다고 할 수 있다.[3] 이상사회에 대한 열망을 표출하고, 이상사회 구현을 위해 적극적이고도 구체적으로 대안을 제시한 것으로 볼 수도 있다. 이들은 병난, 질병, 흉년 등의 천재지변을 거론하면서 이것은 왕조의 수명이 다했기 때문에 일어나는 현상이니, 새로운 왕조를 건설하면 이러한 문제들이 해결될 뿐만 아니라 민(民)의 생활이 완전하게 보장되는 지상천국이 실현될 것이라는 주장을 내세워, 민을 끌어모으고 『정감록』을 그 도구로 이용하고 있었다.[4]

이들은 도원수에 이경래, 선봉장에 도창국, 운량관에 박서집을 임명하는 등 거사 시에 필요한 조직 체계를 갖추고, 일단 거사가 성공하면 송덕상을 대선생에 추존한다는 계획을 추진했다. 양양→강릉→원주→동대문으로 공격로를 설정하여 거사 준비를 마무리하였으나, 주동인물 가운데 한 사람인 박서집의 고변(告變)으로 사전에 발각당하고 말았다.[5]

이 사건을 취조한 결과 『승문연의(乘門衍義)』, 『경험록(經驗錄)』, 『신도경(神韜

---

3 고성훈, 「정조조 정감록 관련 역모사건에 대하여: 이경래, 문인방 사건을 중심으로」, 『역사학의 제문제』 (범우사, 1992), 357쪽.

4 고성훈, 위의 글, 359쪽.

5 고성훈, 「정조조 정감록 관련 역모사건에 대하여: 이경래, 문인방 사건을 중심으로」, 『하석 김창수 교수 화갑기념 사학논총』 (범우사, 1992), 375-376쪽.

經)』,『금귀서(金龜書)』 등의 비결서 또는 도술과 관련된 책 이름도 언급되었다.[6]

문인방이 공초하기를, "신이 얻은 요술의 책은『승문연의(乘門衍義)』,『경험록(經驗錄)』,『신도경(神韜經)』,『금귀서(金龜書)』 등입니다. 그리고 청계선생(淸溪先生)은 바로 송덕상입니다. 백천식(白天湜)과 신이 함께 이 책을 익히다가 양성(陽城)과 진천(鎭川) 등의 지역을 돌아다니며 초막을 얽어 놓고 거처하였습니다. 난리가 날 것이라는 설과 별을 보았다는 설은 박서집이 공초한 것과 같습니다. 양양(襄陽)에 사는 이경래(李京來)는 이인(異人)이기 때문에 도원수를 삼으려고 하였습니다. 도창국(都昌國)을 선봉장으로 삼고 박서집을 운량관(運粮官)으로 삼은 다음 신의 스승 송덕상이 귀양 간 것으로 인하여 대선생(大先生)으로 일컫고 나서 김훈(金勛) 등 8명과 같이 성읍을 도략(屠掠)하고 도성으로 곧장 쳐들어가려는 모의까지 하였습니다."라 하였다.[7]

『경험록』은 장생술(長生術)과 역귀서(役鬼書) 관련된 책이며,『승문연의』는 오행설(五行說)을 논한 책이라는 진술도 있다.[8]
바로 이 '이경래·문인방 사건'에『정감록』이 구체적으로 언급된다.

문인방의 결안(結案) 공초에, "(…) 박서집이 공초한 말들은 모두 신과 주고받은 흉악한 말입니다. 박서집이 하늘에 축수한 글 가운데 석 자는 신이 지어낸 것으로 얽어 짜려는 계교였습니다.『정감록(鄭鑑錄)』 가운데 여섯 자의 흉악한 말도 지어내어 모함하려는 계교였는데, 이 흉악한 말은 일찍이 신의 책자 중『경험록』에도 나타나 있습니다. 대체로 신이 가지고 있는 책을 합하면 네 책인데, 모두 매우 요망하고 허탄한 글로서 오로지 거짓 평계대어 대중을 현혹시키려고 꾀한 것입니다. (…)"라 했다.[9]

---

6 『정조실록』정조 6년(1782) 11월 20일. 문인방과 백천식은 이 책을 익혔다고 진술했다. 난리가 일어날 것이며 별을 보았다는 설을 주장한 것으로 보아 예언서로 짐작된다.

7 仁邦, 供曰, 所得妖術之册, 一則乘門衍義, 一則經驗錄, 一則神韜經, 而淸溪先生, 卽德相也. 天湜與臣, 同習此書, 轉徙陽城, 鎭川等地, 搆草幕以居. 亂離等說, 看星等事, 果如瑞集之供, 而襄陽居李京來, 是異人, 故欲爲都元帥. 都昌國, 爲先鋒將, 瑞集, 爲運粮官, 因臣師德相之被配, 稱以大先生, 與金勛等八人, 至有屠掠城邑, 直犯京城之謀矣.『정조실록』정조 6년(1782) 11월 20일.

8 『추안급국안』24권 235책,「임인역적인방경래등추안(壬寅逆賊仁邦京來等推案)」, 197-198면.

9 仁邦結案: "臣之逆節, 旣發於瑞集之發告, 又發於天湜之口招, 當箇箇直招矣. 瑞集, 所供中說話, 果皆臣

영조 15년(1739) 6월에 함경도 지역에서 유포되었던『정감록』이 이제는 충청도 지역에서 나타났던 것이다. 그만큼 오랜 세월 동안『정감록』이 은밀하게 전국적으로 유행되었던 사실을 확인할 수 있다. 그러나『정감록』이라는 책명이 언급되었다고 해서, 그 책이 곧 현전하는『정감록』과 똑같은 책이라고 생각해서는 안 될 것이다. 현재 우리가 볼 수 있는『정감록』자체가 여러 비결서들이 들쑥날쑥하게 묶여진 편찬서라는 점을 감안할 때, 영조나 정조 때 유행되던『정감록』은 아마도 단일한 비결서를 가리키거나 몇 가지 비결서만을 합친 형태였을 것으로 짐작된다.

이『정감록』의 내용을 추정할 수 있는 단편적인 언급이 있다. 당시 이 사건을 조사했던 대사헌(大司憲) 정호인(鄭好仁)이 임금에게 "(『정감록』에 나오는) 삼자(三字), 육자(六字) 등의 흉악한 말은 참으로 너무나 불측한 것이었습니다."라는 글을 올렸다. 삼자, 육자설의 구체적인 내용은 밝혀져 있지 않지만, 그와 유사한 문맥이 문인방이 가지고 있던『경험록(經驗錄)』에도 나온다고 했다.[10]

한편 이들을 심문한 취조 기록인『추안급국안(推案及鞠案)』을 보면 문인방이 "『승문연의』는 오행설을 논한 책자이며,『신도경』은 도교(道敎)의 서적인『태을경(太乙經)』을 가리킨다."고[11] 진술하였다.『추안급국안』에도 그 구체적 내용이 나오지 않고, 다만 평안도 양덕(陽德) 출신의 술사(術士)로 천문과 점술에 능했다는 문인방(文仁邦) 등이 지어낸 흉언으로서 반역의 뜻을 담고 있다고 했을 뿐이다.

이들 예언서들의 내용은 현재로서는 알 수 없지만 체제를 비판하고 부정하는 내용임에는 틀림없다. 여기서 흉언은 당시 국왕이었던 정조(正祖)의 축출과 직접 연관된 것으로 추정되며, 문인방이 기존의 예언서인『정감록』과『경

酬酢之凶言. 瑞集, 祝天文中三字, 卽是臣做出搆捏之計也.『鄭鑑錄』中六字凶言, 亦做出謀陷之計, 而此凶言, 曾於臣册子中經驗錄見之. 盖臣所持册子, 合爲四册, 皆是至妖至誕之書, 專出於假托惑衆之計『정조실록』정조 6년(1782) 11월 20일.

10 『정조실록』정조 6년(1782) 11월 20일.

11 『추안급국안』권 24, 198면.

428 조선의 예언사상 上

험록』에 삽입한 구절이었을 것으로 짐작된다. 어쨌든 이를 통해서도 비결서가 여러 사람의 손을 거치면서 조금씩 변형되었다는 실례를 확인할 수 있다.

그런데 문인방 등의 『추안급국안』의 기록 가운데 이 사건의 공모자였던 박서집(朴瑞集)이 왕의 심문을 받으면서 "저는 어렸을 때 단지 한글로 된 『정감록』(諺書鄭鑑錄)을[12] 보았을 뿐입니다. 듣건대 그 단초는 고려왕조 때에 나왔다고 합니다. 제가 말한 기록에 해도(海島)는 남쪽의 바다에 있는 섬을 가리킵니다. (개국 후) 4백 년이 지나면 (이 왕조의 운수가) 소운(小運)이 되는데, 만일 그해에 바다에 도적이 나온다면 나무 목(木)을 변으로 하는 성(姓)을 가진 사람이 그들을 물리칠 것이므로, 나라의 운수가 다하지 않을 것입니다."라고[13] 진술했다.

즉 박서집이 보았다는 『정감록』에는 조선왕조가 건국 후 4백 년이 지나 정조 16년(1792)에 이르면 남쪽 바다의 어떤 섬에서 도적이 나타날 것이고, 이 도적을 막을 영웅이 출현할 것이라고 예언되어 있었다는 것이다.

한글판 『정감록』의 출현은, 이전에는 한문으로 적혀 있어서 그 의미와 내용을 알 수 없었던 민중에게까지 정감록이 널리 확산되었음을 뜻한다. 지식인의 전유물이었던 한문판 『정감록』이 한글로 해석되어 사회적 영향력을 확대해나갔던 사정을 짐작할 수 있다. 정감록사상이 민중사상의 중심으로 부각되고 일반에게까지 확산된 것은, 정감록이 체제를 부정하고 혁명을 통해 이상향을 이루고자 하는 파격적 내용을 가지고 있었고, 더욱이 한글판 『정감록』을 통해 대중화를 촉진시켰기 때문이다.

또 이 사건에서도 해도(海島)에서 진인(眞人)이 군사를 이끌고 나와 현 왕조를 정벌하고 새로운 국가를 건설한다는 해도기병설(海島起兵說)이 제기되었다. 이들이 주장하는 해도(海島)는 '소운릉(小雲陵)'이었다. 이전에는 단순히 해도(海

---

12 현전하는 한글로 된 『정감록』이 있는데, 한문을 모르는 일반 민중을 대상으로 민간에서 널리 유행되었음을 짐작할 수 있다. 내용은 「감결」과 거의 비슷하다. 「명감록비결」, 〔안춘근 편, 『정감록집성(鄭鑑錄集成)』(아세아문화사, 1973), 3-12면.〕.

13 矣身幼時, 只見諺書鄭鑑錄. 而聞其起端, 則出自高麗王朝矣. 矣身言錄中海島卽指南方海島, 而四百年爲小運, 其年若有海浪賊, 而木邊姓人, 討平之, 則國運爲勿限年矣. 『추안급국안』권 24, 169면.

島)로만 지칭되었지만, 이 사건에는 구체적인 섬의 이름까지 제시되어 보다 분명한 형태의 예언이 제기된다.

문인방은 "소운릉이 백두산 밑에 있는데, 일찍이 이경래의 집 앞에서 배를 타고 소운릉에 갔다."고 말했으며,[14] 어떤 때는 "삼척(三陟)의 해중(海中)에 있다."라고 진술하거나 "남방(南方)의 해도(海島)다."라고[15] 말하기도 했다. 문인방에게 『정감록』에서 말하는 해도(海島)가 소운릉을 가리키는 것이냐고 묻자 그렇지 않다고 대답하였다.[16]

이처럼 소운릉의 위치는 상황에 따라 다르게 진술되고 있어서 일관성이 없다. 결국 소운릉의 구체적인 위치도 알 수 없고, 실존하는 섬인지도 확인할 수 없다. 그럼에도 불구하고 문인방 등은 소운릉은 땅이 매우 비옥한 곳이며 거사를 위한 비밀 거점이라고 인식하고 있었다.

물산이 풍부하여 경제적 가치가 크고 자연조건이 탁월하며 때에 따라 군사적 근거지로 기능하여, 그 자체로 민중의 이상사회에 대한 열망을 이룰 수 있는 소운릉이라는 섬을 제시함으로써 거사의 성공을 예언하고 있다는 점이 특기할 만하다.

그리고 이 사건의 또 다른 관련자인 신형하(申亨夏)는 황해도 평산(平山)에서 풍수를 업으로 하던 권택인(權宅仁)으로부터 『정감록』에 대해 전해 들었다고 진술했다. 신형하는 "이우혁(李愚赫)이 그 책(『정감록』)에 대하여 말한 가운데 '초포에 조수가 들어오면(草浦潮生)'이라는 구절이 있었습니다. 제가 그 뜻을 물었더니 우혁이 '계룡산 아래에 초포라는 곳이 있다.[17] 그러니 그것을 말한 사람이나 묻는 사람이나 모두 알 것이다.'라고[18] 대답했습니다."라고 진술했다.[19]

---

14 『추안급국안』 24권 235책, 「임인역적인방경래등추안(壬寅逆賊仁邦京來等推案)」, 166면. 仁邦嘗言, 小雲陵在白頭山下, 曾於李京來家前, 乘舟往小雲陵矣.

15 『추안급국안』 권 24, 189면. 건륭(乾隆) 47년(1782) 11월 20일. 小雲陵在於三陟海中. 또 박서집이 "정감록에 이른바 해도(海島)라는 곳이 소운릉을 가리키는 것이냐?"라고 묻자, 문인방이 "아니다. 남방의 해도다."라고 답했다.〔吾嘗曰, 小雲陵卽, 鄭鑑錄中所謂海島乎? 汝曰非也. 乃南方海島也.〕.

16 『추안급국안』 24권 235책, 「임인역적인방경래등추안(壬寅逆賊仁邦京來等推案)」, 168면.

17 초포가 금강이라는 설도 있다.

여기서 초포(草浦)는 충청도 연산현(連山縣) 서쪽 20리에 있는 개울인데, 근원이 계룡산에서 나와 사진(私津)으로 들어가는 곳이다.[20]

신형하가 전하는 『정감록』에 나온다는 '초포조생설(草浦潮生說)'은 인조 6년 (1628) 2월에 일어났던 유효립(柳孝立)의 역모사건에서 문제가 되었던 "초계조입 (草溪潮入), 계룡-건도(鷄龍建都)" 설과[21] 매우 비슷하다. 충남에 있는 초포와 경상 남도에 있는 초계는 서로 다른 지명이지만, 그곳에 바닷물이 들어오면 새로운 왕조가 세워진다고 주장했다는 점이 같은 맥락이다. 따라서 문인방사건의 『정 감록』에는 인조 6년에 있었던 비결이 약간 변형된 형태로 수용되어 있다는 사 실이 확인된다.

현전하는 『정감록』의 「감결」, 「오백론사」, 「토정가장결」 등에는 초포라 는 지명이 언급된다. 이 기록은 초계라는 지명이 계룡산 근처에 보이지 않는 다는 견해가 받아들여져서 계룡산 부근에 있는 초포라는 지명으로 수정했던 것으로 짐작된다. 비결서의 내용이 정확하다는 점을 강조하기 위해 지명을 정 확히 표기하려는 노력이 가해진 결과로 보인다.

그런데 이 구절은 이 사건이 발생한 지 약 30년 후인 순조 11년(1811)에 일 어난 홍경래의 난에 연루되었던 이원박(李元樸) 등이 "계룡(산)의 돌이 하얗게 되고, 초포에 바닷물이 생긴다."는 말을 서로 주고받았던 사실을 자백했다는[22] 기록에도 나온다. "계룡산의 돌이 희게 변한다."는 구절은 현전하는 『정감록』 의 「감결」에 2번 언급되고, 「토정가장결」에도 나오는 표현이다. 여기서 비결

---

18 초포라는 곳에 바닷물이 들어오면 새 왕조가 건설된다는 뜻이다.

19 『추안급국안』 권 24, 145면, 148면, 178면.

20 『신증동국여지승람』 권 18 연산현(連山縣) 산천조에 있다.

21 『인조실록』 인조 6년(1628) 1월 3일. 그렇지만 여기서는 『정감록』이라는 책 이름이 언급되지 않는다. 황선명은 『조선조종교사회사연구』 (일지사, 1985), 277-278쪽에서 이 기록을 초기의 『정감록』이라 고 파악했다. 그러나 당시의 『정감록』이 현전하는 『정감록』과 내용과 형식이 같았는지는 알 수 없다. 그 리고 현전하는 「감결」에는 초계(草溪)가 아니라 초포(草浦)라고 적혀 있다. 설령 똑같은 내용이 현재의 『정감록』에 보인다 할지라도, 그것이 바로 『정감록』의 출현 시기를 확정하는 것일 수는 없다. 그 내용이 수십 년 뒤에 편집된 이른바 『정감록』에 흡수되었을 가능성이 높기 때문이다.

22 『추안급국안』 권 27, 12면과 14면.

의 내용이 계속 증보되는 특성이 있다는 사실이 확인된다.

문인방사건에 대한 조정의 반포문은 다음과 같다.

문인방(文仁邦)은 사술을 가지고 백성들을 현혹하였으니 난을 선동한 장각(張角)이나 다를 것이 없고 역사(力士)를 모으려고 여러 도를 돌아다녔으니 바로 임꺽정(林巨正)이 무리를 모았던 것과 같았다. 은밀히 백천식(白天湜), 김훈(金勛)과 같이 맹서하고 백학산(白鶴山) 밑에다 소굴을 만들었는데, 다행히도 박서집이 고변한 바람에 금갑도(金甲島)에서 종적이 탄로났었다. 처음에는 전주감영에서 자백을 하더니 다시 국문에서 실토하였다. 운량관(運糧官)은 누가 맡고 선봉장(先鋒將)은 누가 맡는 등 부서가 이미 정해졌고, 도원수(都元帥)니 대선생(大先生)이니 하는 등 호칭을 미리 정하였다. 별자리를 가리키면서 감히 흉악한 의논을 지어내니 고금에도 없는 일이었으며, 고을을 약탈하고 나서 도성을 침범하려고 하였는데 어디서부터 어디로 간다고 하였다. 이경래(李京來)는 난적들을 이끌었고 역적들과 인척을 맺었다. 감히 문인방과 같이 마음을 합하여 당류를 결성하였고 반드시 송덕상을 위해 목숨을 바치려고 한 것은 역적을 스승으로 안 것이다. 나졸들이 한 달이 넘게 미행하였을 때 바람이나 그림자를 붙잡으려는 것과 같았으나, 의금부에서 그날로 공초를 받아보니 부절(符節)처럼 딱 들어맞았다. 음험한 계략과 은밀한 계교를 모두 다 주관하였으니 어떻게 국법을 도피할 수가 있겠는가? 땅끝과 하늘가에서 서로 내통하여 한 덩어리의 형태가 이루어졌다. 호적의 성명을 여러 번 바꿀 줄은 정말 예상하기 어렵지만, 하늘에 해와 달이 높이 떠 있는데 어떻게 도피할 수 있겠는가? 참으로 얽히고설킨 흉악한 계교를 따져 본다면 점차로 쌓아온 유래가 있었다. 선비란 허명으로 세상을 현혹한 것이 사실 역적들이 맹주(盟主)로 떠받들게 된 것이고, 위소(衛所)에서 괴수가 흉악한 마음을 품은 것이 또 한 층의 소굴이 되었다. 마치 수컷이 울면 암컷이 화답하듯이 하였으니 어떻게 인심이 동요하지 않겠는가? 가슴과 맞닿고 창자와 연해져 점차로 역당들이 치성해졌다.

다행히도 하늘의 도움에 힘입어 종사(宗社)가 안정됨을 보게 되었다. 미리 간사한 싹을 꺾어서 국가의 형세를 반석과 태산처럼 튼튼하게 만들었고, 나쁜 기운을 깨끗이 제거하여 어려운 시운(時運)을 구제하였다. (…) 그러다가 흑백이 구분되었으니 어찌 서로 연좌되는 우환이 있겠는가? 유시를 반포하여 알리는 그 고심은 어리석은 사람을 깨우치려는 데에서 나온 것이고, 성행하는 예언을 물리치는 급선무는 유도(儒道)를 존중하는 것보다 먼저 할 것이 없다.[23]

문인방사건이 일어났지만 정조(正祖)는 예언서나 비결서에 대해 다음과 같
은 의견을 밝혔다.

(정조 6년) 가을에는 권홍징(權泓徵), 송덕상(宋德相), 송환억(宋煥億), 문인방(文仁邦),
백천식(白天湜), 이경래(李京來)를 친국하고 해서(海西)에 사신을 보내 신형하(申亨夏),
박서집(朴瑞集) 등을 조사하여 사실을 밝히게 했다. (…) 그런데 그때는 그러한 옥사
가 계속해서 일어나고 연루자도 점점 늘어났으며 각도에서 밀계(密啓)하는 글들이
길에 이어져 있었다. 왕은 이러한 일들이 결국 죄 없는 백성들에게 화가 미치리라
는 것을 깊이 우려한 나머지 윤음을 내려 국영, 덕상 등의 범죄상을 포고하고 그
말미에다 이르기를, "오늘 역옥을 다스리는 데 있어서 무엇보다도 급선무로 삼아
야 할 것은 진정과 안정〔鎭安〕두 글자이다. 그 무리들을 다 찾아내고 숨겨진 내용
까지 다 들추어내어 모조리 죽여 없애고야 말겠다고 한다면 그것은 내가 듣고 싶
어 하는 바가 아니다. 요즘 병영이나 곤수들에게서 올라온 것들이 아뢰지 않아도
될 것을 아뢴 경우가 간혹 있는데 집에다 비결 따위를 간직해둘 경우 그에 따른 처
벌 규정이 있기는 하지만 서울에서 멀리 떨어져 사는 어리석은 백성들이야 그것이
무슨 문서인지조차 모를 것은 이상할 게 없는 일 아니겠는가? 만약 그 케케묵은
종이 한 조각까지 요언(妖言)이요 불궤(不軌)로 규정을 한다면 그 얼마나 불쌍하고 동
정할 만한 일이 아니겠는가? 외방에서 일어나고 있는 일들을 내 비록 눈으로 직접
볼 수는 없으나 그러나 역졸(驛卒)들의 왕래가 많아 도로가 시끄럽고 추적이다 체포
다 하여 마을이 두려움에 떨고 있는데다 또 고을마다 돌면서 정탐(偵探)을 하고 우
연한 말 한마디까지 적발을 한다면 그것은 결코 국가의 본의가 아닐 뿐만 아니라
인심이 흔들려 안정을 송두리째 잃을 염려도 있으니 너희 크고 작은 신료들은 반
드시 상대를 깨우치는 방법과 용서하는 마음을 강구하고 갖도록 각자 명심하고 서
로 권면하고 격려하라. 비록 제방도 무너지게 해서는 안 되지만 혹시라도 함정이
넓어지게 말 것이며 차라리 죄인을 놓치는 한이 있더라도 오직 함께 새로워지는
데 힘써야 할 것이다. 백성을 맡아 다스리기 6년이 되도록 정교가 확립되지 않아
악한 자가 선한 자로 변했다는 소식은 들리지 않고 죄에 걸리는 자만 날이 갈수록
많아져 감옥이 빌 만큼 교화가 이뤄질 희망은 안 보이고 수레에서 내려 울 일만 늘
있으니 내 거듭 부끄럽고 한탄스러운 바이다." 하고, 또 하교하기를, "근일에 역적

---

23 闢緯識之肆行, 急務莫先於重道. 『정조실록』 정조 7년(1783) 1월 15일(정미).

들이 비결 쪽지를 가지고 백성을 현혹시킬 수 있었던 것은 정학(正學)이 밝지 아니한 소치이다." 하였다.[24]

당시 정부에서는 정감록 등의 비결이나 예언사상에 대해 정학(正學)인 성리학을 부정하는 사학(邪學), 이단(異端), 좌도(左道), 잡술(雜術)로 규정하였다. 이러한 사상이 퍼지는 일을 막기 위해서는 정학인 성리학의 사상과 논리를 보급하고 강화하여 삿된 것을 물리친다는 이른바 위정척사(衛正斥邪)가 최선의 방법이라고 여겼다. 따라서 정조는 『정감록』 등의 예언서에 기초한 예언사상이 퍼져나가는 사회현상에 대해서도 "선비를 높이고 유교를 중시하는〔崇儒重道〕 일이 금일의 급선무이다." 라는 인식을 가졌다.

이해 말에도 정조는 예언사상의 유포에 대해 다음과 같이 우려를 표했다.

근일의 흉악한 역적들은 대체로 많이 예언의 문적들을 가지고 민심을 현혹시키고 있다. 대체로 예언의 설은 완전히 요망하고 허탄한 것으로서 왕법(王法)에 반드시 금하게끔 되어 있다. (…) 예언의 서적을 가지고 있는 데에 대한 법이 있으며 대중을 현혹시키는 데에 따른 형벌이 있으나, 말류에 가서 금지하는 것보다 근본을 구제하느니만 못할 것이다. 그러고 보면 선비를 숭상하고 도를 존중하는 것은 더욱 오늘날의 급무인 것이다.[25]

---

24 秋, 親鞫權泓徵, 宋德相, 宋煥億, 文仁邦, 白天湜, 李京來, 遣使海西按覈申亨夏, 朴瑞集等. 泓徵, 投凶書者也, 亨夏, 瑞集, 營護德相, 爲文相告, 指意陰憯, 仁邦, 天湜, 京來等, 妖書妖言, 結黨興訛, 陰謀稱亂, 部署已具, 而皆以德相爲依歸. 次第就鞫輸款, 泓徵, 仁邦, 天湜, 京來伏誅, 德相徑斃, 煥億絶島荐棘, 亨夏等竝配. 時, 鞫獄繼發, 株連漸廣, 諸路密啓, 絡續於道. 王, 深慮濫及無辜, 下綸音, 布告國榮, 德相諸賊罪犯, 末曰: "今之治逆, 鎭安二字, 爲第一急務. 必欲窮其黨與, 發其隱情, 期於剗殄無遺, 則非予之所欲聞也. 近日營閫之登聞, 或有不必啓而啓者, 家藏識緯, 自有其律, 而無怪乎遐土愚民之不知爲何書? 若以故紙斷簡, 歸之於妖言不軌之科, 則豈不大可哀矜乎? 外方之景象, 雖不得目見, 而驛卒旁午, 道路騷擾, 追捕問發, 閭里駭懼, 又或偵探, 遍於巷陌, 摘發及於偶語, 則大非酌家之本意, 而抑恐人心波蕩, 靡所底定, 咨爾大小臣工, 必以開曉之道, 參恕之念, 各自銘佩, 競相勉勵. 雖使隄防不弛, 勿令坑阱과廣, 寧失不經, 惟務咸新. 臨御六載, 治敎不立, 遷善者末聞, 而罹辟者日衆, 無望空圉之化, 徒煩下車之泣, 予於是, 重爲之慨歎." 又敎曰: "近日諸賊之符識惑民, 正學不明之致也." 『정조실록』 부록 「정조대왕 행장」.
25 而近日凶賊, 大抵多挾符識, 以惑民心, 夫符識之說, 全屬妖誕, 王法之所必禁也. (…) 藏識有律, 惑衆有刑, 而禁之於其末, 不若救之於其本, 則崇儒重道, 尤是今日之所急也. 『정조실록』 정조 6년(1782) 12월 28일(경인).

『대명률(大明律)』에는 "참위(讖緯), 요서(妖書), 요언(妖言)을 짓거나 이를 전용하여 민중을 미혹시킨 자는 모두 참(斬)한다."는[26] 엄격한 조항이 있다.

한편 정조(正祖)가 지은 『홍재전서(弘齋全書)』제175권 일득록(日得錄) 15 「훈어(訓語)」 2 〔정조 14년(1790)〕에 "새로 천봉(遷奉)한 현륭원(顯隆園)이 최상의 길지(吉地)라는 것이 옥룡자(玉龍子) 도선(道詵)의 비기(祕記)에서 전해 온 지 몇백 년이 되었으니, 오늘을 기다리게 된 것은 하늘의 뜻이다. 영릉(寧陵)을 천봉(遷奉)할 때에 윤선도(尹善道)뿐만 아니라 당시 지사(地師)들이 모두 극구 찬양했지만 마침내 다른 의견으로 인해 홍제동(弘濟洞)으로 이정(移定)하게 되었으니 하늘의 뜻이었다. 내가 일찍이 이 땅을 직접 보지는 못했지만 듣는 순간 마음에 곧 와 닿았고, 수십 년간 조석으로 간직한 일념이 오직 천봉하는 대례(大禮)에 있었기에 논의가 결정되는 날에 단연코 의심이 없었으니, 이는 하늘이 나의 마음을 이끈 것이다. 인력을 필요로 하지 않는 정혈(正血)과 진토(眞土)가 자연히 드러났으니, 이 어찌 나의 성효(誠孝)의 감응에 의한 것이랴? 참으로 하늘이 종묘사직을 도와 우리에게 억만년 무궁한 터전을 내려 주신 것이다. 지난해 알성시(謁聖試)에서 '천작고산(天作高山)'으로 제목을 정한 것은 내가 의도한 것이 이미 있었던 것인데 다만 신하들이 이 사실을 모르고 있었을 뿐이다."라는 내용이 보인다.[27] 현륭원은 정조의 아버지 사도(思悼)세자 ― 장조(莊祖)로 추존 ― 의 능이다. 현재 경기도 화성군 태안면 안녕리에 있다.

사도세자의 능 자리가 도선의 비기에 정해진 명당이라는 것이다. 정조는 도선의 비기로 불리는 풍수적 비결서에 나오는 주장을 적극 수용하고 있다. 정조의 예언 또는 비결에 대한 상반된 심정을 보여주는 기록이다.

나아가 현륭원이 명당임을 알려주는 도선의 비기 기록의 내용이 다음과 같이 구체적으로 언급된다.

---

26 『대명률』 권 18, 형률(刑律), 조요서요언(造妖書妖言).
27 新園之爲無上吉地, 自玉龍子祕記, 傳稱幾百年, 若待今日者天也.

이는 곧 신라국사(新羅國師) 옥룡자(玉龍子) 도선(道詵)이 이른바 "서린 용이 구슬을 회롱하는 형국[盤龍弄珠之形]"이고, 참의(參議) 윤선도(尹善道)가 이른바 "용(龍)과 혈(穴)과 사(砂)와 수(水)가 모두 좋고 아름답다."는 것이니, 진실로 천 리를 가도 없을 천재일우(千載一遇)의 길지(吉地)이다.[28]

이 외에 민간에서도 비기를 이용해 명당자리에 장지를 정했다는 기록이 보인다.

『임하필기(林下筆記)』제31권 순일편(旬一編)「호구(虎邱)」에 "진천읍(鎭川邑)의 관아에서 10리 떨어진 곳에 호구가 있는데, 풍산홍씨(豊山洪氏)의 선영이 있는 곳이다. 이계(耳溪) 홍양호(洪良浩)가 거사(居士) 장두성(張斗星)의 비기(祕記)를 얻어 그 어버이를 장례 지냈는데, 펼쳐진 묘역이 매우 넓고 호암(虎巖)이 뒤에 있다. 한남(漢南)의 큰 명당이니, 호랑이가 나타나서 노닐면 자손에게 경사가 있다고 한다.(…)"라는 내용이 있다. 홍양호(1724-1802)가 장두성이라는 사람이 쓴 풍수적 비결서를 보고 장지를 얻었다는 것이다.

---

28 『홍재전서(弘齋全書)』제57권, 잡저(雜著) 4, 원침(園寢)을 옮긴 사실.

안필복
사건

48

정조 6년(1782) 12월에도 황해도 해주에서 안필복(安必復)과 안치복(安致復)이
『정감록』을 집에 몰래 소장했다는 이유로 관아에 수감되는 사건이 일어났다.
이들은 문인방 사건에 연루된 사람이다. 그들이 소장했다는 『정감록』은 길이
가 약 52-62센티미터, 두께는 약 4센티미터였으며,[1] 백지에 한글로 적혀 있었
다고 한다.[2] 이 사건과 관련하여 정조는 다음과 같은 처분을 내렸다.

이른바 『정감록』에 관한 것은 그 책이 분명히 그의 집에 있었다고 하더라도, 그
들이 저술한 것은 아니다. 따라서 큰 죄가 되지는 않는다. 대체로 예부터 서적 중
에서 예언의 서적을 절대 금지하였던 것은, 바로 백성들을 현혹시키기 때문에 그
런 것이다. 어찌 정정당당한 조정에서 이를 듣기 싫어서 숨기겠는가? (…) 내가 심
히 두려워하는 것은 예언의 서적에 있는 것이 아니다. 교화가 시행되지 않고, 풍속

---

1   백승종, 앞의 글, 116쪽.

2   問曰, 汝與仁邦開曼咄㤼時, 以爲鄭鑑錄, 得見於安必福之家云云. (…) 供曰矣身幼時只見, 諺書鄭鑑錄,
    而聞其起端則, 出自高麗王朝矣. 『추안급국안』 권 24, 169면과 179면.

이 안정되지 않는 까닭에 갖가지 이상한 일이 본도에서 발생할까 염려하는 데에 있다. 안필복과 안치복에게 이 전교(傳敎)로 일깨운 다음, 갇혀 있는 그들의 가족도 모두 풀어주도록 하라.[3]

정조는 예언서 자체는 허무맹랑하다고 판단하고 있지만, 『정감록』이 초래할지도 모르는 반란 등의 '이상한 일'은 염려하고 있다. 특별한 방도를 찾지 못했던 정조는 유교적 이념의 철저한 시행을 통해 『정감록』 등의 비결서로 인해 발생할 인심의 동요를 진정시킬 수 있기를 원했다.

문인방이 『정감록』에 있는 "해랑적(海浪賊)이 해도(海島)에서 출현할 것이다."라는 말을 항상 했다고 전한다.[4] 문인방은 이우혁(李遇赫)에게서 『정감록』에 대해 처음 들었다고 진술했다.[5] 『정감록』이 지가서(地家書)여서 지관(地官)인 권택인(權宅仁)의 집에 있었다는 진술도 있다.[6]

앞에서 살펴본 것처럼 박서집이 한글본 정감록을 보았다고 진술한 내용과 안필복이 소장했던 『정감록』이 한글본이었다는 기록을 근거로 영조 15년 (1739)에 처음으로 조정의 관심을 불러일으켰던 『정감록』도 역시 한글본이라고 추정하는 연구도 있다. 바로 이러한 맥락에서, 20세기에 들어와서 『정감록』을 편찬한 사람들이나 연구자들은 한문본인 「감결」을 원본으로 간주하는 경향이 있었다고 비판하기도 한다.[7]

그러나 필자는 한자가 다중적 의미를 지닌 함축적 문자라는 점, 파자가 가능하다는 점 등을 고려해 볼 때 한글보다는 오히려 한자가 비결서에 더 적합한 문자가 아닐까 생각한다. 그리고 이전에 왕조실록에 언급되는 현전하는

---

3 至於所謂鄭鑑錄藉令分明在渠家, 旣非渠所自作, 則在渠不必爲極罪, 大抵自古載籍, 必禁讖緯, 政欲禁民誑惑也, 焉有堂堂朝廷, 惡聞而諱之也? (…) 予之所大懼者, 不在讖緯, 寔在化未究俗未靖, 種種乖異之事, 發於本道也, 必復致復處, 以此傳敎曉諭後, 竝其家屬之滯囚者放送. 『정조실록』 정조 6년(1782) 12월 10일.

4 『추안급국안』 24권 235책, 「임인역적인방경래등추안(壬寅逆賊仁邦京來等推案)」, 171면.

5 『추안급국안』 24권 235책, 「임인역적인방경래등추안(壬寅逆賊仁邦京來等推案)」, 175면.

6 『추안급국안』 24권 235책, 「임인역적인방경래등추안(壬寅逆賊仁邦京來等推案)」, 178면.

7 백승종, 앞의 글, 116쪽.

『정감록』에 수록된 내용과 유사하거나 일치하는 구절들이 한자로 적혀 있었다는 사실을 염두에 둔다면, 한글본 『정감록』은 유포되는 과정에서 보다 많은 계층의 사람들에게 읽혀지기 위한 해석서라고 보는 것이 설득력이 있을 듯하다.

한편 죽하(竹下) 김익(金熤, 1723-1790)의 『죽하집(竹下集)』 권 11 의(議) 가운데 「금이단잡술의(禁異端雜術議)」라는 글에도 『정감록』이 언급된다.

이른바 정감록이란 것은 곧 상지가(相地家)의 책이다. 산맥을 추보(推步)하여 세운(世運)을 논하는데 그 설이 심히 황탄하고 그 이치는 무계하다. 우리 동방의 소위 참위서는 이런 것을 가리키는 것에 불과한 것인가?8

위 인용문은 김익이 왕성하게 활동하던 40대나 60대 때, 즉 1760년대나 1770년대에는 정감록이 대표적인 예언서로 인구에 회자되었던 사실을 알려준다. 이때가 되면 조선을 대표하는 예언서로서 정감록의 위상이 굳건하게 굳혀졌음을 짐작할 수 있다.

또 정조 7년(1783)과 정조 8년(1784)에 해주(海州) 판관(判官)을 지냈던 유한준

---

8 道而非聖賢之道則皆左道也. 左道不禁則斯道不明. 凡諸異端雜術, 非聖賢之道, 皆在當禁之科. 而讖緯符瑞, 遁甲奇文之術, 卽左道之大者. 如欲定民志而正世敎, 曷不以禁左道爲先務也哉? 然而讖緯之書遁甲之法, 未知我東亦有自中國流出來者否. 抑所謂鄭鑑錄者, 卽相地家之書, 而推步山脉, 論及世運, 其說甚誕, 其理無稽. 我東所謂讖緯之書, 不過指此之謂耶? 遁甲之法, 黃巾賊白蓮敎之所自出, 而我東今古未聞有行此術者, 假使其書或有傳來者, 必不過斷爛糟粕之餘. 無以尋究其眞訣, 無一人講其術而行之者耶? 大者如此, 此外小小名色之奇奇怪怪者, 固不足爲憂, 而若曰遁甲出於兵法, 破字本於卜筮, 則亦未知其必然也. 武經七書何嘗有呼風興雨役鬼喚神之法也. 卜筮全書亦豈有破析字畵卜其休咎之語耶? 破字之說, 考之書籍, 亦未多見, 則此實雜術中之旁門小術. 不足備數於名色之中者, 望氣之術, 固可謂出於天文, 而未聞有載之書籍, 傳之於世者, 或者其術神怪, 不可以言語文字而形容道得者耶? 雖相地相人之類, 占星推命之輩, 亦未有語及望氣者. 不必拈出此二字, 幷列於禁條之中矣. 然而近年以來, 兇徒亂民之所藉口, 輒在於讖緯遁甲妖誕之說, 此雖非攻其書, 而得其術者亦能掇拾一二流傳之句語, 以爲誑惑愚民之資, 此二者明言而痛禁之, 有不可已也. 若欲枚擧諸般名色, ——書塡於行會之中, 則無乃煩乎? 況其目甚多, 雖欲枚擧, 難保其無漏, 則不免爲欲密反踈之歸矣. 此亦不可不念. 只以讖緯遁甲凡係雜術, 勿論小大, 一切禁除, 而私藏其書者, 必用重辟之意, 統論而嚴飭之, 則似可爲擧其綱而目自在其中矣. 斯亦足爲牖迷戢頑之道矣. 至若天主之書, 是西洋人之本學, 力排禪學而反入於禪學, 其理不能如老子之玄奧, 其文不能如佛經之焜耀, 高明者必不耽溺, 低鈍者亦似無崇信者, 而年前旣有禁飭, 今又與讖緯遁甲, 幷擧而申禁, 亦似得宜, 伏惟上裁.

(兪漢雋, 1732-1811)의『자서(自著)』권 29에『정감록(鄭鑑錄)』을 금할 것을 신칙한 방문(榜文)이 있다.[9]

방장(榜狀) 가운데 계묘년(1783)에 쓴 「각방금정감록방(各坊禁鄭鑑錄榜)」의 내용은 다음과 같다.

> 정감록은 어느 때에 시작된 것인지 알 수 없고, 어느 사람에게서 나온 것인지도 알 수 없다. 그런데 문인방이 이 책을 빌미 삼아 송덕상을 추존하여 거병하여 대궐을 범하려 모의했으니 책의 불경스러움은 말로는 다 하지 못할 것임을 가히 알 수 있다.[10]

또 비변사에서 제도(諸道)의 어사(御史)가 가지고 갈 사목(事目)을 올렸는데, 호서어사사목(湖西御史事目)에 "좌도(左道)와 잡술(雜術)로 요망한 말을 하여 대중들을 현혹하는 자에 있어서는 준엄하게 징계를 가하여 다스려야 하고"라는 내용이 있다.

호남어사사목(湖南御史事目)에는 "본도 사람들은 본래부터 말예(末藝)를 좋아하므로 좌도(左道)와 잡술(雜術)이 민생들의 의지를 고혹(蠱惑)하게 되고"라 했다.

영남어사사목(嶺南御史事目)에도 "좌도(左道)로 대중을 현혹하는 부류 및 모리(謀利)하여 민생들을 해롭게 만드는 무리는 (…) 하나하나 염탐하여 준엄하고 통렬하게 금단해야 한다."라 했다.

해서어사사목(海西御史事目)에는 "천문(天文), 참위(讖緯), 부장(符章)을 핑계하여 좌도(左道)를 끼고 인심을 현혹하는 부류를 염탐해서 적발하여 각별히 엄단

---

9 서울대학교 규장각 소장도서번호 고(古) 3428-328.

10 夫讖緯者, 其說妖誕妄誕, 君子之所不言, 治世之所必禁也. 鄭鑑錄不知其始於何時, 出於何人, 而仁邦藉是書而推尊德相, 謀擧兵犯闕, 遂爲劇賊, 書之不經, 語之罔測可知也. 始朝家置之度外不問, 及事覺, 戮其渠首, 下令禁此書, 有藏者罪與仁邦等, 民不可不知也. 大所以禁此書毋藏者, 豈堂堂聖朝惡聞讖緯, 爲是禁哉? 良由民至愚, 易淫於妖誕妄誕之說, 轉相誑惑, 乃駸駸入於死罪, 故爲是禁, 使民無惑, 遠於罪過也. 夫不敎而刑之, 是罔民也. 朝家釋安必復, 不復窮治, 海之人, 亦可以知聖德矣. 不知則非秉彛之心也. 民或藏此書而未及聞朝廷之令, 亟取書詣公門, 悉焚毀之, 雖或毀之, 不由公門, 與不毀同, 三十五坊之人知此意. 榜到之日, 急急如律令.

하고"라는 내용이 있다.

관서어사사목(關西御史事目)에는 "요망한 글을 지니고 좌도(左道)를 강설(講說)하여 세상을 현혹하고 민중을 속이는 자는 죄가 일율(一律)에 걸리는 것이다. 영변(寧邊)의 백령방(百嶺防)이나 성천(成川)의 신선굴(神仙窟) 같은 데와 깊은 산협(山峽) 지역에 과연 행동거지가 언뜻 보이다 안 보이다 하고, 하는 말이 요망하고 허탄한 부류들이 (…) 각별히 채탐(採探)해야 한다."라 했다.[11]

또 당시 영변과 성천의 주민들이 신선(神仙)이라고 부르는 인물들이 점서(占書)와 지리서(地理書) 등을 이용하여 "귀신과 접하고, 점술을 신통하게 하기 위한" 노력을 기울였다는 관찰사의 보고가 있다.[12]

---

11 『정조실록』 정조 7년(1783) 10월 29일(정해).
12 「평안도관찰사신서호수밀계(平安道觀察使臣徐浩修密啓)」, 『밀계(密啓)』[규장각 소장 도서번호 규(奎) 19566].

이율 사건

49

정조 9년(1785) 2월 경상도 하동(河東)에서 일어난 반란음모사건인 '이율(李瑮)과 양형(梁衡) 사건'에서는 『정감록비기(鄭鑑錄秘記)』가 조정의 주목을 받았다. 정치권에서 밀려난 홍복영(洪福榮)과[1] 이율은 중인 신분인 양형과[2] 천민 신분인 문양해(文洋海)를[3] 매개로 지리산에 은거하고 있는 산인(山人) 집단과 연계하면서 거사 계획을 추진하였다.[4]

전 현감 김이용(金履容)이 상변하여 이율(李瑮), 양형(梁衡), 홍복영(洪福榮), 문양해(文洋海), 주형채(朱亨采), 김두공(金斗恭) 등을 친국했다. 홍복영은 홍낙순(洪樂

1　그의 부친이 홍낙순(洪樂純)이고, 종형(從兄)이 홍국영이다. 홍국영이 죽은 후 정치적 입지를 상실했던 인물이다.

2　중인 신분으로서 의술을 업으로 삼고 있으면서도, 풍수(風水)에도 능한 인물이었다.

3　양형의 외사촌인 문광겸(文光謙)의 아들이었다. 양형을 통해 홍복영, 이율 등과 가까워졌다. 원래 공주에 거처하다가 정조 7년(1783)에 하동으로 이사했으나, 한곳에 머무르지 않고 각지를 전전하면서 풍수(風水)와 선술(仙術)에 심취했다. 따라서 그는 정감록류의 비기사상에 입각하여 역성혁명을 주장하는 등 체제변혁을 추구하던 이른바 '지리산 산인 세력'과 교류하면서 그들의 대리인 역할을 수행했다.

4　고성훈, 「정조조 홍복영 옥사와 산인세력」, 『동국사학』 26집 (동국사학회, 1992)를 참조하시오.

純)의 자식으로서 홍국영(洪國榮)과 홍낙순의 죄가 탄로 나자, 국가에 대한 원한을 품고 불궤(不軌)를 저지를 생각으로 이율, 양형, 문양해 등과 짜고 비결에 가탁하여 거짓말을 퍼뜨렸으며, 영남 하동(河東) 땅을 근거지로 돈을 모으고 집을 짓고서 불일간 거사를 하려고 모반 준비를 완료한 상태에 있었다.

하동 지역에 위치한 문양해 및 산인 집단을 중심으로 강원도에 정가(鄭哥), 충청도에 한수채(韓壽採), 전라도에 이인형(李仁瀅), 경상도에 고경현(高擎懸) 등을 대장으로 삼고, 서울에서는 이율과 홍복영이 내응하여 거병(擧兵)하기로 계획하였으나,[5] 거사 준비 과정에서 김이용(金履容)의 고변(告變)으로 적발되었다.[6]

이율이 말하기를, '이상한 사람의 말을 들으니, 내년 이후에는 도적들이 사방에서 일어날 것인데, 북쪽의 도적들이 먼저 나오고, 그 뒤에는 나라가 장차 셋으로 갈라진다고 하니, 나는 장차 가족을 데리고 일찌감치 난리를 피하려고 한다.'라고 하였습니다. 신이 말하기를, '이상한 사람의 성명은 무엇인가?'라고 하니, 이율이 말하기를, '그것을 알 필요가 없다.'라고 하였는데, 이번에 신 ─ 김이용 ─ 이 하동(河東)에 간 뒤에 비로소 유가(劉哥), 정가(鄭哥), 김가(金哥)의 성을 가진 세 사람이라는 것을 들었습니다.[7]

이율은 "하늘의 운수가 그러한데, 또한 장차 어찌하겠는가?"라고 말하였다. 그리고 양형의 편지 가운데 "하늘을 대신하여 도를 행한다.〔替天行道〕"는 말과 "잔악한 것들을 없앤다.〔除殘去惡〕"는 말이 있었는데, "하늘을 대신하여 도를 행한다."는 말은 바로 『수호지(水滸志)』에 나오는 송강(宋江)의 말이었다.[8]

---

5 문양해의 공초에 의한 것이며, 병력 수가 4만 명에 달했다고 주장했다. 또 주형채(朱炯采), 오도하(吳道夏) 등이 평안도를 중심으로 북부 지방에서 거사를 일으키기로 약속했다. 『정조실록』 정조 9년 (1785) 3월 정사일.

6 『정조실록』 정조 9년(1785) 2월 29일(기유).

7 瑋曰, 聞異人之言, 則來年以後, 盜賊四起, 而北賊先爲出來, 其後國將三分. 吾將欲提挈家屬, 早爲避亂矣. 臣曰, 異人姓名爲誰? 瑋曰, 此則不必知云矣. 今番臣往河東後, 始聞劉, 鄭, 金姓三人矣. 『정조실록』 정조 9년(1785) 2월 29일(기유).

8 乃梁哥書, 而書中凶言, 一則曰替天行道, 一則曰, 除殘去惡. 替天行道四字, 卽水滸志宋江之言也. 『정조실록』 정조 9년(1785) 2월 29일(기유).

문양해가 공초하기를 (…) 영흥(永興)에 사는 주형채(朱炯采)가 김호에게 보낸 편지를 보니, 서찰 가운데 이르기를, '하늘이 내리는 재앙과 시국의 변천이 이와 같으니, 진인(眞人)이 마땅히 나와야 할 것이고, 우리들은 마땅히 도당을 모아서 어지러운 세상을 바로잡아 반정(反正)하는 일〔撥亂反正之事〕을 하여야 할 것이다.'라고 하였는데, (…)[9]

진인이 마땅히 출현할 것이니 이에 발맞추어 거사를 도모하자는 음모를 꾸몄다고 진술한 것이다. 이 역시 진인출현설을 이용한 거사모의로 볼 수 있다.

문양해가 공초하기를, "양형이 말하기를, '현재 세상은 장차 쇠퇴할 운명에 이를 것이니, 만일 인재가 있으면 마땅히 반란을 평정하고 반정(反正)할 기회가 있을 것이다'라고 하였습니다." 하였다.[10]

하늘의 운수, 하늘을 대신하여 도를 행한다, 잔악한 것들을 없앤다, 어지러움을 다스려 바로잡는다 등의 말은 거사의 정당성을 강조하려는 것이다. 이들은 민중사상을 논리로 삼아 권력을 장악하는 일을 목표로 거사를 준비했지만, 권력을 장악한 후의 정치 구도를 설계하는 단계에는 미치지 못했다.

이들은 오영장(五營將)의 복색(服色)을 분배하여 거사를 도모하였다.[11]

그 — 문광겸(公州) — 가 공주(公州)에 있을 때, 그의 아들 — 문양해 — 이 길에서 이상한 사람을 만났다고 하고, 그가 공주에서 간성(杆城)으로 옮기고, 간성에서 하동으로 옮긴 것은 모두 이상한 사람이 지시한 때문인데, 뱃길로 올 때에는 배들이 파손되었으나, 그가 탄 배만은 오로지 파손되지 않은 것은 바로 이상한 사람이 물귀신에게 부탁하여 그렇게 된 것이라고 하였습니다.

---

9 又見永興朱炯采, 抵書於金顥者, 則書中有曰, 天災時變如此, 眞人當出, 而吾輩當聚徒黨, 爲撥亂反正之事. 『정조실록』 정조 9년(1785) 3월 12일(신유).

10 供曰, 梁衡以爲, 時世將至衰運, 若有人才, 當有撥亂反正之機云矣. 『정조실록』 정조 9년(1785) 3월 23일(임신).

11 『정조실록』 정조 9년(1785) 3월 1일(경술).

그가 이른바 이상한 사람이라는 것은 바로 이현성(李玄晟)인데 나이는 2백 50살이고, 그가 이른바 '도처결(都處決)'이라는 것은 땅의 임금(坤帝), 즉 천제(天帝)의 배필인데, 폐백(幣帛)은 그의 종 학이(鶴伊)를 시켜서 지고 다니게 한다고 하였습니다. 그리고 만일 군사를 일으킨다면 어느 방향에서 하는 것이 좋겠는가를 물어보고, 만일 권세를 탐하고 세력을 좋아하는 사람들을 죽이려고 한다면, 혹은 자객을 보내서 찔러 죽이기도 하고, 혹은 호랑이나 표범을 보내서 물어 죽이기도 하는데, 그 편지 가운데 3월에 이상한 사람이 문가를 위하여 7일 초제(醮祭)를 지낸다고 하였습니다. 그러므로 신이 묻기를, '이 말은 내가 이미 이율에게서 들었다.'고 하니, 대답하기를, '유가(劉哥), 장가(張哥), 김가(金哥)가 세 파로 갈라졌다가, 뒤에 다시 하나로 합쳐지며, 제주의 7백 개 섬에 진인(眞人)이 있는데, 그 편지 가운데 이른바 사람을 능히 살리기도 하고 죽이기도 하는 진인이라면, 이미 서가(徐哥)와 정가(鄭哥)에게 허물을 적어두고 있다.'고 하였으나, 그가 신인(神人)이라고 일컫는 이름은 바로 여러 신선전(神仙傳)에서도 들어보지 못한 이름이었습니다." 하니, (…)[12]

문양해가 이상한 사람, 즉 이현성의 지시를 따른다는 내용으로 이현성의 신이함을 강조하였다. 나라가 유가, 장가, 김가의 세 파로 나뉘었다가 다시 하나로 합쳐질 것이며, 제주의 7백 개 섬에 진인(眞人)이 있다고 주장하였다.

같은 날 이율이 공초하기를 (…) 심지어 신인(神人)의 성명(姓名)에 대해서는 양가의 말을 들으면, 신통한 사람이 명년에는 마땅히 흉년이 들 것이라고 분명히 말한 일이 있다고 하고, 또 말하기를 '신인이 위로 천문(天文)에 통하고, 아래로 지리(地理)에 통하고 있는데, 신인이 말하기를, 「북도에 흉년이 든 뒤로는 도로가 통하지 않고 인심이 흩어질 것이다.」라고 하였다.'는 것입니다.[13]

이율의 공초에 따르면 신인(神人)이 어느 해에 어떤 일이 벌어질 것인지를 예언했으며 그는 천문과 지리에 통했다고 믿어졌다.

정조 9년(1785) 3월 양형(梁衡)은 다음과 같이 진술했다.

---

12 『정조실록』 정조 9년(1785) 2월 29일(기유).
13 『정조실록』 정조 9년(1785) 2월 29일(기유).

셋으로 갈라진다는 말은 성 거사가 이를 말하고 문양해(文洋海)가 이를 전하였는데, 조선은 산천(山川)과 천문(天文)과 지리(地理)가 모두 셋으로 갈라질 징조가 있는데, 임자년에 사변이 있어서 도적이 일어나며, 그 뒤에 마땅히 셋으로 갈라졌다가 다시 합쳐서 하나로 되며, 셋으로 갈라진다는 성씨는 정가(鄭哥), 유가(劉哥), 김가(金哥)이지만, 필경에는 정가가 마땅히 합하여 하나로 만드는데, 그는 남해(南海)의 섬 가운데에 있으며, 유가는 통천(通川)에 있으며, 김가는 영암(靈巖)에 있다고 합니다. 임자년에 정가가 먼저 해도(海島)에서 군사를 일으키면, 유가와 김가가 그 뒤를 이어 일어난다고 하였기 때문에, 신은 이렇게 주고받은 말을 홍복영에게 전하였는데, 임자년 2월에 배가 바다 가운데에서부터 온다고 하였습니다."라 하였다.[14]

현재 전하는 『정감록』의 「삼한산림비기」에 "나라가 망할 때에는 삼국의 분열이 있으리라."라는 구절과 "삼국이 나누어 서는 일은 틀림없이 묘년(卯年)과 진년(辰年) 사이에 생길 것이다. (…) 결국에는 전읍(奠邑)인 외성(外姓)에게 빼앗길 것이다."라는 내용이 있다.

그리고 현전하는 『정감록』 「오백론사」에도 "세 임금이 각각 서니, 만백성이 보금자리를 잃는다."라는 구절이 있으며, 「남격암산수십승보길지지」에는 "세 임금이 저마다 즉위할 것이요."라 했다. 또 「서계이선생가장결」에는 "천리 강산이 셋으로 나뉘니 어찌할 것인가?"라는 표현이 나온다.

양형의 진술 내용과는 차이가 있지만 "나라가 셋으로 갈라진다."는 핵심은 동일하다. 양형의 진술은 정씨, 김씨, 유씨에 의해 나라가 갈라진다고 했지만, 현전하는 『정감록』에는 이러한 내용은 찾아볼 수 없다. 아마도 정조 이후 근대까지 그러한 역사가 실제로 전개된 일이 없었기 때문에 성씨까지 언급한 자세한 예언은 삭제되었을 것으로 보인다.

또 홍복영은 다음과 같이 진술했다.

---

14 "三分之說, 成居士言之, 文洋海傳之, 而朝鮮山川, 天文地理, 皆有三分之兆. 壬子年有事賊起, 其後當三分復合爲一, 而三分之姓, 則鄭哥, 劉哥, 金哥, 畢竟鄭哥, 當合而爲一, 而在於南海島中. 劉哥在於通川, 金哥在於靈巖云矣. 壬子, 鄭哥先爲起兵於海島, 劉, 金則繼此而起云. 故臣以此酬酢, 傳於洪福榮, 而壬子二月, 船自海中來云矣."『정조실록』 정조 9년(1785) 3월 1일.

홍복영이 공초하기를 "노사(老師)가 말하기를, '영암(靈巖)에서 군사를 일으키는 것은 다만 앞으로 두 해가 남았다.'고 하였습니다. 대개 세 곳에서 군사를 일으키는데, 하나는 충청도이지만 고을 이름은 자세히 모르겠습니다. 또 들으니, '무신년에 신병(神兵)이 바다를 건너온다.'고 하였으나, 바다 가운데 있는 섬 이름은 잊어버리고 기억하지 못하겠습니다. 그중에 정가(鄭哥) 성씨를 가진 신인(神人)이 있는데, 나이는 지금 13살입니다. 영암에서 군사를 일으키는 것은 곧 김가 성씨를 가진 사람이고, 충청도에서 군사를 일으키는 것은 바로 유가(劉哥) 성씨를 가진 사람이라고 하는데, 이것은 모두 양형의 말입니다."라 하였다.[15]

홍복영의 진술에 따르면 정씨 진인이 불과 13살의 소년이라고 한다. 이러한 주장은 실재 인물에 대한 묘사라기보다는 진인이 가지는 상징성을 나타낸 것으로 보아야 할 것이다.

진인은 민중들에게 진취적이고 희망찬 장래를 약속하는 존재로 받아들여진다. 따라서 진인은 나이가 든 인물이나 속세의 때에 찌든 인물로 그려져서는 곤란하다. 진인은 현실의 고통과 질곡을 벗어나 밝은 미래를 보장할 수 있는 순수한 젊음과 괴롭고 아픈 현실을 타개할 수 있는, 약동하는 따뜻한 원기를 지닌 청년의 모습으로 민중들의 가슴속에 새싹처럼 돋아나야 했던 것이다. 바로 이러한 맥락에서 정씨 진인의 또 다른 이름이자 상징이 '정도령'이 될 수 있었던 것이다. '양반집 사내아이'라는 의미의 도령은 젊음과 생기와 활력을 상징하는 용어이다. 물론 현전하는 『정감록』에는 '정도령'이라는 용어는 보이지 않는다.

문양해가 서면으로 바친 공초에서 나라의 정세 변화를 더욱 자세히 예언한 내용을 밝히기도 했다.

녹정(鹿精)은 항상 시사(時事)에 대하여 언급하여 말하기를, '동국(東國)은 말기에

15 供曰, 老師以爲靈巖起兵, 只隔二年. 而盖三處起兵, 一則忠淸道, 而未詳邑名. 又聞, 戊申生神兵渡海云, 而海中島名, 忘未記得. 其中有鄭姓神人, 年今十三歲. 靈巖起兵, 卽金姓人, 忠淸道起兵; 卽劉姓人云. 此皆衡之言. 『정조실록』 정조 9년(1785) 3월 1일.

가서 셋으로 갈라져서 1백여 년간 싸우다가 비로소 하나로 통합되게 되는데, 결국 통일할 사람은 바로 정가(鄭哥) 성씨를 가진 사람이고, 그 싸움은 먼저 나주(羅州)에서 일어나는데, 임자년과 계축년 사이에 시작될 것이며, 어지러운 정세를 바로잡아 반정(反正)하게 될 사람은 유가(劉哥), 이가(李哥), 구가(具哥)의 성을 가진 세 사람이다.'라고 하였습니다. 거사할 시기는 을사년 7, 8월이 아니면 병오년 정월이나 2월이며, 그런 후에 일이 순조롭게 이루어질 수 있을 것이라고 하였으므로, 신은 과연 이 말을 양형에게 말하고 다시 이율에게 전하여 말하였습니다.[16]

그들은 자신들이 살던 시기를 "동국의 말기"로 보았고, 곧 나라가 셋으로 갈라질 것이며, 백 년 후에 정씨 성을 가진 인물에 의해 통합될 것이라고 예언했다. 또 정조 16년(1792) 임자년과 정조 17년(1793) 계축년에 나주에서 나라가 갈라질 전쟁이 일어날 것이라고 주장했다.

문양해(文洋海)가 공초하기를 또 영흥(永興)에 사는 주형채(朱炯采)가 김호에게 보낸 편지를 보니, 서찰 가운데 이르기를, '하늘이 내리는 재앙과 시국의 변천이 이와 같으니, 진인(眞人)이 마땅히 나와야 할 것이고, 우리들은 마땅히 도당을 모아서 어지러운 세상을 바로잡아 반정(反正)하는 일을 하여야 할 것이다.'라고 하였는데, (…)[17]

주형채는 "진인이 마땅히 나와야 할 것이다."라고 강조하고 무리를 모아 어지러운 세상을 바로잡는 반정에 나서자고 동조자를 포섭했다. 이는 전형적인 진인출현설을 이용한 역모이다.

양형이 공초하기를 (…) 셋으로 갈라진다는 말은 성거사(成居士)가 이를 말하고 문양해(文洋海)가 이를 전하였는데, 조선은 산천(山川)과 천문(天文)과 지리(地理)가 모두 셋으로 갈라질 징조가 있는데, 임자년에 사변이 있어서 도적이 일어나며, 그 뒤에

---

16 鹿精常語及時事曰, 東國末乃三分, 干戈百餘年, 始歸一統, 而畢竟統一者, 卽鄭姓. 其兵火, 先起羅州, 始於壬癸之間, 其撥亂反正者, 劉, 李, 具三姓云. 擧事之期, 如非乙巳七八月, 則丙午正二月, 然後事可順成云, 故臣果以此言于梁衡, 轉及李瑮. 『정조실록』 정조 9년(1785) 3월 12일.

17 『정조실록』 정조 9년(1785) 3월 12일(신유).

마땅히 셋으로 갈라졌다가 다시 합쳐서 하나로 되며, 셋으로 갈라진다는 성씨는 정가(鄭哥), 유가(劉哥), 김가(金哥)이지만, 필경에는 정가가 마땅히 합하여 하나로 만드는데, 그는 남해(南海)의 섬 가운데에 있으며, 유가는 통천(通川)에 있으며, 김가는 영암(靈巖)에 있다고 합니다. 임자년에 정가가 먼저 해도(海島)에서 군사를 일으키면, 유가와 김가가 그 뒤를 이어 일어난다고 하였기 때문에, 신은 이렇게 주고받은 말을 홍복영에게 전하였는데, 임자년 2월에 배가 바다 가운데에서부터 온다고 하였습니다." 하였다.[18]

그런데 이 사건의 취조 과정에서 『정감록비기』와 더불어 『진정비결(眞淨秘訣)』과 『국조편년(國祚編年)』이라는 책자도 언급되었다.

문광겸(文光謙)이 공초하기를, "김이용은 과연 와서 만났는데, 대개 몇 해 전에 냉정동(冷井洞) 정내겸(鄭來謙)의 집에서 여러 차례 서로 만났던 사람이었습니다. 김이용이 신에게 묻기를, '구례(求禮) 화엄사(花嚴寺)의 중 윤장(尤藏)이 일찍이 그 절에 『정감록(鄭鑑錄)』을 숨겨둔 죄로 흑산도(黑山島)에 귀양 갔는데, 나는 본래부터 그 사람이 문장에 능하고 경서를 잘 외운다는 것을 알고 있다.'라고 하였습니다. 신이 말하기를, '『정감록』을 나는 비록 직접 보지 못하였으나, 향악이 문양해에게 말하는 것을 들으니, 그 가운데 이르기를, 「우리나라는 6백 년이 지난 뒤에 1백 년간 전쟁이 있게 된다는 말이 있는데, 『진정비결(眞淨秘訣)』과 『정감록』은 서로 맞아떨어진다고 하였으며, 이른바 세 집이라는 것은 곧 정가, 김가, 유가인데 1백 년 동안 전쟁을 하더라도 우리들 생전에는 그럴 염려가 없을 것 같다.」라고 하니, 김이용도 또한 듣고 기뻐하였습니다. 심지어 땅임금[坤帝]이니 현신(玄神)이니 하는 따위의 말에 대해서도 신이 정말로 주고받은 말이 있었는데, 홍복영(洪福榮)은 자기 아내가 시골로 내려가는 것을 저지하였기 때문에 이렇게 기도한 일이 있었습니다."라 하였다.

묻기를, "『국조편년(國祚編年)』을 김이용과 말을 주고받을 때에, 너의 집에 감추어 두었다고 하였는데, 그것이 사실인가?" 하니, 공초하기를, "일찍이 집 가운데에 감추어둔 적이 없는데, 『국조편년』이라는 것은 바로 『정감록』과 같은 여러 가지 책들을 가리킨 것입니다." 하였다. 묻기를, "김이용과 말을 주고받을 때에 과연 천

18 『정조실록』 정조 9년(1785) 3월 1일(경술).

변(天變)이라고 말을 한 일이 없는가?" 하니, 공초하기를, "흰 무지개가 해를 꿰뚫는다는 말은 일찍이 산중에서 얻어들었는데, 김이용도 말하기를, '작년 어느 달에 이런 변고가 있었다.'라고 하였습니다."라 하였다. [19]

윤장이라는 승려는 『정감록』을 숨겨둔 죄로 섬으로 유배되었다. 승려가 정감록사상의 유포에 있어서 주도적으로 역할을 했다는 증거가 될 수 있다. 아마도 승려 집단이 예언의 전파에도 상당한 영향력을 행사했을 것이다. 또 『정감록』과 함께 『진정비결』이라는 예언서가 언급되는데, 난리가 발생하고 나라가 셋으로 갈라진 후 백 년 후에 진인이 통일할 것이라는 내용이 일치한다고 주장한다. 그 이외에도 『국조편년』이라는 예언서도 등장한다. 이는 당시에 다양한 이름의 예언서가 유포되었던 상황을 알려주는 기록이다.

이어서 문광겸은 다음과 같이 진술했다.

묻기를, "셋으로 갈라진다는 말을 바른대로 고하라."라 하니, 공초하기를, "유가(劉哥), 김가(金哥), 정가(鄭哥) 세 사람이 장차 셋으로 갈라져 일어나서, 아침에는 화해하고 저녁에는 싸운다는 말을 산사람[山人]에게서 들었는데, 이것은 바로 『정감록비기(鄭鑑錄秘記)』 가운데 있는 말입니다."라 하였다. 묻기를, "서울 안에서 내응하는 자는 과연 어떤 사람이고, 삼도(三道)에서 군사를 일으키는 자는 또한 누구인가?" 하니, 공초하기를, "서울 안의 사람은 곧 이율과 홍복영이고, 삼도에서 거사할 사람의 성명은 미처 자세히 듣지 못하였습니다. 양형의 왕복한 서찰은 아마 이미 읽어 보셨겠지만 편지 중에는 머리를 감추고, 꼬리를 숨긴 말들이 많이 있었는데, 그것은 다 사람을 죽이려고 음모한 일들이니, 어찌 그들의 속셈을 다 알 수 있겠습니까?"라 하였다. 묻기를, "『국조편년(國祚編年)』이라는 책을 너의 집에 둔 것은 또한 무슨 의도에서인가?" 하니, 공초하기를, "이른바 『편년』이라는 것은 『정감록』

19 金履容問於臣曰, 求禮花嚴寺, 僧允藏, 曾以其寺藏置鄭鑑錄之罪, 配黑山島, 而吾素知其人, 能文善誦經矣. 臣曰, 鄭鑑錄, 吾雖未目見, 而聞香嶽之言洋海者, 則其中有曰, 我國歷六百年後, 有百年干戈之說, 而眞淨秘訣, 與鄭鑑錄相符云. 所謂三家, 卽鄭, 金, 劉三姓, 而百年干戈, 吾輩生前, 似無此慮云. 則金履容亦聞而喜之矣. 至於坤帝玄神等說, 臣果有酬酢, 而洪福榮, 以其妻之沮戱下鄕, 故有此祈禱之事矣. 問曰, 國祚編年, 與金履容酬酢時, 藏在汝家云然否? 供曰, 未嘗藏置家中, 而國祚編年, 則卽指鄭鑑錄等諸書也. 問曰, 金履容酬酢時, 果無天變之說乎? 供曰, 白虹貫日之說, 曾於山中得聞, 而金履容亦言上年何月, 有此變云矣. 『정조실록』 정조 9년(1785) 3월 16일.

이나 『진정비결(眞淨秘訣)』에 불과한 것이고, 그 전부터 전해 내려오는 책이기 때문에 과연 보관하여 두었던 것입니다."라 하였다.[20]

인용문을 통해 당시에 『국조편년』이나 『진정비결』과 『정감록』 등의 비결서가 광범위하게 유행되었다는 사실을 알 수 있으며, 이들 책자에 조선왕조의 말기에 백 년 동안에 걸쳐 내란이 있으리라는 예언이 실려 있었다는 점을 확인할 수 있다.

그런데 "『국조편년』이라는 것은 『정감록』과 같은 여러 가지 책들을 가리킨 것입니다."라는 진술을 통해 당시 사건 관련자들은 조선왕조의 분열을 예언하는 책들을 통틀어서 『국조편년』이라고 이해했었음이 드러난다.

한편 이 사건을 취조했던 관리들이 국왕 정조에게 올리는 보고서에 다음과 같은 내용이 보인다.

양형이 공초하기를 (⋯) 문광겸(文光謙)이 체포되었을 때 그가 소장한 문서를 수색하였더니, 그 중에 (국운을) 연대순으로 엮은 책자가 하나 있었습니다. '임자년(壬子年)부터 정묘년(丁卯年)까지 연달아 병화(兵火)가 있고, 그 뒤에는 잇따라 (나라가) 셋으로 갈라질 것이다. 을사년(乙巳年) 봄에는 반드시 수재(水災)가 있을 것이라.'고 했습니다. 또한 그 글에 이르기를 '임〔林(川), 충청도〕과 옥〔沃(溝), 전라도〕 사이가 몇 자 깊이로 물에 잠기고, 기유년(己酉年)에 마땅히 비참한 흉년이 들 것이다.'라고 했습니다. 또 '무신년(戊申年)에는 북방의 도적이 크게 일어나서 집을 부수고 절간을 허물 것이다. 관군이 능히 대적하지 못하며, 정미년(丁未年)에는 곤양(昆陽)과 고성(固城) 사이에 수재(水災)가 일어나고, 경술년(庚戌年)과 신해년(辛亥年) 사이에는 들에 푸른 풀이 없어지며, 임자년(壬子年)에는 남쪽 섬의 군사가 강을 건너온다.'라고 했습니다. 그런데 임자년 이후에 대해서는 쓴 것이 없었습니다.[21]

---

20 問曰, 三分之說, 直告. 供曰, 劉, 金, 鄭三人, 將三分而起, 朝和暮戰之說, 聞於山人, 而此乃鄭鑑秘記中說矣. 問曰, 京中內應, 果是何人, 三道起兵之人, 亦是誰某也? 供曰, 京中人, 卽李瑍與洪福榮, 而三道擧事人之姓名, 未及詳問矣. 梁衡之往復書札, 想已下覽, 而書札中, 多有藏頭隱尾之說, 此皆謀殺人命之事, 豈可盡知其裏面乎? 問曰, 國祚編年, 書置於汝家者, 抑何意也? 供曰, 所謂編年, 不過鄭鑑錄, 眞淨秘訣, 而自是流傳書册, 故果爲藏置矣. 『정조실록』 정조 9년(1785) 3월 16일.

21 供曰, 文光謙, 當就捕, 搜探其文書, 則其中有編年冊子, 而壬子至丁卯, 連有兵火, 其後仍爲三分, 乙巳

이러한 진술 내용을 볼 때『국조편년』은 영조 9년(1733)에 남원에서 일어났던 김원팔사건 때 관헌을 긴장시켰던『남사고비결』과 마찬가지로 편년체로 된 비결서였던 것 같다. 두 비결서 모두 왕조의 멸망을 예언하고 있다는 점에서는 일치하지만, 그 자구(字句)는 달랐던 것이 분명하다.

예를 들면『남사고비결』에는 무신년(戊申年, 1728?)을 가리키는 듯한 기록에 "피가 흘러 내를 이루고, 길이 막히고 민호에 연기가 끊긴다."라고 간단히 적혀 있었는데,『국조편년』에는 "무신년(戊申年, 1788?)에는 북방의 도적이 크게 일어나서, 집을 부수고 절간을 허물 것이다. 관군이 능히 대적하지 못하며"라고 적혀 있었다고 한다.

이와 같이 육십갑자나 천간이나 지지를 사용하여 특정한 년도에 어떤 일이 일어날 것인가를 예언하는 형식은 현전하는『정감록』의 「삼한산림비기」, 「무학비결」, 「오백론사」, 「도선비결」, 「남사고비결」, 「서계이선생가장결」 등에서도 쉽게 확인할 수 있는『정감록』의 대표적인 표현법이다. 그러나 인용문의 내용과 유사한 예언은 찾을 수 없다.

정조 9년(1785)에 일어난 반란음모사건의 주동자로 간주되었던 이율은 "범상하지 않은 사람(異人)의 말을 들으니, 내년[丙午年, 1786년] 이후로 도적들이 사방에서 일어날 것인데, 북쪽의 도적들이 먼저 나오고, 그 후에는 나라가 장차 셋으로 갈라진다고 합니다."라고[22] 진술했다.

이들은 남해 바다에서 출병한다는 정씨를 진인으로 인식하였다. 어떤 사람은 "제주의 7백 개 섬에 진인이 있다."고 하여 진인이 제주도 일대에 머무른다고 생각했고,[23] 또 다른 사람은 "이른바 삼도에서 군사를 일으킨다고 하는 것은, 바로 삼남(三南)의 해도(海島) 가운데를 말하는 것입니다."라고[24] 진술하여

春, 當有水災, 其文曰, 林沃之間, 水深數尺, 己酉年當爲慘凶云, 戊申北賊大起, 打家破寺, 官兵不能敵, 丁未, 昆陽固城之間, 有水災, 庚戌辛亥, 野無靑草, 壬子, 南島兵渡江云, 而壬子後, 則無所書矣.『정조실록』정조 9년(1785) 3월 1일.

22 『정조실록』정조 9년(1785) 2월 29일.

23 『정조실록』정조 9년(1785) 2월 29일.

진인이 머무는 곳을 제주도 일대로 국한하지 않았다. 그리고 "무신년(戊申年, 1788?)에 (정씨 진인이 이끄는) 신병(神兵)들이 바다를 건너온다."고[25] 진술한 사람도 있었다.

양형이 공초하기를 (…) (나라가) 셋으로 갈라진다는 말은 성 거사가 이를 말하고 문양해(文洋海)가 이를 전하였는데, 조선은 산천(山川)과 천문(天文)과 지리(地理)가 모두 셋으로 갈라질 징조가 있는데, 임자년에 사변이 있어서 도적이 일어나며, 그 뒤에 마땅히 셋으로 갈라졌다가 다시 합쳐서 하나로 되며, 셋으로 갈라진다는 성씨는 정가(鄭哥), 유가(劉哥), 김가(金哥)이지만, 필경에는 정가가 마땅히 합하여 하나로 만드는데, 그는 남해(南海)의 섬 가운데에 있으며, 유가는 통천(通川)에 있으며, 김가는 영암(靈巖)에 있다고 합니다. 임자년에 정가가 먼저 해도(海島)에서 군사를 일으키면, 유가와 김가가 그 뒤를 이어 일어난다고 하였기 때문에, 신은 이렇게 주고받은 말을 홍복영에게 전하였는데, 임자년 2월에 배가 바다 가운데에서부터 온다고 하였습니다." 하였다.[26]

홍복영이 공초하기를 (…) "노사(老師)가 말하기를, '영암(靈巖)에서 군사를 일으키는 것은 다만 앞으로 두 해가 남았다.'고 하였습니다. 대개 세 곳에서 군사를 일으키는데, 하나는 충청도이지만 고을 이름은 자세히 모르겠습니다. 또 들으니, '무신년에 신병(神兵)이 바다를 건너온다.'고 하였으나, 바다 가운데 있는 섬 이름은 잊어버리고 기억하지 못하겠습니다. 그중에 정가(鄭哥) 성씨를 가진 신인(神人)의 나이는 지금 13살입니다. 영암에서 군사를 일으키는 것은 곧 김가 성씨를 가진 사람이고, 충청도에서 군사를 일으키는 것은 바로 유가(劉哥) 성씨를 가진 사람이라고 하는데, 이것은 모두 양형의 말입니다." 하였다.[27]

홍복영이 공초하기를, "노사와 향악이 모두 그의 도당이고 서울에서는 이율과 양형이 막역한 친구입니다. 심지어 '기일을 3월로 정하였다.'고 하는 것은 영암에서 군사를 일으키는 것이 과연 금년 3월이나 4월에 있다는 것이고, 그 사람은 바로 노사, 향악의 무리들이고, 이른바 '하늘이 낸 사람이다.'라는 것은, 그 성씨가

---

24 『정조실록』 정조 9년(1785) 3월 8일.

25 『정조실록』 정조 9년(1785) 3월 1일.

26 『정조실록』 정조 9년(1785) 3월 1일(경술).

27 『정조실록』 정조 9년(1785) 3월 1일(경술).

김가이고, 이름은 자세히 모르겠는데, 김가는 금년에 군사를 일으키고, 유가는 정미년에 군사를 일으키고, 정가는 무신년에 군사를 일으켜서, 세 성씨를 가진 사람들이 장차 1백 년 동안 서로 싸우기 때문에 객성(客星)이 남방에서 이미 서울〔京城〕로 들어왔다고 하였습니다. '양형은 또 말하기를, 도사(道師)의 말을 들으면, 정가는 세 번 사람을 나라 안에 들여보내서 사정을 탐지하였다.'고 하였으며, (…)[28]

또 이들은 "참서(讖書) 가운데에 내(內), 전(奠), 을(乙), 룡(龍) 네 글자가 있다. 이것을 보면 나라의 운수가 오래가지 못한다는 것을 알 수 있다. (…) 내전(內奠)은 곧 정(鄭) 자이다. 을룡(乙龍)은 '용' 자의 몸체가 뱀 사(巳) 자로 되어 있고, 그 중에 삼 획은 석 삼(三) 자로 되었으며, 좌변은 달 월(月) 자로 되어 있는데, 월(月) 자 위의 설 립(立) 자는 달 월(月) 자 밑에 붙는다."라는[29] 진술을 통해 새로운 정씨 왕조가 들어서는 조짐이 정조 9년(1785) 3월에 생긴다고 주장했다.

그리고 진인 정씨가 바다를 건너오기 전에 '하늘이 낸 사람'인 김씨가 먼저 난리를 일으킨다는 해석도 있었다.[30] 그 김씨는 영암에서 반란을 일으키게 될 것인데, 그 시점에 대해 "앞으로 두 해가 남았다."고[31] 진술하여 정미년(丁未年, 1787?)으로 보는 견해가 있었다.

그렇지만 "영암에서 군사를 일으키는 것은 금년(1785) 3월이나 4월이다."라는[32] 의견이 사건 음모자들 사이에 보다 지배적이었다. 실제로 "영암의 김가가 을사년(乙巳年, 1785) 3월과 4월 사이에 영암과 하동 사이에서 거사할 계획이고, 안으로 서울에서 내응할 이는 박종익과 심벽현이라는 말을 (…) 들었습니다."라는[33] 진술이 있다.

한편 "김씨를 뒤따라 반란을 도모하게 될 유씨는 정미년(丁未年, 1787)에 군

---

28 『정조실록』 정조 9년(1785) 3월 1일(경술).
29 『정조실록』 정조 9년(1785) 2월 29일.
30 『정조실록』 정조 9년(1785) 3월 1일.
31 『정조실록』 정조 9년(1785) 3월 1일.
32 『정조실록』 정조 9년(1785) 3월 1일.
33 『정조실록』 정조 9년(1785) 3월 16일.

사를 일으키고, 정씨는 그 이듬해인 무신년(戊申年, 1788)에 군사를 일으킨다. 그리하여 세 성씨를 가진 사람들이 장차 1백 년 동안 서로 싸울 것이다. 그 증거로 객성(客星)이 남방에서 이미 서울로 들어왔다."라는 진술도[34] 있었다.

또 "동국(東國, 우리나라)은 말기에 가서 셋으로 갈라져서 1백여 년간 싸우다가 비로소 하나로 통합하게 될 것이다. 결국에 가서 통일할 사람은 바로 정씨 성을 가진 사람이고, 그 싸움은 먼저 나주에서 일어난다. 임자년(壬子年, 1792?)과 계축년(癸丑年, 1793?) 사이에 시작될 것이다. 어지러운 정세를 바로잡아 반정(反正)하게 될 사람은 유가(劉哥), 이가(李哥), 구가(具哥) 세 사람이다. 거사할 시기는 을사년(乙巳年, 1785) 7월과 8월이 아니면 병오년(丙午年, 1786) 정월이나 2월이다. 그런 후에 일이 순조롭게 이루어질 것이다."라는[35] 진술도 있었다.

결국 이러한 진술은 정조 9년(1785)이나 정조 10년(1786) 사이에 반정(反正)으로 표현되는 왕위찬탈사건이 일어날 것이며, 그로부터 6년이나 7년 뒤에는 삼국으로 분열되었다가, 백 년의 투쟁을 거친 다음 통일되어 새로 정씨 왕조가 세워질 것이라는[36] 예언이었다.

그런데 정조 9년의 '이율과 양형 사건'은 조사 과정에서 서악(西嶽), 향악(香嶽), 징담(澄潭), 일양자(一陽子) 등 신선이나 이인(異人)들이 연루되었다는 점이 특기할 만하다. 이 사건의 주요 관련자인 문양해 등은 이들 신인(神人)들이 『정감록』과 같은 예언서를 직접 인용하거나 해석해 주었다고 주장했다.

이 사건 관련자들에게 노선생(老先生)이라고 불렸던 서악(西嶽) 이현성(李玄晟)은 당시 나이가 250살이었다고 하며 "땅의 임금〔坤帝〕" 또는 "천제(天帝)의 배필"로 통했다.[37] 그는 산중에 아궁이 불을 전혀 때지 않고 살았다고 전하며, 군사를 일으킬 경우에 어느 지방에서 일으키는 것이 유리한지를 알 수 있었다고

---

34 『정조실록』 정조 9년(1785) 3월 1일 경술일.

35 『정조실록』 정조 9년(1785) 3월 12일.

36 이들은 "이다음 세상에는 귀천의 차별이 없을 것이다.〔此後世界, 卽無貴賤〕"라 하여, 신분 차별이 없는 평등한 사회가 건설될 것이라고 믿었다. 『승정원일기』 권 84, 정조 9년 2월 29일 기유일.

37 『정조실록』 정조 9년(1785) 2월 29일, 3월 8일.

한다. 아울러 그는 자객을 보내서 권세가를 칼로 찔러 죽이거나, 호랑이나 표범을 보내서 물어 죽이게 할 수 있는 존재로 믿어졌다.[38]

이처럼 초월적 능력을 지닌 존재인 서악은 사건의 주모자인 문양해를 위해 정조 9년(1785) 음력 3월에 7일 동안 초제(醮祭)를 지내주기도 했는데, 그가 초제를 지내면 지상의 모든 재앙이 다 없어진다고 믿어졌다.[39] 서악은 실은 성씨(成氏)이며, 나이가 80살 내지 90살이라는 설도 있었고, 어떤 사람은 그를 지관(地官)이라고 진술했다.[40]

또 향악선생(香嶽先生)은 "청상(青尙)이 향악을 남명부(南冥府)에 3일 동안 가두었다."는[41] 진술에서 알 수 있듯이 이 사건과 직접적인 관련이 있는 인물로 인식되었다. 그는 지리산에 머무르고 있으며, 이름은 김정(金鼎)이고 나이는 60여 살이었다고 한다. 그가 사는 집을 운경(雲局)이라고 불렀기 때문에 그를 운재(雲齋)라고 부르기도 했으며, 본래 평안도 출신이었다고 한다. 이러한 주장과 달리 어떤 사람은 향악의 이름을 김호(金灝)[42] 또는 김현(金鉉)이라고[43] 진술하기도 했다.

또 징담(澄潭)이라는 신선에 대해 그가 지리산에 있다고도 했으며,[44] 또 어떤 이는 그가 평안도 출신으로서 성은 고씨(高氏)이고 이름은 화귀(花龜)인데, 바닷속 깊은 물 밑에 숨어있어서 사람들이 만나볼 수가 없었다고[45] 말하기도 했다. 또 다른 사람은 그의 이름이 경명(輕明)이라고[46] 진술했다.

어쨌든 징담, 향악, 서악 등은 이 사건의 중요 인물이었던 문양해의 스승

---

38 『정조실록』 정조 9년(1785) 2월 29일.

39 『정조실록』 정조 9년(1785) 3월 1일.

40 『정조실록』 정조 9년(1785) 2월 29일.

41 『정조실록』 정조 9년(1785) 3월 16일.

42 『정조실록』 정조 9년(1785) 3월 8일.

43 『정조실록』 정조 9년(1785) 3월 16일.

44 『정조실록』 정조 9년(1785) 3월 1일.

45 『정조실록』 정조 9년(1785) 3월 1일.

46 『정조실록』 정조 9년(1785) 3월 8일.

으로 믿어졌다. 즉 문양해가 이들 신선에게서 선술(仙術)과 술법을 배웠다는 주장이다.

그 이외에 묘향산에 살고 있었다는 일양자(一陽子)라는 신선도 이 사건과 관련되어 언급된다. 일양자의 성은 모씨(茅氏)이며,[47] 모자(茅子)라고[48] 불렸다고 전한다. 또 다른 사람은 그의 이름이 모문룡(茅文龍)이라고[49] 진술했으며, 중국 명(明)나라의 문장가 녹문(鹿門) 모곤(茅坤, 1512-1601)의 11대 손자라고[50] 주장하기도 했다.

일양자는 남달리 총명하여 『학통(學統)』이라는 어려운 책을 한 번 보고 곧 암송했다고 한다.[51] 그는 40여 세 정도였는데, 얼굴 모습이 기이하고 스무 살 먹은 사람과 같았다는 신선이다.[52] 일양자가 산에 들어가서 머리를 깎으면 하늘에서 꽃비가 내리는 등 신비한 일이 일어났다고 전한다.[53] 어떤 사람은 그가 얼마 전에 중이 되었다고 주장하기도 했다.[54]

문양해와 안면이 있었다는 또 다른 신선으로 현도진인(玄都眞人)이라는 존재가 언급되기도 했다. 그는 당시 지리산 깊은 곳에 살고 있었는데, 이름은 백원신(白圓神)이며, 나이가 5백 살이 넘었다고 믿어졌다.[55]

그 밖에도 이 사건에는 녹정(鹿精)과 웅정(熊精)이라는 기이한 존재도 언급되었다. "이른바 녹정과 웅정은 사슴과 곰의 몸이 수백 년 동안 지나오면서 변화하여 사람이 된 것인데, 글자도 압니다. 제가(문양해가) 선원촌(仙苑村) 이현성(李玄晟)의 집에서 녹정을 만나 보았습니다. 얼굴은 길고 머리털은 하얗습니다.

---

47 『정조실록』 정조 9년(1785) 3월 1일.
48 『정조실록』 정조 9년(1785) 2월 29일.
49 『정조실록』 정조 9년(1785) 3월 8일.
50 『정조실록』 정조 9년(1785) 3월 12일.
51 『정조실록』 정조 9년(1785) 3월 1일.
52 『정조실록』 정조 9년(1785) 3월 12일.
53 『정조실록』 정조 9년(1785) 3월 1일.
54 『정조실록』 정조 9년(1785) 3월 12일.
55 『정조실록』 정조 9년(1785) 3월 1일.

웅정은 얼굴이 흐리고 머리털은 검었습니다. 녹정은 스스로 5백 살이라고 말했으며, 웅정은 스스로 4백 살이라고 말했습니다. 신라 말년에 최고운(崔孤雲)이 가야산에 들어가서 공부할 때, 어떤 사슴 한 마리가 와서 책상 밑에 항상 엎드려 있었는데, 마치 도를 듣는 것 같았다고 합니다. 그래서 최고운이 '네가 비록 사슴과 같은 종류의 짐승이지만, 도를 흠모할 줄 아니 나이를 연장하는 방법을 알게 해 주어야 하겠다.'고 했습니다. 그리하여 (그 사슴은) 마침내 사람의 형태를 갖추고 말도 통하게 되었다고 합니다. 녹정은 별호를 청경노수(淸鏡老壽)라고도 하고, 백운거사(白雲居士)라고도 합니다. 웅정은 자칭 청오거사(靑烏居士)라고 하는데, 모두 성명을 말하지 않았습니다."라는[56] 진술이 있다.

이들 신선들은 지리산 속에 있는 선원(仙園)에 살고 있었다고 믿어졌다. 그곳은 외부 사람들에게는 전혀 알려지지 않은 곳인데, 신선들의 집이 10여 호가 있었다고 한다. 이들 신선들은 장래에 닥치게 될 운수를 훤히 알고 있었다고 전한다.[57]

이러한 진술의 사실 여부를 확인하기 위하여 당시 정부에서는 관리를 지리산에 보내 산골짜기를 샅샅이 조사하기도 했다. 그러나 신선들이 살고 있다는 마을은 발견하지 못했다.[58] 결국은 취조의 마지막 단계에서 문양해(文洋海)의 자백에 의해 이른바 신인(神人)은 허구적인 존재로 판명되었다.[59]

정감록과 도교의 신선사상이 결합하여 도교적 색채가 풍기는 별호를 사용한 인물들이 이 사건과 관련이 있는 것으로 믿어졌다. 이 사건의 배후에 지리산 산인(山人)세력이 있고, 이들이 지리산 선원(仙苑)에 있다고 주장한 것이다. 지리산 기슭에 위치한 하동을 중심으로 그 일대의 변혁지향적인 집단이 도교를 수련하고 정감록 등의 비결서를 보면서 조직적인 체제저항운동을 도모했

---

56 『정조실록』 정조 9년(1785) 3월 12일.
57 『정조실록』 정조 9년(1785) 3월 8일.
58 『정조실록』 정조 9년(1785) 3월 23일.
59 『정조실록』 정조 9년(1785) 3월 23일.

을 가능성이 충분히 있다.

이에 대해 이때 판의금(判義禁)을 지냈던 김종수(金鍾秀)가 "비록 신선이나 이인이 진짜로 있는 것은 아니라 할지라도 이 사건의 정황을 볼 때 반드시 실마리가 있다."고 주장했다.[60] 특히 하동 지역이 유랑하는 무리들이 모여 있는 역적의 소굴로 지목되었다는 점에서 저항적 지식인들의 집단 거주지로 널리 알려졌다는 사실은 이러한 추론을 뒷받침한다. 서울과 지방의 불령(不逞)한 무리들이 3도에 걸쳐 모의하여 서울로 공격하려다가 거사 직전에 발각되었다.[61]

이규운(李奎運)은 평안도 선천 사람으로 본래 이름은 오도하(吳道夏)였다. 외가의 제사를 모시기 위해 어머니의 성을 따르고, 이름도 고쳤다고 진술했다. 강계에 살다가 안주 사람 김옥(金玉)의 무고로 삼수로 정배되었다. 유배에서 풀려난 후에는 강원도 회양으로 흘러가 이명하(李命夏)의 딸과 결혼하였다. 이후 다시 서울에 올라와서는 이색(李穡)의 후손이라고 칭하면서 사람들과 교류하였다. 그는 정조 3년(1779)과 정조 4년(1780)에는 고성의 제언에 관해 당상관의 처분을 받아가기 위해 상경하여 활동했다.

또한 그는 강원도에 송시열의 비를 새로 세우는 일과 관여하여 송시열의 현손인 송덕상(宋德相)을 몇 차례 만나기도 했다. 이후 그는 함경도, 충청도, 경상도 등지의 인물들을 광범위하게 사귀었다. 그는 진사를 가칭하면서 글을 잘한다는 이유로 이찬(李璨)의 집에 추천되었고, 이찬을 대신하여 답안을 작성하여 과거에 합격시킨 후 이찬의 형제와도 어울렸다. 통천에 있을 때는 지사(地師)들과 어울렸으며, 회양에 있을 때는 훈장으로서 학도들을 잘 가르쳤다고 한다. 주형로(朱炯魯)의 공초에 따르면 이규운은 "국운이 다하고 인심이 모질어져서 세계가 오래가지 못할 것"이라고 말하고, 국운이 다한 것을 참서(讖書)의 "내전을룡(乃奠乙龍)"이라는 글귀로 설명했다고 한다.

60 鍾秀等曰, 諸賊之招, 雖甚妖誕, 而殊常之事, 其端非一, 雖非眞箇神仙, 眞箇異人, 而其情則必有苗脈矣. 『승정원일기』 정조 9년 3월 23일(임신).

61 고성훈, 「조선 후기 변란 연구」(동국대학교 박사학위논문, 1993), 135-149쪽.

이처럼 이규운은 한곳에 뿌리내리지 못한 채 전국을 유랑하던 인물이었다. 글솜씨도 뛰어나 남을 과거에 합격시킬 정도였고, 학도들을 가르칠 정도로 유교적 소양을 충분히 갖추었다. 전형적인 저항지식인의 성격을 지닌 인물이다.

저항적 성향을 지닌 지식인을 거사(居士)로 부른 예도 보인다.

> 정언 이우진(李羽晉)이 아뢰기를 (…) "우리나라에서 말하는 거사(居士)라는 것은 중도 아니고 속인도 아닌 자로서, 편적(編籍)에서 이름이 빠지고 신역(身役)이나 군포(軍布)가 없으니, 떠돌아다니는 백성들 중에 가장 수상한 자입니다. 더군다나 근래에 흉측한 무리들이 이 무리들 속에서 발각되었으니, 우환을 염려하는 도리에 있어서 소홀히 할 수 없습니다. 그리고 하동(河東) 지경의 일면은 완전히 이 무리들이 모여 살고 있으며, 본읍은 역적의 소굴이 있었던 곳이니, 도백으로 하여금 각 고을에다 분산시켜 군역(軍役)에 충당시키는 것이 옳겠습니다."라 하니 (…)[62]

호적도 없고 따라서 각종 신역(身役)과 세금도 내지 않고 떠돌아다니는 이른바 거사(居士)들이 역모를 꾀하고 있다는 이러한 보고는 이들이 예언사상의 전파에 적극적으로 참여하였으며, 나아가 민중저항운동의 주체로 성장했음을 알려준다.

> 삼도(三道)의 도신(道臣)에게 유시하기를, "경 등은 모두 도(道)의 감사로 있는데, 모든 사건의 기미(幾微)에 대해서는 힘써 살피고 신중하게 해야 할 것인데, 어찌 백성들을 따라 동요하면서 백성들을 진정시키려는 뜻을 생각하지 않는가?
> 요즘 듣건대, 감영(監營)과 고을의 진영(鎭營)에서 죄인들을 체포하려고 하여 포교를 사방으로 포치(布置)하였기 때문에 집에 있는 사람이 손님을 물리치고, 떠나가는 사람은 보따리를 짊어지는 등 민심이 곳곳에서 소란스럽다고 한다. 설령 혹시라도 불령(不逞)한 무리가 몰래 다른 마음을 품기를 도모하는 것은 이런 특별히 하찮은 인간들일 뿐이고 보통 백성에게 무슨 일이 있겠는가? 작년 봄에 소란스러운 말에

---

62 『정조실록』 정조 10년(1786) 2월 22일(병신).

지쳐서 백성들이 편안하게 살 수 없었고, 금년 봄에는 감영과 고을에서 소란이 일어나 백성들이 또한 편안하지 못하였다. 아! 저 보통 백성들이 어찌 불쌍하지 않겠는가? 더구나 흉악한 무리들이 거짓말로 과장하고 소란스럽게 하는 것은, 대개 먼저 민심을 동요시키려는 계책에서 나온 것인 만큼, 이제 사건의 단서가 드러난 뒤에 보통 백성에 대해서는 더욱더 무마하여, 흉악한 무리들로 하여금 기대가 없어지고 계책이 무너지게 하는 것이 좋을 것이다. 그런데 어찌 도리어 보통 백성들로 하여금 거기에 따라서 동요하게 하는가? (…)[63]

정조가 택한 정책은 무엇보다 민심의 안정을 도모하는 일이었다. 그는 사건의 조기 수습을 도모하면서 요언의 확산으로 소란스러워진 민심을 달래려 노력했다. 이는 일반 백성과 예언사상의 유포자들을 분리시켜 다루려는 의지를 보인 것이며, 감영과 진영에서 지나치게 죄인 색출에 나서는 행위 자체가 민심의 안정을 해치는 일이라는 판단이다. 민심이 동요하면 이는 예언사상의 전파에 유리한 환경이 조성되는 것이라는 사실을 정확하게 인식하고 있었으며, 이러한 상황의 전개를 막기 위해서라도 민심안정책이 우선시되었던 것이다.

한편 이 사건이 일어난 직후에 전남 구례군에 있는 화엄사(花嚴寺)의 승려 윤장(允藏)이 절간에 『정감록』을 숨겨두었다는 이유만으로 흑산도에 유배되었다.[64]
이 사건에 대한 정조의 판결문과 의견은 다음과 같다.

이율(李瑮)은 모든 사람들이 지목하는 자인데, 몇 해 동안 품어온 생각은 임금도 없고 나라도 없는 마음을 가졌다. 처음에는 김귀주(金龜柱)에게 가까이 붙어서 말과 행동을 조심하라는 말을 제창하다가, 나중에는 역적 김하재를 슬그머니 비호하였으며, 벼슬길이 막혔기 때문에 불평하는 마음이 점점 깊어졌을 뿐만 아니라, 그들을 믿고 명령을 받들어 포치하였고 삼도(三路)에 거사를 더욱 서둘렀다. '북방의 도적이 먼저 나온다.'고 하기도 하고, '하루아침에 제후로 봉해진다.'라고 하고, 점을 치기를, '남방에 가는 것이 이롭다.'고 하고 역적 이웅보(李熊輔), 정희량(鄭希亮)

---

63 『정조실록』 정조 9년(1785) 3월 26일(을해).
64 『정조실록』 정조 9년(1785) 3월 16일.

의 옛 소굴에 웅거하려고 도모하여, 두류산(頭流山) 천리 길을 멀다 하지 않았다. 또 '인경(仁京)'이란 요사스러운 말을 조술(祖述)하였고, 셋으로 갈라진다는 글자를 손바닥에 비밀히 썼으며, 소굴로 사람들을 불러 모아서 장수를 추대하고 날짜를 정하고 군사를 일으키려 하였는데, 이에 패서(稗書)를 인용하여 말하기를, '하늘을 도와서 도를 행한다.'라고 하고, 서울과 외방의 무례한 무리들과 결탁하여 처음부터 끝까지 불궤(不軌)한 반역을 주장하였던 것이다.

문양해(文洋海)는 여우와 이리처럼 교활하고 물귀신같이 흉악한 자로서, 신령스럽고 기이하다는 칭호를 얻으려고 일부러 적석산(赤石山) 속에 종적을 감추고 신선(神仙)을 따라서 논다고 핑계 대고, 이르기를 '백원(白圓)에게서 명을 받고 꿈속에 관노(鸛奴)와 학노(鶴奴)를 자주 보낸다.'라고 하면서 문득 신통한 계제(階梯)라고 일컬으면서, 웅정(熊精), 녹정(鹿精)과 서로 만나서 세상을 현혹하는 수단으로 삼았었다. 윤리가 없어지는 것을 달갑게 여기고, 그의 행동하는 것이 괴이하여 나이 30살에 장가를 들지 못하여 가정도 이루지 못하고, 참언(讖言)을 전하고 부적(符籍)을 쓰는 것을 일삼아서 천만 가지 방법으로 사람들을 선동하였던 것이다.

주형채(朱炯采)는 어리석은 백성들을 관북(關北) 지방에서 속이고 유혹하였는데, 혹은 주자의 성리학을 공부하는 사람이라고 일컫기도 하고, 역적의 괴수들과 하동에서 가까이 지냈는데, 이에 '도원수(道元帥)의 물망에 올랐으며, 별을 보고 점을 치면서 점술(六壬)에도 스스로 정통하다.'고 하였다. 창고의 곡식을 징발하고, 일만 명의 갑병(甲兵)을 즉시 마련하겠다고 하였다. 오로지 그가 기억하여 꿈을 기록한 흉악한 말에서 더욱 부도한 숨은 죄상이 드러났다.

양형(梁衡)은 바탕이 본래 미천한 자로서, 천성이 요사스러운 역적이었다. 이율과 홍복영을 소개할 때에 심지어 다섯 영장(營將)을 분배하여 문광겸(文光謙), 문양해(文洋海)의 무리를 지휘한다고 하였고, 네 선생(先生)의 명호를 지어냈으며, 흉악한 서찰을 편년으로 엮고 공문으로 자주 보냈으며, 비밀 계책은 밤낮으로 헤아리고 마련하였던 것이다.

홍복영(洪福榮)은 아주 교활한 홍낙순(洪樂純)의 어리석은 자식으로서 원래 악독한 홍국영(洪國榮)의 종제(從弟)인데, 나라를 망치고 집안을 해칠 계책을 이미 한 가문에서 대대로 물려받았던 것이며, 만약 천문(天文)을 보고 지리(地理)를 헤아리는 것 같은 계책을 여러 역적들과 충분히 의논하였던 것이다. 양형을 아비와 같이 여기고, 집사(執事)나 소자(小子)라고 서로 일컬으며, 문양해를 신(神)으로 알고 비기(秘記)와 요술(妖術)을 굳게 믿으면서, 먼저 1백여 칸짜리 집을 지어놓고 서북방에 왕성한 기운이 있다고 점을 치고서, 말하기를, '3월 사이에 경영할 일이 있다.'라고 하였고, 땅임금[坤帝]에게 기일을 확증받고 일만 금의 돈을 부려서 죽음을 각오한 선비들을 모았으며, 소란스러운 말이 호남(湖南)과 호서(湖西) 지방에 널리 퍼지게 하였다. 1천 포대의 소금을 팔아서 군량을 저축하였는데, 쌀값이 영남 시장[嶺市]에서 갑자기 뛰어올라 갔다. 이미 심복들을 몰래 포치하였기 때문에 점점 그의 조아지사(爪牙之士)를 널리 퍼지게 만들었던 것이다.

주형로(朱炯魯)는 아비를 주정(朱禎)이라는 이름으로 바꾸어 불렀으니, 진실로 망측한 자이며, 오도하(吳道夏)가 성을 이가라고 바꾸었는데, 무슨 짓인들 하지 못하였겠는가?

대개 이처럼 지극히 음흉하고 극악한 음모는 모두 난리를 일으켜서 화(禍)를 즐기려는 무리들 때문이다. 그리하여 이율은 소굴의 땅을 경영하여 '홍감사(洪監司) 집'이라고 말하였고, 양형은 비밀스러운 서찰을 보낼 때에 '이진사(李進士)의 서장(書狀)'이라고 일컬었으며, 돌을 모아 사나운 호랑이를 만든 일은 바로 왕칙(王則)이 백성을 속인 것과[65] 같은 일이다. 금강(金剛)과 을룡(乙龍)이라는 칭호는 어찌 장각(張角)이 참언(讖言)을 만들었던 것과 다르겠는가? 좌도(左道)를 믿고 백성들을 현혹한 것은 우귀(牛鬼)와 사신(蛇神)과 같은 것이며, 가짜 큰 두루마리로 인물들의 부서를 나눈 것은 거의 부엉이가 날개를 치는 것처럼 멧돼지가 앞으로 내닫는 것처럼 어찌 무모한 계책이 아니었던가? 하늘 끝에서 땅 언저리까지 서로 화답하고 호응하니, 어찌 그 세력이 삼도에만 그치겠는가?

오래된 역적과 새로운 역적들이 서로 결탁하여 한 덩어리로 뭉쳐서 함께 모의한 것은 지난해부터 시작하였고, 군사를 일으키는 것은 금년 봄으로 기약하였다. 나라의 형세가 이미 태산(泰山)의 반석(磐石)보다 더 안정되었으니, 족히 우려할 것은 없지만, 해괴한 기미(幾微)가 호흡지간(呼吸之間)에 박두하였으니, 어찌 두려워하지 않을 수가 있겠는가? 다행히 음관(蔭官) 한 사람이 충성과 의분으로써 사전에 기미를 알아차리고 여러 난적(亂賊)들을 차례로 체포하게 만든 것이다. (…) 괴이한 말들과 와전하는 말들을 타파하고 사방의 의혹을 흠쾌히 풀었더니, 백련(白蓮)이니 향악(香嶽)이니 하는 칭호가 그 어찌 진짜로 있었던 것이겠는가? 그들이 홍의(紅衣)나 해도(海島)라고 일컬었지만, 그것도 또한 분별하기가 어려운 것이 아니었다. 옥사의

---

65 왕칙(王則)은 송(宋)나라 사람으로, 『오룡적루경(五龍滴淚經)』을 익히고는, "석가(釋迦)가 쇠퇴하면 미륵불이 의당 세상에 나올 것이다."라고 하면서 스스로 동평군왕(東平君王)이라 칭하고 패주성(貝州城)에 웅거하여 반란을 일으켰는데, 문언박(文彦博)에 의해 평정되었다.

정상에 관련된 무리들을 제외하고, 어찌 다른 사람들에게 죄가 파급되리라고 걱정하겠는가?

참위설(讖緯說)에 나오는 황당한 서책을 보면, 우리 도(道)인 유교를 높이고 믿는 것만 같지 못하다. 역적 김하재(金夏材)를 전에 이미 능지처사(凌遲處死)하였고, 이괄과 신치운의 관례에 따라 형률을 적용하였다. 김두공, 이율, 문양해는 모두 능지처사하였고, 주형채는 군문(軍門)에서 효시(梟示)하였다. 양형과 문광겸은 빨리 폐사(斃死)하였고, 홍복영은 사실을 알고도 고발하지 않은 죄〔知情不告罪〕로 결안(結案)하여 다시 하동부(河東府)로 내려보내어 사형에 처하게 하였다. 주형로와 오도하는 사형을 감하여 귀양 보내도록 하여 옥사를 끝마쳤다.[66]

정조의 행장에도 이율사건이 자세히 언급되어 있다.

전 현감 김이용(金履容)이 상변하여 이율(李瑮), 양형(梁衡), 홍복영(洪福榮), 문양해(文洋海), 주형채(朱亨采), 김두공(金斗恭) 등을 친국했는데, 복영은 홍낙순(洪樂純)의 자식으로서 국영(國榮), 낙순의 죄가 탄로 나자 복영이 국가에 대한 원한을 품고 불궤(不軌)를 저지를 생각으로 이율, 양형, 문양해 등과 짜고 비결에 가탁하여 거짓말을 퍼뜨리고 영남 하동(河東) 땅을 근거지로 돈을 모으고 집을 짓고서 불일간 거사를 하려고 모반 준비가 완료 상태에 있었다. 그들이 국청에서 신문을 당하게 되자 그들은 귀신을 끌어다 대고 성명도 없는 것들을 끌어대면서 그 옥사를 갈팡질팡하게 만들려고 하였고, 각 도에서는 도신(道臣), 수신(帥臣)의 밀계(密啓)가 하루에 네댓 차례씩 올라왔는데, 이때 상이 하교하기를, "병신, 정유년 이래로 난역(亂逆)이 늘 발생하고 있는데 이는 국가에 죄지은 무리들이 난리가 일어나고 화환이 있기를 바라는 마음에서 터무니없는 말로 허풍을 치며 사람들 마음을 현혹시키는 것으로 요사스럽고 사리에 당치도 않은 허다한 말들이 각지에 전파되고 있으나 그들의 진짜 소굴은 지금도 그대로 있는 것이다. 지리산, 묘향산이 그 둘레가 비록 넓고 멀다고 해도 만약에 진짜 문양해 공초대로 그 속에 선원(仙苑)이 있고 이인(異人)이 있다면 몇 개 읍의 교졸(校卒)을 동원해서 깊은 골짝에서 정상까지 빗질을 하다시피 뒤졌는데도 마을 하나 없고 사람 발자국 하나 없단 말인가? 부질없이 죄 없는 백성들만 겁을 먹고 떠들썩하게 되어 열 집 되는 마을에 일고여덟 집이 다 비게 만들었다.

66 『정조실록』 정조 9년(1785) 4월 14일(계사).

설사 불량한 무리들이 혹 딴 뜻을 먹고 있다고 해도 그것쯤이야 소추(小醜)에 불과하지 평민들하고야 무슨 상관이 있겠는가? 내 비록 대궐 속에 깊이 앉아 있어 자세히 듣지는 못했으나 그 일을 생각할 때마다 어찌 침식(寢食)을 달게 여길 수 있겠는가? 빨리 각 도로 하여금 모든 수포(搜捕)와 규찰(糾察)에 관한 일은 그 일체를 정지하여 우리 백성들이 마음 놓고 생업을 즐기면서 각기 윗사람을 친히 여기고 어른을 위해 죽을 마음이 있게 하라." 하였다.[67]

사건이 종결된 지 1년 8개월 후에 평안병사를 지냈던 구명겸(具明謙)이 죄를 자복하고 효수되었다. 나라의 중임을 맡았던 인물도 이 사건에 연루되었음을 뒤늦게 밝혔고 바로 효시되었다.[68] 허무맹랑한 무리들이 일시에 벌인 사건이 아니라 여러 계층의 인물들이 관여하고 있었던 역모임이 밝혀진 것이다.

---

67 『정조실록』 부록 「정조대왕 행장」.

68 죄인 구명겸의 결안에, "제가 평안병사로 있을 때에 역적 종실에게 선물을 바친 것이 죄목의 단안입니다. 을사년 봄 문양해(文洋海), 이율(李瑮)의 옥사 때 삼도에서 군사를 일으키기로 날짜를 이미 정하고 안에서 호응할 대장은 제가 맡았습니다. 그런데 저의 신수(身數)가 어떤지 몰라서 역적 이율에게 사주(四柱)를 써서 주어 문양해에게 보이라고 하였습니다. 이른바 지리산 이인(異人)에 대해서는 이번 역변을 조사할 때에 사주 보낸 것을 제가 또 낱낱이 자복하였습니다. 흉악한 마음을 고쳐먹지 않고 역적 종실과 내통하는 비밀 통로의 구실을 하였고 망측한 저의 숙부의 역모에 참여하였으니, 전후의 역절(逆節)을 모두 지만(遲晚)합니다." 하니, 효시(梟示)하였다. 『정조실록』 정조 10년(1786) 12월 9일(무신).

진동철 사건

50

　정조 9년(1785) 3월에 충청도에서 진동철(陳東喆)과 진흡(陳潝) 등이 "을사년 (乙巳年, 1785) 3월 15일에 김곤(金坤)이 서천(舒川)에서 군사를 일으켜 서울을 침범 하려고 한다. 이때 서산(瑞山)이나 태안(泰安)에 반드시 해적(海賊)이 나타날 것인 데, 왜적(倭賊) 같지만 왜적이 아닐 것이다."라고 주장하며,[1] "난리를 피하기 위 해서는 산골짜기로 들어가야 하고, 창과 환도를 준비해야 한다."는 등의 해도 기병설(海島起兵說)과 관련된 요언(妖言)을 유포하여 민심을 동요시킨 사건이 있

1　진양호가 공초하기를 (…) 을사년 3월에 내포해도(內浦海島)에서 마땅히 난리가 일어날 것이라는 말은 정말로 진흡에게서 들었습니다.'라고 하였습니다. (…) 공초하기를, '지난해에 늙은 아버지가 진잠(鎭 岑)에 왕래한 뒤에 말하기를, 을사년 3월에 내포(內浦)에서 난리가 일어난다고 하였는데, 이것은 진잠 사람에게서 얻어들은 것 같습니다.'라고 하였습니다. (…) 공초하기를, '진흡은 평상시에 말하기를 「난 리가 장차 일어나겠는데, 왜 이사하여 산골로 들어가지 않는가?」라고 하고, 또 말하기를 「긴 창[長創] 과 환도(環刀) 같은 기물을 준비하지 않을 수가 없다.」고 하였습니다. 그런데 진흡이 공산(公山) 비룡 소(飛龍所)에 왕래한 뒤에 또 말하기를, 「을사년 3월 서산(瑞山)과 태안(泰安) 사이에 반드시 해적(海 賊)이 있을 것인데, 왜(倭) 같지만 왜가 아닐 것이다.」라고 하였습니다. 〔(…) 供曰, 陳潝常時以爲, 亂 離將起, 何不移家入峽云云, 又以爲, 「長鎗環刀等物, 不可不措備云, 而陳潝往來公山飛龍所, 後又以爲, 乙巳三月, 瑞山泰安間, 必有海賊, 似倭非倭.」云矣.〕『정조실록』정조 9년(1785) 3월 24일.

었다.[2]

이 사건은 양반인 진동철과 그의 아들 진양호·진양로 형제 등이 진흡과 회합하는 가운데 진흡이 요언을 발설했다는 내용이다. 진동철 세 부자는 "진흡이 을사년(1785) 3월 15일에 서천(舒川)에서 김씨 성을 가진 사람이 거사할 것이며, 그의 이름은 김곤(金坤)이다."라고 말했다는 것이다.

양반인 진동철이 자신의 아들들과 함께 지사(地師)인 진흡과 회합하면서 요언을 주고받다가 탄로났고, 이에 홍충도관찰사 심풍지가 밀계하여 알려지게 되었다. 심풍지에 따르면 진동철 세 부자가 진흡으로부터 들었다고 주장하는 요언의 내용이 변란과 관계된다는 것이다. 그 내용은 "이때에 서산이나 태안에 반드시 해적이 나타날 것인데, 왜적 같지만 왜적이 아닐 것이다."라고 하면서 "난리를 피하기 위해서는 산골짜기로 들어가야 하며, 창과 환도를 준비해야 한다."는 등의 요언을 주창한 것이다.

그러나 진흡 등에 대한 심문은 결말을 짓지 못한 채 파문이 점차 확대되었고, 민심의 동요를 우려한 국왕이 심풍지를 파직시키는 방법으로 사건을 조기에 마무리 짓고자 했다. 결국 이 사건은 끝내 그 실체가 드러나지 않은 채로 일단락 지어졌다. 그러나 사건 관련자들은 내전을룡(乃奠乙龍)이라는 비기의 파자를 이용하거나 『도선비기(道詵秘記)』의 내용인 사왜비왜(似倭非倭)의 설을 유포하는 등의 방법으로 민심을 끌어모으고 체제를 부정하는 저항을 시도하였다.

이 사건의 관련자 조명호(趙明鎬)가 다음과 같이 진술했다.

공초하기를, '과연 그와 서로 친합니다. 계묘년 7월에 와서 말하기를, 「왜선(倭船)이 동래(東萊)에 갔다 왔다 한다는데, 세상은 반드시 오래가지 못할 것이다.」라고 하였습니다. 그러므로 그 흉악한 말을 듣고서 입 밖에 내지 않았었는데, 지금 이 지경에 이르렀으니, 마땅히 자세하게 고해야 하겠습니다. 그가 말하기를, 「을사년 3월에 난리가 반드시 일어나는데, 그 사람은 바로 이름을 을룡(乙龍)이라고 부르는

2   『정조실록』 정조 9년(1785) 3월 24-30일, 4월 1일.

사람이다.」라고 하였습니다. 대개 그것은 '용(龍)' 자 중에 뱀 사(巳) 자, 석 삼(三) 자, 달 월(月) 자가 있기 때문에 이것으로써 파자(破字)하여 을사년 3월이라는 말을 만들어낸 것입니다.[3]

이 사건 관련자 진동철이 정후겸에게 계룡산에 별장을 세울 것을 건의했다는 주장도 제기되었고,[4] 문양해사건과도 관련된다는 주장도 다음과 같이 제기되었다.

하교하기를, "공산(公山)의 진가(陳哥)의 일은 비록 역적 문양해(文洋海)의 공초에서 나왔다고 하더라도 사실이 심히 어긋난다. 특별히 본도에 회부하도록 한 것은 다만 그 증거를 확인해 보려고 한 것뿐이고, 원래 한 사람도 발포(發捕)하라는 명령은 내지 않았다. 작년에 요사스러운 말들이 떠들썩할 때에 식견 있는 사람도 의심하고, 어리석은 백성들은 완전히 믿었으며, 의심스러운 말이 전해져서 사실로 믿게 되어 거짓말이 거짓말을 전하게 되니 세 번 전해져서 호랑이가 되지만 사람들치고 누군들 속이고 현혹되지 않겠는가? 이것은 대개 흉악한 무리들의 계책이 먼저 인심을 동요시키는 데에 있기 때문이다. 지금 다행히 주도면밀하게 세운 손발들이 대략 드러나고 주모자와 소개한 사람들이 차례로 사형을 당하였으니, 그 단서를 지방 고을에서 찾을 일이 아니다. 길가에서 들은 말을 친지들 간에 전하는 것은 특히 보통일 뿐인데, 어찌 마음대로 샅샅이 핵문(覈問)할 수가 있겠는가? 이른바 을룡(乙龍)이라는 것은 요망하고 허탄한 것이 더욱 심한데 이미 모임이 어느 연월에 있다는 사실을 알고 있었다면 도리어 사람의 이름을 비밀리에 다른 도에 공문을 보내어 널리 체포하도록 요구할 것이다. 또 이미 잡아온 사람을 가지고 말하더라도 80살의 노인에 불과하였다. 작년에 소란스러운 말을 참가해 들은 것이 어찌 이번

---

3 供曰, 果與相親矣. 癸卯年七月, 潘來到以爲, 聞倭船, 去來於東萊, 世界必不久云. 故聞其凶言, 不出口外, 今至此境, 當爲詳告矣. 渠曰, 乙巳三月, 亂離必起, 而其人, 卽乙龍稱名人云. 盖以龍中, 有己三月字, 故以此破字, 做出乙巳三月之說. 『정조실록』정조 9년(1785) 3월 26일.

4 심지어 (진동철이) 계룡산의 전장을 역적 정후겸(鄭厚謙)에게 소개하였다고 모든 사람들이 이구동성으로 전하는데 대개 그 불령(不逞)한 음모의 유래는 오래되었습니다. (…) 역적 진흠(陳潘)이 파자(破字)에 획을 나누어서 요언을 만들어 냈다는 것은 조명호의 집에서 이미 용이하게 말하였으니, 진동철에게만 어찌 홀로 조심하여 입을 다물고 말하지 않았겠습니까? 파자(破字)의 흉측한 말을 한 것은 그가 이미 자복하였으니, 바로 이 한 가지 안건만 하여도 만 번 죽여도 오히려 쌉니다. 『정조실록』정조 9년(1785) 3월 28일(정축).

옥사에 관계가 있단 말인가? 이번에 만일 말이 나온 근원을 기어이 구명한 다음에
야 그만두겠다고 한다면, 온 경내의 사민(士民)들이 모면할 자가 몇이나 되겠는가?
계하(啓下)하여 조사하는 일은 사체가 지극히 중대한데, 회답이 내려가기를 기다리
지 않고 지레 먼저 발포하였던 것이다. 이 도신(道臣)은 가까이 근시에서 나간 사람
인데, 이와 같이 두서없이 일을 처리하니 관하(管下)의 도와 진(鎭)에서 서로 전하여
떠들썩하고 있는 것을 미루어서 알 수 있다. 그 나라의 체모를 존중하고 인심을 진
정시키는 도리에 있어서 감사를 영송(迎送)하는 폐단도 고려할 수 없는 일이 있다.
홍충도감사 심풍지(沈豊之)를 파직(罷職)시키고 서용하지 않는 형전을 베풀도록 하
라." 하였다.[5]

위의 인용문에서 알 수 있듯이 정조는 예언사상의 유포에 대해 책임을 모
면할 사람은 없을 것이라고 판단하고, 사건을 처리하는 과정에서 요란스럽게
했다는 책임을 물어 감사를 파면하는 정책을 사용했다. 정조는 민심의 안정이
야말로 유언비어가 유포되는 상황을 막는 최선책이라고 인식했다.

5 『정조실록』 정조 9년(1785) 3월 28일(정축).

유태수 사건

51

정조 9년(1785) 12월에 함경도 삼수부(三水府)에서 유한경(劉漢敬), 유태수(柳泰守), 이창순(李昌順), 황인택(黃仁宅) 등이 거사를 모의하다가 체포되었다. 이들은 거사(居士)들이었으며, 무리가 1만이 넘는다는 말을 퍼뜨렸다.[1]

이 사건을 조사하는 과정에서 풍수와 택일하는 잡술을 알 수 있는 『천기대요(天機大要)』라는 책도 언급되었다.[2] 이들은 장차 정씨가 흥할 것이라는 비결도 주고받았는데,[3] 정씨의 이름이 을룡(乙龍)이라고 진술하기도 했다.[4]

---

1   『일성록』 정조 10년(1786) 2월 11일(을유).

2   『추안급국안』 22권 239책, 「을사모역동참죄인유태수등추안(乙巳謀逆同參罪人柳泰守等推案)」 곤
    (1785. 12.) (아세아문화사, 1979), 526면.

3   한필현이 "이 책은 비결이다. 4백 년 후에 이러이러한 일이 있을 것이다. ─ 여덟 글자의 흉언 ─"라 했
    습니다. 그리고 정씨가 장차 흥할 것이라고 말했습니다. 〔(…) 此書卽秘訣也. (…) 四百年後, 有如此如
    此 ─ 八字凶言 ─ 之事. (…) 鄭氏將興〕『추안급국안』 22권 239책, 「을사모역동참죄인유태수등추안
    (乙巳謀逆同參罪人柳泰守等推案)」 곤(1785. 12.) (아세아문화사, 1979), 570면.

4   『추안급국안』 22권 239책, 「을사모역동참죄인유태수등추안(乙巳謀逆同參罪人柳泰守等推案)」 곤
    (1785. 12.) (아세아문화사, 1979), 583면.

그리고 이들은 한밤중에 흰 고깔을 쓰고 천신(天神)에게 기도하는 행위를 신장(神將)을 맞이하는 일이라고 불렀으며, 이러한 신사(神事)를 행하는 이유는 신세계(新世界)를 맞이하거나 미륵세계(彌勒世界)를 맞이하기 위해서라고 진술했다.[5] 또 이들은 이성(利城) 다보(多寶)에 사는 미륵성인(彌勒聖人)이라고 자칭하는 영험이 있는 여자에게 기도드리기도 했다.[6]

이 사건과 관련된 이용범(李龍範)은 스스로 인두장군(人頭將軍)이라고 일컫고, 단천에 진인이 살고 있다고 주장했다.

> 유태수(柳泰守)와 유한경(劉漢敬)을 처형하고 추국을 파하였다. 처음에 유한경이 그의 조카 설운동(雪云同)의 행낭에다 흉서(凶書)를 넣어 두었다가 수색되어 나왔다. (…) 우필모(禹弼謨)를 문초하니, 그가 공초하기를, "경자년에 순안의 한필현(韓弼玄)이 삼수의 이인신(李麟臣)의 집에 와서 책 한 권을 보이며 말하기를 '책 속에 기록된 사람은 모두 나의 당이다. 이 글은 즉 비결(秘訣)이니, 앞으로 이러한 일이 있을 것이다.'라고 ― 흉서는 전하지 않고 있는데, 곧 역모를 꾀한다는 뜻이다. ― 하였는데, 거기에 기록된 성명이 거의 백 명이 넘는데, 갑산(甲山)의 김인삼(金麟三)과 이용범(李龍範) 등도 들어 있었습니다. 이용범의 집에 축문이 있는데, 스스로 인두장군(人頭將軍)이라고 일컬었으며, 또 진인(眞人)이라고 일컫는 자가 있는데, 곧 단천의 정가(鄭哥)입니다. 이용범이 갑산에서 붙잡히자, 좌수 김인삼이 그 글을 불태워버렸습니다.[7]

정조 9년(1785) 12월에 함경도 단천군에서 『점법서(占法書)』, 『백중력(百中曆)』, 『감영록(鑑影錄)』 등을 소지한 사람들이 체포되었는데, 이들은 첫머리에 9자의 흉언이 적히고 13인의 이름이 기록된 수인록(讐人錄)이라고 적은 작은 종이도

---

5 『추안급국안』 22권 239책, 「을사모역동참죄인유태수등추안(乙巳謀逆同參罪人柳泰守等推案)」 곤 (1785. 12) (아세아문화사, 1979), 586면.

6 『추안급국안』 22권 239책, 「을사모역동참죄인유태수등추안(乙巳謀逆同參罪人柳泰守等推案)」 곤 (1785. 12) (아세아문화사, 1979), 587면과 589면.

7 問禹弼謨, 供曰, 庚子年, 順安韓弼玄, 來三水李麟臣家, 示一卷曰, 卷中人, 皆吾黨. 此書卽秘訣, 將有如此事. ― 凶言不傳, 卽謀逆之意. ― 所錄姓名, 殆過百人. 有甲山金麟三李龍範等, 而龍範家, 有祝文, 自稱人頭將軍. 又有稱眞人者, 卽端川鄭哥也. 龍範被捉於甲山, 而座首金麟三, 火其書. 『정조실록』 정조 10년(1786) 2월 11일(을유).

가지고 있었다.[8] 그런데 이들을 심문하자 앞으로 일어날 일을 기록했다는 비결을 적은 책이 언급되었으며, 그 책에 백여 명의 동조자의 이름도 적혀 있었다. 특히 이용범이라는 자는 스스로 인두장군(人頭將軍)이라고 일컬었고, 또 단천에 사는 정가(鄭哥)가 진인(眞人)이라고 일컬었다고 한다.[9]

이용범은 소를 잡고 깃발을 꽂아 놓고 신제(神祭)를 지냈으며,[10] 병을 치료한다고 주장했다.[11] 이와 관련하여 이용범이 미륵신도였으며 거사들과 연계하여 미륵세계를 구현하려 했다는 연구가 있다.[12]

---

8   추국(推鞫)을 설행(設行)하였다. 이보다 앞서 단천부사(端川府使) 구담(具紞)이 거사(居士) — 우파색(優婆塞), 곧 인도(印度)의 말로서 승려(僧侶)의 부류(部類)이다. — 유한경(劉漢敬), 이태수(李泰守), 김명복(金命福), 송두일(宋斗一) 등 4인을 체포하고 그 전대(橐)를 뒤지니, 『점법서(占法書)』, 『백중력(百中曆)』, 『감영록(鑑影錄)』 등의 책이 있었고, 또 접은 소지(小紙)가 있었는데, 소지의 첫머리에 수인록(讎人錄)이라고 표제(標題)하였다. 제1항(行)에 9자의 흉언(凶言)이 있고 — 그 9자의 흉언은 전하지 않았으나 대체로 감히 말할 수 없는 자리를 가리킨다. — 그 아래에 문무(文武) 귀근(貴近) 13인의 이름이 죽 기록되었고 그 성(性)은 쓰지 않았으며, 또 두서너 줄의 난언(亂言)이 있었다. 〔(…) 設推鞫. 先是, 端川府使具紞捕居士 ─ 優蒲塞之類. ─ 劉漢敬, 李泰守, 金命福, 宋斗一四人, 胠其橐, 有占法, 百中曆, 鑑影錄等書, 又有摺幅小紙. 紙頭題曰讎人錄. 第一行有九字凶言. ─ 其九字凶言不傳, 而蓋指不敢言之地. ─ 其下列錄文武貴近十三人名, 而去其姓, 又有數行亂言.〕 『정조실록』 정조 9년(1785) 12월 20일(을미).

9   『정조실록』 정조 10년(1786) 2월 11일.

10 송적중을 문초하니, 송적중이 공초하기를, "이용범이 신제(神祭)를 지낸다고 일컬으면서 어리석은 백성을 유혹하였기 때문에 체포하여 도적을 치죄하는 형벌을 주었는데, 이용범은 토착민이 아니었습니다. 이른바 신에게 제사 지낼 때는 소를 잡고 깃발을 꽂아 놓았는데, 그 법을 이성(利城)의 이파총(李把摠)에게 배웠다고 스스로 말하였습니다. 그 뒤 감영의 지시로 형벌을 주고 방면하였습니다." 하였다. 〔問迪中, 供曰, 龍範, 稱以神祭, 誑誘愚民, 故捕之施治盜之刑, 龍範非土着. 所謂神祭, 殺牛設旗, 而自謂學術於利城李把摠, 後因營關, 加刑放送云.〕 『정조실록』 정조 10년(1786) 2월 11일(을유).

11 송적중(宋迪中)을 국문하였다. 송적중이 공초하기를, "갑산(甲山)에 이용범(李龍範)이라는 자가 있는데, 신장(神將)을 맞이하는 제사라고 칭하면서 어리석은 백성들을 거짓으로 유혹하고 재물을 속임수로 취하였습니다. (…) 이른바 신장을 맞이하는 제사를 소를 잡고 깃발을 세우며 병을 치료하는 술법이라고 칭탁하였으므로, (…) 이용범이 이 술법을 이성(利城)의 이파총(李把摠)이라는 자에게서 배웠다 하였고, 그 축사(祝辭)에 '이씨곤명(李氏坤命)'이라는 말이 있었으며, 또 '남자는 건명(乾命)이고, 여자는 곤명(坤命)이다.' 등의 말이 있었습니다. (…) 도당(徒黨)들을 열록(列錄)한 책자는 본래 적발한 것이 없었고, 그 축사에 '백두산 장군' 운운한 말이 있었습니다." 하였다. 『일성록』 정조 10년(1786) 2월 10일(갑신).

12 배혜숙, 『조선 후기 사회저항집단과 사회변동연구』(동국대학교 박사학위논문, 1994), 181-205쪽.

정조의 정감록에 대한 이해

52

정조 11년(1787) 7월에 정조와 규장각 제학 김종수 사이에 정감록에 대한
다음과 같은 대화가 있었다.

 왕이 성정각(誠正閣)에서 승지 심풍지(沈豊之), 이규위(李奎緯), 규장각 제학 김종수
(金鍾秀)를 소견하였다. (…) 김종수가 아뢰기를, "영백(嶺伯)이 영상에게 사사로이 서
신을 보냈는데, '성주목사(星州牧使)가 곽씨(郭氏) 성(姓)을 가진 사람을 붙잡아 등서(謄
書)한 요서(妖書)를 입수하였는데, 곽가는 이를 김씨(金氏) 성을 가진 사람에게서 베
꼈고, 김가는 이를 허씨(許氏) 성을 가진 사람에게서 베꼈습니다. 곽가와 김가 두 놈
은 현재 붙잡아 가두었으나 허가는 베낀 시기가 이미 오래되어 그의 생사를 알 수
없습니다.' 하였습니다. 그리하여 또한 널리 염탐해 보니, 그 요서는 아주 자잘한
글자로 된 책자(冊子)로 대체로 지리방서(地理方書)인데, 그 안에 요언(妖言)과 흉언(凶
言)이 무수하여 지극히 놀라운 일이었으므로 감히 아룁니다." 하여, 내가 이르기를,
"그 책의 서두(序頭)에 무어라고 하였던가?" 하니, 김종수가 아뢰기를, "그 책의 첫
머리에는 '문산(文山)의 벗 이필(李泌)'이라고 하였습니다." 하여, 내가 이르기를, "이
는 필시 『정감록(鄭鑑錄)』일 것이다." 하니, 김종수가 아뢰기를, "과연 『정감록』이었

습니다만, '감(鑑)' 자가 아니라 '감란(勘亂)'의 '감(勘)' 자였습니다." 하였다.

내가 이르기를, "이 책을 연전에 역적의 옥사(獄事)가 있었을 때 내가 이미 보았는데, '모씨(某氏) 몇 년', '모씨 몇 년'과 같은 말이 그 안에 있었다." 하니, 김종수가 아뢰기를, "그러한 말이 과연 있었습니다." 하여, 내가 이르기를, "이러한 요서를 세상에서 아주 사라지게 하고 나서야 세도(世道)가 편안히 안정될 수 있을 것이다. 근래 역적의 옥사가 자주 이 설에서 비롯되었을 뿐만 아니라 정여립(鄭汝立)의 역모(逆謀)도 여기에서 연유한 것이고, 무신년(1728, 영조 4년)의 변란도 이 설에서 비롯되었다. 그 책의 혹세무민(惑世誣民)하는 폐해가 이와 같으니, 지난번에 경이 좌도(左道)를 금하도록 청했던 것은 참으로 알맞은 조치였다. 전에는 이러한 책이 지사(地師)들이 소지하던 것에 불과하여 단지 요망하고 허탄한 참위서(讖緯書)일 뿐이었는데, 지금은 역적이 생겨나는 근원이 되고 있으니 어찌 염려스럽지 않을 수 있겠는가?" 하니, 김종수가 아뢰기를, "그 책에서 논하고 있는 것은 전부 지리에 관한 것이나 군데군데 또한 말이 되지 않는 곳이 있으니, 그것이 진짜 술사(術士)에 의해 지어진 것인지 알 수 없습니다." 하여, 내가 이르기를, "무신년에 이미 이러한 설이 있었고, 정희량(鄭希亮)의 역모도 이 설에서 비롯된 것이다." 하니, 김종수가 아뢰기를, "이 책이 이미 무신년에 나왔다는 데 대해 신은 듣지 못하였습니다만, 무신년에 이미 『정감록』세 글자가 있었는지 모르겠습니다." 하여, 내가 이르기를, "이 세 글자가 이미 나왔었는지의 여부에 대해서는 알 수가 없다." 하니, 김종수가 아뢰기를, "신은 연전에서야 비로소 이러한 요서가 있다는 것을 들었습니다." 하였다.

내가 이르기를, "책의 모양은 새것과 옛것이 어떠하던가?" 하니, 김종수가 아뢰기를, "종이 빛깔이 아주 어두우니 오래 묵은 것인 듯합니다." 하여, 내가 이르기를, "그렇다면 요즘에 베낀 것이 아닌 듯하다." 하니, 김종수가 아뢰기를, "이것도 믿을 수가 없습니다. 전답(田畓)의 송사(訟事)에서 문권(文券)을 위조하는 자는 으레 아주 어두운 오래된 종이에 써서 진위(眞僞)를 현혹시킵니다." 하였다.

내가 이르기를, "이 일은 장문(狀聞)에 번거롭게 거론할 필요 없이 영상이 도백(道伯)과 의논하여 잘 처리할 방도를 마련한 뒤에 각 고을을 신칙하게 하라. 이러한 좌도에 대해서는 잘 금단(禁斷)해야 하지만, 이번에 선전관과 금오낭청이 왕래하게 되면 반드시 어수선해질 단서가 많을 것이니, 또한 수령을 신칙해서 소요가 생기지 말게 하라. 이러한 좌도는 반드시 한두 사람을 적발해서 처형하고 나야 그 나머지들을 징계할 수 있을 것이다." 하니, 김종수가 아뢰기를, "두 놈은 붙잡았으나 허가는 생존 여부를 알 수 없는데, 영상은 '이미 차례차례 베껴서 전한 자취가 있고 보면 영옥(囹獄)에서 샅샅이 신문(訊問)해야 합니다.' 하였습니다." 하여, 내가 이르기를, "맨 처음 베껴온 곳인 허가가 이미 죽어 버렸다면 샅샅이 신문할 곳이 없을 듯하니, 좋은 쪽으로 잘 처리하라." 하였다.

김종수가 아뢰기를, "베껴서 전한 내력이 과연 분명하고 보면 두 놈에 대해서도 사형시키지 않는 것으로 처리해야 합니까?" 하여, 내가 이르기를, "이에 대해서는 뒤에 다시 헤아려서 처리할 것이다. 대체로 이러한 책은 반드시 예로부터 있었던 것이 아니라, 중간에 나라를 원망하는 무리들이 지가(地家)의 방서(方書)와 요망하고 허탈한 전설(傳說)을 모아서 만든 것이지, 또한 지금 살아 있는 사람이 만든 것은 아닌 듯하다." 하니, 김종수가 아뢰기를, "그 책이 수년 전에 만들어진 것인지는 알 수 없지만 분명히 예로부터 있었던 것은 아닙니다." 하였다.

내가 이르기를, "꼭 아무개 아무개가 만들었다고 말하는 것은 아니지만, 요컨대 무신년과 을해년(1755, 영조 31년) 이래로 나라를 원망하는 불량한 무리로서 지가(地家)의 방서를 약간 아는 자가 이처럼 요망한 말을 만들어 인심을 요란시키려고 한 것이지, 또한 병신년(1776, 정조 즉위년) 이후에 나온 것은 아닌 듯하다." 하니, 김종수가 아뢰기를, "요컨대 이러한 책을 지어낸 자는 필시 곡절이 있어서 그렇게 했을 것입니다." 하여, 하교하기를, "지난 선조(先朝)에서 이러한 일을 엄히 금하여 거의 수그러들었으니, 지금부터 다시 엄히 금한다면 거의 효과가 있을 것이다. 그리고 참위서에는 이해할 수 없는 곳이 있고 그 글에도 이따금 현묘(玄妙)한 곳이 있기도 한데, 이 책에는 말이 되지 않는 것이 많고 그 말이 전혀 구체적이지 않다." 하니, 김종수가 아뢰기를, "이것이 바로 신이 '반드시 진짜 술사가 만든 것이 아닙니다.'라고 아뢴 이유입니다." 하였다.

내가 이르기를, "이 책의 시작부터 끝까지가 모두 문답(問答)으로 되어 있는가?" 하니, 김종수가 아뢰기를, "이필(李泌)과 정감(鄭勘)이 문답하는 내용입니다." 하여, 내가 이르기를, "위조된 것이 분명하다." 하였다.[1]

경상도 성주 지역에 풍수지리적 비결서가 유포되어 범인을 색출하였는데 『정감록(鄭鑑錄)』이라는 제목이 아니라 『정감록(鄭勘錄)』이었다고 한다. 이에 대해 정조는 몇 년 전에 이미 이 책을 본 적이 있었노라고 고백한다. 정조는 정여립사건, 무신난, 정희량사건 등이 정감록과 관련이 있는 것이라고 지적한다.

---

1   『일성록』 정조 11년 정미(1787) 7월 15일(경진).

나아가 정조는 『정감록』이 "나라를 원망하는 무리들이 지가(地家)의 방서 (方書)와 요망하고 허탈한 전설(傳說)을 모아서 만든 것"이라고 주장하였다. 정조는 무신난 이후 영조 시기에 『정감록』이 만들어졌을 것으로 추정하였다. "이필(李泌)과 정감(鄭勘)이 문답하는 내용입니다."라는 김종수의 말에 따르면 현전하는 『정감록』의 주요 부분과 매우 흡사한 내용으로 이루어졌음을 확인할 수 있다.

이 인용문을 통해 우리는 정조 11년(1787)에 이르면 이미 『정감록』에 대해 조정에서도 상세히 그 내용과 실체를 인식하고 있고, 나름대로 비결서의 유포 현상을 막을 방안을 모색하고 있음을 알 수 있다.

조선 후기 사회는 농업 생산력의 급격한 진전과 상품화폐경제의 발달을 원동력으로 삼아 사회 전 분야에 걸쳐 엄청난 변동이 촉진되었다. 그 결과 신분제의 동요 등 봉건체제의 모순이 더욱 드러났고, 이러한 모순구조를 극복하고 타파하려는 민중운동이 필연적으로 발생할 수밖에 없었다. 『정감록』으로 대표되는 예언사상은 민중운동의 사상적 기반으로서 성리학에 대한 강력한 사상적 도전을 시도하였다.

한편 이덕무(李德懋, 1741-1793)의 『청장관전서(青莊館全書)』 제15권 아정유고 (雅亭遺稿) 7권 「족질(族姪) 복초(復初)에게」라는 글에 "삼각산(三角山) (…) 서쪽에 위치한 하늘에 닿을 듯한 암벽에 묵은 비석이 하나 서 있는데, 거기에다 도선 (道詵)이 부참(符讖)을 새기기를 '요승 무학(無學)이 잘못 용(龍)을 찾으러 이곳에 올 것이다.' 하였기에 (…)"라는 내용이 있다.[2] 이덕무가 살던 시기에 이르면 도선과 무학의 예언가로서의 명성이 잘 알려졌으며 그에 얽힌 각종 설화가 신빙성을 덧붙여 제기되고 있음을 알 수 있다.

---

2   三角之西 (…) 西岩有峯, 亘星荒碑獨竪, 道詵鐫符讖曰, 妖僧無學, 誤尋龍到此.

김 동 익
사 건

53

　정조 11년(1787) 4월에 기호 지방에 오랑캐가 쳐들어왔다는 유언비어가 유포되었고, 해적이 근처에 출몰하고 있다는 소문이 퍼졌다. 이에 백성들이 도망하여 인심이 흉흉하였다.[1] 이후 이른바 김동익·김동철 사건이 일어났다.[2] 이러한 유언비어를 퍼뜨린 주동자들이 도모한 사건의 내막을 살펴보자.

1　이때 기호(畿湖) 사이에 갑자기 와언(訛言)이 떠돌았는데 하루 사이에 전해지며 인심이 동요하였다. 혹 '오랑캐의 기병(騎兵)이 갑자기 이르렀다.'고 일컫기도 하고, 혹은 '해적(海賊)이 가까운 곳에 정박하였다.'라고 하기도 하여 거민(居民)들이 노인은 부축하고 어린애는 끌고서 도망하여 마을이 거의 비게 되었는데, 하룻밤을 자고 나서야 비로소 진정되었다. 충청도관찰사 김광묵(金光默)이 아뢰기를, "이달 14일에 길에서 전하는 말을 듣건대 수원(水原)과 평택(平澤)의 경계가 접한 곳에서 갑자기 와언(訛言)이 있어서 주민들이 소요(騷擾)하여 온양(溫陽), 아산(牙山), 천안(天安), 직산(稷山) 등의 고을에까지 전해진 말이 낭자하였습니다. (…) 오래지 않아서 김동철(金東喆)의 변고가 있게 되었다. 『정조실록』 정조 11년(1787) 4월 19일(병진).
　　여름에는 원주(原州) 사람 김동익(金東翼), 정진성(鄭鎭星)과 제천(堤川) 사람 유득겸(柳得謙) 등의 역모사건이 발각되어 그들을 체포 국문하고 곧 사신을 원주감영으로 보내 조사하게 하여 그 역적들 모두가 법에 의해 복주되었다. 그해 봄부터 기호(畿湖) 사이에 유언비어가 갑자기 떠돌아 촌민들이 모두 도망가 숨는 바람에 온 마을이 거의 비다시피 했다가 며칠 지나서야 안정된 일이 있었는데 이때 와서 상변한 자가 있어 알고 보니 바로 동익 등이 선동한 것이었다. 『정조실록』 부록 「정조대왕 행장」.

2　4월에 기호(畿湖) 지방에서의 와언(訛言)은 대개 이 여러 역적들이 선동했던 것이다. 『정조실록』 정조 11년(1787) 6월 14일(경술).

정조 11년(1787) 6월 충청도 제천에 살던 김동익(金東翼) · 김동철(金東哲) 형제와 강원도 횡성에 살던 정무중(鄭武重) 등이 역모를 꾸민 혐의로 처벌되었다. 사건 주모자인 김동익 등은 무석국(無石國)이라고 불리는 섬으로부터 정희량(鄭希亮, ?-1728)의 손자 정함(鄭醎)이 그해 6월 11일에 육지로 나와서 일을 일으키면, 팔도에서 일시에 호응하여 새로운 나라를 세울 것이라고 주장하면서 반란을 준비했다.[3] 도주(島主) 정함은 정응주(鄭應周)라고도 불렸다고 한다.[4]

김동익(金東翼) 등 여러 역적들이 복주(伏誅)되었다. 병조판서 김이소(金履素)가 청대(請對)하여 말하기를, "풍양(豊壤)의 유학(幼學) 이복운(李復運)이 와서 고하기를, '그의 아들 이유적(李儒迪) 등 두 사람이 제천(堤川) 땅에 살고 있는데, 이웃에 살고 있는 사람인 김동익(金東翼), 김동철(金東喆)과 얼굴을 알고 지내던 차에 갑자기 흉언(凶言)을 듣고서 이유적이 언서(諺書)로 기록하여 보내 왔기 때문에 바칩니다.'라고 하였는데, 그 글에 이르기를, '김동익의 족질(族姪) 김송대(金松大)가 와서 말하기를「자네는 오래되지 않아서 멀리 가게 될 것이다.」라고 하기 때문에 놀라서 물었더니, 말하기를「지금 국조(國祚)가 장차 위급하여 팔도(八道)의 방백과 수령들을 모두 의정(擬定)하였는데, 운장(雲長) ― 김동익(金東翼)의 자(字)이다 ― 김(金) 생원이 강원감사(江原監司)가 되어 그대와 나 등 5, 6인을 편비(褊裨)로 데리고 가려고 한다. 만약 모피(謀避)하면 반드시 멸족(滅族)의 화를 당하게 될 것이다.」라고 하였고, 그 밖에 흉패(凶悖)한 말이 매우 많았기 때문에 기색을 살피고자 한포(寒浦)에 갔더니, 김동철 형제와 그의 조카 김갑열(金甲悅)이 함께 앉아서 서로 이야기하기를,「김증열(金曾悅) ― 김동철(金東喆)의 아들이다 ― 이 나갈 때에 데리고 간 중이 있었는데 수십 년 동안 연달아 서찰을 왕복하였는데도 숨기고 발설을 하지 않았다. 지금 듣건대 해도(海島) 가운데 있으면서 무리를 모아 작당하여 정희량(鄭希亮)의 손자 정함(鄭醎)을 받들어서 장차 이번 11일에 일을 일으키기로 하였는데 팔도(八道)에서 일시에 호응할 것이라.」고 하였으며 이어서 군호(軍號) 및 문적(文蹟)을 내어 보여주면서 말하기를,

---

3 則東喆兄弟, 其姪甲悅, 同坐酬酢曰, 曾悅(東喆, 子.)之出去也, 有僧率去, 數十年間, 連有書札往復, 而秘不發說矣. 今聞在海島中, 聚徒作黨, 推尊鄭希亮之孫, 醎, 將以今十一日擧事, 而八道當一時響應. 仍出軍號及文蹟, 而示之曰, 君以軍官, 隨吾往東萊, 若不聽令, 則巨忠州, 當依軍律云. 『정조실록』 정조 11년(1787) 6월 14일.

4 무신년 역적 신조무(辛祖武)의 자손인 일출암의 승려 명찰(明察)이 정함의 스승이라고 한다.

478 조선의 예언사상 上

「그대는 군관(軍官)으로 나를 따라서 동래(東萊)로 가야 하는데 만약 명령을 듣지 않으면 충주(忠州)에 이르러서 군율에 의해 처단할 것이다.」라고 하였다.'라고 하였습니다." 하니, (…)[5]

이들은 무석국(無石國)이라는 섬을 근거지로 삼고 무신난의 주역인 이인좌의 아들 등이 지도자로 있다고 주장했다.

이유적이 공초하기를, "김동익의 말을 듣건대, 섬은 일본과 동래(東萊) 사이에 있고, 그 이름은 무석국(無石國)이라고 하는데 공격하기가 매우 어려우므로, 김중열이 해서(海西)의 권가(權哥)를 천거해서 장수로 삼아서 공파하였으며 김중열이 이 공로로 대장이 되었다고 하였습니다. 김동익이 선문(先聞)을 꺼내어 보여 주었는데 큰 글씨로 '선문(先聞)'이라 하였고, 그 아래에 쓰기를 '기월(奇月), 기일(奇日), 기시(奇時)'라 쓰고 아래에 또 서압(署押)이 있었습니다. 김동익이 말하기를, '도상(島相)은 모두 세 사람인데 하나는 이인좌(李麟佐)의 아들이요, 하나는 조가(趙哥)이며, 하나는 찰수(察帥)이다. 이도상(李島相)은 군기(軍器)를 검열하려고 원주(原州)로 갔는데 사람을 시켜서 울릉도에서 군기를 만들게 한 것이 무릇 3년이 되었다.'라고 하였습니다. 또 말하기를, '나는 동백(東伯) — 강원감사 — 이 되고 내 조카 김갑열(金甲悅)은 광윤(廣尹) — 광주부윤 — 이 되었다.'라고 하였으며, 또 말하기를, '적주(賊主)는 바야흐로 동래에 있었는데 나를 영천(永川)에서 맞이하기로 하였기 때문에 나는 충주(忠州)를 만날 곳으로 정하였다.'라고 하였습니다." 하였다.[6]

인용문에서 이들은 강원감사와 광주부윤 등의 관직을 가진 것처럼 행세하면서 동조자를 모았다. 권력을 장악하려는 정치적 지향성을 보인다.

『일성록』에는 좀 더 자세한 기록이 다음과 같이 보인다.

이유적(李儒迪)의 공초(供招)에, "김동익의 말을 들으니, '섬 안에 사는 적주(賊主)의 이름은 합(醎) 자이고, 섬은 일본(日本)과 동래(東萊)의 사이에 있는데 이름을 알 수

---

5 『정조실록』 정조 11년(1787) 6월 14일(경술).
6 『정조실록』 정조 11년(1787) 6월 14일(경술).

없는 하나의 큰 섬으로, 말이 통하지 않기 때문에 통사(通事)를 왕복시켰다. 이른바 무석(無石)은 나라 이름으로 공격하기가 매우 어려웠는데, 김증열(金曾悅)이 황해도의 권가(權哥)를 추천하여 장수를 삼아 격파했다. 김증열이 이러한 공으로 대장이 되어 현재 무석을 지키고 있다.' 하였습니다.

10일에 김송대(金松大)가 말하기를, '11일에 거사(擧事)한다는 설은 저들이 파자(破字)로 써서 보여준 것이었는데 잘못 해석하였다. 그들이 말한 십단(十但)은 18일(日) 갑인(甲寅)인 것 같다.' 하였습니다. 김송대가 또 말하기를, '이도상(李島相)은 곧 비장군(飛將軍)인데 변화무쌍하다.' 하였습니다. 또 말하기를, '18일에 거사하는데 16일 축시(丑時)에 길을 떠난다.' 하였습니다.

제가 김동익을 만났을 때에 김동익이 선문(先聞)을 꺼내서 보여 주었는데, '선문(先聞)'이라 크게 쓰고 그 아래에 '기월기일기시(寄月寄日寄時)'라고 썼으며 아래에 서압(署押)을 하였습니다. 김동익이 말하기를, '도상(島相)은 모두 3인인데 하나는 이인좌(李麟佐)의 아들이고, 하나는 조가(趙哥)이며, 하나는 찰사(察師)이다. 이 도상은 원주(原州)에 가서 군기(軍器)를 검열하고, 사람을 시켜 울릉도(鬱陵島)에서 군기를 만들게 한 지가 3년이 되었다.' 하였습니다.

또 말하기를, '적주(賊主)가 현재 동래에 있는데 영천(永川)에서 나를 맞이할 것이다. 그래서 나는 충주(忠州)를 약속 장소로 삼아 단번에 충주에 이르려고 하는데, 네가 만약 오지 않는다면 효시(梟示)할 것이다.' 하였습니다." 하였다. 김동익의 공초에 (…) 올해 3월쯤에 어떤 사람이 와서 근처 집의 석벽(石壁)에 절구(絶句) 한 수를 써 놓기를, '화오인하오, 풍경의불경, 지한해무석, 유사조북앵(花誤人何誤風驚意不驚只恨海無石流沙詔北鸚)' 운운하였습니다. 그 뜻은, '화(花)는 화신(花辰)을 가리키는 말로 화신은 3월이니, 3월의 기약이 비록 잘못되었으나 사람이 도모하는 것은 어찌 끝내 잘못될 수 있겠는가? 풍경(風驚)이라는 말은 4월 14일 오시(午時)에 시끄러운 소문에 공연히 놀라게 될 것인데, 너의 집안으로 하여금 놀라 동요하지 말게 하라는 뜻이다. 무석(無石)은 나라 이름으로 남경(南京) 근처에 있는 것 같은데, 무석의 주인은 다분히 신통력이 있고 힘이 세서 한 번 발길질로 배를 부수어 버린다. 이 때문에 도주(島主)의 장수인 임장군(林將軍)과 효장군(驍將軍)이 모두 무석에게 살해를 당하였으니, 이 때문에 원한이 맺힌 것이다. 유사(流沙)는 지명이고, 북앵(北鸚)이라고 한 말은 섬 안의 사람들이 육지에 있는 신하들을 북앵이라고 부른 것이다.

대체로 3월의 기약은 무석이 장수를 살해한 데서 연유하였는데, 기약한 것처럼 할 수 없게 되었기 때문에 장차 거사를 하려고 하면 다시 북쪽 지방의 신하 중에서 명장(名將)을 구해야 한다.'는 것입니다. 3월로 기약을 한 것은 도선(道詵)의 비기(祕記)에서, '오얏나무가 얼마나 남았는가?〔李樹幾何在〕'라고 한 말이 있는데, 이로써 3월이 거사하기에 합당한 것을 알았습니다. 또 곽가(郭哥)가 섬 안에서 나와 석벽 위에 쓰기를, '지우적로, 지청창분(知雨赤老知晴蒼枌)'이라고 하였는데, 이에 대해서는 제가 그 뜻을 이해하지 못하겠습니다." 하였다.[7]

한편 이 사건 관련자들이 "이 세상은 정가(鄭哥)들의 세상이다."라고 말했다는 기록도 있다.

'정진성이 와서 말하기를, 「홍낙선(洪樂善)의 집에 미친 사람이 들어와서 홍낙선의 볼기를 때리면서, 이 세상은 바로 정가(鄭哥)들의 세상이다」라 했다.[8]

이들이 강조한 이른바 무석국은 일본과 동래(東萊) 사이에 있으며, 이들은 "도상(島相)은 모두 세 사람인데, 한 사람은 영조 4년(1728) 무신난(戊申亂)을 주도한 이인좌(李麟佐)의 아들이요, 한 사람은 조가(趙哥)이며, 한 사람은 찰수(察帥)이다. 이도상(李島相)은 군기(軍器)를 검열하려고 원주(原州)로 갔는데, 사람을 시켜서 울릉도에서 군기를 만들게 한 지가 무릇 3년이 되었다."고 진술하였다.[9] 무석국이 남해의 마도(麻島)나 두마도(杜麻島), 또는 서해의 신도(薪島)라는 의견이 대두되었으며,[10] 평안도의 서해에 있다는[11] 주장도 있었다.

그런데 이 사건의 주모자인 김동익의 친척이며 무신난(戊申亂) 때 처형된 김증열(金曾悅)도 무석국에 머무르고 있다고 믿어졌는데, 그와 친하게 지낸 일출암(日出菴)의 승려인 명찰(明察)이라는 신승(神僧)의 안내에 의해 가능한 일이었다

---

7 『일성록』 정조 11년(1787) 6월 14일(경술).

8 鎭星來言洪樂善之家, 狂人入來, 勒打樂善之臀曰, 曰此世界, 卽鄭哥世界, 而汝輩有忠心於朝鮮, 故打之云. 『정조실록』 정조 11년(1787) 6월 14일(경술).

9 『정조실록』 정조 11년(1787) 6월 14일.

10 『정조실록』 정조 11년(1787) 6월 14일.

11 『정조실록』 정조 11년(1787) 6월 14일.

고 주장했다.

　　김동익이 공초하기를 (…) 김증열이 떠나기 전에 한 신승(神僧)을 충주에서 만났는데 함께 바다 가운데로 들어가자고 요구했습니다. 김증열이 처음에는 따르지 않았는데 그 후에 동남풍이 불면서 한기(寒氣)가 이르자 이것을 바로 그 신승의 소식으로 여겨 김증열이 마침내 함께 도망해 갔습니다.
　　명찰의 성(姓)은 위(魏)인데 혹 양(梁)으로 일컫기도 하며, 혹 김석승(金碩僧)이라 일컫기도 하며 혹은 그의 기도(祈禱)를 전하기도 하면서 신(辛)이라 자칭하는데 필시 무신년의 역적 신조무(辛祖武)의 자손으로서 실로 도주(島主)의 스승입니다.
　　도주 정함(鄭醎)은 혹 정응주(鄭應周)라고도 일컬으며, 이도상(李島相)은 바로 이른 바 비장군(飛將軍)이란 자입니다. 왕래하면서 소식을 전하는 자는 밀양(密陽) 사람 박재찬(朴載燦)과 성주(星州) 사람 곽담(郭淡)으로 기사(寄使)라고 합니다.
　　박재찬은 자루를 메고 다니는데 변화가 무상(無常)하여 숨었다 나타났다 하여 헤아릴 수가 없습니다. 또 남악(南岳) 사람 조붕(趙鵬), 이광(李匡)의 무리가 섬에서부터 나와 8도에 흩어져 있다고 하였습니다. 그 지방은 선천(宣川)과 덕천(德川)의 경계인데 마도(麻島)가 있으며 주위가 4백 리이며 수로(水路)는 6백 리입니다. 섬 안에는 사람이 아주 많은데 도주의 성(姓)은 태(泰)이며 이름은 없습니다.
　　또 전하기를 정함이 무석국(無石國)을 격살(擊殺)하였는데 그 땅 마도(麻島)는 바로 두마도(杜麻島)로서 만마도(萬馬島) 건너편에 있습니다. 십수 년 전에 신성귀(愼聖龜)의 조카 신후겸(愼厚謙)이 고변(告變)하여 말하기를, '두마도에 도적이 많고 닭 우는 소리와 개 짖는 소리가 흑산도(黑山島)에까지 들린다.'라고 한 것이 이것입니다. 마도(麻島) 밖에 또 저도(猪島)가 있는데 김증열이 바야흐로 장군이 되었으며, 마도는 바로 지금의 신도(薪島)입니다." 하였다.[12]

　　이 신승에 대해 사건 관련자들은 "그의 성(姓)은 위(魏)인데, 혹은 양(梁)으로 일컫기도 하며, 혹은 김석승(金碩僧)이라고 일컫기도 합니다. 혹은 그의 기도(祈禱)를 전하기도 하면서, 신(辛)이라고 자칭하기도 했는데, 필시 무신년의 역적 신조무(辛祖武)의 자손으로서 실은 도주(島主)의 스승입니다."라고[13] 진술했다.

12　『정조실록』 정조 11년(1787) 6월 14일(경술).

김동철(金東喆)은 공초하기를, "제 집이 구정천(九鼎遷)과 가까운데 석벽(石壁) 위에 이인(異人)이 쓴 시(詩)가 있어서 '꽃이 그르치지 어찌 사람을 그르칠 것인가? 바람이 놀라지만 뜻은 놀라지 않네, 단지 바다에 돌이 없음이 한스럽지만 유사(流沙)가 북앵(北鸎)에 조(詔)하네.〔花誤人何誤, 風驚意不驚, 只恨海無石, 流沙詔北鸎.〕'라 하였는데, 대개 3월에 거사(擧事)한다는 것을 가리키며 비록 잘못되더라도 마침내는 반드시 그르치지 않을 것이니 소란스런 말이 헛되이 경동시키더라도 모름지기 놀라지 말라는 뜻이라고 하였습니다.

또 쓰기를 '대사이구(大士二口)'라고 썼는데 군사 동원 기일이 6월 11일임을 말한 것입니다. 섬 가운데에 이합시(離合詩)라는 것이 전하는데 이르기를, '지년일소, 지월팔천, 지일팔단(知年一小, 知月八荐, 知日八單)'이라고 하였는데, '일소'란 정미(丁未)이며, '팔천'은 6월이며, '팔단'은 28입니다.

또 말하기를, 섬 가운데서 금단각(金丹刻)을 얻었는데 이르기를 '나원년(羅元年)'이라 했기 때문에 금년에 군사를 일으킨 것입니다. 내응(內應)한 자는 영남은 박광양(朴光陽), 호서는 김동익(金東翼), 김상규(金商圭)인데, 김상규는 바로 김갑열(金甲悅)이며, 충주는 이가(李哥)인데 이동구(李東皐)의 자손입니다.

관동은 원주(原州)의 정가(鄭哥)인데 집은 대교항(大橋項)에 있으며, 횡성(橫城)은 벽옥정(碧玉亭)의 정무중(鄭武重)인데 섬 안의 소식(消息)을 아는 자입니다. 모집한 사람은 김상규가 군관(軍官) 9인을 모집하였으니 조수(趙燧), 김지한(金趾翰) 등이며, 김동익이 군관 9인을 모집하였는데 김송대(金松大)와 이유적(李儒迪) 등입니다. 재주(財主)는 연흡(延洽)과 최경(崔景) 등인데 종가(鍾街)에 돈을 깔아서 날마다 1만 전을 거둔다고 합니다." 하였다.[14]

김상규(金商圭)가 공초하기를, "김증열(金曾悅)이 섬에서 나와 조선(朝鮮)을 혼합(混合)하면 그의 숙부 김동익이 동백(東伯)이 되고, 그는 광주부윤이 되는데 군사를 출동할 기일은 경술(庚戌)에 있었으며 군사의 수효는 '칠수팔산(七水八山)'이라 했는데 각 도의 수군과 육군을 말한 것입니다.

복색(服色)은 왜병(倭兵)의 복색도 아니고 조선병(朝鮮兵)의 복색도 아닌데 빛깔은 모두 청색(靑色)이며, 머리에는 모두 관(冠)을 쓴다고 하였습니다." 하였다.[15]

김동철은 공초하기를, "정진혁은 바로 제 사위인데 그의 사촌 정진성과 함께 제

---

13 『정조실록』 정조 11년(1787) 6월 14일(경술).

14 『정조실록』 정조 11년(1787) 6월 14일(경술).

15 『정조실록』 정조 11년(1787) 6월 14일(경술).

집에 와서 자면서 정진성이 말하기를, '난리가 일어났는데 어떻게 피해야 하겠습니까? 난리가 일어날 기일은 장인이 이를 알고 있습니다.'라고 하였습니다.

또 말하기를 '듣건대 충주(忠州)의 강물이 모두 붉었다.'고 하며, 또 듣건대 '검은 돛대를 단 배 여덟 척이 강릉(江陵)에 와서 정박해 있으며 강릉에서 매양 청명한 날에 바다 밖을 바라다보면 수백 척의 배가 마치 작은 까마귀가 원양(遠洋)에 깔려 있는 것 같다.'라고 하여 이 때문에 도구(島寇)가 당연히 나올 줄로 알았는데 이는 강릉 사람이 전해준 바입니다." 하였고 (…)[16]

『일성록』에는 더욱 자세한 기록이 다음과 같이 전한다.

김상규(金商圭)의 공초(供招)에, (…) 저의 숙부인 김동익(金東翼)과 자(字)가 성옥(成玉)인 김송대(金松大)를 동백(東伯)과 광주부윤(廣州府尹)으로 삼는다는 말이 있어, (…) 아명(兒名)이 김증열(金曾悅)이고 관명(冠名)이 김진규(金鎭圭)인 저의 4촌이 수십 년을 도망 다니다가 바야흐로 덕천(德川)과 선천(宣川)의 경계인 마도(麻島)에 살고 있었는데, 그 섬의 기구(器具)와 범절(凡節)이 매우 굉장하였습니다.

도주(島主)의 성(姓)은 적(赤)이고 이름은 무석(無石)인데, 무리들을 많이 모아서 조선(朝鮮)을 도모하려고 한창 당류(黨類)들을 불러 모으고 있었습니다. 그래서 김증열이 이름을 모르는 곽가(郭哥)와 박가(朴哥)를 보내서 저의 숙부와 조카를 불러오게 하였으므로 같이 섬 안으로 들어가게 되었습니다.

마도의 주위는 400리이고 수로(水路)는 600여 리였습니다. 김증열은 그 섬에서 벼슬이 장군에 이르렀고, 군병을 모집하여 육지로 나와서 조선을 병합(並合)하면 저의 숙부를 동백으로 삼고 저를 광주부윤으로 삼는다고 하였는데, 거병(擧兵)할 시기는 경술(庚戌)로 정해져 있었습니다.

조선에 내응(內應)할 사람이 없었으므로 저로 하여금 지략(智略)이 있는 사람을 많이 모으게 하였는데, (…) 섬 안에는 파자(破字)의 시구(詩句)를 써 놓은 것이 있었는데, '지년일소, 지월팔천, 지일팔단(知年一小, 知月八荐, 知日八單)'이라 하였고, 또 '기년기월(寄年寄月)'이라고 열서(列書)하였으며, 위에 또 '선문(先聞)' 두 자를 써 놓았습니다.

내포된 의미를 저로서는 도무지 이해할 수가 없었는데, 저의 두 숙부는 풀이하기를, '정미년 정미월 정미일 정미시는 일소(一小)를 말한 것이다.' 하였습니다.

16 『정조실록』 정조 11년(1787) 6월 14일(경술).

도주의 성명은 정함(鄭鹹)으로 정포은(鄭圃隱)의 자손인 듯한데, 무석을 격살(擊殺)하고 그 나라를 빼앗았다고 합니다. 거주하고 있는 마도 이외에도 또 저도(猪島)가 있는데, 그곳의 장수는 김증열과 해서(海西)의 권가(權哥)이고 섬 안에서 양병(養兵)한 숫자는 '칠수팔산(七水八山)'이라고 하였습니다.

도주의 스승은 김일승(金逸僧)인데, 저의 숙부에게 보낸 서찰에서, '왕은 남악(南岳)에 있는데, 남악은 동래(東萊)와의 거리가 4, 5십 리로 현재 그곳에 군병을 주둔시키고 있다. 4월에 무석을 정벌하고 다음으로 조선을 침범하려고 하는데, 내응할 사람은 영남(嶺南) 진주(晉州)의 박광양(朴光陽), 호서(湖西)의 너희 집, 관동(關東) 횡성의 정가이며, 충주(忠州) 읍내(邑內)의 소북(小北)인 이가(李哥) 한 사람도 재작년에 섬 안으로 들어왔다.' 하였습니다.

정함은 본래 마도에 거주하였는데 조선을 정벌하기 위하여 남악으로 이주(移住)하였고, 군병의 복색(服色)은 왜인(倭人)도 아니고 조선인도 아닌 것처럼 하고서 나올 것이며, 군복(軍服)은 청색(青色)이고 머리에 쓰는 것은 관(冠)과 유사하나 전립(戰笠)을 쓰지 않을 것이며, 거사 일자는 11일이나 19일이며, 도주는 29일에 나온다고 하였습니다.

김동철(金東喆)의 공초에, (…) '거사의 기일을 「팔단(八單)」이라고 한 것을 네가 과연 18일로 잘못 풀이하였다. 단(單) 자 아래의 십(十) 자를 십단(十單)의 위에 더하면 28일이 된다. 「지년일소(知年一小)」는 정미(丁未)이고, 「지월팔천(知月八荐)」은 팔(八)을 겹치면 육(六)이 되니 6월을 가리킨 것이다.

도주가 처음에는 3월에 거병(舉兵)하려고 하였는데, 무석을 정벌하였기 때문에 6월로 물리게 되었다.' 하였습니다. 곽가가 지은 시는 모두 흉악한 말인데, '병정화발시(丙丁花發時)'라고 한 구절은 더욱 흉악하고 참혹합니다.

또 전해 준 비기(祕記)에, '왕은 사나운 정사가 없으나 백성들은 모두 난리를 생각한다.' 하였습니다. (…) 김동익의 공초에, "신사년(1761, 영조 37년)쯤에 저의 조카 김증열이 충주로 가는 길의 백치(白峙) 위에서 한 신승(神僧)을 만났는데, 중의 이름은 명찰(明察)이라고 하며 말한 것은 모두 비기(祕記)였습니다.

마침내 김증열에게 함께 섬 안으로 들어가자고 하였는데, 김증열이 독신(獨身)으로는 가지 않겠다고 사양하자, 중이 말하기를, '조선은 마땅히 어떠어떠할 것이다. ─ 흉언(凶言)이다. ─ 네가 만약 함께 섬 안으로 가지 않으면 내가 너를 베고 가겠다.' 하였으므로, (…) 김동익이 말하기를, '이 일을 진행한 지가 오래되었다. 내 조카 김증열이 집을 나간 지 20년이 되었으며 현재 울릉도에 있는데, 그의 주장(主將)

정함으로 하여금 나에게 구두로 전달하게 하기를, 「나는 본래 모반(謀叛)하려는 생각을 가지고 있어 새로 — 흉언이다. —」라고 하였다. 바야흐로 팔도의 군병을 통솔하고 나오려는 계획으로, 나를 동백으로 삼고 내 조카 김갑열을 광주부윤으로 삼았으며 (…)[17]

한편 이들 가운데 몇몇은 김동철의 아들 증열(曾悅)이 일본과 동래의 중간에 있는 무석국(無石國)이라는 섬을 정벌하였고, 현재 무석국 근처에 있는 마도(麻島) 또는 신도(薪島)라는 섬에서 군사를 양성하고 있다고 주장하기도 했다. 나아가 이들은 무신란의 주동자 가운데 한 사람인 정희량(鄭希亮)의 손자 함(醎)을 추대하여 6월 11일에 거사할 예정인데, 거사를 단행하기만 하면 전국에서 호응할 것이라고 주장하면서 사전에 관직을 배분하기도 했을 정도였다.

김동철과 김서달을 면질(面質)하게 하였는데, 전후의 흉언과 요설은 모두 정무중 및 충주의 유득겸(柳得謙)이 지어내 서로 전하면서 과장해서 인심을 선동시킬 계책을 한 것이었다. 그리고 이른바 무석국(無石國), 바위 위의 시(詩), 해도의 적(賊) 등의 이야기는 모두 사실상 없는 것이었다. 김증열 역시 집을 버리고 부랑(浮浪)하는 터라 생사(生死)를 알지 못하였는데 여러 역적들이 그를 가탁하여 군중을 미혹시킨 것이었다.[18]

이 사건과 관련된 김서달은 다음과 같이 공초했다.

김서달은 공초하기를, "근래에 떠도는 말을 듣건대 말하기를 '청의(青衣)가 남쪽에서부터 오는데 왜인(倭人)과 같지만 왜인은 아니다. 산(山)도 이롭지 않고 물도 이롭지 않으며 궁궁(弓弓)에 이롭다.', '곧, 좌(坐)의 고자(古字)이다.'라고 하였는데, 이 말을 정진혁에게서 들었습니다."라고 하였습니다.[19]

---

17 『일성록』 정조 11년(1787) 6월 16일(임자).
18 『정조실록』 정조 11년(1787) 6월 14일(경술).
19 『정조실록』 정조 11년(1787) 6월 14일(경술).

현전하는 『정감록』의 「무학비결」에는 "푸른 옷이 남쪽에서 오니, 중 같되 중이 아니구나."라는 구절이 있고, 「도선비결」에는 "푸른 옷을 입고 남쪽에서 오니, 오랑캐도 아니요 왜적도 아니다."라는 구절이 있고, 「서계이선생가장결」에는 "왜인 같으면서도 왜인은 아닌데 화친을 주장한다."는 구절이 있다.

김동철은 공초하기를 '소란에는 두 가지 단서가 있었으니, 하나는 섬 안의 일이요, 하나는 소백산(小白山)에 한 파의 와주(窩主)가 있으니, 바로 정극현(鄭克賢)으로 영남 사람입니다.

정극현의 숙부 정태장(鄭台長)이 충주(忠州)와 제천(堤川) 사이를 왕래하면서 도당을 모았는데 그 우두머리 중의 이름은 비환(秘環)이며 정극현을 장수로 추대하였습니다.'라고 하였습니다. 김동철이 공초하기를, '정진성이 와서 말하기를, 「홍낙선(洪樂善)의 집에 미친 사람이 들어와서 홍낙선의 볼기를 때리면서, "이 세상은 바로 정가(鄭哥)들의 세상이다. 너희들이 조선에 대한 충성심이 있기 때문에 때리는 것이다." 라고 했다.」라고 하였습니다.'

김동철이 공초하기를 '무술년 무렵에 유득겸(柳得謙)이 말하기를 「내가 삼척(三陟)에 가서 섬 안의 일을 들었다.」라고 하였는데, 권세복(權世復)은 바로 강릉(江陵)의 대족(大族)이며 정무중 역시 원주(原州), 횡성(橫城)의 대족인데 유득겸이 이들을 의지해서 광혹(誑惑)시키기 위해서 이 두 족속에게 전파하였다고 하였습니다.'라고 하였습니다.[20]

이들이 역모를 추진한 것은 수십 년이나 되었고, 직접 사람들을 불러 모은 것은 정조 11년(1787) 4월 무렵부터라는 보고가 있었다.[21]

이러한 정씨 진인출현설은 앞에서 살펴보았던 영조 24년(1748)의 『도선비

---

20 『정조실록』 정조 11년(1787) 6월 14일(경술).

21 을미일(乙未日)에 찰리사 이시수가 복명하여 아뢰기를, "신이 충주와 제천 사이에서 들으니, 김동익과 김동철 등의 여러 역적들이 과장하여 미혹시킨 것이 대개 수십 년이나 오래되었는데, 요언을 배포하고 도당을 불러 모은 것은 금년 4, 5월 무렵부터 시작하였으며 심지어 한 마을의 백성들이 농사를 폐지하고 놀라 흩어지기까지 했는데도 그곳을 지키는 신하가 전혀 살피지 않았습니다. (…) 4월에 기호(畿湖) 지방에서의 와언(訛言)은 대개 이 여러 역적들이 선동했던 것이다. 『정조실록』 정조 11년(1787) 6월 14일(경술).

기』사건이나 정조 9년(1785)의 『정감록비기』 사건과 비슷한 점이 있다. 이들 비결서에서는 공통적으로 남해의 섬으로부터 정씨가 군사를 거느리고 육지에 상륙하여 새로운 왕조를 건설하는 일이 예정되어 있다고 믿어졌던 것이다.

정함 등이 정조 11년(1787)에 출병하게 되는 이유에 대해 "섬 가운데에서 금 단각(金丹刻)을 얻었는데, '나원년(羅元年)'이라고[22] 적혀 있었기 때문에 금년에 군사를 일으킨다는 것입니다."라는[23] 진술이 있었다.

무석도라는 섬 가운데에 이합시(離合詩)라는 것이 전하는데 이르기를 "지년 일소(知年一小) 지월팔천(知月八荐) 지일팔단(知日八單)"이라고 했는데, 일소란 정미 (丁未)이며, 팔천은 6월이며, 팔단은 28입니다. 또 말하기를 섬 가운데에서 금 단각(金丹刻)을 얻었는데 이르기를 '나원년(羅元年)'이라 했기 때문에 금년에 군 사를 일으킨 것입니다. (…) 라고[24] 진술하여 거사일을 정조 11년(1787) 음력 6월 28일로 단정하기도 했다. 물론 이 밖에도 거사일을 음력 6월 11일로 보거나 막연히 3월 중으로 예측하기도 했다.

한편 이 사건의 또 다른 관련자인 김상규(金商圭)는 정씨 왕조가 이듬해인 정조 12년(1788)에 성립될 것으로 보았다. 김상규는 반란에 동원될 군사는 '칠 수팔산(七水八山)', 즉 각 도의 수군과 육군이라고 진술하였다.[25] 나아가 그는 반 란군의 복장에 대해 "왜병(倭兵)의 복색도 아니고, 조선병(朝鮮兵)의 복색도 아닌 데, 빛깔은 모두 청색(靑色)이며, 머리에는 모두 관(冠)을 쓴다."고 말했다.[26]

그리고 김동철은 "소백산(小白山)에 한 파의 와주(窩主)가 있으니 바로 정극 현(鄭克賢)으로 영남 사람입니다. 정극현의 숙부 정태장(鄭台長)이 충주와 제천 사이를 왕래하면서 도당을 모았는데,[27] 그 우두머리 중의 이름은 비환(秘環)이

---

22 자세한 뜻을 알 수 없으나 문맥상으로 정조 11년 정미년(丁未年)을 가리킨다.

23 『정조실록』 정조 11년(1787) 6월 14일.

24 島中傳離合詩曰, 知年一小, 知月八荐, 知日八單. 一小, 丁未也. 八荐, 六月也. 八單, 卄八也. 又言島中 得金丹, 刻曰羅元年, 故以今年舉兵. 『정조실록』 정조 11년(1787) 6월 14일.

25 『정조실록』 정조 11년(1787) 6월 14일.

26 服色則非倭非鮮, 而色皆靑. 頭着似冠云矣.

488 조선의 예언사상 上

며 정극현을 장수로 추대하였습니다."라고 했다.

또 김동철은 정진성이 와서 "이 세상은 바로 정가(鄭哥)들의 세상이다. 너희들이 조선에 대한 충성심이 있기 때문에 때리는 것이다."라고 말했다고 진술했다.[28] 이 사건에서도 해도진인(海島眞人)이라는 말이 전파되었다.

이러한 이야기는 영조 24년(1748)의 「도선비기」 사건과 공통되는 부분이 많다. 「도선비기」에는 앞으로 일어날 변고에 대하여 "왜인(倭人) 같지만 왜인이 아닌 것이 남쪽에서 올라오는데, 산도 아니고 물도 아닌 궁궁(弓弓)이 이롭다."는 내용이 적혀 있었다.

이에 대해 『정감록』 사건을 비롯한 당시 대부분의 내란음모사건에 영조 4년(1728)의 무신란 때 실패한 세력이 새로운 왕조의 주축으로 등장한다는 연구가 있다.[29] 이러한 사실은 무신란이 진압된 지 60여 년이 지났지만 그 후유증이 계속되고 있었다는 증거이다.

이 사건의 결말은 다음과 같다.

우의정 유언호(兪彦鎬)는 말하기를, "김동철, 김동익, 김성옥은 김중열의 아비, 숙부와 아들로서 유득겸, 정무중의 흉모(凶謀)를 빙자하여 김중열이 죽지 않고 섬에 있으면서 거사(擧事)하려 한다는 설을 처음 지어냈습니다. 이를 계기로 허다한 흉언과 요사한 시(詩)를 지어내고 몰래 막비(幕裨)를 모집하며 비밀리에 소란을 창도(唱導)했습니다.

정무중은 유득겸과 체결(締結)하여 정성진을 지시해 부리어 오로지 여러 역적들의 기괄(機括)이 되었습니다. 유득겸은 섬 안의 말 이야기와 해척(海尺)의[30] 말을 이미 연전에 발설하여 여러 역적들의 창수(倡首)가 되었으며, 정진혁과 정진성은 모두

---

27 鋤達, 供曰, 近聞流行之說, 曰靑衣自南來, 似倭而非倭. 不利於山, 不利於水, 利於弓弓. (卽古坐字.)云, 此則聞於鎭燁矣. 東喆, 供曰, 騷屑有二端, 一則島中事也, 一則小白山, 有一派窩主, 卽鄭克賢, 嶺南人也. 克賢之叔, 台長, 徃來忠堤之間, 聚徒黨, 其魁僧名秘環, 推克賢爲將. 東喆, 供曰, 鎭星來言, 洪樂善之家, 狂人入來, 勒打樂善之臀曰, 此世界, 卽鄭哥世界, 而汝輩有忠心於朝鮮, 故打之.

28 『정조실록』 정조 11년(1787) 6월 14일.

29 백승종, 앞의 글, 286쪽.

30 해척은 바다에서 고기잡이하는 사람을 가리키는 말이다.

정무중의 친족인데, 정진혁은 또 김동철의 사위로서 치밀하게 창화(唱和)함이 그다지 다름이 없습니다.

조정곤은 김성옥과 혼인 관계를 맺어 흉언을 돈독히 믿었으며 김송대는 그의 사주를 받아서 분주하게 사람을 모집하였습니다. 권세복의 말 가운데 굳이 권(權), 유(柳), 정(鄭) 세 사람이 알았다고 하였으니, 이상의 여러 역적들은 모두 요언(妖言)의 뿌리이고, 역모(逆謀)의 와주(窩主)입니다.

대저 이번의 옥사는 제천(堤川)의 김동철이 주인이요 횡성의 정무중이 모주(謀主)인데 제천과 횡성 중간의 땅에서 김, 정이 교결하는 데 계제가 된 것은 정진혁과 정진성입니다. 그 밖의 여러 역적들은 제천 김동철의 가까운 인척과 고을 이웃에서 벗어나지 않는데 만약 역모에 동참한 것이 아니라면 이는 정상을 알고도 고발하지 않은 것입니다. 나라에는 일정한 법이 있으니 결단코 용이하게 의논하기가 어렵습니다." 하였다.

찰리사가 또 죄인의 등급을 나누어서 아뢰기를, "김동철이 흉괴(凶魁)가 되고, 김동익, 김상규, 김성옥은 모두 요언을 만들어서 위관(僞官)을 일컬었습니다. 김상규는 비록 형을 집행하기 전에 죽었으나 김성옥이 자복(自服)하였으니, 이 옥사의 뿌리는 실로 이 역적에게 있습니다.

유득겸의 마음씨와 언어는 나라를 원망하고 세상을 미혹하는 일이 아님이 없는데 말을 만들어 낸 근본은 이 역적에게 근본한 것입니다. 정무중은 요사한 말을 더 부연했는데 국운(國運), 화복(禍福) 등의 흉언은 더욱 헤아리기가 어려웠습니다.

정진성, 정진혁은 흉모에 참여하여 듣고서 황탄한 말을 장황하게 전파하였으며, 정현중은 흉적에게 집안 식구를 부탁하였으며, 조정곤은 흉언을 여러 차례 듣고서 급변(急變)을 서로 전했습니다. 권세복은 비록 여러 김가들의 모의에 참여하지 않았으나 해도(海島), 진인(眞人) 등의 말을 유득겸(柳得謙)에게서 듣고 정무중에게 전했다고 하였습니다." 라고 하였다.

마침내 김동철, 김동익, 김성옥은 제천(堤川)에서, 정무중은 횡성에서, 정진성, 유득겸은 원주에서 효시(梟示)하였고, 정현중과 정진혁은 형을 집행하기 전에 죽은 것으로 결안(結案)하였다. 그 나머지는 혹 노예로 삼거나 도배(島配)하였으며, 부녀자들은 논죄하지 않았다.[31]

---

31 『정조실록』 정조 11년 6월 14일(경술).

이들의 거사 목표는 권력 장악이었다. 정감록 등의 예언사상을 적극적으로 이용한 것은 체제부정의 논리를 발견했기 때문이다.

정조 11년(1787) 8월에는 조정에서 다음과 같은 논의가 있었다.

사직(司直) 김종수(金鍾秀)가 아뢰기를, "전부터 좌도(左道)를 낀 역옥(逆獄)이 많았거니와, 근년 이래로 문인방(文仁邦), 문양해(文洋海), 이율(李瑮)의 옥사(獄事)와 이번 역옥은 한결같이 좌도가 인심을 속여 어지럽힌 데에서 말미암지 않은 것이 없습니다. 팔방의 백성은 열성조(列聖朝)의 깊은 인애(仁愛)와 두터운 은택을 오래 입었으므로 본디 나라를 원망하는 무리가 없으니, 역얼(逆孼), 흉도(凶徒)가 온갖 계책으로 권유하더라도 결코 버젓이 함께 역란(逆亂)을 일으킬 리가 없습니다.

오직 좌도가 신괴(神怪)를 가탁(假托)하여 화복(禍福)을 허장(虛張)하는 것이 어리석은 백성을 꾀는 좋은 먹이가 되고 일종(一種)의 거세고 사나운 무리로서 용력(勇力)이 있고 재기(才器)가 있어 늘 답답한 마음을 품고 오직 기회를 기다리는 자가 따라서 틈타므로 어리석은 백성으로서 믿고 따르는 자와 협박받아 따르는 자가 점점 많아져서 비로소 난이 일어납니다. 성상께서 모두 살리고자 하시는 덕(德)으로 미연에 난을 막을 방도를 깊이 염려하신다면 좌도를 매우 금하고 근본을 깊이 끊어서 죄에 빠지지 말게 하셔야 할 것입니다.

김종수가 또 아뢰기를, "넓은 팔도에 용력이 남보다 뛰어나고 신수가 좋고 지략이 있는 자가 없을 걱정은 없으나 발신(拔身)할 길이 없고 용무(用武)할 곳이 없으므로, 늘 답답한 마음을 품거니와 답답하면 원망하고 원망하면 난을 생각할 것이니, 이것은 이세(理勢)가 반드시 그러할 것입니다.

대저 뭇사람의 심정은 조금 잘하는 것이 있는데 남에게 알려지지 못하면 높은 자는 초목과 같이 썩는 것을 부끄럽게 여기고 낮은 자는 굶주림과 추위가 몸에 절박한 것을 근심하니, 밤낮으로 바라는 것은 오직 다행히 국가에 일이 있어서 몸을 떨치게 될 생각을 하는 데에 있습니다. 이런 사나운 무리를 수습하고 견제하려면 진용(進用)하는 길을 넓게 열어서 구덩이에 버려져 죽을 염려를 면하게 해야 하고 그러면 급할 때에 쓸 수 있는 밑거리가 될 만할 것입니다. 그렇지 않으면 크게는 역당(逆黨)에게 꾐받고 작게는 좀도둑에게 추대받을 것입니다.

이들은 본디 지력(智力)과 무예(武藝)로 고향 마을에서 경외받는데 역얼(逆孼)과 좌도가 가세한다면 그 근심이 작지 않을 것입니다. 구처(區處)하여 승천(陞遷)하고 발탁하는 방도는 오직 널리 조정의 의논을 물어 절충하여 쓰기에 달려 있습니다.

김종수가 말하기를, (…) 신의 생각으로는 먼저 용력(勇力) 두 자로 명목을 세우고 과한(科限)을 정하여 각 고을을 시켜 뽑아서 영문(營門)에 올리고 영문에서 월등한 자를 가려서 감영(監營), 병영(兵營), 수영(水營)의 막비(幕裨)로 나누어 붙이고 또 감영, 병영, 수영에서 가장 나은 자를 가려 오군문(五軍門)의[32] 장교(將校)로 승천(陞遷)한다면 허실(虛實)이 혼잡해지는 폐단이 없을 수 있을 것입니다. 절목에 관한 일은 오직 묘당에서 재량하여 작정하는 것이 어떠하냐에 달려 있습니다." 하니, 윤허하였다.[33]

위의 인용문은 힘과 재주를 갖추었지만 현실에 불만을 가진 자들을 포용하기 위한 방책이다. 이들이 예언사상의 영향을 입으면 곧바로 반란과 역모를 꾸미는 세력으로 변하기 쉽기 때문에 적극적으로 발굴하여 군사로 뽑아 활용할 것을 건의하였고, 왕이 이를 받아들였다.

이른바 좌도(左道)에 쉽사리 물들 가능성이 있는 사람들을 정부 차원에서 인재로 인정하고 직책을 주어, 국가적 차원에서 관리하여 변란의 발생을 미리 예방하려는 적극적 정책이었다. 그렇지만 이러한 정책은 제대로 펼쳐지지 못했고, 시대적 상황과 모순을 해결하고자 예언사상을 통한 개혁을 추구하는 세력은 여전히 활발히 활약하였다. 민중사상의 확산과 민중의 저항운동이 결합되는 것은 체제 모순이 심화됨에 따라 더욱 확산되었다.

정부의 끈질긴 탄압에도 불구하고 사회의 변화를 추구하고 변동을 가속화시키는 방향으로 전개되는 민중사상의 거대한 물결은, 거스를 수 없는 시대의 특성으로 부각되었다. 저항의 이념으로 기능한 예언사상은 일정하게 정치적·사회적 이념을 제시하고 있었다. 이는 신분제의 타파로 이루어질 만민평등의 세계의 구현이라는 목표를 제시하여 민중의 저항을 정당화시켰다. 그리고 이러한 추세는 지역적이고 국지적인 저항운동에 그쳤던 각종 민란의 차원을 넘어, 일정한 지역을 넘은 지역 간의 연대를 통해 전국을 무대로 한 저항운동을 일으켰고, 정부 타도와 새로운 정권 수립까지 추구하는 변란과 역모사건

---

32 오군문(五軍門)은 훈련도감, 금위영, 어영청, 수어영, 총융청을 가리킨다.
33 『정조실록』 정조 11년(1787) 8월 20일(을묘).

으로 전개되었다.

물론 이 시기에는 변란이 구체적으로 실행되지 못하고, 변란을 꿈꾸고 모의하는 과정에서 대부분 자체 분열되거나 동모자들의 고변으로 실행되지 못했다. 이 시기는 민중사상을 기반으로 한 변란과 항쟁이 본격적으로 발생하는 다음 시기로의 이행기로서 의미가 있다.

한편 이하곤(李夏坤, 1677-1724)은 『두타초(頭陀草)』 11책 「마곡사(麻谷寺)」라는 시에서 "마곡사는 천년 고찰이니, 고승(高僧)들이 널리 구제행을 편다네. 계곡의 물소리 누각에서 들으니, 바위 빛은 봉우리에 기이하다네. 복지(福地)에 재난이 이르나, 신인(神人)의 말은 틀리지 않다네. 선문(禪門)은 옛 자취를 전하고, 금탑(金塔)은 고려 때부터 전한다네. ― 도선비기(道詵秘記)에 이르기를 마곡은 제3 복지(福地)라 했다. ―"라고 읊었다.[34] 이 시를 통해 18세기 초에 『도선비기』라는 책이 널리 애독되었다는 사실을 알 수 있다.

현전하는 『정감록』의 「감결」에는 신임사화(辛壬士禍)와 무신난에 대해 언급한 듯한 내용이 포함되어 있다. 그리고 영조와 정조 시기에 세곡을 안전하게 수송하기 위해 인천과 부평 사이에 운하를 파려고 했던 일이 있는데 이러한 일을 암시하는 듯한 내용도 있다.[35] 비결서의 저자나 윤색자들이 예언의 신뢰성을 높이기 위해 의도적으로 역사적 사실을 동원한 것으로 보인다.

「감결」에는 무신난 이후에 발생한 명백한 역사적 사실들이 실려 있지 않다. 따라서 십승지(十勝地)에 대한 주장을 제외한 현전하는 『정감록』의 내용은 주로 영조 4년 이후 정조 초기까지의 시기에 완성된 것으로 추측하기도 한다.[36]

한편 다산(茶山) 정약용(丁若鏞, 1762-1836)의 『다산시문집』 제11권 논(論)의 「오학론(五學論)」 5에 "술수학(術數學)은 학문이 아니라 혹술(惑術)이다. (…) 그런가

---

34 麻谷千年寺, 高僧普濟爲, 溪聲一樓得, 石色數峯奇, 福地災難到, 神人語不欺, 禪門傳古跡, 金塔自高麗. ― 道詵秘記云麻是第三福地, 三災不到之處云. ―

35 申年春三月, 聖歲秋八月, 仁富之間, 夜泊千艘, 安竹之間, 積尸如山.

36 장영민, 『동학의 정치사회운동』(경인문화사, 2004), 22쪽.

하면 갑자기 공포에 젖어 흐느끼며 도선(道詵)의 『비기(秘記)』와 『정감록(鄭鑑錄)』의 참설(讖說)을 말하면서, '아무 해에는 반드시 병란이 일어날 것이다.'라 하거나, 또는 '아무 해에는 반드시 큰 옥사(獄事)가 일어나 피가 흘러 시내를 이룰 것이고, 이 때문에 인종(人種)이 끊어질 것이다.'라 한다.[37] 그리하여 자기의 인척(姻戚)과 친구들에게 토지와 가옥을 팔고 선조의 분묘(墳墓)를 저버린 채 호랑이와 표범이 득실거리는 깊은 산골짜기로 들어가 난(難)이 지나가길 기다리라고 권고한다. (…)"라 했다. 정약용도 『도선비기』와 『정감록』의 유포 사실을 잘 알고 있었으며, 편년체의 예언서로 판단하고 있다.

또 이만수(李晩秀, 1752-1820)의 『극원유고(屐園遺稿)』 권 8 옥국집(玉局集) 일득성화록(日得聖語錄) 훈어(訓語)에 이른바 『옥룡자비기(玉龍子秘記)』가 언급되기도 했다.[38]

한편 정조(正祖)는 정조 13년(1789) 7월에 아버지 사도세자의 능을 옮긴 일을 기록하면서 옥룡자, 즉 도선(道詵)이 정해놓았다는 명당이라고 강조하였다.

　　영우원(永祐園)을 천장(遷葬)할 것을 결정하였다. (…) 오직 수원(水原) 읍내에 봉표해 둔 세 곳 중에서 관가(官家) 뒤에 있는 한 곳만이 전인(前人)들의 명확하고 적실한 증언이 많았을뿐더러 옥룡자(玉龍子)가 이른 바 반룡농주(盤龍弄珠)의 형국이다.[39]

정조도 도선의 비기를 이용하여 자신의 아버지 묘소를 결정했다는 사실을 알 수 있다. 정조 역시 예언이나 비결을 특수한 경우에는 인정하는 태도를 보인 것이다.

정조 때의 민중운동은 영조 때와는 다른 형태를 보인다. 영조 때 민중운동

37　道詵秘記, 鄭鑑讖說曰, 某年兵必起, 曰某年獄必興, 將血流成川, 人種以絶.

38　新園之爲無上吉地, 自玉龍子秘記傳稱幾百年. 若待今日者天也. 寧陵遷奉時, 非但尹善道, 當時諸地師莫不極口交讚, 而竟因異議, 移定於弘濟洞天也. 予未嘗目見此地, 而一聞便膽然心合, 數十年夙宵一念, 惟在於遷奉大禮, 而議定之日, 斷然無疑, 此盖天誘予衷也. 至於正穴眞土之不容人力自然呈現, 是豈予誠孝所感, 實亦天佑宗社, 永錫我億萬年無疆之基也. 昨年謁聖以天作高山爲題, 予意已有在, 而特諸臣未之知耳.

39　『정조실록』 정조 13년(1789) 7월 11일(을미).

의 일반적 형태는 15차례나 발생했던 괘서였지만, 정조 때에는 단 한 차례밖에 보이지 않는다.[40] 정조 때에는 괘서나 흉서보다는 오히려 거사를 모의하는 구체적 형태의 저항운동이 주로 일어났다. 이들의 목표는 물리력에 의한 정권의 쟁취라는 보다 적극적인 것이었다. 이러한 운동 형태의 변화는 그 운동을 뒷받침하는 사상적 기반의 변화를 드러낸다. 즉『정감록』류의 예언사상이 일반 민중들에게 널리 알려졌음을 짐작케 한다.

한편 정조 21년(1797) 12월에는 극심한 흉년으로 인해 유랑민이 대량으로 발생하여 호남에서 호서로 유입하는 인구가 많았다.[41] 또 정조 22년(1798) 11월에도 호구 수가 줄어 농사를 짓지 않는 사람들이 매우 많았다고 한다.[42]

그리고 정조 말기에 과거 응시자가 격증했다. 이에 따라 과거시험의 문란이 극에 달했고, 단순한 요식행위로서의 성격이 강화되었다.[43] 이러한 사회적 불안기에 예언사상은 더욱 널리 유포되었을 것으로 추정된다.

---

40 이상배, 앞의 글, 156쪽.

41 좌의정 채제공(蔡濟恭)이 아뢰기를, "요즘 듣건대 호남의 유개인(流丐人)이 호서 지방으로 흘러들어 감이 끊이지 않고 계속되어 곳곳에 유둔(留屯)하고 있다 합니다. 호남의 도신과 수령에게 신칙하여 구휼하는 방도를 강구해서 소문을 듣고 도로 모이게 하소서." 하니, 비답하기를, "금년 농사와 민간의 정세를 보건대 세금 독촉에 부대끼는가 하면 먹을 곳을 찾아 돌아다니는 형편이니, 반드시 유리(流離)하여 다른 곳으로 갈 근심이 있을 것인데, (⋯)『정조실록』정조 21년(1797) 12월 13일(무신) 여기서 유개인은 떠돌아다니는 거지를 가리킨다.

42 이경오(李敬五)의 상소에 아뢰기를, (⋯) 떠돌아다니는 자가 꼬리를 물고 호구 수가 날로 줄어들어서 팔도의 백성들 가운데 농사를 짓지 않는 자가 거의 절반이나 됩니다.『정조실록』정조 22년(1798) 11월 30일(기축).

43 장령 박도상(朴道翔)이 상소하기를, (⋯) 넷째, 과장(科場)의 폐단입니다. 향시(鄕試)의 문란함이 서울보다 배나 더 심합니다. 심한 경우에는 동아리를 지어 여러 겹 에워싸고 시관(試官)을 구타하는가 하면 온갖 방법으로 엿보고 각 방면으로 청탁하여 문필의 재주가 없는 무리들이 과장 안으로 넘어 들어와서 오로지 소요를 일으키고 분란을 일으키는 것을 능사로 삼습니다.『정조실록』정조 21년(1797) 7월 14일(신사).

서학의
예언
사상

54

정조 21년(1797) 11월에 강이천(姜彛天)의 고발사건이 있었다.[1] 강이천 (1768-1801)은 정조 3년(1779) 12세 되던 해부터 임금의 총애를 받고 궁궐에 출입 하면서 응제시(應製詩)를 지어 올렸던 인재였다. 그는 일찍이 진사시에 합격하 여 성균관에 입학하였으며 고증학적인 연구를 통하여 새로운 사실들을 구명 하는 데 전념하여 전도가 촉망되었다. 그러나 정조 21년(1797)에 중국인 신부 주문모(周文謨, 1752-1801)와 접촉하면서 천주교 교리를 배우며, 요언(妖言)으로 민 심을 혼란시킨다는 죄목으로 형조의 탄핵을 받아 그해 11월에 제주도로 유배 되었다. 결국 순조 1년(1801) 신유박해 때 옥사하여 주문모와 함께 효수되었다.

순조 1년(1801) 4월에 강이천(姜彛天, 1769-1801)은[2] 여주(驪州)의 문벌(門閥)이었

---

1 형조에 명하여 진사(進士) 강이천(姜彛天) 등을 추문(推問)하게 하였다. (…) "강이천이 바야흐로 천안 (天安)에 있으면서 해랑(海浪)의 적들의 소설(騷屑)스러운 말로 시골 사람을 속여 의혹시키고 있습니 다." 하니, (…) 얼마 뒤에 강이천이 (…) 김신국, 김이백(金履白), 김려(金鑢), 김건순(金健淳) 등을 고발하였다. (…) 김건순(金健淳)은 문정(文正) 김상헌(金尙憲)의 봉사손(奉祀孫)으로서 『정조실록』 정조 21년(1797) 11월 11일(병자).

던 천주교도인 김건순(金建淳)과 그의 친족인 김이백(金履白)과 교유하면서 해도설(海島說)과 관련된 요언(妖言)을 퍼뜨렸다. 그는 "바다 가운데 품(品) 자 모양을 닮은 섬이 있는데, 병마(兵馬)가 강장(强壯)하다.", "바다 가운데에 진인(眞人)이 있는데, 육임(六任)과 둔갑술을 알고 있다." 등의 말로 사람들을 선동하였다.[3]

강이천이 천주교도였으며, 그가 천주교를 수용하게 된 이유가 조선중화주의, 북벌론 및 이용후생의 방편에 있었다는 주장도 있다.[4] 이들은 중국인 신부 주문모를 이인(異人)으로 여기고 중국으로 쳐들어갈 계획을 세우기도 했다.[5]

당시 서학의 유포 상황에 대해 조정에서는 다음과 같은 하교를 내렸다.

대왕대비가 하교하기를, "선왕(先王)께서는 매번 정학(正學)이 밝아지면 사학(邪學)은 저절로 종식될 것이라고 하셨다. 지금 듣건대, 이른바 사학이 옛날과 다름이 없어서 서울에서부터 기호(畿湖)에 이르기까지 날로 더욱 치성(熾盛)해지고 있다고 한다. 사람이 사람 구실을 하는 것은 인륜이 있기 때문이며, 나라가 나라 꼴이 되는 것은 교화가 있기 때문이다. 그런데 지금 이른바 사학은 어버이도 없고 임금도 없어서 인륜을 무너뜨리고 교화에 배치되어 저절로 이적(夷狄)과 금수(禽獸)의 지경에 돌아가고 있는데, 저 어리석은 백성들이 점점 물들고 어그러져서 마치 어린 아기가 우물에 빠져 들어가는 것 같으니, 이 어찌 측은하게 여겨 상심하지 않을 수 있겠는가? (…)[6]

---

2   강이천의 호는 중암(重菴)이며, 할아버지는 화가로 유명한 강세황(姜世晃)이고 아버지는 강완(姜俒)이다. 소북(小北) 명문가 출신이다.

3   죄인 김이백(金履白)은 김건순의 서족(庶族)으로서 허황되고 무뢰한 자인데, (…) 요언을 선동하여 말하기를, "바다 가운데 품(品) 자 모양을 닮은 섬이 있는데, 병마(兵馬)가 강장(强壯)하다." 하고, 또 말하기를, "바다 가운데 진인(眞人)이 있는데, 육임(六壬)과 둔갑(遁甲)의 술책을 알고 있다." 하였으니, 이는 모두 허황된 근거 없는 말들이었다. 〔(…) 罪人金履白, 以建淳之庶族, 浮虛無賴, (…) 思亂煽妖曰, 海中有島, 島形品字, 而兵馬强壯, 又曰, 海中有眞人, 知六壬遁甲之術, 俱是誕誕無根之說.〕『순조실록』 순조 1년(1801) 4월 20일(병인).

4   박광용, 「정조대 천주교회와 중암 강이천의 사상」, 『민족사와 교회사 – 최석우 신부 수품 50주년 기념 논총 –』(2000).

5   김건순이 그들에게 소개받아 주문모(周文謨)를 찾아가서 만나보고는 이인(異人)이라고 인식하였다. 그래서 마음을 기울여 교유하며 수작하는 즈음에, "도성(都城)이나 마을을 세울 수 있는 해도(海島)를 하나 얻어서 군기(軍器)를 수선하고 거함(巨艦)을 만들어 군사를 이끌고 중국에 쳐들어가서 병자년과 정축년에 받은 옛날의 수치를 씻고자 한다." 하니, 주문모가, "크게 옳지 못하다." 하였다. 『순조실록』 순조 1년(1801) 4월 20일(병인).

이러한 하교에 대해 당시 조정의 신하들 역시 서학의 치성을 염려했다.[7]

강이천사건 연루자들은 서방미인(西方美人), 남곽선생(南郭先生), 해상진인(海上眞人), 수남장인(水南丈人) 등의 용어를 사용하였다.[8] 그리고 이들은 "섬 안에 이인(異人)이 있는데, 말을 교역하는 사람이다."라는 진술을 하기도 했다.[9]

서학에 물든 사람들은 서학 이외에도 다음과 같이 진인출현설과 해도기병설을 강조하기도 했다.

추국하여 사학죄인(邪學罪人)들을 작처(酌處)하였다. 죄인 김건순(金建淳)은 (…) 힘써 널리 기이한 것을 숭상하여 경박하고 탄망(誕妄)한 문객(門客)들을 집안에서 먹여 살렸으며, 정도에 어긋난 방술(方術)에 관한 책을 보기를 좋아하였다. 이희영(李喜英), 정광수(鄭光受), 홍익만(洪翼萬) 등의 무리는 스스로 양학(洋學)을 익힌 자들이었는데, 김건순이 그들에게 소개받아 주문모(周文謨)를 찾아가서 만나보고는 이인(異人)이라고 인식하였다. 그래서 마음을 기울여 교유하며 수작하는 즈음에, "도성(都城)이나 마을을 세울 수 있는 해도(海島)를 하나 얻어서 군기(軍器)를 수선하고 거함(巨艦)을 만들어 군사를 이끌고 중국에 쳐들어가서 병자년, 정축년에 받은 옛날의 수치를 씻고자 한다." 하니, 주문모가, "크게 옳지 못하다." 하였다. 그리고 서양의 야소학(耶蘇學)을 가지고 고하니, 김건순이 기뻐하여 세 차례 가서 회동하기에 이르러 점차 빠져들어 오염되는 것도 알지 못하게 되었다. 이것은 주문모의 초사(招辭)에 나온 것이었고 여러 사람들이 또한 증명하는 것이 있었는데, 처음에는 굳게 숨기다가 마침내 찾아가서 만난 정상을 자복하게 되었다. 그래서 요서(妖書)와 요언(妖言)을 전하여 많은 사람들을 현혹시킨 것으로 결안(結案)하여 정법(正法)하였다. 죄인 김이백(金履白)은 김건순의 서족(庶族)으로서 허황되고 무뢰한 자인데, 김건순의 집에서 기식(寄食)하며 강이천(姜彝天), 김여(金鑢), 김선(金鐥) 등과 교결(交結)하

---

6   『순조실록』 순조 1년(1801) 1월 10일(정해).

7   영의정 심환지(沈煥之)가 말하기를, "사학이 세도(世道)에 대해 깊고도 오랜 근심이 되었음을 어찌 이루 다 말할 수가 있겠습니까? 그들이 말하는 것은 모두 아버지도 없고 임금도 없다는 논리이니, 도리를 멸절시키고 상도(常道)를 어지럽힌 일은 손꼽아 이루 다 셀 수가 없습니다. 『순조실록』 순조 1년(1801) 2월 5일(신해).

8   『추안급국안』 25권 247책, 「신유사옥죄인강이천등추안(辛酉邪獄罪人姜彝天等推案)」(1801. 3.) (아세아문화사, 1978), 310면.

9   『추안급국안』 25권 247책(아세아문화사, 1978), 328-329면.

고 매양 문주(文酒)의 모임에 참여하여 서론(緖論)을 들었으며, 김건순과 강이천의 사이에 왕래하여 말을 전하며 보태고는 어지럽힐 것을 생각하여 요언을 선동하여 말하기를, "바다 가운데 품(品) 자 모양을 닮은 섬이 있는데, 병마(兵馬)가 강장(强壯)하다." 하고, 또 말하기를, "바다 가운데 진인(眞人)이 있는데, 육임(六壬)과[10] 둔갑(遁甲)의 술책을 알고 있다." 하였으니, 이는 모두 허황된 근거 없는 말들이었다. 강이천과 서로 배짱이 맞아서 요언을 전파하여 어지럽히며 많은 사람들을 현혹시켰다는 것으로 결안(結案)하여 정법(正法)하였다.

죄인 강이천은 원래 경솔하고 천박한 자로서 문예에 민첩하였으나 식견이 전혀 없었는데, 김이백과 더불어 요언(妖言)을 지어내어 소란을 피웠으며 해도(海島)에 강장한 병마(兵馬)가 있다는 등의 말을 김신국(金信國)에게 말하여 위협하여 재물을 속여서 빼앗을 계책을 삼았다.[11]

김이백의 말에 "바다 가운데 (섬에) 진인이 있어 각종 술책을 잘 알고 있다."라는 내용이 있고 강이천은 "섬에 병마가 있다."라는 말을 했다고 한다. 요컨대 이들은 해도기병설과 진인출현설과 관련된 말을 퍼뜨리면서 민심을 동요시켰다.

한편 이술범(李術範)은 육임둔갑법(六壬遁甲法)을 알고 있어서 별호(別號)가 해상진인(海上眞人)으로 불렸다.[12] 이 말은 강이천(姜彝天)이 지어낸 것이라 한다.[13] 이 외에도 해상진인 혹은 해중성인(海中聖人), 서방미인(西方美人), 남곽선생(南郭先生) 등으로 부르기도 했다.[14] 김종억은 해상진인이 남곽옹(南郭翁)으로 하여금 인재를 모으려 한다는 이야기를 강이천과 김이백에게 들었다고 진술했다.[15]

또 이들의 진술에 따르면 "섬에 주인이 있는데 그의 성은 정씨(鄭氏)이고 이

---

10 육임(六壬)은 골패 등을 가지고 점치는 방법 중의 하나이다. 둔갑(遁甲), 태을(太乙)과 합쳐서 삼식(三式)이라 한다.

11 『순조실록』 순조 1년(1801) 4월 20일(병인).

12 『추안급국안』 25권 248책, 「신유사학죄인김려등추안(辛酉邪學罪人金鑢等推案)」(1801. 4.) (아세아문화사, 1978), 410-411면.

13 『추안급국안』 25권 248책(아세아문화사, 1978), 470면.

14 『추안급국안』 25권 248책(아세아문화사, 1978), 484면.

15 『추안급국안』 25권 248책(아세아문화사, 1978), 486면.

름은 구(龜)이며 우리나라에서 태어나 어릴 적에 바다로 들어가 자라서 이표(異表)를 띠었고, 장성해서는 기략(機略)이 많고 영웅의 기질이 있어 섬에 살면서도 품은 뜻이 커서 시기를 기다리고 있다."고 한다. 또 태백산에도 조광룡(趙光龍)이라는 지략이 많은 사람이 있어 우리나라의 우환을 없애줄 것이라고 진술했다.[16]

이들 서학 관련 용의자들은 해중(海中)에 성인(聖人)이 있어 대선생(大先生)을 보내 인재를 구하고 있다고 주장했다.[17] 그들은 이 섬이 품자(品字) 모양으로 생겨 품자도(品字島)로 불렸다고 진술했다.[18]

순조 1년(1801) 10월에는 조정의 대신이 황사영(黃嗣永, 1775-1801)의 백서(帛書)가 서양 선박과 병사를 이용하여 우리나라를 없애려는 모의라고 규정하였다.

좌포장(左捕將) 임율(任嵂)과 우포장(右捕將) 신응주(申應周)가 사학죄인(邪學罪人) 황사영(黃嗣永)의 흉서(凶書)를 가지고 합문(閤門) 밖에 나아오니, 들여보내라고 명하여 살펴본 후에 국청에 내리었다. 죄인 황사영은 사족(士族)으로서 사술(邪術)에 미혹됨이 가장 심한 자였는데, 의금부(義禁府)에서 체포하는 처음에 기미(機微)를 미리 알고 망명(亡命)하여 혹은 상복(喪服)을 입고는 성명을 바꾸고 혹은 토굴에 숨어서 종적을 감추어 반 년이 지나기에 이르렀었다.

포청(捕廳)에서 은밀히 염탐하여 지금에야 제천(堤川) 땅에서 붙잡아 그의 문서(文書)를 수색하니 백서(帛書)가 있는데, 장차 북경(北京)의 천주당(天主堂)에 통하려고 한 것이었다. 서폭(書幅)에 꽉 찬 흉악하고 참람한 말은 주문모(周文謨) 이하의 여러 죄인이 복법(伏法)되었다는 일을 서양인(西洋人)에게 상세히 보고하려 한 것으로서, 그 중에 세 조항의 흉언(凶言)이 있는데 하나는 황지(皇旨)를 꾀하여 얻어서 조선(朝鮮)에 교유(敎諭)하여 서양인을 가까이 교제하도록 함이었고, 하나는 안주(安州)에 무안사(撫按司)를 열어 친왕(親王)이 국생(國生)을 감시하고 교훈(敎訓)을 모으도록 명하게 하여 틈을 타서 행동하려 함이었고, 하나는 서양국(西洋國)에 통하여 큰 선박(船舶) 수백 척에 정병(精兵) 5, 6만 명을 꾸며 보내고 대포(大砲) 등 이해되는 병기(兵器)를 많

---

16 『추안급국안』 25권 248책(아세아문화사, 1978), 490면.

17 『추안급국안』 25권 248책(아세아문화사, 1978), 496면.

18 『추안급국안』 25권 248책(아세아문화사, 1978), 507면.

이 신고 와서 동국(東國)을 깜짝 놀라게 하여 사교(邪敎)가 행해지도록 함이었다.[19]

백서의 가운데에 두 조항의 흉계(凶計)로써 양인에게 구원을 청하여 장차 소방(小邦)을 뒤집어엎으려고 하였는데, 그 하나는 태서(泰西)의 여러 나라에 전하여 알려서 선박(船舶) 수백 척으로 정병(精兵) 5, 6만과 화포(火砲) 등 이해(利害)되는 병기(兵器)를 많이 싣고 오도록 청하여 직접 바닷가에 다다라 이 나라를 진멸하려 하였고, (…) 유항검(柳恒儉), 윤지헌(尹持憲) 등의 공사에도 역시 서양의 선박을 오도록 청하여 한 바탕 죄다 죽이고 결판을 벌이려는 계획이 있었다 하였으며, (…)[20]

서학이 해도기병설과 유사한 사안으로 이해되었던 것을 알 수 있는 기록이다. 섬이나 바다를 통해 병사가 일어나 나라의 안위가 위태로워진다는 내용이다.

김건순(金健淳, 1776-1801)은 문정(文正) 김상헌(金尙憲, 1570-1652)의 봉사손(奉祀孫)으로서 작고한 참판 김양행(金亮行)의 손자다. 그 역시 해도기병설(海島起兵說)에 심취했던 인물이다.

강이천은 김건순(金建淳)이 지벌(地閥)과 재화(才華)가 월등하고 여주(驪州)에 살면서 산업(産業)이 풍족한 까닭에 그와 교유하기를 원하여 (…) 두루 돌아다니며 많은 사람들을 사학에 물들게 한 것은 김건순의 사죄에 해당됩니다. (…) 김건순이 주가(周哥)에게 말하기를, '우리가 장차 거함(巨艦)을 건조하고 갑병(甲兵)을 양성해서 대해(大海) 가운데 도성(都城)이나 마을을 이룰 수 있을 곳에 들어가, 곧바로 피국을 공격해서 옛날의 수치를 씻겠다. (…)' 하였는데, 옛날의 수치란 것은 곧 병자년의 일을 말하는 것입니다. 이에 주가가 답하기를, '이것은 반드시 이루어질 수 없는 일이다. 나에게 전수할 만한 정술(正術)이 있으니, 우선 너의 경영하는 것을 버리고 나의 학(學)을 따르는 것이 옳다. (…)' 하였습니다.[21]

이미 정조 21년(1797) 11월에 진사(進士) 강이천(姜彝天)이 바야흐로 천안(天安)

---

19 『순조실록』 순조 1년(1801) 10월 5일(무신).

20 『순조실록』 순조 1년(1801) 10월 27일(경오) 대제학 이만수(李晩秀)의 「토사주문(討邪奏文)」.

21 『순조실록』 순조 1년(1801) 3월 27일(계묘).

에 있으면서 해랑(海浪)의 적들의 소설(騷屑)스러운 말로 시골 사람을 속여 의혹 시키고 있다는 혐의와 관련되어 조사받은 적이 있었다.[22] 이들 서학 관련 혐의 자들은 중국인 신부 주문모의 공초에 의거 체포되었다.[23]

이들 사건에 관련하여 해상진인(海上眞人)에 대한 이야기,[24] 김건순의 해도 로부터 중국을 북벌한다는 공초,[25] 품자도와 해상진인에 대한 공초,[26] 유환검 과 유관검 등의 대박청래(大舶請來)[27] 등의 진술이 전한다.

전라감사 김달순(金達淳)이 계문(啓聞)하기를, "도내의 사학죄인(邪學罪人) 유항검(柳 恒倫), 유관검(柳觀儉) 형제와 윤지헌(尹持憲), 이우집(李宇集)은 요사하고 황탄하여 스스 로 윤리와 기강을 단절하고 많은 무리를 불러 모아 호남(湖南)의 거괴(巨魁)가 되었는 데, 최창현(崔昌顯), 황사영(黃嗣永), 윤지충(尹持忠), 이존창(李存昌)의 무리와 난만(爛漫) 하게 화응하고 주문모(周文謨)를 아비처럼 섬겨 맞이하여 머물러 있게 하였습니다. 그리고 그 서찰을 받아 북경(北京)의 천주당(天主堂)에 들여보내고 사상(邪像) 및 이른 바 영세(領洗)할 때 쓰이는 성유(聖油)를 가지고 왔습니다. 그리고 그 모의(謀議)한 바, '신부(神父) 한 사람으로는 그 형세가 매우 고단하니, 반드시 하나의 큰 선박을 서양 국에서 맞이해 와서 나라 안에 그 교(敎)를 널리 선양하고자 한다.'라고 하였으니, 허다하게 주무한 자취가 지극히 간교하고 흉악하였습니다. 따라서 빠른 속도로 사 람들을 불러 유혹하여 두서너 고을의 백성들이 절반은 변하여 이적(夷狄)과 금수(禽 獸)가 되었는데, 점차 서로 끌어들였으니 그 수가 또한 많아지고 있습니다.[28]

영의정 심환지(沈煥之)가 말하기를, (⋯) 사학죄인(邪學罪人) 유항검(柳恒倫) (⋯) 죄인 이 공술(供述)한 바에서 '서양(西洋)의 큰 선박이 돛에 바람을 받아 빨리 와 정박하여 융기(戎器)와 병거(兵車)를 감추고는 한번 죽기로 작정한 계획을 한다.'는 요점을 얻

22 『정조실록』 정조 21년(1797) 11월 11일(병자).
23 주문모(周文謨)의 공사(供辭) 가운데 김건순(金建淳), 강이천(姜彛天), 김여(金鑢), 김이백(金履白) 등 여러 사람들은 서로 모여서 전법(傳法)했다는 말이 있었으니, 아울러 발포(發捕)하도록 하라." 하였 다. 『순조실록』 순조 1년(1801) 3월 16일(임진).
24 「신유사옥죄인이기양등추안」, 3.
25 「신유사옥죄인강이천등추안」, 4.
26 「신유사옥죄인김려등추안」, 5.
27 「순조신유추안급국안」.
28 『순조실록』 순조 1년(1801) 4월 25일(신미).

었으니, 그 정상을 깊이 궁구해 보건대, 대단히 흉패(凶悖)합니다.[29]

유항검(柳恒儉, 1756-1801)은 전주(全州) 출신으로 일찍이 천주교에 가담하여 자치적(自治的) 조선교구(朝鮮敎區)의 신부로 활약하다가 뒤에 북경교구(北京敎區)의 명으로 자치 조선교회가 해산되자 신부 영입을 주도하여 중국 신부 주문모의 영입을 도왔고, 홍낙민(洪樂敏), 이단원(李端源)과 함께 외국의 힘을 빌려 신앙의 자유를 얻기 위하여 김유산(金有山)을 청나라에 보내어 청원하였다. 그는 순조 1년에 체포되어 처형되었다.

유항검의 동생 유관검(柳觀儉, 1768-1801)도 서양인을 불러들이는 일에 주동적으로 활동했으며 특히 서양의 선박을 청한 모역에 동참한 죄목으로 처형되었다.[30]

유항검(1756-1801)이 이른바 참언을 천주교 포교에 이용했을 가능성을 제기한 연구도 있다.[31] 즉 유항검의 동생 유관검은 "성세(聖世)에 인천과 부평 사이에 밤에 배 일천 척을 댄다."는 비기의 내용을 알고 있었다. 그는 이를 이용하여 "예수가 경신년에 태어났으니, 경신은 곧 성세이다."라고 말하였다. 여기서 경신년은 정조 24년(1800)이다.

이우집이 (진술하기를) (…) 또 경신년 10월에 유관검에게 찾아갔더니 유관검이 말하기를 '성세(聖歲)에 인천과 부평 사이에 밤에 천 척의 배가 정박할 것이라 했는데 아직도 소식이 없으니 괴이하고 괴이하도다! 대개 예수가 경신년에 태어났으므로 작년이 경신년이므로 성세(聖歲)라 칭한다.'라 했습니다.[32]

---

29 『순조실록』 순조 1년(1801) 8월 10일(갑인).

30 죄인 유관검(柳觀儉)은 유항검의 아우로서 양인(洋人)을 맞아 오는 일에 난만하게 주무하였으며, 신주를 땅에 묻고 인륜(人倫)을 깨뜨려 없앤 죄와 큰 선박을 나오도록 청한 계책은 누구를 형이라 아우라 하기가 어렵기로 모역(謀逆)에 동참한 죄로써 결안하였다. 『순조실록』 순조 1년(1801) 9월 11일(을유).

31 주명준, 『천주교의 전라도 전래와 그 수용에 관한 연구: 윤지충, 유항검의 가계와 전도활동을 중심으로』(전북대학교 대학원 박사학위논문, 1989), 140-141쪽.

32 李宇集 (…) 又於庚申十月往見觀儉則, 觀儉曰, 聖歲仁富之間, 夜泊千艘云矣, 尚無消息, 怪哉怪哉! 蓋耶蘇生於庚申, 而昨年爲庚申, 故稱以聖歲. 『추안급국안』 25권 250책, 「신유추안(辛酉推案)」(1801.

이우집은 이 말을 경신년(1800) 10월 11일에 전주에서 유관검에게서 들었다고 진술했으며, 유관검은 세상에 떠도는 참기(讖記)를 인용해 말한 것이었다고 증언했다.[33]

인부(仁富)는 인천(仁川)과 부평(富平) 등의 읍(邑)을 가리키는 용어로, 해문(海門)이 서울과 가깝고 넓기 때문에 천 척의 배도 수용할 수 있다는 해석이 당시에 받아들여졌다.[34]

"성세(聖歲)에 인천과 부평 사이에 밤에 천 척의 배가 정박한다."는 말은 세상에서 지극히 망령되고 매우 삿되며 세상과 어리석은 백성을 현혹시키는 요언(妖言)이라고 규정되었다.[35] 성세를 성인인 예수가 태어난 경신년으로 해석한 것이다.

위의 말은 현전하는 『정감록』의 「감결」에 다음과 같이 보인다.

신년(申年) 봄 삼월과 성세(聖歲) 가을 팔월에 인천(仁川)과 부평(富平) 사이에는 밤 중에 배 천 척이 정박하고, 안성(安城)과 죽산(竹山) 사이에 시체가 산처럼 쌓일 것이다. 여주(驪州)부터 광주(廣州)까지는 인적이 영영 끊어질 것이며, 수성(隨城)과 당성(唐城)은 피가 흘러 내를 이루리라. 한강(漢江) 남쪽 백 리에 닭 우는 소리와 개 짖는 소리가 사라지고 인적이 영영 끊어질 것이다.

유관검이 말한 비결이 당시에 유포되고 있었다는 사실이 증명되었다. 어느 것이 먼저인지는 현재로서는 확인할 수 없지만, 이 비결은 현전하는 이른바 『정감록』에 수용되어 있다. 이처럼 이들은 서양 세력의 유입 과정을 단순히 서학(西學)의 확산으로만 보지 않고, 서양 선박과 무기 그리고 병력의 도입으로 이해하고 있었으며, 특히 비결을 이용한 예언으로 이를 정당화하려 했다.

4.) (아세아문화사, 1978), 530면. 조광, 『조선 후기 천주교사 연구』(고려대학교 민족문화연구소, 1988), 161-162쪽.

33 한국교회사연구소, 『사학징의(邪學懲義)』(불함문화사, 1977), 236면.

34 한국교회사연구소, 『사학징의(邪學懲義)』(불함문화사, 1977), 248면.

35 『추안급국안』 25권 250책, 「신유추안(辛酉推案)」(1801. 4.) (아세아문화사, 1978), 535면.

반면 이우집과 유관검의 진술이 신빙성이 없으며 그 이유가 천주교에서는 요언과 참언을 절대 금하기 때문이라는 주장도 있다.[36]

위의 비결 이외에도 유관검은 서양의 선박이 우리나라에 도착하면 일어날 일을 다음과 같이 예언했다.

> 유관검이 말하기를 "대박(大舶)이 마땅히 서양으로부터 (우리나라로) 올 것인데, 그 인물(人物)과 풍도(風度)가 우리나라보다 훨씬 뛰어날 것이며, 또 많은 보화를 싣고 와 조선의 재물을 사용하지 않고 천주당(天主堂)을 창건할 것이며, 저절로 울리는 악기와 거중기(擧重機), 천리비차(千里飛車)를 설치할 것이며, 교우(敎友)를 널리 모아 설법을 강학할 것이고 과거를 시행하여 인재를 얻을 것이다. (…) 우리나라가 만일 따르지 않으면 마땅히 한바탕 결딴을 낼 것이다.[37]

이러한 유관검의 진술은 "한바탕 결딴을 낼 것"이라는 불온한 말을 유포했다는 점에서 당시 위정자들의 공격을 받았다.

한편 조선 후기 예언서에 기술된 미래의 처참한 혼란상이 당시 유행한 천주교 교리서와 매우 흡사하다는 연구도 있다.[38]

어쨌든 유관검의 사례를 통해 서학도 정감록과 마찬가지로 저항의 논리로 이용되었다는 점이 확인된다.

이와 관련하여 『정감록』이 천주교 포교에 긍정적인 영향을 미친 것으로 본 연구도 있다.[39] 또한 스즈키는 정조 21년(1797)에 일어난 강이천사건을 다루

---

36 고을희, 「정조대 서양 선교사와 양박(洋舶) 영입 시도」, 『교회사연구』 제25집 (한국교회사연구소, 2005), 308쪽.

37 『추안급국안』 25권 250책, 「신유추안(辛酉推案)」(1801. 4.) (아세아문화사, 1978), 529면.

38 백승종, 「조선 후기 천주교와 『정감록』: 소문화집단의 상호작용」, 『교회사연구』 30집 (한국교회사연구소, 2008), 22쪽. 백승종은 정감록의 말세론은 18세기 이후에 등장한 새로운 경향으로 보았다. 그리고 백승종은 조선 후기 예언서에 등장하는 청의(靑衣)를 남방의 새로운 이방인, 즉 서양인으로 간주하였다.

39 김진소는 정감록의 유행이 당시 유행한 미륵하생신앙과 직결되어 있다고 추정했다. 김진소, 「신유박해 당시 서양 선박 청원의 특성」, 『신유박해와 황사영 백서사건』 (한국순교자현양위원회, 2003), 127-136쪽.

면서, 『정감록』에 나오는 '해도진인'의 존재를 믿은 사람들과 평소 서양 선박의 출현에 호기심이 컸던 사람들이 천주교에 대해서도 관심을 갖게 되었다고 주장했다.[40]

당시 유교적 사회체계 속에서 억압과 수탈을 받아왔던 민중들은 지배계급의 강압 정책 때문에 지배 이데올로기에 저항하지는 못하고 있었지만, 지배 이데올로기에 대해 친화감을 지닐 아무런 이유나 명분도 갖고 있지 않았다. 물론 이들도 오랫동안의 국가 유교화 정책으로 인해 조선 후기에 이르러서는 유교적 가치를 어느 정도 수용하고 있었지만,[41] 일정한 조건만 마련된다면 그에 저항할 가능성을 충분히 지니고 있었다. 이러한 가능성은 민중종교운동으로 표출되었다.[42]

조선 후기의 변란(變亂)은 거의 예외 없이 『정감록』 등의 민중사상을 기반으로 일어났다. 이들은 민중사상을 저항운동의 사상적 기반으로 삼는다. 민중의 입장을 대변하는 논리체계로서 민중운동은 유교적 질서를 거부하고 새로운 사회질서를 모색했던 것이다.

이는 유교적 가치를 전면적으로 배격하기보다 변화된 조건에 맞도록 수정하고 훼손된 유교주의를 보완하려는 보유론적(補儒論的) 입장과는 뚜렷이 구별된다. 성리학의 단점을 수정하려는 실학운동과 서구의 과학과 종교를 기반으로 하여 우리 사회를 변혁시키려 했던 서학과도 구별된다. 서학은 그리스도교의 복음과 가치를 수정하거나 양보할 수 없는 절대 유일의 진리로 신봉하는 서양 선교사들이 중심이 되었고, 이는 유교적 가치와 심한 대립과 갈등을 유발시키기도 했으며 대다수 민중들의 성향과도 상당히 거리가 먼 이질적인 이

---

40 鈴木信昭, 「朝鮮後期天主教思想과 鄭鑑錄」, 『조선사연구회논문집』 40집(2002), 67-95면.

41 유교주의적 가치와 규범에 토대를 둔 동성동본의 불혼, 장자 우위의 상속제도, 가계의 영속과 조상 제사의 보존을 목적으로 하는 양자제도, 가문의 위세를 나타내는 족보의 발간, 동족부락의 형성 등은 조선 중기까지는 민중은 물론 양반 계급에서도 별로 나타나지 않는 현상이었지만, 임진왜란과 병자호란을 겪은 이후에는 급격히 수용되기 시작하여 19세기에 이르러서는 민중들에게까지 일반화된 현상으로 자리 잡았다. 최재석, 『한국가족제도사연구』(일지사, 1983).

42 노길명, 『한국의 종교운동』(고려대학교 출판부, 2005), 28쪽.

념체계였다.

한편 전통적 가치에 주목했던 예언사상은 어떤 면에서 종교적 성향을 띠었다. 유교적 국가체제로부터 소외와 억압을 받아왔던 민중이 사회적 여건의 변화를 계기로 삼아 자신들의 욕구와 열망을 체계화하여 민중운동을 전개했던 것이다. 이 과정에서 예언사상의 역할은 상당한 위치를 차지한다.

인간의 존엄성과 평등성에 대한 서학운동은 봉건사회체제를 위협하기에 충분했고, 계급이나 신분의 차별을 넘어 새로운 형태의 신앙 공동체를 이루는 서학 신도들의 행위는 기존 사회질서를 문란하게 만드는 행위로 간주될 수밖에 없었다. 따라서 지배 계층은 서학운동을 반체제·반국가운동으로 규정하여 극심한 탄압을 가했고, 이러한 박해는 당시의 통치 권력이 느끼고 있었던 위기의식과 정치 상황으로 인해 가속화되었다.

신분제가 점차 해체되어가는 사회적 상황에서 외부 세계에서 유입된 서학의 평등사상은 이 땅의 민중에게도 엄청난 가치관의 혁명을 유발시켰다. 예언 사상에서 구체적인 이상사회의 모습에 대해서 밝힌 기록은 거의 없지만, 새 왕조는 무엇보다도 만인이 모두 자유롭고 행복하게 잘 사는 복지사회를 지향했고 그 기초는 신분제의 철폐로 요약되는 만민평등사상이었다. 계급관계가 소멸되는 평등사회를 향한 종교운동은 유교적 사회질서에 대한 강력한 도전이었다. 이후 예언사상은 각종 민란과 연결되면서 조선 후기 종교운동의 분화와 다양성을 가속화하는 결과를 가져왔다.

인간의 이상사회를 향한 열망은 사회운동의 동인(動因)으로 작용하며, 기존의 사회질서를 혁파하거나 개혁하려는 모든 형태의 집합행동은 보다 나은 사회를 이루려는 인간의 의지를 바탕으로 전개된다. 이러한 의지는 계급투쟁과 같은 세속적 방식으로 나타나기도 하지만, 경우에 따라서는 종교적 방식으로 표현되기도 한다. 특히 사회적 모순과 부조리가 극심하고 그것을 개선할 현실적 대안이 없다고 판단될 때에는, 자신들을 억압과 고통으로부터 해방시켜 줄 메시아의 출현을 대망(待望)하게 된다. 대부분의 메시아운동이 사회변혁기나

사회적 혼란이 극심할 때에 발생하는 것은 이 때문이다.[43]

메시아는 흔히 '심판자' 또는 '제세주(濟世主)'로 간주된다. 그는 기존의 사회체제를 심판하고 모순과 부조리로 가득 찬 낡은 질서를 타파하며 진정한 자유와 평등, 평화 그리고 복지가 실현되는 이상세계를 건설해 줄 '해방자'로 신앙된다. 그렇기 때문에 메시아신앙은 낡은 질서의 청산과 새로운 세계의 대림을 갈망하는 '천년왕국사상' 또는 '지상천국신앙'으로 연결된다. 이러한 신앙은 현실세계의 고통이 극심할수록, 그리고 억압과 고통을 받는 집단이나 계급일수록 강하게 표출된다. 이러한 신앙은 현실세계를 변혁하려는 민중의 열망과 결합됨으로써 전통사회에서 민중운동의 구심점으로 작용하였다.[44]

민중을 불러 모으고 의식화하여 운동의 목표와 방향, 그리고 방법을 제시하는 중심 이데올로기로서 작용한 예언사상은 한국적 메시아운동의 이념적 기반이었다. 동시에 예언사상은 저항운동을 이끌어가는 적극적 의미로서, 민중의 변혁 욕구를 수렴하여 저항의지를 북돋아주는 동력으로 기능했다.

성리학은 공리공담과 형식에 치우치는 경향이 심해져 점차 관념화, 사변화되고 결국 교조주의로 흐르고 있었다. 오로지 성리학만을 정학(正學)으로 간주하고 그 나머지 서학, 불교, 도교, 도참신앙 등은 좌도(左道), 사학(邪學), 이단(異端)으로 배격하였고, 심지어 유학의 일파인 양명학까지도 이단으로 규정하여 필연적으로 사상의 정체(停滯)를 초래하였다.

이러한 성리학의 정체를 극복할 수 있는 새로운 사상 체계가 요구되는 상황은 사회변동이 가속화되어가는 현실과 연결되면서 더욱 촉진되었다.

이에 따라 현실개혁에 필요한 사상 체계로서 실학(實學)이 등장하여 성리학을 비판하고 개혁하고자 노력했다. 그러나 실학자들은 체제 속의 개혁을 표방하고 머물렀기에 성리학 자체를 부정할 수 없었다는 한계를 지닌다. 그러므로 실학사상은 처음부터 민중사상이 될 수는 없었다.

---

43   노길명, 『한국의 종교운동』(고려대학교 출판부, 2005), 44쪽.
44   노길명, 위의 책, 44-45쪽.

조선 후기의 민중들에게 지배 종교였던 유교의 가르침은 고도의 학문적 수준과 설명체계를 통해서만 습득될 수 있는 것이었고, 자신들에게 억압과 굴종을 강요하고 지배 질서를 정당화하고 강화하기 위한 지배 이데올로기에 불과하였다. 민중들에게는 단순하고 분명한 설명체계가 요구되었고, 낡은 기존 질서는 종말을 고하고 새로운 세계가 도래하여 현재의 억압, 굴종, 혼란, 고통이 없어질 것이라는 종말론적이고 예언적인 메시지가 필요하였다.

당시의 예언사상은 단순히 민중의 애환을 달래주고 희망을 제시해 주는 소극적 차원을 넘어 사회적 모순을 파악하고 지향해 나아갈 사회의 모습을 제시하면서 민중의 에너지를 집결시키는 역동적인 구심점으로 작용해 왔다는 점에서 독특하다.

나아가 예언사상은 혁세사상과 사회변혁을 촉구하는 이념으로 자리잡았다. 예언사상에 기초한 봉건사회체제의 청산과 새로운 세계의 도래를 희망하는 반봉건·반왕조적 성격을 지닌 조직적인 민중운동이 전개되었다.

동요하는 민중사회를 하나의 집합적 운동으로 진전시키기 위해서는 민중이 사회적 모순과 부조리의 원인과 그에 대한 해결 방안을 인지해야 하는 한편, 이러한 민중의 인식을 하나로 결집시키고 조직화할 수 있는 지도자가 반드시 있어야 한다. 지도자는 민중의 소망과 의지를 수렴하여 역량을 조직화하고 통일시키고 새로운 미래상을 제시함으로써 민중운동의 방향과 방법을 결정하는 역할을 담당한다.

민중의 의식이 하나의 민중운동으로 전개되기 위해서는 기존 사회체제가 나타내는 사회적 모순의 원인과 그에 대한 나름대로의 해결 방안이 제시되어야 한다. 즉, 참여자의 참여 동기를 유발하고 운동의 목표를 제시할 수 있는 운동의 이념적 토대가 필요하다. 조선 후기의 유랑지식인(流浪知識人)들은 그러한 이념적 토대를 진인출현설, 신왕조건국설 등을 예언한 비결, 예언사상, 잡술 등에서 찾았다.

예언사상은 민중들에게는 오래전부터 친화성이 있었으며, 짧고 강력한 메시지를 담고 있어서 파급효과가 컸다. 기존 사회체제의 종말과 새로운 미래의 도래가 약속된 진인출현설은 현세적 고통으로부터 벗어나려는 민중의 열망과 결합하면서 널리 확산되었다. 따라서 예언사상은 민중의식 강화와 민중 결집의 구심점이자 신념 체계였다.

조선 후기에 민중운동의 주도적 역할을 담당하였던 사람들은 대부분 유랑 지식인들이었다. 이들은 소외된 서얼(庶孼)과 중인(中人), 몰락한 양반과 자발적 은둔자, 범죄자나 그 후손, 지배적 담론으로부터 배제된 사상을 탐닉한 자, 교육받은 평민이나 천민들 등 다양하였다.[45]

훈장, 지관(地官), 의원 등이 전형을 이루는 이들 유랑지식인들은 여러 지역을 전전하면서 조선 후기 사회에 나타난 구조적 모순과 민중의 실존상황을 잘 인지하고 있었다. 또한 이들은 상당한 지적 능력을 소유하고 있었음에도 불구하고, 문장과 지식을 중시하는 성리학적 가치가 지배하는 사회체제에서 정치적·경제적으로 소외되어 있었다. 따라서 이들은 다양한 배경을 지녔지만 기존 사회체제에 대해 비판적이고 부정적인 의식을 가졌다는 공통점이 있었다. 조선 후기는 중세 사회의 체제적 모순과 갈등이 심화되고 기존의 봉건적 사회가 급속도로 해체되면서 많은 부문에서 변동을 가져왔고, 그러한 과정 속에서 정치, 경제, 사회, 문화 등 각 분야에서 새로운 질서와 체계를 세우기 위한 노력들이 활발하게 추구되었던 시기였다. 조선 후기를 '중세적 사회에서 근대적 사회로의 이행기'로 규정한다면 그 가운데 특히 19세기는 민중의 저항과 항쟁이 집중적으로 일어났으며, 대규모로 확대되어 전국적으로 발생한 변혁기로 볼 수 있다.

당시의 민중항쟁은 봉건지배층의 가혹한 탐학과 학정, 극심한 자연재해 등이 직접적인 계기가 되었지만, 근본적으로는 당시 사회구조의 내재적인 모

---

45 윤병철, 「조선 후기 유랑지식인의 사회사적 의미」, 정순우, 「조선 후기 유랑지식인 형성의 사회문화적 배경」, 장영민, 「유랑지식인과 사회변혁운동」, 「정신문화연구」 통권 69호(한국정신문화연구원, 1997) 등의 논문을 참고하시오.

순이 심각하게 악화되었고 그러한 과정에서 봉건지배세력에 대항할 만큼 성장한 민중의식이 있었기에 가능했다. 이러한 민중의식의 성장에는 예언사상이 지대한 역할을 했다.

순조 초기의 반란음모사건

55

순조는 열한 살의 나이에 왕위에 올랐기 때문에 순조 4년(1804)까지는 증조할머니인 영조의 계비 정순왕후가 수렴청정을 했다. 이때 정순왕후는 왕과 다름없는 권력을 행사하며 정조의 비호를 받았던 정치 세력인 시파를 몰아내고 벽파를 등용하였다. 벽파를 등용하는 과정에서 남인을 제거하기 위해 서학을 박해하는 신유사옥이 일어났다.

순조대에도 여론을 선동하는 괘서(掛書)사건이 자주 발생하였다.[1] 괘서를 농민들이 직접 작성했다고 볼 수는 없지만, 농민들의 욕구를 반영하고 이들을 선동하기 위한 목적으로 농민들의 왕래가 잦은 시장에 괘서가 내걸렸다.[2]

---

1 이들 사건에 대해서는 한명기, 『19세기 전반 패서사건의 추이와 그 특성: 1801년 하동, 의령 패서사건을 중심으로』, 『국사관논총』 제43집(국사편찬위원회, 1993)을 참고하시오.

2 이때 하동(河東)의 두치장(斗峙場)에 패서(掛書)의 변(變)이 있었는데 (…) 대왕대비가 하교하기를, "작년의 인동(仁同)에 있었던 일에는 비록 수십 인에 차지 않더라도 오히려 동병(動兵)했다는 이름이 있었고 또 읍(邑)의 경계를 범하기에 이르렀기 때문에 부득이 안핵사를 내보내었으나, 이번의 일은 인심을 선동하려는 계책에 불과하니, 지레 안핵사를 보내는 것은 대단히 부당하다. (…) 심환지가 말하기를, "창원(昌原) 땅에 또 흉서(凶書)를 게시한 곳이 있다고 도신이 신에게 비밀로 보고하였는데, 그 글

순조 1년(1801) 9월에는 경상도 하동의 두치장(斗峙場)에서 이진화(李鎭和), 정양선 등이 괘서(掛書)한 사건이 발생했다.[3] 이 사건에 연루된 많은 사람들이 체포되어 심문받았다.[4] 관련자 이호춘(李好春)은 훈장 노릇을 했는데 그의 죄상을 설명하면서 "(이호춘은) 점술과 둔갑술에 관한 책(奇遁之書)을 몰래 소장하였으며, 조금 나아진다거나 큰 난리가 닥친다는 등의 소문으로 인심을 놀라게 하고 현혹시켰다. (…) '지나간 일로 증명하고 오는 일을 믿는다. (조선왕조의) 운이 다했으니, 기울어져 뒤집힌다.' 등의 말을 멋대로 지껄여 인심을 선동하였으므로, 반역의 부도(不道)한 죄로 처리한다."고 했다.[5]

이들에 대한 결안은 다음과 같다.

의금부도사 박광구(朴光久)가 영남(嶺南)에 괘서(掛書)한 죄인을 정법(正法)하는 것으로써 아뢰기를, "죄인 이호춘(李好春)은 점사(占辭)를 푸는 법을 대강 습득하고 기둔

이 지극히 흉패(凶悖)하므로 『순조실록』순조 1년(1801) 8월 5일(기유).

　이때 경상감사 김이영(金履永)의 밀계(密啓)가 있었는데, 말하기를, "하동부(河東府)에서 읍(邑)과의 거리가 5리(里)쯤 되는 시장가에 괘서(掛書)의 변(變)이 있었는데, 흰 명주(明紬)를 한 자(尺) 남짓하게 대나무 장대에 종이 끈으로 꿰뚫어서 매달았습니다. 명주 가운데에 쓰기를, '문무(文武)의 재예(才藝)가 있어도 권세가 없어 실업(失業)한 자는 나의 고취(鼓吹)에 응하고 나의 창의(倡義)에 따르라. 정승이 될 만한 자는 정승을 시킬 것이고 장수가 될 만한 자는 장수를 시킬 것이며, 가난한 자는 풍족하게 해주고 두려워하는 자는 숨겨 준다.'라고 하였으며, 그 나머지는 진서(眞書)와 언문(諺文)을 서로 뒤섞어 난잡하게 쓰다가 지워버렸습니다.' 하였다. 『순조실록』순조 1년(1801) 10월 30일(계유).

3　이때 하동(河東)의 두치장(斗峙場)에 괘서(掛書)의 변(變)이 있었는데, 영백(嶺伯)이 괘서한 사람 이진화(李鎭和), 정양선(鄭陽善), 이방실(李邦實), 정철손(鄭哲孫) 등을 붙잡아다 공초(供招)를 받고 치계(馳啓)하였다. 『순조실록』순조 원년(1801) 8월 5일(기유).

4　의령(宜寧)에 사는 전지효(田志孝), 그의 매형(妹兄)인 진주(晋州) 사람 이진화(李震化), 매형 배진경(裵縉慶), 배진경의 동생 배윤경(裵綸慶), 진주 사람 정양선(鄭養善), 영산(靈山) 사람 이호춘(李好春) 등이 연루되었다. (…) 이호춘(李好春)은 본래 영산(靈山) 사람으로서 점괘(占卦)에 나타나는 말을 대강 풀이하여 허풍을 치며 말하여도 억측(臆測)이 잘 맞았으므로 사람들이 많이 혹신(惑信)하여 난동을 생각하고 화를 즐겁게 여겨 선동하는 요망한 말이 감히 말하지 못할 곳을 향하기에 이르고 차마 듣지 못할 말을 많이 한 것이 하동에 게시한 글과 동일하게 흉악하고 참람하였다. (…) 罪人李好春, 本以靈山人, 粗解卦繇, 誑說億中, 人多惑信, 思亂樂禍, 煽動妖言, 至向不敢言之地, 多發不忍聞之語, 與河東所掛之書, 一樣凶慘. (…) 안핵사와 도신이 아뢰기를, "여러 역적이 반역한 정상은 곧 옛날의 간첩(簡牒)에도 드물게 있는 바로서 대개 그 전말(顚末)이 요망한 참서(讖書)의 해독(害毒)에 말미암아서 인심을 미혹시키고 어지럽혔으니, 흉당의 소굴과 난역의 근본을 엄하게 핵실하지 않을 수 없습니다. (按使, 道臣啓言, 諸賊逆節, 卽前古簡牒之所罕有, 而槪其源委, 由於妖讖流毒, 惑亂人心, 凶窩亂本, 不可不嚴覈. 請令王府, 設鞫得情.) 『순조실록』순조 1년(1801) 12월 14일(병진).

5　『순조실록』순조 원년(1801) 12월 30일.

(奇遁)의 서적을 은밀히 감추어 적은 조짐으로 크게 어지럽히는 말은 오로지 속여 미혹하기를 일삼았고 산에 들어가 터를 보는 행동은 가는 곳마다 창설(倡說)하여 이에 감히 말해서는 안될 곳에서 차마 듣지 못할 말을 방자하게 내놓았으며, 심지어 '지나간 경험과 오는 믿음이니 운(運)이 가서 기울어져 뒤집힌다.〔往驗來信, 運去傾覆〕'는 등의 말을 하여 제멋대로 선창(煽倡)하였기에 대역부도(大逆不道)로써 결안(結案)하였습니다. 죄인 전지효(田志孝)는 하동(河東)의 흉방(凶榜)을 한 번 내건 다음 분수가 아닌 생각을 느닷없이 만들어 내고 공(功)을 바라는 계획을 망령되이 헤아려 전에 있었던 흉방을 부연(傳演)하여 요사한 말을 직접 얽어 놓고는 가만히 이진화(李震化)를 부추기어 스스로 걸고 스스로 걷게 하였는데, 앞뒤에 세 번 건 것이 비록 각각 사람이 있으나 지시하고 사주한 것은 그였고 소굴도 그였기에 대역부도한 죄로 결안하였습니다.

죄인 이진화는 흉악한 전지효와 요망한 배진경(裵縉慶)과는 처남이 되고 동서가 되는데, 전지효의 유혹을 달갑게 듣고 공을 바라는 생각을 망령되게 내어, 그의 흉방을 받고는 좋은 기회로 생각하여 '일구이과(一口二戈), 사두일목(四頭一目)' 등의 지극히 요망한 말을 스스로 걸었다가 스스로 철거했기에 범상부도(犯上不道)의 죄목으로 결안하였습니다. 죄인 배진경은 '대후소장(大侯小將)'의 흉한 말과 '일고천관(一鼓千官)' 등의 패려한 말을 제 손으로 쓰고 제 손으로 게시하였으니, 비록 전지효의 종용이라고 말하나, 실은 그 자신이 범한 것이기에 범상부도의 죄목으로 결안하였습니다.[6]

이 사건의 또 다른 주모자였던 전지효는 '일구이과(一口二戈)' 또는 '사두일목(四頭一目)' 등의 문구를 만들어내어 범상부도(犯上不道)의 죄목으로 처벌되었다. '큰 입 구(口)'는 '나라 국(國)'의 고자(古字)이고, '창 과(戈)'를 두 개 겹친 '해칠 잔(戔)'은 '잔(殘)'과 같은 의미로 '해치다, 멸망시키다, 무너지다, 피폐하다'는 뜻이다. 따라서 '일구이과(一口二戈)'는 '국잔(國戔)'의 파자로 '나라가 망한다' 또는 '나라를 멸망시킬 것이다.'라는 의미로 사용된 비결이다. 사두일목(四頭一目)은 뜻이 명확하지 않다.

그리고 배진경은 '대후소장(大侯小將)', '일고천관(一鼓千官)' 등의 흉한 말을 썼

6 『순조실록』, 순조 1년(1801) 12월 30일(임신).

다는 죄로 역시 범상부도의 판결을 받았다. '대후소장'은 '큰 몫의 일을 한 자는 제후에 봉하고, 작은 일을 한 자는 장군에 봉한다.'는 뜻으로 쓰였고, '일고 천관'은 '북을 한 번 크게 울려(거사를 일으켜) 천 개의 관직을 내린다.'는 의미로 사용되었을 것으로 추정된다.

이처럼 하동의 괘서에도 조선왕조의 멸망을 예언하는 내용이 있었음이 확인된다.

순조 4년(1804) 9월에는 안악(安岳) 출신인 이달우(李達宇)와 장연(長淵) 출신인 장의강(張義綱) 등이 "고백령(古白翎)과 울릉도에서 병기를 만들고 군량미를 쌓아두고 있다."는 소문을 퍼뜨리고 사람을 모아 거사를 준비했다.[7]

이달우는 불온한 내용의 네 글자의 말로 가사를 지어 민심을 선동하였고, 장의강은 무리와 함께 도당을 불러 모아 날짜를 정해 거사하려고 했다. 이들은 궁궐로 쳐들어가 조정의 여러 신하 가운데 죽일 자는 죽이고, 쫓아낼 자는 쫓아낸다는 등 구체적인 거사 계획을 세우기도 했다.

안악(安岳) 사람 이달우(李達宇)를 국문(鞫問)하였는데, 이달우는 장연(長淵) 사람 장의강(張義綱) 등과 난역(亂逆)을 도모하다 포청(捕廳)에 체포되었던 것이다. 대신(大臣)이 국청(鞫廳)을 설치하여 엄하게 핵실(覈實)할 것을 청하니, 그대로 따랐다. 이달우는 "네 글자의 부도(不道)한 말로 가사(歌詞)를 지었고, 이어 아보기(阿保機)의 일을 끌어다 조정을 비방하고 인심을 선동, 미혹케 하였으며, 또 장의강의 무리와 더불어 도당(徒黨)을 불러 모아 날짜를 지적해 거사하되, 사대문을 닫고 감히 말할 수 없는 곳을 지키며 온 조정의 여러 신하들에게 인(印)을 봉해 바치게 하고는 죽일 만한 자는 죽이고 쫓아낼 만한 자는 쫓아내기로 했다."고 지만(遲晩)하였고, 장의강은 "불령한 무리를 불러 모아 도망자의 연수(淵藪)로 만들고, 이에 이달우, 최광언(崔光彦)의 무리와 더불어 치밀하게 같이 모의하되, 심지어는 '고백령(古白翎)과 울릉도에서 병기(兵器)를 만들고 군량(軍糧)을 쌓아 둔다.'는 설과 상소에 가탁하여 양서(兩西)에서 사람을 모집하는데 등곡천(等谷川) 가에서 모이기로 약속하고, 대사마(大司馬), 대장

---

7   『순조실록』 순조 4년(1804) 9월 5일(신묘).

군(大將軍)에 적합한 사람은 아무 날에 마땅히 오기로 했다."고 지만하였다.[8]

이들은 섬을 세력을 기르기 위한 근거지로 인식하고, 군대를 모집하고 군량미를 확보하여 구체적으로 변란을 기도하였다. 이 사건 관련자들은 모두 대역(大逆)으로 결안(結案)하여 본도(本道)에 내려보내어 정형(正刑)되었다. 그리고 이달우가 태어난 안악군은 현으로 강등되었다.[9]

이달우는 공초 과정에서 자신이 생각한 토지개혁안을 주장했는데, 당시 극심했던 토지겸병의 폐해와 농민층이 분화되는 실상을 지적한 다음 그 원인이 당시 정권의 정책이 실패했기 때문이라고 파악했다. 이러한 문제를 해결하기 위한 방책으로 이달우는 한 가구당 70부(負)의 토지를 일률적으로 지급하는 정전제와 균전제를 기반으로 한 토지개혁안을 제시하였다.[10]

경제적 평등을 강조한 이달우는 민중운동의 지향점을 제시했다는 점에서 기존의 운동보다 한 걸음 앞서 나갔다. 그러나 대부분의 민중운동은 토지, 세금, 상업활동 등 경제적 현안에 대해 독자적인 입장이나 대안을 내놓지 못하고 혁명의 투쟁성만 고취시킨 경향이 많다. 구체적인 사회 문제에 대해서는 단편적이고 피상적으로 이해하고 언급했을 따름이다.

그럼에도 불구하고 저항운동을 조직하고 거사를 도모했던 이들은 현실적 좌절과 고통을 비판적으로 극복하여 새로운 이상 사회로 승화시키려 노력했다. 바로 이러한 과정에서 정감록으로 대표되는 예언사상은 상당하고 꾸준하게 조선사회의 혁명운동의 근간을 형성해 나갔던 것이다.

순조 4년(1804) 3월에는 관서비기(關西秘記)와 관련된 사건이 발생하였다.

새벽에 궐정(闕庭)에서 경동(警動)하였다. 도적 둘이 비수를 끼고 들어와 인화문(仁

---

8 『순조실록』. 순조 4년(1804) 9월 5일(신묘) 아보기(阿保機)는 요(遼)나라 태조(太祖)의 자(字)이다.

9 이조에서 안악군(安岳郡)을 현(縣)으로 강등시킬 것을 아뢰었다. 대역죄인(大逆罪人) 이달우(李達宇)가 살고 태어난 고을이었기 때문이었다. 『순조실록』 순조 4년(1804) 9월 23일(기유).

10 한명기, 「사회세력의 위상과 저항」, 『조선정치사(1800-1863)』 상(청년사, 1990), 293-294쪽.

和門) 밖에 숨어 있었는데, 하나는 금군(禁軍)에게 잡혔고 하나는 달아나 수색했으나 찾을 수가 없었다. (…) 죄인 이성세(李性世)와 오재영(吳載榮)을 신문하고, (…) 오재영은 대역부도(大逆不道)로 정법(正法)하고 9월에 이르러 국청(鞠廳)을 거두었다.

이성세는 군문(軍門)으로 하여금 효수(梟首)하게 하고 — 죄인의 결안(結案)은 아래에 보인다. — 금군번장(禁軍番將) 이수림(李秀林)은 형신(刑訊)한 뒤 사형을 감하여 도배(島配)하였다.

대개 오재영은 내삼청(內三廳)의 서원(書員)으로 몰래 이성세를 꾀어 각패(角牌)를[11] 위조한 뒤 관서(關西)의 요언(妖言)에 나오는 이당규(李唐揆)의 성명을 새겨 넣고, 복색을 바꾼 채 심엄(深嚴)한 곳에 몰래 숨어 있었다. 또 칼을 끼고 담장을 넘는다는 말을 꾸며내고, 전대 안에 열거해 쓴 것이 있었는데 모두 진신(搢紳)을 구무(構誣)하여 일망타진하는 계책으로 삼은 것이었다.

이성세는 오재영과 체결(締結)하여 관서(關西)의 비기(秘記)를 사대문에 내거는 일을 난만하게 모의했는데, 옷을 바꾸어 입고 느닷없이 들어와 스스로 그 목을 찔러 교묘하게 의심스럽고 현란케 하는 자취를 꾸몄던 것이다.[12]

의금부에서 죄인 오재영(吳載榮)을 정형(正刑)하는 일을 아뢰었다. 그 결안(結案)에 이르기를, "본래 지극히 요사하고 지극히 흉악한 인물로 내삼청(內三廳)의 서원(書員)에 입역(入役)하였는데, 감히 헤아릴 수 없는 일을 희망하는 계책을 품어 무뢰하고 패악(悖惡)한 이성세(李性世)를 유인해 각패(角牌)를 위조한 뒤 관서(關西)의 요서(妖書)에 나오는 이당규(李唐揆)의 성명을 새겨 이성세에게 차도록 하였습니다. 그리고 이에 재화와 여색(女色) 따위의 말로 숱한 방법으로 종용하여 옷을 바꾸어 입고 한밤중에 막중하고 심엄(深嚴)한 곳에 몰래 숨어 있게 하였습니다. 또 형적(形跡)이 없는 한 적한(賊漢)을 꾸며내어 '장검을 끼고 궁궐의 담장을 넘어 궁흉(窮凶), 극악(極惡)한 일을 도모하려 한다.'고 둘러대고, 두 장의 종이 조각에 '천금(千金)과 만호(萬戶)로 상을 준다.'는 말을 써서 제 몸에 지니고는 '적한이 위협하며 준 것'이라 사칭(詐稱)한 뒤 곧 스스로 금군(禁軍)에게 달려가 고하며 '적한 둘이 있다.'고 크게 부르짖고는 이성세를 엄습해 잡으며 한 적한은 달아났다고 하였습니다. 이어 흉측한 말을 펴

---

11 각패는 16세 이상의 남자가 소유해야 하는 호패(號牌)의 일종으로 3품 이하와 삼의사(三醫司), 잡과에 합격한 자가 소지할 수 있는 것이다. 평민인 이성세에게 이를 위조하여 소지하게 하여 만일 발각될 경우를 대비하였던 것이다.

12 蓋載榮, 則以內三廳書員, 密誘性世, 僞造角牌, 刻以關西妖言之李唐揆姓名, 變服潛伏於深嚴之地. 又粧出挾劍踰墻之說, 而纏帒中有列錄者, 皆構誣搢紳, 以爲網打計也. 性世, 則締結載榮, 以關西秘記, 揭榜四門事, 爛漫謀議, 而變服闖入, 自刺其頸, 巧作疑眩之跡也. 『순조실록』 순조 4년(1804) 3월 4일(계사).

뜨려 금중을 진동시켰습니다.

또 그 전대에 열록(列錄)한 것에 대해서는, 포도청에서 납초(納招)한 것이 무함(誣陷)하고 일망타진하며 의란(疑亂)·소동시키고자 하는 계책이 아님이 없었으니, 대역부도(大逆不道)가 적실(的實)함을 지만(遲晚)하였습니다." 하였다.[13]

이 사건은 오재영과 이성세가 도성의 사대문에 괘서하고 혼란한 틈을 타 궁비(宮妃)를 유인하여 궁궐 안의 재물을 훔쳐내고자 몰래 창덕궁 인화문 안으로 잠입하였다가 체포된 사건이다. 이에 대해 정국이 설치된 이래 9월까지 약 7개월간이나 수사가 계속 진행된 비중있는 사건이었다.

관련 기록에서, 9월에는 관서비기(關西秘記)를 도성의 사대문에 내건다는 말로 모의한 사람들이 체포된 일도 있었다.

국청(鞫廳)에서 아뢰기를, "죄인 이성세(李性世)는 본디 무뢰한 향한(鄕漢)으로서 지극히 요악한 오재영(吳載榮)과 체결하여 먼저 '관서비기(關西秘記)를 도성의 사대문에 내건다.'는 말로 난만(爛漫)하게 모의하였고, 또 궁비(宮婢)를 유인하여 재물을 훔쳐내려는 계책으로 몰래 서로 약속한 뒤 허리에 전대를 감춘 채 저녁을 틈타 궐문(闕門) 밖에서 엿보고 있다가 오재영을 끌어내어 그와 더불어 느닷없이 침입하였습니다. 그리고는 군복(軍服)으로 갈아입고 이어 관서(關西)의 요서(妖書)에 나오는 이당규(李唐揆)의 성명을 쓴 가짜 패(牌)를 찬 뒤 깊은 밤에 막중하고 심엄(深嚴)한 곳에 잠복하고 있었습니다. 스스로 그 목을 찌른 것은 의심, 현혹시킬 자취를 교묘하게 꾸민 것이요, 몰래 열록(列錄)한 것을 던진 것은 일망타진하려는 계책을 이루고자 한 것이었으니, 그가 비록 오재영이 종용했던 것이라고 미루어 댄다 하더라도 헤아릴 수 없는 정절(情節)은 그 자신이 범한 것이 아님이 없습니다. 군복으로 변(變)을 일으킨 것은 실로 군율(軍律)을 범한 것이니, 고음(侤音)을 받들어 해영(該營)에 출부(出付)해 정법(正法)해야 하겠습니다." 하였다.[14]

평안감영에서 온 비기(秘記)가 있는데 이 비기를 사대문에 걸면 평안감사에게 불리할 것이다.[15]

---

13 『순조실록』 순조 4년(1804) 3월 17일(병오).
14 『순조실록』 순조 4년(1804) 9월 14일(경자).

한편 이성세는 사건의 주모자로서 당시 금군(禁軍)의 번장(番將)이었던 이수림(李秀林)이 오재영과 함께 모의한 것이라고 주장하였다. 당시 이수림이 평안감사와 원한관계가 있었는데, 그 원한을 갚기 위해 오재영으로 하여금 평안도에서 나온 이른바 『관서비기』를 이용하여 도성의 사대문에 괘서함으로써, 비기의 전파를 막지 못한 평안감사의 입장을 난처하게 만들 목적으로 괘서를 모의하였다는 것이다.[16] 「관서비기」와 "관서(關西)의 요망한 책"의 내용은 알 수 없지만, 아마도 평안도 지역의 지식인들이 비결을 모으거나 예언적 문구를 이용하여 지은 책으로 짐작된다.[17]

이는 18세기 중반과는 달리 후반에 이르러서는 평안도의 인심이 크게 변하고 이념적 동향이 급격히 변하는 과정을 나타낸다.[18]

순조 10년(1810) 3월에는 중국 등주(登州)와 내주(萊州)의 해도(海島) 사이에 해랑적(海浪賊)이 많이 출몰하여 왕호(王號)까지 참칭하여 우리나라의 근심거리가 될 것이라는 보고가 있었다.[19]

광주목사(光州牧使) 송지렴(宋知㢘), 순천부사(順天府使) 조진화(趙晉和), 무안현감(務安縣監) 서준보(徐俊輔), 무장현감(茂長縣監) 이윤겸(李允謙), 함평현감(咸平縣監) 이조(李潮), 부안현감(扶安縣監) 유원명(柳遠鳴)이 연명(聯名)으로 상소하기를, (…) 더구나 이렇게 큰 흉년이 들어서 천리(千里)가 적지(赤地)가 되어 만백성이 위태로운 지경에 처하였는데야 말할 것이 뭐 있겠습니까? (…) 호남의 기근은 을병년(乙丙年)이 가장 극심했다고 일컫고 있는데, 고로(故老)들에게 들으니 모두들 금년의 흉황(凶荒)이 을병년보다 더 극심한 점이 있다고 하였습니다. 그렇다면 이는 진실로 1백년 동안 없었던 것입니다. (…) 이미 이앙한 것과 밭에 심은 각종 곡식도 계속되는 가뭄에 시달리

15 『추안급국안』 26권 252책, 「갑자죄인재영성세등추안(甲子罪人載榮性世等推案)」 곤(坤) (1804. 4.) (아세아문화사, 1978), 190면, 203면.

16 이상배, 『조선 후기 정치와 괘서』(국학자료원, 1999), 203쪽.

17 백승종, 「18세기 전반 서북 지방에서 출현한 『정감록』」, 『역사학보』 164호(1999), 103-117쪽을 참고하시오.

18 오수창, 『조선 후기 평안도 사회발전 연구』(일조각, 2002), 248쪽.

19 『순조실록』 순조 10년(1810) 3월 17일.

고, 거듭되는 한재(旱災)와 서리를 만나 가을이 된 뒤에는 장포(場圃)가 전부 텅 비어
버렸으니, 이로써 미루어 본다면 도내(道內)의 진폐(陳廢)된 전지(田地)가 거의 10분
의 7, 8은 될 것입니다. (…) 어미는 자식을 버리고 남편은 아내와 결별하였으므로
길바닥에는 쓰러져 죽은 시체가 잇따르고, 떠도는 걸인들이 무리를 이루고 있습니
다. 이들이 입에 풀칠이라도 할 수 있다면 반드시 흩어져 사방(四方)으로 갈 것입니
다만, 사경(四境) 밖도 기근이 똑같으니 또한 어딜 간들 잠시나마 목숨을 연장시킬
수가 있겠습니까? (…)[20]

순조 10년(1810) 5월에 서울 이외의 지역에 굶주린 백성 수만 약 839만 1천 명
에 육박했다.[21] 당시 우리나라의 총 인구 수는 약 758만 3천으로 조사되었다.[22]

---

20 『순조실록』 순조 9년(1809) 12월 4일(기축).

21 수원(水原)·광주(廣州)·경기(京畿)·삼남(三南)의 진휼을 마쳤다고 아뢰었다. 수원(水原)의 기민
(飢民)은 14만 1천 1백 75구(口)이었는데 (…) 광주(廣州)의 기민은 4만 5천 3백 12구이었는데,
(…) 경기(京畿)와 여주(驪州) 등 26읍진의 기민은 38만 7천 8백 89구이었는데 (…) 호서(湖西)의 평
택(平澤) 등 50읍진과 역(驛)의 기민은 1백 31만 1천 9백 59구이었는데 (…) 호남(湖南) 전주(全州)
등 90읍진과 역의 기민은 4백 76만 4천 4백 57구이었는데, (…) 영남(嶺南)의 경주(慶州) 등 71읍진
과 역의 기민은 1백 72만 9천 6백 60구이었는데 『순조실록』 순조 10년(1810) 5월 27일(경진).

22 경조(京兆) — 한성부 — 에서 민수(民數)를 바쳤다. 오부(五部) 및 팔도(八道)의 총 원호(元戶)는 1백
76만 1천 8백 87호였는데, 남자는 3백 75만 4천 8백 90구(口)이었고, 여자는 3백 82만 8천 1백 56
구(口)이었다. 『순조실록』 순조 10년(1810) 12월 30일(경술).

홍경래 사건

56

순조 11년(1811) 12월에 일어났던 홍경래사건에 대해서는 많은 선행연구가 있는데,[1] 일부 학자들은 평안도 농민전쟁으로 부르기도 한다. 홍경래사건은 세도 정권의 부패와 무능에 항거한 민중들의 투쟁사로 이해되며, 소수의 세도 가문이 권력을 독점하면서 관료들에 의한 수탈이 가중되는 상황에서 발생한 것으로 파악된다.

당시 국왕이 직접 "농사짓는 집은 하나인데 먹기만 하는 집이 열 집에 이른다."고 표현할 정도로 경제가 심각한 형편이었다.[2]

---

1 정석종, 「홍경래란의 성격」, [『조선 후기의 정치와 사상』(한길사, 1995)] 172-269쪽. 정석종, 「홍경래란과 내응세력」, [『조선 후기의 정치와 사상』(한길사, 1995)] 270-313쪽. 오수창, 「홍경래란의 주도세력과 농민」, 『1894년 농민전쟁연구』 2권(역사비평사, 1992). 오수창, 「홍경래란 봉기군의 최고 지휘부」, 『국사관논총』 46권(국사편찬위원회, 1993). 고석규, 「서북 지방의 민중항쟁」, 『한국사』 36권(국사편찬위원회, 1997) 등의 연구가 있다.

2 하교하기를, (⋯) 경작하는 집은 하나인데 먹는 집은 열 집이며, 심는 집은 하나인데 입는 집이 열 집이면, 먹을 것도 없고 입을 것도 없어 젊은이나 늙은이나 역시 의뢰할 데가 없게 된다. 『순조실록』 순조 11년(1811) 3월 16일(갑자).

유민(流民)의 대량 발생, 경영형 부농층의 성장, 사상(私商)층과 특권 시전상 인층과의 투쟁, 광산 노동자의 대량 생성, 관료가 되지 못한 다수 지식인층의 불만, 신분제의 질곡을 느낀 천민층의 반항 등과 뜻을 같이하여, 봉건정부의 반동체제가 강화되는 가운데 혹심한 흉년이 계속되자 하층민들의 변혁에 대한 갈망이 높아져갔다. 더욱이 『정감록』 등과 같은 예언서의 보급이 확대되는 사회 분위기 속에서, 평안도 지역에서는 여러 계층의 사람들이 사회변혁을 위한 난을 준비하고 있었다.[3]

그리고 순조 11년(1811) 12월에 발생한 홍경래(洪景來, 1771-1812)사건에서[4] 정씨 진인출현설이 다시 고개를 들었다.

이 사건은 용강(龍岡)의 지사(地師) 홍경래(洪景來, 당시 42세), 가산(嘉山)의 지사 우군칙(禹君則, 당시 37세),[5] 태천(泰川)의 김사용(金士用, 당시 36세) 등이 핵심이 되었다. 이들은 부호 이희저(李禧著), 진사 김창시(金昌始),[6] 역사 홍총각(洪總角) 등과 연계하여 당시 과거제도의 부패, 안동 김씨의 세도정치, 삼정의 문란 등으로 인한 백성들의 비참한 현실을 체험하면서, 사회의 모순을 해결하기 위해 반란을 일으키기로 약속했다.

이들은 난을 일으키기 위해 무려 10여 년 동안 시국에 불만을 품고 있던 황해도와 평안도 일대의 상인, 관직 진출이 좌절된 양반 지식층, 가난한 평민과 유민, 광산 노동자와 임금노동자 등의 동조자를 규합하고 군비를 장만했다.[7]

---

3 정석종, 앞의 책, 193쪽.

4 『순조실록』 순조 11년(1811) 12월 23일.

5 우군칙은 복술인(卜術人)으로 불리기도 했고, 여러 읍의 군교(軍校)와 향임(鄕任)들을 포섭하는 일을 전담하였다. 그는 서얼 출신으로 홍삼 밀무역에 종사하다가 적발되어, 포도청에서 체포령이 내려져 수색 중에 있던 인물이었다.

6 김창시는 곽산의 토호로서 순조 10년(1810)에 식년시를 통과해 진사가 되었는데, 의주와 곽산의 상인들과 연계하여 상업에도 종사하였다. 그는 주로 내응자를 모집하고 격문을 작성하는 선전 활동에 주력했다.

7 『임신평란록』 임신년 1월 7일. (…) 그 졸개로는 의주로부터 개성에 이르는 지역의 거의 대부분의 부호(富戶)와 대상(大商)들이 망라되어 있었고, 황해도와 평안도의 파락(破落)과 난당(難當)들이 모두 부하가 되어 돌아다녔고, 유민(流民)과 기맹(飢氓)들도 많이 투속하였다.
『진중일기(陣中日記)』 권 1, 신미년 12월 8일. 『진중일기』는 편자 미상의 2권 2책이며 평안도 농민전

이들이 봉기를 구체적으로 추진하기 시작한 때는 순조 10년(1810) 11월 무렵이었다. 우군칙의 공초에 따르면 이때 우군칙은 홍경래를 다시 만났는데, 홍경래와 우군칙이 처음 만난 때는 정조 24년(1800)이었다.

우군칙은 홍경래에게 봉기 계획과 정씨 진인에 대한 이야기를 들었다고 한다. 당시 우군칙은 이희저와 함께 영변 묘향산 아래에 있는 백령촌(百寧村)에[8] 가서 피난처를 물색하기도 했다고 한다. 이 지역은 정조 7년(1783) 10월에 평안도 지역에 파견하는 어사에게 "요망한 글을 지니고 혹세무민하는 자들이 많은 지역"으로 특별히 조사할 것을 명한 곳이기도 하다.

관서어사사목(關西御史事目)에는 "요망한 글을 지니고 좌도(左道)를 강설(講說)하여 세상을 현혹하고 민중을 속이는 자는 죄가 일률(一律)에 걸리는 것이다. 영변(寧邊)의 백령방(百嶺防)이나 성천(成川)의 신선굴(神仙窟) 같은 데와 깊은 산협(山峽) 지역에 과연 행동거지가 언뜻 보이다 안 보이다 하고, 하는 말이 요망하고 허탄한 부류들이 (…) 각별히 채탐(採探)해야 한다."라 했다.[9] 홍경래사건 모의자들이 이들 지역에 봉기군의 기지를 마련하기 위해 갔을 가능성이 크다.

이듬해인 순조 11년(1811) 정월에 곽산의 진사 김창시가 나서면서 지방 유지와 재력가를 모으는 포섭 활동이 활발히 진행되었다. 우군칙은 4월에 가산 대정강(大定江)[10] 유역에 있는 다복동에 30칸의 기와집을 마련하여 기지를 만들고 봉기를 일으키기 위한 본부로 삼았다. 홍경래는 7월 이후부터 평소 포섭했던 홍총각(洪總角) 등 각지의 장사들과 함께 다복동에 있는 우군칙의 집에 머무르면서 봉기 계획을 구체화시켜 나갔다. 봉기군의 부원수가 되는 김사용이 적

쟁이 일어난 신미년 12월 18일부터 임신년 6월 20일까지 농민군의 토벌 과정을 기술하고 있다. 『한국민중운동사자료대계』 3권 — 관서신미록. 진중일기 — (여강출판사, 1985), 4-5면.

8 백령촌은 영변의 묘향산 아래 부아(府衙)에서 95리-140리에 걸쳐 있는 백령방(百寧防)을 가리키는 것으로 보인다. 「영변읍지(寧邊邑誌)」, 『한국지리지총서 읍지』 평안도편 4권(아세아문화사, 1986), 270면.

9 『정조실록』 정조 7년(1783) 10월 29일(정해).

10 대정강진(大定江津) 동쪽 언덕은 박천의 진두진(津頭津)이다. 『신증동국여지승람』 제52권, 평안도 가산군(嘉山郡).

극적으로 활동하기 시작한 시기도 이 무렵이었다.

11월 이후에는 박천 진두(津頭) 대정강의 추도(楸島)에서[11] 비밀리에 주전(鑄錢)으로 자금을 마련하는 한편, 이희저는 군수품을 사들였고, 유문제, 최봉관, 정진교, 정복일 등은 선천과 정주, 철산 등지에서 무기와 군기(軍旗) 등을 다복동에 수송하였다. 이때 김창시는 임신년(순조 12년, 1812)에 기병할 것이라는 말을 유포하여 민심을 교란시켰다.[12] 이 외에도 봉기군들은 전국적으로 변란이 일어날 것이며 특히 남왜(南倭)가 일어날 것이라는 소문도 퍼뜨렸다.[13]

홍경래는 함경도, 강원도, 경상도 등지에서 거사가 있을 것이라고 주장했다.[14] 홍경래와 우군칙은 이제초에게 "방금 팔도에서 함께 병사를 일으켜 송도(松都)에 이르면 서로 응하여 연결될 것이다."라고 말했다.[15]

이와 관련하여 "김창시는 이전부터 임신년(순조 12년, 1812)에 군사를 일으킨다는 뜻을 나타내는 임신기병(壬申起兵)의 참위설을 퍼뜨려 민심을 흔들었다."라는 주장이 있지만, 정확한 근거는 제시하지 않았다.[16] 『진중일기(陣中日記)』 순조 11년(1811) 12월 18일조에 반군(叛軍)의 임신기병도참(壬申起兵圖讖)이라는 항목이 있다.

10월부터는 우군칙이 운산(雲山)에 금광을 연다는 소문을 퍼뜨려 광부를 모집한다는 명목으로 사람들을 불러 모았다. 이들 대부분은 가산, 박천 지역

---

11 추도(楸島)는 군의 동쪽 22리에 있다. 『신증동국여지승람』 제52권, 평안도 가산군(嘉山郡).

12 『진중일기』, 신미년(1811) 12월 18일〔규장각 소장 도서번호 고(古) 4250-67〕여강출판사 영인본, 134-135면. 고석규, 앞의 글, 239쪽. 이미 10월부터 병란이 일어난다는 소문이 퍼졌으며, 적어도 11월에는 시장에 출입하는 일반인들 사이에도 널리 알려져 있었다. 『관서평란록』 2(아세아문화사, 1979), 임신년 정월 29일, 524면, 『관서평란록』 3, 임신년 정월 2일, 박광유(朴光有) 공초, 23면, 『관서평란록』 4, 임신년 2월 11일, 218면. 『관서평란록』은 1811년 12월 18일부터 1812년 4월 19일까지 홍경래사건에 관한 관군 측의 보고 기록을 편집한 책이다. 분량은 19책 1648장의 거질로서, 편자는 안주목사(安州牧使) 조종영(趙鍾永)이다. 「『관서평란록』 해제」, 『관서평란록』 1(아세아문화사, 1979).

13 『관서평란록』 제14책, 임신년 1월 14일(영인본 제4책, 114면).

14 『관서평란록』 제13책, 임신년 2월 8일(영인본 제3책, 606면), 임신년 5월 2일(영인본 제3책, 695면).

15 『관서평란록』 제1책, 신미년 12월 30일(영인본 제1책, 20면).

16 고석규, 「서북 지방의 민중항쟁」, 『한국사』 36권(국사편찬위원회, 1997), 241쪽.

의 땅이 없는 농민이나 임금노동자 등의 가난한 사람들이었다. 봉기 계획을 미리 알고 자발적으로 거사에 참여한 사람들은 아니었다.

마침내 이들은 순조 11년(1811)의 극심한 흉년으로 인해 인심이 흉흉해진 틈을 타 난리를 일으켰다. 우군칙이 운산 광산에서 일할 사람을 모은다는 구실을 내세워 역모를 도모했던 것이다.[17]

이희저와 박광유(朴光有) 등의 상인에게서 나온 자금을 바탕으로 하여, 금광 채굴을 미끼로 사람들을 가산(嘉山) 다복동(多福洞)으로 불러 모았다. 12월 17일에 약속한 사람들이 다복동으로 모여들었다.[18]

이들은 12월 20일을 거병일로 정했다. 그러나 12월 17일에 말을 타고 머리에 수건을 동여맨 광산 노동자들이 모여들어 소란하자, 이 일이 선천부사 김익순(金益淳)에게 발각되어 탄로가 났다. 12월 18일에 김익순은 이희저와 김창시 등에 대한 체포령을 내렸고, 실제로 곽산의 박성신(朴星信) 등이 체포되었다. 이러한 급박한 상황에서 주동자들은 예정된 일정을 앞당겨 18일 밤에 급히 거사를 일으켰다.

홍경래는 출진에 앞서 참여자들에게 봉기의 당위성을 천명했는데, 자기는 정씨(鄭氏) 성을 지닌 진인(眞人)의 지휘를 받아 일하고 있으며 곧 정씨 진인이 강계에서 일어나 철기(鐵騎) 수만 명을 이끌고 올 것이니 각자 공을 세우라고 강조했다.[19]

이 사건의 주동자들은 예전부터 하늘이 선천 가야동에서 진인(眞人)을 나타

---

17 당초에 모반을 꾸미고 군졸을 기른 것은 다복동의 이희저(李禧著)가 창언한 말에서 나온 것이고, 금을 캔다고 하여 유민(流民)을 모집한 것은 나루터의 백성인 김정우(金鼎禹)의 흉격(凶檄)에서 비롯된 것이니, 모두 김창시가 꾸며낸 것입니다. 『순조실록』 순조 12년(1812) 1월 3일(정축).

18 평안병사 이해우(李海愚)의 밀계(密啓)에, "이달 18일 4경(更) 후에 영하(營下)의 주민들이 갑자기 술렁이며 거리를 메우고 (…) 박천군수(博川郡守) 임성고(任聖皐)가 사서(私書)를 장교에게 보내어 말하기를, '고을의 주민 강인(康麟)을 체포하여 조사, 신문하니 진술하기를, 「가산(嘉山) 출신인 이희저(李禧著)는 청북(淸北)의 부민(富民)으로서, 몇 년 전에 대정강(大定江) 가의 다복동(多福洞)의 심히 외진 곳으로 옮겨와 살았는데, 금을 채취한 이익을 가지고 인정(人丁)을 불러 모으므로 그곳에 가보니, 수많은 군병이 검은 옷에다 푸른 모자를 썼고 창검(槍劍)과 깃발 따위가 있었으며, 또 마필(馬匹)을 둔취(屯聚)한 것이 있었다.」고 하였고 (…) 『순조실록』 순조 11년(1811) 12월 20일(갑자).

19 『관서평란록(關西平亂錄)』 권 3, 임신년 2월 8일.

나게 할 것이라는 소문을 퍼뜨렸다. 이미 진인이 평안도에서 탄생하여 홍경래의 기병을 사실상 뒤에서 조종하고 있다는 소문도 있었다. 홍경래 난의 주요 인물인 김창시(金昌始)가 썼다고 전하는 격문에 다음과 같은 내용이 보인다.[20]

조정에서는 서토(西土)를 버림이 분토(糞土)와 다름없다. 심지어 권문의 노비들도 서토의 인사를 보면 반드시 평한(平漢)이라 일컫는다. 서토에 있는 자 어찌 억울하고 원통치 않은 자 있겠는가? (…) 현재 나이 어린 임금이 위에 있어서 권세 있는 간신배가 날로 치성하여 (…) 어진 하늘이 재앙을 내려 겨울번개와 지진이 일어나고 재앙별과 바람과 우박이 없는 해가 없으며, 이 때문에 큰 흉년이 거듭 이르고, 굶어 부황 든 무리가 길에 널려 (…) 그러나 다행히 세상을 구할 성인(聖人)이 청천강 (淸川江) 북쪽 선천(宣川) 검산(劍山) 일월봉(日月峰) 아래 군왕포(君王浦) 위 가야동(伽倻洞) 홍의도(紅衣島)에서 탄생하셨다. 태어나면서부터 신령함이 있었는데, 다섯 살 때 신승(神僧)을 따라 중국에 들어가셨다. 장성해서는 강계(江界)의 사군지(四郡地)인 여연(閭延)에 머물렀고, 그곳에서 5년 만에 황명(皇明)의 세신유족(世臣遺族)인[21] 철기(鐵騎) 십만 명을 거느리게 되었으며, (마침내) 동국(東國)을 깨끗이 할 뜻을 품으셨다. (…) [22]

격문에는 차별과 박해를 받았던 평안도 출신들의 분노가 표출되고 있다. 평안도 출신은 양반들마저도 과거에 합격하기가 어려웠고, 그나마 높은 관직은 꿈도 꾸지 못할 정도였다. 중국과의 교역을 주도할 수 있다는 평안도라는 지리적 이점을 활용하여 상공업으로 부를 축적한 상인 계층들이 평안도 지역의 오래된 불만을 터트리는 기폭제 역할을 담당했다. 이들은 무역과 수공업에

---

20 격문은 『순조기사(純祖記事)』 권 9, 순조 11년 12월 21일, 『패림(稗林)』(탐구당 영인본, 243-244면) 또는 『홍씨일기(洪氏日記)』(영인본, 16-17면)을 참고하시오. 이 『홍씨일기』 신미년 12월 30일조에 이른바 『서적격문(西賊檄文)』이 전문 게재되어 있다. 한편 『일승(日乘)』에서는 『홍씨일기』와 달리 정씨 진인이 중국 발해(渤海) 내주계(萊州界) 홍의도(紅衣島)에서 거사를 위한 준비를 하였다고 한 점이 주목된다. 『홍씨일기』는 규장각 소장으로 전 1책이다. 『한국민중운동사자료대계』 5권 ─ 홍씨일기, 순절록 ─ (여강출판사, 1985), 2-3면.

21 명(明)나라 귀족으로서 나라가 망하자, 그곳으로 피난 왔던 사람들을 가리킨다.

22 何辛濟世之聖人, 誕降于淸北宣川, 劍山日月峰下, 君王浦上, 伽倻洞, 紅衣島, 生而神靈, 五歲隨神僧入中國, 旣長隱居于江界四郡地閭延, 五歲, 統領皇明之世臣遺孫, 鐵騎十萬, 逐有澄淸東國之志. 정석종, 『조선 후기의 정치와 사상』(한길사, 1995), 201쪽에 인용된 小田省悟의 『辛未洪景來亂の硏究』 (1934), 38-39면을 재인용한 것이다.

종사하여 많은 재산을 축적했으며, 금광과 은광 개발에도 착수하여 경제적 능력을 충분히 갖추었다. 지역 차별에 대한 정치적 불만으로 사람들을 격발시켰고, 사회적·경제적 모순을 지적하여 봉기를 추진하는 실제적 힘으로 삼았다.

순조 12년(1812) 4월에는 진인이 여연군(閭延郡)에서 몰래 철기(鐵騎)를 기르고 있다는 이야기가 널리 퍼져 있었음이 확인된다.[23] 따라서 김창시가 지었다는 격문에 보이는 진인출현설은 당시 서북 지방 일대에 광범위하게 유포되었을 것으로 짐작된다.

그런데 세도 정권이 들어서면서 청나라와의 밀무역을 금지하고 평양과 개성의 대상인들에게 대청무역의 주도권을 주자, 정주, 박천, 안주 등지의 중소 상인층이 기존의 대청무역에서 거의 독점적으로 누렸던 이익을 많이 빼앗겨 이들의 정권에 대한 반감이 고조되었다.

홍경래사건 주동자들은 평안도 사람들에 대한 푸대접과 세도 정권의 부패상을 고발하면서, 당시 민간에 널리 알려졌던 예언사상을 활용했다. 즉 이 투쟁을 주도하는 인물이 바로 그토록 오랫동안 민중들이 기다려오던 진인(眞人)이라는 주장이었다. 부패한 왕조를 무너뜨리고 새로운 이상사회를 세울 개혁의 기수로 진인이 농민전쟁을 주도하고 있다고 강조하면서 정치적 선전으로 이용했다.

그러나 변혁이념으로서의 진인출현설은 당시 민중들의 한계이기도 했다. 봉기의 주체가 스스로의 능력과 정통성을 납득시키지 못하고 제3의 절대적인 힘과 권위에 의지하려 했던 것이다.[24] 조선을 부정하는 단계까지 저항의식이 발전했음에도 불구하고 정부의 조직 체계를 대체할 만한 논리는 갖추지 못했다.

격문의 핵심은 홍의도라는[25] 신비한 이름을 지닌 섬에서 태어난 진인이 철

---

23 『순조실록』 순조 12년(1812) 4월 28일.

24 오수창, 앞의 책, 287쪽.

25 홍의도는 『신증동국여지승람』 권 35 나주목(羅州牧) 산천조(山川條)에 따르면 서쪽으로 물길로 1천 3백여 리 떨어진 곳에 있다고 한다. 『택리지』에는 "나주에서 바닷길로 하루 가면 흑산도(黑山島)에 이르고, 흑산도에서 또 하루 가면 홍의도에 이른다. 다시 하루를 더 가면 가가도(可佳島)에 이르며, 북동풍을 만나 3일을 가면 중국 태주(台州) 영파부(寧波府) 정해현(定海縣)에 도착하게 되는데, 실제로 순풍

갑으로 무장한 기병 10만 명을 거느리고 우리나라를 숙청하겠다는 내용이다. 이는 해도에서 진인이 군사를 이끌고 나와 조선을 정벌한 후 새로운 나라를 세우겠다는 해도기병설의 전형적인 내용이다. 이 사건 이후에 발생한 민중저항운동에서도 정감록류의 해도기병설은 변혁운동의 기반이 되는 사상 체계로서 거의 동일하게 나타난다.

순조 12년(1812) 1월 3일에 올린 평안병사의 상소문은 다음과 같다.

적도 7명을 잡았는데, 5명은 자백을 받아 효수(梟首)하였습니다. 또 송림(松林)의 백성 한지겸(韓志謙)을 잡아 조사했더니, 그 공초(供招)에 "적당(賊黨) 3백여 명이 이번 24일 밤에 이 동리로 와서 점거했고, 자칭 선봉이라는 자는 갑옷을 입고 장검을 지니고 말을 탔는데, 곧 곽산(郭山)에 사는 이름을 알지 못하는 홍가(洪哥)였으며, 26일 저녁에는 적괴(賊魁)로서 이른바 대원수(大元帥)라는 홍경래(洪景來)와 부원수(副元帥) 김창시(金昌始), 모사(謀士) 우군칙(禹君則)이 5백여 명의 군사를 이끌고 다복동(多福洞)에서 와 모였습니다.

우군칙은 본디 요술로 사람을 현혹시켰는데, 김창시와 더불어 말하기를, '대원수 홍경래의 다섯 형제는 모두 장재(將才)가 있는데, 두 사람은 선천(宣川)에서, 두 사람은 북도(北道)에서 기병(起兵)한다면 안주(安州)와 평양(平壤)을 차례로 공격해 취할 수 있을 것이고, 또 호서(湖西)에서 기병하여 응하는 사람이 있을 것이다.

그리고 선천 가야동(伽倻洞)의 정가(鄭哥)는 다섯 살 때 해도(海島)에서 중국으로 들어갔는데, 능히 칼을 쓸 줄 아는 데다 큰 뜻이 있어 망명한 자를 부르고 반도(叛徒)들을 받아들여 거의 수만 명에 이르는지라, 임신년 3월에 북도에서 서울로 들어가기로 했다.'고 하였습니다.[26]

을 만나기만 하면 하루 만에 도착할 수도 있다."고 했다. 이중환(1690-1752) 지음, 이익성 옮김, 『택리지』(을유문화사, 2002), 70쪽.

26 平安兵使啓言: "賊徒七名捉來, 五名則捧遲晚梟首, 又捉松林, 民韓志謙査問, 則所供內 '賊黨三百餘名, 今二十四日夜, 來據本里, 自稱先鋒者, 着甲冑持長劍, 乘駿馬, 乃是郭山居名不知洪哥, 二十六日夕, 賊魁所謂大元帥洪景來, 副元帥金昌始, 謀士禹君則, 率五百餘兵, 自 多福洞來會. 而禹君則, 本以妖術惑人, 與金昌始爲言曰, 「大元帥洪景來五兄弟, 皆有將才, 二人自宣川起兵, 二人自北道起兵, 安州, 平壤, 可以次第攻取, 湖西又有起兵以應者, 宣川伽倻洞鄭哥, 五歲, 自海島入中國, 能伏劍, 有大志, 招亡納叛, 幾至累萬, 壬申三月, 自北道入京.」云.『순조실록』순조 12년(1812) 1월 3일(정축).

위의 인용문에서 진인의 성씨가 정씨임을 알 수 있는데, 이는 전통적인 정씨 진인출현설과 같은 맥락이다.

또한 위의 내용과 관련하여 박천 송림리에 살았던 한지겸(韓志謙)은 다음과 같이 진술했다.

선천 가야동의 정가(鄭哥)는 5세에 해도로부터 중국에 들어갔으며, 능히 검을 쓰며 큰 뜻이 있어서 도망한 자를 불러 모으고 반역한 자를 받아들여 거의 수만 명이나 되었으며, 임신 3월에 북도로부터 입경한다고 말했습니다.[27]

봉기군이 다복동에서 출진할 때나 박천 송림에 진을 쳤을 때 백성들을 선동하기 위해 홍경래가 했던 연설도 정씨 진인출현설이 중심이었다.[28]

다음은 진인과 관련된 대표적 기록이다.

김창시(金昌始)가 말하기를 "정씨 진인은 조선에서 태어나 10세 전에 바다 가운데 있는 신도(薪島)로 피신해 숨었다. 지금 나이는 53세로 기묘생이다. 신도에서 돌아와 폐사군 옛 소굴 너머에 진지를 구축했는데 여연 땅의 접경지이다. 그곳에서 피신하면서 오랑캐와 사귀고 있는데, 오는 삼월에 병사를 일으켜 (우리나라로) 들어올 것이다. 이곳에서 병란이 일어난다면 12월이 분명할 것이다. 가산의 우욱 — 우군칙(禹君則) — 의 지혜가 제갈량보다 뛰어나고, 용강의 홍경래의 재주는 조자룡보다 뛰어나다. 이 두 사람은 몰래 여연 땅으로 가서 이미 진인을 만났다. 홍경래는 진인의 명령을 받아 도원수로서 오는 3월에 동시에 기병해 올 것이다. 이곳에서 병란이 일어나면 우군칙이 주관하여 황해도와 평안도 양 도를 차지한 후에는 반드시 진인이 힘을 합쳐 올 것이며, 이와 같은 때에 병란은 필히 7년 동안이나 오래 가리라. (…) 이른바 진인은 다만 그의 성씨가 정씨라는 말만 들렸지 그 이름은 들을 수 없었다.[29]

---

27 博川松林里居民, 韓志謙段, (…) 宣川伽倻洞鄭哥, 五歲自海島入中國, 能使劍, 有大志, 招亡納叛, 幾至累萬, 壬申三月, 自北道可以入京云云.『진중일기(陣中日記)』(「1811-1812년의 농민전쟁편」,『한국민중운동사자료대계』3(여강출판사), 신미년(1811) 12월 30일.

28 『관서평란록』 제13책, 임신년 2월 8일(영인본, 제3책, 606면).

29 昌始言曰, 鄭眞人生於朝鮮, 十歲前避匿於海中薪島. 而時年則五十三, 己卯生矣. 回薪島之設鎭, 越廢四

한편 정제민(鄭濟民)이 오랑캐 병사 10만을 이끌고 12월 20일에 선천(宣川) 대변정(待變亭)에 쳐들어와 선천을 점령하면 가산(嘉山)에서도 난리가 일어날 것이라는 주장도 있었다. 이어지는 내용에 이른바 정진인(鄭眞人)은 선천 검하산(劍下山) 임동(荏洞)에서 태어나 5세가 되자 신도(薪島)로 종적을 감추었다고 한다.[30]

이 외에도 이들은 정시은(鄭時殷)이 천문둔갑육임에 뛰어나다고 주장했으며, 선천 검산(劍山) 아래 가야동에서 태어나 5세에 중국 홍의도(紅衣島)에 들어가 성장했고, 오랑캐 병사 철기(鐵騎) 10만 명을 이끌고 강계(江界) 여연 땅에 주둔해 있는데 올해 1월에 기병할 것이라 했다. 한편 난산 끝에 태어난 괴물 같은 모습의 태아를 울타리에 묻은 일이 와전되어 "장군이 태어났다."는 소문으로 번졌다는 이야기도 전한다.[31]

『진중일기』신미년 12월 18일조에 다음과 같은 기록이 보인다.

> 김창시가 여러 읍에 요언을 유포했다. 임신기병(壬申起兵) 4자의 설로 파자로 18자였는데, 일사횡관(一士橫冠), 귀신탈의(鬼神脫衣), 십필가일척(十疋加一尺), 소구유양족(小丘有兩足)이라는 참요(讖謠)로써 민심을 어지럽혔다.[32]

18자의 참요를 파자로 풀이하면 임신기병이라는 글자가 되고, 이는 곧 임신년에 난리가 일어날 것이라는 내용이다. 이 임신기병이라는 참요는 비슷한 부분이 현전하는 『정감록』에도 자주 보이는 다음과 같은 내용이다. 따라서 최소한 이 부분은 홍경래사건이 일어난 이후에 이른바 『정감록』에 추가된 부

郡舊巢穴, 接界閭延地, 良中避接交胡. 來三月起兵出來, 而此地兵革則, 十二月丁寧以起分叱不喩. 嘉山禹郁, 智過諸葛亮, 龍崗洪景來, 才過趙子龍. 而此兩人等, 黑入閭延, 已見眞人. 景來則受眞人之令, 以都元帥, 來三月同時出來是遣. 此地兵革則禹郁主管, 得黃平兩道而後, 以必眞人幷力, 前往如此之際, 兵革必有七年之久是如. (…) 所謂眞人, 只聞其姓之爲鄭, 不聞其名之爲誰『관서평란록(關西平亂錄)』5, 제17책(아세아문화사, 1979), 88면.

30 『관서평란록(關西平亂錄)』5, 17책(아세아문화사, 1979), 112면.

31 『관서평란록』4, 제15책(아세아문화사, 1979), 331면, 334면.

32 仍使昌始, 散布妖言於列邑. 以壬申起兵四字, 破爲十八字, 一士橫冠, 鬼神脫衣, 十疋加一尺, 小丘有兩足, 謂之讖謠, 以亂民心. 『한국민중운동사자료대계』3권 — 관서신미록, 진중일기 — (여강출판사, 1985), 135면.

분이 확실하다.

士者橫冠, 神人脫衣, 走邊橫己, 聖諱橫入.[33]
聖諱加八[34]
士字橫冠, 神人脫衣, 走蛇無頭, 小山有足.[35]
士子橫冠, 神人脫衣, 小丘加足, 走蛇斷頭.[36]
儒者傾冠, 死人失衣 一 壬申 一, 兵出西北, 六朝靖難.[37]
壬申西賊, 從禹作亂, 人多死於虛動矣. 殺我者雪, 活我者家, 在家者生, 出家者死.[38]
士者橫冠, 神人脫衣, 走邊橫己, 聖諱橫八.[39]

선비[士]가 관을 비뚤게 썼다는 것은 '임(壬)' 자의 파자이고, 신(神)이 옷을 벗는다는 것은 '신(申)' 자의 파자이다. 또 주(走)변에 기(己)를 비껴쓰면 '기(起)' 자가 되고, 성인인 공자(孔子)의 이름인 구(丘)에 팔(八)을 덧붙이면 '병(兵)' 자가 된다는 의미이다.

홍경래사건이 진인출현설과 관련되어 있다는 점은 당시 조정에서도 잘 알고 있었다.

역적 홍경래(洪景來)는 (…) 간활(奸猾)한 향리, 장교와 체결(締結)하지 않음이 없었으니, 영 아래의 보잘것없는 아전부터 강도나 유민으로 협종(脅從)이 된 자들까지 심지어 평서원수(平西元帥)라 일컬었다. 하늘의 법을 무시하고, 땅에 금을 그어 참위

33 「감결」, 〔안춘근 편, 『정감록집성(鄭鑑錄集成)』(아세아문화사, 1973)〕 567면.

34 「비지론」, 〔안춘근 편, 『정감록집성(鄭鑑錄集成)』(아세아문화사, 1973)〕 608면.
「진험(震驗)」, 〔안춘근 편, 『정감록집성』(아세아문화사, 1973)〕 198면.

35 「운기구책」, 〔안춘근 편, 『정감록집성(鄭鑑錄集成)』(아세아문화사, 1973)〕 503면. 「유산결(遊山訣)」
에는 마지막 부분이 聖諱加足이라고 적혀 있다. 「유산결(遊山訣)」, 〔안춘근 편, 『정감록집성』(아세아
문화사, 1973)〕 16면.

36 「요람역세」, 〔안춘근 편, 『정감록집성(鄭鑑錄集成)』(아세아문화사, 1973)〕 525면. 走蛇無頭 「요람역
세」, 〔안춘근 편, 『정감록집성(鄭鑑錄集成)』(아세아문화사, 1973)〕 530면.

37 「비지론」, 〔안춘근 편, 『정감록집성(鄭鑑錄集成)』(아세아문화사, 1973)〕 611면.

38 「동차결」, 『정감록집성』(아세아문화사, 1973), 547면.

39 「감결(鑑訣)」, 〔『정감록』(한성도서주식회사, 1923), 『정감록집성』(아세아문화사, 1973)〕 567면.

(讖緯)의 요언(妖言)을 선창(先倡)하였고, 고을 수령을 죽이고 인부(印符)를 빼앗았으니, 단지 빼앗아 웅거할 흉계로 횡산(橫山)과 발해(渤海)에 무뢰배들을 불리고자 했을 뿐만이 아니라, 녹림(綠林)과 황건(黃巾)이 다시 도(道)가 있는 세상에 일어나게 만들었던 것이다. (…) 대개 적도들이 흉계를 빚어온 지 이미 오래되고, 흉추(凶醜)들이 불어나 도모하기 어렵게 되자, 여연군(閭延郡)에서는 철기(鐵騎)를 몰래 기른다는 헛소문을 퍼뜨렸고, 가야산(伽倻山) 아래에서는 진인(眞人)을 하늘이 낼 것이라는 거짓말에 가탁하였다.[40]

홍경래가 도원수(都元帥)로 최고 지휘자가 되어 가산→박천→안주 방향의 남진군을 지휘했고, 훗날 부원수가 되는 김사용이 정주→곽산→선천→철산→의주 방향의 북진군을 지휘했다. 남진군은 우군칙과 김창시가 모사가 되었고, 선봉장에는 홍총각이 활약했으며 윤후검이 후군장을 맡았고 이희저가 도총(都摠)이 되었다. 북진군에는 이제초(李齊初)가 선봉장이 되었다.

봉기군은 거병한 지 불과 열흘 만인 12월 27일까지 관군의 저항도 별로 받지 않고 정주(定州), 박천(博川), 태천(泰川), 곽산(郭山), 선천(宣川), 철산(鐵山), 용천(龍川) 등 7개 지역을 점령하였다. 이는 각지에 있던 좌수, 별감, 풍헌(風憲) 등의 향임(鄕任)과 별장, 천총(千摠), 파총(把摠), 별무사(別武士), 무임(武任)으로 임명된 부호 등의 적극적 내응 세력이 있기에 가능했던 일이었다.

봉기군은 처음에는 세력이 약했지만 정주성을 점령한 이후에는 부자와 가난한 자들이 모두 붙좇아 세력이 커졌다.[41]

조정에서는 사건이 일어난 이틀 후에 봉기에 대한 소식을 알게 되었다.[42]

---

40 『순조실록』 순조 12년(1812) 4월 28일(경오).

41 정주(定州)의 장교(將校) 고한섭(高漢燮)이 보고한 바에 이르기를, '적의 도당 가운데 부원수(副元帥)라고 자칭하는 자가 바야흐로 정주성 안에 주둔하면서 군졸을 불러 모으는데, 읍중(邑中)의 부유층 가운데 붙따르는 자가 많았으며 떠돌아다니며 얻어먹는 무리들이 날마다 점차로 모집하는 데 호응하였기 때문에, 적이 정주에 처음으로 침입하였을 적에는 90명 정도에 불과하였지만, 지금은 이미 수백 명을 넘었고, (…)『순조실록』 순조 11년(1811) 12월 28일(임신).

42 평안병사 이해우(李海愚)의 밀계(密啓)에, "이달 18일 4경(更) 후에 영하(營下)의 주민들이 갑자기 술렁이며 거리를 메우고 성으로 나왔다가 해가 뜬 뒤에야 조금 안정이 되었으며, 잇달아 박천군수(博川郡守) 임성고(任聖皐)가 사서(私書)를 장교에게 보내어 말하기를, '고을의 주민 강인(康麟)을 체포하여

12월 22일에는 가산군수가 봉기군에 의해 살해당했고, 정주성이 함락되었다는 소식이 전해졌다.[43]

12월 24일 조정에서는 이요헌(李堯憲)을 양서순무사(兩西巡撫使)로 삼았으며, 중군(中軍)에는 박기풍(朴基豊), 종사관(從事官)에는 서능보(徐能輔), 김계온(金啓溫)을 모두 단망(單望)으로 임명하였다.[44]

민심의 동요와 반란은 황해도 지방에서도 일어났다. 수백 명이 모여 노략질을 벌였는데, 이들의 움직임은 홍경래의 봉기군의 움직임과 연결될 조짐도 있었다고 보고되었다.[45]

그러나 곧이어 전열을 수습한 관군의 집요한 추격을 받은 반란군은 12월 29일 박천 송림전투에서 패배하여 결국 정주성으로 후퇴하였다. 이듬해 1월 8

조사, 신문하니 진술하기를, 「가산(嘉山) 출신인 이희저(李禧著)는 청북(淸北)의 부민(富民)으로서, 몇 년 전에 대정강(大定江) 가의 다복동(多福洞)의 심히 외진 곳으로 옮겨 살았는데, 금을 채취한 이익을 가지고 인정(人丁)을 불러 모으므로 그곳에 가보니, 수많은 군병이 검은 옷에다 푸른 모자를 썼고 창검(槍劍)과 깃발 따위가 있었으며, 또 마필(馬匹)을 둔취(屯聚)한 것이 있었다.」고 하였고, 당일 병영의 장교가 박천 장교가 가지고 있던 적첩(賊牒) 두 장을 얻어 와서 말하기를, 「적도가 이미 가산 고을을 침범하였다.」고 하였다.'라고 하였습니다." 하였는데, 감사 이만수(李晩秀)가 아뢰는 내용도 역시 같았다. 『순조실록』 순조 11년(1811) 12월 20일(갑자).

43 토적(土賊)이 가산군(嘉山郡)에 침범하여 군수 정시(鄭蓍)를 죽였다. 평안병사가 아뢰기를, "가산군수 정시가 이미 적도의 칼날에 해침을 당하였으며, 적도가 이로 인해서 남로[南路]로 향하여 박천(博川) 지경의 진두(津頭)에 둔취(屯聚)하고 있는데, 신의 병영과의 거리가 30리에 불과합니다." 하고, 또 아뢰기를, "정주목사(定州牧使) 이근주(李近胄)가 단신으로 내투(來投)하여 말하기를, '어젯밤 2경(更)에 적병이 정주성(定州城) 아래에 와서 핍박하자, 이례(吏隸)가 내응(內應)하여 성문을 열고 적을 맞아들였으므로 인신(印信)과 병부(兵符)를 잃어버리고 사잇길을 따라 달려왔다.'고 하였으니, 청컨대 해당 목사를 우선 파직시킨 뒤에 감죄(勘罪)하게 하소서." 하였다. 『순조실록』 순조 11년(1811) 12월 22일(병인).

44 『순조실록』 순조 11년(1811) 12월 24일(무진).

45 황해병사 조계(趙)의 장계(狀啓)에 이르기를, "본주(本州)의 귀락방(龜洛坊)에 미련하고 사리에 어긋나는 부류들이 까마귀 떼처럼 모여 무리를 이루고 당(黨)을 만들었는데, 그중에 노인담(盧仁淡), 김여철(金汝喆), 홍잉죽(洪艿竹), 곽성즙(郭成楫) 네 사람이 스스로 괴수(魁首)라고 일컬으며, 수백 명을 모아서 오로지 사납게 노략질하는 것을 일삼고, 또한 (그들이) 관서(關西)의 적들과 기맥이 서로 연계될 염려가 없지 않기에, 신의 군영 팔방영패(八坊營牌) 가운데서 정예로 1초(哨)를 뽑아 그들로 하여금 영솔(領率)하여 체포하게 하였더니, 난민(亂民)의 무리가 관병(官兵)의 위세를 알지 못하고 더러는 창검(槍劍)과 난봉(亂棒)을 가지고 감히 대항하며 싸우려고 하므로, 일제히 전진하여 적의 괴수인 노인담, 곽성즙 두 놈과 협박으로 따르게 된 계중대(桂中大) 등 10명을 체포하였으며, 나머지 무리들은 모두 도망하여 흩어졌습니다. 그리고 괴수인 두 놈은 당일에 우선 진두(陣頭)에서 효수하여 뭇 백성들을 경계하게 하였으며, 협박에 따른 10명에게는 각각 곤장 30대를 엄중히 쳐서 징계하였고, (⋯) 『순조실록』 순조 11년(1811) 12월 28일(임신).

일의 곽산전투, 1월 10일의 곽산 사송야(四松野) 전투에서의 패배를 정점으로 급속하게 약화되었다.

관군이 봉기군의 근거지인 가산 다복동 등지를 불태우고[46] 남녀노소 민간인을 가리지 않고 살해하는 초토전술을 펼쳐, 오히려 많은 농민군이 봉기군에 가담하였다.[47]

한편 홍경래사건의 주역 가운데 한 사람인 김사용(金士用)으로 추정되는 김사룡(金士龍)과 연결되어, 그의 사주로 서울의 동정과 관군의 소식을 봉기군에게 알려주고 괘서를 걸어 인심을 어지럽혔다는 진술도 있다.[48]

정주성으로 퇴각한 반란군은 수적인 면에서나 군비에 있어서 4-5배나 우세했던[49] 경군(京軍), 향군(鄕軍), 민병(民兵)의 토벌대와 맞서 거의 4개월 동안이

---

46 송림의 서쪽 일대의 촌락은 적들의 소굴이 되었기 때문에 모두 불을 놓게 하였습니다. (…) 적피의 어미와 아낙이 나루 앞 촌가(村家)에 와서 살고 있었으므로 곧장 불을 놓았더니 흉적(凶賊)이 그 권속(眷屬)들을 데리고 달아났고, 한 식경쯤 지나 곧장 정주성(定州城)으로 향했습니다.'라고 하였습니다. 대저 적병의 총수는 1천여 명을 내려가지 않을 것이고, (…) 가산, 박천 등의 고을에 사는 백성들이 대부분 다 흩어진 것이 가장 큰 걱정거리였기에 (…) 『순조실록』 순조 12년(1812) 1월 1일(을해) 평안병사 이해우(李海愚)의 보고.

47 『진중일기』, 신미년 12월 29일, 157-158면.

48 포청(捕廳)의 수추죄인(囚推罪人) 천오장(千五壯)과 유한순(兪漢享)을 군문(軍門)에서 효수(梟首)하게 하였다. 천오장은 본디 고양(高陽)의 상천(常賤)으로 품팔이로 살아가다 도둑질 때문에 쫓겨나자 마침내 지극히 흉패(凶悖)한 계책을 내어 이인성(李仁成)이라 성명을 바꾸고 스스로 심적(沁賊)의 아들이라 일컬으면서, 시골 백성들을 속이고 협박하여 의식(衣食)을 요구하다가 금성(金城) 땅에서 잡혔다. 강원도신(江原道臣) 이호민(李好敏)이 은밀히 아뢰자, 비국에서 의금부의 도사(都事)를 보내어 심도(沁都)의 위리처(圍籬處)에서 적간(摘奸)할 것을 청하고, 또 포청으로 하여금 천오장을 잡아오게 하여 가탁(假托)한 정절(情節)을 엄하게 조사했더니, 낱낱이 사실대로 털어놓았다. 유한순은 본디 영유(永柔) 사람으로 경향간(京鄕間)에 출입하면서 무뢰배 짓을 하는 데 익숙하였다. 혹은 중들에게 자취를 의탁하고 혹은 암행어사를 가칭하기도 했는데, 간사한 정상이 탄로 나 백령진(白翎鎭)에 충군(充軍)되었다. 석방되자 영유 땅에서 적괴(賊魁) 김사룡(金士龍)을 만나 역절(逆節)과 흉모(凶謀)를 난만하게 수작하였고, 그의 종용을 듣고 자금을 받아 몰래 서울로 들어와서는 사람들을 속이고 아내를 얻어 적의 눈과 귀가 되어 일의 기미를 몰래 정탐하였다. 혹은 남문(南門)의 돌기둥에 방을 붙이는가 하면 혹은 옛 장영(壯營)의 대문(大門)에 괘서(掛書)하여 뭇사람들의 마음을 선동시킬 계책으로 삼았다. 이어 또 관군의 소식을 탐문하여 선천(宣川)의 적의 소굴로 가서 전해 주고는 다시 김사룡의 지시를 받아 재차 서울로 들어와 궁성(宮城)의 지척의 땅에 출몰하다가 기미를 살피던 포피에게 잡혔던 것인데, 포청에 회부하여 흉악한 짓을 한 정절(情節)을 자세히 캐물어 조사했더니, 낱낱이 실토하였다. 비국에서 모두 군문(軍門)에 맡겨 효수해 뭇사람들을 경계시킬 것을 청하니, 윤허했던 것이다. 『순조실록』 순조 12년(1812) 2월 21일(갑자) 심적(沁賊)은 상계군(常溪君) 담(湛)을 가리키고, 심도(沁都)는 강화도를 가리킨다.

49 경군과 향군 8천 3백 29명을 통령(統領)하였습니다. 『순조실록』 순조 12년(1812) 3월 3일(을해).

나 강력하게 저항하여 대등한 공방전을 펼쳤다. 관군의 초토전술로 엄청난 피해를 보았던 박천과 가산 일대의 소농민들로 구성된 반란군의 적극적 저항과 관군의 약탈에 피해를 입은 성 밖 농민들의 협조 등에 의해 지속적 항쟁이 가능했다. 관군은 한겨울의 혹독한 추위와 질병 발생 등으로 사기가 떨어져 있었다.

이듬해 정월 17일 이후 관군에 의해 여러 지역이 완전히 장악되고, 정주성이 전면 포위된 상황에서 봉기군은 다른 지역의 원군을 기대하고 있었다. 당시 정주성 안에서는 홍경래가 북쪽에서 구원병이 곧 도착할 것이라고 이야기함으로써 성안의 동요를 진정시키고 있었다.

도망친 자를 부르고 반역의 무리를 받아들인 것이 수만 명이나 되었으며, 북도로부터 입경할 계획을 가지고 있었다는 이야기는 격문에 보이는 정씨 성을 가진 성인이 실재 인물이라는 추정을 더욱 강하게 만들었다. 이미 40여 년 전부터 압록강 건너편에는 이른바 망반인(亡叛人) 7천 내지 8천 명이 이만평(利滿坪)에 모여 살고 있었다는 기록이[50] 전하기 때문이다. 봉기군이 믿었던 정씨 진인이 이끄는 군대는 압록강 건너편에 있다는 이들 세력일 가능성이 매우 높다.

실제로 봉기군은 밀사를 북쪽으로 보내 중국 말을 타고 오는 사람에게 전하려 시도했다.[51] 이는 북쪽에서 오기로 약속했던 지원군을 맞이하기 위한 계

---

50 김영성(金英成)이 말하기를 (…) 호지(胡地) 팔고산(八高山) 부락에 들어가서 산 지가 3년이 되었다. (…) 압록강 월변(越邊)에는 이른바 이만평(利滿坪)이란 곳이 있는데, 중국이나 우리나라에 죄가 있어 도망친 사람들이 둔취(屯聚)하여 사는데 거의 7, 8천 명에 이른다. 모두 사냥으로 업을 삼아서 때때로 우리나라 지방에 나타나서 밤에 놀라게 한다. 근래의 이른바 해랑적(海浪賊)은 모두 이 무리들이 출몰하여 겁탈함으로써 식량과 물자를 장만하는 것이다. (…) 彼我國有罪逃亡之人, 屯聚居生, 幾至七八千名. (…) 近來所謂海浪賊皆皆此輩徒黨, 出沒憫掠, 以備粮資.「신묘〔辛卯, 영조 47년(1771)〕죄인 정렴(鄭㾾, 31세) 등 추안(推案)」.

51 평안감사가 아뢰기를, "절도사가 보고하기를, '적진에서 나온 박진벽(朴振碧)의 공초(供招)에,「적괴(賊魁)가 토포병방(討捕兵房) 김삼홍(金三弘)을 시켜 저와 함께 산군(山郡)으로 가게 했는데, 김삼홍에게는 은자(銀子) 5편(片)과 돈 10냥을, 저에게는 은자 4편을 주었습니다. 그리고는 또 김삼홍에게 봉서(封書)를 주며 말하기를, 몰래 이 편지를 가지고 급히 창성(昌城), 벽동(碧潼) 등지로 가되 만약 호마(胡馬)를 타고 나오는 사람을 만나 이 편지를 전해 주면 반드시 대군(大軍)의 후원이 있을 것이라고 하였습니다. (…) 때문에 김삼홍을 잡아 온 즉, 흉서가 여전히 옷깃 안에 있었고, 역절(逆節)이 과연 박진벽이 공초한 내용과 같았습니다. 성 안의 사정을 캐물었더니,「성가퀴를 지키는 군사는 거의 2천 명에 가깝고, 군량은 석 달을 버틸 만하다」고 하였습니다.『순조실록』순조 12년(1812) 2월 16일(기미).

책으로 보이는데, 어느 정도 신빙성이 있다. 전혀 근거가 없는 지어낸 이야기라면 위험을 무릅쓰고 밀사를 파견할 까닭이 없을 것이다.

이 봉서의 내용은 실록에는 보이지 않지만 다른 기록에는 일부 내용이 전한다.

> 평안병사 박기풍(朴基豊)이 계문(啓文)으로 아뢰기를 적도 이진흥(李震興)이 대진(大陣)에 항복하면서 한 서찰을 바쳤는데, 그 서찰의 제목은 '상전개탁(上前開坼)'이라고[52] 적혀 있었고, 그 글 가운데 이르기를 "대원수 신 홍경래는 주상전하(主上殿下)에게 상언(上言)합니다. 지금 남인(南人)은 비록 족히 두려울 바가 못 되나 누성(婁城)을 지킨 것이 오래되어서 군대가 피곤하고 재력이 딸려서 심히 근심되옵니다. 원컨대 원병(援兵) 2천을 얻고자 합니다. (…) 그래서 이진흥을 문초하니 진흥의 말 가운데 "적괴가 저와 김삼홍을 심복으로 여겨 '이 글을 가지고 창성과 벽동의 경계로 가면 반드시 거인(巨人)이 호마(胡馬)를 타고 오는 자가 있을 것이니, 너희들이 이 봉서를 바치라.'라 하니 제가 명을 받고 나와서 김삼홍과 함께 출발하였습니다. 제가 김삼홍에게 말하기를 '우리가 이것을 대진에 바치고 귀순하면 죽음을 면할 수 있을 것이다.'라 하니, 삼홍이 말하기를 '적군과 관군의 승부는 알 수 없다. 어찌 먼저 경솔히 이와 같은 일을 하리요?'라 하므로 제가 그 서신을 빼앗아 홀로 왔습니다."라 했습니다. 순무중군(巡撫中軍)이 포졸들을 풀어 창성의 경계에서 김삼홍을 잡아 곧 효수하였습니다.[53]

홍경래가 김삼홍과 이진흥 두 사람에게 봉서를 주어 구원병을 청하러 창성과 벽동으로 보냈다는 내용이다. 그 봉서의 제목이 "윗분께서는 읽어주시기 바랍니다."라고 적혀 있었고, 내용은 "대원수인 신(臣) 홍경래는 주상전하께 감히 글을 올립니다. 지금 남인(南人) - 우리나라 조정 - 은 두려울 것이 없지만, 흩어져 있는 여러 성을 지킨 지가 오래되자 군사들이 피곤에 지쳤고, 군자금이

---

52 "어른께서 열어보시기 바랍니다."라는 뜻이다.

53 平兵朴基豊啓, 賊徒李震興來降大陣, 有所納一書, 題其面曰, 上前開坼, 其中有曰, 大元帥臣洪景來上言于主上殿下. 見今南人雖不足畏, 婁城相守, 爲日已久軍疲, 財耗甚爲可悶. 願得援兵二千云云. 정석종, 앞의 책, 285쪽에 원문과 번역문이 실려 있다. 여기서 정석종은 『순조실록』임신 2월조라고 기록하고 있지만, 실록에는 없는 내용이다. 아마도 『진중일기』나 『관서평란록』의 오기인 듯하다.

부족하여 근심스럽습니다. 지원병 2천 명을 보내주시기 바랍니다."라는 것이었다.

홍경래는 스스로를 신하로 자처하였고, 주상전하라고 부르는 존재에게 급히 지원병을 요청하고 있다. 주상전하는 군왕을 가리키는 호칭이다. 즉 홍경래가 새로운 국가를 이끄는 군왕을 상정했거나 또는 실재한다고 밝힌 것이다. 봉기군이 거병할 때 이미 국가체제를 구상하고 이에 상응하는 조직을 갖추고 있었음을 짐작케 하는 대목이다.

봉기군은 정주성 안에서 관군과 대치하고 있는 급박한 상황에서도 과거를 시행했고, 관군을 향해 '너희 나라〔汝國〕'라고 부르기도 했다.[54] '너희 나라'는 '우리나라〔我國〕'를 전제로 해야 가능한 용어다. 당시 반란군은 정주성 안에서 과거를 시행했으며, 관군을 여국(汝國)이라고 호칭하였다. 여국은 아국을 전제로 한 호칭이므로 나름대로 국가체제를 상정하고 거병했음을 알 수 있다.

그리고 이와 관련하여 홍경래가 정주성에서 과거시험을 치러 독자적인 행정제도를 모색하기도 했다는 야담이 전할 정도이다.[55] 또 홍경래는 호병(胡兵)이 올 것이라는 말을 믿지 않는 무리에게 웃으면서 "나는 일개 원수(元帥)에 지나지 않는다. 어찌 근거없는 말로 너희들을 속이겠느냐?"라고 말한 적이 있다.[56]

홍경래가 주상전하라고 부른 인물은 격문에 보이는 정씨 성의 진인일 가능성이 높다. 물론 실재하지 않는 진인을 마치 실재하는 것처럼 부풀려서 대중을 현혹시키기 위한 수단으로 사용했을 가능성도 배제할 수는 없다.

---

54 성안의 적들이 함께 소리쳐 대답하기를 "너희 나라는 매번 이곳 사람들을 '평안도 놈'이라고 불렀고 (…) 너희 나라는 이제 믿을 자가 없다. 이곳으로 온다면 부귀와 공명이 당연히 뜻대로 이루어질 것이다. (…)"라 했습니다. 〔城賊, 又齊聲而答曰, 汝國每謂西土人曰平安道漢. 汝國今無可恃者. 來此則富貴功名, 當隨意爲之.〕『신미기사전말』부 서정록, 정석종, 앞의 책, 268쪽에서 재인용.

55 홍경래가 정주성에 있을 때 문과와 무과를 실시했다. 적도들이 일찍이 받았던 등과(登科) 홍패(紅牌)를 성 위에서 성 밖으로 내던지며 "너희 나라의 홍패를 돌려준다."라고 말했다. 〔(…) 景來在定州城, 設文武科. 城中之賊徒, 以渠之曾登科紅牌, 自城上投之於外曰, 還女國之紅牌云云. (…)〕이희준(李羲準)의 『계서야담(溪西野談)』권 2.

56 景來聞嘉山一賊, 不信胡兵之語, 笑而示面曰, 吾相不過一元帥, 豈以無根之說, 欺女等乎?『진중일기』임신년 정월 20일.

어쨌든 홍경래가 두 사람을 시켜 봉서를 가지고 북쪽으로 가서 원병을 청하게 했다는 점은 사실이며, 그 가운데 한 사람이 봉서를 훔쳐 관군에 항복했고, 관군이 동원되어 나머지 한 사람을 추격하여 사로잡았고 곧바로 처형시켰던 일은 실제로 일어난 일이 분명하다. 결국 홍경래의 밀사 파견은 무산되었다. 그러나 호병(胡兵)이 원군으로 파병될 것이라는 주장은 진압군 측에서 이에 대해 별다른 대처를 하지 않았고, 비현실적인 것이었다는 점에서 봉기군의 선전에 불과했을 것으로 보인다.[57]

그렇지만 봉기군들은 호병이 곧 자신들을 구원하러 올 것이라고 끊임없이 강조했고, 정주성이 무너지기 직전까지도 이러한 주장은 계속되었다.[58] 그리고 봉기군에 가담한 사람들은 이러한 주장을 실제로 믿었다.[59]

홍경래는 순조 12년(1812) 4월 19일 관군에 의해 정주성이 함락할 때 전사하였으며,[60] 정부는 그를 '군대를 일으켜 반역한 우두머리〔擧兵逆魁〕'로 인식했다. 그러나 민중들은 그를 저항과 변혁의 상징으로 인식하였기 때문에, 홍경래가 정주성 전투 때 죽지 않고 하늘을 날아서 성을 빠져나갔다는 소문이 퍼지기도 했다. 또한 후대에도 많은 사람들이 홍경래가 살아있다고 주장하면서 민중봉기를 선동하는데 이용했다.

홍경래군은 관군과 4개월간 항상 우위에 서서 전투를 벌였다. 그러나 정주성이 폭파된 후[61] 아녀자를 제외한 2천여 명에 가까운 봉기군이 전부 참수

---

57 오수창, 앞의 책, 287쪽.

58 『진중일기』 임신년 1월 14일(영인본, 296면), 임신년 1월 15일(영인본, 320면), 임신년 3월 26일(영인본, 598면), 임신년 4월 7일(영인본, 628면), 임신년 4월 17일(영인본, 641면).

59 『진중일기』 임신년 1월 20일(영인본, 345면), 『관서평란록』 제12책, 임신년 3월 17일(영인본 제3책, 311면).

60 관군(官軍)이 정주(定州)를 수복하였다. 평안감사가 "이달 19일에 관군이 정주성을 수복하고 적괴(賊魁) 홍경래(洪景來) 등을 침획(斬獲)하였다."고 치계(馳啓)하였다. 『순조실록』 순조 12년(1812) 4월 21일(계해).

61 중군(中軍) 유효원(柳孝源)이 치보(馳報)하기를, (…) 이달 3일부터 시작하여 동성(東城)에 거인을 쌓고 북성(北城)에 흙을 파기 시작해서 18일에 끝을 냈습니다. 그래서 우선 각 장령(將領)을 단속하고 몰래 성 밖의 사면(四面)으로 나아가 진을 치게 하였습니다. 당일 4경에 화약 수천 근을 지하도에 감추고, 곁의 구멍으로부터 불을 붙이자, 조금 있다가 화약이 폭발했는데, 형세는 신속하고 소리는 우레같아 체

되고 이틀간 불태워졌다.[62]

4월 19일 정주성 북장대가 관군 측이 몰래 묻은 화약으로 폭발되자 성내에 있던 봉기군은 뿔뿔이 흩어졌다. 관군은 민가에 방화하면서 입성하여 닥치는 대로 살육하였는데, 사로잡힌 숫자가 2,983명이었다. 이 가운데 10세 이하 남아 224명, 여자 842명을 제외한 장정은 1,917명이었다. 이들은 4월 23일 모두 효수(梟首)되었다.[63]

이로써 발생한 지 만 4개월에 걸친 홍경래의 난은 종식되었다. 우군칙과 이희저는 난군에 섞여 도주하였고, 홍경래는 총에 맞아 죽었고, 홍총각, 김이대, 윤언섭, 양시위 등은 사로잡혔다.

홍경래가 참위설에 근거한 진인출현설을 주장했던 사실은 정사에도 다음과 같이 보인다.

역적 홍경래(洪景來)는 (…) 간활(奸猾)한 향리, 장교와 체결(締結)하지 않음이 없었으니, 영 아래의 보잘것없는 아전부터 강도나 유민으로 협종(脅從)이 된 자들까지 심지어 평서원수(平西元帥)라 일컬었던 것이다. 하늘의 법을 무시하고, 땅에 금을 그어 참위(讖緯)의 요언(妖言)을 선창(先倡)하였고, 고을 수령을 죽이고 인부(印符)를 빼앗았으니 (…) 대개 적도들이 흉계를 빚어온 지 이미 오래되고, 흉추(凶醜)들이 불어나 도모하기 어렵게 되자, 여연군(閭延郡)에서는 철기(鐵騎)를 몰래 기른다는 헛소문을

성(體城) 10여 간이 대석(臺石), 포루(鋪樓)와 함께 조각조각 부서져 무너졌습니다. 북성에 매복하고 있던 적들은 모두 깔려 죽었고, 성가퀴에 늘어서서 지키던 졸개들 또한 모두 달아나 흩어졌습니다. (…) 적피로서 홍경래와 같은 자는 온 군사들이 반드시 생포하고자 하는 자였건만, 마침내 탄환을 맞고 죽었으므로 참수해 올려보내 (…) 선봉장 홍총각(洪總角)과 정주(定州)의 가쉬(假倅) 김이대(金履大)와 가산(嘉山)의 가쉬 윤언섭(尹彥涉)과 자칭 부원수라고 하는 양시위(楊時緯) 등은 모두 생포하였기에 함거에 실어 보냅니다. 우군칙(禹君則), 이희저(李禧著)는 온 성안을 두루 찾아 보았지만 아직 잡지 못하였습니다. 『순조실록』 순조 12년(1812) 4월 21일(계해).

62 유효원(柳孝源)이 보고하기를 (…) 생포한 남녀 2천 9백 83명 안에서 여자는 8백 42명이고, 남자는 10세 이하가 2백 24명이니, 다스리지 않는 데 부쳐 모두 풀어 주었습니다. 그 외 1천 9백 17명은 모두 적 중에서 이른바 친기(親騎)·장초(壯抄)·총수(銃手)·창수(槍手) 등으로서 적의 혈당(血黨)이 되었던 자들인데, 은유(恩諭)를 여러 번 반포했음에도 끝내 감격해 뉘우치지 않고 더욱 사납고 완고하여 왕사(王師)에 감심(甘心)했던 자들이니, 결코 한 시각이라도 천지간에 살려 둘 수 없는지라, 모두 진 앞에서 효수하였습니다. 『순조실록』 순조 12년(1812) 4월 27일(기사).

63 『순조실록』 순조 12년 4월 계해일조.

퍼뜨렸고, 가야산(伽倻山) 아래에서는 진인(眞人)을 하늘이 낼 것이라는 거짓말에 가탁하였다. (…) 생각건대 난적(亂賊)이 일어난 것은 대개 해마다 굶주렸던 데 연유한 것이거늘 (…)[64]

또 홍경래사건과 관련하여 서울의 내응 세력이 있었다는 다음과 같은 기록이 있다.

포청죄인(捕廳罪人) 한기조(韓基朝)를 순무영(巡撫營)에 맡겨 효수(梟首)하게 하였다. 처음에 용천(龍川)과 철산(鐵山)에서 적을 격파한 뒤 본도(本道)에서 수색하여 올린 적도들의 문서 안에 서울에 사는 한기조가 적괴에게 올린 단자(單子)가 있었는데, 말의 뜻이 아주 패려(悖戾)하여 "일월 같은 성명(聖明)으로 상제(上帝)께서 권우(眷祐)하신다."는 등의 말로 적괴를 칭도(稱道)하는 데 이르렀고, 또 "백성들의 형편이 거꾸로 매달린 것과 같아 온 세상이 난을 생각한다."는 말로 서울에 사는 의관을 갖춘 백성들을 적도 가운데로 들어가게 하였다. 포도청에서 잡아 엄하게 조사하자 변명없이 지만(遲晩)하였는데, 이때에 이르러서 비국의 아룀으로 인해 윤허하였던 것이다.[65]

한기조가 서울 안의 양반들을 포섭하는 한편 서울의 동정을 북진군의 수장인 김사용에게 보고했다는 내용이다. "해와 달과 같은 위대한 밝음으로 상제(上帝)께서 돌보신다."는 표현을 사용하여 봉기군을 지칭했다는 점에서 봉기군에서 군주나 군왕으로 상정했던 인물이 있었음을 알 수 있다. 물론 실재하지 않는 존재를 허장성세로 홍보하기 위해 거짓으로 꾸몄을 가능성도 있다. 어쨌든 당시 일부 봉기군과 봉기군을 추종하는 무리들은 군왕이 있으며 새로운 국가조직이 이루어졌다고 믿었다는 사실을 확인할 수 있다.

조선 후기에 그 형태나 동원된 민중의 규모에 있어서 가장 거대하고 조직적이며 충격적인 변란이 홍경래사건이었다. 홍경래사건은 조선 봉건왕조의 명맥을 단축시키고 커다란 충격을 주어 그 붕괴에 박차를 가한 최초의 거대한

---

64 『순조실록』 순조 12년(1812) 4월 28일(경오).
65 권우(眷祐)는 사랑하여 돌보아 준다는 뜻이다. 『순조실록』 순조 12년(1812) 4월 2일(갑진).

봉기였다.[66]

홍경래사건은 유민(流民)의 급증, 경영형 부농층의 성장, 사상층(私商層)과 특권 시전(市廛)상인층 사이의 갈등, 광산 노동자의 증가, 관료로의 진출이 봉쇄된 다수 지식층의 불만, 신분제의 질곡에 반발하는 천민층의 반항심 등과 결부된 봉건정부의 반동체제 강화 시도에도 불구하고, 계속되는 혹심한 흉년 속에서 하층민들의 변혁에 대한 갈망이 높아가는 시점에 『정감록』 등의 예언서가 보급되는 사회적 분위기 속에서, 평안도 일각에서 사회변혁을 부르짖는 다양한 계층의 사람들 백여 명이 무려 10여 년에 걸쳐 동조자를 규합하고 군비를 마련해 일으킨 사건이었다.[67]

경영형 부농층, 대사상층, 광산 노동자층 등을 총지휘한 봉기군의 핵심 인물들은 불우한 유랑지식인층이었다. 홍경래, 우군칙, 김사용 등은 모두 지사(地師)였는데, 이들은 사회변혁의 보도자와 예언자로서의 성향을 지녔다. 당시 서북 지방의 지식인들은 비록 과거에 합격하더라도 실제로는 관직에 나아갈 수 없었으며, 생활 방편을 위해 설경(說經), 지사(地師), 의생(醫生)으로 살아갈 수밖에 없었다.[68]

홍경래사건은 비록 실패로 끝나고 말았지만, 조선 봉건사회의 붕괴와 해체 과정 속에서 생성된 것이며, 그 붕괴에 일층 박차를 가한 커다란 분수령이 되었다. 홍경래사건을 경험한 일반 농민층은 이 사건을 계기로 봉건정부의 일방적인 강압에 저항할 수 있는 힘을 의식하기 시작했던 것이다.[69]

유랑지식인들이 사회변혁을 추진하기 위해 예언 등을 이용하여 경영형 부농층과 무인들을 규합하였고, 상인층과 광산 노동자들을 결속시켜 사회변혁의 선봉에 섰다. 일시적으로는 하층민과 농민층의 지지를 받았지만 지속적으

---

66 정석종, 앞의 글, 290쪽.
67 정석종, 앞의 글, 304쪽.
68 정석종, 앞의 글, 350쪽.
69 정석종, 「홍경래난」, 『전통시대의 민중운동』 하(도서출판 풀빛, 1981), 352쪽.

로 이들의 힘을 결집시킬 강령을 제시하지는 못하였다는 한계를 지닌다.

홍경래사건은 봉건사회의 해체와 붕괴 과정에서 발생한 사건으로 조선왕조의 붕괴에 한층 박차를 가한 분수령이 되었다. 홍경래사건을 경험한 농민들은 봉건정부의 일방적인 강압에 적극적이고 지속적으로 저항할 수 있다는 자신감을 가지고 민중의 힘에 대해 새롭게 인식하기 시작하였다. 이는 소극적 항거에서 나아가 적극적 무력항쟁도 가능하다는 인식이 확산되는 계기가 되었다.

홍경래사건은 홍경래 개인이 일으킨 사건이 아니라 10여 년간의 준비 기간을 거쳐 백여 명의 인물들이 함께 참여한 대규모 민중반란사건이었다. 충분한 자금력을 바탕으로 황해도와 평안도에서 다양한 계층의 인물을 모았고, 사회적 모순으로 특권상인층과 갈등 관계에 있던 상인층을 자극하여 군자금을 조달했다.

이들은 지역 차별에 대한 분개심을 촉발시키는 한편, 현실사회의 폭압과 질곡에서 벗어나 해방되기를 갈망하는 다수 민중들의 사회변혁에 대한 욕구를 진인출현설로 집약시켰다.

조직을 단합시키는 사상적 토대는 유랑지식인층이 담당했다. 그들은 진인출현설을 격문에 드러냄으로써 반란의 이념적 무기를 제공하였다.

물론 이러한 예언사상은 현실적인 요구를 반영한다기보다는 다소 공상적인 측면에 호소하고 있다는 약점이 있다. 농민들이 현실적으로 바라는 일이 구체적으로 무엇인지를 강령으로 제시하지 못하고 있었다. 그러나 또한 시대적 한계이기도 했다.

그럼에도 불구하고 홍경래사건 관련자들은 강력한 힘을 발휘하여 봉기 직후 10여 일 만에 10여 개 읍성을 함락시키는 기적과도 같은 추진력을 보였다. 농민들의 자발적 참여를 유도해내지 못했다는 점이 봉기군의 최대 약점이었고, 이것이 난이 실패한 가장 큰 요인이 되었다.

한편 격문에 나타난 진인출현설에 대해, 현실 사회의 폭압과 고통에서 해

방되기를 갈망하는 당시 일반 농민층의 사회변혁에 대한 요구가 일정하게 반
영된 관서 지방의 민간전승인 정장군(鄭將軍) 이야기를 『정감록』과 결부시켜,
정진인(鄭眞人)이 가야동 일월봉에서 탄생한 것으로 묘사하고 있다는 기록이
전한다.

    시은(時殷)의 삼촌이라고들 말하는 정세규(鄭世圭)라는 사람이 (말하기를) (…) "저는
선천군(宣川郡) 수청면(水淸面) 안산리(安山里) 깨꼴에 삽니다. 예전에 저의 둘째 형수
가 임신한 지 10개월이 지난 후에 정확한 시기는 알 수 없지만 괴물을 낳았는데
생긴 것이 고깃덩어리 같았습니다. 저의 형수는 이 흉물을 낳은 일을 집안 식구들
에게 보이기 부끄러워 볏짚 쌓아둔 곳에 갖다 놓았다가 곧 땅에다 파묻어버렸습니
다. 이웃 사람들이 아이를 낳았다는데 우는 소리가 들리지 않고 흔적조차 없음을
괴이하게 여겼습니다. 그래서 말을 만들어 말하기를 '장군을 낳았구나. 그래서 태
어나자마자 어디론가 가고 흔적이 없는 것이 아닐까?'라 했습니다. 그때 제 나이가
스물 세 살이었습니다. 그런데도 촌사람들의 허황한 이야기가 지금 50여 년이 지
난 후에 이르러 흉적(凶賊) 등이 만들어낸 맹랑한 주장이 되었던 것입니다."라 했다.
(…) 깨꼴의 다른 이름은 가야(珈倻)다. 이른바 일월봉(日月峰)이라고 부르는 곳은 일
월봉이 아니라 신부면(新府面) 승지동(承旨洞)에 있는 일락봉(日落峰)이다.[70]

    김창시가 다시 저(박치영)를 불러 말하기를 "하늘에 재성(災星)이 있으니, 또 흉년
이 들 것이고 인심이 소란스러워질 것이다. 선천군(宣川郡) 검산(劍山)[71] 아래의 가야
동에서 태어난 정시은(鄭時殷)이라는 사람이 다섯 살이 되자 중국의 홍의도(紅衣島)로
들어갔다. 성장해서는 호병(胡兵) 철기(鐵騎) 10만 명을 거느리고 위물령(謂物嶺) 위쪽
강계(江界)[72] 여연(閭延)[73] 땅에 있다. 작년 정월에 (정시은이) 장차 (우리나라로) 들어오려

---

70 時殷之三寸云云, 鄭世圭爲名漢, (…) 矣身居在本縣(宣川)水淸面安山里깨꼴. 而昔年, 矣身仲兄嫂, 初
孕十朔後, 年不記正月日, 生下怪物, 形如肉塊. 矣嫂産此凶物, 愧見家人, 藏置於積 藁中, 仍爲掩埋矣.
隣里之人, 疑怪其産無兒哭, 亦無痕跡, 做言曰, 生下將軍, 故産卽去之無痕是加? 其時矣身年二十三歲.
而其村人虛誑之說, 到今五十餘年之後, 兇賊等做出麥浪之說. ― 깨꼴 ― 變名爲珈倻, 所謂日月峰云者,
非日月峰, 乃新府面承旨洞里日落峰. 『관서평란록』 15책, 영인본 4권, 340면. 『관서평란록(關西平亂
錄)』은 안주목사(安州牧使) 조종영(趙鍾永)이 편찬한 책으로 18권 18책 1,844장의 방대한 기록이다.
일본 국회도서관 지부 정가당(靜嘉堂) 문고에 보존되어 있으며, 1979년에 아세아문화사에서 영인본으
로 출간되었다.

71 『신증동국여지승람』 권 53 선천군 산천조에 따르면 군의 서쪽 20리에 있는데, 봉우리들이 뾰쪽하고 험
하기가 칼끝 같아서 그렇게 이름지었다고 한다.

72 『신증동국여지승람』 권 55 강계도호부(江界都護府)가 있다.

고 하는데 먼저 우리로 하여금 군대를 일으켜 청천강(淸川江) 북쪽을 점령하라고 했다. 드디어 기병(起兵)하려 하는데 한 가지 재주라도 있어서 그 포부를 펼치려 한다면 바로 이때가 좋다. 겸양하거나 핑계를 대지 말고 반드시 (품은 뜻을) 남김없이 펼치도록 하라."라 하면서 누누이 간절하게 권했습니다. 가만히 혼자 생각해보니 제가 사는 곳에서 가야동까지는 20리 정도 떨어져 있습니다. 제가 어렸을 때 들은 바로는 가야동에 어떤 정씨(鄭氏) 성을 가진 사람의 처(妻)가 임신한 지 10개월 만에 난산으로 이틀 동안 고생하다가 밤이 깊어 해산했는데 인간의 모습이 아니라 괴물이었답니다. 정가(鄭哥)의 처가 보자마자 몹시 놀라고 괴이하게 여겨 곧 울타리 밖에다 묻어버렸다고 합니다. 다음 날 이웃 사람이 찾아와 해산의 안부와 아들을 낳았는지 딸을 낳았는지를 물었는데, 정가의 처가 괴물을 낳았기 때문에 대답하기 어려워 복통이 조금 있다가 없어졌을 뿐이라고 둘러대었다고 합니다. 그러자 이웃집 여자가 해산을 했는데도 아이가 없음을 의아하게 생각하여 말하기를 "어젯밤에 낳았는데 오늘은 간 곳조차 없다니, 아마도 세상에서 말하듯이 장군(將軍)을 낳았는데 태어나자마자 다른 곳으로 가버린 것이 아닐까?"라 했다고 합니다. 이는 무식한 촌 아낙네가 옛날이야기를 가지고 그때 일을 가리켜 꾸며낸 것이 와전된 것이었습니다. 오늘날 이 도적들의 문서에 이러한 이야기가 실려서 민심의 근본을 현혹시킴을 환히 알 수 있습니다.[74]

9월 무렵에 김창시가 고윤빈(高允斌)의 집에 와서 제게 말하기를 "사계절이 흉흉하니 머지않아 반드시 전쟁이 일어날 것이다."라 했습니다. 제가 답하기를 "흉년이 들었고 질병이 번져 사람들이 많이 죽었는데 만약 전쟁이 일어난다면 사람들은 어디에 의지해 살 것인가? 전쟁이 일어나는 까닭을 자세히 말해 달라."라 했습니다. 김창시가 말하기를 "정씨(鄭氏) 성을 가진 진인(眞人)이 우리나라에서 태어났는데, 열 살이 되기 전에 바다 가운데 있는 신도(薪島)라는[75] 섬에 숨어 있다. 지금 나이가

---

73 『신증동국여지승람』 권 55 강계도호부 고적조에 따르면 원래는 함길도(咸吉道) 갑산부(甲山府) 여연촌이었는데, 세조 원년(1455)에 그 땅을 비워 백성들을 귀성(龜城)으로 옮겼다고 한다.

74 金(昌始)更請矢身(朴致永)謂曰, 天有災星, 又值饑饉, 人心騷動, 且宣川劍山下, 珈珈洞內, 鄭時殷爲名漢, 生後五歲, 入于大國, 紅衣最. 成長而率胡兵鐵騎十萬, 方在謂物嶺上邊, 江界間延地. 昨年正月, 將出來, 而先使吾等, 起兵於淸北據. 果爲起兵, 若有一才, 展其抱, 正當此時. 勿爲謙托, 必以盡展之意, 屢屢懇勸. 矢身心自思之, 則身所居, 距珈珈洞二十里許, 而兒時聞之, 卽珈珈洞內, 有一鄭哥妻, 孕胎十朔, 而以其難産, 兩日辛苦, 夜深後, 解矣則非人形乃怪物. 鄭哥妻, 見甚驚怪, 仍爲埋置於籬後. 翌日隣人之人, 來問其解奸安否, 與生子生女, 則鄭哥妻□□下怪物, 難其對答, 以腹痛少無之意爲言. 則隣女以解娩無兒, 疑而言之曰, 昨夜所生今無去處, 無乃俗謂生下將軍, 而産卽去他乎? 此不過無識村女, 以過去說做出果指其時, 訛傳而聞之矣. 到今此賊籍此做出, 虛惑民心之本, 灼然可知. 『관서평란록』 15책, 영인본 4권, 334-335면.

53세인데 을묘년에 태어났다. 신도의 둘레에 진(鎭)을 설치하고 폐사군(廢四郡)이 있던 옛터에 인접해 있는 여연(閭延) 땅에 넘어와 몰래 오랑캐와 교섭하고 있다. 오는 3월에 군대를 일으켜 올 것인데, 이곳에는 12월이 되면 틀림없이 전쟁이 일어날 것이다. 뿐만 아니라 가산(嘉山)의 우욱(禹郁)은[76] 지혜가 제갈량보다 낫고, 용강(龍岡)의 홍경래(洪景來)는 재주가 조자룡보다 뛰어나다. 이 두 사람 등은 여연(閭延)에서 이미 진인(眞人)을 만나보았으며, 홍경래는 진인의 명령을 받아 도원수(都元帥)가 되었는데, 오는 3월이 되면 동시에 나타날 것이다. 이곳에 전쟁이 일어나면 우욱(禹郁)이 주관하여 황해도와 평안도를 차지한 후에 진인을 인도하여 함께 힘을 합쳐 나아갈 것이다. (…)"라 했습니다.[77]

다음은 진인출현설과 관련된 우군칙의 진술 내용이다.

용강 사람 홍경래와 만나 함께 머물면서 책을 읽었습니다. 그러므로 오랫동안 같이 지내 서로 친해졌지만 곧 각자 집으로 돌아갔습니다. 신유년(1801)에 홍경래가 청룡사에[78] 와서 저에게 말하기를 "일식과 지진이 일어나고 흉년이 들어 백성들이 곤궁한데, 장차 세상을 구할 인물이 나온다면 그대는 능히 그를 알아볼 수 있겠는가?"라고 물었습니다. 제가 대답하기를 "요(堯) 임금 때에도 9년 동안 홍수가 있었고, 탕(湯) 임금 때에도 7년 동안 가뭄이 있었다. 성왕(聖王)이 다스리던 시대에도 이와 같은 재앙이 있었는데 일식과 지진은 깊이 염려하지 않아도 된다."라 했습니다. 그러자 홍경래가 말하기를 "그대는 어찌 그렇게 생각하는가? 임신년(1812)이 되면 전쟁이 일어날 것이다."라 했습니다. 제가 답하기를 "그대가 예지력(預知力)이 있다면 신(神)과 통한다고 말할 수 있는데, 어떻게 그렇게 된다고 알 수 있는가?"라 했

---

75 『신증동국여지승람』 권 53 용천군(龍川郡) 산천조에 의하면 군의 서쪽 60리에 있다고 한다.

76 우군칙(禹君則)이다.

77 其九月分, 昌始來于允斌家, 請矣身而曰, 四時節洶洶, 未久必有兵亂. 矣身答云, 歲飢病歲, 人多死亡, 而若兵亂, 則人何聊生乎? 兵亂之由, 仔細語之云云. 則昌始言曰, 鄭眞人, 生於朝鮮, 十歲前, 避匿於海中薪島, 而時年則五十三, 乙卯生矣. 回薪島之設鎭, 越廢四郡舊巢穴接界閭延地, 避接交胡. 來三月起兵出來, 而此地兵革, 則十二月丁寧以起. 分叱不喩 嘉山禹郁, 智過諸葛亮, 龍岡洪景來, 才過趙子龍. 而此兩人等, 黑人閭延, 已見眞人, 景來則受眞人之令, 以都元帥, 來三月, 同時出來. 此地兵革, 則禹郁主管得黃平兩道, 而後以延眞人, 幷力前往『관서평란록』17책, 영인본 5권, 88면. 곽산(郭山)에서 약국을 하던 김대훈(金大勳)의 공초문에도 거의 동일한 내용이 실려 있다. 『관서평란록』잔존본(殘存本), 영인본 5권, 463-464면.

78 『신증동국여지승람』 권 52 가산군(嘉山郡) 불우조(佛宇條)에 의하면 청룡산(靑龍山)에 있다고 한다.

습니다. 서로 이야기를 나눈 후에 몇 번 왕래했습니다. 경오년(1810) 11월에 제가
또 청룡사에 가서 머무르며 독서할 때 홍경래가 선천(宣川) 사람 정시수(鄭時守)와 함
께 도착하여 한밤중에 저에게 말하기를 "내가 특별한 뜻을 품은 사람을 알고 있는
데, 몇 해 전부터 당병(唐兵) 수만(數萬) 명을 모아 신도(薪島)에 주둔하고 있다. 지금
이미 진영(陣營)을 세웠으나 함께 응할 장소가 없기 때문에 강계(江界)의 여연(閭延)으
로 주둔지를 옮겼다. 그리고 선천(宣川)의 검산(劍山) 아래의 청수면(淸水面) 일월봉(日
月峰) 아래 군왕포(君王浦) 위에 진인(眞人)이 있는데, 이름은 정제민(鄭濟民)인데 정시
수(鄭時守)라고도 부른다. 나이는 현재 41세인데, 지금은 강계 여연에서 산삼을 캐
는 오랑캐군과 더불어 살고 있다. 도내(道內)의 모사(謀士)들을 얻은 후에 거사를 일
으킬 것이다. (…)"라 했습니다.[79]

그리고 이 사건에는 제세지인(濟世之人)이라는 표현도 보인다.

어쨌든 홍경래사건 관련자들은 일반 민중의 현실적 요구보다도 공상적인
측면에 호소하고 있다고 판단된다. 즉, 농민들이 자발적으로 봉기에 참가할
수 있는 현실적인 강령을 제시하지 못한 것이 봉기군의 최대 약점이 되었다.
난이 결과적으로 실패로 돌아간 가장 근본적인 원인이 바로 여기에 있었던 것
이다.[80]

홍경래사건은 여러 지역이 연계되어 일어났다는 점에서 단순한 계급적 저
항을 벗어나 계급의식에 기초한 집단봉기로의 전환을 예고하는 사건이었다.
이제 농민들의 계급의식은 중오의 단계에 머무는 소극적 수준에서 벗어나 스
스로를 계급으로 결집하여 함께 행동 단계로 나아가는 적극적 수준으로 발전

---

79 適有龍岡人洪景來, 來留讀書. 故多日同居, 相與面熟, 而仍爲各歸. 辛酉年, 景來又到靑龍寺, 謂矣身曰,
日食地震, 歲飢民困, 將有濟世之人, 君能知之乎云. 故矣身曰, 以爲堯有九年之水, 湯有七年之旱, 聖明
之世, 亦有此等災殃, 日食地震, 不足深慮云. 則景來曰, 汝豈能料度? 壬申年, 則將有兵亂云. 故矣身答,
以君能預知, 則可謂通神, 何以知其必也? 相與酬酌而伊後, 則種種往來. 庚午年十一月, 矣身又往靑龍
寺, 留棲讀書之際, 景來, 與宣川人鄭時守, 來到山中夜間謂矣身曰, 吾有異志者, 年久招募唐兵數萬, 屯
聚薪島, 今已設鎭, 容接無處, 故今方移屯於江界閭延地, 而宣川劍山下, 淸水面, 日月峰下, 君王浦上, 今
有眞人, 姓鄭濟民者, 而或稱時守. 年今四十一歲, 而方在江界閭延地, 與採蔘胡軍雜處, 而求得道內謀士,
然後始可擧事. 『관서평란록』 16책, 영인본 4권, 490-491면. 『진중일기(陣中日記)』 순조 12년
(1812) 4월 29일조에는 우군칙의 이름이 우용문(禹龍文)으로 나온다. 거의 같은 내용이다.

80 정석종, 「홍경래난」, 『전통시대의 민중운동』 하(도서출판 풀빛, 1981), 353쪽.

한 것이다.[81]

한편 이 시기 국가와 농민층의 대립으로 일어난 항쟁은 크게 볼 때 변란(變亂)과 민란(民亂)의 두 가지 유형으로 구분할 수 있다.[82]

민란은 지방관이나 이서배(吏胥輩)들의 탄압과 수탈에 견디기 어려웠던 백성들이 어쩔 수 없이 일으킨 소요였다. 따라서 지배층은 민란에 참가한 백성에 대해 기본적으로는 "선대(先代)의 성스러운 임금들께서 키우고 보살펴온 적자(赤子)"라고 인식했다. 민란은 공개적인 형태로 전개되었고, 주모자와 참가자들도 거의 대부분 민란이 일어난 고을에 거주하는 사람들이었다. 이들은 주로 읍폐와 관련된 문제의 해결을 위해 함께 논의하자는 통문을 작성하고, 이를 면리 조직을 이용하여 공공연하게 전파하여 읍민들을 모은 후, 향회 내지 그와 유사한 회의를 거쳐 공론화된 요구 조건을 마련하여 그것을 지방관에게 등소(等訴)의 형식으로 제출하였다. 그러한 등소조차 지방관에게 묵살되고, 나아가 주모자들이 부당한 처벌을 받게 되는 등 도저히 참을 수 없는 지경에 이른 다음에야 비로소 봉기가 일어났다.

민란이 봉기로 확대되는 경우에도 농간을 일삼던 이서배나 악질 지주의 집을 불태우고 파괴하거나, 심한 경우 일부 악랄한 이서배를 죽이는 경우도 가끔 있었다. 또 관아를 점령하여 창고의 곡식을 풀어 백성들에게 나누어주어 부당하게 운용되던 부세제도의 시정을 시도하거나 독자적으로 향권을 행사하기도 했지만, 적어도 수령에 대해서는 죽이거나 상해를 입히지 않고 고을의 경계 밖으로 쫓아내는 정도의 보복만 행했다.

국한된 지역에서 비교적 온건한 항거와 투쟁을 벌였던 민란에 반해 변란은 혁명가적 성격을 지닌 자들에 의해 주도되었다. 변란의 주모자는 향촌사회에 거주하며 생산활동에 종사하기 보다는 지관, 의원, 약재상, 훈학 등 떠돌이 생활을 하던 한유(寒儒)와 빈사(貧士)들이 주류를 이룬다.

---

81 고석규, 위의 글, 273쪽.

82 고석규, 「19세기 농민항쟁의 전개와 변혁주체의 성장」, 『1894년 농민전쟁연구 1』(1991)을 참고하시오.

이들은 주로 혈연이나 친분 등의 개별적 이해관계에 기초하여 동모자들을 조직했다. 변란을 기도했던 인물들은 짧게는 수년, 길게는 수십 년 동안 각지를 편행하며 동지를 포섭하고 모았다. 한곳에 머물지 않았던 변란 주모자들은 동모자를 동원하기 위해 공개적인 방법을 사용할 수 없었기 때문에 사상 공동체를 형성하는 방법을 사용했고, 생명을 담보로 한 조직의 비밀을 유지하기 위해 핏줄을 나눈 형제나 친인척 가운데 동모자를 모으거나 수십 번의 은밀한 타진 끝에 생각을 같이 한다고 인정되는 이념적 동지들을 규합하였다.

변란은 병란(兵亂)으로 부르기도 하는데, 불만지식인들이 주동이 되어 진인출현설로 가담자를 포섭하여 계획적인 무력봉기를 통한 체제전복을 목적으로 하는 '난리'이다.

변란모의는 주모자가 각지를 돌아다니는 과정에서 의기투합한 동지들을 한두 명씩 만나면서 시작되는데, 핵심 인물은 대개 한두 명이나 서너 명 정도였다. 어렵게 동지를 모은 후에도 길게는 몇 년, 짧아도 몇 개월에 걸쳐 거사를 준비하였다. 이들은 편행하던 과정에서 알게 된 인물들을 직접 찾아가거나 포섭이 가능하다고 판단되는 대상에게 의도적으로 접근하여 거사 계획을 털어놓고 동모자를 끌어들였다. 이 과정은 매우 조심스럽고 은밀하게 진행되었지만, 대개의 경우 포섭 대상자의 고발로 인해 거사 계획이 탄로가 나고 결국 거사는 실패하고 만다.

다행히 포섭 대상자를 무사히 확보하면, 변란을 일으키기 위한 지도부가 형성되어 거사의 구체적인 방법이나 절차를 결정한다. 가장 중요한 일은 거사에 필요한 자금, 병력, 군량, 무기를 마련하는 것이었다. 이 일은 지도부가 각기 역할을 분담하여 담당했는데, 자신의 역량을 다 바쳐 오래전부터 준비하기도 했다. 거사 지도부가 가장 고심한 일은 자금 마련이었다. 자금은 거사에 필요한 병력, 병기, 군량 등을 마련하는데 무엇보다 필요 불가결한 중요한 요소였기 때문이다. 자금은 주모자들이 염출하거나, 고기잡이나 소금구이 등의 방법으로 자체 조달을 도모하기도 했으며, 때로는 명화적 활동을 통해 구하려는 계획을 세우기도 했다.

하지만 대부분의 경우에는 관직을 노리는 지방의 양반 재력가나 신분상승 욕구가 강한 부유한 상인들에게 접근하여 그들이 내놓는 자금을 이용했다. 재력가나 상인들에 대한 물색과 접근은 주로 친인척 관계나 평소의 친분을 통해 이루어졌는데, 이 과정에서는 본래의 목적을 숨기는 경우가 대부분이었다. 수차례에 걸친 만남을 통해 그들의 의사를 타진해 본 후에 본래의 목적을 밝히기도 했지만, 대부분의 경우에는 북벌(北伐)이나, 양이(洋夷)와 왜이(倭夷)를 물리치기 위한 의병을 일으킬 자금이라는 명분을 내세웠다. 그리고 본래의 의도를 밝힐 때에도 미리 '이인(異人)의 말', '비결', '참언' 등으로 재력가를 현혹시켰고, 거사가 성공할 때에는 상당한 수준의 관직을 차지할 수 있을 것이라는 미끼를 내걸었다.

병력을 동원할 때에도 친인척이나 평소의 친분 관계를 주로 이용했고, 이 경우에도 추노(推奴)나[83] 매매할 물건 운반 등을 가장하여 돈을 주고 일시적으로 고용하는 방식을 취하여 처음에는 거사 계획을 밝히지 않았다. 일단 휘하에 모이면 이인의 말, 비결 등의 예언으로 신분상승을 시켜주겠다고 약속하거나 경제적 부를 줄 것이라는 말로 유혹했다. 특별한 경우에는 종교적 욕구를 충족시켜 주겠다거나 양반들의 권력 유지를 위해 도움을 주겠다고 약속하기도 했다. 훗날 이필제(李弼濟, 1824-1871)가 시도한 영해사건이나 조령사건의 경우가 이에 해당한다. 동학이나 유림 등의 조직적 기반이나, 특정 지역이나 사건에 대해 팽배해 있던 집단의 불만을 적극적으로 거사에 활용한 셈이다.

변란은 '조선왕조의 타도'를 목적으로 한 명백한 '역모'였고, '역성혁명'도 불사하는 과격한 변혁을 지향하거나 급진적 혁명을 꿈꾸었다. 따라서 변란을 주도한 사람이나 동모자는 그에 준하는 엄벌을 각오해야 했고, 실제로 그들은

---

[83] 추노는 노비(奴婢)가 소유주(所有主)의 거주지를 이탈하여 도망쳐 외지(外地)에 가서 사는 경우, 소유주가 그들을 찾아가서 사실을 밝히고 노비 또는 그 후손들로부터 공포(貢布) 또는 몸값을 징수하던 일이다.

관군에 체포되어 혹독한 고문을 당한 뒤 대부분이 효수형이나 능지처참을 당했다. 실패한 변란과 미완의 혁명은 그만큼 가혹한 대가를 지불해야 하는 달콤하지만 치명적인 유혹이었다. 그러므로 변란은 민란과 달리 준비 과정이나 모의 과정이 은밀하게 진행되는 비밀결사의 형태로 이루어질 수밖에 없었다.

대부분의 거사꾼들은 일단 특정 고을을 중심으로 거사하여 그곳에서 역량을 비축한 다음 그 여세를 몰아 서울로 쳐들어간다는 계획을 세웠다. 당장 서울로 쳐들어가 왕조를 무너뜨리기에는 그들의 역량과 준비가 부족했기 때문이다.

또한 거사꾼들은 일단 특정 지역에서 거사를 일으키고 각지에 격문을 띄우면 각지에서 합세해오는 세력이 많을 것이라는 생각을 품었다. 그러나 이러한 거사꾼들의 생각이 현실과는 거리가 먼 환상이었음은, 거사가 일시적으로 성공한 경우에도 주변 지역과 민중들의 협력이 거의 없었다는 점에서 확인된다.

거사 방법에서도 변란은 동원된 자들을 병기로 무장시키고 한밤중에 관아로 쳐들어가 곧장 수령을 해치려는 과감한 행동 전략을 택했다. 거사 직후에는 창고를 열어 주민들에게 곡식을 나누어주어 호감과 협조를 기대했으며, 여의치 않을 때에는 협박과 회유로 세력을 불리기도 했다. 그러나 대개의 경우 거사꾼들의 기대와는 달리, 인근 지역은 물론 거사가 성공한 지역의 주민들에게서도 신통한 호응을 받지 못하고 오히려 배척받았다. 결국 거사꾼들은 인근 지역을 석권한 후 그 여세를 몰아 서울로 직향한다는 원래의 계획을 더 이상 진전시키지 못하고, 불과 며칠 동안 관아를 점령하고 있다가 진압하러 오는 다른 지역의 관군이 파견되면 어쩔 수 없이 도주하였다. 실패한 거사에는 나름대로 실패로 내몰린 여러 요인들이 있었을 터이지만, 대부분의 거사꾼들이 자신들의 이상에 도취되어 모험적인 승부수를 띄우는 경향이 강했다는 개인적 차원의 문제가 있었음도 고려되어야 하겠다.

그리고 변란은 『정감록』 등의 이상주의적 혁명 이념에 의해 지도되며 중앙권력을 쟁취하고자 하는 목표를 내세운다. 이러한 점에서 홍경래사건은 그

규모나 조직 면에서 변란의 선구요, 전형적인 형태였다. 이후 19세기의 작변(作變)들은 홍경래사건을 모형으로 삼았다. 특히 홍경래사건은 장기간에 걸쳐 정주성에서 치열한 투쟁을 벌여 농민항쟁에 있어서 뚜렷한 족적을 남겼고, 이후 전개되는 민란 단계에서도 농민층과 빈민층이 적극적으로 참여하게 만드는 결정적 계기가 되었다. 그들은 봉건제의 위기가 점차 심화되는 상황에서 봉건정부를 타도한다는 기치를 내걸고 4개월 동안 항쟁을 지속하여 봉건권력의 정당성과 도덕성을 부정했다. 홍경래사건은 체제변혁을 위한 시발점이라는 역사적 의미를 지녔다.

나아가 홍경래사건은 피지배층으로서 통치의 대상으로만 존재하던 하층 농민들이 봉건왕조와 지배체제를 부정할 수 있는 정치적 각성의 계기가 되었다. 이러한 각성을 통해 농민층은 홍경래가 죽은 뒤에도 "진짜 홍경래는 아직도 살아있다."는 소문을 퍼뜨리면서 언젠가는 오고야 말 봉건정부의 타도와 사회변혁을 이룰 기회를 준비하였다. 바로 이러한 정치적 각성이 농민항쟁의 수준을 결정적으로 높여 혁명을 가능하게 만드는 원동력이었다. 정치적 각성은 계급의식의 성장을 뜻한다. 계급의식에는 현실의 지배 질서 자체에 대한 회의나 비판 또는 부정이 전제되어야 한다. 그리고 계급적 저항 행위의 정당성과 승리에의 확신은 계급의식을 확산시키는 가장 강력한 힘이었다.[84]

진인출현설, 비결신앙 등의 형태로 유포된 예언은 이제 홍경래불사설(洪景來不死說)도 받아들였다. 홍경래불사설은 억압당하는 민중들에 의해 스스로를 구원하기 위한 형태로 받아들여졌다. 홍경래가 죽지 않고 여전히 살아서 부패한 정부와 관리를 징치하기 위해 투쟁을 계속하고 있다는 믿음은 민중의 힘으로 민중의 꿈을 이룰 수 있다는 확신을 심어주기에 충분했다. 홍경래는 곧 진인의 상징으로 받아들여졌다. 정의롭고 바람직하며 참신한 지도자로서 진인은 민중의 열망을 대변하고 이루어줄 구원자였다. 그는 부패한 세상을 바로잡

---

84 고석규, 「서북 지방의 민중항쟁」, 『한국사』 36권(국사편찬위원회, 1997), 275쪽.

을 것이며 유능한 관리로 구성된 새 정부를 구성하여 민중의 한을 풀어줄 이상적 존재다. 진인은 봉건체제인 왕조의 개창자로 믿어졌지만, 관념적이고 정신적인 차원의 종교적 구원자의 역할도 기대되었다. 무엇보다 당시 민중들이 기대한 것은 현세적 구원이었다.

무기력하고 나약한 순종으로 봉건지배의 수탈을 겪기만 했던 민중은 이제 진인을 향한 믿음을 통해 스스로를 단련시켜 강력한 투쟁으로 권력에 도전하도록 만들었다. 정신적 각성으로 맺어진 믿음과 열망은 지배체제의 횡포에 고개 숙이고 절망하는 대신 지칠 줄 모르는 불굴의 투지를 북돋았다. 더욱이 진인이 출현할 것이라는 확신은 진인이 출현할 토대와 기반을 민중 스스로 만들어야 한다는 현실적이고 단계적인 목표를 세우고 추진하자는 모사(謀事)를 가능하게 했다. 정부의 입장에서는 역적모의나 반란도모로 규정되었지만, 진인을 자처하고 진인의 출현을 바라는 입장에서는 이 땅에 정의를 구현하기 위한 의지의 표현이었다. 이러한 입장에서 후대에 이르러 다양한 형태의 거사가 추진되었고, 그 배후에는 거의 대부분 진인의 그림자가 어른거렸다. 민중의 꿈을 먹고 자란 진인은 그들의 고통을 좌시하거나 무시해서는 안 된다. 민중의 이상을 이루기 위해 행동에 나서야 된다. 언제 어디서든 진인이 나타날 가능성이 있다는 믿음은 현재적 억압과 수탈이 자행되면 될수록 더욱 강하게 단련되고 굳건해졌다. 부패한 정권과 부정한 정부를 타도하기 위한 각종 정치적 항거와 조직적 투쟁에서, 예언사상은 약하고 소외되고 당하기만 했던 수동적인 민중을 강하고 주체적이고 능동적으로 맞서게 만들었다. 사상과 믿음은 행동을 변화시키고 생활을 바꾸게 한다.

물론 예언사상 자체가 권력 이양과 조직 체계에 관한 이론이 아니었기 때문에 일정한 한계는 분명히 있다. 당시의 예언사상은 세속화된 혁명 이론이 아니라 정신적이고 종교적인 차원의 신념 체계로 제시되었다. 따라서 이러한 예언사상에 기초한 민중항쟁이 근대적 의미의 혁명으로까지 전개될 수는 없었다. 그리고 이 시기까지도 빈농과 하층민들이 독자적으로 반봉건항쟁을 일으킬 정도로 성장하지 못했으며, 봉건적 사회모순을 극복할 진보적 사회이념은 제시하지 못하고 봉건권력의 교체에 항쟁의 목표를 두었다는 한계도 지니고 있었다. 즉 홍경래사건의 지향점은 반봉건성이라는 계급대립의 측면보다는 지방 행정권과 세도정권에 대한 반정부적 차원의 저항에 머무르고 있었다.[85]

홍경래사건이 진행되는 동안 토지개혁, 신분제 폐지, 삼정개혁 등 빈농 하층민을 위한 개혁 조치는 취하지 않았다는 점이 이 사건을 패배로 이끈 가장 중요한 원인이 되었다. 그리고 홍경래사건을 초래한 원인으로는 수령들의 권력에 의한 부세 수탈이라는 경제적 요인과[86] 함께, 중앙정부의 차별로 인해 사대부 계층의 형성이 어려웠고, 중국과의 무역이나 수공업 또는 광산을 경영하면서 부를 축적한 부호들의 신분상승 욕구가 좌절되고 왜곡되었다는 정치적 요인도 중요하게 작용했다. 이러한 배경 속에서 부민층을 중심으로 향인층과 빈민들이 뭉쳐 정부를 타도하기 위한 서북민들의 저항의지는 무르익었고, 그 저항의지를 집약적으로 밝히고 터트려준 것이 바로 진인출현설이었다.

---

85 고석규, 위의 글, 274쪽.

86 『순조실록』 순조 14년(1814) 2월 26일(무오) (…) 평안감사 정만석(鄭晩錫)이 상소하였는데, 대략 이르기를, 지난번에 청천강 북쪽에서 토적(土賊)의 변란이 일어난 것이 어찌 까닭이 없이 일어났겠습니까? (…) 지난 일을 징계하여 뒷일을 조심하는 방도를 강구하는 것을 잠시라도 늦출 수 없는 바, 그 요점은 백성을 보전하는 데 있고, 백성을 보전하자면 폐해를 제거하여야 합니다. 그중에 절실히 급한 것을 말한다면 군정(軍政)·전역(田役)·고채(庫債)입니다.

이 진 채
사   건

57

홍경래사건으로 전국의 인심이 흉흉하던 순조 12년(1812) 2월에 서울에서는 이진채 등이 퍼뜨린 소문으로 민심이 더욱 동요되었다.[1]

추국(推鞫)하여 이진채(李振采), 정우문(鄭友文), 한광우(韓光友) 등을 국문하였다. 이때 서사(西師)는 아직 미처 개선하지 않았고, 임금의 환후는 바야흐로 정섭(靜攝) 중이었는데, 이달 13일 저녁 갑자기 감히 말할 수도 없고 차마 들을 수도 없는 말이 길거리에 전파되어 온 성안이 떨고 두려워하였으므로, 포도청에서 그 말의 근원을 정탐하여 이진채 등 세 사람을 잡았다.

대신(大臣)이 국청(鞫廳)을 설치할 것을 청하니, 임금이 처음에는 윤허를 아꼈으나 마침내 허락하고, 좌의정 김재찬을 위관(委官)으로 삼아 다스렸는데, 4월 초에 이르러 국문을 마쳤다.

이진채는 사옹봉사(司饔奉事) 박종일(朴鍾一)을, 박종일은 김연수(金延壽)와 이원박

---

1   정석종, 「홍경래란과 내응세력」, 『조선 후기의 정치와 사상』(한길사, 1995), 288-313쪽에서 이진채 사건에 대해 추안급국안의 자료를 해석하여 설명하고 있다.

(李元樸) 및 매부인 전 정언(正言) 이영순(李永純)을, 이원박은 그의 생질인 전 교리(校理) 윤치후(尹致後)를, 윤치후는 박종일의 조카 박영철(朴永喆)을 끌어들였는데, 모두 핵실(覈實)하여, 박종일과 이진채는 대역부도(大逆不道)로, 정우문과 한광우는 모역(謀逆)에 동참한 것으로, 윤치후와 김연수는 정상을 알고도 고하지 않은 것으로, 모두 주살(誅殺)하였다.

이원박은 윤치후에게 고변(告變)할 것을 권하였으니, 그 자취가 정실을 안 것과 다름이 있었으나, 예언설(讖緯說)을 문답하여 흉도들이 더 소란을 떠는 근본을 이루었으며, 이영순은 국정(鞫庭)에서 자세히 캐물어 조사한 데에 비록 진장(眞贓)은 없었으나 자신이 시종신(侍從臣)이 되어 무단히 시골로 내려갔고 길에서 윤치후를 만나 떠들썩하게 수작하였다 하여 모두 죽을 죄를 감하여 이원박은 거제부(巨濟府)에, 이영순은 진도군(珍島郡)의 절도(絶島)에 안치(安置)하게 하였다. 박영철은 박종일의 연좌로 시행하게 하였다.[2]

홍경래사건이 진압된 후 적을 평정한 후 내린 교문(教文)에 다음과 같은 내용이 있다.

아! 저 억새풀 속에 숨어 있던 도적의 난이 일어나게 된 계제는 실로 풀 섶에 숨어 있는 도적이 그 시초가 되었으니, 무장(無將), 불궤(不軌)한 부류들이 그 틈을 탈 계책을 꾸몄던 것이다. 박종일(朴鍾一), 이진채(李振采)의 뱃속이 서로 연결되어, 크게 떠벌리고 허풍을 친 것은 차마 말할 수도 들을 수도 없는 것이었고, 정우문(鄭友文), 한광우(韓光友)의 손발이 죄다 드러나자 경영한 바는 지극히 흉참(凶慘)하였다. 따라서 전후의 죄명을 논한다면, 그 단락은 비록 계통을 달리했으나, 거의 안팎으로 화응(和應)했던 것과 같아, 마침내 난만하게 같은 데로 귀착되었다.[3]

이진채사건과 관련하여 다음과 같은 기록도 있다.

전령(前令) 한호운(韓浩運)이 의병장 현인복(玄仁福)에게 비밀리에 의논하여 이르기

---

2 『순조실록』 순조 12년(1812) 2월 21일(갑자).

3 『순조실록』 순조 12년(1812) 4월 28일(경오).

를 "적도들이 아직까지도 굳센 것은 필시 서울에 있는 박종일의 변란을 기다리고 있기 때문이다. 내가 서울에서 (이곳에) 온 지 이제 겨우 며칠밖에 안 되었으나 직접 성 아래에 가서 적도들을 불러 박종일이 이미 주살되었고 성세(聖世)가 태평하다는 뜻으로 효유하면, 적도들이 반드시 귀화할 것이다."라 했다.[4]

순조 12년(1812) 3월 중순까지도 정주성에 고립된 봉기군은 완강히 저항하였다. 한호운은 그 이유가 서울에서 중인과 서얼층이 중심이 되어 일으킬 변란을 기다리고 있기 때문이라고 분석하였다. 그러나 그들이 이미 체포되어 주살되었고, 이 사실을 봉기군에게 알리면 귀순할 것이라는 주장이다.

윤치후가 말하기를 "서적(西賊)은 양식이 떨어져 장차 며칠 못 가서 토벌될 것이다."라 하고, (…) 윤치후가 말하기를 "박경수(朴敬叟)의 말을 들으니 오래지 않아 장차 서울에서 난리가 난다고 하므로 (…) 내가 말하기를 "난리가 어찌 공연히 일어나겠는가? 이는 필시 서적(西賊)이 선동한 것일 것이다."라 하니 (…) 윤치후가 말하기를 "박경수의 말을 들으니 중인과 서얼이 바야흐로 난리를 일으키려 한다."라 했다. 내가 말하기를 "성 안의 허다한 중인과 서얼들이 모두 만약 난리를 일으킨다면 진실로 (일이) 어떻게 될는지 알 수 없을 것이다."라 했습니다.[5]

홍경래사건과 연계하여 서울에서도 중인층과 서얼층이 호응하여 역모를 도모하고 있다는 혐의를 받았다. 이들은 구체적으로 화공(火攻)을 준비하고 있으며 거사 시기도 3월로 잡고 있다는 의심을 샀다.

박경수의 집에서 들으니 (그가) 말하기를 "중인과 서얼배가 장차 화공(火攻)을 할 건인데 3월이 되면 변란을 일으켜 거사할 것이다. 이 때문에 소란스러운 것이다."

4　前令韓浩運密議于義兵將玄仁福曰, 賊徒之尙今梗化, 必待京賊鍾一之變也. 我自京來, 今纔數日, 躬入城下, 招誘賊徒, 以鍾賊旣誅, 聖世太平之意, 多般曉誘, 賊必歸化云. 『진중일기(陣中日記)』, 임신년 3월 17일.

5　矣身曰, 一城中許多中庶, 若盡爲作亂, 則誠未知如何. 「임신죄인진채등추안」, 곤(坤), 임신년 3월 16일 이영순 공초.

라 했습니다. 이는 필시 서적(西賊)이 선동한 일일 것입니다.[6]

이진채사건 관련자들은 특정 지역에 군사를 배치하면 서울에서도 호응할 군사를 배치할 것이며 양식과 군대 동원에 필요할 물목과 인물도 포섭했다고 진술했다.

이명재(李明在)와 이지원(李之元)은 각각 통진(通津)과 부평(富平) 사이에 천여 명의 군사를 배치하며, 김규오(金奎五)는 성안에 3백여 명을 배치한다. 박종일이 거사일에 내응할 십여 명을 구한다고 말했으며, 성안에 있다는 군대는 저는 단지 김규오의 말만 들었지 보지는 못했습니다. 정우문은 무사 50명을 준비했다고 했습니다. 양식은 이명재, 이지원, 김규오가 두목이 되어 스스로 담당할 계획이었습니다.[7]

또 이진채는 강화도에 유배되어 있던 왕족 이인(李烟)의 맏아들과 의논하여 역모를 도모했으며, 그의 둘째 아들을 병조판서 겸 훈련대장으로 선봉으로 삼을 것이라고 주장했다. 이진채는 장차 새 왕조가 세워지면 영의정을 10년 동안 할 것이라고 강조했으며, 모집한 군병의 숫자와 이들을 지휘할 인물도 구체적으로 거론했다고 전한다.

제가 이진채의 말을 들은즉 (그가) 이르기를 "심역(沁逆)의 맏아들에게 의논하여 * * 할 것이며, 둘째아들은 병조판서 겸 훈련대장으로서 선봉을 삼으며, 이진채는 스스로 독상(獨相) 10년을 할 것이며, (현직에 있는) 각 영(營)의 장수와 재상들은 모두 해칠 것이다. 군병(軍兵)의 총수는 4천 명인데, 3백 명은 성안에 있고, 이진채가 집에서 양성한 포수(砲手)가 5백 명이 된다. 통령(統領)할 자는 이지원, 이명재, 김규오 등이다."라 했습니다.[8]

---

6 聞於敬雙家, 則以爲中庶輩, 將有火攻, 及三月作變之擧, 以此有騷屑云. 此必西賊之所煽動也.「임신죄인진채등추안」, 곤(坤), 임신년 3월 16일 윤치후 공초.

7 「임신죄인진채등추안」, 곤(坤), 임신년 3월 7일 이진채 공초.

8 「임신죄인진채등추안」, 곤(坤), 임신년 3월 7일 한광우 공초. 여기서 심역(沁逆)은 강화도에 유배되어 있던 왕족 이인(李烟)을 가리킨다.

이진채사건이 중인과 서얼층이 양반을 없애기 위해 벌일 신분계급 타파를 명분으로 삼을 것이라는 주장도 있었다. 구체적 진격 경로를 밝히기도 했으며, 서울을 침공할 방법도 구체적으로 거론했으며, 거사가 끝나면 벼슬아치들이 모두 죽을 것을 염려하기도 했다. 이들은 "나라의 운수가 40년이 남았다." 는 예언을 거사의 근거로 삼았고, 홍경래군이 세력을 넓히면 공주나 안동 지역으로 이어할 것이라고 주장했다.

(저의 매부인) 박영철이 말하기를 "요즘의 소란은 서적(西賊)의 일 때문만은 아니다. 중인과 서얼배가 양반을 도륙하기 위해 액정배(掖庭輩)와 체결하는 한편 호서(湖西) 지역과도 연결되었다. 그들의 흉계는 심적(沁賊)의 아들과 함께 백의군(白衣軍)을 이끌고 올라와 인천과 부평 사이에 배를 댄다고 한다. 서울은 화공(火攻)을 당할 것이 염려되는데, 열흘 후가 더욱 두려운 것은 벼슬아치들이 모두 죽을 것이기 때문이다. 또 소란스러운 말을 들으니 '우리나라의 운수는 40년이 남았다.'고 하는데, 이를 빌미 삼아 적도들이 거사하려는 것이다. 또 서쪽의 난리가 만일 커진다면 (이들은) 마땅히 공주(公州) 쌍수산성(雙樹山城)으로 이어(移御)하거나 안동(安東)으로 옮겨갈 것이라고 한다."라 했습니다.[9]

대신들은 역적 인(祵)의 여러 아들들이 아직까지도 목숨을 부지하고 있는 것이 각종 역모사건의 근원이 된다며 형벌을 내릴 것을 여러 차례 건의했지만 왕은 윤허하지 않았다.[10]

이진채의 결안은 다음과 같다.

추국죄인(推鞫罪人) 이진채(李振采)의 결안(結案)에 이르기를, "경향간(京鄕間)에 출몰하면서 그릇된 도로 뭇사람들을 현혹시켰고, 이어 박종일(朴鍾一), 정우문(鄭友文), 한

9   永喆之言曰, 近日騷屑, 非但西賊之事. 中庶輩爲屠戮兩班之計, 締結掖庭, 一邊接於湖西. 而其爲凶計,
     則與沁賊之子, 率白衣軍上來, 舟泊仁富之間. 而京中則火攻可慮, 而旬後尤可畏, 搢紳皆死. 且聞騷屑之
     言曰, 我國運數, 餘四十年, 而賊輩欲因此擧事. 且西亂若大, 則當移御于公州雙樹山城, 又移于安東. 「임
     신죄인이진채등추안」, 곤(坤), 임신년 3월 15일 윤치후 공초.
10   『순조실록』 순조 12년(1812) 3월 4일(병자).

광우(韓光友)와 더불어 혈당(血黨)이 되었습니다. 혹은 박종일의 첩가(妾家)에 모였는가 하면, 혹은 정우문의 행랑에서 치밀한 계책을 꾸미기도 했는데, 경영(經營)하고 배포(排布)한 것이 흉역(凶逆)이 아님이 없었습니다. 그러다 갑자기 심적(沁賊)의 맏아들을 기화(奇貨)로 삼아 두 글자의 흉언(凶言)을 난만하게 모의하고는, 먼저 인심을 선동할 계책을 꾸몄습니다. 정월 13일에 이르러서는 차마 말할 수도 없고 차마 들을 수도 없는 흉언을 지어내어 문 밖의 여점(旅店)과 성안의 저잣거리 등 도처에서 창설(倡說)하여 일시에 떠들썩하게 전파시켰으며, '2만 명의 군량의 밑천'이란 데 가탁하여, 진신(搢紳)들을 화공(火攻)한다는 말을 허황되게 지어냈습니다. 내응자(內應者)에 대해 허풍을 칠 때에는 '환관, 계집종과 체결(締結)하였다.'고 하였고, 신이(神異)를 가칭(假稱)할 때는 사람 이름을 가짜로 지어냈습니다. 역적 이인(李裀)의 아들을 업고 왔다고 하고는 '물이 발을 적시지 않았다.' 하였고, 섬에 있는 죄수의 아우는 서로 용납하기 어렵다고 하면서 '손으로 죽이겠다.'고 하였습니다. '소리가 있다.', '형체가 없다.', '일이 없다.', '염려가 없다.'는 것을 흉도(凶徒)의 군호(軍號)로 삼았으며, 진월(辰月) 갑자(甲子), 묘월(卯月) 묘일(卯日)을 거사하는 기일로 지적했습니다. 참위(讖緯)의 글은 본디 요탄(妖誕)한 것인데, 부풀리고 부회(傅會)해서 뭇사람들을 유혹하는 패병(霸柄)을 삼았습니다. 역적질을 한 정절(情節)을 자구(藉口)하지 않음이 없으니, 대역부도(大逆不道)임을 지만(遲晚)합니다." 하였으므로, 정법(正法)하였다.[11]

이 사건 관련자 정우문과 한광우의 결안은 다음과 같다.

추국죄인(推鞫罪人) 정우문(鄭友文)의 결안(結案)에 이르기를, "역적 박종일(朴鍾一)에게 투신하여 달갑게 조아(爪牙)가 되었고, 역적 이진채(李振采)에게 마음을 허락하여 형제 관계를 맺었습니다. 종일을 진채에게 부탁하며 쓸 만하다고 하였고, 종일에게 진채를 천거하며 신술(神術)이 있다고 하는 등, 두 역적의 흉모(凶謀)와 역절(逆節)에 화응(和應)하지 않음이 없었고 참섭(參涉)하지 않음이 없었습니다.

'쌓아둔 양식을 군사에게 먹인다.'는 일에 대해서는 그 배포(排布)를 듣기를 원하였고, '장신가(將臣家)에 화약을 묻는 것'에 대해서도 미리 그 설시(設施)를 알았으며, 누차 거사 날짜를 어기자 '기일을 어겼다.'고 책망했고, 섬에 갇힌 죄수의 사람됨을 알려 하자 그가 잘났다고 증언했습니다.

길거리의 흉언과 참위(讖緯)의 허탄(虛誕)한 말에 이르러서는 난만하게 한 가지로
귀일합니다." 하고, 죄인 한광우(韓光友)의 결안에 이르기를, "흉악함이 이진채와 같
은 자를 아비나 스승처럼 섬겼고, 박종일, 정우문과 당우(黨友)의 관계를 맺어 이인
(李裀)의 아들을 만나보고자 이진채를 따라 함께 전동(典洞)으로 갔으며, 군량을 실
어 오고자 하여 쌀 주인을 찾아 남양(南陽)으로 내려갔습니다. 거리의 흉언을 예사
롭게 들었으니 진신가(搢紳家)를 화공(火攻)한다는 것과 같이 난만한 데로 함께 돌아
갔습니다." 하며, 모두 역모에 동참하였음을 지만하였으므로, 정법(正法)하였다.[12]

정우문은 서울 출신의 중인이고, 한광우는 경기도 양주 출신으로 향곡(鄕
曲)의 천얼(賤蘗)이다. 중인과 서얼들이 역모를 꾸민 정황이 드러났다.

이진채사건은 1811년(순조11)에 일어난 홍경래(洪景來)의 난과 관련된 사건
으로, 1812년 2월 13일에 거리에 유포된 유언비어의 근원을 정탐한 결과 이진
채 등 세 명을 체포하였는데, 주요 죄목은 홍경래의 난에 내응하였고, 강화도
에 유배중인 은언군(恩彦君) 이인(李裀)의 아들을 추대하였다는 것이다.

1812년 2월 21일에 추국하기 시작하여 4월에 추국을 마쳤는데, 박종일과
이진채는 대역부도죄로, 김연수(金延壽)와 윤치후(尹致後)는 지정불고죄로, 정우
문(鄭友文)과 한광우(韓光友)는 모역에 동참한 죄로 처벌되었다.

추국죄인(推鞫罪人) 박종일(朴鍾一) 등의 결안(結案)에 이르기를, "일찍이 강화죄인(江
華罪人)의 아들이 죄가 없다고 여겼고, '이처럼 서구(西寇)가 평정되지 않은 때를 당
해서는 마땅히 촉한(蜀漢)이 되어야 한다.'는 말을 남과 수작하였으며, 이진채(李振采)
의 두 글자 흉언을 듣자 '의리에 해가 되지 않는 행동'이라고 하였고, '조정에 기강
이 없다.'는 말을 듣자, 또 '변통이 있어야 합당하다.'는 말을 하였습니다. 거사할
때에 이르러서는 '마땅히 분원(分院)의 군사로 돕겠다.'고 하였고, 일이 이루어진 뒤
에 대해서는 '마땅히 내응하는 사람을 얻을 것'이라고 하였습니다. 그리고 '훈장(訓
將)은 가히 감당할 수 있으며, 전라도 도백에 차임되기를 원한다.'는 말에 이르러서

---

12 『순조실록』 순조 12년(1812) 3월 28일(경자).

는 지극히 흉악한 극적(極賊)의 큰 죄안(罪案)이 아님이 없었습니다. 지극히 흉악하고 참혹한 음모를 의리라 하자 제멋대로 다섯 자의 흉언을 발설하였고, 말이 종실(宗室)이 잔약하고 조정에 사람이 없음에 이르자 또 여덟 자의 흉언을 발설하였습니다. 또 이진채와 더불어 사당(私黨)을 맺고서는 정월 13일에 부도한 흉언을 지어내어 인심을 선동하였고 이를 이용하여 거사하는 계책을 듣자, '이 말이 가장 낫다.'고 하였으니, 대역부도(大逆不道)임을 지만(遲晚)합니다." 하였으므로, 정법(正法)하였다.[13]

서울 태생의 박종일은 사용봉사라는 현직 관료로 소론(少論)이었다. 2자 흉언은 입국(立國), 개국(開國), 등극(登極) 등으로 추정할 수 있다. 박종일은 이 사건의 주동자라기보다는 중인과 서얼층의 변란에 편승하여 벼슬을 노린 인물로 보인다. 인용문의 다섯 자 흉언과 여덟 자 흉언은 그 내용을 밝히지 않아 현재로서는 알 수 없다.

추국죄인(推鞫罪人) 김연수(金延壽)의 결안(結案)에 이르기를, "성기(聲氣)를 이진채(李振采)와 서로 접하였고, 종적을 몰래 박종일(朴鍾一)에게 의탁하였습니다. 그리고 '인천(仁川)과 부평(富平)은 배를 대었으니, 국도(國都)를 옮김이 마땅하고, 남중(南中)의 병화(兵火)는 왜(倭)인 것 같기도 하고 아닌 것 같기도 하다. 혜성이 남쪽으로 옮겨가니 2월에 불로 공격하고 3월에 기병한다.'는 등의 설은 모두 흉도(凶徒)가 배포하고 선동한 계책이었습니다.

정월의 흉언에 이르러서는 그 정실을 알지 못함이 없었건만, 능히 발고(發告)하지 아니하였습니다." 하고, 죄인 윤치후(尹致後)의 결안에는 이르기를, "서변(西變) 이후에 처를 맞이한다는 핑계로 피신할 계책을 삼고자 했던 것은 죄를 이미 용서받기 어렵습니다. 그리고 길을 떠날 때에 임하여 박종일이 찾아오자 여러 조목의 흉언을 전하였습니다. 심지어 '중서배(中庶輩)가 장차 양반을 도륙하고 액정(掖庭)과 결탁하며, 장차 호서(湖西)와 연접(連接)하여 심적(沁賊)의 아들과 더불어 백의군(白衣軍)을 거느리고 올라와 도성을 화공하면 진신(搢紳)들이 모두 죽을 것'이라고 한 것은 모두 요망한 말이자 황당한 설로 직접 듣지 않음이 없었습니다. 더욱이 두 글자의 흉언은 발고할 뜻이 없었습니다." 하며, 모두 정실을 알고도 고하지 아니하였음을

13 『순조실록』 순조 12년(1812) 3월 3일(을해).

지만(遲晚)하였으므로, 정법(正法)하였다.[14]

순조 12년(1812) 3월에 일어났던 이진채(李振采)의 역모사건에서도 사건 관련자들이 비결을 인용했다. 종친 인(裀)의 맏아들이 군왕이 되고, 둘째 아들은 병조판서 겸 훈장이 되어 선봉이 되며, 이진채는 스스로 독상(獨相)을 한다는 계획이었으며, 각 영의 장신(將臣)과 상신(相臣)을 모두 무해한다는 내용이었다. 이들은 군병의 총수는 4천 명인데, 이 가운데 3백 명은 성안에 있고, 이진채의 집에서 기른 포수 5백여 명이 핵심이라고 주장했다. 그들은 강화도에 유배되어 있던 은언군(恩彦君)의 아들을 추대하기 위해 강화도로 건너가 군량 조달을 도모하기도 했다. 은언군은 후대에 장조(莊祖)로 추존된 사도세자(思悼世子)의 아들이자 정조의 이복동생인 이인(李裀)이다.

나아가 이들은 나라의 운수가 40여 년 남았는데, 중인과 서얼 세력이 이때 거사하여 입국(立國)하되 서북 지방의 봉기군, 즉 홍경래군의 세력이 커지면 조정이 공주의 쌍수산성으로 이어하거나 안동으로 피난할 것이라고 보았다.

이진채사건에서 이른바 『정감록』의 내용이 언급되는 진술을 살펴보자.

이원박이 (박)종일을 향해 말했다. (…) 계룡산의 돌이 희어지고, 초포(草浦)에 조수가 들어온다는 이야기를 네가 나와 함께 주고받지 않았느냐? (…) (이)원박이 답하기를 "과연 그랬다."라 했다. 정묘년 이전에 내가 너의 집에 가서 머무를 때, 참서 이야기를 주고받은 적이 있었는데, 『정감록』에 이르기를 '우리나라에 장차 여러 해 동안 전쟁과 화재가 있을 것이며, 나라가 셋으로 쪼개진다.' 등의 말을 했다. 그러므로 내가 "(그렇다면) 우리나라에 장차 거처할 곳은 어디인가?"라고 물었더니, 원박이 "안동에 사십 년 동안 살면 될 것이다."라고 대답했다.[15]

---

14 推鞫罪人 延壽結案, "聲氣相接於 振采, 蹤跡密托於鍾一. 而 仁·富泊艘, 國都當遷, 南中兵火, 似 倭非倭. 彗星南移, 二月火攻, 三月兵起等說. 此皆凶徒排布煽動之計. 『순조실록』순조 12년(1812) 4월 2일 (갑진).

15 李元樸, 向鍾一曰, (…) 鷄龍石白, 草浦潮生之說, 汝果不與吾酬酢乎? (…) 元樸答曰, 果然云. 丁卯以前 矢身往宿渠家之時, 略有酬酢讖書之說, 以爲鄭鑑錄云, 俄國將有多年兵火, 國爲三分云. 故矢身問曰我國 將居何處乎.? 元樸答曰, 居安東四十年云矣. 「임신죄인진채등추안」 곤(坤), 임신년 3월 2일 이원박과

"계룡산의 돌이 희게 변하고 초포에 바닷물이 들어온다."는 표현은 현전하는 『정감록』「감결」과 「토정가장결」에 보인다. 또 "나라가 셋으로 나뉜다."는 표현은 『정감록』「삼한산림비기」와 「서계이선생가장결」에 나온다. 현전하는 『정감록』에 나오는 표현과 거의 일치하는 내용의 예언 또는 비결이 이진채사건에서 확인된다는 점은 당시에 이러한 내용의 예언이 널리 유포되고 있었다는 역사적 사실을 알 수 있는 중요한 증거이다.

한편 이진채(李振采)는 서울과 시골에 출몰하면서 "2만 석의 군량미를 쌓아두었다.", "진신(搢紳)의 집에 화구(火具)를 몰래 묻어두었다.", "심수(沁囚)를 업고 바다를 건너도 빠지지 않는다.", "묘일(卯日)에 거사하기로 기약했다." 등의 말을 전파시키면서 인심을 선동하였다.[16] 당시 이진채는 참위(讖緯)의 글을 이용하여 거사일을 정했다고 한다.[17]

> 만약 난리가 일어나면 남한산성으로 피해야 할 것이다. 서울은 화공(火攻)을 당할 것이며, 인천과 부평 사이에 천 척의 배가 당도할 것이며, 남쪽에는 전쟁이 일어날 것이다.[18]

"인천과 부평 사이에 천 척의 배가 당도할 것이다."라는 표현도 현전하는 『정감록』「감결」과 「서산대사비결」에 나온다.

한성 안에서 계획된 중인, 서얼층의 거사 계획에 따르면 이명재와 이지원으로 하여금 군사 1천 명씩을 통진과 부평 사이에 두고, 김규오는 3백여 명을 성내에 두고, 박종일은 거사일에 내응하는 사람 10여 명을 얻어주기로 했다. 군병을 동원하는 데 드는 양식은 이명재, 이지원, 김규오 등 3인이 두목이 되

박종일 면질(面質).

16 『순조실록』 순조 12년(1812) 8월 8일.

17 『순조실록』 순조 12년(1812) 3월 25일. 진월(辰月), 갑자(甲子), 묘월(卯月), 묘일(卯日)을 거사하는 기일로 정했다.

18 如亂離當出, 避亂南漢, 長安火攻, 仁富千艘, 南中兵火. 「임신죄인진채등추안」 곤(坤), 임신년 3월 26일 김연수 공초.

어 담당하기로 했다. 이지원은 독심술, 이명재는 둔갑·변신과 천문에 능하고, 김규오는 투시술을 지녔으며, 이진채는 세 명의 신장[三神將]을 부릴 수 있다고 믿어졌다.[19]

김연수의 결안(結案)에 그가 "인천(仁川) 부평(富平)은 배를 대었으니, 국도(國都)를 옮김이 마땅하고, 남중(南中)의 병화(兵火)는 왜(倭)인 것 같기도 하고 아닌 것 같기도 하다. 혜성이 남쪽으로 옮겨가니 2월에 불로 공격하고 3월에 기병한다."는 설을 유포했다고 한다.[20] 이 진술은 이미 앞에서 살펴본 바와 같이 현전하는 『정감록』에 보이는 내용이다.

또한 이들은 "난리가 일어날 때에는 서울이 화공(火攻)을 입는데, 인(천)과 부(평) 사이에 천 척의 배가 이르고, 남쪽 지방에 전쟁이 일어난다."고 말하면서 공포 분위기를 조성했다고 전한다.[21]

여러 지역에서 약탈과 노략질을 하는 도적이 발생하여 봉기군과 연계되어 있다는 의심을 받았다. 내응 세력이 각지에 퍼져 있다는 의심도 받았다. 이와 관련하여 강원도 금화(金化)와 철원(鐵原) 등지에 흉도 수백 명이 약탈하고 있는데도 읍쉬(邑倅)들이 다스리지 못하자 철원, 이천(伊川), 평강(平康), 금화의 고을 원을 교체했다는 보고가 있다.[22] 또 경기도와 관동 지역에도 도적들이 번성하고 있었다고 전한다.[23]

---

19 振釆又曰, 渠之徒黨, 有神通人三箇, 卽李之元, 李明在, 金奎五. 而之元則好心事而有可用之才, 李明在則能通遁甲變身, 亦通天文, 奎五亦有透徹之才, 而皆不若我, 我則能使三神將云矣. 「임신죄인진채등추안」 곤(坤), 임신년 3월 5일 정우문 공초.

20 而仁富泊艘, 國都當遷, 南中兵火, 似倭非倭, 彗星南移, 二月火攻, 三月兵起等說. 此皆凶徒排布煽動之計. 『순조실록』 순조 12년(1812) 4월 2일.

21 『추안급국안』 권 27, 137면.

22 토산쉬(兔山倅)의 글을 보니 강원도 금화와 철원의 경계에 있는 효성산(曉星山)에 흉도 수백 명이 모여 밤에는 부촌(富村)에서 약탈하는데 고을 원은 체포도 못 하고 그들의 왕래도 금하지 못하여 (…) 강희영(姜羲永)의 『일승(日乘)』 임신년 정월 22일.

23 각처의 도적들이 함께 체결되어 있는 것은 비단 황해도와 평안도만이 아니다. 기호(畿湖)와 관동(關東)도 모두 체결되어 있다고 한다. 강희영(姜羲永)의 『일승(日乘)』 임신년 정월 24일.

순조 13년(1813) 7월에 일어났던 백태진(白泰鎭)사건에도[1] 해도진인설이 등장했다. 백태진은 평안도 삼등현에서 출생하여 평양에서 성장한 천민(賤民)으로서 진주병사(晉州兵使) 이회식(李晦植)의 막비(幕裨)였다. 백태진은 방기(方技)에 능했으며, 성주(星州)에 살던 이술(異術)을 부릴 줄 안다는 시골 선비 백동원(白東源)을 진주로 불러 이회식으로 하여금 신사(神師)로 대접하게 했다.

백태진과 백동원은 이회식에게 "일찍이 해도(海島)를 왕래할 때 도적의 괴수들이 모여 있는 것을 보았다."고 말했다. 이들은 해도는 연도(蓮島)이며, 도적들은 신병(神兵)이라고 주장했다.

또 백태진이 운문산(雲門山)에서 백동원을 만났을 때 "어떤 사람이 제주(濟州)를 공격하여 점령할 계획에 관하여 물었다."고 진술하였다.[2] 그 외에도 백

---

1   『순조실록』 순조 13년(1813) 7월 5일(기사).
2   『추안급국안』 권 27, 228면과 233면.

동원은 자신의 팔뚝에 있는 일곱 개의 사마귀를 가리키면서 "이것은 개국 정승이 될 조짐이라."고 말했다.[3]

또한 그들은 해도(海島)가 석도(石島)라고 말했으며, 백동원은 개국(開國)으로 연결될 큰 난리가 3월에 일어난다고 보았고, 진인(眞人)의 무리들이 우리나라 본토를 공략하기에 앞서서 제주도를 공격한다고 믿었다.[4]

이들은 "북적(홍경래의 농민군)이 나왔으니 남적도 반드시 나올 때가 되었다."고 주장했다. 백동원은 대마도와 연결하여 변란을 계획하다가 미수에 그쳤다. 일본 세력도 끌어들이려 했다는 점에서 민족의식이 약했고, 변란이 일어나 자기들만 관직을 차지하면 된다는 심보였다.

추국하였다. 이보다 앞서 진주병사 이회식(李晦植)의 막비(幕裨)인 백태진(白兌鎭)이 본래 관서의 천품(賤品)이었는데, 방기(方技)와 사술(邪術)로 이회식을 속이기를, "성주(星州)에 사는 백동원(白東源)이란 자가 이술(異術)이 있다."고 하여, 이회식을 시켜 맞이해 오게 하고는 신사(神師)로 대접하게 하였다. 백태진과 백동원이 같이 모의하여 속이기를, "일찍이 해도(海島)를 왕래할 때에 도적의 괴수들이 모여 있는 것을 보았다."고 하였으며, 또 백동원을 운문산(雲門山)에서 만났을 때 어떤 사람이 제주(濟州)를 공격하여 취하는 일에 대해 물었다고 하였다. 또 일컫기를, 백동원이 하루 3, 4차례씩 이회식과 더불어 왕복하였으나, 편지를 인편에 전하지 않고 귀신이 전하는 것 같았는데, 그 편지에 "섬에서 와서 이회식을 죽일 자가 있을 것이므로 교속(校屬)을 시켜 사방(射放)하여 방비하라."고 말하였다. 또 큰 종이 한 장에다가 글자를 써서 문루(門樓)에 붙여놓고 총을 쏘게 하면 이른바 도적들이 모두 저절로 흩어질 것이라고 하였으며, 한편 백동원의 팔뚝에 있는 일곱 개의 사마귀를 가리키면서 이것은 개국 정승이 될 인상이라고 하면서 이런 요망한 거짓말을 만들어 퍼뜨려서 일이 매우 예측할 수 없게 되었는데, 이회식은 이를 아주 믿게 되었다. 서울에 글로 보고되어 조정에 들리게 되자, 의금부에서 국청을 열고 국문하게 되었는데, 이회식이 비로소 뉘우쳐 깨닫고 공초를 바쳤다. 백태진과 백동원은 아울러 난언범상(亂言犯上)의 죄로 결안을 만들어 처형하고, 이회식은 그가 스스로 미혹을 당

---

3 『순조실록』 순조 13년(1813) 7월 8일. 『추안급국안』 권 27, 238면과 253면.
4 『순조실록』 순조 13년(1813) 7월 11일.

한 것이지, 그가 남을 미혹시킨 것이 아니라고 하여 사형을 감하고 무산부(茂山府)에 정배하였다.[5]

백태진사건은 진인출현설과 연관된 해도기병설과 관련된 사건이다. 진인이라는 구체적 표현이나 언급은 없지만, 해도에서 병사를 일으킨다는 점에서 진인출현설과 관련이 있다. 해도는 진인이 출현할 지역을 광범위하게 일컫는 방법의 하나이다.

---

5   『순조실록』 순조 13년(1813) 7월 8일(임신).